Grace Llewellyn

Das Teenager Befreiungs Handbuch

Grace Llewellyn

Das Teenager Befreiungs Handbuch

Glücklich und erfolgreich ohne Schule

Deutsch von Dagmar Mallett (†)

Erweiterte Neuauflage, herausgegeben und überarbeitet von Luise Fuchs und Dagmar Neubronner

Genius Verlag

Titel des amerikanischen Originals:
The Teenage Liberation Handbook

Deutsche Erstausgabe:

Überarbeitete und erweiterte Neuausgabe

www.genius-verlag.de • info@genius-verlag.de

Umschlaggestaltung: Norman Gronostay

Deutsche Übersetzung: Dagmar Mallett
Bearbeitung der Neuauflage: Luise Fuchs und Dagmar Neubronner
Druck: Finidr, Tschechische Republik, erweiterte und bearbeitete Neuauflage
Oktober 2014

ISBN 978-3-934719-57-6

Vorwort der Herausgeberin zur erweiterten und überarbeiteten deutschen Neuausgabe

Als vor sieben Jahren die Erstausgabe dieses Buches in Deutschland erschien, schrieb ich im Vorwort: »Unsere Kinder sind noch keine Teenager. Trotzdem lernen sie auf ihren Wunsch seit Sommer 2005 frei von zu Hause aus. Unter anderem deshalb hat sich das Erscheinen dieses Buches mehrmals verzögert. Während der Recherchen für die deutsche Ausgabe wurden wir von Zwangsgeldandrohungen, Zwangsgeldfestsetzungen, »Besuch« vom Gerichtsvollzieher, Kontenpfändungen und noch weitergehenden Androhungen der Behörde (Erzwingungshaft, indirekt auch: Eingriffe ins Sorgerecht) in Atem gehalten.«

Inzwischen ist Thomas 15 und Moritz fast 18 Jahre alt. Thomas hat gerade seine externe Hauptschulprüfung abgelegt (Schnitt 1,0), Moritz ist im Anschluss an seine eigene Prüfung (1,4) im letzten Jahr 4 Monate zur Schule gegangen, um auch noch den Realschulabschluss anzuschließen (1,4), und wenn seine anderen Projekte ihm bis dahin nicht wichtiger sind, wird er sich im nächsten Jahr auf sein Abitur vorbereiten.

Entgegen zahlreicher Unkenrufe haben sich beide zu ungewöhnlich eigenständigen, freundlichen, kreativen und zielstrebigen, vielseitigen, durchtrainierten jungen Männern entwickelt, und ich staune in Dankbarkeit, dass es mir tatsächlich gelungen ist, ihnen all die Jahre ihre Freiheit außerhalb des Schulsystems zu bewahren. Viele andere Familien machen es ebenso, viele gehen dafür, so wie wir es tun mussten, eine Zeitlang ins Ausland, aber viele schlängeln sich auch in Deutschland durch, und einige setzen sich trotzdem offen für das familiäre Recht auf Selbstbestimmung ein. Die rechtliche Lage hat sich leider noch nicht gewendet – aber das Ausmaß der staatlichen Anmaßungen auf vielen Gebieten ist sehr viel stärker im öffentlichen Bewusstsein als noch vor wenigen Jahren – lange wird es jetzt nicht mehr dauern!

Ein paar dieser Familien haben für die bearbeitete Neuausgabe ihren speziellen Weg geschildert – Kapitel 43. Ihre Geschichten ergänzen die vielen faszinierenden Alltagsschilderungen frei lernender Jugendlicher aus den USA, die in ihrer Gesamtheit eine sehr konkrete Vorstellung davon vermitteln, wie glücklich und erfolgreich ein Leben ohne Schule sein kann. Dein Leben? Wir wünschen es dir!

Bremen, im Juni 2014
Dagmar Neubronner
mit Moritz (geb. 1996)
und Thomas (geb. 1999)

Inhalt

Teil 4 – Bewege die Welt – finde deine Berufung

Teil 5 – Das Leben der Unschooler

Anhang

Zunächst eine nette kleine Geschichte

Denken Sie an den betrübenden Kontrast zwischen der strahlenden Intelligenz eines gesunden Kindes und der Denkschwäche des durchschnittlichen Erwachsenen.

– *SIGMUND FREUD*

Auf einem weichen grünen Planeten wurde in einem Obstgarten, in dem alle Früchte des Universums reiften, ein lächelndes Baby geboren. Die Eltern nannten ihr Kind Tanika. Die kleine Tanika verbrachte jeden Tag damit, auf Händen und Knien das warme, feuchte Gelände zu durchstreifen. Wenn sie in der Ferne Gulbeeren sah, krabbelte sie hin und steckte die süßen Früchte in den Mund, so dass ihr der rote Saft über das braune Kinn bis zum Hals hinunterlief. Sobald eine Muavo aus der hohen Krone des Muavobaumes auf die Erde fiel, genoss das Mädchen ihren goldenen Geschmack. Jeder Tag eröffnete ihm neue Wunder: Buschäpfel, cremige Graviolas, die nussige Festigkeit der braunen Shrombart. Die taubedeckten Früchte des Obstgartens glitzerten in der Sonne wie lebende, feuchte Edelsteine inmitten des grünen Wohlgeruchs der Blätter, in die sie eingebettet waren.

Als Tanika mit der Zeit immer besser und schärfer sah, hob sie den Blick zu den Zweigen empor, von denen kugelförmige schimmernde Früchte schwer herunterhingen, die alles überstiegen, was sie sich je hätte vorstellen können. Da auch Tanikas Eltern immer wieder durch den Obstgarten wanderten, beobachtete sie, wie sie mit Leichtigkeit hier eine glänzende Traube und dort eine einzelne grüne Satinpflaume pflückten. Während sie zusah, wie ihre Eltern die Früchte aßen, stellte sie sich vor, selbst groß genug zu sein, um so einfach wie ihre Eltern nach den Früchten greifen zu können.

Manchmal bückten sich Tanikas Eltern zu ihr hinab und gaben ihr eine Frucht, die sie aus den sich bewegenden Blättern dort oben gepflückt hatten. Direkt von den Zweigen. Der Geschmack berauschte sie, und sie wünschte sich so sehnlich, alle Früchte des Obstgartens kennenzulernen und zu kosten, dass sie es kaum erwarten konnte, groß genug zu werden, um so hoch hinaufzureichen.

Diese Sehnsucht steigerte ihren Appetit, und als die Früchte ihre Beine stärkten, krabbelte Tanika eines Tages zu einem geheimnisvollen Busch am Ufer des Flusses, der den Obstgarten bewässerte. Vorsichtig beugte sie sich vor und stützte sich mit den Armen ab, während sie ihre Füße auf den Boden stellte.

Unsicher stand sie auf und griff nach der blassen Frucht auf dem Busch. Als sie daran zog, verlor sie das Gleichgewicht und landete unsanft auf einer überreifen Muavo. Doch sie merkte kaum, dass die Frucht unter ihrem Po zu Mus zerquetscht wurde, denn in ihren Händen hielt sie eine Frucht mit zarter Schale, silberfarben, frisch und neu. Sie presste die Frucht erst gegen Nase und Gesicht, bevor sie mit den Zähnen die Schale durchdrang.

Nachdem sie den glatten Kern in den Fluss geworfen hatte, hörte sie hinter sich ein Rascheln. Ein fröhliches Gesicht mit Brille lächelte auf sie herab.

»Nun, nun! Du hast aber heute Glück, mein kleines Fräulein! Denn ich bin gekommen, um dich zu lehren, wie du an die Früchte all dieser großen Bäume herankommst!«

Tanika freute sich wie eine Schneekönigin. Sie konnte ihr Glück kaum fassen. Nicht nur, dass sie zum ersten Mal eine Frucht von einem Busch gepflückt und gegessen hatte, sondern jetzt bot auch noch dieser unbekannte Mann an, ihr zu zeigen, wie sie die besten Leckerbissen hoch über ihrem Kopf erreichte. Diese Freude verlieh ihr so viel Kraft, dass sie sich sofort wieder auf die Beine stellte und eine weitere der kleinen flüchtigen Früchte pflückte.

Aber der fröhliche Fremde schlug Tanika die Frucht aus der Hand. Wie gelähmt sah sie zu, wie die kostbare Frucht auf den Boden fiel und in den Fluss rollte. »Mein kleiner Liebling, du hast dir schon einige schlechte Eigenarten angewöhnt. Das macht die Sache schwieriger«, erklärte der Mann, während er Tanika mit der Hand, die sie eben geschlagen hatte, packte und hinter sich herzog. Mit unsicheren Schritten taumelte Tanika hinter dem Fremden her.

Sie wollte Fragen stellen wie: »Warum hast du mir nicht einfach gezeigt, wie ich die Beeren pflücken kann, die oben an dem Busch hängen, wo du mich gefunden hast?« Aber sie schwieg. Wenn sie ohnehin lernte, die Früchte hoch oben in den Bäumen zu pflücken, war es vermutlich einerlei, wo sie das lernte und ob sie dafür eine Mondfrucht opferte. Vielleicht gingen sie zu einem besonderen Baum mit saftigen Früchten, dessen Zweige fast bis zur Erde herabhingen, so dass sie tief genug waren, um sie mit den ausgestreckten Fingern zu erreichen. Ja! Das musste es sein. Mit wiedererwachter Begeisterung stapfte sie dahin, so schnell sich ihre Beine bewegen konnten. Grinsend drückte der Fremde ihre Hand.

Bald schon sah Tanika das größte, graueste Ding, das sie je gesehen hatte. Mit sprachlosem Staunen trippelte sie hinter dem Mann her, während sie von der weichen Erde des Obstgartens auf einen glatten Betonweg traten. »Da sind wir!«, verkündete ihr Führer freudestrahlend. Im nächsten Augenblick betraten sie das Gebäude, das von seltsamen Gerüchen und Geräuschen erfüllt war. Nachdem sie an einigen schweren schwarzen Türen vorübergegangen waren, schob der Mann Tanika in einen lauten, komplizierten Raum, der voll war von redenden Kindern und mehreren Erwachsenen. Erstaunt betrachtete sie die Kinder, von denen einige auf dem Boden saßen, andere herumkrochen und wieder andere umher spazierten. Jedes der Kinder hatte ein Tablett oder einen Teller vor sich, der mit seltsamen breiartigen Klumpen in verschiedenen Farben gefüllt war. Einige der Kinder waren eifrig damit beschäftigt, einfache Bilder von Früchten zu zeichnen. Auf ihren T-Shirts trugen sie AnsteckNadeln und Aufklebern, auf denen kleine Plastikbirnen zu sehen waren. Verwirrt versuchte Tanika herauszufinden, was die Kinder an diesem dunklen, fruchtlosen Ort machten, was das klumpige

Zeug war, und, vor allem, warum ihr Führer auf dem Weg zu dem herrlichen Baum hier angehalten hatte.

Aber bevor sie ihre Überlegungen zu Ende bringen konnte, geschahen zwei Dinge: Eines der Kinder nahm einen Gegenstand aus Metall und schaufelte sich damit einen Klumpen von dem fahlen rosafarbenen Zeug in den Mund. Erschrocken öffnete Tanika den Mund, um das Kind zu warnen. Vielleicht stimmte etwas nicht mit dem Kind, denn es war viel größer und älter als sie, und sollte es schon besser wissen. Doch gerade, als sie zu schreien begann, zog eine neue, glitschige Hand sie hoch. »In Ordnung, Tanika«, sagte die fröhliche Frau, der die Hand gehörte. »Das ist die Cafeteria. Wir freuen uns, dir beim Wachsen zu helfen, und sind sicher, dass wir auch dir beibringen werden, wie du die Früchte von den Bäumen pflücken kannst, solange du deinen Teil dazu tust.«

Tanika war verwirrt. Sie verstand nicht, was dieser Ort mit dem Pflücken von Gulbeeren zu tun hatte. Außerdem hatte sie gerade großen Appetit auf die schimmernden Mondfrüchte. Aber ihr blieb keine Zeit zum Nachdenken. Die Frau mit der glitschigen Hand setzte Tanika auf einen kalten Stuhl an einem der Tische. »Hier«, sagte sie, während sie ihr eine Schatulle mit Malkreiden und ein Blatt mit der schwarzen Kontur einer Pflaume zuschob. »Heute wirst du dieses Bild ausmalen. Dadurch wirst du morgen bereit sein zu essen. « Allmählich fühlte sich Tanika sehr dumm. Nie im Leben wäre sie auf die Idee gekommen, dass es so kompliziert sein würde zu lernen, wie man Früchte pflückt. Sie malte die Pflaume mit allen Farben aus der Schatulle an und bemühte sich vergeblich, sie so rund und verlockend zu machen wie die Früchte im Obstgarten.

Der Rest des Tages verging wie im Nebel. Während sie auf Aufforderung der Erwachsenen noch mehr dieser Bilder ausmalte, beobachtete sie mit Ekel, wie die meisten Kinder den formlosen Brei auf den Tellern vor ihnen aufaßen. Einige der fetten, schmierigen Kinder baten sogar um mehr und stopften alles in sich hinein. Wenn das geschah, rannten die Erwachsenen herbei und klebten dem Kind goldene Sterne auf Arme und Gesicht. Vielerlei Dinge geschahen: Kinder stritten miteinander, schliefen, oder stocherten schweigend in dem Brei herum. Schließlich kam der freundliche Mann wieder und führte Tanika an der Hand aus dem dunklen Gebäude hinaus. Sobald Tanikas bloße Füße das Gras des Obstgartens berührten, stieg ihr der Duft reifer Graviolas in die Nase. Als sie den Fremden bat, ihr eine Graviola zu pflücken, lachte er bloß.

Tanika war viel zu verwirrt, um all ihre Fragen in Worte fassen zu können. Als sie schließlich den Baum erreichten, unter dem Tanika mit ihren Eltern schlief, hatte die Abendsonne schon einen Bronzehauch auf die Blätter gezaubert, und Tanika war nur noch erschöpft. Viel zu müde, um noch nach Früchten zu suchen, fiel sie in Schlaf und träumte unruhig.

Am Morgen war ihr Geist wieder frisch und klar. Obwohl sie immer noch die Früchte hoch oben in den Bäumen pflücken wollte, wollte sie nicht mehr in die laute, stickige, dunkle Cafeteria zurückgehen. Immerhin erreichte sie schon die Früchte auf den Büschen. Mit der Zeit würde sie vielleicht auch die Früchte hoch oben in den Bäumen erreichen.

Aber als der Mann mit der Brille kam, erklärte er ihr, dass sie nie die Früchte auf den Bäumen erreichen würde, wenn sie nicht mehrere Jahre lang in die Cafeteria gehen würde. Er sagte: »Du kannst die Früchte doch nicht erreichen, stimmt's?« und »Deine Eltern erreichen sie aber schon. Das kommt daher, weil sie in die Cafeteria gingen. Und auch ich kann sie erreichen, weil ich in die Cafeteria gegangen bin.« Tanika hatte keine Zeit, darüber nachzudenken, denn er zog sie wieder auf die Füße und stapfte mit ihr los. Da sie nicht genug Zeit gehabt hatte, um zu frühstücken, knurrte ihr Magen schmerzlich.

Als sie den Saal erreichten, setzte sie sich artig. »Bitte können Sie mir heute helfen, Früchte vom Baum zu pflücken?«, fragte sie einen der Erwachsenen.» Denn deshalb bin ich hier. Außerdem habe ich heute keine Zeit gehabt, um zu frühstücken.«

Die groß gewachsene Frau lachte. »Nun, nun! Wie niedlich! Früchte vom Baum! Um Früchte vom *Baum* zu pflücken, musst du dich erst vorbereiten!« Kurz nachdem die Frau hinter einem Vorhang verschwunden war, tauchte sie mit einem Tablett wieder auf, auf dem ein Klacks grünliches Zeug lag. Tanika schreckte zurück und blickte sich hastig nach Fluchtmöglichkeiten um. Aus dem Augenwinkel erblickte sie einen Jungen, der sie mit weichen, dunklen, stillen Augen ansah. In dem Moment packte die Frau ihre Hand.

»Keine Angst, Tanika«, sagte sie lachend. »Wie willst du je Früchte vom Baum essen, wenn du nicht einmal Früchte vom Teller essen kannst?« Dabei stellte sie das Tablett auf den Tisch und griff nach dem metallischen Gegenstand, nahm damit ein wenig von dem Zeug und streckte es dem kleinen Mädchen entgegen. Mit einer heftigen Bewegung stieß Tanika den Löffel von sich. Dann legte sie den Kopf auf den Tisch und weinte.

Die Stimme der Frau änderte sich. »Du gehörst wohl zu den Widerspenstigen. Dann vergiss aber nicht, dass du dir nur selbst schadest, wenn du dich weigerst zu essen. Wenn du Erfolg haben willst, solltest du lieber tun, was wir dir sagen.« Damit ging sie davon.

Als Tanika zu weinen aufhörte, war sie schrecklich hungrig. Schließlich setzte sie sich auf und sah das Tablett an. Das Zeug machte ihr Angst. Trotzdem beugte sie sich vor und roch daran. Der schwache, abgestandene Geruch von Limbergreen-Beeren stieg ihr in die Nase. Auch wenn der Geruch etwas verfälscht war, wirkte er auf sie wie ein altbekannter Freund. Vorsichtig griff sie nach dem Löffel und aß ihren ersten Bissen Cafeteria-Nahrung.

Erleichtert atmete Tanika auf. So schleimig, übersüßt und vor allem geschmacklos der Brei auch war, schmeckte er nicht ganz so schlecht, wie er aussah. Außerdem schien er gar nicht aus Limbergreen-Beeren zubereitete zu sein. Nachdem sie die gesamte Portion aufgegessen hatte, fühlte sie sich etwas besser. In dem Moment kam die Frau zurück und lächelte sie an. »Sehr gut«, sagte sie und klebte Tanika einen grünen Stern auf die Hand. »Jetzt machen wir ein paar Übungen und später probierst du dann eine neue Speise.«

In den nächsten Stunden spielte Tanika in dem Stück »Velcro, der Stiel am Apfel« den Apfel, zeichnete einen Muavo-Baum und ließ sich von einem älteren Schüler erklären, welche Früchte die Vitamine P, Q und Z enthielten. Offenbar hatte sie ihre Aufgaben immer gut erfüllt, denn die Frau kam immer wieder zurück, um ihr weitere grüne und goldene Sterne auf die Hände und die Wangen zu kleben. Andererseits starrten sie einige Kinder wütend an. Vielleicht hatte sie ja doch etwas falsch gemacht.

In diesem Augenblick läutete ein Mann eine kleine Glocke. Sofort setzten sich alle Kinder an die Tische und falteten artig die Hände. Ein Mädchen packte Tanika an der Hand und schob sie auf einen Stuhl. Dann kamen sechs Kinder in den Raum, die Stapel von Tabletts trugen und vor jedem Kind ein Tablett mit fünf purpurroten und blauen Waffeln abstellten. »Hmmm!«, stieß das Mädchen neben Tanika erfreut aus. »Violetbeerenkuchen!« Tanika sprang begeistert hoch. Sie hatte schon gesehen, dass ihre Eltern Violetbeeren aßen, und erinnerte sich noch gut an ihren verzückten Gesichtsausdruck dabei. Sofort tauchte in ihrem Geist das Bild der eleganten Nadelbäume auf, an denen sie wuchsen.

Als sie eine der Waffeln nahm, fühlte sie, dass sie warm war, aber nicht so freundlich warm, als wären sie in der Sonne gelegen. Und als sie sie in den Mund steckte, waren sie nur trocken und sandig. Gehorsam, aber traurig, kaute sie. Das sollte es gewesen sein? Die Enttäuschung schlug ihr auf den Magen. Während sie die Waffel sinken ließ, strich sie Violetbeeren für alle Zeiten von ihrer geistigen Wunschliste.

Schließlich musste Tanika alle fünf Violetbeerenkuchen aufessen, ehe sie der Mann mit der Brille aus der Cafetería hinausführte. Auf dem gesamten Heimweg drückte sie der Magen. In dieser Nacht kroch sie schluchzend in die Arme ihrer Mutter. Während ihre Mutter sie wiegte, flüsterte sie ihrem Vater etwas zu. Dieser verschwand und kehrte eine Minute später mit einem Armvoll winziger, schimmernder Violetbeeren wieder.

»Es ist Zeit für deine ersten frischen Violetbeeren«, sagte ihre Mutter mit liebevoller Stimme.

Doch als Tanikas Vater ihr die Beeren neckend vor die Lippen hielt, weinte sie nur noch heftiger. Der zarte, süße Duft der Beeren brachte ihren aufgeblähten Bauch zusätzlich in Aufruhr. Sie war einfach zu voll, und Schuld daran waren die Violetbeeren. Nachdem sowohl ihr Vater als auch ihre Mutter vergeblich versucht hatten, sie mit den Beeren zu locken, gaben sie auf. Ihre Mutter bettete sie schließlich allein zur Ruhe, und flüsterte noch lange besorgt mit ihrem Vater, während der Mond am Himmel hochstieg.

Als Tanika am nächsten Morgen in die Cafetería kam, starrten sie die Erwachsenen unfreundlich an. »Du erschwerst dir alles nur selbst«, schalt sie die Frau mit den glitschigen Händen. »Deine Eltern haben mir berichtet, dass dein Verhalten zu Hause nicht den Maßstäben für ein Mädchen deines Alters entspricht. Du musst viel gründlicher essen.« Als ein Mädchen einen Teller mit verschrumpelten kleinen Trockenfrüchten brachte, aß Tanika davon, obwohl sie keinerlei Geschmack hatten. Wieder schmerzte ihr Magen. Nachdem sie einen eingemachten Buschapfel aufgeschnitten hatte, aß sie noch ein ganzes Tablett voll eingelegter Gulbeeren. Dann ging sie wieder nach Hause, um zu schlafen.

Die Tage und Monate vergingen, und Tanika aß gehorsam und wurde dafür mit vielen Sternen belohnt. Eine Wand war mit einem strahlend grünen Baum bemalt, und wenn alle Kinder im Raum rasch gegessen hatten, erlaubten ihnen die Erwachsenen, ein besonderes Spiel zu spielen. Sie klebten drei bis vier ausgeschnittene Papierfrüchte auf den Baum und alle Kinder sprangen der Reihe nach hoch, um die Früchte zu pflücken. Wer die Frucht erreichte, durfte sie behalten, wurde zum Sieger ausgerufen und mit Dutzenden goldenen Sternen zugepflastert.

Eines Tages, als der Mann mit der Brille Tanika wieder nach Hause begleitete, erzählte er ihr, dass die Cafetería für den Großputz zwei Tage geschlossen werden müsse. Dann gab er ihr einen kleinen weißen Karton und sagte: »Sieh zu, dass du alles aufisst, bis ich wiederkomme. Ich hole dich in zwei Tagen wieder ab.«

Während er davon watschelte, hatte Tanika einen genialen Einfall. Sie strich sich über den geschwollenen Bauch und schleuderte den Karton weit von sich. Kuchen, roter Brei und harte kleine Kekse, die ein wenig nach Graviolas rochen, purzelten heraus.

Als sie am nächsten Morgen aufwachte, knurrte ihr Magen. So machte sie sich auf den Weg, Frühstück zu suchen. Als sie die Lichtung verließ, stolperte sie zufällig über einen der Kekse. Aus Gewohnheit wollte sie ihn schon in den Mund stecken, aber gerade noch rechtzeitig hielt sie sich zurück und steuerte auf einen Busch zu, auf dem Gulbeeren üppig wuchsen. Verstohlen schnappte sie sich eine Handvoll und drückte sie an ihre Lippen. Sie schmeckten so süß und wild, dass sie am liebsten gesungen hätte.

In dem Augenblick erblickte sie ihr Vater. Aufgeregt rief er nach ihrer Mutter. Beide liefen auf ihr Kind zu und umarmten es. »Sieh nur, was du in der Cafeteria gelernt hast!«, rief ihre Mutter begeistert aus. »Mein Baby wird erwachsen!«

»Vergiss nicht, alles aufzuessen, was du für Zuhause mitbekommen hast«, sagte ihr Vater, »damit du keinen Rückstand hast, wenn du wieder in die Cafeteria gehst.« Dann änderte sich der Tonfall seiner Stimme. »Was ist das?«, rief er, während er davonsprang, um den weißen Karton aufzulesen. Entsetzt sah Tanika zu, wie er den Boden des Obstgartens absuchte. Wenige Minuten später kehrte er mit den Keksen, dem Kuchen und dem Brei wieder. Tanika aß alles auf.

Sobald die Cafeteria wieder ihre Türen öffnete, kehrte Tanika zurück. Sie aß von Tag zu Tag schneller und gab sogar in ihren Gedanken allmählich jeden Widerstand auf. Eines Tages erreichte sie die höchste Papierfrucht an dem gemalten Baum. Alle

Erwachsenen tätschelten ihr lobend den Kopf, und unter den zahllosen goldenen Sternen war ihre braune Haut kaum noch zu erkennen. Nun ging sie täglich allein in die Cafeteria, und die Erwachsenen gaben ihr auch das Essen für den Abend mit, das sie üblicherweise aufaß, wie man ihr aufgetragen hatte. Als sie eines Tages auf dem Heimweg die Hände hoch in die Luft warf, berührte sie unabsichtlich eine Muavo-Frucht, die von einem Ast herunterhing. Tanika hielt überrascht inne. »Ich kann sie pflücken«, sagte sie langsam. »Es hat funktioniert.« Eine ganze Minute lang dachte sie darüber nach. Die Köche hatten gesagt, dass es eines Tages geschehen würde, wenn sie artig aufaß, was man ihr gab, und beim Baumspiel immer so hoch sprang, wie sie nur konnte.

Elegant löste Tanika die Muavo-Frucht von ihrem Stiel, untersuchte sie und warf sie dann geschickt in den Schatten. Sie hatte keinen Hunger.

Anmerkung für die Eltern

»Respektiere das Kind. Lass deine Elternschaft nicht überborden. Überschreite nicht die Grenze seiner Einsamkeit.«

– RALPH WALDO EMERSON

Obwohl mir viele dazu geraten haben, habe ich dieses Buch nicht für Sie, *die Eltern,* geschrieben. Ich habe es für Teenager geschrieben, weil ich mir wünschte, dass jemand für mich als Teenager so ein Buch geschrieben hätte. Ich habe es für Teenager geschrieben, weil ich aufgrund meiner Erinnerungen und Erfahrungen auf dem Standpunkt stehe, dass Teenager ebenso vollwertige Menschen sind wie Erwachsene. Ich habe es für Teenager geschrieben, weil es meiner Meinung nach einen geradezu erschreckenden Mangel an respektvoller, ernsthafter Sachliteratur für Teenager gibt. Kurz gesagt, habe ich es für Teenager geschrieben, weil sie die Fachleute für ihr eigenes Leben sind.

Nein, ich habe nicht vergessen, wo der »Platz« Ihres Kindes ist. Ich bin mir auch bewusst, dass Sie Ihr Kind auch davon abhalten können, die Schule zu verlassen. Dennoch habe ich dieses Buch in der Hoffnung geschrieben, dass Sie nach sorgfältiger Überlegung bereit sind, die Wahl Ihres Kindes zu respektieren.

Ja, Ihr Leben wird sich ändern, wenn Ihr Sohn oder Ihre Tochter die Schule verlässt. Wenn man von den Erfahrungen der ersten Homeschool-Familien auf ihre Zukunft schließen kann, so werden sich die Beziehungen innerhalb Ihrer Familie vertiefen; ein Teenager mit acht Stunden Schulunterricht und Hausaufgaben hat keine Zeit, um mit seinen Eltern Freundschaft zu pflegen. Sie werden erleben, wie sich innerfamiliäre Beziehungen bessern, weil sie nicht mehr belastet werden durch verdrängten schulischen Ärger. Sie werden nicht mehr so streng nach den Maßstäben der Modemagazine für Jugendliche beurteilt werden. Je nach Ihrer eigenen Herkunft und Schulausbildung werden Sie eine Periode der Depression, Wut und Bitterkeit durchmachen. Immerhin sind Sie ja zur Schule gegangen, und im Gegensatz zu der unerwarteten Freiheit Ihrer Kinder könnten Sie das Gefühl haben, etwas verloren zu haben: Was hätten Sie nicht alles tun können mit so viel Zeit? All die Wahlmöglichkeiten, die Sie nie hatten. All die Etiketten, die man Ihnen seitens des Schulpersonals aufgedrückt hatte, und die hängen blieben. Sollten Sie von derartigen Gedanken und Gefühlen geplagt werden, so werden auch diese schließlich einem neuen Freiheitsempfinden weichen – zumindest in Ihrem Geist. Auch wenn Sie die Vergangenheit nicht ändern können, können Sie doch die Gegenwart ändern. Sie können all die Etiketten abnehmen, die man Ihnen aufgeklebt hat, Sie können damit beginnen, echte Entscheidungen zu treffen, und Sie haben noch den Rest Ihres Lebens vor sich, um es tatsächlich zu *leben.*

Die Eltern von Homeschoolern sind nur in den seltensten Fällen *Lehrer* im herkömmlichen schulischen Sinn. Und in diesem Buch werden Sie auch nicht aufgefordert,

Ihre eigene Karriere und Ihre Interessen plötzlich aufzugeben, um möglichst schnell Mathematik zu lernen (nur als Beispiel), damit Sie dieses Fach auch unterrichten können. Gesunde Kinder sind imstande, sich selbst beizubringen, was sie wissen müssen. Durch Bücher, andere Menschen, eigene Gedanken, oder mit Hilfe anderer Mittel. (Ein frischer Homeschooler wird vermutlich zunächst schlecht lernen. Wie beim Rauchen ist es auch bei der schultypischen Passivität schwierig, alte Gewohnheiten abzulegen.)

Allerdings werden Sie wahrscheinlich mehr in die Ausbildung Ihres Sohnes oder Ihrer Tochter eingebunden sein als zuvor. Wenn Sie schon bisher Ihren Kindern bei den Hausaufgaben geholfen oder diese überwacht haben, werden Sie auch jetzt nicht mehr Energie aufwenden müssen, wenngleich sich Ihre Rolle deutlich verändern wird. Von nun an ist es nicht mehr Ihre Aufgabe, zu nörgeln und zurechtzuweisen; stattdessen wird es Ihr Job sein, Fragen zu beantworten und mitzuhelfen, die geeigneten Menschen und Ressourcen zufinden, um jene Fragen zu beantworten, auf die Sie keine Antwort finden. Wenn Ihre Tochter zum Beispiel Freude daran findet, Burgen zu zeichnen, könnten Sie sie einem Architekten aus Ihrem Bekanntenkreis vorstellen, oder ihr von dem Vortrag über Leben im Mittelalter erzählen, über den Sie in der Zeitung gelesen haben.

Wenn ein Teenager, der nicht mehr die Schule besucht, Sie nicht benötigt, um ihn zu *unterrichten*, wofür benötigt er Sie dann? Selbstverständlich um ihm *Eltern zu sein* und ihm all die Liebe und Stabilität zu bieten, die dieses Elternsein bedeutet.

Außerdem können Sie bei logistischen Aufgaben behilflich sein, wie mit dem Beispiel der Burg angesprochen. Wenn Teenager jahrelang in ihrer Ausbildung mit dem Löffel zwangsernährt wurden, gelingt nur wenigen unmittelbar der Schritt zu umfassender Selbstständigkeit. Erklären Sie sich bereit, einige Telefonate zu führen, um Treffen und Kurse zu vereinbaren, Ihrem Kind von Ereignissen und Ressourcen zu erzählen, von denen es ansonsten nicht erfahren würde, ihm den Weg zum Planetarium aufzuzeichnen, oder ihm die Universitätsbibliothek zu erklären. Außerdem werden Sie Ihren Sohn oder Ihre Tochter durch die staatlichen Regelungen für Homeschooler begleiten müssen. Zum Glück gibt es heute Selbsthilfegruppen, die Ihnen auf diesem Weg zur Seite stehen.

Vertrauen ist ein weiterer Punkt. Wenn Sie Ihrer Tochter von dem bevorstehenden Vortrag über das Leben im Mittelalter erzählen, sollten Sie deutlich zum Ausdruck bringen, dass Sie lediglich Informationen weitergeben, und dass dies kein *Auftrag* Ihrerseits ist. Wenn Sie nicht an Ihre Tochter glauben, wird es nicht funktionieren. Wenn Sie sie aufgeben, ihr hinterherschnüffeln, sie drängen oder immer wieder ängstlich nachfragen, wie es um ihre Algebrakenntnisse steht, werden Sie Ihre Chance auf eine gesunde innerfamiliäre Beziehung vergeben, *und* Sie werden sie damit wieder in die Schule zurückschicken, wo es viel weniger zu verlieren gibt.

Vertrauen bedeutet zum Teil auch, die Übergangszeit zu akzeptieren, die Ihr Teenager benötigt. Wie in Kapitel 12 erläutert, müssen sich neue Unschooler oft erst durch eine Flut unterschiedlichster Gefühle über Schule und Leben arbeiten, ehe sie an die Dinge »intellektuell« oder »akademisch« herangehen können. Stehen Sie diesen Sturm mit Ihrem Kind gemeinsam durch. Bieten Sie Ihre Unterstützung, Ihre Ideen und Ihre Arme an. Aber drängen Sie Ihr Kind nicht.

Erwarte ich tatsächlich, dass Sie dies alles einfach so hinnehmen? Noch nicht. Nicht nach dieser kurzen Anmerkung. Später aber schon. Ich gehe davon aus, dass Sie so eine positive Haltung gegenüber einem Schulausstieg entwickeln: 1) Lesen Sie John Holts Bücher *Aus schlauen Kindern werden Schüler, Kinder lernen selbstständig – oder gar nicht(s), Bildung in Freiheit* und *Zum Teufel mit der Kindheit (siehe Anhang)*. 2) Lesen Sie Berichte von Eltern, deren Teenager zu Homeschoolern wurden – im Englischen vor allem die Bücher von Micki und David Colfax *Homeschooling for Excellence*, Cafi Cohen *And What About College?* und Nancy Wallace *Child's Work*. Bisher auf Deutsch erschienene Erfahrungsberichte: *Die Freilerner* von Dagmar Neubronner, *... und ich war nie in der Schule* von André Stern sowie *Freilernbildung. Wie Homeschooling gelingt* von Luise Fuchs oder suchen Sie Kontakt zu Freilernern über das Internet (siehe Anhang A). 3) Lernen Sie Homeschooler aus Ihrer unmittelbaren Umgebung kennen (wie bei allen anderen Menschen gibt es auch bei Homeschoolern eine große Vielfalt; also geben Sie nicht auf, wenn Sie nicht sofort auf ein Ihnen sympathisches Exemplar stoßen), 4) Beschaffen Sie sich alte Exemplare der Zeitschrift *Growing Without Schooling (GWS)*, für die es leider noch keine deutsche Entsprechung gibt – nichts ist ermutigender! Zarte deutsche Ansätze in dieser Richtung sind die »Freilernzeitschrift für selbstbestimmtes Lernen und Leben« und das »unerzogen«-Magazin aus dem tologo-Verlag. 5) Werfen Sie einen Blick auf Ihre eigene Jugend und Ihr heutiges Leben. 6) Beobachten Sie bescheiden Ihren Teenager und öffnen Sie sich für die Möglichkeit, dass er ebenso eine eigenständige Person sein könnte ... wie Sie.

Für den Rest des Buches sind Sie mir als Gast willkommen. Von Zeit zu Zeit werden Sie Aussprüche anderer Eltern und Erwachsener lesen, die Sie möglicherweise bestärken. Je nach Ihrem Blickwinkel werden Sie im gesamten Buch einen berauschend hoffnungsvollen oder einen gefährlich aufmüpfigen Tonfall entdecken. Vor allem aber wird es Ihnen eine Vielzahl von Informationen bieten, die Sie benötigen: Einiges davon gehört bei Erwachsenen zum Allgemeinwissen, während Teenager, die den Großteil ihres Lebens von der Welt und ihren Wundern abgeschlossen waren, noch nicht damit vertraut sind.

Eine abschließende Bemerkung: Wenn Sie ohnehin bereits enttäuscht sind von der »Ausbildung« Ihres Kindes und dem Thema Schulaustritt vielleicht sogar positiv gegenüberstehen, und wenn Sie mit einem Teenager leben, der deprimiert ist, weil er in seiner Entwicklung nicht vorankommt, dann hoffe ich, Ihnen als Verbündete einen Einblick in eine gesunde, selbst gewählte Ausbildung bieten zu können.

Viel Glück!

Über dieses Buch

Hat dir je ein Erwachsener gesagt, dass du darüber nachdenken solltest, die Schule abzubrechen? Dass du dann noch andere Möglichkeiten hast, als ein Leben lang Hamburger zu braten oder am Bahnhof mit Crack zu dealen? Dass du, wenn du erst einmal draußen bist, besser und schneller und natürlicher lernst und dich entwickelst, als du es je in der Schule getan hast, und dass es unzählige Alternativen gibt? Dass du die Schule abbrechen und dennoch auf eine gute Hochschule gehen kannst und sogar ein vollkommen bürgerliches Leben in einem netten Vorort führen kannst, wenn es das ist, was du willst? Nun, wenn es dir noch niemand gesagt hat, dann sage ich es dir. Dafür gibt es dieses Buch.

Worum es in diesem Buch nicht geht

In diesem Buch geht es nicht um »Hausunterricht«, wo du den ganzen Tag zu Hause bleibst, wo im Wohnzimmer eine Schreibtafel hängt und du die Aufsätze schreibst, die dir dein Vater aufgibt, und die Geometrieübungen machst, die dir deine Mutter vorschreibt.

Diese Form des Hausunterrichts hat einiges für sich, vor allem für kleine Kinder, die noch nicht lesen, schreiben, rechnen und mit einem Computer umgehen können. Allerdings kann man auch viel Schlechtes darüber sagen. In diesem Buch werde ich sehr wenig darüber sagen.

Viele, die ihre Zeit für eine großartige außerschulische Ausbildung nutzen, *bezeichnen sich selbst* als Homeschooler, weil sie das vor Schwierigkeiten bewahrt und sie damit die Nachbarn nicht so verschrecken. Anne Brosnan erklärt dies besonders gut in einem Brief an die Zeitschrift *Growing Without Schooling:*

> Wenn dich ein Erwachsener fragt: »Warum bist du nicht in der Schule?«, solltest du ihn lieber besänftigen, indem du sagst: »Meine Mutter (Mein Vater) unterrichtet mich zu Hause.« Denn wenn du sagst: »Ich gehe gar nicht in die Schule. Alles, was ich bisher weiß, habe ich mir selbst beigebracht«, dann glaubt er, dass du von der Schule abgehauen oder sonst wie verrückt bist. Im ersten Fall glaubt er, dass dein Vater oder deine Mutter Lehrer ist und du zu Hause Privatunterricht erhältst.
>
> In Amerika glauben die Erwachsenen, dass es unheimlich schwierig ist, sich selbst etwas beizubringen, und dass du, wenn du etwas lernen willst, jemanden finden musst, der es dir beibringt. Das führt zu der Vorstellung, dass Kinder solange dumm sind, bis sie zur Schule gehen.«[1]

Wenn du die Schule verlässt, wirst du dich vielleicht auch als Homeschooler bezeichnen, zumindest wenn du mit der Schulbehörde sprichst. Das bedeutet nicht, dass du die hässlichen Seiten der Schule jetzt auch nach Hause bringen und deine Eltern in Lehrer verwandeln sollst. Es bedeutet nicht einmal, dass du zu Hause bleiben musst. Immerhin sollst du *mehr* von der Welt erfahren, nicht weniger. Um derartige Assoziationen zu vermeiden, spreche ich lieber von *Unschooling/Freilernen*. Denke deshalb immer daran, dass viele Menschen, die über *Homeschooling* sprechen, damit dasselbe meinen wie ich mit *Unschooling*.

Dieses Buch befasst sich auch nicht spezifisch mit christlichem Homeschooling, auch wenn die meisten Christen es genauso nützlich finden werden wie alle anderen Leser. Dies betone ich, weil viele Leute Homeschooling mit fundamentalistischen Christen und der Ablehnung der Evolutionstheorie Darwins verknüpfen. Viele Homeschooler sind tatsächlich fundamentalistische Christen, was sich deutlich auf die Art der Ausbildung auswirkt, die sie anstelle der Schulausbildung absolvieren. Viele sind aber auch Agnostiker, offene Christen, Juden, Nichtgläubige, Rastafaris, Atheisten und Buddhisten. Du kannst dich jeder beliebigen Religion zuwenden, aber ich werde dir auf diesen Seiten nicht raten, anstelle eines Biologiebuchs deine Bibel zu lesen.

Worum es in diesem Buch geht

Dieses Buch ist ein Joker, ein Versuch aufs Geratewohl, ein hoffnungsvolles Gebet.

Dieses Buch will dich dazu anregen, die Schule zu verlassen und das zu tun, was du gerne tust. Das ist sicher das Verrückteste, das du je gehört hast. Um dir diesen Gedanken näher zu bringen, werde ich dir von Teenagern erzählen, die bereits ohne Schule glücklich leben, und ich werde viele Ideen und Strategien anbieten, die dir helfen werden, ein echtes Leben zu führen, und deine Eltern überzeugen, dir dabei zu helfen.

»Entschuldige mal«, unterbrichst du mich, *»ich soll von der Schule abgehen? Ich soll meine Zukunft wegwerfen, mein ganzes Leben lang an einer Tankstelle Benzin zapfen, drogensüchtig werden und mich in der heutigen Welt nicht zurechtfinden?«*

Wenn du so reagierst, steht es dir frei, augenblicklich zum nächsten Lehrer zu laufen und dir ein paar goldene Sterne, Fleißbärchen, Extrapunkte und ein stolzes Lächeln abzuholen. Du hast nämlich genau das gelernt, was man dich gelehrt hat. Aber solltest du es eines Tages leid sein, Fleißpunkte zu sammeln, dann komm doch bitte zurück und lies weiter.

Dieses Buch geht davon aus, dass das Leben herrlich ist und dass Schulen dich ersticken. Es basiert auf dem leidenschaftlichen Glauben an die Freiheit, und auf der Überzeugung, dass Schulen genau das Gegenteil von dem tun, was sie verkünden. Sie verhindern das Lernen und zerstören die Begeisterung dafür.

Selbstverständlich gibt es Hunderte andere Bücher, die von denselben Voraussetzungen ausgehen. Einige dieser Bücher gelangen zu der Ansicht, dass man mit bestimmten Veränderungen – z. B. intelligenteren, motivierteren Lehrern – die Schule sehr wohl positiver gestalten kann. Andere sind der Meinung, dass Pflichtschulen *grundsätzlich* schlecht und gesellschaftlich nachteilig sind, und dass zumindest einzelne Schüler aus diesen Schulen austreten sollten. Dem stimmt dieses Buch zu, aber dabei bleibt es nicht.

Dies hier ist ein Buch für die *Praxis* – ein Buch für individuelle Teenager, ein Handbuch für die reale Welt, das verwendet werden soll und nach dem gehandelt werden soll. Ich glaube nicht daran, dass sich das Schulsystem so weit ändern wird, dass Schulen tatsächlich zu einem gesunden Ort werden, solange ihr Besuch nicht wirklich freiwillig ist. Dagegen glaube ich fest daran, dass du und deine Freunde auf intelligente Weise die Kontrolle über euer eigenes Leben übernehmen können. Deshalb umgeht dieses Buch auch den steifen unkreativen Bürokratismus dieses Systems und spricht direkt zu dir.

Wenn die Schulen nicht auf so wirkungsvolle Weise zur Verdummung ihrer Schüler beitrügen, wäre dies ein sehr kurzes Handbuch. Leider haben aber die meisten Teenager, die ich kenne und mit denen ich gearbeitet habe – so wie ich selbst als Teenager – weniger Ahnung als Vorschulkinder, wenn es darum geht, welche wichtigen Fragen sie stellen müssen und wie diese zu beantworten sind. Deshalb befasst sich dieses Buch vor allem mit dem richtigen Zugang: wie du etwas tust, wo du etwas findest, welche Möglichkeiten du hast, wie du sie am besten nützen kannst.

Für wen dieses Buch ist

Wie der Titel schon zart andeutet, ist dieses Buch für *Teenager* – aber auch deren Eltern und jüngeren Geschwister sind herzlich willkommen. Wenn du neun Jahre alt bist und dich mit Hilfe dieses Buches befreien willst, wünsche ich dir viel Kraft. Wenn du elf Jahre alt bist und dich als Teenager betrachtest, ist mir das auch recht.

Ist dieses Buch für *alle* Teenager bestimmt? Darauf habe ich fünf Antworten. Wenn du mir ähnlich bist, dann ist dieses Buch eindeutig für dich bestimmt. Als ich noch zur Schule ging, wurde ich oft gefragt, ob es mir gefiele. Manchmal sagte ich ja, manchmal nein. Allerdings dachte ich nicht viel darüber nach, denn ich fand, dass es egal wäre. Ob es mir nun gefiel oder nicht, ich hatte keine andere Wahl – zumindest glaubte ich das. Auf abstrakte Weise glaubte ich sogar an die Schule: an Ausbildung, Lernen, große Schriftsteller, Dichter, Denker und all das. Meine Noten waren ausgezeichnet, obwohl ich Hausaufgaben hasste – und sie nur selten machte. Ich fühlte mich deswegen eher schuldig als stolz. Auch der mangelnde Respekt, mit dem meine Altersgenossen und ich lebten, störte mich nicht, weil ich mir gar nicht vorstellen konnte, von Erwachsenen anders behandelt zu werden.

Üblicherweise dachte ich, dass es mir wesentlich besser gehen würde, wenn ich schon in der Oberstufe wäre und nicht erst in der Unterstufe, oder wenn ich zumindest eine künstlerisch ausgelegte Internatsschule besuchen würde statt der langweiligen Highschool. Und obwohl ich die Hälfte meiner Lehrer mochte, fehlte mir jede Begeisterung für ihren Unterricht. Ich sehnte mich lediglich nach den Freitagnachmittagen und den großen Ferien. Bis auf die Chorstunden verlief mein Leben in der Schule monoton und ereignislos, aber ich hatte auch keine Vergleichsmöglichkeiten. Ich hatte noch nie von Homeschooling gehört, geschweige denn von Unschooling. Und ein Schulabbruch kam für mich nicht in Frage. Heute frage ich mich oft ein wenig verbittert, wie die Dinge gelaufen wären, wenn ich damals schon von den Möglichkeiten außerhalb der üblichen Schulausbildung gehört hätte. Die erste Welle der Unschooling-Bewegung erreichte Menschen in meinem Alter, die ich doch ein wenig beneide.

Dieses Buch ist *nicht ausschließlich* für Jugendliche, die man als talentiert bezeichnen würde. Das hebe ich besonders hervor, weil wir im Lauf der Seiten auf viele Unschooler treffen werden, die in ihrer schulfreien Zeit Beeindruckendes leisten. Lass dich von ihnen nicht einschüchtern, sondern vielmehr inspirieren. Sie führen nicht deshalb ein großartiges Leben, weil sie klüger sind als du, sondern weil ihnen genug Zeit zur Verfügung steht und sie jene Ermunterung erhalten, die sie brauchen. Viele von ihnen erbrachten in der Schule sogar ausgesprochen schlechte Leistungen, ehe ihre Eltern sie befreiten.

Dieses Buch ist für dich, egal ob du in den USA, in Wales, in Peru, in Südafrika oder an einem anderen Ort auf dem Planeten Erde lebst. Die erste Ausgabe dieses Buches schrieb ich ausschließlich für die USA, so dass auch jetzt noch viele Seiten meine Erfahrungen als US-Amerikanerin widerspiegeln. Kapitel 11 zeigt jedoch auf, dass Unschooling bis in die entferntesten Winkel der Welt ein aufstrebender Trend ist, so dass auch du daran teilhaben kannst.

Wenn du ohnehin schon darüber nachgedacht hast, die Schule zu verlassen – als »Schulabbrecher« oder in anderer Weise – dann ist dieses Buch selbstverständlich genau das richtige für dich. Wenn du dich wegen deines schulischen »Misserfolgs« schuldig oder unterlegen fühlst, kann ich dir vielleicht ein wenig Optimismus einimpfen. Vielleicht betrachtest du dich dann eher als »Freilerner« statt als »Schulabbrecher«. Denn es macht einen großen Unterschied, wie wir uns selbst sehen.

Wenn du die Schule und den gesamten Ausbildungsapparat wirklich mehr genießt als alles, was du dir sonst noch vorstellen kannst, dann schreibe ich vermutlich nicht für dich, weil ich dich nicht verstehe. Ich bezweifle zwar, dass es so etwas gibt, aber wenn du tatsächlich existierst, dann leben wir in unterschiedlichen Universen. Früher glaubte ich, dass alle Menschen einen starken Willen besitzen und nach Unabhängigkeit streben. Heute bin ich nicht mehr sicher. Vielleicht zerstört die Schule bei einigen Menschen diesen wilden freien Geist tatsächlich vollständig. Andererseits hat mich meine Mutter mehr oder weniger davon überzeugt, dass es auch Menschen gibt, die von Natur aus unterwürfig und passiv sind. Vielleicht muss ich selbst ein wenig über Unterwürfigkeit lernen. Vielleicht habe ich aber auch eine gesunde Abneigung gegen etwas Totes in einem Menschen, das eigentlich lebendig sein sollte.

In jedem Fall lade ich dich ein, dir dieses Buch anzusehen. Wenn es deine Ansichten über die Schule nicht verändert und dich nicht davon überzeugt, dass du die Schule verlassen solltest, dann schärft es vielleicht dein Bewusstsein für einige nützliche Möglichkeiten und Ressourcen und für viele Dinge, die du in deinem Leben *zusätzlich* zur Schule tun kannst. (Selbstverständlich erst, wenn du deine Hausaufgaben fertig hast.)

Natürlich ist Schule nicht gleich Schule. Dennoch bin ich überzeugt, dass auch die alternativste Schule – *solange sie Pflicht ist* – kein gesunder Ort ist. Es wäre jedoch unsinnig von mir zu behaupten, dass jede einzelne Schule für jeden einzelnen Schüler schlecht ist. Wenn du in eine humane Schule gehst, die du sogar im Mai noch gerne besuchst, und du das Gefühl hast, dass sie für dich gesund ist und dir gut tut, dann bleibe dort. Ich hoffe, dass ich nie jemandem abrate, auf sein Herz zu hören. Auch ich höre immer auf meines und handle normalerweise danach. Selbstverständlich solltest du prüfen, ob du nicht Angst und tief verwurzelte Schuldgefühle mit deinen wahren Empfindungen verwechselst.

Warum ich dieses Buch geschrieben habe

Seit meinem Eintritt ins College wusste ich, dass ich Englischlehrerin werden will. Lesen und Schreiben hatten mir immer großes Vergnügen bereitet, wenn ich auch kaum Freude an den Arbeiten fand, die ich für meinen Englischunterricht machte. In meiner Naivität machte ich meine Lehrer dafür verantwortlich. Einige von ihnen waren offensichtlich intelligent, interessiert und kreativ, aber trotzdem war ihr Unterricht langweilig, wofür ich ihnen die Schuld gab. Ich hingegen würde als Lehrerin ganz anders sein.

Mein Unterricht würde dynamisch, unterhaltsam und immer einnehmend sein. Es würde mich lebendig halten, mein ganzes Leben dem »Lernen« zu widmen, und meine Schüler würden mich mit Dankbarkeit überhäufen, weil ich sie vor dem unausweichlichen Gehirntod ihrer bisherigen Existenz bewahren würde.

Meine Lehrerausbildung hat dieser arroganten Haltung einiges von ihrem Glanz genommen, aber ich schrieb den mangelnden Enthusiasmus meiner Schüler meiner Unerfahrenheit und knappen Vorbereitungszeit zu. (Aus unerfindlichen Gründen glaubte ich, später mehr Zeit zu haben, um meinen Unterricht vorzubereiten.) Einige meiner Schüler behaupteten tatsächlich, dass ich die beste Lehrerin sei, die sie je hatten. Die Mehrzahl aber lieferte ihre Hausarbeiten pünktlich ab und sah mich nur seltsam an, wenn ich mich lang und breit über das Schreiben ausließ. Nach meiner

Lehrerausbildung fand ich keine echte Anstellung für den Herbst, so dass ich in öffentlichen Schulen in Oakland und Berkeley in Kalifornien als Aushilfslehrer anfing.

Durch diese Arbeit hatte ich Gelegenheit, die hässlichsten Aspekte des Schulwesens zu sehen, und meine immer schon vorhandene Neigung, mich gegen Autorität aufzulehnen oder mich zumindest darüber lustig zu machen, kam sogleich zum Vorschein und entwickelte sich weiter. Während ich Schüler in das Büro des Direktors schickte, weil sie mich als »weißes Miststück« beschimpft, mich gekniffen oder mehrmals den Unterricht lautstark unterbrochen hatten, dachte ich in stiller Verzweiflung über die Sinnlosigkeit derartiger Großstadt-Monsterschulanstalten nach. Gleichzeitig war ich überzeugt davon, dass ich mit Entschlossenheit Verbesserungen würde bewirken können. Allerdings würde es angesichts der Bürokraten, auf die ich überall stieß, ein schwieriger Kampf werden. Außerdem war es für viele dieser Schüler wohl schon zu spät. Die Schulen hatten ihren »Lerneifer« so gründlich zunichte gemacht, das sich kaum noch Hoffnung hatte, sie dafür begeistern zu können, etwas Großartiges zu schreiben, zu denken oder zu entdecken.

Nach diesem ersten Schuljahr machte ich Pause, um durch Peru zu reisen.

Danach verbrachte ich weitere drei Monate als Aushilfslehrer in homogenen, wohlerzogenen Schulen, wie ich sie aus meiner eigenen Jugend in Boise, im Bundesstaat Idaho, kannte. Während ich immer noch mit Feuereifer Kindern Lesen und Schreiben beibrachte, sehnte ich mich mehr und mehr danach, diesen steifen, langweiligen öffentlichen Schulen zu entkommen. Ich dachte über die Gründung einer eigenen kleinen, kostengünstigen und unabhängigen Schule nach. Dabei stellte ich mir vor, wie eine Gruppe von etwa zehn Schülern Exkursionen machte, irgendwo in einem Keller einen Film drehte oder Romane schrieb. Während ich Ideen sammelte und mich über die logistischen Anforderungen für ein derartiges Unternehmen informierte, stieß ich zum ersten Mal auf die Publikationen von John Holt. Selbstverständlich hatte ich schon von Homeschooling gehört, es aber wie die meisten Anderen als etwas abgetan, das nur ein Haufen ängstlicher Fanatiker machte, weil sie fürchteten, dass ihre Kinder in der Schule herausfinden würden, dass es so etwas wie Evolution und Kondome gibt. John Holts Schriften warfen ein ganz neues Licht auf das Thema und das Gesamtkonzept von Schule und Lernen.

Er geht grundsätzlich davon aus, dass Lernen ein *natürlicher* Prozess ist, der immer dann stattfindet, wenn jemand etwas Reales um seiner selbst Willen tut, und dass die Schule diesen Vorgang verhindert oder stört. Und obwohl mir die meisten seiner Ideen nicht selbst gekommen waren, ergaben sie augenblicklich so viel Sinn, dass ich das Gefühl hatte, sie selbst geboren zu haben. Seine Bücher waren wortgewandt und doch einfach und die klügsten Texte, die ich je über Ausbildung gefunden hatte. Durch sie erkannte ich, dass meine kleine Schule tatsächlich eine gute Alternative für Schüler war, ich jedoch nicht bereit war, sie zu führen. Ich hatte keine richtige Erfahrung und konnte nichts unterrichten, außer wie man stickt, als Rucksacktourist ein Land erkundet, Brot backt, ein bisschen tanzt, Klavier spielt und vielleicht schreibt. Gleichzeitig erkannte ich, dass ich mir von den wenigen Fähigkeiten, die ich hatte, keine einzige in der Schule angeeignet hatte. Vieles wusste ich aus Büchern, oder weil ich meine Ohren offen gehalten hatte, aber nur wenige Bücher, die meinen Geist geformt hatten, waren mir in der Schule vorgestellt oder empfohlen worden. Wieder ärgerte ich mich darüber, dass ich in der Unterstufe den Ballettunterricht aufgegeben hatte (statt die Schule), und meine größte Liebe, das Tanzen, weit nach hinten in das Regal der vernachlässigten und vergessenen Fähigkeiten geschoben worden war. Vor allem aber überwältigte mich das bittere Gefühl, etwas versäumt zu haben, als hätte ich die ganze Zeit nur aus dem Fenster gestarrt, während ich doch hätte reisen, lernen, mich entwickeln und richtig leben können.

So beschloss ich, mein Leben in diesem Augenblick neu zu beginnen. Ich packte meine Sachen und wanderte nach Taos im Staat New Mexico aus, wo ich in einer Hütte schlief, die aus Flaschen und Wind gebaut war, und mich jeden Morgen am Himmel, der unendlichen Weite und dem Salbeigeruch erfreute. (Zu dieser Zeit unterstützte ich meine jüngere Schwester bei ihrer Entscheidung, die Highschool zu verlassen.) Dort tanzte ich, so viel ich konnte.

Ich las zwar weiterhin die Bücher von John Holt, entschloss mich aber, trotzdem zu unterrichten. Es würde immer Schulen geben, ob ich wollte oder nicht, da konnte ich ebenso gut aufspringen und das Beste daraus machen. Allerdings wusste ich nicht, wie ich das tun sollte. Öffentliche Schulen erschienen mir immer noch als erschreckende Institutionen, deshalb träumte ich davon, eine menschliche und lebendige Privatschule zu finden.

Schließlich erhielt ich an einer kleinen freien Schule in Colorado eine Anstellung als Englischlehrerin für die siebente und achte Schulstufe. Ich war begeistert. Dort glaubte man fest an empirische Ausbildung – *Learning by Doing* – und sowohl meine Kollegen als auch die Schulleitung waren wundervolle Menschen: flexibel, enthusiastisch, einfallsreich, intelligent, lustig und warmherzig. Bei nur neunzehn Schülern würde ich Gelegenheit haben, jeden einzelnen gut kennenzulernen. Alles unterschied sich so drastisch von den öffentlichen Schulen, die ich kannte, dass ich mich mit großer Begeisterung auf meine neuen Aufgaben freute.

Das Jahr verlief größtenteils ruhig. Dennoch beschlich mich allmählich das Gefühl, dass diese kleine Schule für die meisten ihrer Schüler im Grunde nicht gesünder war als eine normale öffentliche Schule. Selbstverständlich erhielten sie mehr individuelle Aufmerksamkeit als in einer öffentlichen Schule, aber einige lernten dabei auch die hässliche Kehrseite dieser individuellen Aufmerksamkeit kennen: Oft schien es, als würden wir Lehrer alles über das Leben unserer Schüler herausfinden, nur um uns dann endlos mit Dingen auseinander zu setzen, die uns nichts angingen: nicht rechtzeitig vorgelegte Hausarbeiten, soziale Konflikte, unordentliche Hefte. Und selbst wenn wir nicht dazu neigten, im Leben der Schüler herum zu schnüffeln oder sie zu etwas zu drängen, hatten sie wenig Privatsphäre, denn nichts entging unseren Augen.

Dadurch war diese kleine »fürsorgliche«, »kreative« Schule im Grunde nicht besser als jede beliebige öffentliche Schule, denn auch *sie kontrollierte das Leben der Schüler*. Sie schrieb ihnen unablässig vor, wie sie ihre Zeit zu nützen hatten. Was brachte es denn, wenn sie das Leben der ersten Siedler nachspielten, als bloß in trockenen Worten in einem Buch über amerikanische Geschichte darüber zu lesen? Diese trickreichen »empirischen« Aktivitäten, auf die wir Lehrer so stolz waren, hatten denselben Effekt wie Hausarbeiten. Sie raubten den Kindern Zeit und Energie, so dass John, seines Zeichens Mathegenie und Künstler, keine Zeit hatte, seine geometrischen Skulpturen zu bauen, so dass Andy seine Begeisterung für kunstfertige Messer und Schusswaffen nicht weiter verfolgen konnte, so dass Kris und Chris und Rick und Young nicht genug Zeit hatten, um zu lesen, so dass Shira – eine ausgezeichnete Schauspielerin und talentierte Musikerin – fürchten musste, aus ihrer hervorragenden Chorgruppe ausgeschlossen zu werden, wenn sie ihre Hausarbeiten nicht rechtzeitig abgab.

In gewisser Weise schien diese Schule sogar noch schädlicher zu sein als eine öffentliche Schule. Denn die Hausarbeiten nahmen so ein Ausmaß an, dass den Schülern selbst zu Hause kaum Freiraum blieb. Viele Eltern erwarteten von der Schule, dass sie ihre Kinder zu erfolgreichen Rechtsanwälten und Managern machte, und die Schule selbst förderte dieses Image, was die Schüler stark unter Druck setzte.

Ungeachtet all dieser Aspekte entschied ich mich, auch weiterhin zu unterrichten, und suchte nach Möglichkeiten, meine Stunden so gesund wie möglich zu gestalten. Ich wollte meinen Schülern so viel Freiheit innerhalb des Reichs der Sprache lassen wie nur möglich. Dafür entwickelte ich ein unabhängiges Unterrichtsprogramm mit einem innovativen Benotungssystem, das ich mir von Richard E. Koop von der Gulf Middle School in Florida lieh. Die stellvertretende Direktorin, eine mutige, warmherzige Frau, gab mir ihren Segen. Sie meinte, weil ich offenbar vor allem an die Bedürfnisse und die Entwicklung der Schüler dächte, würde sie mein Experiment unterstützen.

Mein zweites Jahr als Lehrer an dieser Schule begann ich mit großen Hoffnungen, die sich schon bald in Luft auflösten. Vier von fünf Schülern, die sich gerne schriftstellerisch betätigten (und auch in ihrer Freizeit und den Ferien schrieben), machten durch das Programm große Fortschritte. Es ließ ihnen offiziell genug Zeit, um das zu tun, was sie ohnehin gerne taten – Romane, Kurzgeschichten oder lange Essays zu schreiben – anstatt ihre Energien für willkürliche Aufgaben von willkürlicher Länge nach einem willkürlichen Zeitplan aufzuwenden. Die meisten meiner Schüler empfanden das Programm jedoch nur als weitere Form, sie zu etwas zu drängen, das sie weder wirklich wollten, noch brauchten, zumindest nicht jeden Tag. Soviel zum Thema Freiheit.

Nachdem ich schon eine Weile bedrückt war, weil mein Lehrplan das Wesen der Schule nicht grundlegend verändert hatte, fuhren wir für eine einwöchige Exkursion nach Washington, D. C. Der Konflikt war unausweichlich. Die Lehrer, die die Reise geplant hatten, wollten so viel wie möglich von dem unterbringen, was es in der Region zu sehen und zu tun gab, wodurch unser Zeitplan hektisch und anstrengend wurde. Nach einem besonders hektischen Tag kam es schließlich dazu, dass die Schüler gerügt wurden, weil sie während einer langweiligen Abendlesung nachlässig auf ihren Stühlen gelümmelt waren und miteinander geflüstert hatten. Als sich die Schüler lautstark verteidigten, und einer meiner Lieblingsschüler aufrichtig erklärte, dass er am liebsten nach Hause fahren würde, drehte sich alles in meinem Kopf. Es war nur fair, dass man von jemandem, der sich freiwillig in eine bestimmte Situation begab, erwartete, dass er sich angemessen verhielt. Wenn ich ins Kino gehe und den gesamten Film hindurch mit meinem Sitznachbarn plaudere, verdiene ich es, hinausgeworfen zu werden. Wenn ich keine Lust habe still zu sitzen, sollte ich erst gar nicht ins Kino gehen. Aber unsere Schüler hatten nicht die Wahl. Niemand hatte sie gefragt, ob sie die Lesung hören wollten, ob sie überhaupt nach Washington fahren wollten, und ob sie jeden Tag Englisch und Naturwissenschaften lernen wollten.

In dieser Nacht lag ich bis vier Uhr früh aufgewühlt und schlaflos im Bett. Auch wenn ich selbst unseren Schülern an diesem Abend keine Vorwürfe machte – ich hatte ihnen schon aus ähnlichen und mitunter weniger gerechtfertigten Gründen Vorwürfe gemacht.

Als ich mir Holts Publikationen in Erinnerung rief, musste ich mir eingestehen, dass er Recht hatte: Die Schule war kein guter Ort, sie war ein Ort, *an dem Kontrolle ausgeübt* wurde. Durch meine Anwesenheit würde ich nichts daran ändern. Es war deutlich zu sehen, dass einige meiner Schüler die Nase voll hatten von der Schule, aber gleichzeitig hatten sie keine Ahnung, welche Möglichkeiten es noch gab. Damals keimte in mir der Gedanke an dieses Buch. Im hintersten Winkel meines Geistes wusste ich, dass ich nicht einfach weiter unterrichten konnte. Aber ich lehnte mich gegen dieses Wissen auf. Mich schreckte und verunsicherte der Gedanke an ein Leben ohne meine »Karriere«. Gleichzeitig sah ich von da an die Welt aus einer frischeren, ehrlicheren Perspektive. Während ich über den Bürgersteig eilte und die Schüler schalt, weil sie trödelten, dachte ich sehnsuchtsvoll daran, wie schön es wäre, eine geruhsame Woche mit einigen wenigen Schülern in Washington zu verbringen, mit den Obdachlosen zu sprechen, die in der Nähe des Weißen Hauses campierten, tagelang durch das Smithsonian Museum zu streifen und sich die Zeit zu nehmen, Skateboard zu fahren oder in den Himmel zu starren.

Nach unserer Rückkehr nach Colorado festigte sich meine Überzeugung von Tag zu Tag. Dann las ich ein Zitat von Emerson auf der Wandtafel über den Bürgerkrieg, das mich erschauern ließ. »Wenn du eine Kette um den Hals eines Sklaven legst, schließt sich das andere Ende um deinen eigenen Hals.« Den letzten Anstoß gab eine Textstelle von Thoreau, die ich am Freitag darauf mit meinen Schülern las. Fast alles, was er sagte, schien sich auf das Thema Schule zu beziehen. Eine Stelle aus seinem Werk »Über die Pflicht zum Ungehorsam gegen den Staat« brannte sich jedoch in mein Gehirn ein. Nachdem Thoreau erklärt hatte, dass er so lange keine Steuern zahlen würde, solange der Staat das Übel der Sklaverei unterstützte, hatte er geschrieben:

Wenn mich ein Steuereintreiber fragt, wie es schon geschehen ist: *»Was soll ich machen?«*, so lautet meine Antwort: *»Wenn Sie wirklich etwas tun wollen, dann treten Sie von Ihrem Posten zurück.«* Wenn der einzelne Bürger die Loyalität verweigert und der Beamte von seinem Posten zurücktritt, dann ist die Revolution vollbracht.

Das war es. Nun, da ich gezwungen war, mich meiner Verantwortung zu stellen, beschloss ich, erst meine Lehrtätigkeit aufzugeben und dann dieses Buch zu schreiben. Wenngleich John Holt und einige andere Autoren einen ganzen Stapel von ausgezeichneten Büchern über Unschooling geschrieben hatten, war ich überzeugt, dass die Teenager ein *eigenes* Buch brauchen, eines, das ihnen sagt, dass es nicht falsch ist, die Schule zu hassen, und das ihnen Alternativen aufzeigt.

Der Rest dieses Schuljahrs war grauenvoll schwierig und seltsam zugleich. Im Klassenzimmer schwankte ich zwischen dem ungezwungenen, menschlichen Wesen, das ich gerne sein wollte, und der geschäftsmäßigen Lehrerin, die ich sein musste, wenn meine Klasse funktionieren sollte. Einerseits lachte ich mit meinen Schülern, sprach mit ihnen über eine Geschichte, die einer von ihnen geschrieben hatte, und ignorierte, dass sie Kaugummi kauten (was in dieser Schule nicht erlaubt war), oder sich »nicht schulmäßig« verhielten. Andererseits ließ ich sie nachsitzen, weil sie fluchten, zu spät kamen, und selbstverständlich für jede andere grobe, sarkastische oder sonst wie »unpassende« Äußerung. Durch meine verwirrende Widersprüchlichkeit wirkte ich als Autoritätsperson wahrscheinlich erschreckender, als wenn ich nach militärischem Stil unterrichtet hätte. Manchmal hatte ich das Gefühl, dass ich genau dann nervös zurückschlug und im Lehrermodus meine Schüler wegen »Störens im Unterricht« tadelte, wenn sie aus ihrer Deckung kamen und mich als Menschen wahrnahmen.

Einerseits konnte ich meinen Schülern nicht mit reinem professionellen Gewissen von den in mir tobenden Gedanken erzählen, andererseits verkraftete ich es moralisch nicht, ihnen nicht davon zu erzählen. Als mir ein Freund einen Anstecker mit der Aufschrift »Free the Kids« schickte, trug ich ihn. Mitunter hatte ich auch Angst, all meine Freunde und sogar das Vertrauen meiner Schüler zu verlieren, wenn ich dieses Buch schrieb. Schließlich erzählte ich zweien meiner Schüler davon, wenn auch nicht ohne schlechtes Gewissen als Lehrer. Nun hoffte ich nur noch, das Buch rasch fertig zu stellen. Immerhin sollte es noch rechtzeitig in die Hände meiner Schüler gelangen, damit sie selbst entscheiden konnten, ob sie ihr Leben verändern wollten. Der Juni kam, und ich umarmte meine Schüler und Kollegen in einem tränenreichen Abschied.

Dann fuhr ich nach Oregon und richtete mich mit meinem Computer ein. Zitternd und grinsend setzte ich mich vor die Tastatur, um diese Seiten für dich niederzuschreiben.

Wie dieses Buch zu verwenden ist

Dieses Buch ist in sechs Teile gegliedert. Im ersten Teil erfährst du, warum du darüber nachdenken solltest, ob du die Schule verlassen willst. Im zweiten erfährst du, wie du dich auf den Schulaustritt vorbereitest. Im dritten und vierten findest du Ideen, was du tun kannst, sobald du die Schule verlassen hast. Im fünften werden Menschen beschrieben, die bereits ohne Schule leben. Die Anhänge sind randvoll mit Adressen, Verlagen und Websites, sowie meinem eigenen »Nachwort« und anderen Dingen. Ich habe mich bemüht, die bestmögliche Anordnung zu finden. Selbstverständlich steht es dir aber auch frei, das Buch diagonal zu lesen.

Vergiss nicht, das Buch deinen Freunden zu leihen, oder ihnen vorzuschlagen, sich selbst ein Exemplar zu besorgen. Neben vielen anderen Ressourcen empfehle ich Dutzende Bücher, von denen einige zwar nicht mehr gedruckt werden, aber in Bibliotheken oder Antiquariaten immer noch erhältlich sind. Nachdem ich viel Energie und Gedanken für die Empfehlungen aufgewendet habe, höre ich oft von Lesern, dass meine Vorschläge für sie sehr nützlich waren. Das soll dich nicht zu der Annahme verleiten, dass du ein Buch benötigst, um ein Projekt in Angriff zu nehmen (z. B. eine Zeitschrift herauszugeben, eine Lesegruppe ins Leben zu rufen oder die Ameisen in deiner Küche zu studieren). Wenn du eines der empfohlenen Bücher zu schwierig findest, ist es im Allgemeinen in Ordnung, wenn du ein anderes zum selben Thema wählst. Und da dieses Handbuch im Jahr 1998 überarbeitet wurde, kann es keine Auskunft über danach erschienene Bücher liefern. Darüber hinaus ist in diesem Buch nicht genug Platz, um alle meine Entdeckungen seit der ersten Ausgabe im Jahr 1991 hier unterzubringen. Im Internet kannst du jedoch zu allen Themen beliebig recherchieren.

Die meisten in diesem Buch erwähnten Organisationen werden dir gerne kostenlos Informationen zusenden, wenn du darum bittest. (Du findest sie problemlos im Internet.) Vergiss nicht, dass es sie etwas kostet, dir per Post Material zuzusenden. Vor allem bei gemeinnützigen Vereinen solltest du daran denken, Bäume zu retten und Geld zu sparen, indem du zuerst ihre Website aufsuchst. Solltest du ein wenig Geld übrig haben, könntest du ja auch einen Euro mit deiner Bitte um Information mitschicken.

Obwohl dir mit diesem Buch so viele Informationen zur Verfügung stehen, solltest du dich nicht verpflichtet fühlen, alle, oder auch nur einen großen Teil davon, weiterzuverfolgen. Lass dich nicht von der Informationsflut überwältigen, und lass erst gar nicht das Gefühl aufkommen, dass du alles lesen solltest, was ich dir empfehle. Nütze das Buch als Führer zu einigen dir wichtigen Dingen und lass die anderen einfach links liegen. Stille und Raum sind für deine »Ausbildung« ebenso notwendig und förderlich wie Aktivität.

Außerdem informiert dich das Buch bei weitem nicht über alles, was es auf dieser Welt gibt. Lass dich durch meine Vorschläge nicht einschränken, sondern nütze sie als Ausgangspunkt. Ich hoffe, dass es von diesem Buch noch viele aktualisierte Ausgaben geben wird. Deshalb bist du herzlich eingeladen, mir deine Empfehlungen für Ressourcen, deine Neuigkeiten, Informationen über deine eigenen Aktivitäten oder die Antworten von Anderen zuzusenden.

Noch etwas. Jeder von uns riskiert immer wieder, die Erwartungen anderer zu übertreffen oder zu enttäuschen. Unsere Gesellschaft scheint nicht sehr viel Vertrauen in Teenager zu setzen und erwartet deshalb auch nicht viel von ihnen. Lass dich trotzdem nicht abschrecken, wenn du in diesem Buch darüber liest, wie man eine Weltreise plant, wie du ein Unternehmen gründest, oder wie du dich ernsthaft mit einem bestimmten akademischen Thema auseinander setzt, das dich brennend interessiert. Du bist kein Dummkopf – das weiß ich genau, weil auch ich mit 15 Jahren kein Dummkopf war. Auch wenn ich nicht viel wusste, hätte ich mit den richtigen Informationen und der nötigen Freiheit einiges erreichen können. Ich hoffe, dass dir dieses Buch die »richtigen Informationen« liefert und dir hilft, die Freiheit zu finden, die du brauchst.

Wenn ich das Alter eines bestimmten Teenagers erwähne, beziehe ich mich auf sein Alter zu dem Zeitpunkt, als er mir oder an die Zeitschrift *Growing Without Schooling* (ab jetzt abgekürzt als *GWS*) schrieb. Einige der erwähnten 16-Jährigen sind mittlerweile sechsundzwanzig. Genieße deinen Flug ... und erzähle mir, wo du gelandet bist.

Teil 1

Die Entscheidung

Kapitel 1
Land der Freiheit

Die mächtigste Waffe in den Händen der Unterdrücker ist der Geist des Unterdrückten.

– STEVEN BIKO

Wie seltsam und unsinnig, dass ein angeblich freies Land seine Jugend für ein Leben in einem totalitären System schult.

»Nein, David, du gehst erst in der Pause auf die Toilette.«

»Leider zieht Ihre Tochter es vor, die Klasse zu unterhalten, statt angemessen am Unterricht teilzunehmen.«

»Guten Morgen. Bitte öffnet eure Arbeitsbücher auf Seite 30. Danke. John, du sollst Seite 30 aufschlagen.«

»Carter, wenn ich dich noch einmal auffordern muss, dich zu setzen, wanderst du zur Schulleiterin.«

»Miguel, wir haben jetzt nicht Mathematik. Also pack das Buch weg. Vergiss nicht, dass fünfzehn Prozent der Gesamtnote in meinem Fach aus Teilnahme am Unterricht und Verhalten bestehen.«

»Ladies und Gentlemen! Den Lärm heben wir uns für die Pausenhalle auf.«

»Ich würde ja gerne hören, was du zu sagen hast, Monty, aber dafür musst du erst die Hand heben.«

»Heute Abend macht ihr die Übungen bis Seite 193 und lest den nächsten Abschnitt.«

»Marisa, von dir benötige ich eine schriftliche Erklärung, warum du heute deine Hausarbeit nicht abgeliefert hast.«

»Laura, leg das Buch weg. Wenn ich dich noch einmal damit erwische, gibt es ein Minus für den heutigen Unterrichtstag. Und ich glaube nicht, dass du dir das leisten kannst.«

Woran denkst du, wenn du das Wort *Freiheit* hörst? An das Ende der Sklaverei? An den Fall der Berliner Mauer? An einen Gefangenen, der sich in Chile mit einem Löffel einen Fluchttunnel aus seiner Einzelhaftzelle gräbt? An eine alte Frau, die durch den Tod ihrem gebrechlichen Körper entflieht? An Gorillas, die im Dschungel tanzen, statt hinter Gitterstäben zu versauern? Wenn ich das Wort *Freiheit* höre, denke ich an meine Teenager-Zeit und wie herrlich die Sonne am ersten Tag der Sommerferien auf meine Wangen schien.Gehst du zur Schule? Ja? Dann ...

Bist du nicht frei?

Schule bedeutete KONTROLLE. Das ist wohl die überwältigendste Wahrheit. Die Schule kontrolliert die Art und Weise, wie du deine Zeit verbringst (woraus besteht denn das

Leben, wenn nicht aus Zeit?), wie du dich benimmst, was du liest, und zu einem Großteil auch, was du denkst. In der Schule hast du keine Kontrolle über dein Leben. Außerhalb der Schule kannst du dein Leben so weit kontrollieren, wie es dir deine Eltern zutrauen. »Wenn ich mich mit den Schülern einer konventionellen Schule vergleiche«, schreibt die zwölfjährige Unschoolerin Colin Roch, »dann ist das, als würde ich die Freiheit eines wilden Hengstes mit der Freiheit von Vieh auf der Weide vergleichen.«[2]

Mit diesem Buch ziele ich vor allem darauf ab, dass du den Begriff Freiheit mit *dir* in Verbindung setzt und dich fragst, warum deine Freunde und du nicht so viel Freiheit haben, so dass du aus dem geschäftigen Gefängnis in die freien Prärien des Lebens aufbrichst. Von meinem idealistischen amerikanischen Blickwinkel betrachtet, gibt es viele gute Gründe, um aus der Schule auszusteigen. Das Streben nach Freiheit vereint jedoch fast alle und überstrahlt die anderen.

Wenn du dir die Geschichte der »Freiheit« ansiehst, fällt dir auf, dass viele Menschen, die nicht frei sind, ihre Beschränkungen für selbstverständlich halten. Sie erscheinen ihnen sogar als »normal« und natürlich. Das ist besonders erschreckend. Auch wenn ihnen die Einschränkungen nicht gefallen, stellen nur wenige sie in Frage, oder überlegen sich, wie es anders sein könnte. Es gab einmal eine Zeit, als viele farbige Sklaven beinahe stolz darauf waren, wie wohlerzogen und fleißig sie waren – oder zumindest sprachen sie so darüber, als wären sie stolz darauf. Es gab einmal eine Zeit, als die meisten Frauen glaubten, dass sie ihren Ehemännern gehorchen und sich ihnen unterwerfen müssten – oder zumindest sprachen sie so darüber, als würden sie es glauben. Tatsächlich verinnerlichen unterdrückte Menschen ihre Unterdrückung manchmal so sehr, dass sie sogar noch grausamer und strenger in ihrem Urteil sind als die Unterdrücker. In China erhoben die Männer die deformierten weiblichen Füße zu einem sexuellen Fetisch, aber es waren die *Frauen*, die ihren Töchtern die Füße banden.

Offenbar haben Farbige und Frauen im Lauf der Zeit doch mehr Freiraum für ihr Leben gesehen. Diese Veränderung fegte nicht nur wie ein Wirbelsturm durch ihre Köpfe, sondern spiegelte sich nach und nach auch in den Gesetzen und der Haltung der Öffentlichkeit wider. Und obwohl immer noch nicht alles erreicht ist, gehen heute die USA mit Menschen verschiedener Hautfarbe und Trägerinnen von Milchdrüsen deutlich freundlicher um als noch vor einhundert Jahren. Vor allem aber gehen diese Menschen heute selbst verständnisvoller und freundlicher mit sich selbst und einander um. Sie träumen größere Träume und trauen sich im Leben mehr zu, als bloß Baumwolle zu pflücken für ihren Herrn, oder einen Martini zu mixen für den Ehemann.

Heute jedoch tragen viele von euch dazu bei, dass sich die Geschichte wiederholt, weil ihr gar nicht daran glaubt, dass ihr frei sein *sollt*. Selbstverständlich wollt ihr frei sein, und dies auf vielfache Weise, nicht nur in der Schule. Die Gesellschaft versorgt euch jedoch mit so vielen herablassenden, falschen und schädlichen Botschaften über euch, dass die meisten von euch sich gar nicht mehr zutrauen, mit Freiheit richtig umzugehen. Besonders kompliziert wird die Sache, weil gerade jene Menschen, die eure Freiheit beschneiden und euch ein Entrinnen unmöglich machen, von sich behaupten, euch zu helfen, und selbst überzeugt sind, dass ihr ihre Hilfe benötigt: eure Lehrer, Tutoren und vielleicht auch eure Eltern.

Warum *solltest* du frei sein?

Warum sollte überhaupt jemand frei sein? Um wirklich Mensch zu werden und aus dem Vollen zu leben. Wenn du so lebst, wie es dir ein Anderer vorschreibt, lebst du nicht wirklich. Entscheidungen zu treffen, ist ein wichtiger Grundstein des Lebens, und in einem vollen Leben erfolgt jede Entscheidung bewusst und mit Genuss.

Noch ein weiterer Grund für deine persönliche Freiheit liegt auf der Hand: Damit du lernst, in einem freien Land verantwortungsvoll und glücklich zu leben.

In letzter Zeit sprechen Lehrer und Erzieher oft über »empirische Ausbildung«. Klugerweise haben sie erkannt, dass man am besten lernt, wenn man nicht nur über ein Thema liest, sondern sich auch praktisch damit befasst. Mein Kollege Gary Oakley hat zum Beispiel Naturkunde unterrichtet, in dem er mit seinen Schülern einen verunreinigten Teich sanierte. Selbstverständlich hat es eine tiefere Wirkung, wenn wir etwas auf diese Weise erfahren, als bloß darüber zu lesen, einen Vortrag zu hören oder zu diskutieren. Es bedeutet, dass wir wirklich teilnehmen – dass wir Wissenschaftler oder Musiker *sind*, anstatt nur von außen zuzusehen.

Allerdings scheint es den Erziehern bisher entgangen zu sein, dass empirische Ausbildung ein zweischneidiges Schwert ist. Wenn du etwas tust, um es zu erlernen, dann *lernst du genau das, was du tust.* Die ganze Zeit über, die du in der Schule bist, lernst du aus Erfahrung, wie es ist, in einer Diktatur zu leben. In der Schule schließt du dein Arbeitsbuch, wenn die Glocke läutet. Du sprichst erst, wenn du dazu aufgefordert wirst. Du bist schuldig, solange deine Unschuld nicht bewiesen ist, und wie willst du beweisen, dass du unschuldig bist? Jeden Tag sagt man dir sechs Stunden lang, was du tun, denken und sagen sollst. Wenn dich dein Lehrer auffordert, gerade zu sitzen und aufmerksam zu sein, solltest du rasch dein Rückgrat durchstrecken und die Gedanken an deine Freunde, den Frühling oder das Theaterstück, das du gerade schreibst, aus deinem Geist verbannen. Auf diese Weise erfahren und erlernen Schüler in der Schule Eines besonders gründlich und konsequent: Dass Schule das Gegenteil von Demokratie ist.

In der sechsten Schulstufe hatte ich das Glück zu lernen, dass Demokratie in der »richtigen Welt« kein Verbrechen ist, auch wenn es (wie ich nicht zum ersten Mal erfuhr) in der Schule sehr wohl eines ist. Zwei meiner Freundinnen waren ebenso wie ich unzufrieden mit der Qualität unseres Schulmenüs. Nachdem wir auf den Brötchen

Schimmel entdeckt hatten, und uns der einheitlichen Pappgeschmack aller Speisen ohnehin längst zum Hals raushing, beschlossen wir, etwas zu unternehmen. Stephanie und Stacey starteten eine Unterschriftensammlung. Das Ziel der Unterschriftensammlung war nicht ganz klar definiert, aber im Grunde besagte sie: »Wenn du genug hast von ekelhaftem Kantinenessen, dann unterzeichne hier. Und wenn dein Brötchen am Dienstag auch schimmlig war, dann setze ein Häkchen neben deine Unterschrift.« In der Mittagspause unterzeichneten die Schüler die Petition. Schlussendlich hatten wir drei Seiten voll von krakeligen Unterschriften auf zerknittertem Schreibpapier.

Offenbar bekamen einige Lehrer Wind von der Aktion und Miss Petersen (Name wurde geändert) forderte Stephanie auf, ihr die Petition zu geben. Nachdem sie einen strengen Blick darauf geworfen hatte, erklärte sie, dass sie die Unterschriftenliste dem Direktor übergeben müsse. Stephanie und ich gerieten in Panik. Am Nachmittag hielten wir in den Hügeln ein Geheimtreffen ab. Mit vor Angst bleichen Gesichtern versuchten wir einander zu überzeugen, dass jugendliche Kriminelle im Allgemeinen leicht davon kamen.

Als Miss Petersen am nächsten Tag ein Piano durch den Korridor schob, entdeckte unser mutiger Freund Kelly, der gerade auf dem Weg zum Mittagessen war, die Petition oben auf dem Piano. Ohne dass Miss Petersen es bemerkte, schnappte er sich die Unterschriftenliste und gab sie mir zurück. Wir waren wieder im Rennen.

Stephanie und Stacey wurden zum Direktor gerufen, der von ihnen die Herausgabe der Liste forderte. Da sie aber noch nicht einmal von der Wiederbeschaffung wussten, erklärten sie aufrichtig, dass Miss Petersen sie habe. Nachdem er sie wegen Respektlosigkeit gerügt hatte, erklärte er, das Mittagsmenü sei völlig in Ordnung und er wolle nie wieder von Unterschriftenaktionen hören. Verstanden?

Ich hingegen griff zu meinem himmelblauen Schreibblock mit den Pilzen darauf und schrieb einen Brief an den Gouverneur. Ich entschuldigte mich dafür, dass die Unterschriftenliste nicht abgetippt war, für die vielen Knitterfalten und die Rechtschreibfehler. Dann erklärte ich, warum es für uns wichtig sei, dass sich die Qualität der Mittagsmenüs verbessere. Von den Schwierigkeiten, in denen wir in der Schule steckten, erzählte ich nichts, denn ich wollte nicht, dass er wusste, wie schlecht es um uns stand. Nachdem ich seine Adresse aus dem Telefonbuch gesucht hatte, schickte ich den Brief ab. Obwohl ich fürchtete, dass er dem Direktor von mir erzählen würde, war ich bereit, mich für die Sache zu opfern.

Eine Woche nach Schulschluss brachte mein Vater mit seltsamem Gesichtsausdruck die Post herein. »Grace, kennst du Cecil Andrus persönlich?«, erkundigte er sich.

Ungeduldig riss ich den Brief auf. Der Gouverneur schrieb, dass ich mir wegen der Handschrift keine Sorgen machen solle, und dass er früher geantwortet hätte, wenn ich an seine Büroadresse und nicht an seine Privatadresse geschrieben hätte. Dann erklärte er, dass er unsere Notlage verstehe. Allerdings lägen Schulmenüs nicht in seinem Einflussbereich, deshalb gebe er mir anbei die Adresse der Leute, die daran tatsächlich etwas ändern könnten. Am meisten verwunderte und freute es mich jedoch, dass er mir für meine »aktive Bürgerbeteiligung« gratulierte und mich ermutigte, mich immer dann einzusetzen, wenn etwas auf dieser Welt nicht gut laufe. Während der nächsten sechs Jahre half mir die Erinnerung an dieses Erlebnis, nicht die Hoffnung aufzugeben oder den Verstand zu verlieren, wenn meine Freunde und ich wieder und wieder – auf subtile oder offene Art und Weise – von »oben« zum Schweigen gebracht wurden.

Zum Thema ...

Autorität

Unabhängig davon, was das Gesetz oder deine Lehrer sagen, bist du genau so viel Mensch wie jeder andere über achtzehn oder einundzwanzig Jahren. Dennoch gehören in den USA »Minderjährige« zu den am stärksten unterdrückten Bevölkerungsgruppen – und was ihre Diskriminierung vor dem Gesetz betrifft, sind sie gewiss die Nummer Eins.

Es beginnt schon zu Hause. Im Grunde können deine Eltern nahezu alles von dir verlangen und dir nahe alles verbieten. Glücklicherweise bemühen sich die meisten Eltern, diese Macht nicht zu missbrauchen. Vom rechtlichen Standpunkt aus besitzen Schulen so viel Macht über dich, weil sie *in loco parentis* – an Stelle der Eltern – auftreten. Als rechtlicher Vertreter deiner Eltern können sie dein Schließfach oder deine Tasche durchsuchen, dir sagen, dass du still sein sollst, deine Post (Notizen) lesen, dich mitunter schlagen oder dir (jedenfalls in den USA) »einen Klaps geben«, dich unhöflich anfahren und andere grauenvolle Dinge tun, die deine Eltern nicht mit reinem Gewissen tun würden, und die kein einfühlsamer Erwachsener einem anderen Erwachsenen antun würde, aus Angst, seinen Job oder eine Freundschaft zu verlieren.

Allerdings krachen immer wieder Teenager mit ihren Eltern zusammen. Meist lieben Eltern ihre Kinder genug, um sich auch ihre Meinung anzuhören, ihnen im Lauf der Zeit mehr Freiheiten zuzugestehen, einen Schritt zurück zu treten, wenn sie zu stark im Vordergrund stehen, und im Allgemeinen vernünftig zu handeln. Mitunter gehen auch Schulen mit *manchen* »rebellischen« Schülern so um, aber zumeist erst nach dem zweiten oder dritten »Vorfall«. Im Allgemeinen sind Schulen zu groß und die Erwachsenen, die in diesen Schulen beschäftigt sind, zu überarbeitet, um diese »Rebellen« als Menschen zu sehen. Stattdessen werden sie für alle Zeiten als »Unruhestifter« gebrandmarkt und ungerecht behandelt. Selbst in einer kleinen Privatschule wird Autorität oft in unnachgiebiger und ungerechtfertigter Weise eingesetzt.

Während meiner Zeit als Aushilfslehrerin in Oakland, Kalifornien, bot man mir eines Tages an, für einen Monat die Chorleiterin und Klavierlehrerin der Schule zu vertreten, weil sie ein Baby bekommen hatte. Zufällig war ich musikalisch gut genug ausgebildet, um den Job übernehmen zu können. Die Schulleitung war jedoch keineswegs an meinen musikalischen Kenntnissen interessiert, sondern suchte nur jemanden, der einen Monat lang Ruhe und Ordnung aufrecht hielt. Als mich der Direktor der Chorgruppe vorstellte, hob einer der Schüler die Hand und fragte: »Wo sie doch keine Musiklehrerin ist, was sollen wir denn tun, wenn sie nicht gut ist?«

Der Direktor erklärte daraufhin wortgewaltig, dass es einerlei sei, was die Schüler von meinen Lehrfähigkeiten hielten, und dass sie genau das tun sollen, was ich sage. Ansonsten wolle er von keinem die geringsten Klagen hören. Wenn der Schulrat beschlossen habe, dass die Vertretung gut genug sei, dann genüge das. Basta.

Diese Art von willkürlicher Autorität bewirkt leider, dass wir unser Vertrauen in natürliche Autorität verlieren – in Menschen, die wissen, was sie tun, und die ihr umfangreiches Wissen mit uns teilen könnten. Wenn man Schüler zwingt, grausamen und unvernünftigen Lehrern zu gehorchen, nimmt man ihnen den Wunsch, von freundlichen, vernünftigen Lehrern zu lernen. Wenn man dir in der Cafeteria aufträgt, dein Geschirr zurück zu tragen, nimmt man dir den natürlichen Sinn für diese Art der Höflichkeit.

Oft genug hörte ich von Lehrern den Ausspruch: »Kinder müssen tun, was wir sagen, weil sie Kinder sind und wir die Erwachsenen.« Der Gedanke, dass Teenager nur aufgrund ihres Alters gehorchen müssen, ergibt für mich keinen Sinn mehr. Ich weiß einfach nicht, warum das geschehen soll, ausgenommen natürlich, dass ein solches Verhalten dem Ego der Erwachsenen gut tut. In dieser Hinsicht wirkt eine Schule oft wie eine Zirkusarena voll von autoritätssüchtigen Erwachsenen. Wie dressierte Tiere sollen die Schüler die Lehrer gut aussehen lassen und dazu beitragen, dass sie sich besser fühlen.

Vielleicht bist du immer noch nicht überzeugt. Der überraschende Ausspruch, dass du es einfach verdienst, frei zu sein, klingt möglicherweise etwas zu aalglatt und einfach. Dann drehen wir die Frage einfach um:

Gibt es einen guten Grund, warum du nicht frei sein solltest?

Da Schulen angeblich den Auftrag haben, dir beim Lernen zu helfen, lautet die einzige legitime Antwort, dass du deine Freiheit zugunsten des Lernens opfern musst. Wenn Lernen und Freiheit tatsächlich unvereinbar wären, wie tragisch wäre es dann, sich entscheiden zu müssen. Glücklicherweise ist das Lernen weder von der Schule noch von der Sklaverei abhängig. Solltest du das jetzt noch nicht sehen, so hoffe ich, dass du es nach Kapitel 2 siehst.

Ein kluger Freund von mir, der in Hitlerdeutschland aufwuchs und später in einem amerikanischen Gefangenenlager landete, verblüffte mich mit seiner Argumentation, warum man nicht frei sein sollte. Zunächst stimmte er mir zu, dass Schulen das Gegenteil von Freiheit sind. Doch dann warf er die Frage auf, ob wir die Freiheit, die mit dem Erwachsensein in einer Demokratie einhergeht, wirklich schätzen können, wenn wir nie erfahren haben, wie es ist, unfrei zu sein. Nachdem ich lange über seine Worte nachgedacht hatte, gelangte ich zu der Ansicht, dass einem Zwölfjährigen, der einen Praxiskurs in Fesselungstechnik erhält, Freiheit nicht als *wertvoll* erscheinen wird, sondern eher als *unmöglich*. Außerdem verfälscht es das Wesen des Lernens. Viele legen sich auch nach dem Schulabschluss noch freiwillig Ketten an, während nur wenige Menschen vor Schuleintritt einen derartigen Selbsthass aufweisen. Vielleicht sollten wir nach der Abschaffung der Pflichtschule freiwillige monatelange Lerncamps einführen, in denen die Menschen gehorsam an ihren Tischen sitzen, bis sie erkennen, wie glücklich sie sind, dass dies nicht ihr wahres Leben ist, und sich selbst das Versprechen geben, in ihrem Leben die Freiheit immer hochzuhalten.

Vielleicht glaubst du, dass du noch nicht bereit bist für die Freiheit?

Auf gewisse Weise sind wir nie reif dafür – unabhängig von unserem Alter. Menschen aller Altersklassen begehen im Rahmen ihrer Freiheit Fehler: Sie umgeben sich mit Freunden, die ihnen schaden, wählen im College Hauptfächer, an denen sie nicht interessiert sind, kaufen Häuser mit verrotteten Fundamenten, holzen gnadenlos Wälder ab, oder beenden gute Ehen aus unsinnigen Gründen. Die Menschen fügen einander gewaltige Schmerzen zu und beschwören gigantische Katastrophen herauf, und auch du wirst nie so klug oder perfekt sein, dass du nicht auch die eine oder andere Dummheit begehst. Teenager machen nun einmal Fehler, ebenso wie Erwachsene. Meiner Beobachtung nach scheint es jedoch Erwachsenen schwerer zu fallen, ihre Fehler zuzugeben und sie zu bereinigen. Solange du jung bist, mag die Wahrscheinlichkeit größer sein, dass du dir einen Arm brichst, wenn du vom Pferd fällst, allerdings wirst du seltener eine Ölpest verursachen oder einen Krieg entfachen. Wenn du selbst keine Fehler machen willst, gibt es nur eine Alternative: Du überträgst einer anderen Person all deine Entscheidungen, dann machst du deren Fehler statt deine eigenen. Das ist jedoch kein echtes Leben. Vielleicht solltest du deshalb schon vor deinem achtzehnten Geburtstag damit beginnen, wirklich zu leben, anstatt nur zu gehorchen.

Im Zuge der Vorbereitungsarbeiten zu diesem Buch habe ich so viele »Freilerner« im Teenageralter kontaktiert wie nur möglich. Im Rahmen eines Fragebogens bat ich jeden einzelnen von ihnen, die größten Vorzüge eines Lebens ohne Schule anzugeben. Fast alle antworteten einstimmig: *Die Freiheit!* Hier einige typische Antworten:

»Du kannst deine Zeit und Energie für Dinge aufwenden, die dir Spaß machen.«

»Ich muss nicht erst die Hand heben, wenn ich etwas sagen will.«

»Ich bin nicht gezwungen, mich mit uninteressanten Themen auseinanderzusetzen und sechs Stunden lang stillzusitzen bei etwas, das ich nicht mag.«

»Du hast Zeit, das zu tun, was dir gefällt.«

»In der Schule musst du um *Erlaubnis* fragen, wenn du auf die Toilette gehen willst!«

»Mir tun die Kinder leid, die täglich sechs Stunden im ›Gefängnis‹ verbringen müssen. Ich bin mir als Opfer eines Massenproduktionsbetriebs vorgekommen.«

»Wir können so viele Dinge tun (in den Zoo gehen, Fahrrad fahren, usw., usw.), während andere Kinder gelangweilt in der Klasse sitzen.« (Unter anderem hatten die gesunden Eltern dieses Mädchens ihre Tochter aus der Schule genommen, weil ›uns der Gedanke nicht gefiel, dass Kinder an einem strahlenden Sonnentag im Haus bleiben müssen‹.)

»Zeit, Zeit, und nochmals Zeit. Ich habe mein Leben zurückbekommen und kann jetzt endlich etwas damit anfangen. Ich muss nicht mehr endlos auf andere warten und kann mich auf das konzentrieren, was ich lernen möchte. Ich kann an meinem Computer arbeiten, solange ich will. Oder wenn ich an einem Tag stundenlang Satzdiagramme erstellen will und dann zwei Tage nichts davon hören will, ist es auch in Ordnung. Wir können auch reisen und bestimmen unser Leben im Allgemeinen selbst! Das ist großartig!«

»Ich bin *frei!*«

John Taylor Gatto, 1991 »Lehrer des Jahres« im Staat New York, drückt es folgendermaßen aus: »Es ist absurd und widerspricht dem Leben, jeden Tag deiner kostbaren Jugend beim Läuten der Schulglocke von einem Raum in den nächsten zu marschieren, und das in einer Institution, die dir keine Privatsphäre gönnt und dir sogar in die Abgeschiedenheit deines Zuhauses folgt, um dir ihre ›Hausarbeiten‹ aufzuerlegen.«[3]

– Growing without Schooling

In *GWS* Nr. 65 beschreibt Lisa Asher einen Besuch in ihrer ehemaligen Highschool:

> Trotz der Freiheit, die ich heute habe, fühle ich mich durch meine Vergangenheit eingeschränkt. Ich habe insgesamt 86 Monate in öffentlichen Schulen verbracht und alle Klassen bis zur siebenten Schulstufe zumindest teilweise besucht. In zwei Jahren würde ich meinen Abschluss machen, aber ich gehe nicht zurück. Ich bin immer noch wütend auf die Gesellschaft, weil sie mich gezwungen hat, meine Zeit zu vergeuden. Wie gerne hätte ich diese Zeit zurück, um so zu lernen, wie ich lernen hätte sollen.

> Am Ende des Schultags leeren sich die Korridore schnell, weil die Kinder an den Strand gehen wollen. Morgen müssen sie wieder hierher zurückkommen – aber ich nicht. Ich muss nicht um fünf Uhr aufstehen, um 7.15 Uhr den Bus zu erreichen. Ich muss nicht bis ein Uhr nachts aufbleiben, um für einen Test etwas zu lernen, das mir egal ist, das ich nicht brauche und das ich mit dem Läuten der Schulglocke schon wieder vergesse. Ich werde mich nicht mit dem Schloss für mein Schließfach abkämpfen, das die Schule ohnehin öffnen darf, werde mich nicht durch ein Gewirr von Jugendlichen drängen, die einmal mehrere Stunden lang gelernt haben, wie

man schweigend und in einer Reihe geht, und ich werde kein Schulmenü für 60 Cent essen, das kaum als Futter für Haustiere geeignet ist, geschweige denn für heranwachsende Kinder und Teenager. Ich werde mich nicht um einen Platz vor dem Spiegel im Mädchenwaschraum schlagen, dessen Wände mit Graffiti beschmiert sind und in dem man die Türen abmontiert hat, um jedes Mädchen mit Zigarette verpetzen zu können. Ich werde nicht während der Mathematikstunde schlafen, während der Geschichtsstunde Männchen malen und während der Fanzösischstunde meinen Tagträumen nachhängen.

Stattdessen werde ich zu Hause sitzen und ein Buch lesen. Weil ich nicht in die Schule gehe, werde ich vielleicht sogar etwas lernen.

Kapitel 2
Die Schule ist nicht zum Lernen da

Zehn oder fünfzehn Jahre lang werden wir in Schulen und Vorlesungssälen eingesperrt, und wenn wir schließlich herauskommen, haben wir den Bauch voller Worte, ohne dass wir auch nur das Geringste wissen.

– RALPH WALDO EMERSON.

Nicht nur, dass man es in der Schule verabsäumte, mir das beizubringen, was man mir versprochen hatte, sondern man hielt mich sogar in einem Ausmaß vom Lernen ab, dass ich heute noch wütend werde, wenn ich daran denke, was ich alles zu Hause selbst hätte lernen können.

– GEORGE BERNARD SHAW

Schulen und Schulunterricht werden in zunehmendem Maß irrelevant für die große Reise unseres Planeten. Niemand glaubt heute noch daran, dass Naturwissenschaftler in Naturkundestunden, Politiker im Unterricht für politische Bildung und Dichter in Englischlektionen ausgebildet werden. In Wahrheit lehren Schulen nichts, außer wie man Anweisungen befolgt.

– JOHN TAYLOR GATTO

Die Menschen werden unwissend geboren, nicht dumm. Dumm werden sie durch die Erziehung.

– BERTRAND RUSSELL

Ich bin überzeugt davon, dass kein Homeschooler – und auch sonst kein Mensch – etwas nicht lernen will, bis man ihn zwingt, es zu lernen.

– UNSCHOOLERIN ANNE BROSNAN

Ein durchschnittlicher Zweitklässler ist etwas klüger als ein durchschnittlicher Drittklässler, weil er bisher ein Jahr weniger zur Schule gegangen ist.

– EIN SCHÜLER DER ACHTEN STUFE

Die Übereinstimmung ist überwältigend. Nach Dutzenden nahezu identischen, vorhersagbaren Gesprächen mit Freunden und Bekannten, bin ich nicht mehr sicher, ob dieses Kapitel wirklich notwendig ist.

»Glaubst du, dass du in der Schule viel gelernt hast?«, fragte ich.

»Auf keinen Fall«, lautete die typische Antwort. »Natürlich habe ich für Prüfungen eine Menge Fakten auswendig gelernt, aber ich erinnere mich nur noch an die Dinge, die mich wirklich interessiert haben.«

Die Unschooler, die meinen Fragebogen beantworteten, kamen zu einem ähnlichen Ergebnis. »Das Einzige, was ich in der Schule nicht getan habe, war lernen«, schrieb der 14-jährige Jason Lescalleet.

»Ich musste immer still sitzen und warten, bis die anderen mit ihren Aufgaben fertig waren«, erinnert sich die 14-jährige Becky Cauthen an ihre Schulzeit.

»Viele Lehrer mögen keine Schüler, die Fragen stellen«, sagte der 14-jährige Patrick Meehan.

»Reglementierte Dinge waren mir immer schon zuwider. Und in der Schule geht es so streng zu, dass ich mich mehr angestrengt habe, um gute Noten zu bekommen (durch Schwindeln, Abschreiben und schlichtes Raten), als die eigentlichen Gegenstände zu lernen«, erzählte der 16-jährige Benjamin Israel Billings.

Viele dieser Teenager haben die Schule verlassen, weil sie »schlecht lernten« oder intellektuell einfach gelangweilt waren.

Sobald sie die Schule hinter sich ließen, ging es aufwärts. Viele der Unschoolers im Teenageralter, denen ich die Frage stellte, wie sie ihr »akademisches« Wissen und ihre Fähigkeiten im Vergleich mit die Schule besuchenden Altersgenossen beurteilten, antworteten wie Kevin Sellstrom: »Ich bin ihnen weit voraus. In den meisten Fächern und sogar in Bezug auf den gesunden Menschenverstand weiß ich um Vieles mehr.«

Viele Teenager beschwerten sich wütend darüber, dass sie in der Schule nur Zeit vergeudet hätten. Ohne Schule »lerne ich mehr in weniger Zeit«, sagten sie. Außerhalb der Schule »lerne ich, statt den Kopf hängen zu lassen«, erklärt Jason Lescalleet.

Offenbar kommen wir alle durch gesunden Menschenverstand zu der schlichten Aussage, dass der Mensch keine Schule braucht, um etwas zu lernen. Auf akademische und offizielle Weise hat dies Dr. Brian Ray in seinen Studien *Home School Researcher* nachgewiesen. Darin belegten Ray und andere Forscher, dass Homeschooler ›bei akademischen Tests beständig bessere Noten erzielen als konventionelle Schüler‹.[4]

Warum man in der Schule nichts lernt

Der wichtigste und überwältigendste Grund dafür katapultiert uns direkt in das vorige Kapitel zurück. Es gibt in diesem Universum nichts, das so frei ist wie unser Geist. Man kann zwar unseren Körper in Ketten legen, aber mit unserem Geist ist das nicht möglich. So einfach ist das. Der Geist ist entweder frei, oder tot. Man kann ihn betäuben, zum Schweigen bringen und zurückdrängen, so dass er die Namen sämtlicher portugiesischer Entdecker auswendig lernt und sich durch zwölf Schulstufen pflügt. Wenn er von Leben erfüllt ist und verzeihen kann, ist er vielleicht sogar in der Lage, in der Schule frei und damit wach zu bleiben. Das ist jedoch nur eine Verteidigungsstrategie und kein Lernen aus dem Vollen. Albert Einstein, der ebenso anteilnehmend und einfühlsam war wie genial, sagte:

> Es ist in der Tat fast ein Wunder, dass die modernen Methoden der Ausbildung die heilige Neugier des Forschens noch nicht völlig erstickt haben; denn diese zarte, kleine Pflanzebedarf, neben dem Ansporn, hauptsächlich der Freiheit; ohne diese geht sie ohne Zweifel zugrunde. Es ist ein großer Irrtum zu glauben, dass Freude am Schauen und Suchen durch Zwang und Pflichtgefühl gefördert werden könne.

Schule verhindert das Lernen jedoch auch aus anderen Gründen, wie etwa aus Angst vor »schlechten« Noten, aus mangelndem Vertrauen in die eigenen Fähigkeiten (üblicherweise aufgrund früherer unangenehmer Erfahrungen mit Noten, einschließlich Eins Minus), durch einen gelegentlich uninformierten Lehrer, durch unlogische oder von sich aus langweiligen Lehrmethoden und -büchern, durch mangelnde Aufmerksamkeit des Schülers, oder durch sauerstoffarme Klassenzimmer.

Das sind die Probleme, die die Erzieher sehen können. Vielleicht unternehmen sie sogar größte Anstrengungen, um Lösungen zu finden, indem sie die gebildetsten Lehrer anstellen, die sie bekommen können, in allen Winkeln der Welt nach den einfachsten Buchstabiermethoden suchen, Beratungsdienste anbieten, Arbeitsbücher mit farbigen Abbildungen kaufen, hart an den Einstiegssets arbeiten (jenen Sequenzen am Anfang einer Unterrichtsstunde, die die Aufmerksamkeit der Schüler wecken sollen). Die meisten dieser Erzieher bewirken damit Gutes – vor allem, wenn sie selbst Lehrer sind und nicht Mitglieder der Schulbehörde. Solange viele Schüler in die Schule gehen, hoffe ich, dass diese idealistischen Erzieher ihre Bemühungen weiterführen. Durch diesen Einsatz werden Schulen ebenso angenehmer, wie sauberes Bettzeug und eine warme Decke ein Gefängnis angenehmer machen, als es mit einer kratzigen Matratze ohne Überzug und einer dünnen Decke darauf wäre.

Aber all ihre Bemühungen tragen nicht dazu bei, dich zu befreien. Selbst wenn sie dich ermuntern, eine Forschungsarbeit über ein Thema zu schreiben, das dich interessiert, und deine Hausarbeiten reduzieren, fordern sie dich damit nicht auf, mit Freude deine eigenen intellektuellen Wunder zu entdecken – außer natürlich in der knappen Freizeit nach der Hausarbeit. Durch eine derartige Aufforderung würden sie ja das Fundament der Institution Schule untergraben.

Weil dich Schulen nie gänzlich befreien können, dürfen sie dir nicht erlauben, ungehindert zu lernen.

Die Freude am Lernen

Wenn man dir immer gestattet hätte, ungehindert zu lernen, würdest du deiner natürlichen Neigung folgen und alles über die Dinge herausfinden, die dich interessieren, egal, ob es sich um Autos oder Sterne handelt. Wir sind alle mit dieser »Freude am Lernen« geboren. Sobald wir jedoch in die Schule gehen, löst sich diese Sehnsucht in Luft auf.

Immerhin fördert die Schule nicht, dass du dich auf das konzentrierst, was dich interessiert. Stattdessen besteht sie darauf, dass du für sechs oder mehr »Fächer« dieselbe Zeitspanne aufwendest. Während eines Interviews für die Zeitschrift *GWS* Nr. 73 mit einer Unschoolerin, die heute Schauspielerin ist, machte Susannah Sheffer, die Herausgeberin der Zeitschrift, eine überraschende Entdeckung: »Ist es nicht seltsam, dass wir uns für Kinder eine ausgewogene, runde Ausbildung wünschen, während wir von Erwachsenen nicht dasselbe erwarten. Offenbar erkennen Erwachsene, dass man nicht alles tun kann.« In seinem Buch *Walden oder das Leben in den Wäldern* klagt Thoreau: »Unser Leben zersplittert sich in Kleinigkeiten«, und mahnt, »Einfachheit, Einfachheit, Einfachheit! Lass deine Geschäfte zwei oder drei sein, sage ich dir, und nicht hundert oder tausend.«

Selbstverständlich ist nicht garantiert, dass du nach deinem Schulaustritt in *jedem* Gegenstand mehr lernst, als du in der Schule gelernt hast. Wenn du Mathematik schon in der Schule gehasst hast und dich dennoch entschließt, außerhalb der Schule weiter zu lernen, hast du vielleicht auch nicht mehr Freude daran und lernst auch nicht besser. Allerdings wird es dir helfen, ohne Angst und Spott zu lernen und in deinem eigenen Tempo. Gleichzeitig wirst du großartige Veränderungen feststellen, wenn du Dinge lernst, die dich tatsächlich interessieren. Vor allem aber wirst du feststellen, dass dich vieles interessiert, dass nie zuvor deine Aufmerksamkeit geweckt hatte, und dass du zumindest an einigen der Themen Freude findest, die du in der Schule noch abgelehnt hast.

Neben der Sehnsucht, etwas Bestimmtes zu erlernen, und der Freude daran, gibt es auch noch eine allgemeine Freude am Lernen. Diese schlichte Neugier tötet mehr müde Theorien als Katzen. Manche Menschen laufen wie Waschbären mit weit aufgerissenen Augen und Ohren umher, um alles Neue begeistert aufzunehmen. Fördere diesen Charakterzug, so weit wie möglich, denn er wird dein Leben unermesslich lebendiger machen.

Neugier ist eine weitere beharrliche Eigenschaft, die sich nur in Freiheit voll entfaltet. In der Schule wird sie zurückgedrängt. Neugier ist eine aktive Angewohnheit – sie benötigt Freiheit, um zu forschen, um sich zu bewegen, um seine Hände überall zu haben. Sie benötigt die Freiheit, mit der Fernbedienung in der Hand fernzusehen und ungehindert von Kanal zu Kanal zu springen. Sie benötigt die Freiheit, um nach Lust und Laune die Zeitschrift *Bild der Wissenschaft* durchzublättern und dort zu verweilen, wo du willst. Sie benötigt die Freiheit, ungehindert das gesamte Poesieregal der Bibliothek zu durchforsten, ganz allein ein Museum zu besuchen, eine Stunde in der Raubvogelabteilung zu bleiben, nur um dann direkt in die Sammlung für Stickereien aus dem 17. Jahrhundert zu wechseln, oder umgekehrt.

Wenn sich Neugier nicht in ihrem eigenen Tempo bewegen darf, schaltet sie auf Wartemodus. Ich erinnere mich noch gut, dass meine eigene Neugier während der einwöchigen Exkursion unserer Mittelschule nach Washington D. C. bei den »geführten Touren« ein Nickerchen machte und sogar an »spannenden« Orten wie Williamsburg und Jamestown schlief, während ich an dem freien Tagim Smithsonian Museum aufgeregt hin- und herlief.

Ironisch, aber wahr: Jeder liebt es zu lernen – oder liebte es zumindest als Baby – und diese Sehnsucht, etwas zu lernen, kann auch wieder geweckt werden. John Holt erklärt: »Man muss Kinder weder auffordern zu lernen, noch ihnen zeigen, wie es geht. Sie wollen es von sich aus und wissen, was sie tun müssen.« Dies alles könnte dazu führen, dass du deinen Eltern eines Tages die Neuigkeit verkündest: »Mama, Papa, ich möchte gern die Schule verlassen, um etwas zu lernen.«

Zeugnisse kontra Freiheit

Schulen ersetzen die Freiheit durch qualitativ minderwertige Elemente. Da sie wissen, dass mit der Freude am Lernen auch der Lernwille sinkt, helfen sie mit den zur Verfügung stehenden Ersatzstoffen nach, wie Druck, Drohung, Bestechung, Prüfungen und Noten von Sehr gut bis Ungenügend. Auf diese Weise verfügt die Schule möglicherweise über Mittel und Wege, dich zum Lernen zu bewegen, die du im freien Leben nicht so leicht nachahmen kannst. Ohne Prüfung am Freitag würdest du vielleicht nie lernen, wie man Differenzialgleichungen löst. Ohne die 25 Dollar Belohnung von deiner Mutter würdest du das Periodensystem für das Sehr Gut in Chemie vielleicht nicht auswendig lernen. Vielleicht helfen dir der Notendruck und die allgemeine Erwartungshaltung tatsächlich, mehr zu lernen.

Vorübergehend.

Wirst du dir am Tag nach der Prüfung oder nach Schulschluss überhaupt noch Zeit nehmen, deine Arbeitsblätter zu verabschieden, wenn sie mit dem Wind davon schweben? Langfristig ist Druck nur ein wirkungsloser Ersatz für die Neugier und die Freiheit, all das zu erforschen, was du willst. Denn im Grunde denkt der Mensch nur an das, was er braucht oder schätzt, und nur daran erinnert er sich.

Viele Lehrer glauben, der Lernerfolg hänge von den Noten ab, weil sie Ausbildung ausschließlich innerhalb der Begrenzungen einer Schule sehen. Der Physiker Frank Oppenheimer hatte einen klareren Blick und wendete beträchtliche Energien dafür auf, um Lernen auch in einem außerschulischen Umfeld zu ermöglichen (so gründete er zum Beispiel das Exploratorium, ein innovatives Museum in San Francisco). Über das Lernen ohne Zensuren sagt er: »Schon lange bevor Galileo das Thermometer erfand, zündeten die Menschen Feuer an, um sich zu wärmen.«[5]

Außerdem *verhindert* der hohe Stellenwert, den Schulen den Zensuren beimessen, jede gesunde Form des Lernens, selbst wenn Zensuren zum Büffeln in letzter Minute anregen.

Zeugnisse kontra Lernen

Schlechte Noten setzen einen verheerenden Kreislauf in Gang. Sie geben dir das Gefühl, ein Verlierer zu sein. Dieses Gefühl behindert dich und *hält dich davon ab,* erfolgreich zu sein. Deshalb bekommst du auch weiterhin schlechte Noten und fühlst dich auch weiterhin gehemmt. Selbstverständlich sind schlechte Noten relativ. In vielen Familien gilt bereits eine Zwei als schlechte Note. Vor allem, wenn der ältere Bruder besser war, oder Onkel Harold die Universität von Yale besucht hat. Wer sich wie ein Verlierer fühlt, beschwört sein Versagen herauf. Deshalb tragen die meisten Highschool-Abbrecher zu jenen Statistiken bei, die gerne von Schulbehörden zitiert werden. Denk darüber nach. Würdest du gerne Skateboard fahren, oder wandern (und dich darin verbessern), wenn jede deiner Bewegungen kritisch gemustert wird, deinen Eltern darüber berichtet wird und du behandelt wirst, als könntest du nie im Leben Erfolg haben, und wärest nicht imstande, bis Freitag die raffinierte Doppeldrehung zu schaffen oder mit einem um fünf Kilo schwereren Rucksack noch vor Mittag den Pass zu erreichen?

Offenbar benötigen wir sowohl Privatsphäre als auch Respekt, um eine Aktivität zu genießen (und zu erlernen). Mit Privatsphäre meine ich jedoch nicht Einsamkeit. Ich spreche lediglich von der Freiheit, dass nicht ständig jemand seine Nase in deine Angelegenheiten steckt, um deinen »Fortschritt« zu überprüfen.

Im Allgemeinen geht man davon aus, dass Noten die Intelligenz eines Schülers widerspiegeln, was selbstverständlich nicht der Fall ist. Sie zeigen nur auf, wie gut du kooperierst, indem du das tust, was der Lehrer sagt. Sie zeigen aber auch, ob dich deine Lehrer mögen. Noten bedeuten nicht, dass du nicht lesen, schreiben oder denken kannst. Sie zeigen nicht, ob du etwas herausfinden kannst, woran du glaubst, und ob du die Beständigkeit besitzt, die Sache dann durchzuziehen. Sie machen auch keine Aussage über den grundlegenden Aspekt von Intelligenz – d. h., ob du aus deinen Erfahrungen und »Fehlern« lernst. Sie zeigen auch nicht, ob du dein Leben mutig, leidenschaftlich, neugierig und mit gesundem Menschenverstand angehst. Selbst in objektiv wissenschaftlichen Sinn dienen Noten und Testergebnisse nicht als genaues Messinstrument deiner Intelligenz. (Ein sehr interessantes Buch zum Thema Intelligenzmessung ist *Der falsch vermessene Mensch* von Stephen Jay Gould.)

Die Welt und ihre komplexen, erschreckenden und wundervollen Zivilisationsnetze sind viel breiter gefächert und älter als unser fabrikähnlich gestaltetes Pflichtschulsystem aus dem 19. Jahrhundert. Sie bieten Platz für Menschen aller Richtungen – für jene, die gerne Bücher lesen genauso wie für jene, die gerne den ganzen Tag an etwas bauen und es wieder auseinander nehmen, und nicht bloß in einer Unterrichtsstunde Werken oder Maschinenbau. Sie bieten auch jenen Platz, die gerne träumend über einen Gletscher wandern, um uns dann mit wahren Worten in der Tradition eines Thoreau, eines Ed Abbey oder einer Annie Dillard aufzurütteln. Sie bieten auch jenen Platz, die den ganzen Tag Lasagne kochen oder Baguette und Apfelkuchen backen wollen. Keine dieser Berufungen ist besser oder schlechter als die andere. Keine bedeutet, dass man als Mensch versagt hat. In einem langweiligen System, an dem du gar nicht freiwillig teilnehmen wolltest, könnten sie jedoch als »Versagen« gelten.

Wenn du nicht deine »Aufgaben« erfüllst, bestrafen dich die Noten und andere Folgen dieser Nichterfüllung für das, was du tatsächlich tust (Freundschaften zu schließen, Romane zu lesen, die nicht auf dem Unterrichtsplan stehen), ebenso wie für das, was du nicht tust. Sag mir, warum du in fünf oder sechs Fächern ein »Ungenügend« bekommen und wegen Schulschwänzens gemahnt werden sollst, nur weil du zwei Tage lang der Fährte eines Dachses gefolgt bist?

Gute Noten sind mitunter genauso gefährlich. Mitunter ermutigen sie dich, alles rundum zu vergessen, das du wirklich liebst, nur um auch weiterhin gute Noten zu bekommen. Wenn du von deinen Lehrern gute Noten erhältst, schenkst du ihnen im Gegenzug deine bedingungslose Loyalität. Das erinnert mich an die Algonkian-Indianer, die die Insel Manhatten für Schmuckstücke im Wert von sechs Dollar an die Niederländer verkauften. Wir sprechen hier nicht über faire Geschäfte, sondern über Manipulation und gewaltigen Betrug.

Gute Noten machen zudem süchtig. Während dein Selbstwertgefühl in zunehmendem Maß von ihnen abhängt, wird es immer schwieriger, etwas zu tun, das sie in Gefahr bringen könnte. Sobald du gute Noten hast, kannst du etwas verlieren und hörst auf, Risiken einzugehen. Die besten Dinge im Leben ergeben sich aber, wenn man etwas riskiert. Meine jüngere Schwester, die intelligenter ist als ich, bekam immer schlechte Noten. Dafür fiel es ihr leichter als mir, zu den Menschen ehrlich und direkt zu sein. Ich glaube, dass zwischen diesen beiden Elementen ein enger Zusammenhang besteht. Da ihr die Gesellschaft nie goldene Sternchen verlieh, fühlte meine Schwester sich nicht verpflichtet, ihrerseits mit freundlichem falschen Schweigen zu reagieren. (Andererseits handelte sie sich auf diese Weise viele unnötige Versagenskomplexe ein, die sie aufarbeiten musste.)

Zu guter Letzt bekommt Bildung durch Noten eine falsche Bedeutung. Der 14-jährige Unschooler Patrick Meehan schrieb mir: »Noten lenken den Fokus der Schüler beim Lernen auf das falsche Ziel. Sie fördern Wettbewerb und bewirken, dass man aus den falschen Gründen lernt: Dann geht es nur noch um Noten und nicht mehr um die Inhalte.«

Weitere Methoden, mit denen Schulen ihre Schüler vom Lernen abhalten

Schule fordert Passivität. Als ich Englisch und Literaturgeschichte unterrichtete, lernte ich über diese beiden Fächer mehr, als ich in der Schule erfahren hatte – und in mancher

Weise sogar mehr, als ich auf dem College gelernt hatte. Das hatte damit zu tun, dass Lehren ein aktiver Vorgang ist. Ich musste Textstellen suchen und auswählen, Aufgaben zuweisen und Arbeiten bewerten. Still zu sitzen, diese Aufgaben zu erledigen und dafür Noten zu erhalten, ist die unterste Stufe auf der Leiter des Lernens.

Schulen stopfen dich zu schnell mit zu viel Wissen voll. Ich meine nicht, dass sie dich herausfordern, sondern dass sie dich mit Aufgaben überschütten. Es lässt sich mit einem Besuch bei Burger King vergleichen. Du hast gewaltigen Hunger, isst zu schnell und zu viel, um wirklich zufrieden zu sein, und schließlich kommt dir alles wieder hoch. Gutes Lernen ist wie gutes Essen, es ist nicht nur ein geistiger und körperlicher Vorgang, sondern auch ein spiritueller. Im Grunde lässt sich eine Sehnsucht nur in Ruhe befriedigen. Wenn du nicht genug Zeit und Ruhe hast, um das Wissen auch zu verdauen, bekommst du nur Kopfschmerzen davon.

In der Schule geht es mehr um Äußerlichkeiten als um das Lernen. Ich erinnere mich noch genau, mit welchen Worten eine Schulangestellte vor einer Exkursion ihre »Erwartungen« an die Schüler ausdrückte: »Wir wünschen uns, dass ihr gepflegt ausseht«, sagte sie. »Das ist das Wichtigste.« Ich glaube nicht, dass sie sich selbst zuhörte und diese Formulierung verwenden wollte, aber ich konnte sie einfach nicht mehr vergessen. Es war wie in der Bibel: Der Mund sagt, was im Herzen ist. In meiner Klasse mahnte ich die Schüler immer wegen ihrer Sitzhaltung. Mir war es egal, ob sie zusammengerollt auf der Couch gut lernten. Ich fürchtete mich davor, dass ein anderer Erwachsener hereinkäme und mich für inkompetent hielte. Deshalb saßen die Schüler zumeist mit flach auf dem Boden aufgestellten Füßen, aufgerichteter Wirbelsäule und versuchten, in dieser unbequemen Haltung etwas zu lernen.

Die Schule fordert dich nicht genug, wenn du eine akademische Neigung hast. Hier geht es nicht nur darum, dass die Schule zu leicht ist. Vielleicht bist du kein Vorzugsschüler und fühlst dich mitunter sogar von den großen Mengen an Hausarbeiten überwältigt. Vieles davon ist jedoch nur Routinearbeit und steht in keinem Zusammenhang mit dem eigentlichen Wesen der Physik, der Mythologie oder der Philosophie. Es ist auch wenig hilfreich, dass die meisten deiner Mitschüler gar keine Lust verspüren, Milton zu lesen.

Schulen präsentieren das Lernen in der verkehrten Richtung: Sie konzentrieren sich nicht auf die Fragen, sondern auf die Antworten. Antworten sind Sackgassen, selbst wenn sie »stimmen«. Fragen eröffnen neue Galaxien. »Es ist wichtiger, Fragen stellen zu können, als auf alles eine Antwort zu wissen«, sagte James Thurber. In der Oktoberausgabe des Jahres 1982 von *Organic Gardening* schrieb Robert Rodale:

> Vor mehr als dreißig Jahren habe ich die Schule verlassen, und egal, was ich in meinem Leben tue, ich lerne immer weiter. Je länger meine Schulzeit zurückliegt, desto schneller scheine ich zu lernen ... Wenn man dir in der Schule eine Frage stellt, erwartet man von dir, dass du die Antwort weißt. Wenn du also mit genügend richtigen Antworten angefüllt bist, giltst du als gut ausgebildet und darfst gehen. Heute glaube ich, dass echtes Lernen erst dann geschieht, wenn du imstande bist, wichtige Fragen zu stellen. Dann stehst du an der Schwelle zum Wissen. Denn wer wichtige Fragen stellt, lenkt seinen Geist darauf, neue Territorien zu erforschen. Meiner Erfahrung nach begreifen nur wenige Menschen, wie wichtig es ist, gute Fragen zu stellen, und noch weniger tun es tatsächlich. Auch in meinem Fall musste ich erst abwarten, bis ich meine schulischen Erfahrungen fast vergessen hatte, um wieder fähig zu sein, meinen Geist sowohl in den Frage als auch Antwortmodus zu schalten.

Die Schule verlangt von dir, in sechs oder mehr Fächern unter Druck Mittelmäßigkeit zu erlangen, anstatt in ein oder zwei Gegenständen, die du besonders magst, Außergewöhnliches zu erreichen. Einige Schulen und Erzieher setzen sich tatsächlich dafür ein, die Einzigartigkeit eines Schülers zu fördern. Ohne große strukturelle Veränderungen wird ihnen dies jedoch nicht gelingen. Solange du deine gesamte Konzentration für Algebra aufwendest, und deshalb ein Befriedigend in Psychologie bekommst, und solange du in der Geschichtestunde verwarnt wirst, weil dir nach dem anstrengenden Sporttraining vom Vorabend die Augen zufallen, hält man dich in ängstlicher Mittelmäßigkeit gefangen, statt dass du auf einem bestimmten Gebiet großartige Leistungen erbringst.

Schulen konzentrieren sich zu sehr und zu manipulativ auf den Lernprozess. Betrachten wir zum Beispiel den Plan für eine Unterrichtsstunde. Eine richtige Unterrichtsstunde sollte Folgendes umfassen: das Einstiegsset (um die Aufmerksamkeit zu wecken), die Zielvorgabe, eine Diagnoseprüfung (einige Fragen, durch die man feststellen kann, wie viele der Schüler mittlerweile wissen, wie sie einen Essay von fünf Absätzen oder eine andere Aufgabe organisieren sollen), den »Input« (eine Textstelle, ein Kurzfilm etc.), die Überwachung der Aufgabe (»Johnny, nachdem ich die Organisation eines Essays mit fünf Absätzen erklärt habe, wiederhole doch bitte für die Klasse, was dein erster Absatz enthalten soll«), ein Beispiel (der Klasse wird ein Essay vorgelesen, der mit einem »Sehr gut« benotet wurde), Praxis unter Anleitung (während die Schüler mit ihren Essays beginnen, geht der Lehrer durch die Klasse und beantwortet Fragen) und die unabhängige Praxis (die Schüler vollenden den Essay am Abend, anstatt die Sperlinge auf dem Fensterbrett zu beobachten).

Ich gestehe, dass diese Planung vernünftig und logisch erscheint. Dennoch läuten bei mir zwei kleine Alarmglocken. Auch diese Unterrichtsstrategie ist nur ein schwacher Tarnung für Druck. Es ist gar nicht notwendig, jemanden zu manipulieren, der ohnehin das lernt, oder lernen will, was man von ihm verlangt. In anderen Worten benötigt man diese wissenschaftliche Strategie nur, weil auch die Lehrer wissen, wie unangenehm es ist, den ganzen Tag in der Schule zu sitzen. Wieder erhebt die Sehnsucht nach Freiheit ihr widerspenstiges Haupt. Deshalb versuchen sie, dir ein wenig den Kopf zu verdrehen, damit es klappt.

Zudem ist es ebenso schädlich und unsinnig, deinen Geist auf diese Weise zu manipulieren, wie es schädlich und unsinnig ist, die Natur zu »managen«. Nachdem sich die Menschheit Jahrhunderte lang auf einem Irrweg befunden hat, lernen wir allmählich wieder, die Komplexität und Selbstregulierung der Natur zu respektieren. In den USA glaubt man zum Beispiel heute nicht mehr daran, dass man dem Wildbestand hilft, wenn man sämtliche Wölfe abschießt, oder dass man dem Wald etwas Gutes tut, wenn man alle Brände löscht. Nach und nach erlangen wir die notwendige Demut, um zu erkennen, dass unser Eingreifen in der Regel schädlich ist.

Nun müssen wir einen ähnlichen Respekt vor den natürlichen Prozessen des menschlichen Geistes entwickeln. Sprechen ist eine der schwierigsten Fertigkeiten, die der Mensch je erlernt. Und doch lernt jeder sprechen, ohne Lehrer, ohne Bestechung, ohne Drohungen, ohne Requisiten und ohne Spiele. Wenn in einer Familie die Erwachsenen den Kindern vorlesen und vor den Kindern selbst lesen, und wenn sie dann auch noch Bücher verschiedenster Art für die Kinder umherliegen lassen, dann müssen sie nur noch die Fragen ihrer Kinder über das Lesen beantworten, und schon lernen diese Kinder mit eben solcher Freude und Selbstvertrauen lesen, wie sie die Sprache erlernten. Im Allgemeinen lernen und entwickeln sich die Menschen von selbst, solange man sie nicht daran hindert.

Die Schule öffnet nicht die Tür, wenn sich eine echte Chance zum Lernen ergibt. Es ist keineswegs falsch, Pläne zu entwerfen und sich Ziele zu setzen. Immerhin helfen sie uns, große Projekte durchzuführen, wie etwa ein Buch zu schreiben oder mit dem Fahrrad die Türkei zu durchqueren. Das Leben selbst lässt sich jedoch nicht vorhersagen. Manchmal bietet es uns etwas, das wesentlich großartiger ist, als wir je planen könnten, so dass wir etwas Wertvolles verlieren würden, wenn wir nicht bereit wären, unsere Pläne abzuändern. Die Christen bezeichnen dies als Unterwerfung unter den Willen Gottes. In den östlichen Mythen nennt man es die Befreiung des Egos oder das Treiben im Strom. Einerlei, wie man es nennt, die Schule hat kaum Platz dafür.

Ein Beispiel: Nach dem von uns selbst erstellten Terminplan hatten wir in Washington D. C. eine bestimmte Zeitspanne für den Besuch des Kapitols vorgesehen, von wo wir direkt zur nächsten Attraktion weiterzogen. Dieser Terminplan ließ keine Zeit für Dinge, die wir auf dem Weg ins Kapitol erleben würden. Tatsächlich traf unsere aus fünf Schülern und zwei Lehrern bestehende Gruppe auf den Stufen des Kapitols auf einen Vietnamveteran, der für eine Versöhnung der USA mit Vietnam fastete. Seit siebzig Tagen hatte er nur Obstsaft getrunken. Wir hörten ihm fasziniert zu. Irgendwann fragte er uns: »Wisst ihr, welche Verfassungsänderung mir das Recht garantiert, hier zu sitzen und so zu sprechen?« Young, der auf alle Fragen eine Antwort hatte, sagte: »Die Erste!«

»Sehr gut!«, rief eine andere Lehrerin, die in diesem Augenblick die Treppe hinaufstieg. Erstaunt fuhren wir herum. Was hatte »sehr gut« damit zu tun? Aber sie sprach unbeirrt weiter: »Und welche Verfassungsänderung verbot die Sklaverei?.« »Die Dreizehnte«, antwortete wieder Young. »Richtig! Und damit machen wir uns auf den Weg«, schlug unsere neue Reiseführerin gut gelaunt vor. Wir starrten einander nur ungläubig an; selten zuvor hatten wir auf so deutliche Weise erlebt, wie ein Lernprozess gestört wurde. Schließlich stapften wir hinter ihr die Treppe empor.

(Dieses Ereignis zeigte auch klar auf, dass Lehrer und Erzieher in der Schule nicht sie selbst sein dürfen, sondern gezwungen sind, lächerliche, autoritäre Rollen zu erfüllen. Die Frau, die unser faszinierendes Gespräch abgebrochen hatte, war ebenso neugierig und menschlich wie wir, nur dass sie sich in diesem Augenblick verpflichtet fühlte, unseren Terminplan einzuhalten. Später erzählte sie mir, dass sie uns gerne zu einem längeren Gespräch ermutigt hätte.

Ich verstand ihre Einstellung nur zu gut. Wie oft hatte ich die Schüler aufgefordert, vom Fenster wieder an ihre Tische zurückzukehren, obwohl ich wusste, dass das, was sie am Fenster sahen, oder wovon sie träumten, für sie wesentlich wichtiger war, als eine Kurzgeschichte zu schreiben, die sie nicht schreiben wollten.)

Im Allgemeinen schirmt uns die Schule gegenüber der Wirklichkeit ab – egal wie wir die Wirklichkeit definieren. Findet sich die Wirklichkeit in Büchern, im Intellekt? Die Schule zensiert mehr, als sie offenbart. Verbirgt sich die Wirklichkeit in einem wilden Abenteuer? In der Religion? In der Kultur? In Freundschaft und Gemeinschaft? In Arbeit? Die Schule steht ihr einfach nur im Weg.

Die Schule schränkt nicht nur die Zeit ein, die du zum Lernen verwenden könntest, sondern sie hält dich sogar außerhalb der Schulzeiten vom Lernen ab. Sie raubt dir Zeit und Energie. Nachdem du den Aufsatz fertig hast und die Spanischvokabeln nochmals durchgegangen bist, ist es bereits Zeit, um schlafen zu gehen. Wie sollst du da noch das Gedicht schreiben, das dir im Geschichtsunterricht eingefallen ist? Woher sollst du die Energie nehmen, um noch nach draußen zu gehen und dir die neu aufgesprungenen Knospen der Pappel anzusehen?

Die Schule würde wesentlich weniger bedrückend wirken, wenn sie nicht die Hauptrolle in deinem Leben einnehmen wollte. Unzählige Male habe ich bereits gehört, dass Erwachsene Teenagern mit erschreckender Arroganz gedroht haben, sie müssten aus der Theatertruppe, dem Chor oder der Hockeymannschaft aussteigen, ihren Ferienjob aufgeben, dürften nicht bei Freunden übernachten oder etwas anderes Schreckliches, wenn sie ihre Hausarbeiten nicht rechtzeitig ablieferten. Stell dir eine

Konzertpianistin vor, die sich auf ihr Konzert vorbereitet. Sobald sie sich den Mantel überwirft, stellt sich ihr der eigene Ehemann in den Weg und blockiert den Ausgang: »Es tut mir leid, Liebling, aber ich kann dich nicht gehen lassen. Du hast noch nicht das Essen für die nächste Woche vorgekocht, und das Musikzimmer ist das reinste Chaos. Solange du nicht imstande bist, die richtigen Prioritäten zu setzen, musst du zu Hause bleiben.«

Die Schule spielt uns allen einen hässlichen Streich. Sie macht das »Lernen« so unangenehm und furchterregend, dass sich einige dadurch tatsächlich von unzähligen Freuden selbst ausschließen: abends durch die Bibliotheken zu streifen, im Naturzentrum essbare Pflanzen kennenzulernen, vielleicht sogar trigonometrische Aufgaben zu lösen nur aus Freude an ihrer spröden Schönheit und der Herausforderung, die sie bieten. Zum Glück (und ironischerweise) bezeichnen Schulen vieles von dem, was wir lernen, nicht als »Lernerfahrung«, so dass wir diesen Dingen nicht auch noch das Stigma schulischen Lernens aufdrücken. Aber das, was die Schule als »Lernen« bezeichnet, klingt bloß wie eine qualvoll langweilige Art und Weise, einen schönen Nachmittag zu vergeuden. Und das ist schade.

Auch wenn ich in der Schule nicht viel lerne, lerne ich doch ein wenig, höre ich dich sagen. *Aber wenn ich die Schule verlasse, lerne ich gar nichts mehr.*

Verzeihe mir meine Schroffheit, aber damit stellst du die Dinge auf den Kopf. Wie schon John Holt sagte: *Wenn dich eine Medizin krank macht, dann macht dich eine größere Dosis derselben Medizin noch kränker. Und erst wenn du sie absetzt, verbessert sich dein Zustand.*

Du würdest nie auf die Idee kommen, dass du ohne Schule nichts lernst, wenn dir nicht die Schule zuvor den Glauben an dich genommen hätte. Bevor du in die Schule eingetreten bist, hast du dir schon selbst das Sprechen beigebracht. Wenn du die Schule verlassen hast, wirst du dir beibringen, selbstständig zu leben und Antworten auf Fragen zu finden, die dich interessieren. Sogar jetzt lernst du selbstständig, sobald du etwas aus freiem Willen tust. Du lernst, Fußball zu spielen, dich zu verlieben, ein Computerspiel zu spielen, ein Pferd zu reiten, ein Buch zu lesen, nachzudenken, dich über Regeln hinwegzusetzen.

Auch in der Schule unterrichtest du dich selbst. Nur tust du es in Gesellschaft von Menschen, die das Lob für deine Fortschritte einheimsen. Mit meinem Bruder Ned habe ich oft über Ausbildung gesprochen. In der Highschool bekam er ausgezeichnete Noten, gewann einen von Hewlett-Packard gesponserten Wettbewerb, an dem alle Schulen der Stadt teilnahmen, und verließ das Californian Institute for Technology mit einem Diplom in Elektrotechnik. Wie er erzählte, lernte er in der Schule durch das, was er las, und durch die Fragen, über die er nachdachte. Die Lehrer hatten damit wenig zu tun. Eine bessere Laborausrüstung und zusätzliche

Lehrmittel hätten ihm in der Highschool viel geholfen, aber die gab es nicht. Auch wenn er zur Schule ging, unterrichtete er sich in der Schule selbst. Zu Hause lernte er jedoch mehr, und das selbstständig: er baute seinen eigenen Computer, zerlegte Dinge und bastelte immer an etwas Neuem.

Wenn ein Lehrer zu dir spricht, teilt er sein Wissen mit dir. Dabei kann es sich um faszinierendes Wissen höchster Qualität handeln oder um langweiliges Wissen auf niedrigster Stufe. Dein Lehrer kann jedoch nicht die Kluft überbrücken zwischen dem, was du weißt, und dem, was du wissen willst. Denn damit seine Worte für dich zu »Ausbildung« werden, musst du sie annehmen, über sie nachdenken, sie gedanklich ordnen und sich an sie erinnern. Lernen ist deine Aufgabe, nicht die deines Lehrers. Dafür benötigst du am Anfang nur den *Wunsch*, etwas zu lernen. Um Wissen zu erlangen, brauchst du keinen Lehrer – du kannst es dir selbst aneignen, indem du die Welt betrachtest, dir einen Film ansiehst, aus Gesprächen, Vorträgen, durch Fragen, die du stellst, oder durch Erfahrung. In der Zeitschrift *GWS* Nr. 40 sagt John Holt: »Das Wichtigste, was Lehrer lernen müssen, unterrichtet man in keiner Lehrerbildungsanstalt. Es lässt sich in sechs Worten ausdrücken: *Lernen ist kein Ergebnis des Lehrens.* Lernen ist das Ergebnis der Aktivität der Lernenden.«

In unserer heutigen, von Informationen überladenen Welt genügt es, die Grundlagen des Lesens, des Schreibens, des Fragenstellens (Forschens) und des Rechnens zu beherrschen, um fast alles selbstständig erlernen zu können. Bücher, Bibliotheken, großzügige, gebildete Menschen, das Internet und andere Ressourcen machen dies möglich. Unabhängig von deinem Alter kannst du auf einem Wissensgebiet, das dich fasziniert, zum Fachmann werden, solange du dich nicht von einer engstirnigen, unsinnigen Schule oder einer bedeutungslosen Arbeit davon abhalten lässt. Kontakte herzustellen und die Hilfe anderer zu erbitten, gehört zum Lernen dazu. Andererseits braucht man zum Lernen keinen Chef, keinen starren Zeitplan, keinen Klassenraum und kaum etwas von dem, was eine Schule sonst zu bieten hat. Auf eine Peitsche kann man selbstverständlich auch verzichten. Bis die Schule die Freude und Natürlichkeit des Lernens zerstört, genießen Kinder mit weit aufgerissenen Augen die komplexe Welt um sie herum, lernen ohne Lehrer zu sprechen, Fragen zu stellen und aufzuwachsen. In ihrem Buch *Wishcraft. Lebensträume und Berufsziele entdecken und verwirklichen* sagt Barbara Sher:

> All jene Männer und Frauen, die wir als »Genies« bezeichnen, haben es bloß irgendwie geschafft, dass das neugierige staunende Kind in ihrem Inneren nicht einschlief. Stattdessen versorgten sie dieses Kind in ihrem Inneren ihr Leben lang mit den geeigneten Hilfsmitteln und Fähigkeiten, so dass es auf Erwachsenenniveau spielte. Albert Einstein spielte gerne. Weil er sich die Eigenwilligkeit und Freude eines kleinen Kindes bewahrt hatte, welches das Universum zum ersten Mal erforschte, war er imstande, große Entdeckungen zu machen.

Aber was ist mit all den Dingen, die ich in der Schule lernen muss? Nun, was ist damit? Zu den guten Dingen in der Schule zählen die Lehrmittel, deine Freunde und Lehrer. Zu den schlechten Dingen zählen Zeitpläne, Noten, erzwungene Aufmerksamkeit, Autorität, langweilige Handbücher, Routinearbeiten, sterile Atmosphäre, zu viele Hausarbeiten, deine Feinde, und Lehrer. Um Lehrer (oder Helfer, Tutoren, Mentoren) und Lehrmittel zu bekommen, musst du nicht in die Schule gehen. Wenn du Schullehrer und Lehrmittel ohne Schule haben möchtest, kannst du ja ein offenes Schulsystem wählen. Siehe Kapitel 19.

Aber was ist mit all den mysteriösen Techniken und wissenschaftlichen Methoden, mit denen sie mich zum Lernen bewegen? Wissen Lehrer nicht viel mehr über das Lernen als ich? Zum Teufel, nein! Die meisten Lehrer kennen sich vor allem mit dem Klassenmanagement aus. Sie wissen, wie man einer Klasse droht, sie manipuliert oder ihr schmeichelt, damit sie ruhig ihre Arbeiten macht. Viele sind imstande, die Dinge gut zu erklären. Einige fließen über von echter Begeisterung für ihren Gegenstand, so dass sie auch ein paar Schüler mit ihrer Liebe für diesen Gegenstand anstecken. Aber all das ist nur ein schwacher Ersatz für die Erkenntnis, dass du selbst einen Geist besitzt, den du verwenden kannst. Lehrer wären eine wesentlich größere Hilfe, wenn sie viel wüssten, mit Freude Fragen beantworteten, Weisheit verbreiteten und Ressourcen vermittelten – aber nur, wenn du sie darum bittest.

Was all die anderen mysteriösen Techniken betrifft, kannst du dich getrost entspannen. In der Schule geschieht nichts, das nicht auch anderswo geschehen könnte. Und der Großteil dessen, was dort passiert, ist nur ein Schatten dessen, was du in der realen Welt lernst. Immerhin tut sich in der Schule nichts Besonderes. Damit du »lernst«, wirst du aufgefordert zu lesen, zu schreiben, Kritik über deine schriftlichen Arbeiten einzustecken, weitere Übungen zu machen und sie korrigieren zu lassen, deinem Lehrer zuzuhören, unter der Aufsicht eines Lehrers mit Lehrern oder Klassenkameraden über Ideen und Informationen zu diskutieren und Laborexperimente durchzuführen. Zusätzlich erhältst du persönliche Aufmerksamkeit und machst einige praktische Dinge, die sich nach derzeitiger Mode »empirisches Lernen« nennen. Nahezu alle diese schulischen Aktivitäten kannst du auch allein durchführen. Wenn du dann noch den Begriff »Lehrer« durch »gebildeten Erwachsenen« ersetzt, brauchst du für nichts davon eine Schule. Wir wollen einen raschen, entzaubernden, analytischen Blick auf all diese schulischen Methoden werfen – der Reihe nach.

Lesen

Wo gibt es mehr Bücher, in einer Schule oder einer Bibliothek? Wo gibt es bessere Bücher, in einer Schule oder in einer Bibliothek?

Wo zwingt man dich, langweilige Arbeitsbücher zu lesen?

a) in der Bibliothek
b) in der Schule
c) bei der Erforschung eines Sumpfes

Wo kannst du in deinem eigenen Tempo, zu deinem Vergnügen und ohne Prüfung, Tricks oder andere Unterbrechungen lesen?

a) in der Bibliothek
b) in der Schule
c) bei der Erforschung eines Sumpfes
d) bei a und c

Damit ist wohl genug gesagt.

Schreiben

Vielleicht hast du bisher ja tatsächlich all deine Füller und Schreibstifte bei dem Automaten in der Schule gekauft.[6] Deshalb sage ich dir heute, dass man sie auch im Papierwarenladen an der Ecke kaufen kann. Dort gibt es auch Papier. Tatsächlich. Und was brauchst du sonst noch, um außerhalb der Schule zu schreiben?

In der Schule schreibst du überzeugende Essays, die fünf Absätze lang sind (wer hat je von einem überzeugenden Essay von fünf Absätzen Länge in den Zeitschriften *Harper's* oder *The Atlantic* gehört?), Kurzgeschichten, Antworten auf Textfragen, Gedichte und alles, was deine Lehrer von dir verlangen. Außerhalb der Schule kannst du dasselbe tun, und zusätzlich noch alles, was du selbst von dir forderst.

Benötigt man nicht einen Deutschlehrer, um zu schreiben? Vermutlich nicht. Wenn du häufig liest und etwas zu sagen hast, wird sich die Logistik von selbst ergeben. Wenn du jedoch *nichts* zu sagen hast, dann solltest du erst gar nicht beginnen zu schreiben. (Ich meine dies nicht sarkastisch. Warum solltest du Geschwätz zu Papier bringen, nur damit das Papier beschrieben ist?) Die meisten Teenager kämpfen mit dem Schreiben, weil sie – wie die meisten Erwachsenen – nicht das brennende Verlangen fühlen, etwas Bestimmtes in schriftlicher Form festzuhalten, und das jede Woche aufs Neue.

Und selbst wenn sie von Zeit zu Zeit dieses brennende Verlangen fühlen, wissen sie, dass ihr Essay von fünf Absätzen nur für die Augen des Lehrers und ihrer Klassenkameraden bestimmt ist. Wenn man mit nur zwanzig Menschen kommuniziert, erscheint es oft vernünftiger, einfach mit ihnen zu reden.

Selbstverständlich wirst du verwirrt sein im Hinblick auf grammatikalische Regeln und Mechanismen. Aber durch Bücher und Gespräche mit Menschen wird sich auch das klären. Um etwas Vernünftiges zu Papier zu bringen, benötigst du nicht sechs Jahre »Deutschunterricht«.

Wenn du jedoch ernsthaft an einer Zukunft als Romanschriftsteller oder Journalist arbeitest, könnte es vorteilhaft sein, dich in einem Workshop für Schriftstellerei anzumelden. Die Qualität und Ernsthaftigkeit, die du dir wünschst, findest du jedoch eher an einem College oder in einem unabhängigen Kurs, als in einer Schule.

Übungen machen und sie korrigieren lassen

In vielen Gegenständen – und vor allem in der Mathematik – geht es vorwiegend darum, Aufgaben zu lösen und sie danach kontrollieren zu lassen. Manchmal – und dies vor allem in der Mathematik – ist es notwendig, diese Aufgaben zu lösen, um das Kursmaterial zu verinnerlichen. In anderen Gegenständen schreibt man dir willkürliche Routineaufgaben vor, nur damit du nicht das Gefühl bekommst, »davonzukommen«, ohne dich anstrengen zu müssen.

Wenn dir Übungen wichtig sind, dann nimm sie dir zu Herzen. Allerdings hat es dieselbe Wirkung, ob du nun die Algebraaufgaben um zehn Uhr vormittags in der Schule machst, oder um zehn Uhr vormittags in deinem Bett. Gute Mathematikbücher sind klar geschrieben und bieten zumeist im Anhang die Lösungen zu den Aufgaben. Wenn dies nicht der Fall ist, findest du sie normalerweise in einem getrennten Lösungsheft.

Deinem Lehrer zuhören

Wenn du einen gebildeten, klugen oder unterhaltsamen Lehrer hast, kann es ein Vergnügen sein, den Geschichten und Textstellen zuzuhören, die er in den Unterricht einfließen lässt. Vorausgesetzt, der Schulrat gestattet ihm, ganz er selbst zu sein und das zu sagen, was er wirklich weiß und denkt. Dies ist ein Grundübel der Schulen (ebenso wie der Politik): Fast alle leben in Angst vor ihren Vorgesetzten. Deshalb werden alle interessanten Ideen zensiert:

Dein Lehrer darf einfach nicht sagen: »Warte mal. Wer schürt denn diesen sogenannten Drogenkrieg?«, weil Johnnys Mutter sonst aufgebracht den Direktor anruft in der irrigen Annahme, dass ein Lehrer »zum Drogenmissbrauch aufruft« (gerade ein Lehrer wird so etwas tun?!). Der Direktor wird fürchten, dass der Schulrat davon erfährt und dem Lehrer nahe legen, nicht wieder in so ungewöhnlicher Weise über Drogen zu sprechen. Dein Lehrer darf vermutlich auch nicht darüber sprechen (oder zumindest nicht kraftvoll und mit Überzeugung), dass in den USA auch nicht alles in Ordnung ist, dass die Regierung immer noch die amerikanischen Ureinwohner betrügt, dass Kinder in diesem Land keine Rechte haben, oder dass Thoreau, Martin Luther King Jr., Ghandi und viele andere Helden es für ihre Pflicht hielten, auf friedliche Weise ungerechte Gesetze zu brechen. So lächerlich es auch erscheint, sind die Mitglieder der Schulbehörde eher bereit zu riskieren, dass dein Kopf und dein Mund leer und frei von Widersprüchen bleiben, als ihre eigene Stellung in Gefahr zu bringen, indem sie den Lehrern freie Hand lassen. »Niemand wird dafür entlassen, dass er vor Kindern die Wahrheit verbirgt«, schreibt John Holt. »Aber viele werden gefeuert, weil sie die Wahrheit sagen.« Jessica Vitkus trifft mit ihrer Beschreibung eines Schultags als Aushilfslehrer genau ins Schwarze.

> Während wir über die bevorstehende Vermählung von Romeo und Julia sprechen, meint eine Schülerin, die die ganze Zeit über Fussel von ihrem Pullover zupft, dass es schon etwas krass sei, dass ein vierzehnjähriges Mädchen heirate. »Haben Sie mit vierzehn überhaupt schon einen Jungen geküsst?«, fragt sie mich. Offenbar wäre ein Teil von mir gerne auf diese Frage eingegangen. Am liebsten hätte ich die Schuhe ausgezogen, mich auf den Boden gesetzt und der Klasse von meinem ersten Kuss erzählt (damals war ich in der 8. Schulstufe), dass es ganz anders war als bei Julia und dass ich nicht an Liebe auf den ersten Blick glaube. An derartige Dinge denke ich, wenn ich lese. Aber diese Gedanken bewahre ich für meine Freunde auf, und im Klassenzimmer handle ich nicht wie ein Freund. Es ist schwer (und nicht allzu wirkungsvoll), einem Freund zu sagen, dass er still sein soll, oder dass er nicht in seiner Schultasche kramen darf. So schroff es auch klingen mag: Lehrer und Schüler sind nicht gleich, und ich muss eine gewisse Distanz wahren. Das bedeutet aber auch, dass ich nicht zu hundert Prozent ich selbst sein darf – was für mich die größte Schwierigkeit in meiner Tätigkeit als Lehrer darstellt. Ich lächle die Schülerin an, um ihr zu zeigen, dass ich ihre Frage gehört habe, aber ich beantworte sie nicht. Das Mädchen versteht mich.[7]

Wenn deine Lehrerin nicht so gebildet, klug und unterhaltsam ist – oder nicht darauf vertraut, dass sie gleichzeitig ihren Job als auch ihre Ehrlichkeit behalten kann – dann ist ihr Vortrag noch langweiliger, als wenn du dir den Horrorfilm »Mörderische Träume« zum neunten Mal ansiehst.

Und wenn du die Dinge im Griff hast, bist du vermutlich schon dahinter gekommen, dass es auch an anderen Orten Vorlesungen gibt als nur im Geschichtssaal deiner Highschool.

Wenn du Lust hast, kannst du dir jede Menge Vorträge außerhalb der Schule anhören, zum Beispiel am örtlichen College, an Universitäten, in Bibliotheken, Museen, Volkshochschulen, Verbänden von Industrie und Handwerk, politischen Organisationen usw. Oder du nimmst an einem College- oder Universitätskurs teil. (Von College-Professoren *erwartet* man sogar, dass sie kontrovers sind, oder zumindest originell.)

Mein Gefühl sagt mir jedoch, dass es gewiss viele gibt, die sich gelegentlich von einem dynamischen, guten Redner mitreißen lassen, aber nur wenige wollen jeden Tag stundenlang auf ihrem Hintern sitzen, nur um die Worte eines Anderen aufzusaugen.

Das ist für die meisten nicht nur zu passiv – sogar noch passiver als lesen – sondern auch zu langsam.

Diskussionen in der Klasse

Zweifellos gehört es zu den feinsten Genüssen, mit anderen Menschen, die an ähnlichen Themen interessiert sind, gemeinsam Ideen zu erforschen. Es ist eine sehr stimulierende Art zu »lernen«. Deshalb solltest du alle Erwachsenen auffordern, mit dir in einer Weise zu diskutieren, die sie verstehen. Vor allem, wenn du etwas klarstellen, ein Problem lösen oder deinen Horizont erweitern willst, musst du reden. Viele der besten Bücher, Institutionen und Organisationen entstanden im Zusammenhang mit Diskussionen. So trafen J. R. R. Tolkien und C. S. Lewis sich regelmäßig in einer kleinen Schriftstellerrunde, die sie »The Inklings« nannten, um über ihre Arbeit zu sprechen.

Leider ist der Unterschied zwischen den üblichen »Klassendiskussionen« und echten, ehrlichen Gesprächen etwa so groß, wie zwischen altbackenem Brot und herrlich warmen, süßen, selbst gebackenen Zimtschnecken.

Stell dir stattdessen vor, dass du mit deinen Freunden vor dem Kamin sitzt, die Füße auf dem Sofa, und Pläne schmiedest, wie es euch gelingen könnte, FCKW-haltigen Polystyrolschaumstoff aus der Stadt zu verbannen. Oder ihr erfindet eine Idealgesellschaft. Oder ihr improvisiert aus dem Stegreif Haikus. Oder ihr diskutiert darüber, warum Hamlet genau so und nicht anders gehandelt hat. Ihr beschließt, welches Forschungsprojekt ihr in eurem gemeinsamen Naturkundelabor macht. Ihr betrachtet das Für und Wider eines Gesetzes, das Waffenbesitz einschränkt. Warum solltest du dich mit der trostlosen Schulvariante begnügen, wenn du das Echte haben kannst?

Erfahrung

Wie bei vielen anderen sperrigen Begriffen handelt es sich auch bei der von Lehrern und Erziehern gerne zitierten »empirischen Ausbildung« um ein einfaches Konzept: Learning by Doing. Wenn man in der Schule zum Beispiel über die Regierung lernt, dann besuchen die Schüler eine Regierungsinstitution oder einen Gerichtshof, und wenn sie sich mit Literatur befassen, halten die Schüler eine Lesung mit eigenen Sonetten ab. Die Schule, an der ich unterrichtete, lockte viele Schüler an, weil sie die empirische Ausbildung in den Mittelpunkt stellte, was vor allem gezielte Reisen beinhaltete. Offenbar ist es wesentlich attraktiver, im Zuge eines Aufenthalts bei einer Familie in Madrid Spanisch zu lernen, als im Klassenzimmer gedrillt zu werden. Und Baukunst wird spannender, wenn man im Südwesten der USA Skizzen von Lehmbauten anfertigt, als wenn man bloß in ein Lehrbuch schaut.

Lehrer und Erzieher haben eine wichtige Erkenntnis gewonnen. Sie sind dahintergekommen, dass das Leben und die Welt rund um uns aufregend ist. Deshalb versuchen sie, etwas mehr davon zwischen die Schreibtische, Stühle, Wände, Zeitpläne, begrenzten Ressourcen, Transportmittel und standardisierten Tests zu zwängen. Zu deinem Glück wirst du automatisch mittendrin in dieser großen Welt sein, die Leben heißt, und die jene Lehrer und Erzieher »empirische Ausbildung« nennen.

Eine kurze Anmerkung am Rande. Ein wenig absurd ist es schon, dass das Konzept der »empirischen Ausbildung« bedeutet, dass das »Tun« in einer bestimmten, wissenschaftlich schulischen Art und Weise organisiert werden muss, um etwas zu »lernen«. Schlimmer noch: Diese Lehrmethode beinhaltet auch, dass die Erfahrung unwichtig wäre, wenn sie nicht so in Szene gesetzt wird, dass man daraus »lernt«. Wie du und ich wissen, wäre es wenig attraktiv, einen Computer zu bauen und zu programmieren, nur um dadurch Elektrotechnik und Mathematik zu lernen. Das Wissen über diese Dinge kommt als natürliches Nebenprodukt bei all dem Spaß, den du hast, wenn du einfach nur einen Computer baust und programmierst. Lehrer und Erzieher dieser Denkungsart setzen die falschen Prioritäten. Sie verharren in der Ansicht, Schule sei die Wirklichkeit und das Universum existiere nur, um der Schule mehr »Lehrmaterial« zubieten. Natürlich ist es genau anders herum: Die große weite Welt ist die Wirklichkeit, und die Schule dient nur dazu, dass wir uns in dieser Wirklichkeit besser zurecht finden. Sie darf diese Wirklichkeit aber nicht ausschließen.

Persönliche Aufmerksamkeit

Wenn du eine kleine Schule besuchst oder in einer kleinen Klasse eingeschrieben bist, hast du vielleicht das Glück, oft die ungeteilte Aufmerksamkeit deiner Lehrer zu bekommen. Jeder hat einen eigenen Lernstil, und viele ziehen es vor, von anderen zu lernen, anstatt aus Büchern. »Wenn ich etwas lernen will, lese ich nicht gerne ein Buch. Ich lasse es mir lieber von jemandem zeigen«, sagt meine Freundin Lesley. Persönliche Gespräche zum Beispiel über dein nächstes Drehbuch, über die Gründe, warum du bei der gestrigen Algebra-Arbeit die Hälfte der Gleichungen vermasselt hast oder wie man einen Saum gerade näht, können wirklich hilfreich sein.

Zu den wichtigen Dingen, die mich bewegten, weiter zu unterrichten, gehörte meine Sprechstunde, in der ich täglich mit meinen 26 Schülern ihre Arbeiten besprach. Obwohl diese Gespräche selten über das »Thema« hinausgingen, boten sie mir Gelegenheit, jeden Schüler kennenzulernen. Die Zusammenarbeit wurde menschlicher und machte mehr Spaß. Vermutlich ist diese Art von Individualunterricht der wertvollste Unterricht, den die meisten von uns in der Schule erhalten.

In einer typischen öffentlichen Schule, wie ich sie besucht habe, können die Lehrer von persönlichem Kontakt zu ihren Schülern nur träumen. Aber wenn du dich erst einmal daran gewöhnt hast, und es dir gefällt, wirst du eine echte Beziehung zu einem Mentor noch mehr genießen. Solltest du mit dem einen oder anderen Lehrer besonders gut auskommen, könntest du diese Beziehung vielleicht informell oder in Form eines bezahlten, wöchentlichen Tutoriums weiterführen. Du wist sehen: Sobald du von einem Erwachsenen nicht mehr benotet wirst, fällt es dir viel leichter, von ihm zu lernen und seine Gesellschaft ohne Angst oder Schuldgefühle zu genießen.

Das Ende der Analyse: Die Schule hat all diese Aktivitäten weder erfunden, noch gepachtet. Du kannst sie auch außerhalb der Schule in frischerer Form finden. Schulen haben weder ein Monopol auf das Lernen noch auf »schulmäßige« Lernmethoden.

Das Geheimnis des Lernens ist so einfach: vergiss es. Denk nur an das, was du gerne tust. Geh diesen Dingen nach, tu sie und träume davon. Eines Tages wirst du dann einen erfreuten Blick auf deine Sammlung japanischer Literatur werfen oder über deinen selbst gebauten Solarofen stolpern, und dann wird es dich wie ein Schlag treffen: Lernen war immer schon um dich, und es geschieht von selbst.

Kapitel 3
Wofür Schulen gut sind

Nahezu jede Erziehung ist politisch motiviert: Sie zielt auf die Stärkung einer Gruppe, einer Nation, einer Religion oder sogar einer Gesellschaft ab, um ihr einen Vorteil im Wettstreitmit einer anderen Gruppe zu verschaffen. Vor allem dieses Motiv bestimmt, welche Gegenstände gelehrt werden, welches Wissen angeboten wird und welches zurückgehalten. Es entscheidet auch darüber, welche geistigen Angewohnheiten die Schüler erwartungsgemäß entwickeln werden. Für das innere Wachstum von Geist und Seele wird jedoch kaum etwas getan; deshalb sind oft jene, die besonders viel Ausbildung genossen haben, in ihrem geistigen und spirituellen Leben stark verkümmert.

– BERTRAND RUSSELL

Wenn die Schule dem Lernen im Weg steht, warum haben wir dann Schulen? Warum kam man je auf die Idee zu glauben, dass sie funktionieren könnten?

In den USA wurde die Pflichtschule in der flüchtigen, schönen Hoffnung auf Demokratie eingeführt – leider vermischt mit einer gefährlichen Dosis Arroganz und anderen Unreinheiten. Thomas Jefferson, John Adams und andere frühe amerikanische politische Anführer gingen davon aus, dass der Mensch in einer Demokratie Wissen und Weisheit benötige, um vernünftige Entscheidungen zu treffen. Sie hofften auf ein Amerika, in dem »jeder« (womit sie alle weißen Jungen meinten, die erst kürzlich eingewandert waren) dieselben Chancen auf Erfolg hätte. Dafür müssten sie Gelegenheit haben, als Kinder zu lernen, zu lesen und sich zu entwickeln, anstatt zur Schwerarbeit in Fabriken gesteckt und von der Welt der Bücher und Ideen abgeschnitten zu werden.

Die Menschen haben nicht immer so gedacht. In den meisten alten europäischen Königreichen war es gar nicht erwünscht, dass ein beliebiger Junge lesen und schreiben lernte, denn seine Aufgabe im Leben bestand darin, die Kühe zu hüten und das zu tun, was der König anordnete. Im England führte man bereits im 15. Jahrhundert Pflichtschulen ein, wenn auch nicht, um damit die Demokratie zu unterstützen. Dort ging es darum, Mittellosen eine Berufsausbildung zu erteilen, damit die Reichen sie nicht mit Steuergeld unterstützen müssten.[8]

Anders ausgedrückt, führten in Amerika idealistische und revolutionäre Gedanken zur öffentlichen Schulbildung. Wie wundervoll wäre es gewesen, wenn die Gründungsväter dieser Ideale demokratisch genug gewesen wären, um anderen zuzutrauen, dass sie das Beste aus dieser Chance machen würden.

Möglicherweise hätten wir dann ein unerwartet reiches Ausbildungssystem bekommen, das den Kindern bis zu einem bestimmten Alter (bis sechzehn, achtzehn, einundzwanzig, oder wann auch immer) das Recht auf die Abdeckung ihrer Grundbedürfnisse garantiert hätte – Nahrung und Unterkunft– und ihnen gestattet hätte, die physische und kulturellen Welten frei und ungehindert zu erforschen. Bibliotheken und Bücher wären vielleicht allen zugänglich gewesen. Tutoren und akademische Fachleute wären aus der Staatskasse bezahlt worden, um die Fragen der Menschen zu beantworten, was zu einem umso intensiveren Lernen geführt hätte, wenn der Schüler es auch tatsächlich freiwillig wollte. Lehrstellen hätten zur Verfügung gestanden und offene Laboratorien, in denen junge Leute die Wissenschaftler bei ihren Forschungsarbeiten unterstützt hätten. Kinder und Teenager wären umhergelaufen und hätten ihre Hände in Froschteiche, Brotteig und Künstlermaterial gesteckt. Sie hätten verschiedenste Apparate erfunden, Fossilien katalogisiert und nach Lust und Laune Gedichte geschrieben.

Stattdessen glaubten die Menschen, die sich die amerikanische Ausbildung ausgedacht hatten, nur an sich selbst. Sie vertrauten nicht darauf, dass Kinder tatsächlich lernen wollen, und sie vertrauten nicht darauf, dass die »niedrigen Klassen« überhaupt den Wunsch hätten, ihre Kinder ausbilden zu lassen. Ich bezweifle sogar, dass ihnen je der Gedanke an intellektuelle Freiheit gekommen ist. Sie glaubten, Bildung sei nur durch Zwangsmaßnahmen durchsetzbar. Daraus entwickelte sich das Pflichtschulsystem. Als Vorbild für das amerikanische Schulsystem wählten sie das deutsche, dass nie vorgegeben hat, demokratische Verhältnisse schaffen zu wollen, und auch nie die Absicht dazu hatte.

Wir haben aber auch noch aus einem anderen Grund Schulen, obwohl sie uns vom Lernen abhalten, und zwar gerade weil sie *nicht nur* dafür da sind, dass wir etwas lernen. Denn sie dienen noch anderen, weniger charmanten Zielen.

Während die Pflichtschulen zunächst in der Hoffnung eingeführt wurden, Menschen zu unterrichten, die der Demokratie würdig sind, flossen allmählich auch andere Absichten in das Ausbildungswesen ein. *So wollte man gehorsame Fabrikarbeiter hervorbringen, die nicht durch Plaudern oder Tagträume Zeit vergeudeten.* Der Historiker Lawrence A. Cremin schreibt: »Wo immer Fabriken errichtet wurden, zeigte sich dasselbe allgegenwärtige Ausbildungsproblem, dass die industrielle Disziplin erst gefördert und konsequent erhalten werden musste.« Cremin führt weiter aus, dass die Menschen vor der industriellen Revolution ihr Leben in Harmonie mit den Jahreszeiten, Feiertagen und nach ihrem eigenen Willen führten. Fabriken hingegen

> erforderten eine Umstellung vom Zeitalter der Landwirtschaft in die wesentlich präziseren Kategorien des Industriezeitalters mit seinen scharf begrenzten, periodisierten Arbeitstagen. Zusätzlich zu diesem Umstieg im Timing und Rhythmus erforderten Fabriken einen Wechsel im Verhalten. Aufmerksamkeit und ein bestimmtes Benehmen waren gefragt. Die Arbeiter konnten nicht mehr nach eigenem Willen handeln, sondern wurden an die Bedürfnisse des Produktionsprozesses und den Umgang mit den anderen Arbeitern angepasst.... Schulen unterrichteten [Fabrikverhalten] nicht nur durch Lehrbücher, sondern auch schon durch ihre interne Organi-

> sationsform – durch Gruppenbildung, periodisierte Abläufe und objektive Unpersönlichkeit, wie man sie in den Fabriken fand.[9]

Diese industrielle Indoktrinierung wird in den heutigen Schulen ungehindert fortgeführt. Sie liefert Menschen, die sich problemlos Autoritäten unterwerfen, nicht allzu viel denken und für geringen Lohn hart arbeiten. (Während wir mit immer höherer Geschwindigkeit in das Informationszeitalter vorpreschen, macht es noch weniger Sinn, dass Menschen zwölf Jahre lang für Fabrikarbeit ausgebildet werden. Wie Dan Greenberg, der visionäre Erneuerer der »Free School«, ausführt,

> gibt es in der postindustriellen Gesellschaft im Grunde keinen Platz für Menschen, die nicht imstande sind, selbständig zu funktionieren. Diese Gesellschaft hat keinen Platz für jemanden, der nur dafür ausgebildet wurde, ein kleines Rädchen in einer großen Maschinerie zu sein. Menschen dieses Typs werden auf Dauer vom Wirtschaftsleben ausgeschlossen. Jeder Personalchef eines heutigen Industriebetriebs und Unternehmens, ob groß oder klein, beschreibt für das postindustrielle Amerika dieselben wirtschaftlichen Anforderungen: Gefragt sind kreative Menschen mit Eigeninitiative, die selbst etwas auf die Beine stellen, Verantwortung übernehmen, sich ein Urteil bilden und selbst Entscheidungen treffen.[10]

Am Beginn der amerikanischen Erziehungspolitik standen auch religiöse Gründe: Im Jahr 1642 wurde die erste Pflichtschulverordnung in Massachusetts erlassen, einer der strengsten puritanischen Kolonien. Den Puritanern zufolge hielt Satan, der alte Täuscher, »die Menschen vom Wissen der Schriften« ab. Obwohl wir offiziell längst nicht mehr in die Schule gehen, um dort Lesen zu lernen, damit wir die Bibel verstehen, hängt auch in den heutigen Schulen immer noch der üble Geruch dieses Einflussbereichs. Aus der puritanischen Annahme, dass jeder Schüler die Schule mit demselben religiösen Glauben verlässt, entwickelt sich der weltliche Gedanke, dass Schulen Menschen mit einer einheitlichen Grundeinstellung hervorbringen könnten.

(In den zentralen und südlichen Kolonien, die sich nicht so stark auf Religion konzentrierten, wurden Pflichtschulen erst Jahrhunderte später eingeführt. Die dort lebenden Menschen gehörten unterschiedlichen Gruppierungen an und waren nicht gewillt, diese Vielfalt aufzugeben.[11])

Als die Schulen dazu übergingen, alle Kinder zu unterrichten – Mädchen, amerikanische Ureinwohner, neue Immigranten ebenso wie weiße Jungen – ergab sich daraus ein weiteres, mit dieser neuen Schülerzusammensetzung in Verbindung stehendes Ziel. Trotz des amerikanischen Idealismus im Hinblick auf die erwünschte Demokratie war Amerika nicht bereit, Menschen respektvoll und gleichwertig zu behandeln. *Die Schulen übernahmen somit die Aufgabe, »Minoritäten« und andere, von der Hauptströmung abweichende Kulturen auszumachen und als andersartig festzulegen.* »Die indianischen

Schulen glichen Gefängnissen, in denen militärischer Drill mit vier Anwesenheitsappellen pro Tag herrschte«, erzählt Lame Deer, ein Medizinmann der Sioux in seinem Buch *Tahca Ushte. Medizinmann der Sioux,* und klagt weiter:

> Heute sind die Schulen besser als zu meiner Zeit. Von außen sehen sie gut aus – modern und teuer. Die Lehrer verstehen die Kinder auch etwas besser und wenden mehr Psychologie und weniger Stock an. Und trotzdem begehen auch in diesen hübschen neuen Gebäuden indianische Kinder Selbstmord, weil sie inmitten all des Lärms und der Aktivität einsam sind. Ich weiß von einer Zehnjährigen, die sich erhängt hat ... Wenn wir in die Schule eintreten, wissen wir zumindest noch, dass wir Indianer sind. Wenn wir halb rot und halb weiß herauskommen, wissen wir nicht einmal mehr, was wir sind.[12]

Schulen dienen auch als Babysitter: Sie verhindern, dass Teenager den Arbeitsmarkt stürmen oder ziellos auf der Straße herumhängen. Wie sämtliche andere Zielrichtungen der Schulen steht auch diese dem Lernen im Weg. Sie führt lediglich zu einem unverzeihlichen Zeitverlust. Wären wir imstande, diese Babysitterfunktion abzuschaffen, könnten die Schulen effektiver unterrichten, ohne Jahr für Jahr »den Stoff nochmals durchzugehen«, und ihre Inhalte in der Hälfte der Zeit unterbringen. Workshops für Erwachsene verzichten üblicherweise auf ausbildungstechnischen Schnickschnack, Verwirrspiele und Zeitverluste, wie wir sie aus den Schulen kennen. Die 12-jährige Unschoolerin Jessica Franz schrieb mir: »Ich habe das Gefühl, auf demselben Ausbildungsstand zu stehen wie meine Alterskollegen, obwohl ich mich nur gelegentlich mit ›Schulischem‹ befasse, anstatt täglich sechs oder sieben Stunden zu lernen.« Ihre Aussage stimmt mit den Erfahrungen vieler tausend anderer Unschooler überein, die nur wenig Zeit für formelles Lernen aufwenden, aber mehr wissen als ihre Alterskollegen und in standardisierten Tests bessere Ergebnisse erzielen als die Durchschnittsschüler einer konventionellen Schule.

Wie großzügig Schulen mit Zeit umgehen, zeigt sich auch bei der Vorbereitung auf das Äquivalenzdiplom zum US-Highschool-Abschluss (GED – General Equivalency Diploma). Üblicherweise wird für das Äquivalenzdiplom ein höherer Wissensstand bei den Prüfungen vorausgesetzt, als in den Schulen erreicht wird. Deshalb würde vermutlich ein Drittel aller *Highschool-Absolventen* diesen Test nicht bestehen. Die Vorbereitung eines Highschool-Aussteigers für diese Prüfung beträgt jedoch für gewöhnlich nur 16 bis 24 Lehrstunden in einem Zeitraum von vier bis sechs Wochen. In den Vorbereitungsbüchern auf die Äquivalenzprüfung werden 30 Lerneinheiten zu Hause zu je ein bis drei Stunden vorgeschlagen. Das ist alles, was man braucht – anstatt vier Jahre an einem Pult zu sitzen, unter dem immer noch der Kaugummi eines anderen Schülers klebt.

Das erinnert mich an ein Gespräch, das meine Kollegen und ich während meiner Lehrtätigkeit mit einem Elternpaar führten. Wir schlugen dem Vater vor, dass sein

Sohn die achte Schulstufe überspringen und direkt in die neunte einsteigen solle, weil er außergewöhnlich klug, kompetent, und sozial reif genug dafür war und seine Schulaufgaben »verantwortungsvoll« erledigte. Zunächst fürchtete der Vater, dass sein Sohne einige »Bildungsblöcke« in Mathematik, Naturwissenschaften und Fremdsprachen versäumen würde. Seine Lehrer zerstreuten diese Zweifel: Jasper (Name geändert) würde nichts Wichtiges versäumen, wenn er eine Schulstufe überspränge.

Das waren gute Nachrichten für Jasper, weil er auf diese Weise die achte Schulstufe auslassen durfte und sich ein Jahr ersparte, in dem er ohnehin »nichts Wichtiges« gelernt hätte. Die Bedeutung dieser Aussage ist jedoch erschreckend. Du gehst aus verschiedenen Gründen Jahr für Jahr zur Schule. Dass du dort etwas lernst, ist wohl der wichtigste Grund. In Wirklichkeit erhältst du jedoch »nichts Wichtiges« im Austausch für deine zwölfjährige Plackerei. Selbstverständlich werden in den Schulen einige potentiell hilfreiche Fähigkeiten und Informationen weitergegeben. Die Menge an nützlichen Inhalten ist jedoch verschwindend gering angesichts der gewaltigen Stapel an Dummheiten. Dazu kommt, dass die Essenz der meisten jahrelang angebotenen Fächer in einem Blockseminar von zwei oder drei Tagen weitergegeben werden könnte.

Schulen wurden nicht gegründet, um Millionen Lehrern, Verwaltungsbeamten, Hausmeistern und Büroangestellten einen Job zu verschaffen. Heute jedoch ist es eine ihrer wichtigsten Aufgaben, genau diese Arbeitsplätze zu bieten. Sollte sich eine große Zahl von jungen Menschen entschließen, der Schule den Rücken zu kehren, wird sich das wohl am schmerzlichsten auf diese Arbeitsplätze auswirken. Es wäre tragisch für all diese Menschen, ihren Job zu verlieren. Aber bist du wirklich verpflichtet, deine Seele für deren Lebensunterhalt zu verkaufen? Die Regierung bezahlt diese Menschen für schlechte Arbeit. Sie könnte sie ebenso gut bezahlen, um gute Arbeit zu leisten – wie etwa in Bibliotheken und Museen zu helfen, Menschen jeder Altersgruppe als Lehrer und Tutor zur Seite zu stehen, die um diese Unterstützung bitten, Blinden und älteren Menschen vorzulesen, etc.. Das darf jedoch nicht dein Problem sein.

Warum setzen wir uns dennoch für Pflichtschulen ein? Und warum glauben die meisten Menschen bedingungslos an diese Ausbildungsform? Weil sie durch Verwirrung, Schamgefühl und Einschüchterung dazu bewegt werden, an dieses System zu glauben.

Lehrer und Erzieher sprechen in einer komplizierten Fachsprache, als wäre Lernen ein spezialisierter, komplizierter Prozess. Sie werfen mit Ausdrücken wie meisterliches Lernen, kriterienrelevante Prüfungen, multikulturelle Ausbildung, prosoziales Verhalten, erklärender Unterricht, Stanine-Werte um sich, geben vor, dass alles, was sie tun, sehr schwierig und raffiniert ist – und glauben sogar daran.

Lehrer nehmen sich sehr ernst, wenn sie ihre Fächer vorbereiten und Unterrichtsstunden planen. Sie versuchen, möglichst wissenschaftlich zu klingen, wenn sie mit Schülern oder über Schüler sprechen. (Ich weiß das, weil ich Lehrer war. Ich habe es nicht nur bei Anderen gesehen, sondern am eigenen Leib erlebt. Es ist ein Machttrip, nach dem man süchtig werden kann.)

Vermutlich sind diese komplizierten Vorgehensweisen tatsächlich notwendig, um Schüler zum Lernen zu *zwingen*. Sie sind auch notwendig, damit sich die Gesamtheit von Lehrern, Erziehern und schulischem Verwaltungsapparat wichtig fühlt. Aber das sollte dich nicht einschüchtern. Was Lehrer über das Lernen wissen, hat vor allem mit dem Klassenmanagement zu tun (sprich: mit der Disziplin). Anders ausgedrückt, hat ihr Wissen vor allem mit Dingen zu tun, die gar nicht nötig wären, wenn du genau das lerntest, was du lernen willst.

Ben Gipson, ein College-Student, der als Highschool-Lehrer Psychologie, Lebensmanagement und Lesetraining unterrichten möchte und als Studienvertreter an einer Versammlung der NEA (National Education Association – Lehrerversammlung) teilnahm, schrieb einen Artikel, der in der Dezemberausgabe 1990 der Zeitschrift *NEA Today* veröffentlicht wurde. Gipson argumentierte, dass es wichtiger sei, sich in Ausbildungsmethoden zu vertiefen, als in das Fach, das man tatsächlich unterrichten möchte: »Ein Kind denkt nicht nur anders als ein Erwachsener, sondern es gibt auch noch Unterschiede zwischen der Denkweise eines Fünfjährigen und eines Siebenjährigen. Wer sich nicht umfassend mit Piaget, Kohlberg und Erikson auseinandergesetzt hat, weiß das nicht wirklich.«

Ach nein? Stimmt, sofern man seine Nase in Bücher steckt und nie an seine eigene Kindheit denkt, oder mit Kindern spricht.

Schulen gehen aber über die Methode der Einschüchterung hinaus. Sie benützen dein Schamgefühl, damit du glaubst, dass du sie brauchst. Indem Schulen Noten verteilen, zerstören sie den Glauben der Menschen an ihren gesunden Geist. Sobald du den Urteilsspruch eines Zeugnisses akzeptierst, dass du nicht ganz so klug bist, bist du kaum noch in der Lage zu behaupten, dass du die Schule im Grunde nicht brauchst. Beschließt die Schule jedoch, dass du tatsächlich intelligent bist, hast du das gegenteilige Problem: Dein Ego wird süchtig nach dieser Bestätigung. Wenn du in der Schule schon »Erfolg« hast, warum solltest du dann das Risiko eingehen, dich in eine Welt zu begeben, in der du vielleicht keine glatte Eins bekommst?

Im Grunde wird dadurch das Opfer zum Täter: Die Schule gibt dir die Schuld für deine intellektuelle Grippe, statt sie bei sich selbst zu suchen. Nach der ersten Schulstufe hast du deine überschäumende natürliche Neugier vollkommen vergessen. Wenn dir deine Lehrer immer wieder sagen, dass du deine Hausaufgaben nicht machst, weil du keine Lust, keine Neugier und keine Freude am Lernen hast, wirst du es irgendwann glauben. Sobald sie dir sagen, dass du es »dort draußen« bestimmt nicht schaffst, wenn du es schon in der Schule nicht schaffst, bist du wirklich verloren.

Offenbar ist es für die Schulen unbedingt notwendig, dich in dem Glauben zu lassen, dass du ohne sie nichts lernen würdest. Sobald man dich durch Einschüchterung und Schamgefühl davon überzeugt hat, ist es vorbei: Ohne große Widerrede nimmst du die zwölf Jahre Schulunterricht auf dich. Dann wirst du anfällig für jene Argumentationslinie, die einer meiner Kollegen anwendete, wenn seine Schüler nicht rechtzeitig ihre Mathematikhausaufgaben abgaben: »In Ordnung, vergesst eure Hausaufgaben. Ihr könnt auch so aufwachsen und dann halt Junkies werden.«

Sobald du jedoch das Spiel durchschaust, kannst du in Ruhe darüber nachdenken und beginnen, wieder auf deine Fähigkeiten zu vertrauen.

So, meine lieben Leser, damit sind wir an das Ende dieses Kapitels gekommen. Ich lade euch jetzt ein, euch zu setzen, bequem die Füße hochzulegen und über eure Werte und Zielvorstellungen nachzudenken. Stimmen sie mit den Ausbildungszielen der Schulen überein? Habt ihr Lust darauf, euch zu gehorsamen Arbeitern programmieren zu lassen? Habt ihr Lust darauf, euer kulturelles Erbe gegen durchschnittliche »Leitkultur« einzutauschen? Habt ihr Lust darauf, jede Woche 35 Stunden lang in der Obhut eines Babysitters zu verbringen?

Ja? Braves Mädchen. Braver Junge. Dann stellt doch bitte die Füße ordentlich auf den Boden, richtet euch ein wenig gerader auf und hört auf, immer nach rechts und links zu sehen.

Nein? Oh! Herzlich willkommen. In dem Fall lade ich euch ein weiterzulesen.

Kapitel 4
Lehrer – Mensch kontra Beruf

Persönlich bin ich immer bereit zu lernen, obwohl ich nicht immer belehrt werden möchte.

– WINSTON CHURCHILL

Es ist keineswegs die Absicht dieses Buches, deine Wertschätzung für die Menschen zu schmälern, die an den Schulen unterrichten. Dennoch sind meine Kommentare in diesem Kapitel süßsauer. Einerseits will ich die großartigen Fähigkeiten von Lehrern anerkennen und einige schwierige und ironische Aspekte ihres Berufs erklären. Immerhin ist es im Allgemeinen nicht Schuld der Lehrer, dass die Schulen nichts taugen – aber wenn alle kündigten, würde es auch keine Schulen geben. Andererseits möchte ich auf einige schädliche Aspekte einer üblichen Lehrerpersönlichkeit hinweisen, um dir zu helfen, das Schuldgefühl zu verstehen, das du möglicherweise in der Schule empfindest. Damit sollte es dir leichter fallen, dir selbst die Erlaubnis zu geben, aus dem konventionellen Schulsystem auszusteigen.

Die meisten Lehrer sind großzügige, intelligente, wundervolle Menschen. Einige sind sogar überaus talentiert und bewandert auf ihrem Fachgebiet und würden auch außerhalb der Grenzen des konventionellen Schulwesens großartige Mentoren und Tutoren abgeben. Viele haben die Gelegenheit ausgeschlagen, ein hohes Einkommen zu erzielen, weil sie an den Lehrberuf glauben, auch wenn er finanziell wenig einbringt. Speziell die Männer werden oft jahrelang von ihren Familien mit der Frage bedrängt: »Warum suchst du dir nicht einen *richtigen* Job mit Aufstiegschancen?«. In jedem praxisbezogenen Wettbewerb würde ein durchschnittlicher Schullehrer vier Mal so viele Preise gewinnen wie ein durchschnittlicher Manager von Gillette oder Exxon.

Die meisten Lehrer und übrigen Schulangestellten glauben, »das Richtige« zu tun. Sie stellen sich der Demokratie, der Freiheit und der echten Ausbildung nicht vorsätzlich in den Weg. Sollten sie tatsächlich die Freiheit bewusst einschränken, so tun sie dies zu deinem Besten, damit du bereit bist, hart zu arbeiten, und damit du in deinem Leben nach der Schulzeit »erfolgreich« bist. Diese guten Absichten sind zu respektieren.

Einigen wenigen Lehrern gelingt es sogar, einen Sieg zu erringen. Ungeachtet aller entgegenwirkenden Kräfte seitens der Opposition ereignet sich in ihrem Unterricht etwas Starkes und Wunderbares. Ein klassisches Beispiel hierfür bietet Eliot Wigginton, der in Georgia ein Programm zur Sammlung mündlich überlieferter Geschichten ins Leben rief. Seine Schüler schreiben die berühmten *Foxfire*-Bücher und -Zeitschriften. Diese Bücher erfreuen die ganze Welt mit ihrem Einblick in die reiche Kultur der Appalachen und die erstaunlichen Fähigkeiten der jugendlichen Journalisten.

Jerry Vevig, mein Chorleiter an der Highschool, ist nicht ganz so berühmt, war aber vor seiner Beförderung ein außergewöhnlicher Lehrer. Sobald ich um 6.30 Uhr morgens seinen Unterrichtsraum betrat – wo wir als Jazzchor oder Konzertchor probten – vergaß ich, dass ich noch die Highschool besuchte und wurde zu einer ernsthaften Künstlerin inmitten einer gleich gesinnten Gemeinschaft. Auch wenn er nicht immer nett zu uns war und uns meist noch fünfzehn Minuten in die nächste Pause hinein singen ließ, behandelte er uns wie Musiker und nicht wie hilflose Kinder. Und er war gut in seinem Job. In besonderer Erinnerung blieb mir ein Auftritt unseres Jazzchors bei einem großen Weihnachtsbankett von Geschäftsleuten im Red Lion – dies war nur einer von zwanzig Auftritten in diesem Monat. Während wir unsere Mikrophone aufstellten, ignorierte uns das erwachsene Publikum. Doch als Carl die ersten vollen Akkorde auf dem Klavier spielte, verstummten die Anwesenden, und als Ronelle die erste reife Note des Anfangssolos sang, fiel einem Mann die Gabel aus der Hand. Uns gab es tatsächlich. Mr. V. holte das Beste aus uns heraus, und dafür liebten wir ihn. Ich will gar nicht abstreiten, dass einige Lehrer in den Schulen Großartiges leisten. Aber ich weiß, dass ihre Chancen schlecht stehen.

Die Tatsache, dass ein Lehrer unterrichtet, bedeutet nicht automatisch, dass er auch geistig »auf einer Linie« mit dem Schulsystem liegt. Viele Lehrer beginnen zu unterrichten, weil sie mit den gegenwärtigen Schulen unzufrieden sind und hoffen, sie verbessern zu können.

Leider endet es meist damit, dass diese Lehrer aufgeben oder ihre Ideale verraten. Das Schulsystem ist einfach um vieles größer und stärker als sie. Dennoch arbeiten viele Lehrer jahrelang leidenschaftlich und mit einer bestimmten Vision vor Augen. Nur weil die Schule dich erdrückt, solltest du nicht fälschlicherweise annehmen, dass dich deine Lehrer erdrücken *wollen*. Wie für die meisten Schüler wären Schulen ohne Pflichtunterricht und administrative Zwänge auch für die meisten Lehrer ein wesentlich freundlicherer Ort.

Das bringt mich zu einem anderen Thema. Nicht alle Lehrer zielen darauf ab, dein Leben zu kontrollieren, aber sie haben keine Wahl. Sie müssen dich »managen«. Es ist ihr *Job,* dir ein Ungenügend zu geben, wenn du »deine« Aufgaben nicht machst, zu melden, wenn du die Schule schwänzt, dich zur Ruhe zu mahnen, dir Hausaufgaben aufzugeben, dich zu Schulregeln zu zwingen, an die sie persönlich vielleicht gar nicht glauben, wie etwa »In Tennisschuhen müssen immer Socken getragen werden« oder »Es ist nicht erlaubt, sich im Stuhl zurückzulehnen«. Kein Lehrer könnte seine Stelle behalten, wenn er sagte: »Macht doch nichts, wenn du heute deine Hausaufgaben nicht machst. Wenn du stattdessen lieber etwas anderes tust, ist es auch gut. Deshalb werde ich dir kein Ungenügend geben, und auch sicher nicht von dir enttäuscht sein.« Die Tätigkeitsbeschreibung eines Lehrers lässt nicht zu, dass er dich so respektvoll behandelt wie seine eigenen Freunde.

Um besser zu erläutern, was ich damit meine, beschreibe ich einen Tag, an dem ich meinen Job einfach nicht mehr erfüllen konnte. Damals war ich Aushilfslehrerin für Physik in einer Klasse, in der ein 14-jähriger Junge saß, der zu meinen Freunden zählte. Weil ich ihn kannte, betrat ich die Klasse wie eine Privatperson und nicht als Miss Llewellyn. Augenblicklich geriet die Klasse außer Kontrolle. Während ich die Aufgaben verteilte, segelten Papierflugzeuge gegen dieTafel, und alle redeten durcheinander. Zwei Jungen mit dunklen Sonnenbrillen legten die Füße auf den Tisch, lehnten sich mit verschränkten Armen in ihren Stühlen zurück und grinsten mich an. An jedem anderen Tag wäre ich augenblicklich in die Rolle geschlüpft, die sie mir mit ihrem Verhalten vorgaben. Darin war ich wirklich gut. Meine übliche Einleitung als Aushilfslehrkraft lautete: »Wo bleibt Ihr Selbstrespekt. Mr. Washington und Mr. Garcia, bitte nehmen Sie die Sonnenbrillen ab. Und wenn jemand gerne den Weg zum Direktor antreten will, braucht er nur nochmals ein Flugzeug in diese Richtung segeln lassen. Sonst noch Fragen?«

Unter Ottos aufmerksamem Blick konnte ich mich jedoch nicht zu diesen Worten durchringen. In seiner Gegenwart wirkten sie so unbedeutend und künstlich. Sie hatten nichts mit Grace Llewellyn zu tun. An diesem Tag war ich eine lausige Lehrerin, denn Otto hatte mir die Tür zu einer tieferen Wahrheit aufgestoßen. Was dies jedoch über all jene Tage aussagte, an denen ich meinen Job *gut* erfüllte, ist noch erschreckender.

Als ich meine Lehrtätigkeit begann, stellte ich überrascht fest, dass nahezu alle meine Kollegen wirklich großartig waren. Das verwirrte mich, denn ich erinnerte mich noch allzu gut an all die gemeinen, dummen Lehrer meiner Schulzeit. Lag ich mit meiner Einschätzung falsch oder hatte sich der Lehrberuf in den vergangenen fünf Jahren radikal verändert?

Die Wahrheit erfuhr ich erst, als ich einige Monate lang in meiner ehemaligen Schule als Aushilfslehrerin arbeitete und plötzlich als Erwachsene genau mit jenen Lehrern zusammenkam, die meine Tests benotet und mich aufgefordert hatten, in ihren genialen Unterrichtsstunden keine Romane zu lesen. Plötzlich waren alle großartige Menschen – zumindest in meiner Gesellschaft als Erwachsene. In der Klasse waren sie wohl immer noch gemein und verstockt, wie ich aus den Gesprächen der Schüler im Korridor und von einem gelegentlichen Blick ins Klassenzimmer aufschnappte.

Allmählich fragte ich mich, wie viele Teenager auch mich für gemein und verstockt hielten, wenn ich in der Klasse stand. Nach einigen Jahren gelangte ich zu der festen Überzeugung, dass die Mehrheit der Lehrer tatsächlich faszinierende, intelligente, großzügige und talentierte Menschen waren. Allerdings hielt die Rolle, die sie in der Schule spielen mussten, sie davon ab, diese wunderbare Seite ihres Wesens zu zeigen. Ihr Talent und ihre Energie verströmten stattdessen nutzlos, indem sie den Schülern unentwegt sagten, was sie zu tun hatten.

Selbstverständlich sind nicht alle Lehrer großartig. Wie jeder Mensch haben sie Stärken und Schwächen. Und einige der Eigenschaften, für die wir Lehrer lautstark loben, sind genau jene, mit denen sie den größten Schaden anrichten.

So scheinen viele Lehrer den angeborenen Wunsch zu hegen, in das Leben Anderer einzugreifen (auch bekannt als »den Menschen helfen«). Selbst wenn wir es für zulässig hielten, dass andere unser Leben in die Hand nehmen, wären Lehrer wohl kaum dafür geeignet, denn sie sind ebenso menschlich wie ihre Schüler.

Allerdings ergibt es einen Sinn, dass kontrollsüchtige Menschen eine Neigung zum Lehrerberuf haben. Immerhin ist es ein toller Beruf für all jene, die gerne König oder Gott spielen. Wie etwa ich. Mit sechs Jahren spielte ich leidenschaftlich gerne Schule. Ich war die Lehrerin und nannte mich selbst Pee-Wee. Meine Brüder waren die Schüler, obwohl sie dazu im Allgemeinen wenig Lust hatten. Aber ich war älter und bestach oder zwang sie dazu. Sie mussten von mir choreografierte Tänze einlernen, und wenn sie den Takt verloren, kniff ich sie. Mein eigenes Leben genügte mir nicht – ich wollte auch ihres bestimmen (wie es meine Lehrer mit mir getan hatten, wenn ich das anfügen darf). Gerade diese Kontrollsucht und dieser Wille, das Leben anderer zu planen und zu bestimmen, stört mich an so vielen Lehrern – mich eingeschlossen – und Schulleuten. Am gefährlichsten für das eigene Leben sind meist jene Menschen, die leidenschaftlich gerne helfen, egal, ob man ihre »Hilfe« will oder nicht. »Sie gehört zu jenen Frauen, die für Andere leben«, schrieb C. S. Lewis. »Wer die Anderen sind, erkennt man am Besten an deren gehetztem Gesichtsausdruck.«

Als Lehrer wird man automatisch zu einer Autoritätsperson. Somit ist es der ideale Beruf für alle, die sich gerne überlegen fühlen. Niemand fragt danach, woher deine Autorität kommt und wie viel davon du verdienst.

Zusätzlich bietet der Lehrerberuf eine ausgezeichnete Gelegenheit, um für seine Selbstlosigkeit und Großzügigkeit Aufmerksamkeit und Lob zu bekommen. Kennst du nicht auch jemanden, der nur allzu gerne vornehm leidet, solange andere zusehen und mit ihm mitfühlen? Nun, viele Lehrer gehören zu dieser Sorte. Sie streben nicht nach Geld, dafür genießen sie die Pluspunkte, wenn sie die ganze Nacht aufbleiben, um Tests zu verbessern, wenn sie ihren Schützlingen zu Halloween Süßigkeiten mitbringen, wenn sie sich für ein jämmerliches Einkommen abrackern, wenn sie inmitten eines Schneesturms durch die Stadt fahren, um das Video *The Story of English* auszuleihen, wenn sie einem Schüler am Freitagnachmittag denselben Absatz dreißig Mal erklären, oder wenn sie ihren eigenen Lieblingssport vernachlässigen, um als Basketball-Coach Schüler zu trainieren. Leider sind Menschen, die in der Öffentlichkeit gerne leiden und hart arbeiten, auch gut darin, anderen die Schuld für etwas zuzuweisen.

Einer der engagiertesten, beliebtesten und genialsten Lehrer, die ich je kennengelernt habe, arbeitete hart an der Planung eines Wochenend-Filmfestivals im Freien für seine Internatsschüler. Das Festival war keine verbindliche Schulveranstaltung, so dass nur wenige Schüler kamen. Der Lehrer reagierte traurig und enttäuscht auf die mäßige Begeisterung seiner Schüler. Allerdings fragte ich mich, wie er sich wohl gefühlt hätte, wenn sein Vorgesetzter enttäuscht gewesen wäre, weil *er* nicht an einem freiwilligen U2-Konzert teilgenommen hätte. Eine andere Lehrerin reagierte sehr klug auf die Enttäuschung ihres Kollegen: »Wir haben unseren Schülern eine breite Palette an Aktivitäten angeboten«, sagte sie. »Nur sollten wir uns nicht persönlich so stark engagieren, dass es uns schmerzt, wenn sie lieber etwas anderes tun.«

Was brauchen wir anstelle jener Menschen, die es lieben, sich für andere aufzuopfern? Wir brauchen Menschen, die genau das tun, was ihnen am besten gefällt und worin sie gut sind, und die es Anderen überlassen, ob sie ihrer eigenen Wege gehen, oder sich freiwillig anschließen wollen, und die ihr Wissen teilen, anstatt es zu horten. Ein derartiges Verhalten erfordert *wahre* Großzügigkeit, denn es betrachtet die Anderen als gleichberechtigt, und nicht als hilflose Opfer.

Eine eingeschränkte Perspektive zählt oft ebenfalls zu den nachteiligen Aspekten einer Lehrerpersönlichkeit. Mit Ausnahme des einen oder anderen Sommerjobs an einer Supermarktkasse haben die meisten Lehrer nie in einem anderen Beruf gearbeitet. Wie du haben sie ihr gesamtes Leben in der Schule zugebracht. Dadurch können sie sich kaum vorstellen, welches Potential für die Zukunft tatsächlich in ihren Schülern steckt. Sie können hier mit nur über einen beschränkten Bereich von Möglichkeiten für dein Leben sprechen.

Ein wichtiger Punkt zum Schluss: Es ist nichts Schlechtes daran, von einem Lehrer zu lernen, nachteilig ist es nur unter den Bedingungen einer Pflichtschule. Viele Menschen lernen am Besten, wenn man sie lehrt, oder ihnen etwas zeigt. Du solltest deshalb nicht annehmen, dass ein Lehrer außerhalb des üblichen Schulsystems dasselbe ist wie ein Lehrer innerhalb dieses Systems. Ein Lehrer, der außerhalb der Grenzen einer Schule unterrichtet – wie etwa ein Lehrer in einem Kampfsportzentrum, in einer Literaturdiskussionsrunde oder einer Konversationsstunde für Französisch – kann ganz er selbst sein und aus ganzem Herzen und mit Begeisterung unterrichten. Da du nicht verpflichtet bist, seinem Unterricht beizuwohnen, bleibst du einfach nur, wenn dir seine Methode liegt.

Sobald Unterricht mit freier Auswahl und Individualität kombiniert wird, kann er für alle Beteiligten vorteilhaft sein. Deshalb liebe ich meine neue Arbeit als Tanzlehrerin so sehr. Dabei kommen alte Schuldgefühle erst gar nicht auf. Wer orientalische Tänze erlernen und mit einem paillettenbesetzten Schleier herumwirbeln will, und wem meine Art zu unterrichten und zu tanzen gefällt, der bezahlt für meinen Unterricht. Wem es nicht gefällt, der hört auf oder sucht sich einen anderen Lehrer. Das nehme ich nicht persönlich und bin deshalb auch nicht enttäuscht, denn jeder lernt anders. Niemand wird meine Ex-Schüler wegen Schulschwänzens anklagen oder ihnen null Punkte geben. Und wer weiterhin am Unterricht teilnimmt, den spornt unser gemeinsames Ziel und unser gemeinsamer Erfolg an.

Kapitel 5
Macht und Magie der Jugend gegen unerträgliche Langeweile in der Schule

Die Jugend ist die Zeit, in der man mit Körper und Geist von einem Ende der Welt zum andern flitzt, um die Sitten und Gebräuche fremder Länder kennenzulernen, um Turmuhren Mitternacht schlagen zu hören, um die Sonne über fremden Städten und Landschaften aufgehen zu sehen, um bei einer Erweckungsveranstaltung zu konvertieren, um die Metaphysik zu umschiffen, um stockende Verse zu schreiben, um eine Meile weit zu laufen, um ein Feuer zu sehen, und um den ganzen Tag über im Theater zu warten oder um bei ‚Hernani' zu applaudieren.

– ROBERT LOUIS STEVENSON, *Crabbed Age and Youth*

Wenn du dich je mit Anthropologie oder Ethnologie beschäftigt hast, wird dir zu allererst auffallen, dass sämtliche frühe Kulturen all ihre Mysterien, ihre Magie und ihre Kraft vermengt und ihre Jugendlichen aufgefordert haben, einen großen Schluck davon zu nehmen.

Bei den Dakotaindianern fastet ein sechzehnjähriger Junge, bis ihn eine Vision überkommt, die ihn zum Mann macht. Bei den Apachen wird ein Mädchen, sobald es erstmals die Menstruation bekommt, in einem intensiven, freudvollen, theatralischen Ritual, das vier Tage andauert, zur göttlichen »Weißbemalten Frau«. Rund um den Globus bereiten traditionelle Kulturen ihre Jugendlichen mit verschiedenen Ritualen auf das Leben vor, indem sie diese mit ihrem tiefsten Inneren und ihrem Erbe in Verbindung bringen.

Viele dieser Initialisierungsrituale für den Eintritt in das Erwachsenenalter beinhalten Gefahren und Schmerzen, aber auch Schönheit und Jubel. Ich spare mir die platte Behauptung, dass wir alles falsch machen, weil wir unsere heranwachsenden Jungen nicht auffordern, sich drei Tage ausschließlich von Wespen zu ernähren.

Trotzdem solltest du einmal in Ruhe darüber nachdenken, welch scharfer Kontrast besteht zwischen der Art und Weise, wie unsere Gesellschaft die Jugend in den Kreis der Erwachsenen aufnimmt, und den kraftvollen Ritualen früher Völker.

Was bekommst du anstelle einer Vision? Du bekommst die Schule – und all die blinde Passivität und graue Monotonie, die sie dir anerzieht.

Es ist kaum zu fassen, geschweige denn zu tolerieren, dass dich eine Institution während deiner zauberhaftesten Jahre auffordert, sechs Stunden oder noch länger still zu sitzen, brav zu sein und schweigend zu lesen. Was fühlst du, wenn im März die Sonne herauskommt und den Tag mit ihrem goldenen Schein verzaubert, während du im Haus bleiben musst, um dein Zimmer aufzuräumen?

Nur für den Fall, dass du für Schönheit keinen Sinn mehr hast, darf ich dich erinnern, dass genau das mindestens sechs Jahre lang während deiner Schulzeit als Teenager geschieht. Die Jugend ist eine Zeit des Träumens, des Abenteurers, des Risikos, der süßen Wildheit und der Intensität. Es ist die Zeit, in der du »dich finden« – oder dich zumindest auf die Suche machen sollst. Die Sonne geht über deinem Leben auf. Dein Körper bricht aus seinem Kokon aus und ist bereit, seine Flügel auszuprobieren. Aber du musst hier bleiben – eine *sehr* lange Zeit – und sorgfältig darauf achten, dass deine Bleistifte gespitzt sind. Die Schule ist schlecht für deine Motivation, mit Ausnahme des Festausschusses zur Förderung von Schulaktivitäten.

Unsere heutige Gesellschaft ist kein Zufallsprodukt, dessen bin ich sicher. Sie verhindert bewusst visionäre Erfahrungen. Ansonsten würden neunzig Prozent der amerikanischen Monokultur zerbrechen. Menschen, die bewusst die wilde Schönheit in ihrem Umfeld erleben, geben schlechte Lohnsklaven ab. Andererseits können Menschen, die sich nicht von spirituellen und sexuellen Sehnsüchten ablenken lassen, schneller Radiowecker oder Autos zusammenbauen oder ihren Geist auf die monatlichen Verkaufsaufstellungen konzentrieren.

Vor allem stellen Menschen, die sich ihrer Umgebung nicht bewusst sind, kaum all jene Dinge in unserer Gesellschaft in Frage, die geradezu grauenvoll schwerfällig und lächerlich sind. Jede Vision zielt darauf ab, mehr zu *sehen*. Wenn du eine Vision hast, wird die Ewigkeit zu einer schwarzen Samtkulisse, und alles auf der Bühne beginnt zu singen und zu tanzen. Einiges davon passt zu der prachtvollen Samtkulisse, anderes wirkt davor hässlich und billig. Schließlich sehnst du dich danach, dein Leben so zu gestalten, dass es von Dingen erfüllt ist, die zu dieser prächtigen Ewigkeit passen, statt dass dein Leben mit Dingen vollgestopft ist, die für dich keinen Wert haben.

Viele ältere Kulturen weisen ihrer Jugend mit Zuversicht den Weg zu visionären Erfahrungen, weil sie sich keine Sorgen darüber machen müssen, dass die Visionen etwas Schreckliches über ihre Gesellschaft zum Vorschein bringen. Sollte tatsächlich etwas mit ihrer Kultur nicht stimmen, wollen sie es wissen, um es in Ordnung zu bringen.

In unserer Kultur gehen wir den gegenteiligen Weg. Wenn dein Haus unordentlich ist, wirst du deinen Gästen keine Lupe in die Hand drücken. Vermutlich ziehst du nicht einmal die Gardinen auf, um Licht hereinzulassen.

Würden wir unsere Jugend zu Visionen ermutigen, wäre dies ein gewaltiger Impuls für die Demokratie. Die Kräfte der Massenproduktion und der Konsumgier würden jedoch einen Absturz erleben. Wir würden erkennen, dass vieles von dem, was wir als »Realität« akzeptieren, in Wirklichkeit Blasphemie gegenüber der wahren Realität ist. Da unsere Konsumgesellschaft nicht mit dem übrigen Universum im Gleichgewicht steht, würde sie unter dem kritischen Blick einer visionären Jugend schlecht abschneiden. Verstehst du, was ich meine? Die heutigen gesellschaftlichen Mächte ermutigen die Jugend nicht, nach Visionen zu suchen, weil diese Visionen gewaltige Veränderungen erzwingen würden.

Allerdings sind die Mächte der geistigen Trägheit und Ignoranz nicht stark genug, um alle Jugendlichen von einer Suche abzuhalten. Die Ewigkeit, Gott, die Göttin, oder wie immer du es nennen willst – ist einfach zu stark. Sie setzt sich durch, auch wenn sie dafür gegen das Schulsystem und andere Hochburgen der Gesellschaft ankämpfen muss. Schriftsteller und Künstler vermitteln uns einen ersten Einblick, auch wenn die Schule vieles von ihrer Macht zerstört, wenn sie uns diese Persönlichkeiten vorstellt.

Das große Mysterium verschafft sich über deine Begeisterung für das Unbekannte Zutritt – über Musik mit schweren Rhythmen und seltsamen Texten, durch sexuelle Fantasien und Erfahrungen, durch das Okkulte und durch Drogen (einschließlich Alkohol). Selbstverständlich können einige dieser Dinge in ungesunden Exzessen enden. Drogen*missbrauch* ist eine Krankheit. Die *Anwendung* von Drogen hingegen verweist oft auf die intensive spirituelle Suche eines Menschen. Halluzinogene sind eine einfache, wenn auch riskante, Methode, um visionäre Erfahrungen zu machen. Allerdings gibt es auch gesündere, aber ungleich schwierigere Methoden wie etwa Fasten und Trance.

Leider weigern sich die meisten Erwachsenen, die mächtigen Impulse dieser Aktivitäten anzuerkennen und stempeln sie als »schlecht« ab, als würden sie sich dadurch in Luft auflösen. Warum? Weil ihre eigenen visionären Neigungen im zarten Alter von sechzehn Jahren von der Gesellschaft ausgelöscht wurden.

Elend liebt Gesellschaft, wie es heißt. Für einen emotional verkümmerten Menschen ist die Gesellschaft von emotional freien Menschen *unglaublich* schmerzvoll. Deshalb versuchen die meisten Erwachsenen verzweifelt, ihren visionären Teenagern vorzugaukeln, dass die Welt nur aus grünen Wiesen, weißen Socken und frisch desinfizierten Teppichen besteht.

Visionäre Neigungen gibt es in hell und dunkel, oder in einer Kombination daraus.

Manche Teenager sehnen sich nach dunklen Erfahrungen. Sie spazieren nachts auf den Friedhof, schreiben Selbstmordgeschichten, lieben schwarze Kleidung und Texte von Pink Floyd. Das bedeutet nicht, dass sie »schlecht« oder verdreht sind. Wenn sie lange genug mit der Dunkelheit gespielt haben, verstehen sie das Licht besser. Wenn sie jedoch ignoriert oder verspottet werden, führen sie vielleicht eine drastische Aktion aus. Üblicherweise ist dies jedoch nur ein ernster Versuch, die Tiefen zu verstehen.

Andere zieht es ins Licht – in die psychedelischen Farben des Tages oder auf lange, einsame Wanderungen. Sie beschließen, Tänzer oder Künstler zu werden, anstatt einen »ordentlichen« Beruf zu ergreifen. Wenn ihre Familie gemäßigt katholisch ist, nehmen sie vielleicht an den Gottesdiensten teil und verkünden dort die Worte der Weisheit. Oder sie erklimmen, statt wie ihre Familien am Gottesdienst teilzunehmen, einen Hügel, um Apollo Blumen zu opfern.

Schulen – und viele Eltern – lügen häufig, wenn sie dir erzählen, dass du den Bezug zur Wirklichkeit verloren hättest. In Wahrheit hast du nur den Bezug zu den Erwartungen und Verhaltensmustern einer *un*wirklichen, vom Menschen geschaffenen Industriegesellschaft verloren. Den Bezug zu der Wirklichkeit, auf die es ankommt, hast du immer noch. Sieh dir nachts einmal die Milchstraße an und denke darüber nach. In dem *Buch Tahca Ushte – Medizinmann der Sioux* spricht ein Sioux-Medizinmann über die Wirklichkeit der »weißen Welt« im Gegensatz zu der tieferen Wirklichkeit von Künstlern und Indianern:

> Künstler sind die Indianer der weißen Welt. Man bezeichnet sie als Träumer, die in den Wolken leben, als unbedachte Menschen, die nicht mit Geld umgehen können, als Leute, die der »Wirklichkeit« nicht ins Gesicht sehen wollen. Dasselbe sagt man über die Indianer. Woher zum Teufel wollen diese Froschhaut-Menschen[13] wissen, was die Wirklichkeit ist? Die Welt, in der du im Geist ein Bild malst, zeigt die Dinge anders, als du sie mit denAugen siehst. Aus dieser Welt beziehe ich meine Visionen. Ich sage dir, dies ist die reale Welt, nicht die grüne Froschhaut-Welt. Das ist nur ein schlechter Traum, ein stromlinienförmiger, von Rauch erfüllter Albtraum.
>
> Weil wir uns weigern, aus unserer Wirklichkeit in diese Froschhaut-Illusion hinüber zu treten, bezeichnet man uns als dumm, faul, unbedacht, unreif und weltfremd. Mich macht es glücklich, wenn man von mir sagt, dass ich »aus einer anderen Welt« komme, und dich sollte es ebenfalls glücklich machen. Es ist gut, dass sich unsere Wirklichkeit von ihrer unterscheidet.[14]

Es geht aber noch weiter ...

Die Schulen – und die Gesellschaft, die von ihnen repräsentiert wird – blockieren nicht nur deine visionären Neigungen, sondern machen dich auch dadurch kaputt, dass sie dich verhöhnen, als wärest du kein Mensch, sondern eine neue Form von Nigger. Warum? Vermutlich weil jede hierarchische Gesellschaft Nigger braucht, um sie niederzumachen, und weil Frauen und Afroamerikaner sich dies heute nicht mehr bieten lassen. Wenn jemand *dich* niedermacht, wünscht du dir jemanden, den du niedermachen kannst.

Dr. Seuss, der bewährte Gesellschaftskritiker, schrieb eine Geschichte namens »King Looie Katz«. König Looie Katz befiehlt Fooie Katz, seinen langen, stolzen, königlichen Schwanz zu tragen. So reckt Fooie Katz bald selbst die Nase hoch in die Luft und befiehlt einer anderen Katze, seinen Schwanz zu tragen. Schon bald spazieren alle Katzen in Katzenstein mit dem Schwanz der Katze vor sich in den Pfoten umher, während eine andere Katze ihren eigenen Schwanz trägt – bis auf das letzte kleine Kätzchen, das niemanden findet, der seinen Schwanz trägt.

Dieses kleine Kätzchen, dass dir ein wenig gleicht, lässt sich das nicht gefallen und handelt. »Ich kündige!«, ruft es verärgert aus, wobei es den Schwanz der Katze vor sich auf den Boden wirft. Alle folgen seinem Beispiel. Die Geschichte endet folgendermaßen:

> Und seit diesen Tag sind alle Katzen in Katzenstein reifer geworden. Sie sind demo-katzischer [engl. demo-catic] und jede Katze trägt ihren eigenen Schwanz hoch.[15]

Eifersucht ist ein weiterer Grund, weshalb sich Erwachsene über dich lustig machen. Teenager sind hübsch und frisch; der Duft einer Blume ist in der Knospe konzentriert. Es stimmt, dass viele Teenager linkisch, pickelig oder seltsam lang und dünn sind. Allerdings sind wesentlich mehr Erwachsene ebenfalls linkisch (weil sie vergessen haben, wie man seinen Körper benutzt), bleich (weil sie zu lange in klimatisierten Büros sitzen) und dick (weil sie nicht oft genug Skateboard fahren).

In einer gesunden Erwachsenengesellschaft würde man die Schönheit der Jugend anerkennen, ein paar hübsche Gedichte darüber schreiben und ansonsten nicht weiter darüber nachdenken. Vermutlich gibt es produktivere Tätigkeiten im Leben, als sich auf rosige Wangen zu fixieren, die man nie wieder selbst haben wird. Aber weil wir keine gesunde Erwachsenengesellschaft haben, machen wir eine riesige Sache daraus, schaffen in Zeitschriften einen eigenen Jugend- und Schönheitskult und bestrafen die echten Teenager damit, dass wir sie als hässlich bezeichnen.

Nur für den Fall, dass du dich nicht als hübsch empfindest: Wir haben schon dafür gesorgt, dass du in diesen traumatischen Jahren verwirrt und übermäßig emotional bist, und – um Himmels willen – triff keine eigenen Entscheidungen, lass nicht los, und erlebe keine wilden Dinge in deinem Leben. Von Eifersucht gequält verwandeln wir die Kraft der Jugend in eine Krankheit der Schwäche. Im Lehrerzimmer lachen die Lehrer hinter eurem Rücken über euch.

Ist er nicht niedlich, sagen sie. Arme Kristy, sie hat einfach keine Ahnung, wie sie in dem purpurroten T-Shirt aussieht. Und das sagen Menschen, die übergewichtig sind, immer demselben Trott folgen, keine Träume mehr haben, unsicher und zumindest ebenso wenig perfekt sind wie die Menschen, über die sie reden. Zum Glück bin ich nicht mehr so jung, sagt Mrs. Wallace, während sie sich mit ihrem Doppelkinn über den Tisch beugt. In der Zeitschrift *Family Circle* lasen wir geschmacklose Artikel wie diesen: »Wie überlebe ich diese schrecklichen Teenager: Ein Leitfaden für Eigentümer.« Die Eigentümer waren selbstverständlich die Eltern. Was die Schule anbelangt, kann man nur hoffen, dass man sie überlebt, aber das Teenageralter selbst fliegt nur so vorüber.

Wir zwingen dich dazu, dich jünger zu verhalten, als du bist, indem wir dir von Rechts wegen die Fähigkeit vorenthalten, dein Leben selbst in die Hand zu nehmen. In der *World Book Enzyklopädie* heißt es: »Die meisten Teenager reifen psychisch in der

Geschwindigkeit, die ihnen von der Gesellschaft vorgegeben wird. Als Folge davon hält die psychische Adoleszenz üblicherweise zumindest gleich lang an wie die rechtliche Abhängigkeit.« Gewiss gibt es keine *biologische* Einschränkung für die Unabhängigkeit von Teenagern. Zu anderen Zeiten und an anderen Orten waren Teenager längst verheiratet, hatten Kinder großgezogen, Arbeit geleistet, Unternehmen geführt und gelegentlich sogar Länder regiert.

Wie es scheint, sprichst du jetzt aber längst nicht nur vom Schulwesen. Kommst du nicht ein wenig vom Weg ab?

Zugegeben, die Schule ist nicht der einzige Bösewicht im Kampf gegen die Jugend. Aber sie ist der verderbliche Ersatz unserer Kultur für machtvolle, sich ausweitende Erfahrungen. Sie ist die gängige Methode, um dir die Zeit zu rauben, damit du nicht einmal ansatzweise die Wahrheit erkunden kannst. Sie ist die Institution, in der du lernst, passiv anstatt aktiv zu sein. Wenn du die Schule hinter dir lässt, garantiert dir dies noch lange keine gesunde, leidenschaftliche Jugend, aber du überwindest damit das größte Hindernis, das dich davon abhält aufzublühen.

Kapitel 6
Weitere bunt gemischte Abscheulichkeiten

Die Schulzeit ist, behaupte ich, die unglücklichste in der ganzen Zeitspanne der menschlichen Existenz. Sie ist voll von langweiligen, unverständlichen Aufgaben, neuen und unangenehmen Verordnungen und verletzt aufs Gröbste den gesunden Menschenverstand wie den natürlichen Anstand.

– H. L. MENCKEN

Neben den bedeutenden Gründen für das Verlassen der Schule, die ich zuvor schon beschrieben habe, gibt es noch Dutzende bunt gemischter Gründe, die ebenfalls wichtig sind, wie etwa:

dass dich die Schule gezwungenermaßen in intensiven Kontakt mit Menschen bringt, die ausschließlich deiner eigenen Altersklasse angehören. Gleichzeitig unterbindet sie dadurch, dass du auch mit anderen Menschen Freundschaft schließt. Du bist keineswegs verhaltensgestört, wenn du keine Lust darauf hast, den ganzen Tag mit Gleichaltrigen eingesperrt zu sein. Warum solltest du die Gesellschaft Hunderter Menschen deines Alters einer gesunden Mischung Verschiedenaltriger vorziehen? Erwachsene leben schon länger als Teenager, so dass sie über Erfahrungen und Perspektiven verfügen, an denen es Teenagern noch mangelt.

Wenn ein Erwachsener nicht gerade dein Lehrer ist (und dadurch die Kontrolle über dich hat) wird er dich wie einen echten Menschen behandeln. Wenn du außerhalb der Schule mit etwas beschäftigt bist, betrachten dich die meisten Erwachsenen nicht als »Kind« – oder zumindest nicht lange. Du wirst von ihnen lernen und sie von dir. Außerdem kannst du auch jüngere Freunde haben, die genauso eifrig von dir lernen.

Die Schule presst dich in enge soziale Rollenvorgaben. Mädchen tragen Make-up. Jungen spielen Fußball. Mädchen kichern. Jungen stottern und grunzen. Kein einziger Teenager bringt einen vernünftigen Gedanken hervor – es sei denn, er ist ein Freak oder irgendwie »anders«.

Schulen zerstören das Selbstvertrauen. Der Teenager Jenny Smith schreibt:

> Wie kommt es, dass die Schule so vielen das Selbstvertrauen raubt – und dies vor allem den Mädchen? Unsere Träume und Hoffnungen werden buchstäblich aus uns herausgeprügelt. Meiner Meinung nach bringt die Schule Absolventen hervor, die keinen Bezug zu ihren Träumen, ihren Werten und ihrem eigenen Geist mehr haben. Sie lernen nicht, selbständig zu denken; stattdessen werden sie vom Fernsehen und von der Schule ferngelenkt. Man sagt uns sogar, wann wir auf die Toilette gehen dürfen (dank dieser Regelung habe ich mich in der 1. Klasse nass gemacht), wann wir mit unseren Freunden reden dürfen, wann wir essen dürfen (als wüssten wir nicht, wann wir hungrig sind), welches Geschichtsbuch wir lesen sollen, und ob wir »klug« oder

> »dumm« sind. Dadurch entstehen Menschen, die wütend sind, weil sie keine Kontrolle über das eigene Leben haben, und die sich selbst nicht mehr vertrauen.

Dem Educator's Newsletter zufolge haben in der 1. Klasse noch 80 Prozent der Schüler ein gesundes Selbstvertrauen, während sich bis zur 12. Schulstufe gerade noch 5 Prozent in ihrer Haut wohlfühlen. Der *Luno*-Newsletter meint, dass diese Zahlen die Frage aufwerfen, »ob die Schule nicht das größte uns bekannte Gesundheitsrisiko darstellt«.[16]

Die Schule drückt den Menschen einen Stempel auf und weist sie streng abgegrenzten Kategorien zu. In einer Schule gibt es viele Menschen. Wann immer wir es mit großen Mengen zu tun haben, hilft es uns, diese in Kategorien einzuteilen. Viele Menschen wenden diese Überlebenstaktik auch in der Schule an, sodass jeder von uns schließlich Hunderte entsprechend etikettierter Bekannter hat. Dazu gilt in den meisten Schulen noch die stillschweigende Regel, dass man nur das Eine oder das Andere sein kann. Du bist entweder die künstlerisch begabte Nachwuchsschauspielerin oder der klassische Cheerleader-Typ. Beides geht nicht. Dein schulisches Leben besteht entweder aus dem Mechanikkurs oder aus der Vorbereitung für das College. Beides geht nicht. Da es nicht einfach ist, diese Grenzen zu überschreiten, versuchen es die meisten erst gar nicht. Außerhalb der Schule darfst du diese Grenzen getrost vergessen.

Schule treibt dich zum Wahnsinn. Nach ihrem Collegeabschluss stürmen viele dieser jungen Erwachsenen in einen Buchladen, um sich Selbsthilfebücher zu kaufen, mit deren Hilfe sie die Schullektionen wieder loswerden. Diese Bücher raten dazu, zur Ruhe zu kommen, sich nur auf die wichtigen Dinge zu konzentrieren, keine Schuldgefühle aufkommen zu lassen, weil du nicht alles gleichzeitig tust, und das Leben so zu leben, wie *du* es dir vorstellst. Wenn du jetzt die Schule verlässt, kannst du diese Kindheitsweisheiten vielleicht schon zurückgewinnen, bevor die ersten Falten auftauchen, und zusätzlich sparst du eine Menge Geld für Selbsthilfebücher.

Schule ist giftig! Wie die Medizinerin Doris J. Rapp in ihrem Buch *Ist das Ihr Kind?* aufzeigt, sind Schulen voll von Chemikalien und anderen Substanzen, die chronische Kopfschmerzen, heftige Stimmungsschwankungen, Lernschwächen und Allergien hervorrufen.

Wenn du zur Schule gehst, bist du nahezu gezwungen, dich vor dir selbst oder anderen zum Narren zu machen. Wenn du dich vor anderen zum Narren machst, nimmt das dem Leben ein wenig von seinem Glanz. Wenn du dich vor dir selbst zum Narren machst, verliert das Leben hingegen deutlich an Glanz. Die Schule lässt dir jedoch mitunter keine Wahl.

Ein einfaches Beispiel dafür bietet ein Besuch im Naturhistorischen Museum im Mai. Sowohl die Museumsführerin als auch die Lehrer trugen den Schülern auf, still zu sitzen und dem Vortrag der Führerin zuzuhören. Diese stand jedoch so vor den Exponaten, dass sie die Sicht blockierte. Wie viele Museumsführer rasselte sie ihren Vortrag ausdruckslos herunter. Die Ausstellungsstücke selbst waren jedoch aufregend und wesentlich »lehrreicher« als jeder staubtrockene Vortrag oder jedes Fachbuch.

Die Schüler standen nun vor der Wahl. Entweder sie »respektierten« die Führerin und saßen schweigend und gelangweilt still wie Bürokraten und missachteten ihre Sehnsucht, etwas zu lernen. Oder sie »missachteten« die Führerin, indem sie sich gegen ihre Weisungen auflehnten und einfach umher spazierten, um sich die Dinge selbst anzusehen und auf diese Weise zu lernen. Andy entschied sich für die zweite Möglichkeit und wurde dafür gescholten. Es tut mir weh, mich daran zu erinnern.

Schulen laden dir bedeutungslose, bedrückende Probleme auf, die du lösen sollt. Angeblich ist die Schule ein System, das seiner Umwelt gegenüber verantwortlich ist. Anders ausgedrückt soll dir das, was du in der Schule lernst, helfen, die übrige Welt besser zu verstehen. Wenn alles gut läuft, lernst du nützliche Dinge. Ein Großteil der Schulzeit wird jedoch dafür aufgewendet zu lernen, wie du dich in der Schule zurecht findest. Lehrer und Erzieher überhäufen dich mit komplizierten Regelungen für Hausarbeiten, den Folgen daraus und der dazu gehörigen Sprache: »Dafür verdienst du nur 2 Punkte. Das ist nun ein Problem. Wie willst du das lösen?« Sie bezeichnen Zensuren und Hausarbeiten als deine »Verantwortung«, ohne dir auch nur die geringste Chance zu geben, selbst zu entscheiden, ob du diese Verantwortung übernehmen willst.

Dieselben Schulleute rechtfertigen ihre Handlungen, indem sie dir erklären, dass sie dich Verantwortungsbewusstsein und Nachhaltigkeit für die Schule und dein späteres Leben lehren. Aber der Schulalltag unterscheidet sich so grundsätzlich vom »richtigen Leben«, dass eine derartige Behauptung lächerlich ist. Im »richtigen Leben« triffst *du* selbst die Entscheidung, wofür du Verantwortung übernimmt. Außerdem ist es etwas ganz anderes, ob du in der Schule etwas »zu Ende bringst«, oder ob du aus freien Stücken etwas beginnst und zu Ende bringst.

Schulen verursachen unheilbare Schuldgefühle. Als ich noch unterrichtete, sah ich mir mit meiner Klasse einen Videofilm an, in dem es um gute Zensuren ging. Du *solltest* gute Zensuren bekommen, wiederholte der Sprecher ein um das andere Mal. Wenn du zu einem »Sehr gut« fähig bist, aber nur ein Befriedigend bekommst, solltest du das nicht akzeptieren. Vielleicht – fügte er nicht bloß im Scherz dazu – solltest du dafür eine Nacht auf dem Fußboden schlafen.

Bei einem Elternsprechtag beschwerte sich ein wohlhabender, »erfolgreicher« Vater darüber, dass seine Tochter als Zensuren nur Gut und Befriedigend bekam. »Ich hätte nichts dagegen, wenn sie es einfach nicht schaffen würde«, erklärte er, »aber es macht mich wütend, wenn sie nicht erreicht, was sie erreichen könnte. Warum vergeudet sie ihre Talente?« Als würde ein Gut oder Befriedigend bedeuten, dass man nichts aus seinem Leben macht. Alles zielt darauf ab, dassdu dich schuldig fühlst, wenn du deine

Energie für etwas aufwendest, was dir wichtig ist, und dass man dir lobend den Kopf tätschelt, wenn du vergisst, wer du bist, und einfach tust, was man dir sagt.

Schulen beschuldigen das Opfer. Erst lädt dir die Schule verschiedenste hässliche Erfahrungen und Erwartungen auf, nur um dir dann die Schuld zugeben, wenn du sie nicht magst. Sie machen *dich* für *ihre* Probleme verantwortlich. In der Ratgeberkolumne der Zeitschrift *Scholastic Choices* erschien im März 1990 folgender Brief:

> Ich bin dreizehn Jahre alt und will die Schule verlassen. Sie ist langweilig und alle meine Lehrer sind gemein. Ich glaube, dass ich auf einer Farm einen Job bekommen könnte, um auf diese Weise meinen Lebensunterhalt zu verdienen. Soll ich es tun?

Die Antwort ist einfach: »Selbstverständlich sollst du die Schule verlassen. Sie ist wirklich langweilig, und Lehrer sind tatsächlich gemein. Aber das ist Teil ihres Jobs. Wenn du willst, kannst du auf einer Farm arbeiten. Aber als Dreizehnjähriger solltest du dir keine Sorgen über deinen Lebensunterhalt machen müssen.« Der Herrscher über die Ratgeberkolumne hatte jedoch andere Ideen:

> Aus deiner Art zu schreiben und dich auszudrücken entnehme ich, dass du klug, aber auch unglücklich bist, und dass du Andere für deine Unzufriedenheit verantwortlich machst. [Anders ausgedrückt: Du solltest dir selbst die Schuld für deine Unzufriedenheit geben.] Du bist nicht gelangweilt, weil die Schule langweilig ist, oder weil die Lehrer gemein sind. Du bist einfach selbst unsicher und fühlst dich nicht wohl. Wenn du diese Gefühle nicht innerhalb eines Jahres überwinden kannst, solltest du dich an einen Berater wenden, der dir helfen wird, deine Gefühle besser zu verstehen.

Kein Kommentar.

Es gibt noch mehr im Leben, und du sehnst dich danach. Wenn ich zu lange über diesen Punkt nachdenke, bricht mir das Herz, und ich werde wütend. Das Leben besteht nicht nur aus der Farbe des Linoleumbodens in den Korridoren, dem eintönigen Summen der Leuchtstoffröhren oder der langsam tickenden Uhr. Sieh dir nur die Sterne an. Sieh dir nur die Gesichter der Menschen an, die im Park Frisbee spielen, in der Kirche singen, die Kartoffeln ernten, Tomaten pflanzen, einen Küchentisch oder den Motor eines alten Pickup reparieren. Sieh dir nur ein Baby an, ein selbst getischlertes Möbelstück, einen dreihundert Jahre alten Baum, einen Kieselstein, einen Wurm oder den Pullover, den deine Großmutter für dich gestrickt hat. Wohl kaum etwas ist gefährlicher, als dass dich die Schule eines Tages davon überzeugt, dass das Leben nichts anderes ist als ein institutionalisierter Konkurrenzkampf.

Selbstverständlich ist die Schule nicht die einzige große, graue Institution in unserem Land, die unserem Volk den Lebensgeist entzieht. Krankenhäuser, große

Großraumbüros und zahlreiche Maßnahmen seitens der Regierung tun dasselbe. Nur ist die Schule die erste derartige Institution, die der Großteil von uns durchläuft, und in der unser Widerstand so weit niedergerungen wird, dass wir später gar nicht mehr aufbegehren. Alles, was danach kommt, erscheint uns sogar normal. Die Schule beschwört in uns das Gefühl herauf, gierig, idealistisch oder töricht poetisch zu sein, wenn wir in unserem Herzen eine Stimme hören, die uns sagt: »So sollte es nicht sein! Ich kann mehr als das! Ich bin zu Größerem geschaffen.«

Die Schule konditioniert dich darauf, für die Zukunft zu leben anstatt in der Gegenwart. In der Zeitschrift *GWS Nr. 39* schreibt Marti Holmes, die Mutter eines Sechzehnjährigen: »Soweit ich bisher sehen kann, hat sich durch das Homeschooling keine einzige Tür geschlossen, stattdessen hat es uns reiche Jahre voll von Leben gebracht (anstatt nur ›auf das Leben vorzubereiten‹).« Im Gegensatz zur gängigen Meinung der Schulen ist dein Leben als Teenager keine Generalprobe. In diesem Buch geht es vor allem darum zu *leben, jetzt* genauso wie in zwanzig Jahren. Du solltest die Schule verlassen, bevor sie dich davon überzeugt, dass dein Leben nur ein hässlicher Warteraum ist. »Wir bereiten uns immer auf das Leben vor, ohne je tatsächlich zu leben«, schrieb Emerson. Lass nicht zu, dass Schulleute dies eines Tages auf deinen Grabstein schreiben.

Kapitel 7
Aber Miss Llewellyn ...

Panik erfasst dein hungriges Herz, und du schreist auf: *Ich will frei sein ... aber ich will auch aufs College gehen und einen guten Job bekommen! Alle meine Freunde sind in der Schule, und was soll ich ohne Fußball tun?*

Ja, es gibt jede Menge Aber. Und für jedes Aber gibt es eine Antwort. Wir wollen sie uns Punkt für Punkt ansehen.

Aber ich will aufs College gehen und einen guten Job bekommen! Ausgezeichnet. Beides erfordert keinen Highschool-Abschluss – jedenfalls in den USA. Auch in Deutschland kann man in Sonderfällen ohne Abitur zum Studium zugelassen werden. www.wege-ins-studium.de/studieren_ohne_abi.html. Oder du kannst dich einfach als »Externer« zu den Abschlussprüfungen anmelden, die du haben möchtest, inklusive Abitur, so wie es für Schüler einer Privatschule ebenfalls vorgesehen ist. Mehr Information zum Thema Studieren findest du in Kapitel 31. Was Jobs anbelangt, herrschen tatsächlich viele Vorurteile gegenüber »Schulabbrechern«, und wenn du dich selbst als Schulabbrecher betrachtest, solltest du es vergessen. Wenn du dich hingegen als Homeschooler bezeichnest und genauer klärst, was du anstelle der Schule gemacht hast und warum, werden intelligente Arbeitgeber beifällig lächeln. (Eine akademische Studie über Erwachsene, die ihre Schulausbildung als Homeschooler absolvierten, kam zu dem Ergebnis, dass kein einziger dieser ehemaligen Homeschooler arbeitslos wurde oder von der Fürsorge lebt; der Großteil arbeitete selbständig oder verfolgten als Angestellter eine Berufskarriere; alle waren jedoch mit ihrer Arbeit zufrieden.)[17]

Trotzdem solltest du darauf vorbereitet sein, dass sich deine beruflichen Zukunftswünsche vielleicht ändern werden. Die Schule hat solch großen Einfluss auf deine Gedanken, dass du nach deinem Schulaustritt vielleicht gar nicht mehr sicher bist, ob du ein College besuchen willst – oder aber du bist dann erst recht felsenfest überzeugt davon. Vielleicht entwickelst du auch vollkommen neuartige Ideen über deine zukünftige Arbeit, und vielleicht ändert sich damit auch deine Definition eines »guten Jobs«. Indem du die Schule verlässt und eigenständige Entscheidungen triffst, riskierst du jedoch, dich in eine Person zu verwandeln, die kreative, befriedigende Wege entdeckt, um Geld zu verdienen, ohne einem Boss Rechenschaft abzulegen.

Bereitet dich die Schule tatsächlich auf die Arbeitswelt vor? Wenn du beabsichtigst, dein Leben lang Böden zu schrubben und Plastikspielzeug zusammenzubauen, lautet die Antwort: Ja. Die Schule bricht deinen Geist früh genug, sodass du gar nicht mehr aufbegehrst, wenn du als Erwachsener nichts Großartiges erlebst. Aus diesem

Grund konditioniert dich die Schule darauf, *jede* Arbeit anzunehmen, auch wenn du sie nicht magst – egal ob als Arzt (Ärztin) oder als Sekretär(in).

Auf jeden Fall bereitet dich die Schule nicht darauf vor, deine eigenen Träume zu entwickeln und in die Tat umzusetzen.

Aber ich muss doch verschiedene Fächer wie Mathematik, Geschichte, Literatur usw. lernen, um ein guter Bürger zu werden! Ja, durch Kenntnisse in diesen Fachbereichen wirst du vermutlich zu einem besseren Bürger.

Wenn du jedoch im Schulalltag nur lernst, einer Autorität zu gehorchen, als würdest du in einer Diktatur leben, dann wirst du ein schlechterer Bürger.

Was ist deine Aufgabe als Patriot? Verlasse die Schule, lerne alles, wofür du dich interessierst, und setze alles daran zu verhindern, dass sich schlechte Geschichte(n) wiederholen. Lies viel und denke darüber gut nach. Je intensiver du dich damit auseinandersetzt, desto weniger müssen wir uns um unsere Zukunft sorgen. Deine Ausbildung, wie man es nennt, soll dich zu einem intelligenteren Wähler machen und – was noch wichtiger ist – zu einem guten *Anführer* in jeder Situation – ob du nun den Ortsbeirat deiner Heimatstadt leitest oder Tante Marcia dazu bewegst, ihren Müll zu trennen. Je besser informiert eine Gruppe von Bürgern ist, und je mehr Überlegungen sie anstellt, desto klügere Entscheidungen sollte sie als Gruppe treffen.

Es stimmt, dass Menschen, die nicht die Schule besuchen, je nach ihren Interessen möglicherweise anderes Wissen ansammeln als Teenager, die eine schulische Ausbildung erhalten. Auch dies zeichnet einen guten Bürger aus. Eine Gemeinschaft wird umso intelligenter, je mehr unterschiedliche Perspektiven ihre Mitglieder einbringen und je breiter ihr Wissensspektrum ist. Wenn du zum Beispiel mehr über Jacques Rousseau weißt als über Martin Luther King oder Landwirtschaft nach Hopi-Tradition betreibst, anstatt die Struktur der DNS zu erforschen, und mehr über Motorräder weißt als über Computer, bist du ein ebenso wertvoller Bürger wie jeder andere. Vielleicht sogar wertvoller, da du magst, was du weißt, und dein Wissen deshalb in all deine Überlegungen einfließt.

Darüber hinaus habe ich nie davon gehört, dass es deine *Pflicht* als Bürger ist zu lernen. Dein Leben und deine Zeit gehören dir und dem Universum, und der Regierung nur in jenem Ausmaß, in dem die Regierung mit dem Universum in Harmonie existiert. Zudem sind viele »gebildete« Menschen miese Bürger. Deshalb solltest du, wenn du liest, nur deinen hungrigen Geist füttern, und nicht daran denken, irgendeine verquere Pflicht zu erfüllen.

Aber meine Schule hat einen großartigen Chor!

Fußball ist mein Leben!

Und was ist mit mir? Ich will doch Miss Drill Team werden!

Dieser Punkt ist ein wenig heikel. Manche Schulen bieten hervorragende Kunstkurse und Sportmöglichkeiten, wie man sie kaum anderswo findet – obwohl es im deutschsprachigen Raum ein hervorragend ausgebautes Netz von Sportvereinen, Musikschulen und Freien Kunstschulen gibt, die erst jetzt durch die Einführung der Ganztagsschule in ihrer Existenz bedroht sind. Meine musikalischen Erinnerungen an die Gesangsstunden und meine Klavierbegleitung für zwei großartige Chöre an der Highschool kompensieren nahezu die langweiligen Stunden, die ich ansonsten in dieser Schule zugebracht habe. Nahezu, wenn auch nicht vollständig. Wenn du tatsächlich einem Schulteam angehören willst oder einer Leistungsgruppe, solltest du über zwei Möglichkeiten nachdenken:

Erstens kannst du die Schule verlassen und trotzdem diese Aktivitäten weiterführen, entweder in der Schule selbst oder anderswo. In Kapitel 26 und 27 spreche ich eingehender darüber. Kapitel 19 befasst sich damit, dass du genau in dem von dir gewünschten Ausmaß an schulischen Veranstaltungen teilnimmst – zum Beispiel spielst du in der Schulband und nimmst am Fotokurs teil, ohne Mathematik, Englisch oder andere Fächer zu belegen.

Wenn man dir die Teilnahme nicht erlaubt, ohne dass du in vollem Umfang am Schulleben teilnimmst (was eher unwahrscheinlich ist, wenn du freundlich fragst), solltest du darüber nachdenken, ob diese Aktivitäten nicht genauso gut im Sportverein, im städtischen Jugendchor oder in der Freien Malschule betreiben kannst.

Aber in der Schule lerne ich eine Menge Fakten! Es ist wesentlich einfacher und unvergleichlich reizvoller, diese Fakten in einer Enzyklopädie, im Internet oder auf den Antwortkarten von Trivial Pursuit nachzusuchen.

Aber habe eine Lernschwäche! Wenn du tatsächlich Probleme beim Lernen hast, sollte dir eine außerschulische Ausbildung geradezu entgegenkommen. Außerhalb der Schule hast du mehr Möglichkeiten, Pläne zu machen und Ressourcen zu wählen, die deine Lernmethoden bestmöglich unterstützen. Jedenfalls ergab eine Studie, dass Homeschooler mit Lernschwächen mehr »akademisch genützte Zeit« und bessere »akademische Erfolge« erzielen als Schüler mit Lernschwächen innerhalb des Schulsystems.[18]

Für einige Jugendliche hat es sich auch als nützlich und stärkend für das Selbstbewusstsein erwiesen, den Begriff »Lernschwäche« zu hinterfragen. Manche Schüler, Homeschooler und Menschen mit gesundem Hausverstand vermuten, dass Lernschwäche größtenteils bloß ein Mythos ist: Es gibt viele unterschiedliche Arten zu lernen, und jeder Mensch hat von Natur aus eine Neigung zu der einen Methode und eine geringere zu einer anderen. Einige dieser Methoden stimmen mit konventionellen Schulaktivitäten überein, andere unterscheiden sich deutlich davon. Es gibt verschiedene Lerntypen – finde heraus, zu welchem du gehörst, und nutze deine Stärken, anstatt verzweifelt auf deine Schwächen zu starren!

Im Allgemeinen scheint das Etikett »Lernschwäche« *in* der Schule für viele Schüler sogar vorteilhaft zu sein (sofern es nicht ihr Selbstbewusstsein zerstört), weil sie dadurch Individualunterricht bekommen und eine Erklärung parat haben, warum es ihnen schwer fällt zu lernen, *obwohl* sie sich anstrengen und klug sind. Außerhalb der Schule wird diese Klassifizierung oft einfach bedeutungslos.

Aber was ist, wenn ich statt in die Schule zu gehen bloß den ganzen Tag fernsehen will? Nun, bitte verstehe mich nicht falsch: Mir würde das Herz brechen und ich würde augenblicklich die Arbeit an diesem Buch niederlegen, wenn es zu einem Kult von Fernsehparasiten beitrüge, die sich, statt in die Schule zu gehen, mit miesen Serien betäubten. In diesem Fall würde ich es sogar vorziehen, den ganzen Tag in der Highschool zu verbringen, statt mich sechs Stunden lang von kommerziellen Unterhaltungssendern zwangsernähren zu lassen.

Allerdings mache ich mir deshalb keine Sorgen. Wenn du wirklich am liebsten den ganzen Tag Sitcoms ansehen willst, brauchst du vermutlich nur jene Pflichtferien, über die du in Kapitel 12 mehr erfährst. Nach einer Woche Fernsehmarathon wirst du vermutlich so ruhelos, dass du etwas Neues beginnen musst. Und wenn du noch keine Ahnung hast, was du tun sollst, wird dir bis dahin etwas einfallen. Zudem bin ich überzeugt, dass die Fernsehsucht nur ein Nebenprodukt des konventionellen Schulsystems ist. Die heutige Schule fordert dich nicht auf, selbst etwas in Bewegung zu setzen. Sobald du dich daran gewöhnt hast, den ganzen Tag stillzusitzen, ist es schwierig, wieder die Initiative zu ergreifen. Allerdings tötet die Schule dein Gehirn nicht wirklich ab; sie legt es nur auf Eis. Sobald es aufgetaut ist, sehnst du dich nach mehr als einer Fernsehsendung.

Aber was, wenn ich mit meinen Eltern nicht auskomme und sie nicht als Lehrer haben möchte? oder *Aber was, wenn mein Vater und meine Mutter berufstätig sind und nicht zu Hause bleiben können, um mich zu unterrichten?* Wenn Unschooling und Homeschooling davon abhingen, dass dich deine Eltern unterrichten, würde ich nie im Leben ein Buch darüber schreiben. Viele Teenager kommen mit ihren Eltern gut aus (vor allem jene, die nicht zur Schule gehen), andere wiederum nicht. Selbst ein gutes Verhältnis zu deinen Eltern bedeutet aber noch lange nicht, dass es dir gefällt, wenn sie deine Ausbildung in die Hand nehmen. Ich hätte es gehasst, wenn meine Eltern im schulischen Sinn auch meine »Lehrer« gewesen wären. All die Konflikte und Machtkämpfe, die wir ohnehin hatten, hätten sich noch gesteigert.

Andererseits hätte ich es geliebt, »Unschooler« zu sein und meine Ausbildung selbst in die Hand zu nehmen. Hätten meine Eltern und ich gewusst, dass es Unschooling gibt und es ausprobiert, wären sie vermutlich klug und vertrauensvoll genug gewesen, mich selbstständig forschen zu lassen. Wahrscheinlich hätte sich auch unser Verhältnis verbessert, weil ich mit meinem eigenen Leben zufriedener gewesen wäre. Allerdings hätte ich mich entschieden gegen jegliche wohlmeinenden elterlichen Versuche gewehrt, mein Lernen zu kontrollieren.

Um dies für alle Zeiten klarzustellen: Ich spreche nicht davon, dass sich deine Eltern in deine wichtigsten Lehrer verwandeln sollen, *außer es ist dein und ihr ausdrücklicher Wunsch.* Du kannst dich selbst unterrichten, aus Büchern lernen, auf dem Basketballfeld, von Erwachsenen, mit denen du sprichst oder denen du schreibst, von Freunden, im Museum, von Pflanzen oder von Flüssen.

Ich kenne auch viele Unschooler im Teenageralter, deren Eltern außer Haus arbeiten. Darüber hinaus finden sich in der Zeitschrift *GWS* gelegentlich Briefe von Eltern mit *jüngeren* Kindern, die tagsüber ohne Erwachsene zu Hause sind, es genießen und nicht daran sterben. Die meisten Teenager-Homeschooler, die mir schrieben, erklärten, dass ihre Eltern eine untergeordnete Rolle in ihrer Ausbildung gespielt hätten. In der Regel beantworten sie Fragen, die ihnen gestellt werden, sprechen viel mit ihren Kindern und geben ihr Fachwissen weiter, *sofern es den Teenager interessiert.* In anderen Familien werden die Eltern enger einbezogen, indem sie mit den Kindern mitlernen, wobei dies eher in Familien mit jüngeren Kindern der Fall ist. Aus den Briefen von Eltern sowie Teenagern an mich geht hervor, dass es für beide Gruppen gleichermaßen selbstverständlich ist, dass ein Teenager alt genug ist, um seine Ausbildung und seine übrigen Aktivitäten selbst in die Hand zu nehmen.

Allerdings gibt es auch Familien, in denen die Eltern die Rolle von Lehrern und Direktoren in mitunter autoritärer Art und Weise übernehmen. *Mir* widerstrebt dieser Gedanke, aber wenn es dir gefällt, soll es mir Recht sein.

Aber ich liebe es, Autoritätspersonen auszutricksen! Das kann ich nachempfinden. Es ist sehr befriedigend, jemanden in seinem eigenen Spiel zu schlagen. Aber wenn du ein Kämpfer und Rebell bist, gibt es lohnendere Ziele als die Schule. Trickse die Großunternehmen aus, welche die Regenwälder und die Ozonschicht zerstören. Oder überliste verlogene Politiker. Geh in die Welt hinaus, wo man dich braucht.

Du solltest jedoch eines verstehen: So unbedeutend die Schule ist, besitzt sie mehr Macht, deinen Geist zu brechen, als diese größeren Gegner. Denn es ist ihre *Aufgabe,* dich zu brechen. Je stärker du dich gegen die Schule auflehnst, desto intensiver wird man dir durch schlechte Zensuren, Suspendierungen und Eintragungen in deine Schulakte zu verstehen geben, dass du ein Versager bist. Egal wie hartgesotten du bist, es wird dir dann schwer fallen, noch an dich zu glauben. In der realen Welt laufen die Dinge anders. Wie sehr du dich auch gegen Unternehmen oder Regierungseinrichtungen stellst, die nicht korrekt handeln, sie können dich einfach nicht aus der Schule kicken. Und je verrückter du sie machst, desto sicherer kannst du dir deines eigenen Erfolgs sein.

Noch eine Binsenweisheit: Auf keine andere Art und Weise kannst du dieSchule besser austricksen, als wenn du sie verlässt und zu lernen beginnst. (Selbstverständlich bedeutet dein Schulaustritt nicht zwangsläufig, dass du antiautoritär eingestellt bist. Auch viele Christen, die Autoritäten respektieren, verlassen die Schule.

Es bedeutet bloß, dass du gegen Autoritäts*missbrauch* und vielleicht gegen *falsche* Autorität bist.)

Aber ich bin faul! Wenn mich niemand zum Lernen zwingt, tue ich nichts. Woher weißt du, dass du faul bist, wenn du noch nie Gelegenheit hattest, selbstständig zu entscheiden, woran du arbeiten möchtest?

Wenn du dich als faul bezeichnest, wird es deine erste Aufgabe als Unschooler sein, dich Funke um Funke daran zu erinnern, wie gerne du gelernt hast, bevor die Schule diese Sehnsucht in dir zum Verstummen gebracht hat. Frösche, Räder, Worte, Bauklötze, Hunde – als kleines Kind war deine Welt voll von faszinierenden Dingen. Außerdem musst du dir wieder gestatten, die Dinge zu bewundern (zu erlernen), die immer noch in deinem Kaleidoskop glitzern.

Außerdem sollte man Zen-Beschaulichkeit nicht mit Faulheit verwechseln. So mancher »Faulpelz« auf Reisen, der eine Woche in einem kleinen peruanischen Dorf herumhängt, wird mehr vom Leben und der Atmosphäre Perus in sich aufnehmen, als der typische Tourist, der in einer Woche Macchu Picchu, drei Marktflecken, vier Museen, zwei antike Ruinen und einen Ritt zu Pferd entlang des Urubamba-Flusses hinter sich bringt. Menschen, die Mittel und Wege finden, um dem ständigen Wettlauf und der obszönen Kommerzialisierung rund um das Weihnachtsfest zu entgehen, verbessern ihre Lebensqualität, indem sie bewusst rasante, geistlose Aktivitäten vermeiden. Dasselbe gilt für das Lernen: Für die Hirnrinde ist es viel erholsamer, wenn du zwei Stunden den Himmel beobachtest, als wenn du gequält den ganzen Nachmittag über Geokoordinaten brütest.

Aber all meine Freunde gehen zur Schule! Ja, das ist ein schwieriger Punkt. Entweder du bewegst deine Freunde dazu, ebenfalls die Schule zu verlassen, oder du triffst dich mit ihnen abends oder am Wochenende, wenn sie mit ihren Hausaufgaben fertig sind. Du kannst aber auch durch deine Interessen neue Freunde gewinnen. (Der 14-jährige Jeff Richardson schreibt: »Du brauchst die Schule nicht, um einen großen Freundeskreis zu haben. Ich habe eine ganze Menge Freunde beim Skateboard fahren kennengelernt. Selbst wenn du einen Skater nicht kennst, der die Straße entlang fährt, brauchst du nur zu sagen ›Hey, Alter, komm mal her.‹ Immerhin hast du ja bereits etwas gemeinsam. Aber auch schon früher habe ich ein paar Skater kennengelernt, die Homeschooler waren.«) In Kapitel 14 geht es ausschließlich darum, dir auf deinem Weg zu einem neuen Freundeskreis und gesellschaftlichen Umfeld beizustehen.

Bleib für einen Augenblick lang stehen und denke nach. Ja, wir sind soziale Wesen – aber wir sind keine *institutionellen* Wesen.

Wie viel Kommunikation gibt es in der Schule tatsächlich mit deinen Freunden? Außer in den Pausen darfst du nur selten mit ihnen sprechen. Und selbst wenn du in einigen Kursen Freunde hast, siehst du sie bloß. Ich bin nicht sicher, ob du auf diese Weise Vertrauen, Mitgefühl, Großzügigkeit und andere für eine gesunde Freundschaft grundlegende Eigenschaften entwickeln kannst. In einigen Fächern konkurrierst du mit deinen Klassenkameraden um die besten Noten. Eure Diskussionen werden von einem Lehrer überwacht und zensiert. Zusammenarbeit wird als Schummeln bezeichnet. In Wirklichkeit wird so eure Fähigkeit untergraben, einander bei eurer Entwicklung zu unterstützen.

Und vergiss nicht: Auch deine Feinde gehen zur Schule. Erwachsene kontrollieren und demütigen Teenager, und diese Teenager schaffen den Ausgleich, indem sie einander kontrollieren und demütigen. Nur wenige tauchen aus den zwanghaften Wettkämpfen um Popularität und Angepasstheit ohne Schrammen auf.

Aber der Gedanke, die Schule plötzlich für immer zu verlassen, erschreckt mich! Dann verlasse die Schule nur vorübergehend. Nimm dir eine Auszeit von einem Jahr und tu, was dir gefällt. Am Ende dieser Zeitspanne kannst du immer noch entscheiden, ob du dich weiterhin Dingen widmen willst, die du magst, oder ob du in die Schule zurückkehrst, um Dinge zu tun, die du nicht magst. Im schlimmsten Falle nimmst du die Schule genau in der Schulstufe wieder auf, in der du ausgestiegen bist – so wie es Austauschschüler üblicherweise nach ihrer Rückkehr tun. In vielen Fällen steigen Homeschooler nach einer Auszeit in eine höhere Schulstufe ein als ihre Altersgenossen, weil sie in der Zeit geistiger Freiheit eine Menge gelernt haben.

Aber dort draußen kann ich auch nichts Besseres tun! Einer meiner Lieblingsschüler, der normalerweise gründlich über alles nachdachte, gab mir diese Antwort als Begründung, warum er in der Schule blieb, obwohl er es nicht musste. Er erklärte, für einen Job sei er zu jung, und all seine Freunde seien ohnehin in der Schule, so dass er weder arbeiten, noch Freundschaften pflegen könne. Ohne sinnvolle Alternative und gute Gesellschaft erscheint die Schule als das geringere Übel.

Ja, diese Gesellschaft steht Teenagern feindselig und ablehnend gegenüber, und auch die Gesetze halten Teenager in bestimmten Situationen davon ab, durch Arbeit Geld zu verdienen. Aber mit einem kleinen Vorrat an Kreativität und Selbstvertrauen fallen dir gewiss unzählige unterhaltsame und den Geist bereichernde Alternativen ein. Dafür gibt es die Teile zwei bis vier in diesem Buch.

Aber es ist einfach, zur Schule zu gehen. Dort muss ich nicht selbst denken! Wenn du so denkst, habe ich keine Antwort für dich. Bleib an deinem vollgekritzelten Schreibtisch. Mit achtzehn Jahren kannst du dann direkt zur Armee wechseln. Lebe dein Leben, wie andere es dir vorschreiben.

Aber Miss Llewellyn, das ist nicht nett von Ihnen! Tut mir leid. Damit hast du Recht. Aber du darfst mich trotzdem Grace nennen.

Wer bleibt absichtlich in der Schule, nur um nicht selbständig denken zu müssen? Vermutlich niemand. Und wenn alles im Leben auf einer bewussten, rationalen Entscheidung beruhte, wäre das Leben wirklich einfach.

Allerdings sind wir nicht ganz so rational. Solange wir uns nicht mit unseren Ängsten aus dem Unterbewusstsein auseinandersetzen, können sie unser Leben ruinieren. Wenn dich der Gedanke, die Schule zu verlassen, nicht ohnehin schon ganz kribbelig macht, dann solltest du einmal in dein Inneres blicken. Denke intensiv darüber nach, ob dich vielleicht die Unabhängigkeit schreckt. Es ist nur natürlich, dass du nervös bist, wenn du in deinen Tanzschuhen mit den Trommeln allein bist. Aber wenn du für dich selbst denkst, bist du auch für all deine Erfolge und Misserfolge selbst verantwortlich.

Auch Erwachsene schrecken davor zurück, ihr Leben und ihre Gedanken selbst zu lenken. Aus diesem Grund verharren viele in »sicheren« Jobs, die sie verabscheuen, und träumen untätig von den Karriererisiken, die sie eingehen werden, sobald die Kinder erwachsen sind, oder von den Abenteuern, die sie erleben werden, sobald sie in Pension gehen.

Ja, wenn wir nur in unseren Träumen leben, können wir uns unsere »Zukunft« als in Seidenpapier gehüllte Perfektion vorstellen. Sobald wir aber aus unseren Träumen in die Gegenwart wechseln, finden wir keine derartige Perfektion. Stattdessen finden wir unser Leben. Eine Furcht erregende Sache. Aber dieses Leben ist *echt*. Akzeptiere deine Angst, aber gibt ihr nicht nach. Tanze mutig und fröhlich weiter. Lerne, eine menschliche Bohne zu sein, anstatt Instant-Kartoffelbrei.

Kapitel 8
Ohne die Klasse

Das Universum ist voller wunderbarer Dinge, die geduldig darauf warten, dass unsere Sinne schärfer werden.

– EDEN PHILLPOTTS

Tanika ist nun schon seit langem in der Cafeteria. Sie ist kugelrund, fühlt sich verstopft und hat fettige Wangen; aber sie begreift, dass dieser Zustand Teil ihres Lebens ist.

Mittlerweile hilft sie bereits beim Servieren der Tabletts. Mitunter fordert man sie sogar auf, einen widerspenstigen neuen Schüler zum Essen zu überreden. Darin ist sie wirklich gut, denn sie war einst in derselben Lage. Doch heute begreift sie, dass sie damals im Unrecht war. Nun genießt sie es zu erzählen, wie sie ihre Essgewohnheiten unter Kontrolle gebracht hat.

Tanika ist überaus stolz auf ihre Leistungen. Letztes Jahr hat sie sogar in der Examenswoche einen Preis gewonnen, weil sie eine halbe Schüssel Mondfrucht-Streifen in weniger als einer Minute gegessen hatte. Allerdings hatte sie den Preis – ein Glas Gulbeeren-Mus, das in pinkfarbenes Papier eingewickelt war – in den Fluss geworfen. Aber das weiß niemand außer ihr, und Tanika selbst denkt nie daran.

»Du bist eine großartige Esserin!«, lobte sie der Mann mit der Brille erst letzte Woche.

Zu Hause nimmt sie kaum Notiz von den Bäumen und ihren Früchten. Sie hat so viele wichtigere, drängendere Dinge im Kopf – sie muss das Willkommenspicknick für die Kinder planen, die aus anderen Teilen des Planeten in den Obstgarten gezogen sind, muss sich neue, kreative Rezepte für Gulbeeren ausdenken und natürlich auch ihre Hausarbeit aufessen.

Heute ist es ihre Aufgabe, ein kleines Mädchen zu begleiten, das sich bisher weigerte zu essen. Da Tanika weiß, dass das Mädchen keine Zeit hatte, um zu frühstücken, hält sie ihm geduldig einen Löffel mit Pudding aus Limbergreen-Beeren an die Lippen.

Anstatt den Mund zu öffnen, stößt das kleine Mädchen den Löffel wild von sich, so dass der Pudding auf dem Boden landet. Dann legt sie den Kopf auf den Tisch und weint, als wäre alles – *aber wirklich alles* – verloren.

Plötzlich löst sich etwas tief in Tanikas Innerem. Mitunter macht das Leben einen Sprung. Als sie aufsieht, bemerkt sie, dass die Cafeteria keine Fenster hat. Aus dem Augenwinkel fängt sie den Blick eines Jungen auf, der sie aus stillen, dunklen, warmen Augen ansieht. Sie wendet den Kopf um und erwidert seinen Blick. Als er aufsteht, bemerkt sie, dass er sehr mager ist, als hätte er nicht seine ganze Portion aufgegessen. Mit seinen dunkeln Augen stellt er Tanika eine Frage, die sie zittern lässt.

Sie schluckt schwer. Ein seltsamer Gedanke durchzuckt ihren Geist. Während sie sich über den aufgeblähten Bauch streicht, greift sie nach der Hand des Mädchens und geht rasch auf den Ausgang zu. Im nächsten Augenblick ist der Junge an ihrer Seite und hebt das Kind auf seine Hüfte. Aus der Ferne wirft ein Koch ihnen einen verwirrten, misstrauischen Blick zu. Eilig gehen sie den Gang entlang, stoßen die schweren, schwarzen Türen auf und treten hinaus auf den weichen Humus. Vergnügt schlüpfen sie aus den Schuhen. Gerade hat es zu regnen aufgehört. Der Himmel ist noch dunkel und durchscheinend, während bereits die ersten Sonnenstrahlen auf den Blättern glitzern und sich in ihren Haaren verfangen.

Im Laufen streift Tanika die Cafeteriauniform ab und greift elegant nach einer Muavo-Frucht. Sobald sie diese von ihrem Stiel befreit hat, kniet sie nieder und gibt die Frucht dem kleinen Mädchen, das an ihr saugt wie ein Affe im Paradies.

Der Junge lacht und springt gazellengleich hoch, um eine Traube Mazina-Beeren zu pflücken, die er Tanika anbietet. Lächelnd gibt sie ihm die Traube zurück. Sie hatte ein ausgiebiges Mittagessen und ist einfach nicht hungrig. Aber morgen ist auch noch ein Tag, und dann wartet ein Obstgarten voller köstlichster Früchte des Universums auf sie.

Teil 2

Die ersten Schritte

Kapitel 9
Deine ersten Schritte aus der Schule hinaus

Ich habe es getan. Ich habe mich entschlossen, nicht mehr zur Schule zu gehen. WAS JETZT???

Erstens solltest du deine mutige Tat mit einem großen Becher Schokoladeneis feiern.

Zweitens solltest du mit deinen Eltern sprechen. Vielleicht hast du es heute nach dem Abendessen schon hinter dir, vielleicht willst du sie aber lieber schrittweise an die neue Idee heranführen. Siehe Kapitel 10.

Drittens solltest du feststellen, welche rechtlichen und offiziellen Schritte notwendig sind. Lies dazu Kapitel 11. Kontaktiere eine der Vernetzungsgruppen für Homeschooler in Deutschland (Adressen findest du z. B. beim Netzwerk Bildungsfreiheit) und bitte sie um Rat. Falls es sich herausstellt, dass Homeschooler in deiner Umgebung von der Schulbehörde drangsaliert werden, solltest du vielleicht noch so lange zur Schule gehen, bis du den notwendigen Papierkram erledigt hast. In den meisten amerikanischen Bundesstaaten und vielen Ländern gibt es nur wenige lästige Anforderungen, die dir auch nur kurzfristig Kopfzerbrechen bereiten sollten. In Deutschland ist es noch nicht so einfach, ganz offiziell Freilerner zu werden – es sei denn, du bist so prominent wie die Jungs von Tokio Hotel oder hast eine so lange Liste von Jugendstrafen, dass dein Jugendamt dir liebend gern die Einschreibung an einer Internet-Fernschule[19] finanziert. Wenn du dich unterstützen lassen willst, um einen guten Weg für dich und deine Eltern zu finden, kannst du dich bei Clonlara Deutschland[20] oder bei einer anderen guten Schirmschule einschreiben, die dann den Papierkram für dich erledigt. Natürlich kannst du auch einfach deinen Hauptwohnsitz ins bildungsfreiheitliche Ausland verlegen – über das Internet findest du sicher schnell Kontakt, zum Beispiel zu einer netten Studenten-WG, die dich aufnimmt. Rundum Deutschland ist Freilernen mit unterschiedlich hohem organisatorischem Aufwand überall möglich, ob Nord (Dänemark, Norwegen, Finnland), West (Irland, England, Belgien), Ost (Polen, Tschechien) oder Süd (Frankreich, Spanien, Italien, Portugal). Wenn du in England, Irland, Belgien, Dänemark oder Frankreich wohnst, brauchst du überhaupt keine Tests und Prüfungen über dich ergehen zu lassen. In Österreich musst du dich einmal jährlich prüfen lassen, kannst aber beantragen, dass eine Schirmschule wie Clonlara dich betreut und deine Lernerfolge an die Behörde weitergibt. Achtung, die »Abmeldung zum häuslichen Lernen« muss in Österreich zum Schuljahresende erfolgen! Selbstverständlich kannst du, auch wenn du in einem Land wohnst, in dem Freilernen erlaubt ist, jederzeit deine Eltern in Deutschland besuchen. Aber auch sonst gibt es noch individuelle Möglichkeiten, die wir hier nicht alle aufführen können – lass dich beraten.

Sobald du dich mit deinen Eltern geeinigt und die notwendigen Schritte hinter dich gebracht hast, bist du frei. Jetzt beginnt das eigentliche Vergnügen. Zunächst brauchst du einmal Ferien, aber das erfordert ein eigenes Kapitel. Deshalb schlage ich vor, dass du dich erst um einige kleinere Dinge kümmerst, die du vermutlich zu Beginn deiner Karriere als Homeschooler tun willst:

Wenn du dein Englisch verbessern willst, schau in die zahlreichen Internetforen für Homeschooling und Home Education. Die Zeitschrift Growing Without Schooling ist vor kurzem eingestellt worden, aber viele alte Ausgaben sind im Internet zugänglich[21]. Diese Zeitschriften stecken voller faszinierender Briefe von Eltern, Teenagern und jüngeren Kindern, doch heute erfolgt dieser Austausch online. Die deutschen Foren über Homeschooling befassen sich derzeit meist weniger mit konkreten Alltagsfragen, sondern mit dem leidigen Kampf um Legalisierung und den immer wieder gleichen Fragen und Argumenten. Der Teenager Sylvia Stralberg schrieb in *GWS* Nr. 80:

> In den letzten Monaten war mir *GWS* eine große Stütze. Sobald ich über andere Kinder las, die ebenfalls Homeschooling machen und davon profitieren, hatte ich keine Schuldgefühle mehr wegen meiner Entscheidung, die Schule zu verlassen. Stattdessen war ich stolz auf mich und aufgeregt, was die Zukunft bringen wird.

Schließe dich einer Homeschool-Organisation an, die dir bei rechtlichen Fragen hilft. Wenn deine Gruppe Unterstützung benötigt, solltest du überlegen, ob du dich nicht als Freiwilliger melden willst. Versuche, durch diese Gruppe mit anderen Teenagern in Kontakt zu kommen, die Homeschooling oder Unschooling betreiben. Triff eine sorgfältige Wahl, denn die einzelnen Gruppen unterscheiden sich oft stark voneinander. Manchen fehlt es auch an den nötigen Visionen.

Finde heraus, ob es in deiner Heimatstadt ein Informationszentrum für Homeschooler oder Ähnliches gibt.[22] Immer wieder höre ich von kleinen Programmen, in denen einige wenige Erwachsene (meist ehemalige Lehrer) Kurse, Studiengruppen und andere Schulungsmöglichkeiten organisieren. Für einige Teenager sind diese Programme eine ausgezeichnete Hilfe beim Übergang von der Schule zum vollständig selbstbestimmten Lernen. Außerdem sind sie für all jene nützlich, die mehr Anleitung durch Erwachsene wünschen, als ihre Eltern bieten können (oder für jene, die keine Anleitung von ihren Eltern wollen), aber trotzdem die Freiheit des Unschooling genießen wollen. Gute derartige Organisationen werden von Menschen geleitet, die von der Idee des Unschooling überzeugt sind und dich darin unterstützen wollen, deine Ausbildung selbst in die Hand zu nehmen – im Gegensatz zu Lehrern an vielen alternativen Schulen. (Leider glauben viele Lehrer an alternativen Schulen nicht an die umfassende Freiheit junger Menschen. Ihrer Ansicht nach sind ihr eigener politischer Blickwinkel und ihre Lehrmethoden besser als jene öffentlicher Schulen. Eine lobenswerte Ausnahme bilden die Sudbury

Schools, die sich selbst als »The Unschooling Schools« bezeichnen. Zu ihr gehört die von der Pop-Sängerin Nena mitbegründete Demokratische Schule in Hamburg.)

Von diesen Informationszentren höre ich immer wieder, wenn ihre Leiter für ihre Kunden mehrere Ausgaben dieses Handbuchs bestellen und sich als Quelle ihrer Inspiration auf John Holt, John Gatto und mich berufen. Eine Organisation, die ausgezeichnet klingt, ist das Pathfinder Learning Center, das von den ehemaligen Lehrern Josh Hornick und Ken Danford in Amherst, Massachusetts, geführt wird. Das PLC steht Homeschoolern und anderen selbstbestimmt Lernenden offen. Die Mitglieder bezahlen einen angemessenen Beitrag für den Zugang zu zahllosen Lernmöglichkeiten. Josh und Ken bieten Kurzkurse in Mathematik und anderen Fächern und organisieren verschiedene Zusammenkünfte und Exkursionen. Darüber hinaus arbeiten sie als Tutoren, helfen Familien, die bundesstaatlichen und lokalen Auflagen zu erfüllen, bieten College-Beratung, arrangieren Praktika und Begleitung durch einen Mentor und vieles mehr.

Wenn du dir wünschst, dass deine Freunde mehr Zeit für dich haben, solltest du ihr Leben entsprechend beeinflussen. Rufe sie nach dem Essen an und erinnere sie daran, ihre Hausarbeiten zu machen. Gib ihnen eine Ausgabe dieses Buches und schlage ihnen vor, eine wissenschaftliche Kooperation zu gründen oder eine Bäckerei zu eröffnen. Selbstverständlich während der Schulzeit.

Denke über dein privates Umfeld nach. Auch wenn du nicht unbedingt neue, ausgefallene Ausrüstungsgegenstände benötigst, brauchst du einen Ort, an dem du glücklich bist, dich wohl fühlst, und gut organisiert bist. Vermutlich hast du bereits in deinem Zimmer einen Schreibtisch oder eine Ecke, in der du deine Hausarbeiten machst. Nimm dir jetzt die Zeit und gestalte diesen Platz nach deinen Wünschen. Hänge Poster auf, überlege, wo du deine Arbeitsbücher, Bibliotheksbücher und andere Lernmittel unterbringst. Besorge dir einen gemütlichen Sessel am Fenster, in dem du lesen und schreiben kannst. Überlege, wo du deine Laborarbeiten, praktischen Übungen und Recherchen machen wirst, und bestimme eine Ecke als Museum. Opfere auch ein paar Euro für Büromaterial wie Terminkalender, Ordner und ähnliche Dinge.

Wie wirst du deine Art der Bildung bezeichnen?

Denke darüber nach, mit welchen Worten du dich beschreiben wirst. Zu den gängigen Beschreibungen zählen: Ich lerne nach der Methode «Hausunterricht«,«Homeschooling«, »Familienschule«, »Bildung in Eigenverantwortung«, »Freilerner«, »Schulfreie Schule«, »Natürlich lernen«, »Schulfreies Lernen«, »Freiheitliches Lernen«; oder »Ich unterrichte mich selbst«, »Ich bin Autodidakt«, Ich bin »Schulaussteiger« oder »Schulaufsteiger«, »Absolvent einer internationalen Fernschule« (sofern du dort eingeschrieben bist), »Ich gehe nicht zur Schule, sondern lebe einfach mein Leben« ...

Jede Formulierung drückt etwas anderes aus und ruft andere Assoziationen hervor. Sobald du mit verschiedenen Menschen über dein neues Leben sprichst, wirst du das schnell herausfinden.

Eine meiner Schülerinnen erzählte mir einmal von einem Freund, der nicht zur Schule ging. Als sie merkte, dass ich dabei die Ohren spitzte, erklärte sie schnell, dass ihr Freund »zu Hause zur Schule« gehe, Berichte schreibe, vorab bestimmte Bücher lese und seine Mutter seinen Unterricht überwache. Damit war mein Interesse schon wieder verflogen.

»Diese Art von Homeschoolern interessiert mich nicht so sehr wie Unschooler«, antwortete ich.

Sie starrte mich ungläubig an. »Unschooler?«, stieß sie verächtlich hervor. »Dafür gibt es noch eine andere Bezeichnung: Schulabbrecher.«

Genau über diesen Ausdruck »die Schule abbrechen«[23] schrieb John Holt: »Es ist interessant, dass selbst jene, welche die Schule zutiefst hassen, keinerlei Nutzen davon haben und sie als umfassend verdummende, dem Leben entfremdende Erfahrung betrachten, immer noch diesen Ausdruck verwenden, wenn sie darüber sprechen, aus dieser irrealen, nutzlosen Situation herauszukommen. Ich ersuche sie dann immer dringend, diese Phrase nicht zu verwenden, und verweise darauf, dass ich nun schon seit etwa 28 Jahren keine derartige Ausbildungsanstalt besucht habe, und trotzdem noch von dieser Welt bin. Niemand verschwindet im All, wenn er aus der Schultür hinaustritt. Es wäre sogar sinnvoller, von Schulaufsteigern zu sprechen.«[24] Und Herb Hough schrieb in *GWS* Nr. 79: »Schulfrei lernende aufstrebende Schüler ... brechen die Schule nicht ab – sie steigen aus ihr auf.«

Eine Mutter schrieb mir, dass das Unschooling-Programm ihrer Familie zu bohrenden Fragen der Nachbarn führte: »Die Leute waren oft neugierig und taktlos. Die Kinder lernten damit umzugehen, indem sie erklärten, dass sie einen Privatlehrer hätten. Das verschlug denen die Sprache. Reiche Leute werden offenbar nicht belästigt?!«

Ben und Theressa Billings (13 und 16 Jahre) empfanden den Begriff »Unschooling« als beleidigend. Theressa schrieb mir: »Ich mag es gar nicht, wenn man Homeschooling als ›Unschooling‹ bezeichnet, denn wir erledigen unsere Schularbeiten genauso wie alle unsere Altersgenossen.«

Ein Elternpaar erzählte mir, dass sie sich zwar selbst als *Un*schooler betrachteten, aber weil sie unter ihren Freunden auch Lehrer hätten, sprächen sie von sich als *Home*schooler, um sich nicht verteidigen zu müssen.

Wie ich schon in der Einleitung sagte, habe ich kein Problem mit dem Begriff »Homeschooling« – auch wenn ich dabei immer noch an einen Unterricht mit Overheadprojektor im Wohnzimmer denke. Am Wort »Schule« ist hingegen nichts falsch, denn das es stammt von dem griechischen Wort »scole«, das *Muße* bedeutet. Im antiken Griechenland war das Lernen (zumindest für Kinder, die männlich und keine Sklaven waren) so angenehm – sie streiften frei umher und diskutierten mit Philosophen –, dass das Wort Muße schließlich mit Ausbildung assoziiert wurde. In Deutschland gibt es den positiven Begriff »Freilerner«, der sich gar nicht auf Schule oder Nichtschule bezieht.

Tipps

Höre dir an, welche Vorschläge ich von Teenagern für neue Unschooler erhielt:

»Entspann dich! ... Du brauchst nicht zu denken, dass du nur genug lernst, wenn du sieben Stunden lang an deinem Schreibtisch sitzt.«

»Wenn die Schule dein Problem ist, solltest du mit sechs Wochen Ferien beginnen.«

»Befreie dich von deinen Schuldgefühlen – löse dich zunächst innerlich von der Schule – strecke dich bis zum Himmel. Nach oben sind keine Grenzen gesetzt.«

»Genieße, was du jetzt tust, dann wirst du wirklich ›lernen‹!«

»Tu Dinge, die dich interessieren. Erforsche deine Hobbys. Wähle dich selbst zum Führer.«

»Wenn Jugendliche zu Homeschooler werden, fühlen sie sich oft von der Freiheit überwältigt und verbringen den Großteil ihrer Zeit vor dem Fernseher ... Ich will damit nur sagen, dass sich dein Leben als Unschooler erst entwickeln muss... Wenn du die Schule hinter dir gelassen hast, solltest du deine Freiheit nützen und all die Dinge tun, die du in der Schule so gerne getan hättest und für die du nicht genug Zeit hattest. (Hoffentlich ging es dabei nicht ums Fernsehen!)«

»Versuche festzustellen, was dir am meisten Freude bereitet, und erforsche diese Dinge. Vergiss einfach für eine Weile akademische Fächer.«

»Schließ dich nicht zu Hause ein – egal, wie sehr du deine Eltern liebst. Denn wenn du nicht hinausgehst, werden die Tage sehr lang.«

...und zum Schluss ...

»Das Fest kann beginnen!«

Kapitel 10
Das möglicherweise heikle Thema Eltern

In der Vergangenheit blieben die meisten Freilerner aufgrund der Überzeugung ihrer Eltern der Schule fern. In diesem Punkt versucht das vorliegende Buch, einen neuen Traum zu träumen: dass *du selbst auf eigenen Wunsch die Initiative ergreifst* und deinen Weg gehst.

Großartig, wirst du sagen, *das heißt dann wohl, dass ich selbst meine Eltern davon überzeugen muss, dass Unschooling für mich und für sie eine gute Sache ist.*

Ja.

Mit etwas Vorsicht und Planung wirst du vermutlich imstande sein, ihnen die Vorteile deutlich zu machen. Im Idealfall werden dich deine Eltern unterstützen und ermutigen, ohne dass ihr euch zu sehr in die Haare geratet, und du wirst sie so inspirieren, dass sich auch ihr Leben bereichert.

Zunächst wollen wir uns jedoch mit einigen Ängsten auseinandersetzen, die *du* möglicherweise in Bezug auf Unschooling und deine Eltern hast.

Deine Ängste

Was, wenn ich mit meinen Eltern nicht gut auskomme? Wird das durch Unschooling nicht noch schlimmer?

In diesem Punkt kann ich dich beruhigen. Im Allgemeinen werden Eltern durch Unschooling eher zu Verbündeten und Freunden, als dass sie sich in Vorgesetzte und Überwacher verwandeln. Zumindest haben mir dies Dutzende von Eltern und Teenagern erzählt, die bereits Erfahrung mit Unschooling haben. Ein typischer Kommentar stammt von Kacey Reynolds: »In der Unterstufe muss ich etwas versäumt haben. Dort muss es irgendeinen Wendepunkt gegeben haben, an dem meine Altersgenossen aufgehört haben, ihre Eltern zu lieben, und angefangen haben, sie zu hassen. Zum Glück habe ich diesen Punkt verpasst.«

Der 13-jährige Joel Maurer erzählt: »Meine Mutter mag mich heute mehr als zu der Zeit, wo ich noch zur Schule ging.«

Die 14-jährige Tabitha Mountjoy schreibt: »Ich habe eine wirklich ausgezeichnete Beziehung zu meinen Eltern. Ich glaube, meine Bildung zu Hause hat dazu beigetragen, und ich genieße es, sie um mich zu haben.«

Eine Mutter sagte: »Viele unserer Freunde, die ebenfalls Kinder im Teenageralter haben, scheinen sie nicht gut zu kennen oder nicht sehr zu mögen. Sie betrachten die Teenagerzeit als etwas, das man ertragen oder überleben muss. Ich bin glücklich, dass ich meinen Sohn kenne und liebe.«

Ein anderer Elternteil schrieb in *GWS* Nr. 26:

> Haben auch andere Eltern bemerkt, wie einfach die Jugendjahre von Unschoolern sind? Ich glaube, dadurch dass mein 15-jähriger Sohn frühzeitig für seine Handlungen die Verantwortung übernommen hat, musste er nicht rebellieren oder um seine Unabhängigkeit kämpfen. Er akzeptiert es, wenn ich ihm gelegentlich meine Meinung zu etwas sage, weil dies ein Ratschlag unter Erwachsenen ist und nicht als Einschränkung für einen Jungen gedacht ist, der keine Ahnung hat.

Ein kanadischer Vater erzählte mir, dass sich durch Homeschooling »die inner-familiäre Dynamik stark verbessert hat, seit wir weniger Zeitdruck haben. Und wenn wir doch Zeitdruck haben, dann ist er selbst gewählt. Beide Kinder sind wirklich glücklich ... und wenn ich darüber nachdenke, so sind auch meine Frau und ich keineswegs verdrießlich!«

Judy Garvey schrieb in *GWS* Nr. 70: »Homeschooling ist viel einfacher als der Umgang mit Kindern, die den ganzen Tag in der Schule gewesen sind.«

Viele Unschooler berichteten, dass sich nach dem Verlassen der Schule sämtliche Familienstreitigkeiten und -feindseligkeiten in Luft auflösten. Das klingt plausibel: kein Streit über Zensuren oder Hausarbeiten, keine Notwendigkeit, sich an den Eltern für das zu rächen, was in der Schule passiert ist.

Wenn du immer noch zweifelst, solltest du dir Aktivitäten ausdenken, denen du auch außer Haus nachgehen kannst: ehrenamtliche Arbeit, ein Praktikum oder Babysitten (und dabei lesen oder mathematische Aufgaben lösen, wenn die Kleinen schlafen).

Meine Eltern haben mich immer wegen meiner Schulaufgaben verfolgt. Wenn ich jetzt die Schule verlasse, fürchte ich, dass dies noch schlimmer wird, weil ihnen nun die Lehrer nicht mehr helfen, mich zu »kontrollieren«.

Wenn du mit deinen Eltern über Unschooling sprichst, solltest du sicherstellen, dass sie dein Bedürfnis nach Unabhängigkeit verstehen. Biete ihnen an, oft über deine Aktivitäten zu sprechen. Zeige ihnen, was du erreichst, oder führe ein Lerntagebuch, das sie gerne lesen dürfen. Wenn du ihnen sowohl deine Sorgen als auch deine Freuden eingestehst, werden sie erkennen, dass du Bezug zur Wirklichkeit hast und nicht ständig ermahnt werden musst. Bitte sie um Rat, wenn du dazu bereit bist – dadurch fühlen sie sich geschätzt und sind eher bereit, ihre Kontrollfunktion zugunsten einer angenehmeren Beratungstätigkeit aufzugeben. Aber *du* gibst den Ton an.

Die sanfte Kunst der Überzeugung

Du kennst deine Eltern. Ich kenne sie nicht. Was in einer Familie möglicherweise Heiterkeitsausbrüche hervorruft, bewirkt in einer anderen heftiges Türenschlagen. Vielleicht hast du eine so warme und vertrauensvolle Beziehung zu deinen Eltern, dass du deine Ideen beiläufig beim Abendessen vorbringen kannst im Vertrauen darauf, dass die Eltern dich verstehen und deine Entscheidung unterstützen werden, die Schule zu verlassen. Vielleicht versteckst du dieses Buch aber auch unter der Matratze, weil du weißt, dass sie Nein sagen werden, noch ehe du den ersten Satz zu Ende gelesen hast. Wahrscheinlich befindest du dich jedoch genau zwischen diesen beiden Extremen. Dann solltest du in diesem Kapitel wenigstens einige Ideen bekommen, wie du deine Eltern überzeugen und danach mit ihnen jahrelang glücklich leben kannst.

Sofern du nicht mit Sicherheit weißt, ob deine Eltern deinem Wunsch ohne weiteres zustimmen werden, schlage ich ein wenig Struktur, Planung und Methode vor. Es gibt viele Möglichkeiten, dies zu organisieren. So könntest du damit beginnen, sie zu bitten, mit dir zu einem Treffen von Homeschoolern zugehen oder auffällig im Haus Bücher oder Zeitschriften über Homeschooling liegen lassen. Im Weiteren folgt eine detaillierte Erklärung einer *einzigen* Vorgehensweise. Diese ist sehr formell, weil formelle Abläufe bei den meisten Erwachsenen bewirken, dass sie sich aufsetzen und tatsächlich aufmerksam zuhören.

1. Bevor du mit deinen Eltern sprichst, solltest du wissen, worüber du mit ihnen sprechen wirst.
Besorge dir ein wenig Hintergrundinformation, damit du mit dem nötigen Selbstbewusstsein und Fachwissen über Homeschooling und Unschooling diskutieren kannst. Du könntest das Buch *Schulfrei* von Stefanie Mohsennia lesen, *Schulfreie Bildung* von Jan Edel oder *Die Freilerner* von Dagmar Neubronner, zumindest aber einige Kapitel von John Holt, vorzugsweise in dem Buch *Bildung in Freheit* und/oder Kontakt aufnehmen mit einer regionalen Homeschooling-Gruppe und sie um Vorschläge für rechtliche und logistische Schritte bitten oder Kontakt mit einem Unschooler aus deiner Umgebung, wobei dieser Teenager vorzugsweise sehr unabhängig sein sollte.

2. Schreibe einen Projektplan.
Selbst wenn du noch nicht genau weißt, was du tun willst, sobald du frei bist, werden deine Eltern von einem überlegten schriftlichen Aktionsplan gewiss beeindruckt sein. Durch das Aufschreiben bist du auch selbst herausgefordert, über einige wichtige Fragen nachzudenken. Dies ist nicht nur eine gute Vorbereitung auf das Gespräch mit deinen Eltern, sondern hilft dir auch selbst, klarere Vorstellungen von dem zu bekommen, was du dir von deinem neuen Leben erhoffst. Dein Plan sollte einige oder alle der nachfolgenden Punkte beinhalten:

Die Gründe, warum du die Schule verlassen willst. Erzähle Geschichten aus deinem eigenen Schulalltag, allerdings ohne zu übertreiben. Wenn du glaubst, dass deine persönliche Sicht nicht genügt, kannst du auch Andere zitieren. John Holt eignet sich immer. Vielleicht liest du auch nochmals die Kapitel 1 bis 7 dieses Buches.

Was würdest du anstelle der Schule gerne tun? Lege dich nicht auf etwas zu Spezifisches fest, da sich dein Geist öffnen wird und sich deine Gedanken verändern werden, sobald du dich an die Freiheit gewöhnt hast. Liste dennoch einen möglichst spezifischen Aktionsplan auf, damit deine Eltern wissen, dass du darüber wirklich nachgedacht hast. Vielleicht fügst du auch ein paar Sätze in dieser Richtung ein: Vermutlich werde ich nach dem Schulaustritt auch neue Interessen und Ziele finden, die meine Aktivitäten ändern könnten. Da ich mich derzeit sehr für Tanz interessiere, werde ich mich vorerst darauf konzentrieren. Dazu werde ich:

- weiterhin Ballettstunden nehmen
- zusätzlich mit afrikanischem Jazztanz beginnen
- als Freiwillige im Zentrum für darstellende Künste arbeiten im Austausch für kostenlose Eintrittskarten zu Tanzvorführungen
- die folgenden Bücher lesen: Doris Humphrey, *Die Kunst, Tänze zu machen;* Joan Brady, *The Unmaking of a Dancer;* Isadora Duncan, *Mein Leben, meine Zeit;* Walter Terry, *How to Look at Dance*
- täglich zumindest eine Stunde zu Hause trainieren
- für das nächste Musical, das von Little Theater gesponsert wird, vortanzen
- eine Ausbildung oder ein Praktikum in meinem Tanzstudio machen, vorzugsweise als Lehrerin von Vorbereitungsgruppen für den Ballettunterricht
- mehr über Muskeln, Knochenbau und Bänder lernen, indem ich das *Anatomy Coloring Book* von Wynn Kapit ausmale.

Deine akademischen Pläne: Dieses Thema kannst du auf zwei verschiedene Arten behandeln: Einerseits kannst du erklären, dass du auch weiterhin alle wichtigen Fächer studieren willst – wie Mathematik, Naturwissenschaften, Literatur, Sozialwissenschaften, eventuell Fremdsprachen –, weil du später aufs College gehen möchtest oder Ähnliches. Erkläre in diesem Fall auch, auf welche Weise du diese Fächer erlernen willst. Andererseits kannst du verkünden, dass du mehrere oder alle Fächer nicht auf formelle Weise weiterführen willst, um dich voll und ganz auf deine Interessen konzentrieren zu können. Zeige in diesem Fall auf, inwieweit deine Interessen auch diese akademischen Fächer umfassen. Wenn du zum Beispiel beabsichtigst, zu Pferd durch die Geisterstädte von Idaho zu reisen, solltest du deine Eltern daran erinnern, dass du auf diese Weise den ganzen Tag über mit Geschichte, Geografie und Sport beschäftigt bist. Wenn du anschließend noch einen Artikel für eine Zeitung oder eine Fanzeitschrift schreibst, gilt dies als Englischarbeit. Wenn du fotografierst oder Skizzen zeichnest, hast du etwas für den Kunstunterricht getan. Wenn du für jeden Tag der Reise die Kilometer und Stundenzahl berechnest, ist dies Mathematik – wenn auch in einfacher Form. Wenn du Fragen stellst und etwas über die Gesteinsschichten des Landes, über das du reitest, nachliest, ist dies Geologie. Wenn du deine Mahlzeiten auf einem Gaskocher zubereitest, ist dies Hauswirtschaft. Je aktiver du lebst, umso mehr »akademische Fächer« mischen sich automatisch in deinen Tagesablauf.

Wie du die Rolle deiner Eltern in deinem neuen Leben und deiner neuen Ausbildung siehst. Dies ist besonders wichtig, weil die meisten Menschen bei Homeschoolern an Jugendliche denken, die von ihren Eltern unterrichtet werden. Wenn du unabhängig arbeiten willst, solltest du dies sagen. Wenn du beim Aufspüren von Ressourcen und bei wichtigen Entscheidungen ihre Hilfe in Anspruch nehmen willst, solltest du auch das klar zum Ausdruck bringen. Sag es auch, wenn du glaubst, dass du viel Unterstützung von deinen Eltern benötigen wirst. Allerdings solltest du auch ihre Bedürfnisse und Wünsche im Leben berücksichtigen. Wenn sie sehr beschäftigt sind, solltest du Alternativen für die Hilfe vorschlagen, die du benötigst, wie etwa von anderen Erwachsenen, ehemaligen Lehrern, Tutoren, Büchern oder anderen Verwandten. Vielleicht möchtest du deine Eltern stark in deine Ausbildung einbeziehen, oder nur am Rande. Deine Eltern könnten sich über eine starke Einbeziehung freuen oder sich überlastet fühlen und davor zurückschrecken. Wenn sowohl dein Vater als auch deine Mutter außer Haus arbeiten, solltest du ihnen versichern, dass auch andere Unschooler im Teenageralter damit klarkommen. Wenn ihnen der Gedanke, dass du den ganzen Tag allein zu Hause bist, nicht gefällt, dann verweise auf deine Pläne, dich um ein Praktikum, eine ehrenamtliche Tätigkeit oder andere außerhäusliche Aktivitäten zu bemühen. Vermutlich wird dies kein schwierigesThema sein. Immerhin sind die meisten Babysitter in den USA selbst noch Teenager. Dori Griffin beschreibt die Arbeitsbeziehung zu ihrer Mutter in *GWS* Nr. 115 folgendermaßen:

> Ich streife nicht einfach ziellos umher, um nur das zu tun, was mir gerade gefällt. Und meine Mutter ist aus meiner Ausbildung auch nicht ausgeschlossen. Allerdings unterrichtet sie mich auch nicht im schulischen Sinn. Vielmehr arbeiten wir zusammen. Ich halte sie auf dem Laufenden über das, was ich tue. Wir diskutieren über meine und ihre Ideen. Ich erzähle ihr, was ich in nächster Zeit plane ... Wenn ich mit meiner Mutter über ein Projekt spreche, das ich angehen will, und es dann einen ganzen Monat dauert, bis ich es zu meiner Zufriedenheit abgeschlossen habe, sprechen wir erst dann über die nächsten Dinge. Wenn ich schon nach wenigen Tagen fertig bin, diskutieren wir in kürzeren Abständen. ...Üblicherweise mache ich erst ein Projekt und denke erst später darüber nach, welchen Bildungswert es hat. Mitunter zeigt meine Mutter dann auf, dass meine Arbeit sehr wohl als »Schulausbildung« zu werten ist.

Erkläre, warum du zu Beginn deiner Karriere als Unschooler Ferien benötigst, um dich von der Schule zu erholen. Wenn deine Eltern ohnehin schwer zu überzeugen sind, solltest du sie nicht damit schockieren, dass du die ersten beiden Wochen deiner Zeit als Unschooler durchschläfst. Wenn du eine Pause zum Durchatmen einlegen willst (und ich hoffe, dass du dies tun wirst – siehe dazu Kapitel 12), solltest du deine Eltern vorab informieren.

Eine vorläufige Aufstellung der rechtlichen und offiziellen Schritte, die ihr voraussichtlich gemeinsam setzen müsst. Je nachdem, in welchem Staat oder Bundesland du wohnst, wirst du dich mit diesen Dingen später eingehender befassen müssen. Als Einleitung für deine Eltern genügt eine allgemeine Übersicht. Nütze hierbei die Ratschläge, die du von Unschoolern aus deiner Region erhalten hast.

Eine Übersicht über die möglichen Kosten einer Unschooling-Ausbildung und die möglichen Einsparungen. Mach eine Liste alle erforderlichen Ausrüstungsgegenstände und Bücher und aller Kurse etc., die du besuchen willst, mit den jeweils geschätzten Kosten – und eine Liste der schulbezogenen Ausgaben (für Unmengen an Kleidung, Mittagessen in der Cafeteria etc.), die du davon abziehst. Wenn du deinen Eltern eine erweiterte Übersicht von Kosten und Einsparungen bieten willst, kannst du auch andere Faktoren berücksichtigen, wie etwa deine Einkünfte aus Jobs und selbständiger Arbeit, die du außerhalb deiner »Studierzeit« erzielst.

Eine Bibliografie: Du benötigst keine ellenlange Liste. Es genügt, ein paar Bücher und Artikel anzuführen, die dir als Information für deine Eltern nützlich erscheinen. Vorschläge findest du in Anhang A am Ende dieses Buches.

3. Rollenspiel.

Stelle dir alle eventuellen Fragen und Argumente deiner Eltern vor und überlege, wie du möglichst ehrlich und durchdacht darauf antworten kannst.

Stelle dir auch alle eventuellen geheimen Ängste vor, die sie davon abhalten könnten, dich zu unterstützen. Je besser du die Werte und das Leben deiner Eltern begreifst, desto besser kannst du darauf eingehen.

Für den Anfang einige naheliegende Fragen, wie sie die meisten Eltern stellen, mit Ideen für mögliche Antworten:

Du warst nie gut in der Schule, trotz all der Lehrer, die dich ständig angetrieben haben. Warum sollte ich glauben, dass du ohne Schule allein tatsächlich etwas lernst?

Wenn du – innerhalb oder außerhalb der Schule – je an etwas interessiert warst und diese Sache eigenständig durchgezogen hast, solltest du deine Eltern jetzt daran erinnern. Falls du je an etwas interessiert warst, es aber aus Zeitmangel nicht vorantreiben konntest, solltest du darauf hinweisen, dass dir mehr Zeit helfen würde, die Sache zu Ende zu bringen. Erkläre deinen Eltern, dass du, um etwas zu lernen, die Dinge, die dich interessieren, frei und ungehindert erforschen können musst. Frage sie, ob *sie* es schaffen, auf Befehl effektiv zu lernen. Frage deine Eltern, wie sie lernen – und zwar heute, nicht in weit zurückliegender Vergangenheit.

Du solltest auch zugeben, dass sie dir als Unschooler vertrauen müssten, dass du tatsächlich etwas lernst und dich selbständig entwickelst, und dass es zunächst für sie schwer sein könnte. Wenn du willst, kannst du ihnen einen Schulausstieg auf Probe vorschlagen. Vielleicht willst du sie auch mit den Erfahrungen anderer Eltern vertraut machen:

Bea Rector schrieb mir aus Arizona über ihre 12-jährige Tochter Aurelia, die mit einer Gesangs- und Tanztruppe namens Kids Alive im Yellowstone-Nationalpark auftrat: »Man sollte darauf vertrauen, dass Kinder lernen wollen. Niemand muss sie dazu zwingen. Wenn man als gutes Beispiel vorangeht und sie ermutigt, ihre eigenen Interessen weiterzuverfolgen, erarbeiten sie sich all jenes Wissen, das sie als ›erfolgreiche‹ Erwachsene benötigen.«

Ein anfangs frustrierter Elternteil aus Brooklyn schrieb in *GWS* Nr. 32:

> Meine Tochter ließ nicht zu, dass ich ihre Ausbildung begleitete, und weigerte sich, das Lehrprogramm durchzuführen, dass ich für sie geplant hatte, wie etwa ins Museum zugehen oder Ähnliches. Stattdessen hing sie den ganzen Tag im Morgenmantel herum und malte Bilder. Dieser Zustand dauerte fast drei Jahre lang und änderte sich auch im Sommer nicht. Nun, Sie sollten ihre Kunstwerke heute sehen. Einfach fantastisch!

Gwen A. Meehan schrieb mir, ein Jahr nachdem sie ihren damals 13-jährigen Sohn Pat aus der Schule genommen hatte:

> Nach der vierten Schulstufe bat mich Pat inständig, ihn doch aus der Schule zu nehmen und zu Hause lernen zu lassen. Ich reagierte, wie wohl die meisten anderen Eltern auch: (1) Ich konnte mir nicht vorstellen, dass diese rechtliche Möglichkeit besteht, (2) dass er nicht mehr täglich aktiven sozialen Kontakt zu den anderen Schülern haben sollte, und (3) (ein wenig selbstsüchtig) dass damit wohl keine Zeit mehr für meine eigenen Projekte bleiben würde. Ganz zu schweigen davon, dass mich der Gedanke schreckte, plötzlich »offiziell« seine Lehrerin zu sein. Die Elternschaft bringt schon genug Verantwortung mit sich. (Wie sich herausstellte, sah ich bloß Gespenster! In Wirklichkeit war es ein Kinderspiel!)
>
> Ich hätte damals besser zuhören sollen. Dann hätten wir uns viel Leid erspart, und er hätte nicht so viel an Selbstvertrauen verloren. Ich weiß nicht, ob ich meinen Sohn je wieder so entspannt, glücklich, selbstbewusst und gesund sehen werde wie damals, als er vergnügt in den Kindergarten ging.

Ich habe weder die nötige Ausbildung noch genügend Zeit, um dich zu unterrichten.

Erkläre deinen Eltern, dass du sie nicht ersuchst, dich zu unterrichten (außer du willst dies), sondern dass du deine Interessen selbstständig oder in Gesellschaft Gleichgesinnter verfolgen kannst. Erinnere sie daran, dass du imstande bist zu lesen, Freundschaften zu schließen, Telefon und Computer zu bedienen, Briefe zu schreiben und in der Bibliothek Bücher ausfindig zu machen. Frage deine Eltern, ob sie immer einen Lehrer benötigen, wenn sie sich für ein bestimmtes Thema interessieren. Falls du sie derzeit um Hilfe bei deinen Hausarbeiten bittest und diese Hilfe in ähnlichem Umfang auch in Zukunft erwartest, solltest du dies ebenfalls erwähnen. Erzähle deinen Eltern auch, dass eine Studie unter Homeschoolern und ihren Eltern ergab, dass die Kinder auf akademischem Gebiet umso mehr erreichen, je weniger die Eltern direkt in die Ausbildung eingreifen. Informiere deine Eltern, dass die meisten Unschooling-Eltern ihre Kinder nicht unterrichten, sondern ihnen gestatten, selbstständig zu lernen. Hier einige Aussagen zu diesem Thema:

»Meine Eltern haben früher stark in meine Ausbildung eingegriffen. Aber dieses Jahr habe ich vorwiegend allein gearbeitet und von ihnen nur wenig Unterstützung, dafür aber jede Menge Ermunterung bekommen.« – Tabitha Mountjoy, 14 Jahre alt.

»Wir sind immer für sie da, wenn sie uns braucht oder nach Antworten sucht. Wir machen Vorschläge, unterstützen sie und machen ihr Dinge zugänglich. Gleichzeitig vertrauen wir darauf, dass sie selbstständig die Dinge erforscht, die sie interessieren.« – Linda J. Savelo, Mutter der 13-jährigen Unschoolerin Andrea.

Nach zehnjähriger Erfahrung mit Homeschooling bei ihren Söhnen schrieb Maria Holt in *GWS* Nr. 35:

> Das Wichtigste an unserer Familienschule ist Folgendes: WIR HABEN NIE UNTERRICHTET. Mein Mann ließ das gar nicht zu. Unsere abendliche Vorlesestunde für unsere vier Söhne kam einem Unterricht noch am nächsten. Neben vielen, vielen anderen Klassikern haben wir uns durch das Alte Testament, Krieg und Frieden und Moby Dick gewühlt, haben uns Schritt für Schritt durchgearbeitet oder sind hindurch gestürmt. Niemand musste kommen und zuhören. Einer unserer Söhne gab die gemeinsamen Lesestunden auf, weil er es vorzog, selbst zu lesen. Auch wenn wir unsere Jungen unterstützten, haben wir sie nie gelehrt. Was sie lernten, ergab sich aus ihren Interessen. Üblicherweise benützten sie die örtlichen Bibliotheken, oder wir ließen uns Bücher von der Staatsbibliothek zuschicken. Einmal verbrachten sie mehrere Monate damit, ein altes Fischerboot zu reparieren. Wir wussten nie wirklich, was sie lernten! Mein Mann meint, dass er noch sehr lange nicht wissen wird, ob unser Homeschooling ein Erfolg oder Misserfolg ist, wenn er es je erfahren wird. Wir haben uns immer gesagt, dass sie ihren Abschluss als Homeschooler machen würden, sobald ihr Leben eine neue Richtung finden würde, die von zu Hause nach außen weist. Und genau das ist passiert.

[Maria erzählt im Weiteren von den beiden Jungen, die sich entschlossen, das College zu besuchen, und fährt dann fort.]

> Unser jüngster Sohn ... arbeitete während der letzten zwei Jahre in einem Restaurant hier im Ort, um Geld für Flugstunden zu verdienen. (Er hatte sich mit Hilfe einer Briefmarkensammlung und mehrerer Zeitschriften über das Fliegen selbst das Lesen beigebracht. Heute ist er ein guter Historiker, wobei der amerikanische Bürgerkrieg sein Spezialgebiet ist, was sich wiederum aus derselben Briefmarkensammlung entwickelt hat.) Mittlerweile ist er achtzehn Jahre alt und hat eine Anstellung als Fluglehrer an einer anerkannten Flugschule in Bradley Field in Hartford, Connecticut.

In dieselbe Richtung geht Ruth McCutchens Beitrag in *GWS* Nr. 52:

> Wenn ich erzähle, dass meine Kinder Homeschooler sind, erhalte ich heute meist folgende Reaktion: »Wirklich? Wie wundervoll! Ich bewundere Sie, aber ich könnte das nie im Leben! Ich habe einfach nicht die Voraussetzungen dafür etc...«. Wenn ich dann darauf hinweise, dass nicht ich etwas tue, sondern die Kinder, und es ein wenig erkläre, sieht man mich meist ungläubig an. ...
>
> Jetzt wo Deborah, Rebekah und Abigail schon siebzehn, fünfzehn und zwölf Jahre alt sind, wird es auch für mich immer deutlicher, dass sie tatsächlich selbstständig arbeiten. Schon vor langer Zeit haben wir den Punkt erreicht, wo sie mir mehr Fragen stellen, die ich nicht beantworten kann, als solche, die ich beantworten kann.

Ruth beschreibt im Weiteren die Interessen ihrer Mädchen wie etwa Geografie, Mathematik, Anatomie, Quilten, Klarinette, Brieffreundschaften, Bibelprophezeiungen, antike Geschichte, Physik, Latein, Malen, Landkarten-Studium und aktuelle internationale Ereignisse.

Die 14-jährige Jade Crown, deren Mutter allein erziehend ist, erzählt:

> Wenn ich gefragt werde, ob mich zu Hause meine Eltern unterrichten, sage ich, dass meine Mutter voll berufstätig ist und dass mein Vater am anderen Ende des Landes lebt. Meine Mutter hat keine Zeit, um mich in Algebra zu unterrichten, weil sie berufstätig ist, putzt und jeden Tag (oder fast jeden Tag) das Abendessen kocht. Anfangs war meine Mutter gegen Unschooling, vor allem, weil sie Angst hatte, mich so lange allein zu Hause zu lassen. Sie sagte oft: »In einer Familie mit zwei Elternteilen würde ich ja darüber nachdenken. Aber so wie die Dinge jetzt stehen, kommt das für dich nicht in Frage.« Ich habe bewiesen, dass sie Unrecht hatte. Durch Unschooling bin ich nicht nur selbstständiger geworden, sondern ich weiß heute auch besser, woher ich die Unterstützung bekomme, die ich brauche. Ich habe ein soziales Netzwerk außerhalb der Schule aufgebaut (Himmel! Auch das habe ich geschafft?!) sowie Lehrer und Mentoren gefunden, die mir bei den Dingen helfen, die ich nicht allein erlernen kann oder will. Außerdem habe ich Kontakt zu anderen Unschoolern im Teenageralter geschlossen sowie zu deren Eltern. Wenn ich etwas tun will, tue ich es. Meine Mutter ist normalerweise begeistert, wenn ich ihr erzähle, was ich gelernt oder wen ich getroffen habe. Sie hat sogar einmal gesagt, dass sie nie eine bessere Entscheidung getroffen hat, als mich aus der Schule zu nehmen. Als ich das hörte, fühlte ich mich ihr sehr nahe. Auf jeden Fall war es die beste Entscheidung, die ich je getroffen habe. Sie ist auf dem Weg, eine ausgezeichnete Anwältin zu werden (was ich nie erwartet hätte), und wir sind beide sehr stolz aufeinander.

Im *Oregon Home Education Network Newsletter* schreibt die Langzeit-Homeschooling-Mutter Vivienne Edwards: »Viele Eltern fürchten, dass sie nicht imstande sein werden,

Highschool-Stoff zu unterrichten. Dabei muss man seinen Kindern bloß helfen, ein Umfeld zu finden, in dem sie lernen können, wie etwa ein Praktikum, ein Tutor, ein Job, ein Fernkurs, eine Reise, ein Nachbar, ein College, ein Brieffreund, eine Bibliothek, eine Firma vor Ort, ein Ehrenamt, ein Museum, Sport, Ferien, eine multikulturelle Nachbarschaft, die Kirche oder ein Familienprojekt. Die Liste wertvoller Lernmöglichkeiten ist endlos.«

David und Micki Colfax schreiben in *Homeschooling for Excellence:* »Beim Homeschooling unterrichten sich die Kinder üblicherweise selbst, während die Eltern die Aufgabe übernehmen, Studienkurse vorzuschlagen und Fragen zu beantworten, was eine einfache Sache ist.«

In ihrem Buch *And the Children Played* schreibt Patricia Joudry: »Einige glauben, dass man als Elternteil ständig mit Tafel und Zeigestock bereitstehen muss, wenn Kinder Homeschooling betreiben. Keineswegs! Stattdessen muss man etwas wesentlich Schwierigeres tun: Man muss sich um seine eigenen Angelegenheiten kümmern.«

Ich kann mir vorstellen, dass du in Chemie und Geschichte gut vorankommen wirst, weil du diese Fächer immer schon mochtest. Aber was wird mit Spanisch?

Du könntest versprechen, jeden Morgen zuallererst Spanisch zu lernen, um die Sorgen deine Eltern zu beschwichtigen, oder du kannst versuchen, sie davon zu überzeugen, dass du Spanisch derzeit nicht benötigst und es immer noch lernen kannst, wenn du es eines Tages lernen willst. Vielleicht entschließt du dich zunächst für einen Kompromiss, indem du deine akademische Ausbildung ein wenig strukturierst. Vermutlich werden deine Eltern jedoch mit der Zeit etwas nachgiebiger werden. Im Idealfall werden sie die Ansichten von Rachel Diener teilen, die über ihren 13-jährigen Sohn Folgendes schreibt:

> Er bestimmt seine Ausbildung vollkommen selbstständig. Das heißt, dass er selbst wählt, was und auf welche Weise er etwas lernen will. Als ich ihn mit seinen Altersgenossen verglich, stellte sich heraus, dass er ihnen in einigen Bereichen weit voraus war (Computerwissen, Elektronik, Wortschatz), während er in anderen im Vergleich schwächer abschnitt (Mathematik, Handschrift). Damit waren wir beide sehr zufrieden. Ich glaube, wenn man ihm gestattet, sich auf seine Stärken zu konzentrieren und sie bis zum Limit zu nützen, statt dass er sich damit abmüht, seine Schwächen auszugleichen, wird er als Mensch glücklicher und erfolgreicher.

Wesentlich wichtiger als die Ängste, die deine Eltern offen zum Ausdruck bringen, sind jene, über die sie nicht sprechen. Deine Aufgabe ist es nun abzuschätzen, welche Ängste dies sein könnten, über sie nachzudenken und sie dann während eures Gesprächs anklingen zu lassen, ohne deine Eltern deshalb direkt anzugreifen. Hier nun einige häufig unausgesprochene Gedanken von Eltern:

Ich musste in die Schule gehen und den Unterricht erdulden. Es wäre für mich sehr schmerzlich, dich frei zu sehen, während es für mich zu spät ist.

Indem deine Eltern deine ablehnenden Gefühle gegenüber der Schule anerkennen, sind sie womöglich gezwungen, auch einen Teil ihrer eigenen Schulausbildung als Zeitvergeudung zu werten. Das könnte in ihnen Verzweiflung auslösen und das Gefühl heraufbeschwören, etwas verloren zu haben. Um sich damit nicht auseinandersetzen zu müssen, streiten sie einfach ab, dass mit deiner oder ihrer eigenen Schulausbildung etwas nicht in Ordnung ist. Der Homeschooling-Vater und Psychotherapeut Ken Lipman-Stern schreibt in *GWS* Nr. 113:

> In den drei Jahren, in denen ich diese Therapie- und Selbsthilfegruppe für Männer leitete, habe ich erkannt, dass die Härte mancher Männer in Wirklichkeit nur ein Schutzwall ist. Wenn ein Mann sagt: »Mein Kind soll dieselben Härten im Leben kennenlernen wie ich, weil sie seinen Charakter bilden«, dann hält er sich lediglich an seinem äußeren Schutzwall fest, ohne sich mit dem Schmerz zu befassen, den er im Zuge dieser unerwünschten und schädlichen Erfahrungen empfand.

Die Lösung ist großartig und wunderschön, wenn auch vielleicht etwas schwierig. Unschooling ist ein Glaubensbekenntnis an die menschliche Natur. Indem du mit deinem Leben beweist, dass du auch ohne Kontrolle durch eine Institution lernen und gesund aufwachsen kannst, zeigst du deinen Eltern, dass sie ebenfalls dazu imstande sind. Wenn einige ihrer Kindheitsinteressen verschüttet wurden, ist es noch nicht zu spät, sie wieder auszugraben. In einem Bericht des Washington Homeschool Research Project erklärt ein Elternteil: »Ich habe einen Mastertitel und bin somit gut ausgebildet. Aber trotzdem hatte ich nie den Mut und die Energie, Neues zu lernen. Homeschooling hat in mir den Wunsch geweckt, vieles jetzt zu erforschen und zu erlernen, was ich früher nie getan habe (obwohl ich immer ein guter Schüler war).« Falls deine Eltern an ihrem Arbeitsplatz unglücklich sind, finden sie auf diese Weise vielleicht eine Möglichkeit, in einen Job zu wechseln, der ihnen zusagt.

In *GWS* Nr. 113 schreibt Joe Kelly, der Herausgeber der Zeitschrift New Moon:

> Indem sich meine Töchter von der Schule und ihren Beschränkungen befreiten, lernte auch ich, mich zu befreien und mir zu gestatten, Risiken einzugehen, wie ich es früher nie getan hätte. Die Gründung von New Moon war für uns sehr riskant. Sowohl meine Frau Nancy als auch ich arbeiteten als Manager in etablierten Organisationen und erwirtschafteten nach jahrelanger Armut endlich ein vernünftiges Einkommen. Trotzdem gingen wir das Risiko ein, unseren Traum zu verwirklichen. Damals war es mir noch nicht bewusst, aber ich glaube nicht, dass wir dieses Risiko eingegangen wären, wenn wir nicht schon jahrelange Erfahrung mit Unschooling gehabt

hätten. Weil wir an unseren Töchtern gesehen haben, wie gut Unschooling funktioniert, waren auch wir imstande zu sagen: »Das schaffen wir auch. Wie die Mädchen können auch wir unseren Interessen und Leidenschaften folgen, wohin auch immer sie uns führen werden. Wir können beide zu Hause bleiben, die Gesellschaft des anderen genießen und gleichzeitig gemeinsam etwas Wertvolles erschaffen.« Genau das haben wir getan! Das ist nur ein weiteres Beispiel dafür, wie radikal Unschooling unser Leben verändert hat.

Vermeide es, deinen Eltern eine Predigt zu halten oder sie von oben herab zu behandeln. Suche stattdessen nach Mitteln und Wegen, um ihre Interessen zu fördern. Wenn sich deine Mutter immer schon einen Blumengarten wünschte, könntest du ihr aus der Bibliothek Bücher über Blumengärten mitbringen oder anbieten, ihr beim Pflanzen und Jäten zu helfen.

Ich fürchte, dass du so unabhängig wirst, dass du mich gar nicht mehr brauchst. Das macht mich ein wenig unsicher.

Zwinge deine Eltern nicht, das auszusprechen. Betone stattdessen, dass du ihre Unterstützung schätzt und brauchst, dass du es ohne ihren Segen nicht schaffst und dass Unschooling dazu beiträgt, Barrieren innerhalb der Familie abzubauen – was vermutlich auch in eurer Familie geschehen wird. Versichere ihnen, dass du sie über deine Pläne und Projekte auf dem Laufenden halten wirst. Sage ihnen, dass du in bestimmten Bereichen ihren Ratschlag und ihre Hilfe benötigen wirst. Vermittle ihnen das Gefühl, wichtig zu sein – denn das sind sie.

Ich fürchte mich vor dem, was meine Freunde, mein Vorgesetzter oder meine Kollegen denken werden.

Zwinge deine Eltern auch nicht dazu, dies auszusprechen; sie wollen gewiss nicht banal und unsicher klingen, wenn sie mit dir über die erhabenen Prinzipien von Vertrauen, Freiheit und Ausbildung sprechen. Selbstverständlich solltest du auch nicht zu erkennen geben, wenn du vermutest, dass du lediglich weiterhin zur Schule gehen sollst, um ihnen Scham und peinliche Situationen zu ersparen. Dies wäre eine Anklage, gegen die sie sich verteidigen müssten, anstatt dich zu unterstützen. (Außerdem kannst du dies ebenso wenig wissen, wie sie all deine Gedanken kennen können.) Nimm ihnen lieber die Angst, ohne den Grund dafür zu nennen.

Erzähle deinen Eltern von anderen Schülern, die auch ohne Schule »erfolgreich« sind (siehe Kapitel 40). Verwende Begriffe, bei denen sich deine Eltern wohlfühlen – ein »selbstständiges Studium« oder »Clonlara-Fernschule« klingt besser als das kecke »Unschooling«, ganz zu schweigen von »die Schule abbrechen«. Wenn du die Absicht hast zu studieren, solltest du deinen Eltern schon jetzt gestatten, jedem davon zu erzählen, der danach fragt.

Sobald du tatsächlich Unschooler bist, solltest du deinen Eltern das Leben erleichtern, indem du dich immer gut ausdrückst, vorzeigbar bist, humorvoll, intelligent, vielseitig interessiert und fachkundig – so weit du dies kannst, ohne dich selbst zu verleugnen. Biete ihnen jede erdenkliche Möglichkeit, auf dich und die Unschooling-Bewegung stolz zu sein.

4. Setze einen Termin für das Gespräch fest.
Bei der Wahl des Termins solltest du dir einige Fragen stellen: Wann sind deine Eltern am ehesten gut gelaunt? Wann bist du frisch und kannst dich gut ausdrücken? Wann werden sie dir am ehesten vertrauen? (Kurz nachdem sie dein Zeugnis gesehen haben, oder doch lieber davor? Nachdem du die Toilette geschrubbt hast? Nachdem du Paradise Lost gelesen hast, obwohl deine Englischlehrerin dieses Werk nie erwähnte?) Vermutlich solltest du ihnen nicht das genaue Thema des Gesprächs ankündigen. Allerdings solltest du auch nicht zu rätselhaft und verstockt wirken, so dass sie sich bis zu eurem Gespräch keine Albträume ausmalen. Frage etwa: »Können wir uns diese Woche einmal zusammensetzen, um zu reden. Es gibt etwas, das ich mit euch gerne besprechen würde.«

5. Das Gespräch:
Von deiner Seite aus sollte das gesamte Gespräch unter dem Motto »Im Zweifel für den Angeklagten« stehen. Gib deshalb deinen Eltern den Vertrauensvorschuss, dass sie nur das Beste für dich wollen, und dass sie vermutlich zur Zusammenarbeit bereit sind, sobald sie begreifen, worum es dir geht. Dränge sie nicht in die Defensive, nur weil du annimmst, dass sie sich gegen deine Wünsche stellen werden.

Stelle das Thema vor, aber vermeide es, unmittelbar zu fragen, ob sie dir erlauben, die Schule zu verlassen. Erkläre stattdessen, dass dich das Thema Homeschooling interessiert und dass du mit ihnen gerne über deine Gedanken sprechen willst. Sag ihnen, dass du während des Gesprächs keine Antworten von ihnen erwartest, aber dass sie dir gerne Fragen stellen und das Eine oder Andere zur Diskussion bringen können. Konzentriere dich während des gesamten Gesprächs darauf, Informationen zu unterbreiten, und verzichte darauf, sie um Erlaubnis zu bitten.

Gib beiden Elternteilen eine Kopie deines Projektplans und behalte dir selbst ein Exemplar, damit ihr den Plan gemeinsam durchlesen und überall dort einhaken könnt, wo jemand eine Frage stellen oder einen Kommentar vorbringen will. Solltest du dich entschlossen haben, keinen schriftlichen Projektplan auszuarbeiten, dann solltest du deine Gedanken so weit vorbereitet haben, dass du dieselben Themen auf intelligente Art und Weise mit deinen Eltern besprechen kannst.

Lege Papier und Bleistifte bereit. Wenn dir deine Eltern eine Frage stellen,die du nicht beantworten kannst, solltest du weder in Panik geraten, noch eine Antwort erfinden. Notiere stattdessen die Frage und sage ihnen, dass du darüber nachdenken und später darauf zurückkommen wirst. Durch deine ernsthafte Auseinandersetzung mit dem Thema stärkst du deine Sache.

Zeige deine Interessen anhand von Beispielen auf, so dass deine Eltern in dir nicht nur einen Schüler, sondern einen Menschen sehen. Bei diesen Beispielen und Beweisstücken kann es sich um Fotos handeln, um Bücher, die du gerne gelesen hast, um Skistöcke, Steine, historische Kostüme oder Sammelalben.

Setze deine Talente ein. Wenn du ein guter Schauspieler oder Geschichtenerzähler bist, könntest du Szenen aus einem typischen Schultag einbauen. Als begeisterter Schriftsteller könntest du deine Wünsche als Gedicht oder Geschichte zum Ausdruck bringen.

Wenn du keine Talente hast, kannst du auch dies hervorheben. Selbstverständlich hat jeder Talente, aber falls sie noch verborgen oder unterentwickelt sind, solltest du darauf hinweisen, dass dir Unschooling die Möglichkeit bieten würde, diese noch schlummernden Talente zu entdecken und zu entwickeln. Sprich auch darüber, wie sich dein Leben nach der Schule verändern soll.

Biete deinen Eltern ein paar Bücher an, in denen sie sich selbst informieren können, wie jene, die ich in Anhang A und D empfehle. Wähle eine Passage, die du während eures Gesprächs laut vorliest. Zeige ihnen, dass sie durch deinen Schulaustritt intelligente Gesellschaft und moralische Unterstützung bekommen.

Wenn du bereits über eine lokale Selbsthilfegruppe Kontakt zu Unschoolern aufgenommen hast, könntest du überlegen, Eltern eines Unschoolers oder auch einen schulfrei lernenden Teenager zu dem Gespräch einzuladen. (Sorge dafür, dass deine Eltern rechtzeitig erfahren, dass ihr Gäste haben werdet.) Vielleicht solltest du mit einer derartigen Einladung aber auch bis zum zweiten Gespräch warten, denn dann werden deine Eltern vermutlich bereits viele Fragen haben.

Ermutige deine Eltern, Fragen zu stellen. Sei weder frech noch bevormundend. Indem du deine Eltern ersuchst, dich aus der Schule zu entlassen, bittest du sie, deine Einzigartigkeit zu ehren und dich ernst zu nehmen. Tu du dasselbe für sie.

Beschließe das Gespräch, indem du sie ersuchst, über deine Ideen nachzudenken und erbitte etwa eine Woche später ein weiteres Gespräch.

6. Das zweite Gespräch.

Ersuche deine Eltern, dir eine Antwort auf deine Vorschläge und Ideen zu geben. Wenn sie Ja sagen, ist alles in Ordnung. Wenn sie Vielleicht sagen, solltest du ihre Zweifel beseitigen, bis du ein Ja bekommst. Was aber, wenn der schlimmste Fall eintritt und du ein Nein bekommst?

Weine dich an der Schulter deines besten Freundes aus. Spiele eine Runde Dart. Tu angesichts dieser Katastrophe, was immer dir gefällt.

Wenn du wieder bereit bist, dich der Situation zu stellen, findest du hier einige Strategien für die zweite Runde:

Jenseits des Nein

Frage deine Eltern, warum sie Nein gesagt haben. Versuche, einen Kompromiss zu finden. Frage sie, ob du irgendetwas tun kannst, um ihre Zustimmung zu erlangen.

Schlage einen Probelauf vor. Wenn du zum Beispiel Mitte August mit deinem Unschooling-Programm beginnst, können sie einige Wochen lang beobachten, wie es dir dabei ergeht. Außerdem könntest du dich auf diese Weise vom letzten Schuljahr erholen. Du könntest einwilligen, dass du weiterhin zur Schule gehst, falls sie mit deiner eigenständigen Ausbildungsmethode nicht zufrieden sind. Dieser Zeitpunkt hat nur den Nachteil, dass du dich möglicherweise um einen Teil deiner Sommerferien geprellt fühlst und daher nicht so begeistert bist, wie du es bei einem Schulausstieg zum Beispiel im Oktober wärest. Außerdem widerspricht die Beobachtung und Bewertung dem Grundgedanken des Unschooling, dass du aus eigenem Wunsch deine Interessen verfolgst. Möglicherweise gelingt es dir dennoch, dich seelisch darauf einzustellen, dass es funktioniert.

Lies auch weiterhin über das Thema Unschooling und Ausbildung im Allgemeinen, und biete auch deinen Eltern Artikel und Bücher aus der Bibliothek zu diesem Thema an. Schenke deinen Eltern zu deinem Geburtstag ein Abonnement von *GWS*. Lies ihnen laut daraus vor, oder nimm für sie CDs auf, die sie sich im Auto anhören können. Die Zeitschrift *GWS* ist voll von Geschichten, in denen Eltern andere Eltern durch eine gehörige Dosis an *GWS* und John Holt von Unschooling überzeugen.

Ersuche deine Eltern, gemeinsam mit dir an einer Info-Veranstaltung oder einer Versammlung von Homeschoolern aus der Umgebung teilzunehmen.

Wähle eine Gruppe, die Unschooling unterstützt oder zumindest einen breiteren Blickwinkel hat und nicht bloß »Schule zu Hause« propagiert. Schließe Brieffreundschaft mit Teenagern, die in der Zeitschrift *GWS* aufgelistet sind oder die du aus Unschooling-Diskussionsforen kennst. Halte deine Eltern über deine Brieffreundschaften auf dem Laufenden.

Hilf deinen Eltern, das zu fühlen, was du fühlst. Bitte sie, mit dir einen Schultag gemeinsam zu erleben, wobei sie wie alle anderen Schüler Mitschriften und Hausarbeiten machen müssen. Oder frage sie – ohne dass es bedrohlich klingt –, wie sie gerne behandelt werden wollen, wenn sie machtlos sind. Ob sie zum Beispiel im Alter wollen, dass du ihre Wünsche und Entscheidungen ernst nimmst, oder ob sie damit einverstanden wären, wenn du sie in ein »Altersheim«oder eine ähnliche Institution abschiebst?

Schließe mit so vielen Unschoolern wie möglich Freundschaft, und ebenso mit deren Eltern. Wenn deine Eltern Personen aus diesem Freundeskreis mögen, könntest du sie zum Essen einladen. Informiere jedoch alle Beteiligten darüber, was auf sie zukommen könnte.

Wenn du bei Forschungsarbeiten oder Essays selbst das Thema wählen darfst, dann schreibe über Unschooling. Zeige deinen Eltern deine Arbeit.

Versuche herauszufinden, ob Freunde oder Verwandte deiner Eltern deinen Blickwinkel verstehen. Wenn dem so ist, bitte sie, sich für dich einzusetzen.

Ersuche deine Eltern, gründlich über ihre eigenen Lernmethoden und ihre schulische Vergangenheit nachzudenken. Fordere sie auf, konkret darüber nachzudenken, ob ihnen die Schule wirklich gut getan hat, und wie viel sie tatsächlich in der Schule gelernt haben.

Sieh dir mit deinen Eltern den Film Der Club der toten Dichter an. Im Grunde ist dies ein Film über Unschooling und die Kunst, »den Tag zu nutzen«.

Versuche, geistig zu überleben, indem du dich stärker auf dein Leben außerhalb der Schule konzentrierst und dir weniger Sorgen über Zensuren machst. Aus den Briefen, die ich erhalte, weiß ich, dass viele Eltern Nein sagen. Einige nur ein paar Monate lang, andere bis zum 18. Geburtstag. Einige Teenager steigen ohne Zustimmung ihrer Eltern aus der Schule aus, wobei die nachfolgenden Schuldzuweisungen seitens der Familie das Unschooling oft erheblich erschweren. Wenn deine Eltern also Nein sagen, könntest du ihre Entscheidung akzeptieren, aber gleichzeitig bewusst so viel Kontrolle über deine Ausbildung übernehmen wie möglich, während du weiterhin die Schule besuchst. Vielleicht ist es für dich aber auch das Beste, nachdrücklich für deine Rechte und Bedürfnisse, die Schule zu verlassen, einzutreten. Das hängt von dir ab, von deiner Beziehung zu deiner Familie, und selbstverständlich auch davon, wie intensiv dein Wunsch nach Unschooling ist. Vielleicht genügt auch ein Schulwechsel oder die Aufnahme in eine alternative Schule oder eine Schule, die aufgrund ihres Fächerschwerpunktes deinen Interessen eher gerecht wird.[25]

Jenseits des Ja

Nach dem Ja deiner Eltern willst du mit ihnen in Harmonie leben. Versuche, den Sorgen deiner Eltern tolerant gegenüberzustehen, vor allem in der ersten Zeit. Gerate nicht in Panik, wenn sie zunächst etwas dominant sind – sie werden sich noch entspannen. Bemühe dich zu kooperieren, falls deine Eltern dich zunächst auffordern, nach strengen Regeln zu lernen. Viele Unschooling-Familien beginnen auf diese Weise, ehe sie allmählich zur Vernunft kommen und diese tyrannischen Strukturen ablegen. In diesem Fall könntest du ihnen eine kleine Weisheit zu lesen geben, die Donna Richoux in GWS Nr. 52 veröffentlichte:

> Im Lauf der Jahre habe ich immer wieder lange Telefongespräche mit Eltern geführt, die besorgt waren, weil eines ihrer Kinder wenig akademisches Interesse an den Tag legte. Unter anderem geht es dabei oft darum, dass ein Kind erst an etwas Interesse zeigt, und kurz nachdem die Eltern

ihm die Möglichkeit eröffnen, diese Sache weiterzuverfolgen – zum Beispiel durch Übungsstunden, einen Besuch etc. – verliert das Kind jegliches Interesse an dieser Sache.

Häufig habe ich in derartigen Gesprächen dann etwa Folgendes gesagt: Wie würden Sie sich fühlen, wenn jemand, der älter ist als Sie – sagen wir Ihre Mutter oder Schwiegermutter – bei Ihnen leben würde und stets besorgt wäre, ob mit Ihnen auch alles in Ordnung sei, ob Sie zu viel oder zu wenig läsen, und ob sie nicht etwas unternehmen solle, um Sie in Schwung zu bringen? Stellen Sie sich vor, sie würde außer sich geraten, nur weil Sie einen Kurs belegen und ihn dann nicht zu Ende führen? Stellen Sie sich vor, sie würde Sie zwingen weiterzumachen?«

Wenn sie das Muster erkennen, lachen die Eltern meist reumütig. »Das wäre schrecklich. Ich melde mich immer wieder mal zu etwas an und gebe es dann auf«, sagen sie.

Um aus einem Erwachsenenbildungskurs auszusteigen, gibt es viele gute Gründe: Der kurze Einblick genügte, um die Neugier zu befriedigen; der Vortragende entsprach nicht dem persönlichen Geschmack; aufgrund anderer Veränderungen im Leben hatte man weniger Zeit als erwartet. Haben wir als Erwachsene nicht Glück, dass wir aussteigen dürfen? Niemand sagt uns, dass wir etwas zu Ende bringen müssen, das wir begonnen haben, oder ist besorgt darüber, was dies über uns aussagt. Vielleicht sollten wir so vernünftig sein, dieses Privileg auch auf unsere Kinder auszudehnen.

Du kannst deinen Eltern auch Gwen Meehans Kommentar über die Arbeit mit ihrem 15-jährigen Sohn Pat zu lesen geben:

Ich hatte bereits eine Reihe von Themen zusammengestellt, die Pat mit meiner Hilfe dieses Jahr erarbeiten sollte. Allerdings hatte sich längst gezeigt, dass dieser Weg nirgendwohin führen würde. Selbst wenn er unlustig kooperieren würde, um seinen Vater und mich zufrieden zu stellen, würde er im Grunde nichts lernen.

Wenn sich deine Eltern nicht entspannen können, solltest du dir einen erwachsenen Berater suchen, den deine Eltern respektieren. Wenn sie sehen, dass dieser Erwachsene angesichts der von dir gewählten Inhalte nicht aus dem Häuschen gerät, werden sie sich vermutlich zurückziehen.

Falls sie dich weiterhin zu genau überwachen, solltest du den Spieß (wenn möglich) auf freundliche, humorvolle Weise umdrehen und sie überwachen. Notiere, wie gut sie allem Anschein nach lernen, und wie gut sie das Gelernte anwenden. Stelle ihnen Fortschrittsberichte aus. Hör auf damit, sobald sie die Botschaft verstanden haben.

Ein wichtiger Tipp zum Schluss: Unterstütze und fördere die Träume *deiner Eltern*, so gut du kannst. Gerate nicht aus dem Häuschen, wenn deine Unabhängigkeit sie zu einschneidenden Veränderungen in ihrem eigenen Leben inspiriert. Stehe mit stolze Miene hinter ihnen.

Kapitel 11
Die – nicht zwangsläufig schwierige – rechtliche Seite[26]

Zu dem Zeitpunkt, an dem ich dieses Buch schreibe, ist Homeschooling in allen fünfzig Bundesstaaten der USA und vielen anderen Teilen der Welt legal, und jedes Jahr werden die Gesetze weniger streng. Auch wenn die rechtliche Seite noch stark verbessert werden kann, unterstützen immer mehr Menschen Homeschooling. Da Homeschooler so offensichtlich intelligent und glücklich leben und bei Querschnittstests besser abschneiden als Schüler, welche die Schule besuchen[27] – und dies, obwohl diese Tests die schulischen Lernmethoden widerspiegeln – fällt es den Gesetzgebern und Gerichten immer schwerer, Schüler »zu ihrem eigenen Besten« zurück in die Schule zu zwingen. Die Wahrheit steht uns zur Seite, so dass es mittlerweile zumindest in den USA für die meisten Familien einfach und schnell möglich ist, die Schule zu verlassen.

Dennoch

ist Homeschooling in einigen wenigen amerikanischen Bundesstaaten und vielen anderen Ländern immer noch stark reglementiert, so dass sich Homeschooler auch weiterhin für bessere Gesetze einsetzen. Selbstverständlich könnten sie Hilfe gebrauchen. Außerdem gibt es keine bessere Möglichkeit, um »Staatsbürgerkunde« oder »Regierungskunde« zu lernen.

Obwohl Homeschooling heute bei uns einfach ist, war das auch in den USA nicht immer so. In den 70er und 80er Jahren wurden viele Familien noch von Schulen und Gerichten schikaniert. Zu deinem Glück haben die damaligen Homeschooler nicht aufgegeben. Stattdessen schlossen sie sich zusammen, sprachen die Wahrheit aus, litten und erreichten schließlich Gesetze, die Homeschooling unterstützen. Ihrem harten Einsatz ist es zu verdanken, dass Amerikaner, Kanadier und Bürger vieler anderer Länder heute kaum noch ernste Schwierigkeiten seitens der Schulbehörden zu erwarten haben – geschweigedenn ein Gerichtsverfahren. Allerdings solltest du den Einsatz dieser Menschen nicht als selbstverständlich betrachten – und auch selbst bereit sein, für deine Freiheit einzutreten, wann immer dies nötig ist.

Wenn sich die Gesetze zum Besseren ändern können, können sie sich auch zum Schlechteren ändern. Wenn Hunderttausende gleichzeitig die Schule verließen, würde unter den Schulbediensteten Panik ausbrechen, weil sie um ihre Jobs fürchteten. Dann würden sie sich für strengere Regelungen für Homeschooling einsetzen. Und weil Millionen Menschen ihre Arbeitsplätze an Schulen haben, könnten sie sogar gewinnen.

Allerdings ist Homeschooling (zumindest in englischsprachigen Ländern) schon so weit verbreitet, dass größere Rückschläge unwahrscheinlich sind.

In diesem Kapitel erhältst du einige grundlegende Hinweise und Informationen über die rechtlichen Aspekte des Homeschooling, vor allem in Deutschland, Österreich und der Schweiz. Im vorliegenden Kapitel werde ich auch meine Terminologie ein wenig ändern und vorwiegend den beschönigenden Begriff »Homeschooling« verwenden anstelle von »Unschooling«. Unschooling ist kein rechtlich anerkannter Begriff, deshalb solltest du ihn weder in Schulen noch bei Gericht noch gegenüber Gesetzgebern verwenden. Er wird lediglich Ärger hervorrufen oder im besten Fall deinen Gesprächspartner verwirren.

(»Homeschooling« lässt anklingen, dass du von *irgendjemandem* unterrichtet wirst, selbst wenn dies »nur« deine Eltern sind. Für professionelle Lehrer und Erzieher ist dies leichter zu verdauen. Selbstverständlich gibt es in deinem Leben Erwachsene, die dich führen und leiten, aber niemand sollte dich herumkommandieren. Informiere deine Umgebung allmählich und taktvoll darüber, dass du für deine Ausbildung selbst verantwortlich bist. Allerdings solltest du nicht so überheblich umherstolzieren, als bräuchtest du von niemandem auch nur die geringste Hilfe. Einerseits stimmt das nicht, und andererseits schaffst du dir damit nur Feinde.)

Allgemeine Informationen zum Verständnis der rechtlichen Situation von Homeschooling

Je mehr du weißt, desto stärker ist deine Position. Das ist eines der wichtigsten Ziele jeder Ausbildung – aber als Unschooler, der ohnehin immer nahe dem Abgrund lebt, bietet sich dir die reale Chance, diese Wahrheit *jetzt und hier* umzusetzen.

1. Um herauszufinden, wie die Dinge wirklich laufen und was tatsächlich erlaubt ist, solltest du zunächst eine regionale Homeschooling-Organisation kontaktieren. Diese Gruppen können den Erfahrungsschatz all ihrer Mitglieder und Kontaktpersonen weitergeben. Sie haben bereits Erfahrung im Umgang mit den Gesetzen und Schulbehörden und können dir dadurch wertvolle Tipps geben. Viele dieser Gruppen veröffentlichen sogar eigene Rechtsratgeber.

Wenn dir eine Gruppe hilft und dir ihr Material kostenlos zur Verfügung stellt, solltest du dafür einen kleinen finanziellen Beitrag leisten. Die Homeschooling-Bewegung ist nur deshalb so weit gekommen, weil die Menschen, die sie vorantreiben, großzügig, engagiert und unglaublich hilfsbereit sind.

Obwohl die Schulgesetzgebung in Deutschland Ländersache ist, ist die Homeschoolbewegung bundesweit vernetzt, aber da es in jedem Bundesland Homeschooler gibt, wird dir immer jemand weiterhelfen können. Manche regionale Gruppen sind so stark religiös oder weltanschaulich geprägt, dass du dich dort vielleicht nicht wohlfühlst. Vergeude keine Zeit damit, deine Schule oder die Schulbehörde vor Ort über die gesetzliche Situation von Homeschooling zu befragen. Diese Institutionen sind diesbezüglich häufig vollkommen fehlinformiert und hochgradig befangen.

2. In den USA unterliegt das Bildungswesen der Gesetzgebung der einzelnen Bundesstaaten und nicht jener der Bundesregierung. So haben zum Beispiel Kalifornien und Iowa eine vollständig unterschiedliche Gesetzgebung. Jeder Bundesstaat hat eigene Statuten oder schriftliche Gesetze zur Schulpflicht. In den meisten dieser Gesetze gibt es spezifische Bestimmungen für Homeschooling. (In einigen Fällen wird Homeschooling als eine Art von Privatschule definiert.)

3. In Österreich ist Homeschooling einfach. Deine Eltern melden dich bei der zuständigen Schulbehörde ab zum »häuslichen Unterricht«. Wichtig: Dies geht nur vor Schuljahresbeginn, am besten zum Ende eines Schuljahres für das nächste, du kannst nicht mitten in einem Schuljahr aussteigen. Von nun an musst du entweder einmal jährlich bei der Schulbehörde eine Prüfung ablegen, oder du schreibst dich bei einer Betreuungsorganisation wie der Clonlara-Schule ein, die dich dann stellvertretend betreut und die Behörde über deine Fortschritte informiert.

4. In der Schweiz ist Homeschooling von Kanton zu Kanton unterschiedlich geregelt. Grundsätzlich ist die Genehmigung immer möglich, aber in einigen Kantonen muss die unterrichtende Person eine Lehrbefähigung oder ein Lehrdiplom nachweisen.[28]

5. Über die Bedingungen in den anderen europäischen Ländern und weltweit kannst du dich am besten unter www.hausunterricht.org informieren.

6. Kein Gesetz ist ein Problem, solange nicht jemand versucht, es durchzusetzen. Die überwiegende Mehrzahl der Homeschooler lebt vollständig gesetzeskonform. In Gegenden mit einschränkenden Gesetzen gibt es sehr wohl einige Menschen, welche die Gesetze brechen, um Homeschooling zu betreiben. Einige Schulbehörden sehen darüber hinweg, andere wissen nicht einmal von Homeschooling-Familien in ihrem Zuständigkeitsbereich. Wenn einer Schulbehörde dein Handeln missfällt, könnte sie dich zunächst auffordern, in die Schule zurückzukehren, und danach versuchen, dich oder deine Eltern mit einem Bußgeld zu belegen oder gar Anklage zu erheben.

Oft genug glauben Schulbehörden, dass sie wesentlich mehr Macht besitzen, als dies tatsächlich der Fall ist. Wenn es zum Schlimmsten kommt und du tatsächlich vor Gericht erscheinen musst (dies passiert meist, wenn Eltern geschieden sind und zwischen ihnen keine Einigkeit über Homeschooling herrscht), solltest du zur Vorbereitung an einigen Gerichtsverhandlungen teilnehmen – wobei sich diese nicht zwangsläufig mit Homeschooling befassen müssen – um der Sache ein wenig ihren Schrecken zu nehmen.

7. Die meisten von uns leben vermutlich in Demokratien. Die Gesetze werden von gewählten Abgeordneten erlassen – diese Personen sollen die Entscheidungen jener

Menschen repräsentieren, die sie gewählt haben. Technisch betrachtet bist dies nicht du, weil du noch nicht alt genug bist, um zu wählen. Allerdings wird jeder weitblickende Politiker auch die Meinung nachdenklicher zukünftiger Wähler beachten. Selbstverständlich zählen die Stimmen deiner Eltern.

Was besagen die amerikanischen Gesetze? [29]

Gesetze werden immer wieder geändert und sind in jedem Bundesstaat verschieden. Innerhalb der bundesstaatlichen Gesetze nehmen auch die einzelnen Distrikte unterschiedliche Standpunkte ein. Deshalb kann ich nicht genau sagen, was dich in deinem Distrikt in diesem Jahr erwartet, und ob du kooperieren oder dich den Autoritäten widersetzen sollst.[30] Stattdessen werde ich einige allgemeine Aspekte der gegenwärtigen Gesetze erwähnen. Zusätzlich findest du in Anhang A Informationen über Homeschooling-Organisationen.

Die meisten Gesetze in den USA fordern, dass du bei einer staatlichen oder lokalen Schulbehörde eingetragen sein musst, eine bestimmte Anzahl von Tagen und Stunden die »Homeschool« besuchen und eine Anwesenheitsliste führen musst. Einige Gesetze fordern zusätzlich, dass du Logbücher und Sammlungen deiner schriftlichen Arbeiten erstellen und sogar eine schriftliche Bewertung deines Bildungsfortschritts vorlegen musst (wie ein Zeugnis); in einigen Staaten musst du diese Fortschrittsberichte bestimmten offiziellen Stellen vorlegen. (Suche bei unangenehmen Regelungen nach kreativen Lösungen. Wenn dein Bundesstaat einen Fortschrittsbericht fordert, könntest du ihn auch selbst schreiben und von deinen Eltern unterzeichnen lassen.) Keine dieser Regelungen sollte zu Problemen führen. Deine Schulanwesenheit könnte auch Bildungsausflüge wie die Kajakexpedition rund um den Prince Williams Sound beinhalten.

Andere Erfordernisse könnten unangenehmer sein.

1. Die meisten US-bundesstaatlichen Gesetze über Homeschooling fordern, dass die Eltern in denselben Fachbereichen Unterricht anbieten, die auch in der Schule gelehrt werden, wie Mathematik, Sprachen, Naturwissenschaften, Kunst, Geschichte, Gesundheitswesen etc. Wenn du derartige Regelungen liest, solltest du nicht gleich in Panik geraten. Indem du deine Interessen verfolgst, wirst du automatisch einige dieser Fachgebiete abdecken. Sollte trotzdem das eine oder andere Fachgebiet nicht behandelt werden, kannst du es entweder ignorieren und wirst vermutlich nicht einmal ertappt, oder du kannst es in einer für dich interessanten Art und Weise studieren. Jedes Fachgebiet lässt sich auf so viele unterschiedliche Weisen erforschen, dass du gewiss ein Programm zusammenstellen kannst, das sämtlichen rechtlichen Anforderungen entspricht und darüber hinaus auch noch jene Fachgebiete umfasst, die du früher nicht ausstehen konntest. Betrachte den Rest dieses Buches als Ideenquelle, um für dich ein Programm zu erarbeiten, das dir gefällt und das alle anderen ebenfalls akzeptieren können.

Vergiss nicht, dass dich die Gesetze nicht zwingen, Schulmethoden zu imitieren. Zum Beispiel sind keine Lehrbücher vorgeschrieben, ebenso wenig wie Schulstufen, Noten oder Aufsätze. Die Schulaktivitäten erhalten ihre Form vorwiegend durch starre Stundenpläne, Bürokratie und begrenzten Zugang zur Außenwelt. Es gibt keinen Grund, intellektuell auf dieses Niveau hinabzusteigen.

2. Weil manche Menschen das Wesen einer selbstbestimmten Ausbildung nicht begreifen und darauf beharren, dass Homeschooler von ihren Eltern unterrichtet werden, finden sich in einigen Gesetzen zahlreiche Vorgaben für die Qualifikation der Eltern. In einigen Bundesstaaten muss zumindest ein Elternteil einen Highschool-Abschluss oder ein Äquivalenzdiplom zum Highschool-Abschluss vorweisen. In anderen ist ein Bachelordiplom erforderlich. In einigen wenigen Bundesstaaten musst du gelegentlich einen geprüften Lehrer aufsuchen, falls weder dein Vater noch deine Mutter eine Lehrerausbildung besitzen. Mitunter bezahlen diese Staaten auch dafür, indem sie dich technisch betrachtet an einer Schule einschreiben und einen Beratungslehrer bezahlen.

3. In vielen Bundesstaaten verlangt man von dir, dass du jährlich oder im Abstand von mehreren Jahren standardisierte Tests ablegst. In einigen anderen Staaten fordert man von dir eine Art von »Jahresbewertung«. Selbstverständlich kannst du dich für standardisierte Tests entscheiden, aber du kannst ebenso gut eine alternative Methode wählen, z. B. dass ein examinierter Lehrer deinen Fortschritt bewertet oder du eine Arbeitsmappe mit deinen Projekten vorlegst. In anderen Bundesstaaten gibt es überhaupt keine derartigen Auflagen.

In einigen Bundesstaaten, die Tests verlangen, kann es passieren, dass du aufgrund eines schlechten Ergebnisses wieder in der Schule landest. Zum Beispiel bekommst du bei einer Gesamtpunktezahl deines Tests auf oder unter der 13. Perzentile zunächst die Möglichkeit, den Test zu wiederholen. Wenn dein Ergebnis auch bei diesem Test unter der 13. Perzentile liegt, kann man von dir verlangen, dass du bist zum nächsten Prüfungstermin die Schule besuchst.(Das durchschnittliche Testergebnis liegt auf der 50. Perzentile).

Einige Homeschooler weigern sich, an standardisierten Tests teilzunehmen, weil sie Tests prinzipiell als unfair (vielleicht nicht persönlich, aber im Allgemeinen) und irreführend betrachten. Es wirkt auch tatsächlich etwas absurd, Tests als Beurteilung von Homeschooling zu fordern – denn wenn du zur Schule gehst und bei einem standardisierten Test schlecht abschneidest, wird dir dein Schulberater wohl kaum den Tipp geben: »Offenbar funktioniert die Schule bei dir nicht; warum steigst du nicht aus und versuchst, selbstständig zu lernen?« In *GWS* Nr. 100 schreibt Ann Lahrson aus Oregon:

> Bevor ich mit Homeschooling begann, arbeitete ich als Lehrer an einer Schule. Ebenso wie andere Lehrer wusste auch ich, dass es einige Jugendliche gab, die bei den Tests schlecht abschnitten, das Fachgebiet aber beherrschten, und andere, die bei Tests hohe Punkteanzahlen erreichten,

> sich danach aber nichts von diesem Fachgebiet merkten. Als Kind war ich genauso. Ein gutes Testergebnis verschaffte mir ein falsches Selbstbewusstsein, denn obwohl ich bei Tests gut abschnitt, wusste ich nicht automatisch, was ich tun konnte oder wollte. Deshalb fühlte ich mich auch nach meinem Abschluss wie eine Fälschung. In meiner Studienzeit hatte ich Kollegen, die das Fachgebiet wirklich im Griff hatten, sich durch und durch auskannten, aber dennoch bei Tests schlecht abschnitten ... In gewissem Sinn lernte ich dadurch, dass ein grundlegendes Verstehen des Lehrstoffs nicht zwangsläufig zielführend war. ... Als ich mit Homeschooling begann ... gefiel mir der Gedanke gar nicht, dass meine Kinder sich selbst beurteilen sollten oder sich je nach Testergebnis selbst beschränken sollten.

Ann erzählt weiter, dass sich ihre jüngste Tochter im Alter von elf Jahren dazu entschloss, den jährlich erforderlichen Standardtest zu machen. Im nächsten Jahr lehnte sie dies jedoch ab. Nach dem Grund befragte, sagte sie: »Weil er nichts Nützliches aussagt. Wenn es bei dem Test um Schmetterlinge ginge, könnte ich etwas über Schmetterlinge lernen und dann herausfinden, wie viel ich mir gemerkt habe. Aber bei diesem Test geht es um *überhaupt nichts.*«

Selbstverständlich ist es rechtlich ein Risiko, einen Test abzulehnen. Aber viele Homeschooler hatten keine Probleme, wenn sie diese »erforderlichen« Tests stillschweigend ignorierten oder sich ihnen offen widersetzten. Wenn du glaubst, dass es für dich richtig ist, dich Tests zu widersetzen, solltest du dir die Ausgaben Nr. 92 und 93 der Zeitschrift *GWS* besorgen, die mehrere detaillierte Geschichten von Personen enthalten, die sich zumindest teilweise Tests widersetzt haben. Vielleicht entschließt du dich auch, alternative Beurteilungsmethoden anzubieten, statt dich gegen jede Form der Beurteilung zu stellen.

4. In einigen Bundesstaaten gibt es eindeutige Richtlinien, die für den gesamten Bundesstaat gelten; wenn du diesen Richtlinien folgst, bekommst du automatisch deine rechtliche Zulassung. In anderen Bundesstaaten – wie etwa West Virginia – musst du bei deiner lokalen Schulbehörde oder Kommunalverwaltung eine Bewilligung beantragen. Um eine diese zu erteilen, müssen diese Behörden üblicherweise bestimmte Richtlinien befolgen. Ihre Entscheidungen können auch angefochten werden.

5. In Kalifornien ist es einfach, das eigene Zuhause als Privatschule registrieren zu lassen. In vielen Distrikten ist es zusätzlich möglich, im Rahmen eines unabhängigen Studienprogramms, das zum öffentlichen Schulwesen gehört, Homeschooling zu betreiben. (In manchen Distrikten gewähren diese Programme große Freiheit; in anderen sind sie wiederum starr und unflexibel.) Viele Homeschooler aus Kalifornien schreiben sich auch in Schirmschulen oder anderen Privatschulen mit Homeschooling-Programmen ein. Durch Ablegung einer bestimmten Prüfung – der CHESPE (California High School Proficiency Examination) – kannst du sowohl von den Bestimmungen für Schulen als auch für Homeschooling befreit werden. Das CHESPE-Zertifikat entspricht rechtlich einem Diplom; Arbeitgeber dürfen Personen mit diesem Zertifikat nicht gegenüber Highschool-Absolventen diskriminieren. Das California Homeschool Network gibt ein California Homeschool Information Packet heraus, das umfangreiche Informationen über rechtliche Möglichkeiten und vieles mehr enthält.

6. *In einigen Bundesstaaten ist es dir gestattet, erst mit Homeschooling zu beginnen und danach die Behörden zu informieren.* In anderen musst du erst die Behörden informieren und ihre Antwort abwarten, ehe du die Schule verlassen darfst.

7. *In Kansas hingegen musst du drei Mal pro Jahr eine Tornadoübung leiten.* Nichts geht über die eigenen vier Wände!

Tipps zur Vorbeugung

Wenn du diplomatisch vorgehst, solltest du weder mit dem Gericht noch mit feindseligen Schulbehörden Bekanntschaft schließen müssen. Die legale Seite ist aber nicht der einzige Faktor, der dein Recht auf Homeschooling beeinflusst. Unausgesprochene gesellschaftliche Regeln sind sogar noch wichtiger und tiefgreifender. Die folgenden Vorschläge sind besonders wichtig, wenn Homeschooling in deiner Region schwierig ist, denn sie können den Frieden erhalten und Wohlwollen hervorrufen.

1. *Sei so vertrauensvoll wie möglich.* Verwandle eine friedliche Situation nicht in einen Krieg. Gehe solange davon aus, dass die Menschen in deiner Schule deine Verbündeten sind, bis sie das Gegenteil beweisen. Nimm an, dass sie dir die bestmögliche Ausbildung wünschen und dich deshalb unterstützen werden. Lehrer und sogar Verwaltungsbeamte werden dich vermutlich unterstützen, solange du sie nicht angreifst.

Die meisten Teenager, von denen ich gehört habe, wurden nie belästigt. Im Allgemeinen ignorieren die Schulen Homeschooler, solange sie die jeweiligen Auflagen erfüllen. Meist mussten sie dafür nur jedes Jahr im September eine kurze schriftliche Erklärung abgeben, in der sie ihre Pläne darlegten. Einige berichteten sogar, dass sich die lokalen Schulen nicht nur neutral verhalten hätten, sondern sie sogar unterstützten. So schrieb mir die 13-jährige Anne Brosnan: »Die Schule ist mit uns wirklich zufrieden, so dass wir nie zu Gericht gehen mussten. Etwa zwei Mal pro Jahr kommt eine nette Dame der Babylon Schools zu uns. Sie ist wirklich freundlich, und wir mögen sie. Allerdings legen wir bei ihr keine Tests ab, sondern sie sieht nur nach, ob wir auch ›wirklich clever‹ sind!!«

Eine Mutter aus Kalifornien schrieb in *GWS* Nr. 35, was geschah, nachdem sie dem örtlichen Schuldirektor erklärte, warum sie ihre Töchter aus der Schule nehmen wolle:

> Der Direktor stimmte meinen Beobachtungen voll und ganz zu und sagte, dass er meine Bemühungen in jeder Weise unterstützen werde. Seine Hilfe war nicht bloß ein offizieller Akt, sondern warm und ehrlich... Auch die Kommunalbehörde erklärte sich bereit, mir jegliches benötigte

> Unterrichtsmaterial zur Verfügung zu stellen. Der Direktor bot zusätzlich an, dass meine Kinder an sämtlichen Schulaktivitäten teilnehmen könnten, solange dafür keine Vollzeitschüler aus der Klasse gedrängt und sich die Lehrer einverstanden erklären würden.

Selbstverständlich gibt es keine Garantie dafür, dass die Schulleute auch in deinem Fall nett sein werden. Einige wenige Teenager schrieben mir, dass sie geringfügige Schwierigkeiten hatten. »Sie haben immer noch das Gefühl, dass wir ihnen gehörten«, schrieb der 15-jährige Todd Brown über seinen Schuldistrikt in Virginia. »Der hiesige Schulleiter hat uns und einigen Freunden, die ebenfalls nicht die Schule besuchen, verboten, an den Fahrstunden teilzunehmen[31]. Auch in der Vergangenheit war er hin und wieder übertrieben ablehnend und sogar regelrecht unfreundlich.« Ein Vater schrieb mir, dass die lokalen Schulbehörden »Kontrolle und Macht lieben. Ihr mangelndes Bewusstsein und ihre fehlende Unterstützung führen zu Problemen.«

Mitunter erzählen Schulvertreter einfach arroganten Unsinn – »Man ... informierte uns, dass Eltern einem Kind nicht Lesen beibringen könnten«, schrieb Bonnie Sellstrom aus Kalifornien über die Anfänge des Homeschoolings ihrer Söhne: »Nachdem wir Gary mit Zustimmung seines Schulleiters im unabhängigen [Homeschooling-]Programm untergebracht hatten, schloss er die zweite und dritte Schulstufe ab, während seine Klassenkameraden die erste abschlossen.«

2. Wenn du in einem Bundesstaat oder Land lebst, in dem die Rechtslage schwierig ist, solltest du dein Schiff hart auf Kurs halten. Während du Freundlichkeit ausstrahlst und davon ausgehst, dass dich die Schulbehörden zuvorkommend behandeln werden, solltest du ihnen gleichzeitig klarmachen, dass sie guten Grund haben, auf eine Konfrontation mit dir zu verzichten. Hier ein paar gute Gründe:

Sorge dafür, dass die Presse und möglichst viele Menschen auf deiner Seite stehen, Nachbarn, deine Yugiokarten-Tauschgruppe, dein Fußballverein, dein Chor oder der örtliche Buchhändler. Wenn Schulbehörden dich isoliert wähnen, sind sie eher bereit, dich anzugreifen. Wenn sie jedoch sehen, dass du von anderen Menschen in deiner Umgebung unterstützt wirst, schätzen sie ihre Chancen schlecht ein und verhalten sich vorsichtiger. Und die Menschen in deiner Umgebung werden dich sicher unterstützen, sofern du ihnen nur den geringsten Grund dazu gibst. In den meisten Fällen lieben sie es, sich für einen Bedrängten einzusetzen, der den Mut hat, sich gegen ein System zuerheben.

Wie gewinnst du die Unterstützung deiner Mitmenschen? Sei präsent und starte in deiner Freizeit etwas, das für alle positiv ist – wie etwa eine Kampagne zur Pflanzung neuer Bäume, ein Theaterprojekt für Kinder, ein Teenager-Senioren-Adoptionsprogramm oder einen Newsletter für die Nachbarschaft. Lächle. Nimm bei deinen Nachbarn Unterricht im Austausch für Arbeit. Wenn du dich absonderst, halten sie dich vielleicht für arrogant und reserviert und glauben, du (und nur du) seiest »zu gut« für die Schule. Auf diese Weise stößt du sicher auf ihre Ablehnung. Wenn du dir tatsächlich besser vorkommst als deine Umgebung, wird dir bei deinen Nachbarn aber auch keine Schminke und Maskerade helfen.

In Deutschland besteht eine geradezu panische Angst vor »Parallelgesellschaften«. Weil die ersten Familien, die den Mut hatten, sich offen gegen den Schulzwang zu stellen, im Vertrauen auf die im Grundgesetz verankerte Religionsfreiheit sehr stark religiös argumentierten, hatte Homeschooling zunächst den Ruf, etwas Absurdes zu sein für merkwürdige Leute, die ihre Kinder nicht mit »normalen« Kindern spielen lassen, sondern sie den ganzen Tag zum Beten in den Keller sperren. Wenn du daher Homeschooling machst, ist es gut, wenn du dich möglichst »normal« gibst.

Verfasse zu Beginn deiner Homeschool-Zeit eine detaillierte Aufstellung, in der du deine Aktionen, Pläne und Gründe erläuterst, eine kurze Geschichte des Homeschooling einfügst und die regionalen Gesetze und jüngsten Gerichtsurteile aus dem gesamten Land auflistest. Schicke diese Aufstellung an die Schulbehörde. (In einigen Teilen des Landes wird ohnehin ein schriftlicher Plan gefordert: Indem du eine lange, detaillierte Aufstellung einreichst, etablierst du dich als Kompetenz, mit der man rechnen muss.)

Vergiss, dass eine gute schriftliche Eingabe einfach und direkt sein soll; mache deine Aufstellung so lange und kompliziert wie möglich. Leider lassen sich die meisten Bürokraten von einem verwirrenden schlechten Schriftstück mehr beeindrucken als von einer klaren Aussage. Wirf mit Fachausdrücken um dich, wie etwa »spezifischer Lernstil«, »individualisiertes Ausbildungsprogramm«, »empirisches Lernen«, »kreatives Schreiben« und »neuro-linguistisches Programmieren«. Schreibe nicht einfach, dass du Champignons züchtest, sondern erkläre, dass du »anhand empirischer Experimente mykologische Studien betreibst«. Hole dir aus der Universitätsbibliothek ein Fachbuch über Erziehungspsychologie und wähle daraus ein paar wohl klingende Begriffe; lasse dir von einem befreundeten Lehrer dabei helfen.

In *GWS* Nr. 44 schrieb Lisa Boken über das, was sie von einem Bootsbauer, in einer Kindertagesstätte und einem Gewürz- und Naturkostladen lernte. »Zum Wohl der Schulbehörden bezeichnen wir dies als realitätszentriertes Lernen«, erklärt sie. »Alles, was wir mit den Kindern unternehmen, bekommt einen ähnlich klingenden Namen.«

Führe auch im Weiteren eine detaillierte Liste all deiner Unternehmungen. Notiere, was du geschrieben und welche Kunstwerke du geschaffen hast, liste sämtliche gelesenen Zeitschriften und Bücher auf und alle Orte, die du besucht hast.

Schließe dich einem lokalen Projekt an, das Elemente einer Privatschule mit Homeschooling verbindet. Auch wenn es zur Zeit noch nicht viele erfolgreiche derartige Initiativen gibt, wächst ihre Zahl. Vielleicht kannst du auch deine ehemaligen Lieblingslehrer dazu gewinnen, die Schule aufzugeben und ein eigenes Lernzentrum aufzubauen.

Wenn du mit schwierigen rechtlichen Anforderungen zu kämpfen hast, kannst du dich – unabhängig von deinem Wohnort – bei einer Fern-Schirmschule einschreiben. Im Gegensatz zu konventionellen Fernschulen ermutigen Schirmschulen ihre Mitglieder üblicherweise, so kreativ und unabhängig zu lernen, wie sie dies wollen. Sie fordern nicht, dass du bestimmte Lerninhalte studierst und geben auch keine fixen Studienpläne und Korrespondenzlehrer vor. Ihre Funktion beschränkt sich vorwiegend darauf, Berichte über dich zu verfassen und gegebenenfalls Verhandlungen mit deiner zuständigen Schulbehörde zu führen. In den besseren Schirmschulen erhältst du auch gute Ratschläge, sofern du darum ersuchst. Möglicherweise verlangen sie einen hoch erscheinenden Mitgliedsbeitrag, aber wenn sie dafür deine rechtlichen Probleme lösen und dich auf diese Weise befreien, ist das Geld gut angelegt.

Das Home Based Education Program der Clonlara School in Michigan ist vermutlich die beste und am weitesten verbreitete Schirmschule. Sie bietet so viel oder wenig Struktur, wie du wünschst, stellt jedoch keine Lehrbücher zur Verfügung. Allerdings kannst du durch sie Kopien der Lehrpläne erhalten, wie sie öffentliche Schulen verwenden, Formulare für Schulberichte, und – wenn du die vernünftigen und flexiblen Erfordernisse für die Abschlussprüfung erfüllst – einen anerkannten Schulabschluss. Clonlara wird seit 1967 als Schule mit Campus geführt und seit 1979 als internationales Programm für Hausunterricht. Eine weitere seriöse Schirmorganisation ist die Pinewood School.

Wenn du alt genug bist, kannst du dich einfach aus der Schule verabschieden. Rechtlich kannst du trotzdem als »Unschooler« oder Homeschooler geführt werden. Gute Colleges und Arbeitgeber werden keinen Unterschied machen, vor allem nicht, wenn du dich selbst als Homeschooler bezeichnest.

Halte dich auf dem Laufenden über alle Themen, die mit Homeschooling in Zusammenhang stehen. Wenn du zur Schulbehörde vorgeladen wirst, solltest du die Initiative ergreifen und sie sachlich über Homeschooling aufklären – lass nicht zu, dass sie *dir* einen Vortrag halten.

Denk daran, dass die Schulleute viel zu verlieren haben: Geld und Stolz. Deshalb solltest du nichts achtlos sagen oder tun, das ihren Verlust vergrößern könnte.

Geld: Wenn dutzende oder gar Hunderte Teenager gleichzeitig die Schule verlassen, werden Lehrer und andere Schulleute aus gutem Grund in Panik geraten. So erhalten die Schulen in den USA nämlich ihr Geld in Abhängigkeit von der Anzahl an Schülern, die täglich die Schule besuchen, einen Betrag von 5.000 bis 10.000 $ pro Schüler und Jahr (in wohlhabenden Vororten ist der Betrag höher als in finanziell schwächeren ländlichen Gebieten und innerstädtischen Regionen). Mit jedem Schüler, der die Schule verlässt, verliert die Schule deshalb jedes Jahr diesen Betrag. In den USA und Kanada haben einige Bundesstaaten und Distrikte deshalb Programme ausgearbeitet, in denen Homeschooler weiterhin an der Schule eingeschrieben sind und Zugang zu bestimmten Kursen und anderen Dienstleistungen erhalten. Diese Programme könnten ausgeweitet werden. Immerhin helfen sie sowohl den Schulen als auch den Homeschoolern in finanzieller Hinsicht. Allerdings meiden viele Homeschooler derartige Programme, weil ihrer Ansicht nach »Regierungsgeld immer mit Regierungsauflagen einhergeht«. Unabhängig davon steht bereits fest, dass bei einer weiterhin stark wachsenden Homeschooling-Bewegung schließlich tatsächlich ein paar Lehrer ihre Jobs verlieren werden. Dies ist in Europa anders geregelt, aber auch hier gibt es einen Zusammenhang zwischen Schülerzahl und Finanzmitteln.

Stolz: Unabhängig von der Homeschooling-Bewegung leidet der Lehrerberuf seit langem darunter, dass er nicht ausreichend respektiert und anerkannt wird. Lehrer werden tatsächlich mit Ungerechtigkeit konfrontiert: Im Klassenzimmer gesteht man ihnen nicht genug Unabhängigkeit und Kreativität zu, sie werden mit nichtigem Schreibkram belastet, Schüler und Eltern machen sie in gehässiger Weise für Dinge verantwortlich, die nicht in ihrem Einflussbereich liegen, und ihr Gehalt ist im Vergleich zu anderen Berufen mit ähnlichen Qualifikationen gering. All dies erschwert es Lehrern, in gesunder Bescheidenheit und Ehrlichkeit zu leben. Stattdessen ermutigt es sie, grundsätzlich eine Abwehrhaltung einzunehmen und sich übertriebene Sorgen um ihren Ruf zu machen.

Lehrer mit einer solchen Mentalität empfinden Homeschooling als zusätzlichen Schlag ins Gesicht oder sogar als Herausforderung zum Kampf. Nachdem sie alle Kraft dafür aufgewendet haben, die Öffentlichkeit davon zu überzeugen, dass sie sachkundige, unentbehrliche Fachleute sind, kommen ein paar Homeschooling-Familien und sagen einfach: »Wir brauchen euch nicht. Unsere Kinder erhalten ohne euch eine bessere Ausbildung.«

(Selbstverständlich gibt es auch viele ernsthafte Lehrer mit gesundem Selbstvertrauen, die einen klaren Blick auf die Dinge haben. Da sie nicht von künstlichem Stolz geblendet sind, freuen sie sich, wenn du frei und unbehindert lernst, auch wenn sie sich vielleicht Sorgen um ihren Job machen.)

Die amerikanischen Lehrer haben mehrere mächtige Vereinigungen gegründet, die sich nicht nur für höhere Gehälter einsetzen, sondern auch für Gesetze, die ihnen helfen. Offensichtlich sind Gesetze, die Homeschooling begünstigen, *nicht* gut für sie. Bisher fühlen sich die NEA (National Education Association) und andere Vereinigungen durch Homeschooling noch nicht so stark bedroht, dass sie wirklich mit vollem Einsatz kämpfen. Wenn Homeschooling seinen glanzvollen Aufstieg weiterführt, werden sie jedoch tatsächlich beginnen, mit harten Bandagen zu kämpfen. In den letzten Jahren haben sie in ihre Jahresresolution lediglich eine Erklärung aufgenommen, die ihre Vogel-Strauss-Haltung widerspiegelt: »Die National Education Association ist davon überzeugt, dass Homeschooling-Programme Schülern keine umfassende Ausbildung bieten können.«[34]

Als Mitglied der NEA würde ich mich schämen, eine so ignorante Erklärung abzugeben. Landesweit schneiden Homeschooler bei standardisierten Tests besser ab als Schüler, die eine Schule besuchen, und dies, obwohl derartige Tests keineswegs die Vielfalt an Lernmethoden und Fachgebieten widerspiegeln, die Homeschoolern zur Verfügung steht.[33] Nun zu dem Begriff »umfassend«. *Selbstverständlich* kann Homeschooling ebenso wenig eine umfassende Ausbildung anbieten wie die Schule. »Umfassend« ist ein gewaltiger Begriff, der nach der Unendlichkeit strebt. Niemand sollte ihn also leichtfertig aussprechen.

Selbst wenn man den Versuch unternimmt, eine umfassende Ausbildung zu erarbeiten, wie sie dem wirren Verständnis der Schulleute von diesem Begriff entspricht, hat niemand die Zeit, umfassend zu *leben*. Die zugrunde liegende Botschaft lautet demnach, dass Schulleute Quantität über Qualität stellen. Daraus ließe sich etwa folgende Aussage ableiten: »Man kann nicht darauf vertrauen, dass Homeschool-Eltern ihre Kinder mit einer ausreichenden Zahl von Arbeitsblättern, Fachbüchern und Multiple-Choice-Tests in den Disziplinen Englisch, Biologie, Chemie, Algebra, Geometrie, Kunst, Geschichte, Gesundheitswesen, Geografie, Fremdsprachen und Physik versorgen. « Wären diese NEA-Vertreter selbst »umfassend gebildet«, hätten sie ihre Hausaufgaben gemacht und wüssten, dass Homeschooler weit über ihre engstirnigen Vorstellungen von Ausbildung hinausgehen.

Natürlich muss die NEA eine Erklärung abgeben, egal wie unsinnig sie ist. Hätten wir uns auch im Hinblick auf unsere Ernährung in eine ähnliche Abhängigkeit begeben wie im Hinblick auf unsere Ausbildung, würden jetzt alle Kinder täglich drei Mahlzeiten in staatlich geführten Cafeterias einnehmen, in denen Millionen von Köchen, Kellnern und anderen Cafeteria-Angestellten ihr Gehalt beziehen. Wenn plötzlich die traurigen Eltern aufwachten und ihre Kinder für selbst gemachte Blaubeerpfannkuchen nach Hause holen wollten, würden die Cafeteria-Leute ohne Zögern erklären, dass Eltern ohne Diplom in Ernährungswissenschaft nicht imstande sind, ihre Kinder zu ernähren.

Die Geldsorgen und der falsche Stolz der Lehrer sind jedoch nicht deine Schuld; sie sind die natürlichen und angemessenen Folgen eines arroganten Berufsstandes, der seit einem Jahrhundert Jagd auf die Jugend dieses Planeten macht. Wenn du so großzügig sein willst, dieses Problem zu entschärfen, kannst du mit ein wenig Taktgefühl die Dinge sowohl für dich als auch für die Schulleute zumindest kurzfristig erleichtern. Wenn du etwas gegen die Geldsorgen unternehmen willst, kannst du teilweise in der Schule eingeschrieben bleiben, damit die Schulleute ihr Geld bekommen (siehe Kapitel 19). Wenn du ihnen auch in ihrem falschen Stolz helfen willst, verzichtest du einfach auf öffentliche Erklärungen, in denen du Lehrern ihre Inkompetenz vorwirfst. In deinen Gesprächen solltest du dich stattdessen auf strukturelle Probleme des Schulwesens konzentrieren und aufzeigen, dass dieses System die Lehrer davon abhält, ihre Fähigkeiten bestmöglich einzusetzen. Kein ehrlicher Lehrer wird dir darin widersprechen.

Wie kannst du zu besseren Gesetzen für Homeschooler beitragen?

Kontaktiere deine Abgeordneten durch Briefe, Telefonanrufe, E-Mails und persönliche Besuche. Unterbreite genaue Gesetzesvorschläge, oder hilf ihnen, ihr Wissen über Homeschooling zu erweitern, indem du dein Leben und deine Ausbildung beschreibst, z.B. in einem Blog. Auf diese Weise haben Homeschooler in den USA bisher die meisten rechtlichen Erfolge errungen: Indem sie ihre Abgeordneten kennengelernt und ihnen gezeigt haben, wie wunderbar Homeschooling ist.

Wenn du nach Höherem strebst, kannst du auch einen Gesetzesentwurf ausarbeiten, der den Zugang zu Homeschooling erleichtert, und dann deinen lokalen Abgeordneten ersuchen, diesen Entwurf zu unterstützen. Falls Homeschooling in deinem Bundesstaat nach wie vor rechtlich schwierig zu erreichen ist, arbeiten vielleicht schon einige Homeschooler an einem derartigen Gesetzesentwurf (siehe Bundesverband Natürlich Lernen! e.V. – www.bvnl.de). Suche Kontakt zu ihnen und erkundige dich, in welcher Weise du helfen kannst. Die meisten Statuten bedürfen immer noch einer wichtigen und radikalen Veränderung: Sie müssen anerkennen, dass Homeschooler im Teenageralter das Recht haben, *sich selbst* zu unterrichten – damit die Behörden nicht in den Qualifikationen und Terminplänen deiner Eltern herumschnüffeln.

Auch Statuten, die sich mit ähnlichen Inhalten befassen, wären hilfreich, wie etwa ein Gesetzesentwurf, der es Personen jeden Alters gestattet, das Äquivalenzdiplom zum US-Highschool-Abschluss abzulegen. Du könntest auch über ein Gesetz zur »Ausbildungswahl« nachdenken, das jenen Familien Steuererleichterungen gewährt, die ihre Kinder außerhalb öffentlicher Schulen ausbilden wollen. Minnesota besitzt bereits ein derartiges Gesetz. Sorge dafür, dass derartige Begünstigungen nicht nur Homeschoolern zugute kommen, sondern auch Schülern von Privatschulen. Der Grundgedanke ist Folgender: Wenn du dich für Homeschooling (oder eine Privatschule) entscheidest, sollte der Staat dir den Großteil des Geldes zurückgeben, das ansonsten der öffentlichen Schule zufließen würde. Du verwendest dieses Geld für das Schulgeld einer Privatschule oder für Unterrichtsmaterial im Rahmen von Homeschooling. Durch ein derartiges Gesetz würdest du – und jeder andere, der die Schule verlässt – mehrere tausend Dollar pro Jahr erhalten, was dem Labor auf deinem Dachboden gewiss zugute kommen würde.

Allerdings könnte sich dieses System auch nachteilig auswirken: Schulen hätten dann vielleicht weniger Lust, ihre Ressourcen mit dir zu teilen. Vielleicht solltest du lieber einen Kompromiss anstreben, in dem Homeschooler auf einen Teil ihrer Rückzahlung verzichten und damit berechtigt sind, bestimmte Schulressourcen zu nützen. Viele Homeschooler sehen in einem derartigen Gesetz auch die Gefahr, dass die Regierung Homeschoolern das Geld nicht bloß »schenkt« (zurückgibt, um genauer zu sein), sondern daran auch bestimmte Bedingungen knüpft und diese vielleicht sogar auf das gesamte Homeschooling ausweitet.

Freiheit für den Planeten!

Wenn du kein amerikanischer Staatsbürger bist, kannst du dich glücklich schätzen. Dann ist Unschooling für dich vielleicht etwas schwieriger, aber dafür hast du Gelegenheit, Geschichte zu schreiben. Je nachdem, wo du lebst, musst du dich möglicherweise mit einer großen Packung Mut-Vitamine ausstatten, dafür werden deine Taten wirklich wichtig sein. Dein Beispiel wird Türen aufstoßen, durch die Frischluft in die Gehirne deiner Freunde und Klassenkameraden strömen kann.

Doch auch wenn du amerikanischer Staatsbürger bist, solltest du diesen Abschnitt lesen. Die Welt braucht dich! In Südafrika hatte die vorige Regierung zwei Elternpaare inhaftiert, weil sie ihren Kindern Homeschooling gestatteten. Daraufhin schrieben amerikanische Homeschooler Berge von Briefen an die südafrikanische Botschaft, woraufhin die Eltern freigelassen wurden. In Russland haben viele Lehrer und Erzieher versucht, ein neues Ausbildungssystem zu entwickeln, das der neuen Demokratie gerecht wird. Als sie sich die amerikanischen Schulen näher ansahen, stellten sie überrascht fest, dass unsere Schulen wenig mit Demokratie zu tun haben. Glücklicherweise besuchte eine Delegation von Homeschooling-Teenagern (unter der Leitung des Aktivisten für alternative Ausbildung Jerry Mintz) Russland und zeigte durch Gespräche über ihr Leben und Workshops in ihren Interessensgebieten auf, wozu junge selbstbestimmt lernende Menschen fähig sind. Homeschooler aus Japan, Deutschland und anderen restriktiven Ländern suchen Kontakt zu amerikanischen Unschoolern. Mitunter wird ein solcher Kontakt als Rettungsleine empfunden. Wenn du gerne reist, solltest du erwägen, Homeschooler in Regionen mit rigorosem Schulzwang zu besuchen und anbieten, in ihren Organisationen über deine Aktivitäten und die deiner Freunde zu sprechen.

Wenn du allerdings in einem Land lebst, in dem es Homeschooler schwer haben und kaum Kontakt zu anderen Homeschoolern finden, solltest du dich an Amerikaner wenden, die in deiner Umgebung wohnen – wie etwa Missionare oder Militärangehörige – und diese fragen, ob sie lokale Homeschooler kennen.

Vor allem in der westlichen Welt gleicht die Unschooling-Bewegung in vielen Ländern den amerikanischen Zuständen in den 70er und 80er Jahren. Es gibt nur wenige, stark isolierte Homeschooler. Die Gesetzeslage ist unklar, und es gibt vor allem proportional weniger Unschooling-Teenager. Ich vermute, dass die Zahl der Homeschooler, die Gesetze und die gesellschaftliche Haltung in diesen Ländern innerhalb von zehn bis zwanzig Jahren zu den amerikanischen Verhältnissen um die Jahrtausendwende aufschließen werden. Dies ist eine atemberaubende, hoffnungsvolle Vision, an deren Verwirklichung du mitarbeiten kannst.

Solange die Gesetze nicht eindeutig sind, versuchen Homeschooler, sie nach ihren Wünschen zu interpretieren. Manchmal ist eine derartige Undeutlichkeit ein Segen – wie etwa ein Gesetz, das Homeschooling nicht ausdrücklich gestattet, es aber auch nicht ausdrücklich verbietet. So ist es zum Beispiel in Deutschland: Weder das Grundgesetz noch die Schulgesetze der Bundesländer erwähnen »Hausunterricht«. Im Grundgesetz steht lediglich in Artikel 6, dass die Sorge für das Wohl der Kinder »zuvörderst« den Eltern obliegt (und nicht dem Staat!). In Artikel 7 steht lediglich: »Das gesamte Schulwesen steht unter der Aufsicht des Staates.« Das hat mit Homeschooling nichts zu tun, denn natürlich muss eine Institution, der die Bürger ihre Kinder anvertrauen, einer Aufsicht unterstehen. Schließlich gibt es auch eine Aufsicht für die Hygiene in Gaststätten und über das Bankenwesen! Die Ländergesetze formulieren zwar eine Schulpflicht, lassen aber Ausnahmen zu. Diese Ausnahmen großzügig zu interpretieren, liegt im Ermessen der Schulbehörden, daher ist es wichtig, dass sie dich kennenlernen und begreifen, worum es dir geht.

In den meisten englischsprachigen Ländern ist Homeschooling weithin legal, und hier hat sich eine aufstrebende, rasch wachsende Unschooling-Bewegung mit zahlreichen Selbsthilfegruppen entwickelt, einigen wenigen landesweiten Organisationen und Newslettern. (In diesen Ländern wird häufiger von »Deschooling« und »Natural Learning« gesprochen als von »Unschooling«. Viele gebrauchen auch wie in den USA die Begriffe »Homeschooling« und»Home Education« für selbstbestimmtes Lernen.) Barbara J. Smith, die Leiterin des Calgary Montessori Home Education Program in Alberta, Kanada, erteilt Ratschläge, die für Teenager in den meisten englischsprachigen Ländern relevant sind:

> Nütze die Flexibilität. Suche dir einen Mentor oder eine Lehrstelle oder mache ein Praktikum. Nimm deine Interessen als Grundlage für dein Programm – du kannst nicht alles tun. Stärke deine Forschungsfähigkeiten und dein kritisches Denken. Denke unternehmerisch. Lege Wert auf informelles Lernen. Sieh dich dort um, wo du wohnst. Reise, so viel du kannst. Sorge dafür, dass Lernen Spaß macht. Lerne eine Fremdsprache – reise in ein Land mit dieser Sprache! Im Rahmen unseres Programms ermögliche ich Schülern im Teenageralter Spezialprojekte, wie etwa ein Praktikum in einer Augenklinik, die Renovierung und Dekorierung eines Wohnzimmers, eine Reise nach Griechenland mit Interviews von Verwandten und Dokumentation der besuchten Orte, ein Programm zur Ausbildung eines Ponys, Nahrungsmittelstudien und Speisepläne.

In der Mehrzahl der übrigen europäischen Länder ist Homeschooling legal bis halblegal, kommt nur selten vor, ist etwas schwierig und stößt oft auf stirnrunzelnde Ablehnung. Die 14-jährige Katherine Hebert ist sowohl schweizerische als auch US-amerikanische Staatsbürgerin. In ihrer Erzählung über Unschooling spiegelt sich die Erfahrung vieler Europäer wider:

Sobald du dich eingewöhnt hast und sich eine gewisse Routine ausgebildet hat, erkennst du, dass Homeschooling in der Schweiz einige Vorteile hat. Der wohl größte besteht darin, dass du dich im Zentrum Europa befindest, in der kulturellen Hauptstadt der Welt. Damit du besser verstehst, was ich meine, hier ein paar Tipps: Wenn du keine Flugangst hast und dir vom letzten Kuchenverkauf zweihundert Euro übriggeblieben sind, könntest du doch nach Stockholm fliegen. Oder wie wäre es mit Russland, der Türkei, Griechenland oder England? Es gibt Ziele ohne Ende. Die italienische Grenze ist nur vier Bahnstunden von hier entfernt (solange ich keinen Führerschein besitze, komme ich mit dem Zug überall hin), Rom nur fünf und Venedig nur sechs Stunden. Deutschland ist in eineinhalb Stunden zu erreichen, die französische Grenze in zwanzig Minuten und Paris in zwei Stunden. Verstehst du, was ich meine? Vor zwei Wochen war ich für einen Freiwilligeneinsatz in der bosnischen Stadt Sarajewo, nur eine halbe Flugstunde von hier ... Allerdings ist es hier schwerer, an Ressourcen zu kommen, als in den USA. Die örtliche Bibliothek verleiht an Jugendliche nur Jugendbücher, die Bibliothek der Weltgesundheitsorganisation, bei der meine Mutter arbeitet, steht nur Angestellten der Organisation zur Verfügung, und die Bibliothek der US-amerikanischen Botschaft ist den Botschaftsangehörigen vorbehalten. Dieses Problem umgehe ich, indem ich mich in der örtlichen Bibliothek als 18-Jährige ausgebe, in der Bibliothek der Weltgesundheitsorganisation als meine Mutter und in der Botschaft als Sekretärin unter falschem Namen. Ich hoffe, dass sie nie nachprüfen, ob ich auch tatsächlich dort arbeite. Zusätzlich hole ich viele Informationen direkt aus dem Internet. Allen, die sich dafür interessieren, hier Homeschooling zu betreiben, kann ich nur sagen, dass ich dies für eine großartige Idee halte. Wer große Sehnsucht hat zu lernen, gerne aus dem Haus kommt und etwas unternimmt, liegt hier richtig.

In der Schweiz haben die lokalen Behörden ein Einspruchsrecht bei der Wahl der Ausbildung, so dass sich bisher nur eine Handvoll Menschen für Homeschooling – geschweige denn Unschooling – entschlossen hat. Grundsätzlich ist Homeschooling in einigen Teilen des Landes erlaubt, in anderen nicht. Die Homeschoolerin Marie Heitzmann berichtet, dass im Tessin die schlechtesten Voraussetzungen für Homeschooling herrschen: »Wenn mir jemand von dort erzählt, dass er Homeschooling machen will, rate ich ihm, umzuziehen.« Im Kanton Waadt, wo Marie lebt, und in Genf müssen Homeschooler lediglich jedes Jahr eine einfache Prüfung ablegen. Die 14-jährige Katherine Hebert, eine Amerikanerin mit Doppelstaatsbürgerschaft, berichtet, dass

Homeschooling in der Schweiz nicht gefördert wird. Um die Wahrheit zu sagen, betrachten die Schweizer und Franzosen Homeschooling als eine Art Hippie-Bewegung, die sie mit Highschool-Abbrechern und Drogen in Verbindung setzen. Nur jene Kinder werden über ihr Recht auf Homeschooling informiert, die täglich zwei bis drei Stunden in die Schule pendeln müssten. In ihrem Fall betrachtet man Homeschooling als ›förderlich‹ für ihre Ausbildung (was den Umkehrschluss zulässt, dass es unter anderen Bedingungen nicht förderlich ist). Wenn sich

> Schweizer Schüler über Homeschooling informieren wollen, riskieren sie, dass man ihnen die Tür vor der Nase zuschlägt. Die Menschen werden bewusst über diese Ausbildungsmöglichkeiten im Unklaren gelassen ... Homeschooling ist nach den Schweizer Gesetzen jedoch legal, sofern man bestimmte Richtlinien befolgt. ... Diese Richtlinien schränken Homeschooler stark ein und halten sie innerhalb säuberlich vorgegebener Grenzen. Ich bin bei Clonlara School eingeschrieben ... Mein Bezirksschulinspektor ist ein außergewöhnlich aufgeschlossener Mann, der sich im Lauf einiger sonntäglicher Nachmittagstees für die Homeschooling-Idee erwärmte und mir seitdem volle Unterstützung gewährt, indem er mir Zugang zu Einzelunterricht, Kursen an der Schweizer Schule und großartigen Projektideen ermöglicht.

Ironischerweise erleichtert es gerade das starre Schulsystem der Schweiz den Teenagern, Homeschooling ohne Einwilligung ihrer Eltern zu betreiben. Wie in vielen europäischen Ländern basiert das Schulsystem auf einer Verzweigung der Ausbildung. Uninteressierte Schüler verabschieden sich im Alter von vierzehn oder fünfzehn Jahren von der Schule, um eine Lehre zu beginnen. Auch wenn dieses starre System zweifellos Nachteile mit sich bringt – immerhin ist die Selbstmordrate der Schweiz die zweithöchste der Welt, und Lehre ist mit einem Stigma behaftet –, bietet es aber zumindest Jugendlichen, welche die Nase voll haben, ein Schlupfloch, der Schule zu entkommen. Marie erklärt: »Die meisten Schweizer Eltern würden Homeschooling nicht akzeptieren, aber sie hätten keine andere Wahl, wenn ihr Kind aufgrund schlechter Noten die Schule nicht weiter besuchen dürfte.«

Über weite Teile von Afrika, Asien, Mittel- und Südamerika gibt es wenige Informationen über Unschooling. Das heißt jedoch nicht, dass dort nichts geschieht – zweifellos gibt es in allen Ländern junge Autodidakten, auch wenn sie sich vielleicht einsam fühlen und nicht wissen, dass sie Teil einer weltweiten Bewegung sind. Wenn du in einer Region lebst, in der man noch nie von Unschooling gehört hat, liegt es an dir, zum mutigen Hoffnungsstrahl zu werden. Aleta Sheplers Ratschlag für Unschooling-Teenager in Venezuela (siehe S. 136) lässt sich ebenso auf den Großteil Südamerikas und weite Teile der Welt anwenden:

> Wenn du dich für eine traditionelle, bücherlastige Ausbildung konzentrierst, wirst du dafür in Venezuela viel Geld benötigen. Obwohl es öffentliche Bibliotheken gibt, kannst du dir nicht jedes Buch ausleihen. Selbstverständlich kann man das Internet nützen, aber im Landesinneren gibt es oft nur stundenweise Elektrizität, so dass die Telefonleitungen nicht immer funktionieren. Wer jedoch tatsächlich an einer empirischen Ausbildung interessiert ist, hat hier viel Freiheit und Gelegenheit, seinen Leidenschaften nachzugehen und sie zu erforschen.
>
> Unsere Kinder haben Kapuzineräffchen in ihrer natürlichen Umgebung beobachtet, bolivianische Frauen zu ihren traditionellen Strategien der Familienplanung interviewt, mit Straßen-

kindern gearbeitet, in unserem Ortsteil eine Theatergruppe geleitet, ein Recycling-Zentrum errichtet, die Auswirkungen einer Selbstversorger-Landwirtschaft auf den Regenwald studiert, gelernt, wie man einen Plan erstellt, eine Petition schreibt und einen Notruf tätigt. Sie haben ein Geschäft für importierte Comic-Hefte geführt, reiten gelernt, ein Pferd zugeritten, Kaninchen und Hunde großgezogen, einen Papagei abgerichtet etc. ... Zusätzlich haben sie viel über die Lösung interkultureller Probleme gelernt.

Für alle, die mit einem Mentor am besten lernen, gibt es hier viele Möglichkeiten. In der Hauptstadt leben viele Künstler, die als Mentoren für Keramik, Modedesign und -erzeugung, Schnitzen, Malen und vieles mehr dienen können. Mit Hilfe eines Agenten eröffnen sich Möglichkeiten im Theater, beim Film und in der Werbung. ... Im Landesinneren gibt es immer noch Menschen, welche die Fertigkeit besitzen, ein Grasdach oder Kanu zu bauen oder die Flora und Fauna des Regenwaldes zu beobachten und zu bestimmen.

Viele Aktivitäten, die in den USA außerhalb des Lehrplans erfolgen, aber dennoch schulbezogen sind (wie Sport, Musik, Theaterspiel und Kunst) werden in Venezuela im Rahmen eines Klubs angeboten. So gehört zum Beispiel unsere Tochter Halee einem Reitklub an und verbringt jeden Nachmittag mit ihren venezolanischen Freunden beim Reiten. Unser Sohn Os besucht jeden Vormittag eine Kunstschule für Comics, wo er seinen Mentor trifft und seine Arbeiten ebensowie seine importierten Comic-Hefte mit seinen Studienkollegen (im Alter von 18 bis 48 Jahren) bespricht.

Ich kann nur wärmstens empfehlen, eine häusliche Ausbildung rund um ein großes Problem oder eine offene Frage aufzubauen. Venezuela ist ein krisengeschütteltes Land, in dem unsere Familie die Erfahrung gemacht hat, dass man nahezu alle akademischen Fächer und viele Fertigkeiten erlernt, indem man sich in seiner Ausbildung auf die Lösung eines sozialen Problems konzentriert. Unsere Kinder haben 85 % ihres Ausbildungsbudgets Unternehmungen zur Lösung sozialer Probleme gewidmet. Wir glauben, dass dies die wahre Bedeutung einer »öffentlichen Ausbildung« ist.

Auch wenn es in Venezuela viele Möglichkeiten und legale Freiheiten für Homeschooler gibt, ist es nicht immer einfach. Um Mentoren, Lehrstellen und andere Lernmittel aufzuspüren, bedarf es des Spürsinns eines Detektivs. Außerdem werden viele wohlmeinende Venezolaner und Auswanderer versuchen, dich zum traditionellen Schulsystem zurückzuführen. Eine unkonventionelle Ausbildung in Venezuela ist nur etwas für risikofreudige, sozial engagierte, und leidenschaftliche Teenager. Für brave Mitläufer und Ängstliche ist sie nicht geeignet.

Allgemeine Ressourcen

Die Zeitschrift *Growing Without Schooling* veröffentlicht Artikel über internationales Homeschooling und Listen über Homeschooling-Organisationen auf der ganzen Welt.

Auf der Homepage von *Growing Without Schooling* finden sich die neuesten Adressen von Dutzenden internationaler Homeschooling-Organisationen.

Clonlara's Home Based Education Program. Wenn du nicht sicher bist, wie die rechtliche Lage in deinem Heimatland ist, und Homeschooling illegal oder halblegal zu sein scheint, oder wenn du einfach gerne etwas Fernunterstützung hättest, kannst du dich im Clonlara-Programm einschreiben. Diese Leute sind einfach fantastisch! Bisher bieten sie Homeschoolern in einunddreißig Ländern eine legale Struktur, zusätzlich zu allen 50 Bundesstaaten der USA. Sie sind Experten im Umgang mit Schulbehörden rund um den Globus und haben auch schon Familien in Deutschland und Japan geholfen, Homeschooling durchzusetzen. Auf der Liste von Clonlara Deutschland stehen derzeit über hundert Familien.

Das Internet. Wenn du nach »Homeschooling«, »Bildungsfreiheit«, »freies Lernen« oder »learning freely« suchst, findest du Berge von Informationen aus vielen Ländern.

Die einzelnen Länder

In Anhang A findest du eine Liste mit den größten und bekanntesten Organisationen vieler Länder, durch die du in Kontakt mit kleineren Gruppen in deiner Umgebung kommen kannst. Nahezu alle diese Organisationen werden ausschließlich von Freiwilligen geführt, und mitunter von einer einzigen engagierten Familie. Am besten mailst du, und wenn du eine dieser Organisationen anschreibst, solltest du einen großen, mit einer Briefmarke und deiner Adresse versehenen Rückumschlag beilegen. Darüber hinaus wäre es nett, wenn du ein wenig Geld mitschickst, um die Kopierkosten abzudecken. Zusätzlich zu den Ländern, die ich im Weiteren beschreibe, habe ich noch über und von Homeschoolern aus Bermuda, Brasilien, Haiti, Hongkong, Israel, Malaysia, Mexiko, Nigeria, Saudi-Arabien und Taiwan gehört. Versuche, weitere Homeschooler ausfindig zu machen, erkundige dich über die lokalen Gesetze und gib dein Bestes. Berichte mir dann von deinen Abenteuern, damit ich in einem weiteren Buch davon erzählen kann!

Amerikaner und andere im Ausland lebende Staatsbürger bilden eine große, wenn auch verstreute Homeschooling-Gemeinde. Militärangehörige haben praktisch keine Probleme, überall Homeschooling zu betreiben – selbst in Deutschland –, und auch die meisten anderen Auswanderer haben in der überwiegenden Mehrzahl der Länder keine Probleme.

Australien

Trotz oder gerade wegen der schwierigen Gesetzeslage in einigen Staaten und Territorien besitzt Australien eine kleine, aber aufstrebende Homeschooling-Gemeinde, die politisch überaus aktiv und wachsam ist. Offizielle Stellen sprechen von fünf bis zwanzigtausend Homeschoolern in einem Land mit achtzehn Millionen Einwohnern. Janine Banks aus New South Wales erzählt: »Wie in den USA gibt es auch hier in einigen Staaten restriktive Gesetze. Dennoch halten viele Menschen an Hausunterricht nach eigenen Wünschen fest. Soweit ich weiß, ist in Australien noch niemand wegen Hausunterrichts im Gefängnis gelandet. ... Der Großteil der Bevölkerung weiß nicht einmal, dass dies eine legale Alternative zur Schule ist. Deshalb mangelt es auch am Wissen über Hausunterricht und seine Vorteile. Dies bedeutet, dass es speziell für Hausunterricht nur wenig Lernmaterial gibt, so dass die Bücher, die ich darüber gelesen habe, zum überwiegenden Teil aus den USA oder Großbritannien stammten. Als wachsende Bewegung stecken wir immer noch in den Kinderschuhen.«

Die schwierigsten Bedingungen für Homeschooling herrschen in Queensland, wo deine Eltern einen eigenen Lehrer einstellen müssen oder dich an einer Fernschule anmelden müssen, sofern sie nicht selbst Lehrer sind. Doch allein in Brisbane erfüllen zumindest zweihundert Homeschooling-Familien diese Auflagen nicht; wie es scheint, machen sich die meisten Homeschooler in Queensland nicht die Mühe, die Behörden zu informieren, ohne dass dies Folgen hätte. Eleanor Sparks bemerkt auf ihrer (unterhaltsamen und inhaltsreichen) Website: »Das Bildungsministerium scheint viele Homeschooling-Themen einfach im Fach für »Zu schwierige Dinge« abzulegen«. (An anderer Stelle berichtet Eleanor: »Die Liste der Kriterien, die in der Informationsbroschüre [von Queensland] angeführt ist, lässt sich auch gegen das Ministerium verwenden. Es ließe sich leicht beweisen, dass die staatlichen Schulen viele Anforderungen nicht erfüllen, die das Bildungsministerium für den Lehrplan von Homeschoolern als Voraussetzung für die Anerkennung dieser Ausbildung fordert. Am anderen Ende des rechtlichen Spektrums befinden sich Victoria und die Australian Capital Territories, in denen das Gesetz den Menschen Homeschooling eindeutig auch ohne Zustimmung des Bildungsministeriums gestattet.

Zwischen den schwerfälligen Gesetzen von Queensland und der jubelnden Freiheit von Victoria liegen andere Staaten und Territorien, in denen es zumindest mehr Homeschooler als Gesetze und Regelungen über Homeschooling gibt. Jo-Anne Beirne von Homeschoolers Australia Pty Ltd schreibt in *GWS* Nr. 101:

> Der Mangel an einer landesweit einheitlichen Ausbildungsregelung begünstigt das Homeschooling ... Weil es in einigen Staaten kein Zertifikat für Absolventen einer Highschool gibt, hängt der Zugang zu Jobs weniger von Schulexamen als von Arbeitszeugnissen und Einstellungsgesprächen ab.

Belgien

Karen Maxwell, die in Brüssel eine Homeschooling-Diskussionsgruppe leitet, berichtet:

> In Belgien ist Homeschooling eine legale Option, wenn es auch wie ein Geheimnis streng gehütet wird. Eine Familie, die Homeschooling betreiben will, wird selbst von Stellen, die vertrauenswürdig sein sollten, oftmals erfahren, dass es nicht legal sei. Jedes Jahr schreibe ich dem Schulinspektor meines Wohnbezirks einen Brief, indem ich ihn informiere, dass ich für meine beiden Jungen [im Alter von zehn und vierzehn Jahren] während des kommenden Jahres die Verantwortung für ihre Ausbildung übernehme. In den letzten fünf Jahren war dies der einzige Kontakt mit der Schulbehörde. Da es keine rechtlichen Einschränkungen für Homeschooling gibt, scheint sich der eine oder andere Schulinspektor mitunter verpflichtet zu fühlen, das Gesetz und die zumutbaren Abgrenzungen zu »interpretieren«. Ich habe aber schon von Familien erfahren, deren Familienbeihilfe eingestellt wurde, weil der mit Zuschüssen befasste Beamte der Meinung war, dass Familienbeihilfe nur jenen zustünde, deren Kinder die Schule besuchten. In beiden Fällen wurde das Geld nach einem Prozess ausbezahlt. In meinem sozialen Umfeld ist es bekannt, dass ich Homeschooling betreibe; ich habe daraus auch nie ein Geheimnis gemacht und hatte trotzdem noch nie Probleme. Diese Möglichkeit wird hier jedoch nur von einer verschwindend geringen Minderheit genützt. Mir sind auch keine statistischen Werte bekannt. In Frankreich weiß man über diese Option besser Bescheid, wenn auch der Prozentsatz an Homeschoolern möglicherweise nicht viel höher ist als hier. Im Vergleich zu den USA: Dass wir hier keinerlei Auflagen erfüllen müssen und uns eher mit »Unschooling« als mit Unterrichtsplänen befassen, ist wohl der größte Unterschied zu all jenen Staaten, die Lehrpläne und Prüfungen am Ende jedes Schuljahrs fordern.

Deutschland

Die schlechte Nachricht zuerst: Deutschland ist das einzige mir bekannten Land, in dem Homeschooling bisher nicht offiziell genehmigt wird und frei lernende Kinder und Jugendliche seit 1938 sogar mit Polizeigewalt in die Schule transportiert werden dürfen. Alle Deutschen – auch alle Ausländer – im schulpflichtigen Alter sind verpflichtet, eine Schule zu besuchen. Trotzdem gibt es zahlreiche Familien, die in einer rechtlichen Grauzone Homeschooling betreiben und damit wunderbar durchkommen. Die wenigen Familien, die offiziell Homeschooling betreiben und sich energisch für ihr Recht darauf einsetzen, werden meist in solchem Ausmaß schikaniert und verfolgt, dass jedes Jahr viele das Land verlassen (siehe Kapitel 11). Hier nun die gute Nachricht: Mit Hilfe des Clonlara-Programms und seiner Verbindungen zu alternativen Schulen können sogar Deutsche Homeschooling betreiben. Und: Es tut sich was. Das »Goldbecher-Gutachten«[34] hat festgestellt, dass der deutsche Schulzwang nicht mit dem Grundgesetz und den UN-Kinderrechtskonventionen vereinbar ist, und in den Medien werden Homeschooler, solange sie nicht religiös argumentieren, überwiegend freundlich behandelt. Die Unzufriedenheit mit dem staatlichen Schulsystem in Deutschland ist riesengroß, und immer mehr Bürger haben kein Verständnis dafür, warum sie das einzige Land bleiben sollen, in dem keine Bildungsfreiheit herrscht. Erfreulicherweise ist in den letzten Jahren das Medieninteresse an den unterschiedlichen Formen der Bildung zu Hause gewachsen, und statt der vorher üblichen Abwertung von Freilernen als Konzept fundamentalistischer Randgruppen wird diese Bildungsform zunehmend als akzeptable oder sogar wünschenswerte Alternative dargestellt. Weiterhin erscheinen immer mehr Bücher, die sich mit dem Thema aus verschiedenen Perspektiven, wie z. B. der Praxis des Freilernens in Deutschland, der Erlangung von Schulabschlüssen und der Auswanderung auseinandersetzen (siehe Anhang A).

Es formt sich auch zunehmend Widerstand gegen den Schulbesuchszwang. Seit einigen Jahren wird am 15. September der internationale Tag der Bildungsfreiheit mit Mahnwachen, Demonstrationen und Petitionen gefeiert. Weiter wurden bei Fällen von Inobhutnahmen von Kindern durch das Jugendamt, Zwangspsychiatrisierung und Bußgeld- oder Gerichtsverfahren wegen Freilernen nationale und internationale Solidaritätsaktionen in Form von Demonstrationen, Beschwerdebriefen an die Institutionen sowie Spendenaktionen und Anwesenheit bei Verhandlungen gestartet.

In den letzten Jahren haben sich mehrere Organisationen und Vereine zur politischen Arbeit sowie zur Vernetzung und gegenseitigen Unterstützung im Bereich Bildungsfreiheit gegründet, u.a. Bundesverband Natürlich Lernen e.V., Netzwerk Bildungsfreiheit e.V. und Freilerner-Solidargemeinschaft e.V. Es gibt eine aktive Freilerner-Szene mit regelmäßigen, teilweise lokalen, teilweise bundesweiten oder gar internationalen Treffen, Konferenzen und Festivals. Auch der Film *alphabet* (siehe Anhang A), in dem André Stern den Lebensentwurf des Freilernens überzeugend präsentiert, war sehr erfolgreich und beeindruckte viele Menschen, die sich mit dem Thema grundsätzlicher Schulkritik noch nicht auseinandergesetzt hatten.

Trotz der schwierigen Situation gibt es Familien, die ungeachtet des Drucks durch Behörden ihre Kinder in Deutschland ohne Schule lernen lassen. Manche haben in der Anfangszeit Probleme, die dann irgendwann aufhören, andere stehen den Druck über Jahre hinweg durch. Jugendliche, die die Vollzeitschulpflicht hinter sich haben, bekommen seltener Probleme, vor allem, wenn sie zeigen, dass sie auf anderem Weg einen formalen Schulabschluss machen werden. In den letzten Jahren gingen einige Berichte von freilernenden Jugendlichen, die ihre Abschlüsse extern machten, durch die Presse und wurde sehr positiv aufgenommen.

Österreich

Jedes schulpflichtige Kind mit Hauptwohnsitz in Österreich kann zum häuslichen Unterricht angemeldet werden. In der Regel melden Eltern ihr Kind mittels eines formlosen Briefes bei ihrem zuständigen Bezirks- oder Stadtschulrat in den häuslichen

Unterricht ab. In Wien bzw. manchen Bezirksbehörden liegt ein Formular auf. Die Anmeldung hat vor Beginn des Schuljahres zu erfolgen. Ob der häusliche Unterricht dem Unterricht an einer Schule gleichwertig war, wird in einer jährlich abzulegenden Externistenprüfung nachgewiesen. Die Prüfungsmodalitäten sind mit der jeweiligen frei zu wählenden, behördlich festgelegten Prüfungsschule festzulegen.

Dänemark
Nach § 76 (dänisches Schulgesetz) ist Homeschooling grundsätzlich erlaubt.

England
Homeschooling ist in Großbritannien legal und gut etabliert. Die gesetzliche Vorgaben sind im gesamten Land gleich und werden dadurch leichter verbreitet und verstanden. Nur wenige betreiben Homeschooling aus religiösen Gründen, so dass unter britischen Homeschoolern wenig Uneinigkeit herrscht. Eine formelle Prüfung ist nicht erforderlich. Homeschooler müssen auch nicht den landesweiten Schullehrplan erfüllen. Andererseits können Homeschooler das GCSE (entspricht der Mittleren Reife) und das A-Level-Examen (entspricht dem Abitur) auch zu Hause ablegen.

Ein Nachteil besteht darin, dass die Schulbehörde das Recht hat, Homeschooler zu besuchen, um zu prüfen, ob die Ausbildung »Alter, Fähigkeiten, Neigungen und besonderen Ausbildungsbedürfnissen« des Lernenden entspricht. In einigen wenigen Regionen erfolgen diese Besuche in aufdringlicher und aggressiver Weise. In Großbritannien ist es schwierig, die Schule nur als Teilzeitschüler zu besuchen. An dieser Front kämpft der Visionär Roland Meighan, der das Bewusstsein für diese Möglichkeit stärken und zahlreiche Verbesserungen herbeiführen will. Er setzt sich stark für »Flexischooling« ein, bei dem Homeschooling mit dem Teilzeitbesuch einer konventionellen Schule kombiniert wird. Im Vergleich zu den USA ist es derzeit für englische Homeschooler noch schwieriger, zu Universitäten zugelassen zu werden, wobei es Homeschoolern mittlerweile schon gelungen ist, an den Universitäten von Cambridge, Oxford und York aufgenommen zu werden.

Frankreich
In Frankreich ist Homeschooling wenig bekannt, aber seit 1882 ausdrücklich legal. Deine Familie muss nur zwei Wochen vor Beginn des neuen Schuljahrs deine Entscheidung für Homeschooling mitteilen. Eine derartige Erklärung erhält der Bürgermeister deines Heimatortes, eine weitere der Inspektor der Regionalen Akademie, welche die Schulbehörde repräsentiert. Die »Behörde« kann die Ausbildung des Homeschoolers im Alter von acht, zehn und zwölf Jahren prüfen und eine detaillierte Beschreibung darüber fordern, wie der Homeschooler beabsichtigt, seine akademischen Ziele zu

erreichen. In der Praxis ist Homeschooling für manche Familien leichter als für andere. Sophie Haesen aus dem Elsass berichtet:

> Vieles hängt von der Regionalen Akademie und deren Erfahrung mit Homeschoolern ab. Wenn die Schulbehörde bereits Erfahrung mit Homeschoolern hat, wird es für dich einfacher sein, weil sie bereits weiß, dass es diese Möglichkeit gibt. Wenn deine Familie die erste in dieser Region ist, werden dir die Behörden möglicherweise administrative Probleme bereiten, weil sie noch nicht wissen, wie sie mit Homeschooling umgehen sollen. (In Frankreich reagieren die meisten Menschen, und sogar Lehrer, zunächst überrascht und ungläubig, wenn sie erfahren, dass Homeschooling legal ist.)
>
> Ich weiß von etwa zweihundert Familien, die in Frankreich Homeschooling betreiben, weil sie Mitglieder des Homeschooling-Netzwerks sind. Wie viele »unabhängige« Homeschooler es gibt, weiß ich nicht und lässt sich wohl kaum abschätzen.

Irland

Der irischen Verfassung zufolge ist vorrangig die Familie für die Ausbildung verantwortlich, so dass Homeschooling seit langem legal, relativ problemlos und ein aufstrebender Trend ist. In *GWS* Nr. 84 (aus 1991) schreibt Mary Delmage Sheehan: »Jetzt, wo wir eine Homeschooling-Gruppe aufbauen, zeigt sich erst, wie weit verbreitet Homeschooling bereits ist, und dass es sich seit vielen Jahren still und erfolgreich entwickelt hat ... Kinder, welche die Schule besuchen, reagieren meist mit einem ›Hast du Glück!‹, wenn sie auf Homeschooler treffen, und auch Erwachsene reagieren ähnlich mit einem ›Gute Idee!‹«.

Jamaika

In Jamaika gibt es offensichtlich keine Beschränkungen für Homeschooling, weil die Behörden diese Ausbildungsform gar nicht als Option anerkennen und viele Kinder ohnehin nicht in die Schule gehen. »Viele Kinder gehen aus finanziellen Gründen nicht zur Schule«, schreibt Sally Sherman, eine Amerikanerin, die mit ihrem Sohn Theo in der Nähe von Ocho Rios lebt. »Oft gehen sie einfach nicht, weil sie kein Geld für das Mittagessen haben. Bei Regen gehen noch weniger ... Außerdem gibt es niemanden, der sich um Schulschwänzer kümmert.« Die Schulen selbst sind überfüllt, während es ihnen gleichzeitig an Lehrmaterial mangelt. Nach Abschluss der Grundschule ging Theo nicht mehr zur Schule, ohne dass je jemand von der Schulbehörde etwas dagegen gesagt hätte.

Dennoch erzählt Sally, dass »der soziale Druck auf die Eltern, ihre Kinder in die Schule zu schicken, enorm groß ist.« Vielleicht trägt dieser Druck gemeinsam mit dem mangelnden Wissen über Unschooling dazu bei, dass trotz der bestehenden Freiheit

»nur wenige von uns diese unglaubliche Möglichkeit nützen«. Viele jamaikanische Homeschooler sind Rastafaris. Wie Sally sagt, »lehrt sie ihre Religion, was Babylon (das System) ihren Kindern antut. Außerdem achtet man in den wenigsten Schulen auf kulturelle Unterschiede (oder möchte, dass alle gleich sind) und fordert bei den Kindern kurzes Haar, während Rastafaris Dreadlocks tragen.« Sally zeigt mehrere gute Möglichkeiten für jamaikanische Unschooler auf:

> Es gibt hier viele erfahrene Händler und Handwerker und damit viele Lehrstellen. Die meisten Tischler, Elektriker, Klempner und Steinmetze benötigen Helfer, und auch wenn sie wenig bezahlen, ist es einfach, mit jemandem eine Zeit lang zu arbeiten und dann weiterzuziehen ... Darüber hinaus gibt es hier eine lebendige Musikindustrie, die vermutlich auch viele Möglichkeiten bietet.

Japan

Presseartikel aus Japan öffnen dem Leser die Augen:

> Einen Jungen aus der neunten Schulstufe deprimierte die Schule so sehr, dass er sich erhängte. Ein Lehrer warf vor einem Schüler das Schultor so zu, dass er ihm den Schädel einschlug. Ein anderer Lehrer prügelte einen Schüler auf einem Ausflug zu Tode, weil er einen Fön bei sich hatte ... Es ist nicht unüblich, dass Kinder auf den Kopf geschlagen werden, einen Hieb ins Gesicht erhalten, oder dass sie wegen fehlender Hausarbeiten oder Regelverstößen mit Stöcken gestoßen oder geschlagen werden.[35]

> Ein 14-jähriger Teenager, der den brutalen Mord und die Enthauptung einer 11-jährigen Bekannten gestand, könnte laut Aussage der Polizei auch für frühere Angriffe auf zwei Schülerinnen verantwortlich sein, berichtete man in der Sendung Sunday ... Während die Polizei das Motiv für seine Taten nicht bekannt gab, machte ein Brief, der zehn Tage nach dem Mord an eine Lokalzeitung geschickt wurde, das japanische autoritäre Ausbildungssystem verantwortlich. »Ich vergesse nicht, mich am Pflichtschulsystem zu rächen, das mich zu einer unsichtbaren Existenz gemacht hat, und an der Gesellschaft, die dieses Pflichtschulsystem hervorgebracht hat«, hieß es in einem Abschnitt des langen Briefes ...

> Bewohner des Ortes erklärten gegenüber Sunday, dass sie froh über die Verhaftung seien. Viele brachten aber auch ihre Sorge über ein System zum Ausdruck, das seinen Schülern einen so starken Erfolgsdruck auferlege. »Auch wenn der Verdächtige verhaftet ist, bleibt das Problem ungelöst«, sagte Yoshihiro Kubota (41) aus Kobe.

> »Dieser Fall enthüllte die hässlichen Seiten des Schullalltags«, fuhr Kubota fort, der Vater von drei Schülern in Kobe. Seit dem Mord wurden die Schüler in Gruppen in die Schulen eskortiert und mit mobilen Alarmanlagen ausgestattet.[36]

Aufgrund eines unglaublich stresserfüllten und herabwürdigenden Systems haben etwa 180 000 »Schulverweigerer« im Alter zwischen sechs und fünfzehn Jahren der Schule den Rücken gekehrt. Da man in Japan großen Wert auf Schulausbildung legt, müssen diese Kinder einiges ertragen und bekommen nur wenig oder gar keine Unterstützung bei ihrem Versuch, sich zu retten. Dr. Pat Montgomery, die Direktorin von Clonlara, berichtet:

> Letztes Jahr erreichte die Selbstmordrate bei Jungen einen nie da gewesenen Höhepunkt... Wenn Schulverweigerer der Schule den Rücken kehren, gibt es kaum eine Zuflucht, wohin sie sich wenden können. Ihr Selbstwertgefühl sinkt ins Bodenlose, weil sie auch ihren Familien Schande bereitet haben. ... Deshalb muss ich betonen, dass sie diese Entscheidung nicht aus Spaß treffen. Üblicherweise sind sie bereits physisch krank oder stehen an der Schwelle dazu, und danach... In Tokio zeigte man mir ein Krankenhaus, wo in allen zehn Stockwerken Kinder behandelt wurden, die an Schulphobie litten. ... Ziel der Behandlung ist es, ihre Rehabilitation so weit voranzutreiben, dass sie wieder in die Schule gehen können.

Zum Glück reagierten einige wenige Personen mit Mitgefühl und errichteten »freie Schulen«, um Schulverweigerern zu helfen, außerhalb des Schulsystems zu lernen. Die Regierung duldet dies bislang stillschweigend. Dieses mutige Vorgehen hat auch das Interesse an Homeschooling gefördert.

Im Jahr 1994 besuchten in Tokio 889 Personen ein ganztägiges Symposium von Pat Montgomery zum Thema Homeschooling. 1997 waren bereits 150 Familien im Clonlara-Programm eingeschrieben, dass sogar ein japanisches Büro in Kyoto errichtete mit Konomi Shinohara Corbin als japanischem Kontaktlehrer. Dieses Programm ist auf die Bedürfnisse japanischer Homeschooler zugeschnitten, die sich in mancher Weise von denen anderer Länder unterscheiden. »Während Homeschooling von den Behörden offiziell ignoriert wird, hat es Zeit zu wachsen«, meint Pat. »Dies ist ein weiterer Fall von ›Wenn die Menschen führen, folgen die Anführer‹«.

Die Tatsache, dass Homeschooling in Japan erlaubt ist, ist nur der halbe Sieg. Es bleibt abzuwarten, ob ein Homeschooler als Erwachsener von der japanischen Gesellschaft akzeptiert wird. »Ohne Abschlusszertifikat einer Junior Highschool könnte es beim Zugang zu einer weiterführenden Ausbildung oder bei der Jobsuche ernste Probleme geben«, schreibt Kyoto Aizawa von Otherwise Japan. Sie berichtete, dass das japanische Beratungsgremium für Ausbildung vor kurzem den Vorschlag einbrachte, dass Schulverweigerer und Homeschooler die Gelegenheit eröffnet werden solle, eine Prüfung abzulegen, um dieses Zertifikat zu bekommen. In ihrem Lebenslauf dürften sie dennoch nicht anführen, dass sie tatsächlich die Junior Highschool abgeschlossen haben. Kyoto, der Anwalt Syoko Ishii und andere Befürworter des Homeschoolings hoffen stattdessen auf eine bessere Gesetzgebung, die Homeschooling eindeutig legalisiert und als wertvollen Weg zu einem verantwortungsvollen Erwachsenenleben anerkennt. Ihrer Meinung nach sind Äquivalenzprüfungen keine Lösung. Mittlerweile hat Clonlara einige hoffnungsvolle Neuigkeiten zu bieten:

> Mehrere unserer japanischen Schüler haben unser Clonlara-Diplom erworben und Aufnahme an verschiedenen Colleges und Universitäten gefunden – wie sogar der berühmten Waseda University. Was unseren Punktestand in dieser Hinsicht betrifft, haben wir keine Probleme. Andere haben ihr Clonlara-Diplom genutzt, um Zugang zum Arbeitsmarkt, zum Fernsehen und zum Theater zu finden.

Zurzeit sind einige Clonlara-Schüler immer noch gezwungen, japanische Prüfungen abzulegen, um ein Abschlussdiplom zu erhalten. Aber zumindest können sie sich außerhalb des Schulsystems auf diese Prüfungen vorbereiten.

»Die legale Position des Homeschoolings ist immer noch unklar«, erzählt Leslie Barson in *GWS* Nr. 106. »Und solange keine Klarheit herrscht, leben die derzeitigen Homeschooler in Angst, können sich nicht zusammenschließen und auch anderen japanischen Familien Homeschooling nicht als Option anbieten.« Da die Schulpflicht im Alter von fünfzehn Jahren endet, sind ältere Teenager theoretisch imstande, ihre Ausbildung außerhalb des Schulsystems selbst in die Hand zu nehmen. Allerdings ist es nicht selbstverständlich, dass Arbeitgeber oder Universitäten unabhängig lernende Schüler akzeptieren.

Kanada

Jede Provinz und jedes Territorium besitzt eigene Gesetze, die Homeschooling regeln. Während ich dies hier schreibe, gibt es in Kanada laut offiziellen Stellen etwa zehntausend Homeschooler. In British Columbia herrscht das günstigste gesetzliche Klima für Unschooling mit einer lebendigen, warmherzigen »Deschooling«-Gemeinde. Auf meinen Vorlesungsreisen traf ich in Vancouver und Victoria dutzende unabhängige, kluge Unschooling-Teenager. Den Bewohnern von British Columbia geht es besser als den meisten US-Bürgern. Homeschooler müssen sich lediglich in einer öffentlichen Schule einschreiben, Fernkurse belegen oder sich an einer unabhängigen Schule ihrer Wahl eintragen – wobei einige dieser unabhängigen Schulen von Unschoolern geleitet werden. In Abhängigkeit von der Zahl ihrer registrierten Homeschooler bekommen diese Institutionen von der Regierung einen kleinen Geldbetrag und versorgen ihrerseits ihre »eingeschriebenen« Homeschooler mit Lehrmaterial.

> Die Sprache wirft oft Probleme auf, weil hier in Nordamerika viel Lernmaterial für Homeschooler ausschließlich englischsprachigen Familien zur Verfügung steht. Durch die schwierigen Sprachgesetze hat Kanada die höchste Ausfallsrate und es lastet enormer Druck auf den Teenagern. Wir

> empfehlen ihnen deshalb, sich direkt an den Computer zu setzen und sich weiter keine Sorgen zu machen. Die Arbeitslosigkeit ist heute so hoch, dass ein Stück Papier (sprich ein Diplom) praktisch wertlos ist. Jobsuche ist ein antiquierter Begriff; was wir brauchen, sind neue Unternehmen. Unser Ausbildungssystem gestattet jedem den Zugang zum CEGEP [vergleichbar einem amerikanischen College], der über die 11. Schulstufe eine positive schriftliche Äquivalenzprüfung abgelegt hat. Ich rate all jenen Studenten, die unbedingt auf ein College gehen wollen, sich auf diese Prüfung vorzubereiten und die Highschool einfach zu umgehen. Je nachdem, in welchem Lebensbereich deine Interessen liegen, lässt sich selbstverständlich auch das CEGEP umgehen. Ich bin eine starke Befürworterin der Praktikantenausbildung und ermutige meine Kinder, ihre natürlichen Talente als Tore zu sehen, die ihnen ihre Möglichkeiten im Leben eröffnen.

Neuseeland

In Neuseeland gibt es zwischen fünf- und siebentausend Homeschooler. Dies ist mehr als ein Prozent der gesamten schulpflichtigen Bevölkerung. Damit ist Homeschooling in Neuseeland eindeutig weithin bekannt und in zunehmendem Maß beliebt. Die Eltern müssen einige detaillierte Formulare ausfüllen, umreißen, auf welche Art und Weise sie verschiedene Gegenstände behandeln wollen, und Jahresberichte vorlegen. Die Homeschooling-Mutter Debbie Bennett sagt: »Ich empfinde die Gesetze nicht als besonders restriktiv. Solange man den Behörden erzählt, was sie gerne hören wollen, kann man es sehr entspannt angehen. Wenn man deren Spiel mitspielt, läuft alles wirklich individuell ab. «Homeschooling-Familien erhalten jährlich mehrere hundert Dollar für Lehrmaterial. Jan Brownlie erzählt: »Homeschooling ist hier für Teenager wirklich einfach, vor allem, wenn man eine Freistellung beantragt (von der Schuleinschreibung) und betont, dass man auf Arbeitserfahrung Wert legt. Wenn ein Teenager im Alter von 14 oder 15 Jahren einen Job vorweisen kann, darf er sogar die Schule ohne Freistellung verlassen.« Jill Whitmore aus Auckland berichtet:

> Kinder dürfen hier sowohl informell als auch formell lernen. ... Unsere Teenager durften im späteren Abschnitt ihrer Homeschooling-Karriere die Schule in Teilzeit besuchen; dies war mit dem Direktor und den Lehrern so vereinbart worden. Einige andere Homeschooling-Teenager aus unserem Bekanntenkreis genießen ähnliche Arrangements.

Niederlande

Homeschooling ist legal, aber nicht sehr bekannt; eine Mutter benötigte fast sechs Jahre, um sich die nötigen Informationen zu beschaffen. Im Jahr 1988 gewann eine Homeschooling-Familie einen wichtigen Prozess, unter anderem indem sie ihre ernsten Absichten unter Beweis stellte: Sie erklärte, das Land zu verlassen, sollten ihre Kinder zum Schulbesuch gezwungen werden. In *GWS* Nr.102 schreibt Liz Meyer Groenveld über ihre 17-jährige Tochter:

> Ich machte mir immer Sorgen über die höheren Schulstufen. Hier fordert man ein hohes akademisches Niveau; um an einer Universität zugelassen zu werden, muss man neben Niederländisch auch Englisch, Deutsch oder Französisch beherrschen. Zusätzlich muss man in Holland auch für Arbeiten wie Blumenbinden einen Gewerbeschein besitzen. ... Was ich in *GWS* gelesen habe, hat mich jedoch in Einem immer bestätigt: Wo ein Wille ist, ist auch ein Weg. Solange wir die akademischen Voraussetzungen erfüllen, sollte Lizzy keine Schwierigkeiten mehr haben, das Staatsexamen für die Aufnahme an die Universität zu bestehen, wie jeder Austauschstudent aus einem anderen Land. Nachdem sie nun... Englisch und Niederländisch fließend beherrscht, versuche ich, einen Deutschlehrer für sie zu finden. ... Ich will sicherstellen, dass Lizzy so lange Homeschooling betreiben kann, wie sie es will. ... Die meisten Menschen nehmen an, dass wir die Dinge sehr offiziell angehen, mit Tutoren und Lehrbüchern, während wir in Wirklichkeit Unschooling betreiben. In regelmäßigen Abständen frage ich bei Schulkindern nach, woran sie gerade arbeiten, und obwohl wir nur wenig Zeit für echte Lernstunden aufwenden, ist Lizzy ihrer Klasse um einiges voraus.

Norwegen

Im Jahr 1996 wurde in Norwegen die erste nationale Homeschooling-Konferenz abgehalten. Homeschooling ist zwar umstritten, aber legal.[37]

Philippinen

Candace Thayer-Coe, die Mutter einer kanadisch-amerikanischen Homeschooling-Familie, die auf den Philippinen lebt, berichtet: »Eine philippinische Familie, von deren Söhnen einer während der Highschool-Zeit Homeschooling betrieb, informierte mich über das philippinische Schulgesetz. Dem Gesetz zufolge beginnt die Schulpflicht im Alter von sieben Jahren. Aber wenn ein Kind nicht zur Schule geht, werden keine Strafen auferlegt. Deshalb ignorieren die Menschen hier vielfach dieses Gesetz.«

Wie in vielen anderen Teilen der Welt erzählt Candace, dass »es hier nicht viele Homeschooler gibt, weil sie gesellschaftlich nicht akzeptiert werden. Die Stellung, die du innerhalb der philippinischen Gesellschaft einnimmst ... hat viel mit der Schule zu tun, die du besucht hast. ... Unsere Kollegen in der Asian Development Bank halten uns für mutig, weil wir unsere Kinder von jeglichem Gruppensystem fernhalten.«

Portugal

»Die Eltern sind mit dem Zustand der öffentlichen Schulen hier sehr unzufrieden«, schreibt Gloria Harrison in *GWS* Nr. 80 (1991). Außer ihrer eigenen portugiesisch-amerikanischen Familie und einigen wenigen Amerikanern, Engländern und Kanadiern kannte sie keine weiteren Homeschooler.

> Was das Homeschooling meiner Kinder betrifft, hatte ich nie Probleme. ... Portugiesische Schulen ... werden in zwei Schichten geführt. Während die einen Kinder nur vormittags zur Schule

> gehen, besuchen die anderen nur nachmittags den Unterricht. Das bedeutet, dass man immer und überall Kinder auf der Straße sieht, so dass meine Kinder und ich nicht wie bunte Hunde auffallen, wenn wir aus dem Haus gehen. Niemand hat sie je gefragt, warum sie nicht in der Schule sind. ... Mein Schwager erzählte mir, dass in Portugal Homeschooling nicht gegen das Gesetz verstößt, allerdings glaubt er, dass nicht viele von dieser Möglichkeit Gebrauch machen, weil Homeschooling immer noch ein Stigma anhaftet.

Russland

Selbst in Russland ist Homeschooling seit 1991 erlaubt, die Eltern haben sogar Anspruch auf finanzielle Unterstützung.

Schweden

Die Homeschooling-Eltern Ywonne und Gunnar Jarl schreiben:

> In ganz Schweden (mit seinen nur neun Millionen Einwohnern) betreiben nur einhundert Kinder Homeschooling. ... Man hat uns gesagt – und wir glauben es –, dass Schweden eines der schlimmsten Länder der Welt ist, was die Intoleranz gegenüber Homeschoolern betrifft. ... Vor einem Jahr kauften wir einen Computer und verbanden uns mit dem Internet. Innerhalb weniger Wochen zerbrach unsere Isolation, und wir entdeckten, dass wir Mitglieder einer weltweiten Gemeinschaft sind. ... Mit wachsendem Wissen erkannten wir, dass die Dinge gar nicht so schlecht standen. Die schwedischen Gesetze sind in Wirklichkeit wesentlich liberaler als viele bundesstaatliche Regelungen in den USA. ...

Das hat sich im Sommer 2012 leider geändert. Der führende schwedische Vorkämpfer für Freies Lernen, Jonas Himmelstrand vom schwedischen Homeschoolverband ROHUS, musste aufgrund extrem hoher Strafandrohungen und der im Raum stehenden Gefahr des Sorgerechtsentzuges ins finnische Exil gehen. Mehrere andere schwedische Freilernerfamilien taten es ihm nach, aber die Situation innerhalb Schwedens ist derzeit für Freilerner verzweifelt. Der Unternehmensberater Jonas Himmelstrand nutzt seine Erfahrung mit Medien- und Lobbyarbeit jetzt dafür, um mit dem von ihm geleiteten Rohus-Verband aus dem finnischen Exil heraus für die Legalisierung des Homeschoolings zu kämpfen.

Slowakei

Homeschooling ist seit 2008 durch ein neues Gesetz erlaubt und geregelt. Damit hat die Slowakei als vorletztes Land der EU den Schulbesuchszwang abgeschafft. Im Bereich der Grundschule entscheidet der Direktor der zuständigen Grundschule über den Antrag auf Homeschooling. Dieses darf nach Bewilligung unter Beachtung gesetzlicher Regelungen stattfinden.[38]

Spanien

Homeschooling ist in Spanien legal und geschützt von Artikel 27 der spanischen Verfassung. ALE (Asociacion para la Libre Educacion) wurde 2002 als Organisation gegründet, die ein breites Spektrum von zu Hause unterrichtenden Familien repräsentiert.

Ohne gleichaltrige Unschooler schafft es Lomi mit erstaunlicher Lebenskraft, sich selbst auszubilden. Unter anderem jongliert er, möchte eine Zirkusschule besuchen, trainiert Aikido, ist Pfadfinder, spielt Basketball und vieles mehr:

> Mein Vater ist Ungar, meine Mutter Schwedin, und wir leben in Spanien. Deshalb spreche ich Ungarisch, Schwedisch und Spanisch fließend. Ich spreche auch ein wenig Englisch und höre diese Sprache oft, weil meine Eltern mit vielen ihrer Freunde Englisch sprechen. Wir leben in einer stark international geprägten Stadt (mit 51 Nationalitäten!), aber meine gleichaltrigen Freunde sind durchweg Spanier und gehen zur Schule.
>
> »Liegst du den ganzen Tag im Bett und siehst fern?«, fragen mich andere Teenager oft. Aber ich liege nur während der Stunden im Bett, die ich schlafe, und wir haben nicht einmal einen Fernseher. Außerdem habe ich ohnehin nicht genug Zeit, um all das zu tun, was ich gerne tun will!
>
> Vor etwa einem Jahr interessierte ich mich für das Radio und wollte es einfach einmal ausprobieren. Deshalb nahm ich Stunden als Radio- und TV-Sprecher und machte kurz darauf einen Crashkurs, um Radioprogramme für Jugendliche zu entwickeln. Danach machte ich in dieser Region einen Kurs für ländlichen Tourismus, in dem wir hauptsächlich lernten, welche Auswirkung der Tourismus auf die Natur hat. Obwohl diese Kurse für Erwachsene bestimmt waren, hatte ich keine Probleme, daran teilzunehmen.
>
> Ich habe immer schon Freude daran gehabt, vegetarisch zu kochen und zu essen! Deshalb koche ich auch oft zu Hause. Vor ein paar Jahren arbeitete ich als Freiwilliger in einem vegetarischen Restaurant, wo ich eine Menge lernte. ... Letztes Jahr kochte ich einmal pro Woche für das Personal eines alternativen Zentrums das Mittagessen.
>
> Hin und wieder halte ich mit meinen Eltern Vorträge über Homeschooling. Immerhin bin ich derzeit einer der wenigen Homeschool-Teenager in Spanien. ... In Kürze werde ich mit einem Team den Homeschooling-Newsletter herausbringen, weil ich eine Menge über Layout, die Erstellung eines Newsletters und den Druck weiß. (Schon mit meiner Pfadfindergruppe habe ich einen Newsletter herausgegeben und später mit anderen einen für eine Umweltgruppe. Derzeit habe ich angeboten, das Layout einer Broschüre für eine neue Gruppe zu machen, die sich gegen die traditionelle spanische Tierfolter – den Stierkampf – stellt.)

In unserer heutigen Welt bleibt uns keine andere Möglichkeit, als uns für Friedens-, Menschenrechts- und Umweltprojekte einzusetzen. Ich habe mich bisher vor allem auf die Umwelt konzentriert. Ich bin sowohl Mitglied großer Gruppierungen wie Greenpeace, als auch kleiner lokaler Gruppen, und setze mich ein, wo immer ich kann. Zum Beispiel fördere ich in meiner Pfadfindergruppe den Recyclinggedanken durch eine Batteriesammelaktion. Wenn Freiwillige gebraucht werden, um zum Beispiel eine Studie über die Verunreinigung der Küste zu erstellen, oder Unterschriften zu sammeln, kontaktieren mich die lokalen Umweltgruppen – außer, ich bin schon anderweitig im Einsatz!

In diesem Teil Spaniens gibt es viele alternative Festivals für Umwelt, Frieden, alternative Medizin, Kunsthandwerk, biologische Nahrungsmittel etc. Meine Mutter und ich haben letztes Jahr das erste derartige Festival in unserer Stadt auf die Beine gestellt, und es war ein so gewaltiger Erfolg, dass wir es dieses Jahr wiederholen werden. Ein derartig großes Ereignis erfordert beträchtlichen Organisationsaufwand: mehr als fünfzig Stände, zwanzig Vorträge, zwanzig Workshops, Livemusik etc. Meine Mutter und ich haben uns die Arbeit geteilt, aber weil ich noch nicht erwachsen bin, hat sie sämtliche Kontakte mit dem Rathaus und den Fernsehstationen übernommen. Die Radiostationen haben aber angerufen, um mich zu interviewen, weil sie nicht wussten, wie alt ich bin!

Meine Mutter hat auf diesen Festivals ihre selbst hergestellten Kosmetikprodukte verkauft. Anfangs habe ich ihr geholfen, aber später habe ich dann einen eigenen Stand für biologisches Popcorn neben ihrem Stand bekommen. Mittlerweile gehe ich ohne sie zu den Festivals und überlege, ob ich nicht auch kompliziertere Speisen herstellen und verkaufen soll. Dass ich noch nicht Autofahren darf, ist mein größtes Problem. Dadurch ist es für mich schwierig, all mein Material zu den Festivals zu schaffen.

Vor kurzem habe ich mit anderen ein Projekt gestartet – eine Lebensmittel-Kooperative – wo ich in Zukunft hoffentlich halbtags arbeiten kann. Mein Traum ist ein vegetarisches Restaurant neben dem Lebensmittelladen. Ich habe auch schon ein wenig Erfahrung im Verkauf von Nahrungsmitteln von Großhändlern an Freunde. Die meisten dieser Aktivitäten finden etwa fünfzig Kilometer von meinem Zuhause statt, so dass ich viel Zeit auf dem Fahrrad, im Zug und im Bus verbringe.

Südafrika

Die südafrikanische Homeschooling-Bewegung ist lebendig und aufstrebend. Und dies, obwohl sich die alte Regierung vehement gegen Homeschooling aussprach und auch das derzeitige Parlament nicht begierig darauf ist, Freiheit zu gewähren. Dank der neuen demokratischeren Regierung konnten die Aktivisten jedoch große Verbesserungen durchsetzen und führen ihren Kampf auch weiterhin fort. Unser Star ist Kate Durham, die über sich sagt: »Ich war bloß eine durchschnittliche Hausfrau, nur dass ich genau wusste, was zu tun war und wie.« Kate organisierte eine Vereinigung und motivierte auch Homeschooler in anderen Provinzen, sich zu organisieren. Schließlich reiste sie mehrmals nach Kapstadt, um auch Politiker zu unterrichten.

Ihrer Arbeit und der anderer engagierter Mitstreiter ist es zu verdanken, dass Südafrika heute landesweite Gesetze besitzt, die Homeschooling gestatten. Allerdings muss man sich zunächst immer noch an einer Schule einschreiben, um dann zu hoffen, dass die Regierung eine Freistellung gewährt. Einige Familien betreiben offen Homeschooling, ohne ihre Kinder registrieren zu lassen. Ihnen stärkt der wachsende öffentliche Widerstand gegen staatliches Eingreifen in private Angelegenheiten den Rücken. Wie viele Homeschooler gibt es nun? »Schätzungen zufolge etwa 1300, ... wovon der Großteil im Untergrund ist«, sagt Kate. »Im Jahr 1996 erreichte die Mitgliederzahl unserer Vereinigung knapp 100 Prozent der Homeschooler.« Da die öffentlichen Schulen in grauenvollem Zustand und die Privatschulen teuer sind, erwartet Kate, dass der Trend anhält. (Ironisch und widerwärtig zugleich ist die Tatsache, dass die alten südafrikanischen Gesetze über Schulpflicht nicht auf schwarze Kinder anwendbar waren. In einem Brief an *GWS* schreibt Kate: »Weiße Kinder wurden in den Schulen gehütet, was meiner Meinung nach wirkungsvoll dazu beitrug, die Mythen und Ängste lebendig zu erhalten, auf die sich die Apartheid stützte.«)

Tschechien

In Tschechien wurde Homeschooling 2005 legalisiert. Grundlage war eine mehrjährige staatliche Pilotstudie.

Venezuela

Die gute Nachricht zuerst: Es gibt keine Schulpflicht, und in den unteren Bevölkerungsschichten floriert das System der Lehre. Nun die schlechte Nachricht: Der gesellschaftliche Erwartungsdruck ist so hoch, dass es bei Personen, die sich die Schule leisten können, als eindeutig uncool gilt, seine Ausbildung selbst in die Hand zu nehmen. (Obwohl die Schule bis zur achten Schulstufe gratis ist, gibt es viele Familien, die sich die nötigen Bücher, Uniformen und anderen Lehrmittel nicht leisten können.) »Für eine Familie der Oberschicht ist es geradezu undenkbar, dass die eigenen Kinder zu Hause eine Ausbildung nach einem Lehr- und Praktikumsmodell machen!«, berichtet Aleta Shepler, eine US-Amerikanerin, deren drei Kinder Unschooling betreiben. Allerdings ändert sich mitunter auch die Meinung der Leute. Wie Aleta erzählt, standen ihre venezolanischen Bekannten ihrer Entscheidung zunächst »skeptisch gegenüber, bis sie sahen, dass Kirsten ins College aufgenommen wurde, über Halee in einer Zeitschrift ein Artikel erschien und Os im Alter von fünfzehn Jahren zu den Kunstvorlesungen einer venezolanischen Universität zugelassen wurde. Heute stoßen wir nur noch selten auf offene Kritik.«

Kapitel 12
Die Bedeutung von Ferien

Jeder Tag, den ich zur Schule ging, war ein Angriff auf mein Selbstwertgefühl. Ich lernte, nicht mehr an mich zu glauben. Von allen Seiten wurde ich bombardiert: Die Lehrer ließen sich darüber aus, wie schlecht ich in ihren Kursen sei, meine Familie schämte sich für meine Zensuren, und die Mitschüler griffen mich wegen allem und jedem an! Ich war wie eine Pflanze, die im Dunklen zu wachsen versucht – was einfach nicht gelingt. All das erfüllte mich mit Angst, so dass ich es nicht mehr wagte, meine Träume zu träumen oder ich selbst zu sein! Wer will schon sein wahres Gesicht zeigen, wenn man bloß wieder mit Steinen nach ihm wirft? Die eigentliche Frage lautet: Wie lässt sich der entstandene Schaden wieder gutmachen? Wir müssen uns die Zeit nehmen, wieder zu träumen. Wie ein Bildhauer, der alles entfernt, was nicht zur Skulptur gehört, müssen auch wir alles entfernen, was nicht Teil von uns ist. Wir müssen wieder unsere Träume träumen – anstatt die von anderen Menschen – und zwar unsere eigenen, kostbaren Träume, die uns alles bedeuten. Unsere Träume sind die Landkarten unseres Lebens.

– UNSCHOOLERIN JENNY SMITH

Sobald wir die Schule verlassen, denken wir zunächst über das nach, was wir nicht mehr tun müssen, und erst nach einer Weile denken wir über das nach, was wir tun wollen.

– EVA OWENS IN *GWS*

Bevor du dein neues Leben beginnst, musst du dich von deinem alten Leben trennen.

Du musst laute, grausame Stimmen zum Schweigen bringen, bevor du den sanften, fernen Gesang der Musen hörst. Erst musst du einen starren Terminkalender hinter dir lassen, ehe du zu deinem natürlichen Rhythmus zurückkehren kannst. Ohne das – keine Musik.

Schulisches Lernen ist, als würdest du gegen den Strom deiner natürlichen Neugier und deines eigenen Rhythmus schwimmen. Auch wenn es anstrengend und erschöpfend ist, kannst du es schaffen. Unschooling ist, als würdest du mit dem Strom schwimmen. Du bewegst immer noch Arme und Beine, um von einem Ufer zum anderen zu gelangen und alles zu erforschen, aber du musst nicht mehr kämpfen. Wenn du dir nicht die Zeit gönnst, im Fluss umzukehren, wird Unschooling für dich zu einem kläglichen Wirrwarr. Wenn du dir nicht die Zeit gönnst, dich anzupassen, wird dieses Buch dir keine Hilfe sein. Du wirst immer noch flussaufwärts blicken, während du flussabwärts treibst. Anders ausgedrückt, wirst du weder hier noch dort sein ... und vielleicht hast du schließlich sogar Sehnsucht nach der Schule, weil du diesen Ort zumindest kennst.

Die von mir vorgeschlagenen Ferien sind eine Zeit, die du benötigst, um umzukehren – und dich auszuklinken –, bevor du Kraft aufwendest, auf dein Eigenes Kurs zu nehmen. Wenn du nicht erst Ferien machst, wirst du Unschooling möglicherweise mit demselben fieberhaften Schuldkomplex beginnen, mit dem du deine schulische Laufbahn vorangetrieben hast. Das meine ich nicht als Scherz. Die 13-jährige Jessica Gray, die ihre Mutter überzeugte, sie in der fünften Schulstufe aus der Schule zu nehmen, schreibt in *GWS* Nr. 93:

> Anfangs hoffte ich, dass ich durch Homeschooling Gelegenheit hätte, frei zu sein, mich zu entwickeln und durch eigene Erfahrungen mein Wissen über das zu erweitern, was es auf der Welt tatsächlich gab. Während des ersten Jahres, als wir einen steinigen Weg hinter uns legten, um das Schulsystem zu befriedigen, und immer noch die alten Gedanken und Überzeugung in uns trugen, dass Ausbildung aus Büchern, Füllern, Papier, frühem Aufstehen, schlechtem Essen und mindestens sechs Stunden am Schreibtisch bestünde, verlor ich aus den Augen, was mir Homeschooling wirklich bedeutete und wie ich es mir von Anfang an gewünscht hatte. Aus Unsicherheit und Angst, »nicht zu genügen«, arbeitete ich ein ganzes Jahr mit einem Programm, das genauso aufgebaut war, wie ich es aus der Schule kannte. Das Programm umfasste viele Lehrbücher, Tests, eine vorgeschriebene Arbeitszeit von sechs Stunden pro Tag und ein unglaubliches Maß an Stress. Dieses eine Jahr, das ich mit dem Programm verbrachte, fühlte sich wie fünf grauenvolle Jahre an. Insgesamt lehrte mich das Programm nur eine wertvolle Lektion: dass ich mich nie wieder einer derartigen Tortur unterwerfen würde. ...
>
> Als ich zu Beginn des Programms die Bücher und Lehrpläne erhielt, erschienen sie mir unterhaltsam, während sie in Wirklichkeit nur sicher aussahen. ... Lange Zeit fühlte ich mich ziemlich mies, was mir auch noch die letzte Energie raubte. Wieder wurde ich nur anhand von Tests beurteilt, statt dass sich jemand für die Wanderung interessierte, die ich in den Bergen unternommen hatte, oder für die Erforschung eines Themas, das mir etwas bedeutete.

Sobald Jessica erkannt hatte, dass sie ihre Jugend nicht damit vergeuden wollte, zu Hause Schule zu machen, veränderte sie ihre Methode vollständig. Unter anderem wurde sie freiwillige Helferin bei Habitat for Humanity und unternahm mit ihrer Mutter zahlreiche Reisen.

Deine Ferien

Sobald du die Schule hinter dir gelassen hast, solltest du dich als absolutes Minimum eine ganze Woche nicht mit akademischen Dingen befassen. Wenn du willst, kannst du Geschichten oder Tagebucheintragungen über deine Vergangenheit und deine Zukunft schreiben. Träume, soviel du kannst. Und wenn du gerne fernsiehst, dann tu es. Wenn du gerne schläfst, genieße es. Mach einen echten Entzug, ohne dich einer wie immer gearteten Beurteilung zu unterwerfen. Wenn du gerne an etwas »arbeiten« willst, dann arbeite daran, zu vergeben und zu vergessen. Vergib dir alles, auch deinen

Lehrern und Eltern. Vergiss all die Lügen, die man dich in der Schule gelehrt hat – vergiss, dass das Lernen vom Leben getrennt ist, dass du dich nicht selbst bilden kannst, dass du dich durch deine Zensuren definierst und all diesen Unsinn. Nutze die Zeit, um dich zu entgiften und zu reinigen.

Selbstverständlich müssen deine Eltern darüber Bescheid wissen, dass du zunächst Ferien machst. Denn wenn sie es nicht wissen, werden sie ängstlich Lehrbücher vor dir aufstapeln und dir einen Aufsatz über die Herrschaft von Queen Elizabeth auftragen. Ich kenne dich nicht, aber mich würde diese wohlmeinende Sorge sicher in die Schule zurücktreiben. Wenn du glaubst, dass sie es nicht aushalten, dir eine Woche beim Nichtstun zuzusehen, solltest du vielleicht deine Großmutter besuchen.

Und nach den Ferien

Leider kann ich dir nicht versprechen, dass all deine schulischen Wunden in der kurzen Zeitspanne einer Woche verheilt sein werden. Möglicherweise benötigst du einen Monat oder sogar mehrere Jahre, um deinen Geist von der Schule zu befreien – was nicht bedeutet, dass du solange warten sollst, um dein neues Leben aufzunehmen. Der 17-jährige Anthony J. Hermans hat sich dazu eigene Gedanken gemacht: »Es ist nicht einfach, mit so viel Freiheit umzugehen – vor allem, wenn du etwas anderes gewöhnt bist.« Judy Garvey, eine Homeschool-Mutter und Autorin von *How to Begin Homeschooling*, bezeichnet diesen Übergangsprozess als »Ausspülen«. In *GWS* Nr. 70 berichtet sie, dass ein neuer Unschooler in dieser Phase oft nicht einmal einen vagen Hinweis auf Schulisches erträgt und mitunter vorübergehend an allem das Interesse verliert.

In deinen Eingeweiden lauern einige Feinde und warten nur darauf, dir das Leben zu erschweren. Zunächst könnte dich Angst überwältigen. Plötzlich hat deine Welt ihre gesamte Struktur verloren, und dies nicht nur für ein Wochenende. Deine Zeit gehört nun wirklich dir. Die Verantwortung, die du dadurch trägst, könnte dich betäuben. Erwarte, dass du Angst haben wirst, aber gib dieser Angst nicht nach. Einige weise Frauen aus meinem Bekanntenkreis sagen immer: Wo Angst ist, ist auch Macht. Niemand hat Angst, wenn er seit vierzehn Jahren zu seinem langweiligen Job geht. Das ist einer der traurigen Gründe, warum er seit vierzehn Jahren diesen langweiligen Job macht.

Schuldgefühle sind ein weiterer Feind, der deine natürliche Neugier hemmt. Menschen, die nie eine Schule besucht haben, haben auch nie eine negative Einstellung entwickelt, was die Erforschung ihrer Welt betrifft. Dir ist das vermutlich passiert. Es ist aber nicht deine Schuld, dass du nicht augenblicklich aus dem Haus stürmen willst, um Marienkäfer mit der Lupe zu beobachten. Wahrscheinlich dauert es eine Weile, ehe deine Sehnsucht, etwas zu lernen, unter den Schichten aus Schuldgefühlen zutage tritt – dies sind die Stimmen, die dir sagen: Ich sollte dies lernen, und ich muss einfach das lernen. Gönne dir diese Zeit, ohne zu drängen. Allmählich wirst du dich erholen. Nach Meinung des Homeschool-Vaters Dan Raymond dauert es etwa ein Jahr, ehe ein frisch geschlüpfter Unschooler etwas »Richtiges« beginnen und seinen eigenen Weg gehen kann.

Ungeduld ist ein weiteres Hemmnis. In Kapitel 3 habe ich darauf hingewiesen, dass im 18. und 19. Jahrhundert die Schulen den Fabrikbesitzern halfen, Menschen von ihrem natürlichen, an die Landwirtschaft angepassten Lebensstil auf den künstlichen, industriellen Lebensstil umzupolen. Sobald du die Schule verlässt, kannst du zu einem gesunden Tempo zurückkehren. Aber du solltest mit dir selbst mehr Geduld haben, als Fabrikbesitzer mit ihren Arbeitern. Gestatte dir, eine natürliche Geschwindigkeit zu finden, auch wenn dies bedeutet, dass du möglicherweise langsamer wirst, öfter ins Leere starrst und freier atmest. Dadurch leistest du nicht zwangsläufig weniger – denn viele Homeschooler erreichen weit mehr als ihre schulgebundenen Altersgenossen – aber auch das wäre in Ordnung. Der Sinn des Lebens besteht in Qualität, nicht in Quantität. Nachdem die 14-jährige Adrian Deal die Schule verlassen hatte, schrieb sie ein wundervolles Pamphlet mit dem Titel »Ist heute nicht Schule?«. Ein Teil davon lautet folgendermaßen:

Was tust du den ganzen Tag?

Das höre ich immer von meiner Großmutter, die sich fragt, ob ich denn nur »den ganzen Tag herumhänge und Schokolade esse«. Nun, das tue ich nicht. Aber ich mache auch nicht so viele Dinge, wie man in der Schule unternimmt: Zum Beispiel widme ich mich an einem Tag nach meinem eigenen Tempo ein oder zwei Dingen, die ich wirklich genieße, anstatt mich mit sieben unterschiedlichen »Fächern« zu überhäufen.

Kurz nachdem ich die Schule verlassen hatte, erkannte ich, dass ein Tag nicht sehr lang ist – man kann einfach nicht viel an einem Tag tun. Deshalb ist es unmöglich, große Mengen an Algebra, Chemie, Geschichte, Englisch, Spanisch, Biologie und Gesundheitslehre in einem Tag vollständig in sich aufzunehmen (geschweige denn zu genießen). Worauf will ich hinaus? In der Schule lernen wir, dass wir den ganzen Tag über aktiv beschäftigt sein müssen. Deshalb ist es wichtig, sich nach dem Schulaustritt zunächst zu entspannen, sich nicht zu zwingen, etwas zu tun, und zu erkennen, dass es in Ordnung ist, nicht jeden Tag alle sieben Gegenstände abzuarbeiten.

Jetzt zu einigen meiner täglichen Aktivitäten: Bücher lesen (Romane oder Sachbücher), einen Film ansehen, einem meiner vielen Brieffreunde schreiben, meiner Mutter bei der Büroarbeit helfen, Musik hören, mit meinem Sammelalbum arbeiten, diese Broschüre erstellen, etwas Köstliches kochen, mit Wasserfarben malen, Schmuck herstellen, in der Bibliothek stöbern und einfach Spaß haben.

Mangel an Vertrauen ist das Schlimmste, was dir bei Unschooling passieren kann

Wenn dir deine Eltern nicht vertrauen, ständig an dir herumnörgeln, oder so aussehen, als würden sie gerne nörgeln. Wenn sie sehen, dass du vor dem Fernseher sitzt, und daraus schließen, dies sei alles, was du tust. Irgendwann wird dich das verrückt machen, und du wirst dich danach sehnen, wieder zur Schule zu gehen, wo jeder von dir erwartet, dass du keine Lust hast, etwas zu lernen. Sag ihnen, wie wichtig es ist, dass sie dir vertrauen. Erziehe sie zu Homeschooling. Zeige ihnen die Geschichten in diesem Kapitel. Bringe sie mit anderenHomeschooling-Familien in Kontakt.

Wenn dir die Schulbehörde nicht vertraut, ist dies nur halb so schlimm, weil du diese Beamten nicht täglich siehst. Allerdings können sie dich dennoch dazu zwingen, mehr Struktur und Gegenstände in deiner Ausbildung zu akzeptieren, als deiner Meinung nach für dich gesund ist. Mach dir nicht allzu viele Gedanken über die Schulbehörde, lerne stattdessen, diplomatisch zu sein. Nicke und lächle, und tu dann genau das, was du tun willst.

Nichts jedoch ist schlimmer, als wenn du dir selbst nicht vertraust. Denn dann kannst du unter einem Gebirge von Schuldgefühlen ersticken. Wenn dir Eltern und Lehrer während eines Großteils deines Lebens nicht vertraut haben, ist es nicht deine Schuld, wenn du dir irgendwann selbst nicht mehr vertraust. Aber auch wenn es ihre Schuld ist: Rache ist nicht die Lösung. Arbeite daran.

Hilfe

Wenn man dir immer noch sagt, was du tun »sollst«, oder man dir auf andere Weise zeigt, dass man dir nicht vertraut, oder wenn du von Schuldgefühlen und Albträumen über die Schule gequält wirst und dich nicht entspannen kannst, ist es Zeit, Hilfe zu suchen. Vielleicht genügt schon der Kontakt zu anderen Unschoolern. Vielleicht benötigst du aber auch intensivere Betreuung durch einen Berater. Im Auftrag kluger Freunde empfehle ich Co-Counseling (Selbsthilfe auf Basis von Gegenseitigkeit) oder Re-Evaluation Counseling (»RC« – dient der Entlastung von emotionalen Spannungen), obwohl ich selbst nicht als Co-Counselor tätig bin.

Ich erwähne hier Co-Counseling, weil es wesentlich weniger urteilend abläuft, als andere Counseling- oder Therapieformen. Ein traditioneller Psychiater könnte von der wenig hilfreichen Annahme ausgehen, dass dein Unschooling die Ursache deines Problems ist. Außerdem stärkt Co-Counseling auch deine eigenen Kräfte. Co-Counselor arbeiten paarweise, wobei jede Person zwei Rollen übernimmt – die des Beraters und die des Klienten. (Eine Sitzung läuft folgendermaßen ab: Erst ist eine Person der Berater und die andere der Klient. Und nach einer vorab festgelegten Zeitspanne – etwa einer Stunde – werden die Rollen getauscht.) Außerdem ist Co-

Counseling nach einem kurzen, nicht allzu kostspieligen Einführungskurs gratis. Wie man der Fachliteratur über Co-Counseling entnehmen kann, basiert diese Selbsthilfemethode »auf der Annahme, dass jeder mit gewaltigem intellektuellen Potential, natürlicher Lebensfreude und Mitgefühl geboren wird, diese Fähigkeiten jedoch bei Erwachsenen [und Teenagern] durch eine Anhäufung quälender Erfahrungen (Angst, Kränkung, Verlust, Schmerz, Wut, Scham etc.), die schon früh im Leben einsetzen, gehemmt oder verschüttet werden.«

Nachdem du den »Grundkurs« besucht hast, den du überall auf der Welt absolvieren kannst, bist du imstande, dich jeder Co-Counselor-Gruppe anzuschließen. Co-Counseling steht allen Altersklassen offen und bietet in manchen Regionen eigene Jugendnewsletter und -kapitel. Mehr Informationen über Co-Counseling und Gruppen in deiner näheren Umgebung findest du im Internet.[39]

Die Frage der Struktur steht ebenfalls mit dem Thema Schuldgefühle und Misstrauen in Zusammenhang – aber damit werden wir uns in Kapitel 16 befassen. Judy Garvey und Jim Bergin, die einen 13-jährigen Sohn haben, bieten in *GWS* Nr. 76 eine relativ unkomplizierte Lösung für einige dieser psychologischen Probleme an: Ein Praktikum oder ein Job außerhalb des Heimatortes ist ihrer Meinung nach die beste Methode für den Umstieg auf Unschooling. Auf diese Weise kann man sich ein strukturiertes Timeout in einem neuen Umfeld gönnen, ohne das Gefühl zu haben, ein »Schulabbrecher« oder »Versager« zu sein.

Aber Miss Llewellyn, wenn es manchen Menschen so schwer fällt, sich von schulischen Wunden zu befreien, warum sind Sie dann so optimistisch? Woher wollen Sie wissen, dass ich mich tatsächlich wieder erhole?

Zum Teil, weil ich genügend Erfolgsgeschichten gehört habe, und zum Teil, weil auch ich mich noch als Erwachsene erholt habe. Erst im College ist mein Geist wie ein Boomerang aus der Welt der Zensuren, Zulassungstests, hastig verfassten Schreibarbeiten, der Langeweile, des schulischen Gehorsams und der Routinearbeiten zurückgekehrt. Mein Wiedereintritt ins Leben erfolgte vor allem durch Gespräche mit Freunden und weniger durch den offiziellen College-Lehrplan.

Die nachfolgenden Geschichten und Kommentare werden dir helfen, diesen Vorgang besser zu begreifen:

Die 15-jährige Katrina Dolezal schreibt in *GWS* Nr. 76: »Der Übergang von einer öffentlichen Schule zu Homeschooling gelingt am besten, wenn du dir genug Zeit lässt, um einiges von dem zu vergessen, was du in der Schule über das Lernen gelernt hast.« Sylvia Stralberg beschreibt ihre Ferien in *GWS* Nr. 80:

> In der elften Schulstufe wurde es dann so schlimm, dass ich mir sagte: »Das war es – ich werde nie wieder in die Schule gehen.« Und genau das habe ich getan. Zunächst benötigte ich einige

> Monate, um mich zu erholen, was bedeutete, dass ich genau das tat, worauf ich Lust hatte, ob backen, lesen, Rezepte ausschneiden oder einen Film ansehen. In dieser Zeit hatte ich schwere Schuldgefühle, weil ich nicht zur Schule ging, aber glücklicherweise habe ich wundervolle Eltern, die mir versicherten, dass das alles in Ordnung sei.

In *GWS* Nr. 76 schreibt Rosemary Risley über ihre Tochter:

> Solange Lora zur Schule ging, las sie nur, wozu sie gezwungen war. Manchmal drängte auch ich sie dazu, indem ich ihr ein Kapitel laut vorlas und sie dann aufforderte, mir das nächste vorzulesen. Im Sommer zwischen der Schule und dem Homeschooling wurde sie plötzlich zu einer eifrigen Leserin. ... Ich weiß nicht, wie viele Bücher sie in diesem Sommer las, aber es war erstaunlich. Es schien, als ob sie jetzt, wo sie nicht mehr lesen musste und frei war, Lust zu lesen hatte. In den jeweils neun Monaten Homeschooling hat sie mehr als sechzig Bücher gelesen. Selbst wenn wir in den letzten beiden Jahren nichts anderes getan hätten, würde ich das schon als beträchtliche Leistung ansehen.

Judy Garvey schreibt in *GWS* Nr. 76:

> Bevor Kinder in die Schule eintreten, sind all ihre natürlichen Lernsysteme intakt. Das sehen wir bei Familien, die von Beginn an mit ihren Kindern Homeschooling betrieben. Nach drei Jahren Schulunterricht sind die Kinder jedoch gezwungen, ein sehr unnatürliches System zu übernehmen, wenn sie bei der starken Betonung des Auswendiglernens, dem täglichen Stress, der fehlenden Flexibilität und den Demütigungen im Schulalltag überleben wollen. ...
>
> Die meisten Kinder sind verletzt und wütend über das, was mit ihnen und ihren Altersgenossen in der Schule passiert. Solange sie zur Schule gehen, muss diese Wut unter Kontrolle gehalten werden. Wenn sie nach Hause kommen, bricht alles hervor. Oft zeigt sie sich in einem extremen Wechsel von Euphorie und Niedergeschlagenheit, von negativen emotionalen Ausbrüchen oder lang anhaltenden Depressionen.

Kathleen Hately schreibt in *GWS* Nr. 45:

> Besondere Freude bereitete es mir, dieses Jahr mitzuverfolgen, wie unser Sohn Steve (12 Jahre alt), der nach vier Jahren in einer öffentlichen Schule in seinem ersten Homeschooling-Jahr ständig um »Aufgaben« gebeten hatte, nun aus eigener Motivation zu lernen begann. Nachdem ich ihm ein Anfängerset für technisches Zeichnen geschenkt hatte, entwickelte er Interesse für technische Pläne und verbrachte viel Zeit damit, Autos und Raumschiffe zu entwerfen. Außerdem hat er Science Fiction für sich entdeckt und liest Asimov, Bradbury, Heinlein und andere Autoren mit großem Vergnügen (er hat immer schon gerne gelesen,

aber die schulischen Leseprogramme abgelehnt, in denen er Fragen beantworten musste, um zu beweisen, dass er den Text verstanden hatte). Wir meldeten uns gemeinsam in der Berufsfachschule für einen IBM-Computerkurs an, den er sehr genoss. Die Klassensituation war meiner Meinung nach perfekt: Keine Tests, keine Zensuren, nur Menschen, die freiwillig kamen, um zu lernen, was sie interessierte, und dies von hilfreichen Fachleuten auf diesem Gebiet. Da Steve zur Zeit an einen technischen Beruf denkt, lernt er fleißig Mathematik. Auf seine Bitte hin haben wir Algebra und Geometrie seinem aktuellen Mathematikstoff für die sechste Schulstufe hinzugefügt. Zu meiner Überraschung hat er sich entschlossen, dieses Jahr keine Sommerpause in seiner Ausbildung einzulegen!

Nach drei Jahren Homeschooling hat Darlene Graham nun das Gefühl, dass diese Ausbildungsmethode bei ihren Kinder allmählich greift. In *GWS* Nr. 37 erteilt sie den Rat: »Lassen Sie sich nicht entmutigen, wenn Ihr Schulprogramm nicht vom ersten Tag an funktioniert. Wir haben die Erfahrung gemacht, dass es für Kinder umso schwerer ist, ihre natürliche Neugier und Kreativität wiederzuerlangen, je länger sie eine öffentliche Schule besucht haben.«

In *GWS* Nr. 64 berichtet Susannah Sheffer von ihrem Gespräch mit der 15-jährigen Emily Keyes. Emily erzählt, dass sie die Schule hasste und immer in Schwierigkeiten geriet, weil sie die Hausaufgaben nicht machte. Nach der achten Schulstufe hörten ihre Eltern von Homeschooling und probierten es mit ihr und ihren beiden jüngeren Brüdern aus. Nachdem ihre Mutter einen Kurs für Homeschooling absolviert hatte, beschloss sie, »natürliches Lernen« ohne Lehrplan auszuprobieren. Zunächst fühlte sich Emily vollkommen verloren.

Erst wusste ich nicht, was ich erwarten sollte, oder was ich mit der Zeit anfangen sollte, weil ich damals kaum an etwas Interesse hatte. Wir beschlossen, am ersten Schultag des Jahres mit Homeschooling zu beginnen, und es sollte ein Tag wie jeder andere sein, nur dass wir nicht wussten, was wir voneinander erwarten sollen. Wir wussten nicht, was unsere Mutter tun würde, und ob uns unsere Mutter Aufgaben zuweisen würde. Ich war immer noch durch und durch rebellisch und hatte von der Schule so die Nase voll, dass ich überhaupt nichts lernen wollte. Die erste Woche war dann auch sehr spannungsgeladen.

Die Veränderung vollzog sich allmählich. Auch das gesamte Denken wandelte sich. In der Schule war alles vorprogrammiert, du musstest auf eine bestimmte Art denken, und plötzlich bist du allein, und du weißt nicht, was du tun willst. Am Anfang fiel es mir unendlich schwer, aber ich wusste, dass ich nie wieder in die Schule zurückgehen wollte, und ich glaube, wir alle wussten, dass es besser werden würde, wenn wir nur durchhielten.

Im Weiteren erzählt Emily, wie sie schließlich entdeckte, dass sie mechanisch und logisch dachte, und wie sie lernte, Maschinen zu reparieren, mit einer Musikanlage umzugehen und sich schließlich unter anderem für frühe amerikanische Geschichte zu interessieren begann.

Arlean Haight schreibt in *GWS* Nr. 28:

> Als wir vor knapp zwei Jahren unsere Kinder aus der Schule nahmen, wurden wir von verschiedenen Personen beraten, unter anderem von Dr. Pat Montgomery [Direktorin des Clonlara Home Based Education Program]. Sie sagte uns, dass die Kinder mehr lernen würden, wenn wir ihnen gestatteten, ihren eigenen Interessen zu folgen und sie nur unterstützten, wenn sie Hilfe benötigten, als wenn wir ihnen einen Lehrplan vorgäben. Ich schätzte Dr. Montgomery sehr und war dankbar für ihre Hilfe. Bei Becky [14 Jahre alt] konnte ich jedoch nicht den geringsten Hoffnungsschimmer entdecken. Wie es schien, hatten bei ihr sieben Jahre Pflichtunterricht jegliche Neigung, etwas zu lernen, erfolgreich zunichte gemacht. Aus eigenem Antrieb paukte sie für Tests, um ein paar A's und B's in ihrem Schulbericht zu bekommen, und vergaß fast unmittelbar danach alles, was sie »gelernt« hatte. Wenn ich ihr bei »schulischen Dingen« freien Lauf ließ, stürzte sie sich auf billige Romane, die – soweit ich sehen konnte – keinerlei Wert hatten. Obwohl mich Pat ermutigte, war ich von all jenen Zweifeln und Unsicherheiten erfüllt, die auch so viele andere neue Homeschooling-Eltern quälen. Ich fürchtete, dass Becky überhaupt nichts lernen würde. Aus diesem Grund entschlossen wir uns, einen »Lehrplan« einzuführen. Wie sich herausstellte, war er bloß eine Kopie des alten Lehrplans der öffentlichen Schule. Mit diesem Lehrplan fühlte ich mich wohl, und er ließ Becky immer noch genug Freiraum. Gleichzeitig beschränkte ich ihre Romanlesezeit auf ein für mich passendes Maß. Im Endeffekt behielt Pat Recht. Irgendwann geschah es tatsächlich. Durch das Lesen von Louis L'Amour-Westernromanen entwickelte Becky Interesse an der Geschichte des Westerns, dann an der Geschichte der Vereinigten Staaten und jetzt lernt sie die [amerikanische] Verfassung Wort für Wort auswendig.

Die 15-jährige Maya Toccata aus British Columbia (Kanada) sagt:

> Den Großteil meiner Zeit verwende ich, um zu leben. Dazu gehört klettern, schreiben, lesen, die Arbeit in einem Hutladen, das Erlernen von Massagetechnik, Aromatherapie, Shiatsu und Fußreflexzonenmassage sowie das Layout und die Edition für den Teenager-Abschnitt eines kleinen Homeschooling-Newsletters. Ich betreibe nun schon seit zweieinhalb Jahren Homeschooling, und es war bisher ein interessanter Prozess. Ich fühle mich wohl, bei dem, was ich tue, und habe das Gefühl, genug zu tun. Anfangs war das nicht so. Erst musste ich meine Eltern mühsam von Unschooling überzeugen. Deshalb tat ich zunächst alles, damit es so aussähe, als ob Unschooling bei mir funktionierte und ich eine Menge lernte. In Wirklichkeit hatte ich keine Lust auf das, was ich zu lernen versuchte, so dass ich bloß den ganzen Tag herumhing. Ich fühlte

mich wie eine Betrügerin. Damals glaubte ich, dass ich überhaupt nichts lerne, aber wenn ich jetzt zurückblicke, sehe ich, dass ich in diesen wenigen Monaten mehr über mich erfuhr, als in neun Schuljahren. Denn in der Schule versuchte ich, meine wahre Persönlichkeit zu ignorieren und wie all die anderen zu sein.

Wie es sich vermeiden lässt, im Nirgendwo hängen zu bleiben

Nach der Veröffentlichung der ersten Ausgabe dieses Buches hatte ich das Gefühl, dass noch etwas fehlte und dass meine Ratschläge zum Thema Ferien zu einfach seien. Jennifer Loudens Buch *Tu Dir gut! – Wohlfühlbuch für Frauen* half mir zu begreifen, was mich störte. In einem Kapitel schreibt sie:

> Bequemlichkeit und Wohlgefühl lassen sich auch als Ausreden verwenden, um uns selbst zu begrenzen und zu verleugnen. ... Als ich begann, darauf zu achten, auf welche Weise ich es mir gut gehen ließ, bemerkte ich, dass es zwar angenehm und sicher war, am Wochenende abends zu Hause zu bleiben, thailändisches Essen zu bestellen und Videos anzusehen, es konnte aber auch begrenzend und langweilig sein. Auch wenn es für mich zunächst nicht angenehm war, stellte ich schließlich fest, dass ich mich nach einem Wochenende mit ungewöhnlichen Plänen fast immer neu motiviert und bereichert fühlte.

So ist es. Manchmal genügt es einem neuen Unschooler einfach nicht, bloß Ferien vom akademischen Lernen zu machen, in denen alles erlaubt ist – jede Menge an Fernsehkonsum und Kartoffelchips. Ich bin nach wie vor überzeugt davon, dass die meisten Menschen Zeit brauchen, um sich zu entspannen, von schulischem Druck zu befreien und innere Motivation zurückzugewinnen. Während die eine Feriengestaltung jedoch heilend und verjüngend wirken kann, verstärkt eine andere vielleicht sogar das Gefühl, keine Kontrolle über das eigene Leben zu haben. Deshalb bin ich mittlerweile der Ansicht, dass der Unschooling-Prozess nicht bloß aus zwei essenziellen Schritten bestehen soll (Ferien und danach etwas tun), sondern aus drei Schritten.

Ich bin nach wie vor überzeugt, dass Ferien, »in denen alles erlaubt ist« und du dich ganz deinen Sehnsüchten hingeben kannst, wichtig sind. Es ist aber ebenso wichtig zu erkennen, wann du davon genug hast – und dann in die zweite Phase zu wechseln, die immer noch unter dem Begriff Ferien läuft, dich aber mit Energie er füllt und eine Woche bis ein Jahr andauern kann. Während dieser Zeit solltest du nicht versuchen, irgendein akademisches Ziel zu erreichen, sondern aktiv experimentieren und spielen – keine exzessiven Fernseh-, Ess-, Schlaf- oder Videosessions mehr und Herumhängen mit gelangweilten Menschen. In dieser Zeit könntest du einige der Übergangsrituale ausprobieren, neue Methoden finden, um mit der Welt in Kontakt zu kommen, wie etwa durch neue Freunde, Änderung deiner Kleidung, so dass sie deine wahre Persönlichkeit widerspiegelt, oder den Besuch verschiedener Kirchen und anderer religiöser Einrichtungen etc. Das Wichtigste an derartigen Aktivitäten ist, dass sie dir zum einen helfen, den Druck, das Chaos und den Stress des Schullebens abzulegen, andererseits die Langeweile und die Selbstverachtung zu vertreiben, die sich aus zu langem Herumhängen und Mangel an kreativer Betätigung ergeben können.

***

Übergangsrituale für Unschooling

Diese Vorschläge gründen sich hauptsächlich auf meine eigenen Experimente. Ich hoffe, dass sie dich dazu inspirieren, Aktivitäten zu finden, die deinen Wünschen entsprechen.

Wende diese Rituale an, wenn du

- eben die Schule verlassen hast
- Schuldgefühle hast oder es dich nervös macht, dass du nicht zur Schule gehst
- das Gefühl hast, dass du dich mit akademischen Fächern befassen solltest, aber keine Lust darauf hast
- überhaupt keine Lust hast, irgendetwas zu lernen
- schon lange nicht mehr zur Schule gehst, aber immer noch nicht das Gefühl hast, deine Ausbildung selbst in der Hand zu haben
- dich für unintelligent hältst, weil du in der Schule schlechte Zensuren bekommen hast
- gestresst bist, weil du dich auf einen Test vorbereitet oder an einem schwierigen akademischen Projekt gearbeitet hast
- immer noch zur Schule gehst und darüber unglücklich bist.

1. Erobere deine Vergangenheit zurück

Suche dein liebstes Kinderspielzeug, deine Hobbys, deine Sammlungen, Bücher und alten Fotos heraus, und was sonst noch von deinem frühen Leben übrig geblieben ist. Stelle diese Dinge rund um dich auf, betrachte sie und spiele mit ihnen. Wirkt irgendetwas davon immer noch verlockend auf dich? Wie lassen sich deine frühen Interessen in die Gegenwart einbauen? Wie kannst du dort weitermachen, wo du aufgehört hast?

2. Unternimm eine Schulreinigungsaktion

Verwende Fotos von deiner Schule als Zielscheibe beim Dart, oder entzünde aus ausgedienten Arbeitsblättern oder Hausarbeiten ein Freudenfeuer, oder zerreiße ein Schulzeugnis und trample auf den Papierfetzen herum. Schreibe auf, in welcher Art und Weise dich die Schule geschädigt und eingeschränkt hat. Verbrenne diese Liste ... und schreibe dann auf, in welcher Art und Weise du über die Beschränkungen deiner Vergangenheit hinauswachsen und dich entwickeln willst. Hänge diese Liste über deinem Bett oder deinem Computer auf.

3. Fertige ein Sammelalbum an

Material: alte Ausgaben von National Geographic oder anderen Zeitschriften (aus Second-Hand-Shops, Flohmärkten oder Bibliotheksabverkäufen), Postkarten, Fotos, flachen Krimskrams, ein Einklebealbum oder ein Heftordner, Zeichenkarton und ein Locher.

Spiele mit einem Thema, das dich fasziniert, indem du Fotos, Postkarten, Gedichte, Zitate, Landkarten usw. sammelst und arrangierst. Schon die Zeitschrift National Geographic allein ist eine hervorragende Quelle für vielerlei Themen: Ich besitze mittlerweile ein Album für traditionelle Trachten verschiedener Kulturen, ein weiteres ist in Arbeit über traditionelle Architektur weltweit und noch eines namens »Landleben« über weltweite Markt- und Landwirtschaftsmethoden. Lass dich durch deine Alben immer wieder daran erinnern, dass du deine Ausbildung wunderschön und persönlich gestalten wirst.

4. Genieße deine Kinderbücher

Mach eine Kinderbuchparty. Lade ein paar Freunde mit ihren Lieblingskinderbüchern ein. Bitte jeden Einzelnen, die mitgebrachten Bücher kurz zu beschreiben und ein Kapitel daraus vorzulesen. Verteile Sitzpolster auf dem Boden und verbringe den Nachmittag mit deinen Freunden mit Herumhängen und Lesen. Serviere zwischendurch Marmeladebrote und beende die Party mit einer Kissenschlacht.

Oder verbringe einen Tag in der Bibliothek. Streife mit einem Notizblock durch die Sachbuchabteilung für Kinder und sieh dir unzählige Bücher an. Notiere, welche Themen dich interessieren. Erstelle eine Liste mit spezifischen Fragen, die beim Durchblättern der Bücher auftauchen. Selbstverständlich musst du die beiden Listen nicht weiterverfolgen ..., aber wenn du willst, kannst du es tun.

5. Schulzeugnisse

Suche ein altes Schulzeugnis heraus. Wenn du erst vor kurzem die Schule verlassen hast, dann nimm dein letztes Zeugnis oder den letzten Entwicklungsbericht zur Hand. Lies ihn sorgfältig durch und achte dabei auf deine Gefühle. Bist du stolz, deprimiert, ehrgeizig, ängstlich, nervös, beschämt, verwirrt? Warte, bis diese Gefühle abklingen und schalte dann deinen logischen Geist ein. Denke darüber nach, was dieser Schulbericht tatsächlich ist: eine subjektive Bewertung deiner Tests, Projektarbeiten und deiner »Mitarbeit« in Fächern, die du nicht selbst gewählt hast, ausgestellt von Menschen, die dich nicht gut kennen, überarbeitet sind, zu viele Schüler haben, nicht über ausreichende Informationen verfügen, um dich genau zu beurteilen, und die vielleicht selbst kein leuchtendes Vorbild für fröhliches, zielgerichtetes Lernen sind.

Stelle dir folgende Fragen: Welche dieser Fächer sind dir wichtig? Warum? Wie erfolgreich waren die einzelnen Kurse, um mehr über das Thema zu erfahren? (Zensuren wälzen den Druck von den Schulen auf die Schüler ab. Wenn jemand etwas in meinen Tanzstunden nicht begreift, muss ich nach neuen Wegen suchen – und selbstverständlich muss die jeweilige Teilnehmerin zu Hause üben und ihre Fragen so klar wie möglich formulieren. In der Schule zielt alles darauf ab, dich zu bewerten, während es mitunter sinnvoller wäre, wenn die Schüler die Lehrer bewerten würden.) Wie viel weißt du tatsächlich von den Fächern, in denen du gute Zensuren erhalten hast? In welchen Fächern wärest du gut, wenn du genug Zeit gehabt hättest, oder das Thema anders erklärt worden wäre? In welchen Dingen bist du gut, die gar nicht in deinem Schulbericht auftauchen? In welchen Dingen wärest du gerne gut, die gar nicht in der Schule unterrichtet werden?

Schreibe nun einen eigenen Schulbericht auf Basis deines Wissens, deiner Fähigkeiten und deiner persönlichen Eigenschaften. Verwende nicht nur Zensuren, sondern füge auch Erklärungen bei. Versetze dich dann in die Zukunft und schreibe einen Schulbericht über den Zustand, den du dir in einem Jahr wünschst.

6. Inspirationskarten

Schneide aus Zeitschriften Bilder aus, die du magst, die dich inspirieren, oder die dich verfolgen. Klebe sie auf Zeichenkarton und notiere auf der Rückseite die Fragen, die sie aufwerfen, sowie die Aktivitäten, für die sie stehen. Spiele mit diesen Karten, sortiere und arrangiere sie auf unterschiedliche Weise und mache aus ihnen Muster oder Mosaike. Stecke sie in einen Beutel und ziehe immer dann eine heraus, wenn du dich lustlos fühlst.

7. Führe ein Unschooling-Tagebuch

Mögliche Satzanfänge:

- Als ich ein Ungenügend bekam ...
- Ich bin neugierig auf ...
- Warum ich geschwindelt habe ...

Eine Frageliste:

- Ich hasse Mathematik/Naturwissenschaften/Geschichte, weil ...
- Ich liebe Mathematik/Naturwissenschaften/Geschichte, weil ...
- Ich fühle mich lebendig, wenn ...
- Was ich gerne beitragen würde, ist, ...

8. Lerne mit deinem ganzen Körper

Nimm dir für jeden deiner Sinne einen Tag Zeit: Erforsche deine Ohren, Augen, Hände und Haut, Nase und Geschmacksknospen.

Kapitel 13
Geld, Fahrräder und andere technische Herausforderungen

Nur Leben ist Reichtum.

– JOHN RUSKIN

Wir haben kein Geld, also müssen wir denken.

– LORD RUTHERFORD

GELD

Wenn deine Eltern vor deinem Schulausstieg das gesamte Schulgeld für eine feine Privatschule bezahlt haben, hast du wohl keine Probleme. Dann hast du genug Geld für Privatstunden, Laborausrüstung, eine eigene Bibliothek und ein tolles Schlagzeug, und es bleibt immer noch genug übrig für Ferien auf Jamaika.

Aber du musst nicht reich sein. Manche Homeschooler wenden pro Jahr weniger als einhundert Dollar für Lehrmaterial auf. Das ist weniger, als die meisten Schulkinder für Schulmaterial ausgeben.

Wenn Geld in deiner Familie knapp ist, wirst du kaum Unmengen an Spielzeug und Instrumenten bekommen. Andererseits stopfst du dein Leben auch nicht mit Dingen voll, bei denen du dich verpflichtet fühlst, sie zu verwenden.

Nütze deinen Mangel an Geld als Hilfe. Das ist der beste finanzielle Tipp, den ich dir geben kann. Konzentriere dich aufgrund deiner begrenzten Mittel auf die wenigen Dinge im Leben, die dir wirklich etwas bedeuten. Wenn du dich für die Erforschung der Natur und Fotografie interessierst, solltest du dein Geld dafür aufwenden, anstatt für großartige Mathematikbücher, die du doch nicht verwendest. Auf diese Weise wirst du auch keine Zeit damit vergeuden, mehr Mathematik zu lernen, als du brauchst.

Auch auf andere Weise kann Geldknappheit ein Segen sein: Du wirst dadurch kreativer und entwickelst ein klares Verständnis für das, was deinen Interessen nützt und für sie grundlegend wichtig ist. Indem du herausfindest, was du nicht brauchst, erkennst du auch, was du brauchst. Das ist eine der besten Lektionen, die du je lernen kannst.

Vergiss nicht, dass du im Austausch gegen einen kleinlichen See an »freier« Ausbildung – Lehrbücher und anderes Material – einen wahren Ozean an Zeit bekommst. Wenn du willst, kannst du Zeit auch als Geld betrachten, und sie in deine Zukunft investieren (indem du als Freiwilliger in einem Berufsfeld arbeitest, in dem du später gerne tätig wärest), oder als Mittel, um jetzt sofort an Geld zu kommen (indem du dir einen Job suchst).

Strategien, um dein Geld so gut wie möglich zu strecken

Nütze die Einrichtungen und Bücher einer Schule. Am wenigsten Widerstand erwartet dich, wenn du mit der Schule ein Arrangement triffst, bei dem du offiziell in die Schule eingeschrieben bist (damit die Schule für dich Geld bekommt) und du dafür die Schulinfrastruktur verwenden und nach eigenen Wünschen an Kursen und Ereignissen teilnehmen darfst. Näheres über derartige Arrangements findest du in Kapitel 19.

Kaufe ausschließlich jene Bücher, die du wirklich immer wieder verwenden wirst. Organisiere andere Bücher über Bibliotheken oder kaufe sie gebraucht im Internet, wo du auch nicht mehr benötigte Bücher wieder verkaufen kannst. Leihe dir Lehrbücher innerhalb deines Schulbezirks. Falls deine Bezirksstelle nicht kooperationsbereit ist, obwohl deine Eltern das Schulwesen mit ihren Steuern unterstützen, dann sprich mit einzelnen Lehrern, denen du vertraust. Falls sie jedoch glauben, dass du augenblicklich zu den Behörden läufst, um dort zu melden: »Seht nur, Miss Pickle hat mir doch ein Chemiebuch geliehen!«, werden sie es natürlich nicht tun. Denn niemand will in Schwierigkeiten geraten. Gehe die Sache deshalb diplomatisch und zurückhaltend an.

Tausche deine Zeit gegen Lehrstunden und Ausrüstungsgegenstände ein. Versuche eine Arbeit zu finden, bei der du etwas lernst und die du genießt, und nicht bloß irgendeinen Idiotenjob. Seth und Vallie Raymond haben sich zum Beispiel kostenlose Keramikstunden verdient, indem sie einen Brennofen betrieben. Ihre Mutter erzählte mir: »Kunst und Musiklehrer wissen es im Allgemeinen zu schätzen, wenn Kinder etwas gegen Lehrstunden eintauschen. Wenn sie bereit sind, dafür zu arbeiten, haben sie mehr Interesse an dem, was sie tun.« In dieselbe Kerbe schlägt ein Bericht aus *GWS* Nr. 70. Hier wird von einem Geigenschüler berichtet, der »die Schallplatten [seines Lehrers] katalogisiert im Austausch für die Stunden, die er von ihm erhält.«

Lies Barbara Shers Buch Wishcraft. Trommle Menschen zusammen, die einander erzählen, was sie brauchen, und sich dann zusammenschließen, um die Träume jedes Einzelnen aus dem Team mit minimalem finanziellen Aufwand zu verwirklichen.

Nutze die Laboreinrichtungen von anderen, wenn du Laborversuche durchführen willst, die Mikroskope oder andere teuren Instrumente erfordern. (In Kapitel 21 erhältst du Tipps, wie du an Laboreinrichtungen herankommst.) Etwa die Hälfte der Laboraufgaben in den meisten Naturwissenschaftsbüchern kommt ohne teure Geräte aus und lässt sich mit Hilfe von Bechern, Messzylindern und Millimeterpapier etc. durchführen.

Wenn du gerne Klavier spielen lernen willst, aber kein Klavier besitzt, dann übe in der Schule, im Musikraum einer Kirchengemeinde oder bei einem Freund.

Verdiene Geld so, dass du mit den Dingen in Kontakt kommst, für die du dich interessierst. Finanziere deine Fotografenausbildung, indem du zum Beispiel Senioren fotografierst und die Fotos verkaufst. Wenn du diesen Weg wählst, anstatt bei McDonald's zu arbeiten, gewinnst du auf zweifache Weise – du verdienst nicht nur Geld, sondern erwirbst auch Erfahrung. Auf diese Weise stört es dich auch nicht, dass du für deine Ausbildung »zahlen« musst – die Tatsache, dass du für deine Ausbildung zahlst, ist schon Teil davon.

Kaufe gebrauchte Bücher und Lehrmaterial im Internet; hier findest du heute alles.

Setze dich für eine Gesetzgebung ein, die Steuererleichterungen für eine Ausbildung außerhalb der öffentlichen Schulen einschließlich Homeschooling gewährt (zum Beispiel 2000 € Steuerfreibetrag pro Schüler und Jahr). In Minnesota hat man bereits eine ähnliche Maßnahme gesetzt. In Oregon wurde eine derartige Regelung zur Abstimmung vorgelegt und abgewiesen. Die meisten Gegner dieses Vorschlags befürchten, dass dadurch ärmere Schüler diskriminiert werden, deren Eltern es sich auch mit 3000 $ zusätzlich nicht leisten können, sie auf eine Privatschule zu schicken. Für Homeschooler wären 3000 $ ein großer Gewinn, und dies vor allem für ärmere Familien. Mit anderen Worten, deine Eltern würden durch eine derartige gesetzliche Regelung eine Steuerrückzahlung erhalten, die für Ausrüstung und Lehrmaterial im Rahmen von Homeschooling bestimmt ist.

Bemühe dich um ein Stipendium. Bei einem Stipendium stellt eine andere Person das Geld für ein Projekt zur Verfügung. Suche in der Bibliothek oder im Internet nach »Stipendien«, und vor allem nach einem aktuellen Verzeichnis. Auch die Regierung bietet Stipendien an (d. h. mit den Steuern deiner Eltern).

Transport

Solange du noch nicht alt genug bis, um selbst ein Auto zu fahren:

- Bewege dich zu Pferd, auf dem Fahrrad oder zu Fuß.
- Nütze die öffentlichen Verkehrsmittel, falls vorhanden.
- Schließe dich mit anderen Unschoolern zu Fahrgemeinschaften zusammen.
- Wenn du regelmäßig als Freiwilliger im Einsatz bist oder einen Job ausübst, dann fahre mit einem Erwachsenen mit, der am selben Ort arbeitet.
- Hänge an deinen jeweiligen Aufenthaltsorten Zettel auf, in denen du darauf verweist, dass du eine Mitfahrgelegenheit suchst. Beteilige dich an den Benzinkosten. Wenn dir Fremde eine Mitfahrgelegenheit anbieten, solltest du genug über sie wissen, um ihnen zu vertrauen, bevor du annimmst.

- Erfinde alternative Transportmittel, am besten solche, die weder zur globalen Erwärmung beitragen, noch Lungenkrebs fördern.
- Setze dich dafür ein, dass du ein Auto fahren darfst.

Wenn du schon alt genug bist, um legal Auto zu fahren:
Wenn du in einem jener Staaten lebst, in denen widerwärtige Gesetze verhindern, dass »Schulabbrecher« vor ihrem 18. Geburtstag Auto fahren dürfen, solltest du alles daran setzen, dies zu ändern. Aber mach dir um dich keine Sorgen, denn das Gesetz sollte dich als »Homeschooler« gar nicht betreffen. Die 15-jährige Kathryn Blunt aus Texas fand heraus, dass sie nur einen Brief ihrer Eltern oder ihres Tutors benötigte, der bestätigte, dass sie Homeschoolerin ist.[40]

Nur für Erwachsene

Vita Wallace schreibt in *GWS*:

> Ich besuche einen Aktzeichenkurs für Erwachsene ... zum Teil, weil ich den Gedanken nicht ertragen konnte, in einem »für Teenager« ausgeschriebenen Kurs mitzumachen. Vor Beginn des Kurses rief meine Mutter den Lehrer an, um sich zu erkundigen, ob es in Ordnung sei, wenn ich mich eintrage. Er meinte, solange ich überzeugt sei, mich zwei volle Stunden konzentrieren zu können, dürfte ich es gerne versuchen. Keiner der Kursteilnehmer hat mich je gefragt, wie alt ich bin, und ich glaube, es wäre ihnen auch egal, selbst wenn sie es wüssten.

Um ein vollständiger Selfschooler zu sein, solltest du ein gutes Maß an Selbstbewusstsein entwickeln. Das wirst du brauchen, wenn du nach unorthodoxen Methoden suchst, um etwas herauszufinden, etwas in Gang zu setzen, oder an Kursen oder Gruppen teilzunehmen, in denen es üblicherweise keine Teenager gibt. Gewöhne dich daran, dass Regeln im Allgemeinen flexibel sind.

Zum Beispiel galt in einer asiatischen Tanztruppe, der ich angehörte, die Regel, dass die Mitglieder mindestens zwanzig Jahre alt sein müssen. Dennoch tanzte eine 19-Jährige munter unter uns, ohne dass sich je jemand darüber Gedanken gemacht hätte. Als wir die Satzung der Truppe revidierten, strichen wir diese Regel. Viele Organisationen haben überflüssige Regeln, um die sich niemand kümmert. Wenn du (auf höfliche Weise) etwas in dem Glauben angehst, dass es möglich sein wird, wirst du Gehör finden.

...und andere technische Schwierigkeiten

Die Kinder einer *GWS*-Leserin wurden schikaniert, weil sie während der Schulzeit in der Stadt umherliefen. »Warum bist du nicht in der Schule?«, wollte jeder wissen, der ihnen begegnete. Die Mutter löste das Problem, indem sie ihren Kindern »Pässe« mit der Erklärung ausstellte, dass sich die Kinder auf einem unabhängigen Bildungsausflug befänden, und setzte unter die Dokumente ihre Unterschrift. Das war das Ende der Schikane.

Kapitelzusammenfassung

Wo ein Wille ist, ist auch ein Weg.

Kapitel 14
Wie du auch ohne Abschlussbälle Gesellschaft bekommst

Gütiger Himmel, erst muss er doch eine Ausbildung erhalten. Du kannst von einem Jungen keine Bösartigkeit erwarten, bis er nicht eine gute Schule besucht.

– SAKI (H. H. MUNRO)

Wann immer ich meine Arbeit erwähne, stellt man mir nicht die Frage: »Aber wie soll man ohne Schule etwas lernen?«, sondern: »Wie sollen die Jugendlichen Freunde finden?«

Diese Frage macht mich wahnsinnig. Teenager schließen trotz der Schule Freundschaften, nicht wegen der Schule. Die Schulen können nur aus einem einzigen Grund den Anspruch erheben, zum sozialen Wachstum beizutragen: Weil sie aufgrund der Schulpflicht voll von jungen Leuten sind.

Nun, jede köstliche Geburtstagstorte besteht aus Mehl, Zucker, Milch, Eiern und Vanille. Dasselbe gilt auch hier. Ein gesundes gesellschaftliches Leben geht weit über den bloßen Kontakt hinaus.

Ein gesundes gesellschaftliches Leben erfordert weit mehr, als ein tägliches, gleichgültiges Zusammentreffen von dreihundert Personen, die im selben Jahr geboren sind. Es beginnt mit einem stabilen Selbstwertgefühl und Selbstbewusstsein. Und es baut sich im Lauf der Zeit auf – im Lauf jener Zeit, die wir mit anderen Menschen bei wertvollen, fröhlichen Aktivitäten verbringen, bei denen es keine Verlierer gibt, wo niemand gezwungen wird, teilzunehmen und wo Gespräche und gegenseitige Hilfeleistungen nicht geächtet werden. Anders ausgedrückt trägt die Schule viel dazu bei, dein gesellschaftliches Leben erst gar nicht aufkommen zu lassen, auch wenn Schulleute aus ihrer Verteidigungshaltung heraus stolz verkünden, dass die Schule wichtig für die Sozialisierung sei.

(Im Augenblick haben sie damit sogar Recht. Zwar hat die Schule wenig mit sozialer Entwicklung zu tun, dafür aber viel mit Sozialisierung. In der Zeitschrift *GWS* las ich einmal eine treffende Erklärung für diesen Begriff: Sozialisierung bedeutet, das Individuum unter die Kontrolle der Gruppe zu bringen. Eine Sozialisierung nach Schulmanier bringt eine gehorsame Menschengruppe hervor, die durch den Druck der Gleichaltrigen und »Autoritäten« leicht zu manipulieren ist. Sie erzeugt eine Nation von Idioten, die sich danach sehnen, so wie die Menschen im Fernsehen zu sein, weil sie nicht wissen, wer sie selbst sind.)

Was die Romantik betrifft: Zuneigung, Nähe und Leidenschaft wachsen nicht wirklich in einem nach Linoleum stinkenden Raum, in dem der Staub der Tafelkreide in der Luft schwebt. Eine geheimnisvolle Beziehung gehört hinaus in die große geheimnisvolle Welt.

Deine Autorin besteht somit auf der Schlussfolgerung, dass Schule Freundschaften und soziale Freuden behindert. Was heißt das für dich? Um ein Sozialleben aufzubauen, benötigst du zunächst das Rohmaterial – andere Menschen. Da die meisten Menschen deiner Altersgruppe in den Schulen eingeschlossen sind, stehst du vor einer Herausforderung. Allerdings bist du in deinem Alleinsein nicht allein – denn die meisten sozialen Strukturen unserer Gesellschaft sind bereits zusammengebrochen. Heute dienen die Straßen nur noch selten als Treffpunkt für die Nachbarschaft; selbst Familienmitglieder kennen einander nicht immer gut; die Arbeitsumgebung der Erwachsenen erfordert so viel Konformität, dass die Menschen nicht mehr erkennen können, wer oder was ihre Kollegen sind. Freundschaft und Gemeinschaft entstehen nicht automatisch. Mit ein wenig Mühe kannst jedoch auch du Freunde finden, so wie es die Erwachsenen tun. Sitz nicht bloß zu Hause und blase Trübsal in der einfallslosen Überzeugung, dass du die Schule brauchst, um Freundschaften zu schließen. Werde stattdessen selbst aktiv:

Erschaffe eine neue und bessere Sozialstruktur

Solange die Schule deinem Alltag eine gewisse Struktur verleiht, triffst du täglich mit einer Menge Menschen zusammen. Wenn die Schule jedoch nicht mehr zu deinem Alltag gehört, kannst du selbst eine bessere Sozialstruktur aufbauen, statt jeden Tag von vorne anzufangen. Auf diese Weise musst du dich nicht ständig darum bemühen, andere Menschen zu treffen: Wenn du zum Beispiel jeden Donnerstag Josefina und Nazir beim Musizieren triffst, musst du dich donnerstags nicht mehr fragen, mit wem du dich treffen und was du tun sollst. Hier einige wenige von vielen möglichen Strategien:

Triff dich regelmäßig mit Freunden. Nimm ein wichtiges Projekt in Angriff, an dem du zwei bis drei Mal pro Woche zu regelmäßigen Zeiten mit anderen Unschoolern und Freunden aus der Schule zusammenarbeitest. Bei diesem Projekt kann es sich darum handeln, ein Buch zu schreiben, einen Strand zu säubern, eine Gesundheitsbibliothek ins Leben zu rufen, ein Musikvideo zu machen oder den Motor eines alten Pickups nachzubauen.

Auch wenn du lieber eigenständig arbeitest, kannst du deinen Arbeitsraum mit Freunden teilen. Dafür gibt es einfache Arrangements: Deine Freunde aus der Schule können zu dir nach Hause kommen, um ihre Hausarbeiten zu erledigen, während du dich akademischen Themen widmest. Und deine Unschooling-Freunde können es sich mit einem Roman auf deinem Bett bequem machen. Es gibt aber auch kompliziertere Arrangements: Ihr könnt bei einem von euch zu Hause in einem Arbeitsraum oder in einem anderen für diese Treffen bestimmten Raum jeder an einem eigenen Projekt arbeiten, während ihr die Gesellschaft der anderen genießt, die Sonne durch das Fenster scheint und im Hintergrund Musik läuft.

Gründe ein Unternehmen, das dich häufig in Kontakt mit anderen Menschen bringt – wie etwas Skateboards nach Wunsch der Kunden zu bemalen oder Spanischunterricht zu erteilen.

Tritt einem Verein oder einer Organisation bei, in der sich Menschen mit ähnlichen Interessen zusammenfinden. Vor allem in Städten bieten sich unendlich viele Möglichkeiten, z. B. Outdoor-Programme der Universitäten, Performancegruppen, Frisbee-Teams, Amnesty International, die Bergwacht oder Umweltgruppen, politische Gruppierungen und Parteien oder Stadtplanungskomitees.

Speziell für Teenager bieten sich kirchliche Jugendgruppen, Hockey- oder Fußballteams, die Pfadfinder, Jugendsymphonieorchester oder andere Musikgruppen, Jugendfeuerwehren und Selbsthilfegruppen an. Eine lange Liste findest du in der neusten Ausgabe des Verzeichnisses The Directory of American Youth Organizations von Judith Erickson. Oder gib in die Suchmaschine einfach ein, was dich interessiert, und lass dich überraschen, was dabei herauskommt.

Gründe einen eigenen Club – um etwas für die Umwelt zu tun, Desserts zu kochen, große Projekte umzusetzen etc. Kündige die ersten Treffen mittels Flugblättern in einer Schule oder in der Nähe einer Schule an, schicke deinen Freunden Einladungen, oder setze eine Anzeige in eine Schulzeitung.

Suche dir einen regelmäßigen Job, bei dem du mit jenen Menschen in Kontakt kommst, mit denen du gerne zusammen bist.

Nimm an einem Kurs außerhalb der Schule teil – für Tanz, Selbstverteidigung oder Fahrradreparatur.

Gründe einen wöchentlichen Lernzirkel, um ein Thema eingehender zu untersuchen, das dich interessiert, sei es Zen-Buddhismus, Shakespeare oder Lokalgeschichte. Weitere Anregungen findest du in Leonard Olivers Buch *Study Circles.* In Kapitel 17 findest du Tipps zu Salons.

Vergiss nicht, Kontakt zu anderen Unschoolern zu halten!

Komme zum «Not Back to School Camp" bzw. frage bei den Homeschool-Organisationen in deinem Land nach Möglichkeiten der Begegnung. Organisiere Arbeitsgemeinschaften oder Wanderclubs; bitte einen lokalen Newsletter, Informationen darüber zu verbreiten. Nimm an anderen Aktivitäten für Unschooler teil. Die 14-jährige Adrian Deal schreibt: »Es ist so einfach, sich mit Unschoolern anzufreunden! Du musst nicht erst einen Beliebtheitswettbewerb gewinnen, wirst nicht nach deinem Äußeren beurteilt, weder nach deinem Make-up, noch nach deiner Kleidung, und auch nicht nach der Zahl von Jungen, mit denen du bisher ausgegangen bist.« Sarabeth Matilsky antwortete auf eine Anzeige in *GWS* und verbrachte daraufhin einen Sommer mit einer Homeschooling-Familie in Alaska.

Nimm an einem Einkehrwochenende oder einem Ausflug teil, oder organisiere selbst derartige Aktivitäten:

Immer wieder organisieren Unschooling-Teenager derartige Zusammenkünfte. Selina Hunt und Emily Houk aus New York planten ein Wochenende für 33 Personen (etwa sieben Erwachsene und der Rest Teenager) auf einem viktorianischen Herrensitz in einem Naturschutzgebiet. Sie musizierten, plauderten, spazierten am Strand entlang, unternahmen eine Nachtwanderung, reinigten einen Teil des Salzwassersumpfes und buken Waffeln zum Brunch.[41]

Corinna Marshall, Zoë Blowen-Ledoux und Damon Holman aus Maine planten ebenfalls ein gemeinsames Wochenende für etwa zehn Unschooler in Corinnas Haus. Corinna schreibt darüber in *GWS* Nr. 112:

> Viele Menschen wissen nicht, wie viele Möglichkeiten ihnen offen stehen. Deshalb dachten wir, wenn wir miteinander über das sprechen, was wir mit unserem Leben anfangen, entdecken wir neue Möglichkeiten, die unser Leben aufregender machen. Außerdem wollten wir über Unschooling informieren, was nach wie vor oft missverstanden wird.

Schließe dich einem Unschooler-Club oder -Arbeitskreis an, oder organisiere selbst derartige Aktivitäten:

Emily Linn aus Michigan organisierte erfolgreich eine Langzeitgruppe für ältere Homeschooler. Zunächst inserierte sie in Homeschooling-Newslettern und -Zeitschriften und organisierte monatliche Treffen, bei denen die Gruppe zu einem privaten Workshop in einem Wissenschaftsinstitut zusammenkam, oder zum Schwimmen mit Abendessen in einem Jacht-Club, zum Skifahren, zu einem indianischen Pow Wow, einem Campingausflug oder einem Harfenkonzert eines Mitglieds. Im Lauf der Jahre entwickelte sich das Programm und umfasste schließlich auch akademische Aktivitäten, wie etwa einen Französischkurs in fünf Einheiten, wobei sich die Teilnehmer die Kosten für den Lehrer teilten. Später kamen noch Programme für Biologie und Physik hinzu, eine Diskussionsgruppe für Weltliteratur und vieles mehr. Emilys Mutter Diane Linn schreibt in *GWS* Nr. 94:

> [Emily] schickte einen Fragebogen an die Gruppe, auf dem sie einige Themen aufgelistet hatte, die ihrer Meinung nach für die Teilnehmer interessant sein konnten, und bat um Feedback. Jedes Jahr im September versammelt sich die Gruppe zu einem Geschäftstreffen. Letzten Herbst stellten die Mitglieder dabei eine Liste von Themen auf, die sie gemeinsam studieren wollten, weil es allein nicht so einfach wäre und sie gemeinsames Lernen mehr genießen würden. Viele erwähnten Fremdsprachen, aber weil sie verschiedene Sprachen erlernen woll-

> ten, funktionierte dies nicht so gut. Bei den anderen beiden Themen handelte es sich um Naturwissenschaften und Kunst. Das führte dazu, dass wir einen Biologiekurs von fünfzehn Einheiten veranstalteten und einen Keramikkurs in einer hundert Jahre alten Töpferei in der näheren Umgebung. ...
>
> Insgesamt umfasst die Gruppe etwa vierzig Jugendliche, die bis zu einer Autostunde von Detroit entfernt wohnen. Selbstverständlich haben nicht alle Interesse an den einzelnen Aktivitäten. Mitunter sind wir nur zu dritt oder zu viert, aber auch das macht Spaß. Innerhalb der Gruppe haben sich viele Freundschaften entwickelt. Emily hat nun das Gefühl, einen guten Freundeskreis zu haben. In allen ausgesendeten Broschüren betonte Emily, dass dies Gruppe nicht konfessionsgebunden ist und sich keiner Philosophie verschrieben hat, so dass wirklich alle Homeschooler willkommen sind. Dadurch ist die Gruppe heute stark durchmischt. Wir haben Homeschooler aus religiösen, akademischen und philosophischen Gründen. Mittlerweile sind auch verschieden Rassen vertreten, wofür wir dankbar sind. Die Kids treffen Menschen verschiedener Herkunft und Lebenserfahrung, und die Freundschaften überbrücken all diese Trennungslinien.

In einem Interview in *GWS* Nr. 85 sagt Emily: »Besonders gut funktionierte das vorbereitete Informationsblatt, das ich all jenen schickte, die Informationen von mir erbaten. Denn wenn ich ihnen nicht alles am Telefon erklären konnte, hatte ich auf diese Weise eine Möglichkeit, ihnen augenblicklich weiterzuhelfen, wenn sie wirklich interessiert waren.«

Einige Dinge, die vielen Unschoolern passieren

Sie halten Freundschaften mit Schulfreunden aufrecht und unternehmen mit ihnen dieselben Dinge wie bisher. Adrian Deal schreibt: »Mein Sozialleben ist einfach fantastisch! Zu einigen meiner Schulfreunde hat sich die Beziehung sogar vertieft, weil ich heute Zeit habe, mit ihnen zu plaudern und etwas zu unternehmen.« Mitunter ist es aber auch frustrierend, weil die Schulfreunde weniger Zeit haben als die Unschooler. Cafi Cohen schreibt im Home Education Magazine:

> Unsere Kids hatten auch schon in der Schule Freunde. Aber nach einem Jahr Homeschooling bemerkte ich, dass sie mehr Freunde hatten als zu ihrer Schulzeit. Selbstverständlich hatte ich das nicht erwartet. ... Wenn man Jeff und Tamara beobachtet, wird es jedoch klar. Unsere Homeschooler haben mehr Freunde, weil sie mehr Zeit und Energie für Freunde haben. Denn genau das braucht man für Freunde: Zeit und Energie. Als Homeschooling-Teenager hatten sie von beidem reichlich. Meine Kids waren nicht mehr acht oder mehr Stunden pro Tag mit Aufgaben oder administrativem Ausbildungsaufwand beschäftigt. Stattdessen widmeten sie sich

> vormittags akademischen Themen, waren damit meist mittags fertig und hatten dadurch viel mehr Zeit, Freundschaften zu pflegen und unter die Leute zu kommen.[42]

Sie entwickeln eine engere Beziehung zu ihren Familien, und mögen ihre Eltern und Geschwister mehr als früher.

Sie haben weniger Bekannte, entwickeln dafür aber stärkere und engere Freundschaften. Sie wissen es zu schätzen, nicht mehr gezwungen zu sein, sich mit Horden Gleichaltriger zu umgeben, mit denen sie kaum Gemeinsamkeiten haben.

Zu ihren Freunden zählen Erwachsene ebenso wie Kinder und Personen ihres Alters. Sie überwinden die formelle Barriere, dass sie nicht imstande wären, mit Erwachsenen zu sprechen. Jeremiah Gingold schrieb in *GWS* Nr. 74:

> Ich bin mit den Erwachsenen aus dem Nachbarhaus befreundet. ... Dick interessiert sich für Rad fahren und Philosophie, und Crunch interessiert sich für Wortspiele, Filme und Sport. Die Tatsache, dass ich mich für dieselben Dinge interessiere, ist einer der Gründe, warum wir augenblicklich Freundschaft geschlossen haben. Ein anderer Grund ist, dass sie mich ernst nehmen und respektieren, was ich zu sagen habe. Es gibt einiges, worüber ich mit ihnen spreche, aber nur mit wenigen anderen Freunden, die mir altersmäßig näherstehen (ich bin dreizehn Jahre alt) – wie etwa über Politik und Ausbildung.
>
> Ich glaube, meine Freundschaft zu ihnen unterscheidet sich nur wenig von meinen Freundschaften zu anderen Teenagern, bis auf die Tatsache, dass wir bessere Gespräche führen. Aber wir haben auch oft Spaß miteinander, so wie ich es mit Freunden meines Alters habe. Auch wenn ich glaube, viel von ihnen lernen zu können, habe ich nicht das Gefühl, dass sie mir dadurch zwangsläufig überlegen sind. Vermutlich gibt es auch Dinge, die sie von mir lernen können. Ich glaube, dass wir eine sehr gleichberechtigte Freundschaft führen, vor allem, weil sie mich auf dieselbe Weise respektieren, wie ich sie.

Die 13-jährige Anne Brosnan schreibt:

> Mein Sozialleben ist viel runder als das von Schulkindern. Ich spreche mit allen auf dieselbe Weise. Mir ist aufgefallen, dass die meisten Kids mit Jüngeren nur oberflächlich sprechen und kaum mit Erwachsenen, sofern sie nicht von diesen angesprochen worden sind. Davon halte ich nichts. Außerdem ist es mir wichtig zu zeigen, dass ich mit jedem über alles spreche. Im Leichtathletikteam sind alle Altersklassen vertreten, und ich bin mit allen gleich befreundet. Ich spreche nicht lieber mit Personen, nur weil sie mir altersmäßig näher sind. Zum Beispiel plaudere ich gerne mit den kleinen Jungs im Kindergarten, weil wir alle die Rockgruppe »New Kids on the Block« scheußlich finden. Meine Trainer hingegen bitten mich um wichtige Dinge, etwa darauf zu achten, dass alle in der richtigen Reihe stehen. Und manchmal

sind sie so durcheinander, dass ich sie daran erinnern muss, was sie tun sollen (dafür sind sie auch dankbar).

Ich habe etwa dreißig Brieffreunde im Alter von zehn bis fünfzig Jahren, die ich als Freunde betrachte. Das ist mein Sozialleben, denn man kann auch durch Briefkontakte Freundschaften pflegen. Vielleicht habe ich nicht so viele Freunde und Bekannte wie andere Kids, aber immerhin zählt nicht die Zahl, sondern die Qualität einer Freundschaft.

Ich habe von vielen Homeschoolern gehört, die aus verschiedenen Gründen wieder auf die Highschool zurückgekehrt sind. Der Hauptgrund war dabei immer, dass sie dadurch mehr Freunde hätten. Aber in der Schule geht es doch nicht um Freundschaften, dort geht es darum, etwas zu lernen, oder etwas gelehrt zu bekommen. Allerdings habe ich noch nie von Homeschoolern gehört, die wegen des Lernens zur Highschool zurückgekehrt wären, denn genau das haben sie vor ihrer Rückkehr an die Schule getan. Den dümmsten Grund hörte ich von einem Mädchen, das zur Highschool zurückkehrte, um auf den Abschlussball gehen zu können. Kein Kommentar ...!

Der 17-jährige Anton J. Hermans ging in der siebenten und achten Schulstufe nicht zu Schule, obwohl er später eine private Highschool besuchte. Er schrieb mir, dass Unschooling »einem Individuum gestattet, sich mit einem breiten Spektrum von Menschen zu treffen (und zu lernen, mit ihnen umzugehen), anstatt vorwiegend auf eine Gruppe von Gleichaltrigen beschränkt zu sein. ...Homeschooling kann die Eigenständigkeit und das Selbstbewusstsein gewaltig stärken und dir nahezu den gesamten Gruppenzwang durch Gleichaltrige nehmen. Wie andere Homeschooler, mit denen ich spreche, empfinde auch ich kaum Gruppenzwang durch Gleichaltrige.«

Jüngere Unschooler – etwa im Alter von zwölf oder dreizehn Jahren – wissen es zu schätzen, dass sie keinen »Freund« und keine »Freundin« haben müssen, um dazuzugehören und beliebt zu sein. Ältere Teenager empfinden ihre schulischen Altersgenossen oft als unreif, wenig erfahren und uninteressant. Meist verlieben sie sich in etwas ältere Teenager und suchen sich auch in dieser Altersgruppe ihre Freunde. Ihre Beziehungen und Freundschaften sind stark und ehrlich. Unschooling gestattet es Teenagern, so lange »jung« zu bleiben, wie sie es wollen, aber auch »erwachsen zu werden«, sobald sie dazu bereit sind.

Sie stehen über Briefe und E-Mails mit Unschoolern und anderen Menschen rund um den Globus in Kontakt und unternehmen mitunter auch Reisen, um diese Menschen zu besuchen.

Ihre Freunde sind meist Personen, mit denen sie durch gemeinsame Interessen verbunden sind. Auf die Frage, was die größten Vorteile des Unschoolings seien, antwortete der 15-jährige Michael Severini: »Jetzt kann ich mehr Zeit mit Menschen verbringen, die dieselben Interessen haben wie ich.«

Sie sind meist selbstsicherer und zufriedener mit sich, weil sie die gesellschaftliche Welt der Schule verlassen haben, die oft grausam, verurteilend und neugierig ist. (Ein Forscher hat sogar »bewiesen«, dass Homeschooler eine deutlich positivere Selbsteinschätzung haben als Schulkinder.[43] Eine andere Studie kommt zu der Schlussfolgerung, dass Homeschooler weniger unter dem Gruppenzwang Gleichaltriger leiden als Schüler einer öffentlichen oder privaten Schule.[44]) Die 15-jährige Suzanne Klemp berichtet: »Mein Selbstvertrauen ist enorm gewachsen – ich werde nicht mehr wegen meiner Kleidung, meines Geldes oder meines Aussehens beurteilt. ... Mein Sozialleben ist heute besser, als es in der Schule je war. Ich treffe mich mit anderen bei den Ballettstunden im CVJM [wo sie Ballett unterrichtet] und habe erwachsene Freunde.«

Manchmal fühlen sie sich von der geschäftigen sozialen Aktivität an der Schule ausgeschlossen. Die meisten empfinden diese soziale Aktivität jedoch als hohl und unbefriedigend. Auch wenn sie es sich nicht wirklich wünschen, träumen sie doch mitunter davon.

Was kannst du sonst noch tun, wenn du dich einsam und isoliert fühlst?

Nimm deine Gefühle ernst. Der menschliche Kontakt mit anderen ist wichtig. Versuche nicht, dir einzureden, dass es nicht wichtig sei, Freunde zu haben. Und wenn du dich gerne verlieben würdest, solltest du dir nicht sagen, dass sei albern, denn das ist es nicht.

In Wirklichkeit sind unsere sozialen Bedürfnisse sogar wichtiger als unsere intellektuellen und kreativen. Wenn du zulässt, dass dein Sozialleben mit deinem Schulaustritt endet, wirst du schon bald keine Lust mehr haben, etwas zu lernen und die Welt zu erforschen. Du wirst dir wünschen, wieder in der Garderobe zu sein, weil dort Tatiana in ihrem Schrank neben deinem wühlt. Der Psychologe Abraham Maslow hat aufgezeigt, dass es eine Bedürfnishierarchie gibt. Jeder von uns hat den Wunsch, zu jemandem zu gehören, Liebe zu bekommen, akzeptiert und anerkannt zu werden, noch bevor er sich daran macht, »höhere« Bedürfnisse wie das Streben nach intellektueller Leistung und vollkommener Erfüllung zu befriedigen.

Achte darauf, dass du die Erinnerung an die Schule nicht verklärst. In der Schule hast du mit einer großen Menschenmenge zu tun. Dadurch schließt du aber nicht automatisch Freundschaften. Die Schule bietet nicht einmal ein passendes Umfeld, um Freunde zu finden. Jeder – egal ob er in die Schule geht, oder nicht – durchlebt Zeiten übermächtiger Einsamkeit. Da hilft es auch nicht, mitten in einer Menschenmenge zu stecken.

Übernimm die Verantwortung für dein eigenes Sozialleben. Bemühe dich, mit ehemaligen Freunden in Kontakt zu bleiben. Wenn du nicht oft genug eingeladen wirst, dann lade selbst ein. Schmeiß eine Party. Gib nicht dem Universum, mir oder dir selbst die Schuld, wenn du dich einsam fühlst, sondern unternimm etwas dagegen.

Achte darauf, welche Gefühle die Veränderung in deinem Leben bei deinen Freunden auslöst. Wenn sie selbst weiterhin zur Schule gehen, beobachten sie dich vielleicht eifersüchtig. Sie könnten dein Leben verklärt betrachten oder sich durch deine wachsende Unabhängigkeit und Reife eingeschüchtert fühlen. Wenn du die Schule verlässt, wirst du lebenstüchtiger und glücklicher, als du es zuvor warst, aber es macht dich deinen Freunden gegenüber nicht überlegen. Sei nicht arrogant. Glaube nicht, dass Unschooling dich zum interessantesten Wesen im Universum macht.

Es gibt jedoch auch keinen Grund, dich für deine Zufriedenheit und Lebensfreude zu entschuldigen. Bestärke jedoch das Vertrauen deiner Freunde in dich, indem du ihnen zeigst, dass dich ihre Aktivitäten interessieren. Achte darauf, nicht mehr zu reden, als zuzuhören. Aber wenn sie sich dir gegenüber plötzlich feindselig und ablehnend verhalten und du die Situation nicht lösen kannst, ist es Zeit, neue Freunde zu suchen, die sich von deiner Entwicklung nicht verschrecken lassen.

Beziehe deine alten und neuen Freunde in deine wichtigsten Unternehmungen mit ein. Betrachte Freundschaft nicht als etwas, das sich nur zwischen einer Tüte Pommes frites und dem Shoppingcenter abspielt. Gib dich nicht mit langweiligen, vorhersehbaren Freundschaften zufrieden. Fordert euch gegenseitig heraus. Geht mit der Zeit immer ehrlicher miteinander um.

Geh manchmal in die Schule. Iss dort zu Mittag, sing im Chor mit, nimm als Assistent des Lehrers am Unterricht teil und gehe zu Versammlungen. In Kapitel 19 findest du Tipps, wie sich dies bewerkstelligen lässt. Und wenn du keine offizielle Erlaubnis dafür bekommst, wer soll dich ertappen, wenn du mit deinen Freunden isst? Ich weiß von einer College-Studentin, die im Hauptfach Soziologie studiert, und regelmäßig in einer Highschool-Cafeteria isst, nur um zu sehen, wie sich Highschool-Schüler untereinander verhalten. Niemand hat je bemerkt, dass sie nicht dazugehört. Außerdem kannst du dich auch ungehindert an den üblichen Schüler-Treffpunkten unter die Schul-Teenager mischen, wenn du Lust dazu hast.

Betrachte deine Familie in einem neuen Licht. Mache aus deinen Eltern und Geschwistern Freunde.

Befreie dich von Vorurteilen über die Schule. Schließe andere nicht wegen ihrer Kleidung oder ihres Make-ups als mögliche Freunde aus. Selbstverständlich ist es legitim, wenn einige deiner Freunde auch deinen Geschmack und Stil teilen, aber es gibt doch keinen Grund, warum alle deine Freunde gleich aussehen müssen, oder?

Die beste Lösung überhaupt: *Hole deine Freunde aus der Schule heraus!* Trage dazu bei, dass sich diese Vision verbreitet. ...

Kapitel 15
Erwachsene in einem neuen Licht

Man kann einen Menschen nichts lehren, man kann ihm nur helfen, es in sich selbst zu finden.

– GALILEO

Jetzt, wo du weder Lehrern, Direktoren noch Überwachungskameras in den Gängen mit Walkie-Talkies gehorchen musst, könntest du beginnen, gesunde Beziehungen zu manchen Erwachsenen aufzubauen. Erwachsene können deine Freunde, Jogging-Partner oder sonst wie »Gleichgestellte« sein. Da du schon vieles über Freundschaft mit Gleichgestellten weißt, sehe ich keinen Grund, warum ich dir erklären sollte, wie du erwachsene Freunde findest. Wenn du deine Zeit mit Erwachsenen verbringst – wie etwa im Schachklub, bei politischen Kampagnen oder anderen Aktivitäten – wirst du auch mit Erwachsenen Freundschaft schließen. Die 13-jährige Mylie Alrich betont, dass es außerhalb der Schule »kaum eine Trennlinie zwischen »Kids« und »Erwachsenen« gibt.

Ebenso wertvoll ist es, nicht gleichgestellte Beziehungen zu Erwachsenen zu führen. Um dein Potenzial vollständig nützen zu können, benötigst du Mentoren, Vorbilder und Lehrer. Und das hat nichts damit zu tun, dass du ein »Kind« bist. Auch Erwachsene benötigen Mentoren, Vorbilder und Lehrer, um ihr Potenzial voll und ganz auszuschöpfen. Niemand sollte dich herumkommandieren oder dir ungebeten Zeugnisse schreiben, aber diese Lehrpersonen können dich vorantreiben und ermutigen, auch Dinge zu tun, für die du nicht den Mut aufbringst, nicht entschlossen genug bist, oder nicht die Fähigkeiten hast, um sie allein anzugehen. Vielleicht hilft dir Susan Shilococks Erfahrung bei deiner Suche nach Anleitung:

> Fast alle neuen Erfahrungen beginnen wir als Experiment. Dies hilft uns, klarer festzulegen, was wir wollen, und welche Teile des derzeitigen Arrangements zielführend sind. ... Auch wenn viele unserer Kurzzeitexperimente wesentlich länger dauern als angenommen, fällt es Erwachsenen leichter, Ja zu sagen, wenn sie die Idee als Kurzzeitexperiment betrachten. ...
>
> Zunächst suchen wir nach Menschen, die aktiv in dem Bereich tätig sind, der uns interessiert. So suchen wir nach einem Künstler und nicht nach einem Kunstlehrer, nach einem spanischen Muttersprachler und nicht nach einem Spanischlehrer, nach einem Holzarbeiter und nicht nach einem Werklehrer, nach einem Chemiker und nicht nach einem Chemielehrer. (Manchmal vereint eine Person beide Tätigkeiten in sich.) Dann suchen wir nach Menschen, die sich selbst als Lernende betrachten. Im Allgemeinen bringen jene, die glauben, das gesamte Wissen in einem Bereich gepachtet zu haben, weniger Begeisterung dafür auf, ihr Wissen zu teilen, und sind oft dabei auch weniger flexibel. Andererseits sind Menschen, die immer noch nach mehr

Wissen in ihrem Tätigkeitsbereich suchen, eher bereit, ihre Erfahrungen zu teilen, ebenso wie ihre Herausforderungen und Unsicherheiten.[45]

Lehrer (und Tutoren)

erfüllen eine klar vorgegebene Rolle: Sie erklären anderen ihr Wissen in einem bestimmten Bereich. Ob du sie als Person bewunderst oder nicht, ist gleichgültig. Wichtig jedoch ist, dass du sie in dem Fachgebiet bewunderst, das sie dich lehren. Wenn das nicht der Fall ist, solltest du einen anderen Lehrer suchen. Einige Lehrer werden mehr als bloß Lehrer – sie werden zu Mentoren, Vorbildern oder Freunden. Es ist aber in Ordnung, wenn du nur einen Lehrer suchst, der dir bestimmte Fähigkeiten vermittelt. Manche Lehrer unterrichten auch gar nicht in Form von Kursen oder formellen Lektionen, wie Jonathan Kibler in *GWS* Nr.74 schreibt:

> Neben meinem Vater haben mir drei weitere Personen geholfen, mehr über Computer zu erfahren. Zunächst Mr. Warner, mein 4-H-Klub-Ausbilder, der mir die wichtigsten Begriff ein BASIC beibrachte, mir erklärte, was die Befehle »PRINT«, »GOTO« und »INPUT« bedeuten, und mich mit Flussdiagrammen vertraut machte. Diese halfen mir, eigene Programme zu schreiben. Zusätzlich führte er mich auch in einige neue Programme ein. Bevor ich Mr. Warner traf, wusste ich nichts über Computer. Deshalb bin ich besonders glücklich, ihn durch 4-H[101] kennengelernt zu haben.
>
> Dann kam Mrs. Penn, die an einer Schule Informatik unterrichtet und dieselbe Kirche besucht wie ich. Als sie erfuhr, dass ich mich für Computer interessierte, lud sie mich ein, mit ihr zu arbeiten. Fast jeden Sonntag ging ich nach der Kirche mit ihr in die Schule, um im Klassenzimmer am Computer zu arbeiten. Ich spiele Computerspiele, schreibe Programme und genieße diese Sonntage sehr. Mrs. Penn hat mir auch Bücher über Computer geliehen. Durch sie habe ich Computer schätzen gelernt. Ich bin froh, dass sie sich die Zeit nimmt, mit mir zu arbeiten.
>
> Als ich meinen ersten eigenen Computer bekam, kannte ich mich mit keinem einzigen Programm aus. Schließlich fand ich heraus, dass Dr. Loader, ein Kollege meines Vaters aus der CVJM-Trailblazer-Gruppe, denselben Computer und Drucker hatte wie ich. Er bot mir an, mich mit verschiedenen Programmen vertraut zu machen. Selbstverständlich hatte ich viele Fragen an ihn, vor allem über Textverarbeitungsprogramme. Wie sich herausstellte, besaß Dr. Loader ein einfach zu bedienendes Textverarbeitungsprogramm, das er für mich kopierte. Außerdem nahm er sich die Zeit, mir meine Fragen am Telefon zu beantworten – und anfangs hatte ich wirklich viele Fragen! Später lud er mich in sein Büro ein, um mir die Funktionsweise der Programme genauer zu erläutern. Einmal kam er sogar in der Mittagspause zu mir, um

mir zu helfen, eine Datei auszudrucken. Ich bin ihm wirklich für all die Zeit dankbar, die er mir geschenkt hat.

Zum Glück habe ich Freunde, die sich mit Computern auskennen und bereit sind, mir zu helfen.

Vorbilder

sind Menschen, die du aus der Ferne bewunderst. Du beobachtest, was und wie sie es tun, und studierst sie, um von ihnen zu lernen. Du kannst Vorbilder in dem Beruf haben, den du einmal ergreifen möchtest, oder Vorbilder für dein Leben allgemein. Indem sie dir zeigen, was im Leben möglich ist, helfen sie dir, eigene Herausforderungen zu finden. Als Vorbilder können Menschen aus deinem direkten Umfeld dienen – wie deine Eltern – oder Menschen, über die in den Medien berichtet wird, wie Sinead O'Connor oder Sandra Day O'Connor. Deine Vorbilder müssen gar nicht wissen, dass du existierst, und dennoch kannst du von ihnen lernen. Selbstverständlich können dir auch andere Jugendliche als Vorbild dienen.

Andere erwachsene Leitpersonen

erfüllen oft auch andere hilfreiche Rollen. Sie können als spirituelle Führer dienen, wie etwa Gurus, Rabbis, Priester oder Priesterinnen, als Fachleute, die du gelegentlich um Rat oder Information bittest, oder als Berater. Erwachsene können auch auf ungewöhnliche Art und Weise zu Lehrern werden: Der australische Unschooler Alex Banks-Watson erzählt: »Eine meiner Lieblingsbeschäftigungen besteht darin, Erwachsenen bei ihren Gesprächen zuzuhören.« Im antiken Griechenland zogen Philosophen mit Jungen im Teenageralter durch die Straßen und über das Land, und diskutierten mit ihnen über Wahrheit und Schönheit. Bei einem Vortrag an meinem College über Eskimos berichtete Barry Lopez, dass Eskimos keinen Begriff für »Lehrer« oder »weiser Mann« hätten und stattdessen jene Menschen hoch schätzten, welche die Rolle des »Isumataq« übernähmen. Der Isumataq ist weder Lehrer noch Prediger, sondern eine Person, in deren Anwesenheit sich die Weisheit enthüllt. Ich erwähne diese Vorbilder, weil sie dich anspornen und ermutigen können, die feinen Unterschiede in deinen Beziehungen zu anderen Menschen zu erkennen.

Mentoren

sind Personen, die dir viel Aufmerksamkeit schenken und dir langfristig mit Rat und Tat zur Seite stehen. Je nach Mentalität treten sie dir auch einmal kräftig in den Hintern, wenn sie das Gefühl haben, dass du dich nicht genug forderst. In den

Karate-Kid-Filmen zeigen Mr. Miyagi – der Trainer (Sensei) – und sein Schüler Daniel eine Mentorenbeziehung in Aktion. Eileen Trombly schildert in *GWS* Nr. 18 ein anderes Beispiel:

> Die 14-jährige Amy hat bei einer älteren Dame in der Stadt Ballettstunden genommen und im Lauf der Jahre eine einzigartige, herzliche Beziehung zu ihr entwickelt. Diese ältere Dame ist mittlerweile über 80 Jahre alt, unterrichtet noch immer Tanz und hat eine interessante Vergangenheit, von der sie Amy erzählt. Da Amy Einzelunterricht bekommt, haben sie immer genug Zeit, um entspannt die Gesellschaft des Anderen zu genießen. Die Ballettlehrerin war einst Ballerina in einer New Yorker Ballett-Truppe, besaß gemeinsam mit ihrem Ehemann ein Varietétheater, war die Schwiegertochter eines ehemaligen Gouverneurs von Connecticut und zählte Anna Pawlowa zu ihrem Bekanntenkreis. Sie verfügt über viel Erfahrung, und ihre feine und doch freundliche Umgangsweise hat Amy sehr positiv beeinflusst.

Die 17-jährige Sarabeth Matilsky aus New Jersey schreibt:

> Im Herbst 1995 saß ich mit meiner Mutter am Esszimmertisch mit dem verhassten blauen Buch vor uns. Mit verbittertem Seufzer versuchte ich, aktive und passive Verben zu verstehen und wodurch ein Objekt »bestimmt« wird. Diese täglichen Lektionen mit Warriner's English Grammar and Composition trugen gewiss nicht dazu bei, mich in die Freuden der englischen Sprache einzuweihen. Dennoch arbeiteten wir noch eine Weile mit diesem Buch. Nach etwa einem Monat voll von Enttäuschungen schrieb ich Susannah Sheffer [Herausgeberin von *GWS*]. Ich fragte sie, ob sie Tipps für mich hätte – Bücher, die ich lesen sollte, Dinge, die ich tun könnte, abgesehen von diesem grauenvollen Buch. Sie antwortete mir mit Vorschlägen und bot mir zusätzlich an, meine schriftlichen Arbeiten zu begutachten, falls ich dies wolle.
>
> Seit über einem Jahr schicke ich ihr nun schon meine Aufsätze und Artikel, und sie schickt mir ihre Kommentare, Vorschläge und Antworten auf meine Fragen. Im letzten Jahr habe ich mehr geschrieben als je zuvor. Zum Teil hat dies sicher damit zu tun, dass ich jetzt jemanden habe, dem ich meine Arbeit zeigen kann. Das ist großartig.
>
> Denn selbst wenn ich nie etwas mit einem Aufsatz tun werde (etwa ihn zu veröffentlichen), lerne ich viel dabei und habe als Publikum zumindest eine aufmerksame Leserin. Sie ist immer respektvoll, und ich schätze ihre Kommentare wirklich. Es hat schon bisher so viel Spaß gemacht, ihr zu schreiben, und wenn mich heute jemand fragt, wie ich Englisch lerne, kann ich wahrheitsgemäß sagen, dass ich es im »Fernstudium« lerne!

Du brauchst *nicht unbedingt* einen Mentor, um ein angenehmes Leben zu führen. Außerdem findet nicht jeder einen Mentor, der sich einen wünscht. Allerdings erzählen viele, die einen Mentor haben, dass ihnen diese Beziehung hilft, sich wesentlich besser zu entwickeln und erfolgreicher zu sein, als sie es allein könnten.

Wie erfüllst du deinen Wunsch nach einem Mentor? Mit Geduld. Einen Mentor findet man nicht so leicht wie einen erwachsenen Freund, Lehrer, Tutor oder ein Vorbild. Du kannst nicht einfach eine Anzeige in die Rubrik »erwünschte Hilfsleistungen« setzen, denn wer sich für einen fertigen Mentor hält, ist sicher keiner. Eine Mentor-Beziehung entwickelt sich auf natürliche Weise aus anderen Beziehungsformen:

Wenn du dich intensiv für Musik interessierst und vielleicht Klavierstunden nimmst, kommst du deinem Lehrer im Lauf der Zeit möglicherweise näher. Eventuell entwickelt er auch ein persönlicheres Interesse an dir, so dass du eines Tages erkennst, dass du einen Mentor hast. Oder wenn du schon einige Monate im naturwissenschaftlichen Museum als Führer tätig bist, lädt dich die Direktorin auf eine Tasse Tee in ihr Büro ein. Im Gespräch stellt sich heraus, dass sie alles über Sterne weiß, und wenn du ihr dann erzählst, dass du dich damit befasst hast, die verschiedenen Sternkonstellationen zu identifizieren, lädt sie dich vielleicht zu ihrer nächsten Sternenobservation ein. Zwei Monate später merkst du, dass sie mittlerweile deine Mentorin geworden ist.

Es gibt einfach keine Schnellformel. Wie die meisten wichtigen menschlichen Beziehungen wird sich jede Mentor-Beziehung auf ihre einzigartige Weise nach ihrem Tempo entwickeln. In *Professional Women and Their Mentors* warnt Nancy Collins:

> Wenn Sie den richtigen Mentor gefunden haben, fragen Sie nie: »Wollen Sie mein Mentor sein?« Das ist die erste Regel am Beginn einer derartigen Beziehung. ... Die Beziehung zu einem Mentor muss sich mit der Zeit entwickeln. ... Sie beginnt offenbar in dem Augenblick, in dem der Mentor sowohl unterstützt, als auch fordert, und der Mentee sich gleichzeitig gefordert und geschätzt fühlt.

Wenn du jedoch jemanden kennst, den du für einen guten Mentor hältst, kannst du eure Beziehung sicher ein wenig in diese Richtung lenken. Zum Beispiel kannst du es ihm sagen, wenn du sein Werk bewunderst, und ihm zeigen, dass du es zu schätzen weißt, wenn er seine Zeit mit dir verbringt. Bitte ihn um Rat. Achte darauf, ob du ihm bei Kleinigkeiten helfen kannst. Wenn er einen Kurs leitet, solltest du dich einschreiben und Energie in deine Arbeit stecken. Wenn er die Rolle genießt, die du ihm stillschweigend zuweist, wird er schon bald selbst die Initiative ergreifen, so dass sich die Beziehung in diese Richtung entwickelt. Wenn nicht, wird er sich zurückziehen. Gehe mit Feingefühl vor und versuche nicht, etwas zu erzwingen.

Wenn du derzeit niemanden kennst, den du gerne als Mentor hättest, dann vertiefe dich in deine Interessen. Auf diese Weise triffst du mit vielen Erwachsenen – und somit möglichen Mentoren – zusammen. Mache einen Keramikkurs, melde dich als freiwilliger Helfer im Zoo oder schließe dich einem Schriftstellerzirkel an.

Ein idealer Mentor ist gut in dem, was er tut, und wird von anderen Erwachsenen respektiert. Deine Gefühle für ihn stehen jedoch im Mittelpunkt. Nancy Collins schreibt: »Bei der Wahl Ihres Mentors sollten Sie jemanden wählen, den Sie bewundern, mögen, respektieren, dem Sie vertrauen und den Sie im weitesten Sinn sogar lieben.« Einige deiner ehemaligen Lehrer eignen sich hervorragend als Mentoren – sofern sie genug Zeit haben, eine individuelle Beziehung zu dir aufzubauen. Selbstverständlich müssen sie einiges an Fachwissen besitzen. Vergiss all jene Lehrer, die nur darauf versessen sind »zu lehren«, und sich nicht für ihr Fachgebiet begeistern. Meide auch Personen, die dir vor allem beim »Erwachsenwerden« helfen wollen, oder dir anderen süßlichen, herablassenden, kontrollsüchtigen Unsinn erzählen.

Denke stattdessen auch an ältere Menschen. Mit einem Leben voll von Erfahrungen ergeben sie hervorragende Mentoren, die sowohl ihr eigenes Leben bereichern können als auch deines.

Ein Mentor muss keineswegs gefühlsbetont und zuckersüß sein, dich ständig in dem bestärken, was du gerade tust, und dir unablässig versichern, das alles, womit du dich beschäftigst, großartig ist. Ich zum Beispiel habe häufig am besten mit besonders herausfordernden Personen zusammengearbeitet, wie etwas mit meiner Flamenco-Lehrerin Pat, die mich ungeniert anfuhr: »Noch einmal! Kinn hoch, Knie beugen! Schneller! Schau nicht auf den Boden!« Es ist jedoch auch in Ordnung, wenn du einen einfühlsameren Typ vorziehst. Vielleicht benötigst du gerade diese Ermunterung, Anerkennung und Wärme.

Sobald du einen Mentor gefunden hast, solltest du ein wenig Kontrolle abgeben. Erinnere dich, dass du eine Person gewählt hast, der du vertraust, also probiere auch aus, was sie dir vorschlägt. Riskiere, worum sie dich bittet. Lass es zu, dass sie dich auf das Hochseil hinausstößt.

Zu guter Letzt solltest du auch an deinen Einsatz bei diesem Handel denken. Wie kannst du deinem Mentor ein wenig von seiner großzügigen Energie zurückgeben? Biete an, ihm bei Arbeiten im Haus zu helfen oder einen Text abzutippen. Allerdings solltest du dir auch bewusst sein, dass du ihm sein Geschenk nie vollständig wirst zurückzahlen können, und dass er dies auch nicht von dir verlangen wird. Aber eines Tages wirst du ihm diese Gunst indirekt zurückgeben, indem du deine weißhaarige Erfahrung an einen anderen wilden Teenager weitergeben wirst.

Kapitel 16
Der Aufbruch – ein Überblick über die Möglichkeiten

Es gibt keine andere vernünftige Erziehung, als Vorbild sein, wenn's nicht anders geht, ein abschreckendes.

– ALBERT EINSTEIN

Eine andere Art von Zeit

Arbeite nicht wie eine Fabrik. Tue einige Dinge gut, statt alles schlecht. Große Projekte – wie ein Stadtorchester aufzubauen oder die ultimative physikalische Theorie zu entwickeln – benötigen Zeit. Wenn du deine großen Unternehmungen liebst, ist diese Zeit nicht vergeudet.

Eine andere Art von Struktur

Innerhalb der Homeschooling-Gemeinschaft wird viel diskutiert über strukturierte versus unstrukturierte Ausbildung. Obwohl es keine vollständig strukturierte oder unstrukturierte Ausbildung gibt, erleichtern es dir diese Begriffe, über die Organisation deines Unschooling-Lebens nachzudenken.

In einer vorwiegend »unstrukturierten« Ausbildung *lässt du das Leben geschehen*, hältst die Augen offen und lernst von dem, was auf dich zukommt. In einer vorwiegend »strukturierten« Ausbildung *bestimmst du den Lauf deines Lebens*, indem du dir Ziele setzt und Pläne machst. Was ist besser? Dies ist eine philosophische und religiöse Frage, für die es auf beiden Seiten zahlreiche angesehene Befürworter gibt.

Eine unstrukturierte Ausbildung befreit dich von überflüssigen Grenzen zwischen dem Leben und dem Lernen. Sie erlaubt deinem Geist, zur Ruhe zu kommen und nach einem gesunden Zeitplan zu leben, indem du nur dann liest, wenn du Lust darauf hast. Sie lädt dich ein, das Universum in dich aufzunehmen, während du im Fluss schwimmst, ohne dass du dir sagst: »Jetzt sollte ich über das Wesen der Strömung nachdenken, über die Namen aller Fische rund um meine Füße oder über die toten Dichter, die über Wasser geschrieben haben.« Diese Ausbildungsform stimmt mit den Lehrmethoden der Zen-Meister, indischen Gurus und altchinesischen Philosophen überein, die ihre Anhänger ersuchen, nichts zu erstreben, nichts im Leben zu erkämpfen, und sich stattdessen nur vom Fluss des Lebens formen und tragen zu lassen.

Eine strukturierte Ausbildung hingegen ist das, was du dir wünschst, wenn du zielorientiert bist oder gerne methodisch vorgehst. Nach all den Jahren, die du nach dem Studienplan Anderer gelebt hast, bereitet es dir vielleicht großes Vergnügen, deine eigene, individuelle Ausbildung zu gestalten. Sie kann so formell, starr und organisiert sein, wie du es dir wünscht, und vielleicht sogar noch wesentlich strenger als in der Schule. Du kannst dir kleine oder große Ziele setzen – wie etwa, dass du ein Mathematikbuch an einem bestimmten Tag beenden wirst, jede Woche einen Artikel für eure Zeitung schreiben wirst, Text und Illustration eines Kinderbuches fertigstellen wirst, bis zum »Tag der Erde« ein Verzeichnis aller regionaler Baumarten erstellen wirst oder täglich drei Personen anrufen wirst, bist du eine für dich geeignete Praktikumsstelle gefunden hast. Wenn du diesen Zugang wählst, wirst du verschiedenste Dinge erledigen. Mit Unterstützung von Barbara Shers Buch *Wishcraft. Lebensträume und Berufsziele entdecken und verwirklichen* kannst du dir epikureische Ziele setzen und sie erreichen. Allerdings schreibt sie über das Leben, und nicht bloß über Ausbildung, was dich zunächst vielleicht verwirrt, bis du erkennst, dass es im Grunde dasselbe ist.

Ein weiterer Punkt in der Diskussion Struktur versus Strukturlosigkeit: Du solltest nicht von der Annahme ausgehen, dass Struktur immer ausschließlich *schulartige* Struktur bedeutet. Ich persönlich lehne den Gedanken einer Schule zu Hause ab, und auch den schulischen Terminplan, der damit einhergeht. Aber du kannst alles mit Struktur umgeben, was dir wichtig ist. Für manche Homeschooler besteht Struktur aus fünf oder mehr Übungsstunden pro Tag auf einem bestimmten Instrument. Andere verstehen darunter die Entwicklung eines vollständigen Computerprogramms, eine Endlosleseeinheit oder widmen sich einen ganzen Tag elektronischen Basteleien.

Eine wertvolle Form von Struktur besteht darin, sich Ziele zu setzen, wie in dem zuvor genannten Buch *Wishcraft* detailliert beschrieben wird. Diese Art von Struktur hilft dir, deine Wünsche in die Realität umzusetzen (Ich will eine Windmühle bauen. Dafür muss ich erst dies und dann das tun.) anstatt dich schuldig zu fühlen (Ich sollte doch jeden Tag 45 Minuten Chemie lernen.). Offensichtlich wirst du viel lernen, wenn du dich aufmachst, deine Ziele zu erreichen; das Windmühlen-Projekt wird Physik, Tischlerei, Geografie und vermutlich Geschichte umfassen. Wenn du dir das Ziel gesetzt hast, ein Buch über Unschooling zu schreiben, wirst du einiges lernen über die Homeschooling-Bewegung, über die Verlagsbranche, Textverarbeitung, Recherche in Bibliotheken, Quellensuche, juristische Bibliotheken, Sprache und Angst. Wenn du dir das Ziel gesetzt hast, aus der benachbarten Kloake ein gesundes Biotop zu machen, wirst du einiges lernen über Chemie, Biologie, Politik, Wirtschaft, deine eigenen Muskeln und die Organisation von Menschen. Die 15-jährige Reanna Alder erzählt: »Der Großteil meiner Lerntätigkeit läuft unter *Leben* oder *persönliche Herausforderung*, und weniger unter *Ausbildung*. Um mich zum Beispiel als Schriftstellerin präsentabler und fähiger zu fühlen, muss ich meine Rechtschreibung verbessern. Deshalb arbeite ich daran.«

Wenn du nicht weißt, wo und wie du beginnen sollst, dein Leben zu strukturieren, hier ein Tipp: Widme dich jeden Tag zwei Stunden lang »akademischen Fächern«. Dabei musst du nicht zwangsläufig viele Gegenstände behandeln oder täglich die selben.

Du wirst nicht sofort einrosten, wenn du nicht täglich 45 Minuten lang »Sozialkunde« lernst. Widme dich vier Stunden täglich einer bestimmten Arbeit oder einem Projekt, und nutze die übrige Zeit, um zu lesen, dich mit Freunden zu treffen, mit deinen Eltern zu sprechen oder Taboulé-Salat zuzubereiten. Nimm dir Samstag und Sonntag frei. Das klingt willkürlich? Ist es auch. Ich habe es eben erfunden, auch wenn es auf einer lockeren Art von »Durchschnitt« über das Leben von Hunderten von Unschoolern und den meisten College-Studenten beruht. Wenn du diesen Terminplan einen Monat lang ausprobiert hast, wirst du wissen, was du daran ändern willst.

Wenn du gerne an Programmen teilnimmst und in einer Gruppe unter Anleitung eines Erwachsenen akademische Aufgaben löst, solltest du deine Sommer als zentrale »Ausbildungszeit« betrachten. Denn während des Sommers gibt es jede Menge interessanter und »bereichernder« akademischer Kurse, die wesentlich mehr Spaß machen und produktiver sind als die Schule. Zahlreiche – auch private – Hochschulen bieten unter dem Stichwort »Sommeruniversität« die spannendsten Programme an. Mache den Winter zu einem Fest, indem du mit einem Stapel umfangreicher Romane Winterschlaf hältst, Eis läufst, deinen Lieblingsonkel besuchst oder deine Zimmerdecke mit einer Wandmalerei verzierst.

Möglicherweise fordert die für dich zuständige Behörde, dass du einen strukturierten Lehrplan vorlegst. In diesem Fall findest du in den Kapitel 17 bis 30 zahlreiche Ideen, oder du probierst es einmal mit zwei Brainstormingtechniken:

1. Liste alle Gegenstände auf, die du behandeln musst. Notiere, auf welche Weise du die einzelnen Fächer »studieren« willst und führe eine Liste von verwandten Büchern an, die du möglicherweise lesen wirst. Bitte auch deine Familie und Freunde um Tipps.

2. Erstelle eine Liste mit deinen wichtigsten Interessen. Überlege dir, in welcher Weise du akademische Fächer mit diesen Interessen verbinden kannst. Wenn du zum Beispiel Pferde liebst, könnte deine Pferdeliste folgendermaßen aussehen:

Sprachlehre/Englisch: Lies *Velvet, das Mädchen mit dem Pferd* (vielleicht sogar auf Englisch, Originaltitel: *National Velvet)*. Schreibe ein Profil über einen Pferdezüchter aus der Gegend. Verfasse Gedichte oder Geschichten aus Sicht eines Pferdes.

Sozialkunde: Führe eine Untersuchung über Berufe durch, die mit Pferden zu tun haben. Erkunde durch eine Umfrage oder eine andere Art von Studie, warum so viele Mädchen an Pferden interessiert sind. Lies über den tief greifenden Einfluss von Pferden in Kulturen rund um den Erdball, wie etwa in der Kultur der Prärieindianer. Arbeite eine Woche auf einem Pferdehof.

Naturwissenschaften: Lerne etwas über Pferdeanatomie, Krankheiten und Biologie. Vertiefe dich in die Entwicklungsgeschichte von Pferden. Lerne, mit einem Mikroskop umzugehen, um Pferdekrankheiten zu diagnostizieren.

Kunst: Zeichne Pferde. Fertige einen Sattel oder Zaumzeug an. Drehe ein Dokumentarvideo über Pferdepflege oder -rennen.

Vermutlich weißt du mittlerweile, was ich meine. Hier einige Kommentare und Tipps von Unschoolern über ihre Erfahrungen mit einer schulähnlichen Struktur und anderen Formen von strukturiertem und unstrukturiertem Lernen. Aus *GWS* Nr. 22:

Im letzten Jahr haben wir auch den Kontakt zu Fernschulen gänzlich abgebrochen, uns eigene Fachbücher (nur für Mathematik) bestellt und mit echtem Unschooling begonnen.... Meine (13-jährige) Tochter lernt nun vollständig unabhängig, wobei sie nur gelegentlich Hilfe in Algebra bekommt und in spanischer Konversation. Auf diese Weise macht sie erstaunliche Fortschritte. Sie liest mehr als je zuvor und erledigt etwa drei Mal so viele Aufgaben wie in der regulären Schule – und das auf eigenen Wunsch. Nachdem wir all die Routinearbeiten abgeschafft hatten, erkannte sie, wie viel Spaß es in Wirklichkeit macht, etwas zu lernen. Sie ist wieder neugierig, stellt sich selbst einen Studienplan zusammen und leistet wirklich Erstaunliches. Dadurch hat sie sich zu ihrem Vorteil verändert. Seit sie ihre Zeit selbst einteilt und nützt, ist sie reifer, verantwortungsbewusster und empfindsamer geworden.

In *GWS* Nr. 35 schreibt eine mutige Mutter über ihre Teenager:

Was tun sie den ganzen Tag? Warum weiß ich nichts darüber? Warum mache ich mir deshalb keine Sorgen? Wir führen kein Tagebuch, unternehmen keine Exkursionen und teilen die Tagesaktivitäten nicht in Fachbereiche auf. Ich ertrage den modrigen Gestank all dieser angeblich so durchdachten Dinge nicht.

Borgny Parker schreibt über das Unschooling ihrer Tochter Abigail:

Ursprünglich beabsichtigten wir, auch zu Hause den Stundenplan der öffentlichen Schule weiterzuführen. Das funktionierte jedoch nicht allzu gut. David und ich sahen bald ein, dass wir Abstand halten mussten, um Abigail nicht demselben Druck auszusetzen, den sie vermeiden wollte. Daraus entwickelte sich unsere eigene Sorte von Non-Schooling. Schließlich sahen wir Abigail nur noch zu, wie sie aus eigenem Antrieb in verschiedene Richtungen davonstürmte.

Die 11-jährige Halee Shepler aus Venezuela schreibt:

Mein Ausbildungsprogramm erstelle ich, indem ich jedes Jahr dieselben drei Fragen beantworte: Welche Fähigkeiten will ich erlernen? Welche Frage will ich beantworten? Welches große Problem will ich lösen? Üblicherweise führt eines zum anderen. Zum Beispiel wollte ich einmal lernen, mein Pferd zuzureiten. Das führte zu der großen Frage: »In welcher Art und Weise verändern sich

Individuen und Kulturen?« Als ich eines Tages mit meiner Reitlehrerin an meinem Pferd arbeitete, bat sie einen anderen Reiter, mein Pferd ohne meine Einwilligung zu besteigen. Als sich mein Pferd dagegen wehrte, schlug der Reiter mein Pferd. Daraus ergab sich, dass ich das Problem der Tiermisshandlung lösen wollte. Im Zuge meiner Recherchen stieß ich in der Zeitschrift Horse Illustrated auf einen Artikel über die Tellington-Methode [TTEAM-Methode], schrieb die Zeitschrift an und bekam Antwort. Das führte zu einem neuen Problem, das ich jetzt lösen will. Linda Tellington-Jones schrieb auch über ihre Arbeit für die Paralympischen Spiele. Nachdem ich meiner blinden Freundin, die Weitsprung trainiert, von den Paralympischen Spielen erzählt hatte, beschloss sie, bei den nächsten Wettbewerben mitzumachen. Aber Venezuela hat kein [paralympisches] Komitee. Jetzt versuche ich, ihr dabei zu helfen. Auf diese Weise führt eines zum anderen. Nach dem zweijährigen Programm für Pferde und Begleittiere hoffe ich, eines Tages selbst TTEAM-Therapeutin zu sein und im Bereich therapeutischen Reitens zu arbeiten.

Nachdem Eva Owens »eine der besten öffentlichen Highschools auf dem Land« nach der neunten Schulstufe verlassen hatte, schrieb sie in *GWS* Nr. 105:

Ich bin von Natur aus unorganisiert. Deshalb entschloss ich mich, beim Homeschooling etwas organisierter zu sein, um das zu lernen, was ich gerne lernen wollte. Außerdem forderte mich die Schule auf, mir in meinem Homeschooling-Plan Ziele zu setzen, die sie auch nachverfolgen könnte. Deshalb arbeitete ich bereits im September meine Ziele für dieses Jahr aus. Im Dezember erkannte ich, dass ich mehr Anleitung benötigte als bloß das. So setzte ich mich mit Leslie [einer erwachsenen Freundin] zusammen und listete meine Ziele für den nächsten Monat auf. Das genügte der ewig zögernden Eva aber immer noch nicht. Mittlerweile haben wir April, und jetzt endlich bin ich mit meiner Routine zufrieden:

Nach dem Frühstück notiere ich, was ich an diesem Tag im Hinblick auf meine monatlichen Ziele erreichen will. Diese Methode hat sich für mich am besten bewährt. Am Ende des Tages sehe ich die Ergebnisse meiner Arbeit und das, was ich nicht getan habe. Auf diese Weise ist alles klar ersichtlich.

Christian McKee aus Wisconsin schreibt:

Im Alter von achtzehn Jahren – und ohne schulische Vergangenheit – erkannte ich, dass in den vergangenen fünf bis sechs Jahren eine Veränderung in mir vorgegangen war: Ich betrachtete mich nicht mehr als Homeschooler oder Unschooler, sondern einfach als der, der ich bin: Christian McKee, Bürger und Mitglied der Gemeinde. Abgesehen von den wenigen kurzen Ausnahmen, als meine Eltern vorübergehend an Unschooling zweifelten, war ich vollkommen frei, mein Leben nach meinem Willen zu strukturieren. In den vergangenen achtzehn Jahren versuchte ich mich in einer Unzahl von Gebieten: Funktechnik, Jonglieren, Skateboard fahren, Skilanglauf,

Fremdsprachen, Singen, Maskenbildnerei, Fliegenfischen und verschiedenen ungewöhnlichen Dingen. Während mich ungewöhnliche Dinge besonders zu interessieren scheinen, glaube ich, dass man von mir sagen könnte, das sich von Natur aus ziemlich intelligent bin. Wenn mich etwas interessiert, studiere ich es in allen Einzelheiten. In den letzten vier Jahren konzentrierte ich mein Leben auf meine Interessen in den Bereichen Chormusik, Fliegenfischen, Funktechnik und Fremdsprachen. Obwohl jede dieser Unternehmungen eine bedeutende Rolle in meinem Leben gespielt hat, bin ich nicht sicher, ob ich in einem dieser Bereiche meinen Lebensunterhalt bestreiten will. Durch das Fischen haben sich mir einige Möglichkeiten eröffnet: Ich habe mein eigenes kleines Unternehmen, reise und arbeite in Montana, unterrichte Anfänger im Fliegenfischen, gebe bei regionalen Zusammenkünften Vorführungen im Fliegenfischen, bin Vorstandsmitglied im regionalen Verband der National Federation of Fly Fishers – aber dennoch bin ich nicht sicher, ob ich mein Leben auch weiterhin darauf konzentrieren will, eine flüchtige Forelle mit einer Steinfliege zu jagen. Das Fischen hat meinen Blick auf das Leben erweitert und mir die Möglichkeit geboten, einen weniger traditionellen Lebensstil kennenzulernen. Meine Erfahrungen beim Singen und mit Fremdsprachen haben aber auch ungeahnte Türen aufgestoßen. Indem ich mich mit Gesang, Deutsch und Französisch befasste, war ich imstande zu reisen (lokal und international), Schüler in Deutsch zu unterrichten und an der Universität zu studieren. Durch diese Kostprobe an universitärer Ausbildung (ich habe einen Kurs für Deutsch, einen für Literatur und einen für Schriftstellerei belegt), habe ich Appetit auf konzentriertere akademische Studien bekommen. Deshalb habe ich mich am Kalamazoo College beworben und wurde angenommen. Für die unmittelbare Zukunft plane ich, ein weiteres Jahr als außerordentlicher Student an der Universität von Wisconsin zu studieren, möglicherweise in einem eigenen Appartement zu wohnen und dann für das College nach Michigan umzuziehen. So fügt sich mein Leben zusammen. Wie bereits gesagt, hat dies wenig mit Unschooling, Homeschooling oder welcher Art von Schulmethode auch immer zu tun, aber viel damit, ich selbst zu sein und meinen gegenwärtigen Lebensweg selbst zu wählen.

Gwen Meehan, die Mutter des Unschoolers Patrick, schreibt:

Das letzte Jahr stand ganz im Zeichen des Wundenleckens und Heilens. Wir legten beide mehr Wert auf strukturiertes Lernen und befassten uns mit »Geschichte, Englisch, Algebra« und anderen »schulischen« Dingen. Damals war das richtig und notwendig. Über den Sommer las ich all meine alten Ausgaben von *GWS* mit den markierten Homeschooling-Informationen für ältere Schüler. Als ich damit fertig war, erkannte ich die überwältigende Übereinstimmung in einem Punkt: Trenne dich vollständig vom Weg der formellen Ausbildung. Sämtliche Eltern und Kinder unterstützten die Idee, dem Schüler einfach zu gestatten, seine Ausbildung selbst zu wählen. Ich würde nur noch als »Unterstützung« fungieren und müsste mir keine Sorgen mehr darüber machen, »einen Studienplan zu lehren«, wie locker er auch immer wäre. Für uns war dies die richtige Richtung. Patrick entwickelt sich großartig.

Andere Eltern schrieben:

»Die Mathematikbücher sind die einzigen Bücher, die wir regelmäßig verwenden, weil es sich mit einem spezifischen Buch leichter lernen lässt. Wir beide bevorzugen die Saxon-Methode. – Wirf die Fachbücher, Tests und Studienpläne einfach weg.«

Teenager schrieben:

»Wir studieren Literatur, Mathematik, Sprachkunde, Rechtschreibung, Sozialkunde und Naturwissenschaft. Während der ersten beiden Jahre hielten wir an [unseren] Lehrbüchern fest. Es war, als wären wir immer noch in der Schule, was uns eine Menge Stress einbrachte. Außerdem war es unendlich *langweilig!*« (Der Schreiber verwendet heute Lehrbücher nur noch für Mathematik)

»Wenn dir die Schule einen Lehrplan schickt, solltest du ihn einfach ignorieren. Du wirst viel mehr lernen, wenn du deinem eigenen Tempo folgst.«

»Versuche nicht, die Schule zu imitieren. Wähle Fachgebiete, die dich interessieren, und studiere sie. Suche nach Erwachsenen, die sich in den Fachgebieten auskennen, die dich interessieren, und lerne von ihnen.«

»Gib dir keinen zu engen Zeitplan vor. In der Schule vergeudet man viel Zeit damit, nur um von einer Klasse in die nächste zu wandern, registriert, diszipliniert und organisiert zu werden. Nicht alles muss strukturiert werden. Entspanne dich und gönne dir Zeit zu sprechen, zu denken, nichts zu tun und Fragen zu stellen. Zwinge dich nicht zum Lernen. Es gibt Tage, an denen hast du einfach keine Lust, und dann gibt es wieder Tage, an denen bist du nicht zu bremsen.«

Sinke nicht auf Schulniveau ab

Träume die größten Träume, und verfolge sie. Rufe ein Kulturaustauschprogramm für japanische und amerikanische Teenager ins Leben. Errichte eine Blockhütte und baue die Möbel selbst, so dass man wirklich darin wohnen kann. Was dir an Fähigkeiten und Erfahrung fehlt, kannst du durch Zeit und Geduld wettmachen. Dränge dich nicht zur Eile.

Erinnere dich an die Macht und Magie der Jugend

Widme dich nicht die ganze Zeit über geistiger Arbeit. Das ist nicht natürlich. Du hast noch dein gesamtes Leben vor dir, um dich mit akademischen Dingen auseinanderzusetzen. Aber du hast nur sieben Jahre, um dich im Körper eines Teenagers zu drehen und zu wenden.

Das Leben wird zwar nicht schlechter, aber weniger intensiv. Die Dinge werden weniger neu und die Hormone toben nicht mehr so durch deinen Körper. Deshalb solltest du deine Leidenschaften auf ihrem Höhepunkt schätzen und genießen. Ich fordere dich nicht auf, jeder deiner Launen nachzugeben oder Dummheiten zu begehen, wie etwa schwanger zu werden, wenn du noch nicht bereit dazu bist. Stattdessen fordere ich dich auf, hartnäckig an deinen geistigen Sehnsüchten festzuhalten, dich nicht zu einer imitierten Wirklichkeit überreden zu lassen, dich in andere Menschen zu verlieben, und – um es mit den Worten von Thoreau zu sagen – alles Mark des Lebens auszusaugen.

Eine kleine Dosis chinesischer Philosophie

Bevor ich dir spezifische Tipps gebe, was du mit deiner kostbaren Zeit tun kannst, will ich den Fokus auf das Konzept des Gleichgewichts lenken.

Einiges von dem, was wir tun, ist *nach außen* gerichtet – geben, produzieren, arbeiten, sprechen, Aktionen setzen. Andere sind eher *nach innen* gerichtet – empfangen, konsumieren, sich entspannen, zuhören, passiv sein. Um gesund zu sein, müssen wir unser Leben in dieser Hinsicht im Gleichgewicht halten. Niemand spricht weise, ohne vorher zuzuhören. Niemand hört glücklich zu, wenn man nicht auch ihm zuhört.

Wer auch immer seinem Leben eine Struktur verleiht, muss – unabhängig vom Alter – jene Bereiche kombinieren, die unsere Gesellschaft als »Arbeit« oder »echtes Leben« auf der einen Seite und »akademisches Wissen« auf der anderen Seite bezeichnet. Ich werde diese allgemeinen Bereiche nun als »abgebende« und »aufnehmende« Begriffe neu definieren. Lernen oder Ausbildung im Allgemeinen erfolgt gleichberechtigt in beiden Richtungen, weil du dabei vollkommen aufmerksam und anwesend bist. Am häufigsten geschieht dies, wenn du – vielleicht unterbewusst – glücklich bist. In der Schule trifft das nur selten zu. Das heißt, in der Schule lernst du nur in minimalem Umfang etwas über Geschichte oder wie man Spanisch spricht. Allerdings lernst du, Anweisungen entgegenzunehmen und still zu sitzen – denn das geschieht kontinuierlich.

Die meisten Menschen in deinem Alter sind gezwungen, zu viel *aufzunehmen*. Indem man sie davon abhält zu arbeiten oder einen Beitrag für die Gesellschaft zu leisten und sie stattdessen zwingt, den ganzen Tag zu lesen oder zuzuhören, sind junge Menschen geradezu verzweifelt über ihre Abhängigkeit, Nutzlosigkeit, Ohnmacht und Passivität. Dein Leben ist nicht im Gleichgewicht.

Andererseits fühlen sich viele Erwachsene gedrängt, unablässig »abzugeben«:

Der arbeitssüchtige Manager, fühlt sich wie ein Versager, wenn er nicht ständig die Karriereleiter hinaufklettert, während die klassisch-tragische Mutter, die ihre vier Kinder zu zehn verschiedenen Übungsstunden fährt, täglich drei, farblich abgestimmte, ausgewogene Mahlzeiten kocht und gleichzeitig noch dem Jüngsten die Ohren wäscht, nie Zeit hat, um einen Fotografiekurs zu belegen, ihr eigenes Essen zu verdauen oder ein Sprudelbad zu genießen. Auch diese Leben sind aus dem Gleichgewicht.

Der Mensch *benötigt* ein Gleichgewicht. Wenn er es nicht auf gute Weise bekommt, holt er es sich auf oberflächliche Weise, was sich schädlich auf ihn selbst und seine Umwelt auswirkt. Einige von diesen Menschen bezeichnen wir als Yuppies – sie arbeiten in stresserfüllten, gut bezahlten Jobs, nähren jedoch ihren Geist und ihre Seele nicht in ausreichendem Maß, so dass sie in einen anderen Modus kippen – sie verfallen zum Beispiel in einen Kaufrausch. Das ist schlecht für die persönliche Entwicklung und schlecht für den Planeten, denn der wird ausgebeutet, wenn Menschen Dinge kaufen, die sie nicht brauchen und nicht wirklich wollen.

Umgekehrt suchen Teenager, denen man nicht gestattet, in guter Weise etwas für die Welt zu tun oder unabhängig etwas zu leisten, oft Zuflucht in Vandalismus, beleidigen ihre Lehrer, schließen sich zu Gangs zusammen, massakrieren Katzen oder schreien ihre Eltern an – nur um irgendetwas zu tun. Die Schule negiert dein grundlegendes Bedürfnis, mit der Welt in Kontakt zu kommen, einen Beitrag zu leisten oder etwas Wertvolles zu schaffen.

Viele Aktivitäten vereinen die beiden Komponenten des Aufnehmens und Abgebens. Reisen ist zum Beispiel ein aktiver Vorgang, der Arbeit erfordert, üblicherweise aber eine stärker »aufnehmende« Wirkung hat – denn wir nehmen Neues auf, genießen, betrachten, hören zu – als eine »abgebende«. Andererseits betrachtet man den Vorgang des Schreibenlernens als akademische Aufgabe, während dich die Schule nur selten ermutigt, deine schriftlichen Werke einem wahren Publikum vorzulegen. In Wirklichkeit ist Schreiben ein Vorgang, in dem wir etwas aussprechen und auf diese Weise die Welt beeinflussen.

Das chinesische Konzept von Yin und Yang drückt die Beziehung zwischen diesen beiden Wesensformen gut aus. Yang enthält die nach außen gerichteten, aggressiven, gebenden Aspekte des Universums und unseres Lebens, während Yin die nach innen gerichteten, passiven, aufnehmenden enthält. Die Sonne ist Yang und der Mond ist Yin, ein Kerzenleuchter ist Yang und eine Schüssel Yin, Härte ist Yang und Sanftheit ist Yin.

Was man in unserer Gesellschaft als »Ausbildung« bezeichnet, ist vorwiegend Yin-Aktivität, während »Arbeit« Yang ist. Deshalb könntest du zu der Schlussfolgerung gelangen, dass die Jugend im Vergleich zum Erwachsenenalter vorrangig eine Yin-Zeit ist. Um gesund und zufrieden zu sein, sind jedoch beide Komponenten wichtig. Der chinesischen Philosophie zufolge basieren die meisten unserer Probleme – globaler, gesundheitlicher und gesellschaftlicher Natur – auf einem stagnierenden Ungleichgewicht zwischen Yin und Yang.

Auf den Punkt gebracht, brauchst du beide Formen von Aktivität – »abgebende« Dinge – wie ein Unternehmen zu gründen, ein Theaterstück zu inszenieren, als Freiwilliger in der lokalen Suppenküche zu helfen – und »aufnehmende« Dinge, wie die Nachrichten anzusehen, zu lesen oder dir einen historischen Vortrag im Museum anzuhören. Außerdem solltest du bedenken, dass »akademische Dinge« nur einen Teil des Yins abdecken, das du benötigst. Gönne dir die Zeit, den Fischen im Aquarium zuzusehen oder nach dem Abendessen noch ein wenig sitzenzubleiben. Sobald du dich von der Schule befreit hast, wirst du dich zweifellos nach auswärts gerichteten Aktivitäten sehnen, das heißt, nach einem aktiven Leben, das sich auch auf die Welt um dich auswirkt. Allerdings solltest du dir nicht selbst etwas vorenthalten, indem du den Zustrom nach innen unterbindest. Das Tao Te King erinnert uns: »In der Ordnung der Natur – ist Führen und Folgen – Einatmen und Ausatmen ... Aufstieg und Fall«. Wärest du ein Fahrrad, so hättest du mindestens zehn Gänge. Wechsle zwischen den Gängen, wie du es benötigst.

Was jetzt kommt

In den Kapiteln 17–31 von Teil 3 geht es vor allem darum, was du aufsaugen kannst, also um »Ausbildung« oder den Yin-Anteil deines Unschooling-Lebens. In den Kapiteln 32–38 von Teil 4 geht es darum, in welcher Weise du einen Einfluss auf die Welt ausüben kannst, also um »Arbeit« oder den Yang-Anteil. Mische nach eigenem Belieben, bis es für dich passt.

Schließlich gebe ich dir noch jede Menge Tipps, wie du die Kluft aus Angst überbrücken kannst; nachdem du dich so sehr daran gewöhnt hast, dass man dir sagt, was du wie tun sollst, sollte ich dir vielleicht vorübergehend die Hand halten. Aber nur, wenn du es willst. Wenn du bereit bist und sagst: »Ich weiß selbst, was ich tun will und wie«, dann ist das in Ordnung. Aber zögere nicht. Immerhin bist du der Held, der an vorderster Front steht. Deine Wahl wird nachfolgende Unschooler inspirieren. Also Kopf hoch und reite los, der aufgehenden Sonne entgegen.

Teil 3

Gesamtkunstwerk Bildung

Kapitel 17
Dein maßgeschneidertes Gesamtkunstwerk Bildung

Von deinem Lernen hängt das Wohl der Welt ab.

– EIN KURS IN WUNDERN

Von hier bis Kapitel Einunddreißig wirft dieses Buch dir Zugang zum akademischen Wissen in den Schoß. Bevor du diesen Rat ignorierst oder – noch schlimmer – bevor du mit entschlossener Verzweiflung daran gehst, weil du das tun »sollst«, hör bitte zu: Intellektueller Eifer ist für jeden da. Vielleicht siehst du das anders, denn als sie dich dazu gebracht haben, deine Arbeitsblätter für Geschichte, Biologie oder Deutsch durchzuarbeiten, haben sie dir den Wunsch gestohlen, die Vergangenheit zu untersuchen, Raupen zu bewundern oder eine gute Geschichte zu hören. *Lass ihnen das nicht durchgehen.*

Vielleicht glaubst du auch, dass intellektuelle Begeisterung nichts für dich ist, weil du denkst, du weißt, was dein Bereich ist, und der ist überall – unter einer Motorhaube, in der Kosmetikabteilung eines Kaufhauses – bloß nicht im akademischen Wissen. Falsch! Dein Gebiet ist das *Universum*. Du brauchst keinen Test zu bestehen, um die Erlaubnis zu erhalten, in die Gemeinschaft der Intellektuellen aufgenommen zu werden. Es ist völlig egal, ob du meist mit Einsen oder mit Sechsen nach Hause gekommen bist. Wenn du langsam liest oder einen kleinen Wortschatz hast, kannst du langsam lesen und dabei Spaß haben, und du kannst jemand anderes fragen oder in einem Wörterbuch die Worte nachschlagen, die du nicht kennst. Wenn dein Vater nach der Arbeit nichts anders macht, als sich mit einem Bier vor den Fernseher zu setzen, heißt das nicht, dass du deswegen die Gedichtabteilung der Bücherei nicht betreten darfst. Wenn *du* nach der Schule nichts anderes machst, als mit Bier (oder Redbull) vor dem Fernseher zu sitzen, dann schließt dich auch das nicht aus der Gedichtabteilung der Bücherei aus.

Wo du jetzt nicht mehr zur Schule gehst, warum sollst du dich damit befassen? Warum solltest du nicht einfach flunkern und in dein Schultagebuch schreiben, du hättest gestern zwei Stunden *Goedel – Escher – Bach* gelesen und den ganzen Vormittag damit verbracht, Kojotenkot zu sammeln, um zu untersuchen, was die gefressen haben?

Weil du in dem Moment, wo du ein paar von den widersprüchlichen, faszinierenden, schockierenden, lustigen, logischen, unlogischen, wunderschönen Funken herausgefunden und aufgesogen hast, die wir »Wissen« oder »Information« nennen, du ein breiteres Bewusstsein haben wirst, besser in der Lage bist, die Verbindungen und Zusammenhänge zwischen den Dingen zu sehen, aus denen die Welt besteht und die das Leben so geheimnisvoll und wunderbar machen.

Weil Wissen, gemischt mit Staunen, dein Bewusstsein zu dem interessanten, lebendigen Ort macht, den du in den nächsten achtzig Jahren oder vielleicht in alle Ewigkeit bewohnen möchtest.

Weil du – wenn du nicht weißt, was gesagt und gedacht und ausprobiert worden ist, bevor du auf der Bildfläche erschienen bist – vielleicht ein paar Mal das wiederholst, was jemand anderes gemacht hat, bevor du irgendetwas Neues beiträgst. Die Welt braucht dringend neue Beiträge, und das ist ein *guter* Grund, warum die Schulbehörde will, dass du gebildet wirst.

Weil es keinen Spaß macht, unwissend und verwirrt zu sein.

Weil du deinen Geist, wenn du Dinge weißt und über sie nachdenkst, von engen Vorurteilen und Grausamkeiten befreist. (Ein weiterer Grund, uns anderen einen Gefallen zu tun, indem du dir Bildung erwirbst.)

Weil du – wenn du weißt, warum der Trojanische Krieg, die Französische Revolution, der Zweite Weltkrieg und Vietnam stattfanden und was sie verändert haben – dir deine Meinung darüber bilden kannst, was Kriege rechtfertigt und welche Art von Krieg gerechtfertigt sein kann. Wer informiert ist, ist ein besserer Bürger.

Weil du als vielversprechendes Pianistentalent verstehen musst, welche Tradition hinter dir steht – nicht nur die großen Pianisten und Komponisten, sondern auch die Wurzeln der Musik in Feuer und Ritualen und Geheimnis. Alles, was du liebst, wirst du noch mehr und wahrer lieben, wenn du seine Geschichte verstehst.

Weil bestimmte Fähigkeiten – insbesondere Lesen, Schreiben, Rechnen und einfache Algebra – dir die Kontrolle über deine Angelegenheiten geben können. Du kannst Freunden schreiben, Geschäftsleuten, Abgeordneten, der Öffentlichkeit und dem Planeten. Du kannst über alles nachlesen, was du wissen willst, du kannst mit deinem Geld umgehen. (Diese grundlegenden Dinge sollten eigentlich in der Grundschule gründlich »gelehrt« werden, wahrscheinlich stimmt das aber nicht, vielleicht willst du also noch ein bisschen tiefer einsteigen.) Wenn du auch zeichnen kannst und Physik und höhere Mathematik kennst, kannst du Gebäude entwerfen, Brücken, Flugzeuge und Computer.

Vielleicht auch, weil du deinen Eltern beweisen musst, dass dein Gehirn nicht verschimmelt ist, weil du im Wald herumgestöbert hast, anstatt in Fräulein Enquists Biologieklasse zu hocken.

Wie funktioniert das?

Wenn du dir eine Bildung in diesem großen schönen Sinn erwirbst, muss das nicht deinen Tag ruinieren. Wenn du zwei Stunden jeden Abend dem Lesen und manchmal Schreiben widmest, wissenschaftliche Experimente durchführst oder andere geistige Übungen angehst, lernst du mit Sicherheit viel mehr und viel besseres Zeug als in der Schule. Natürlich willst du vielleicht mehr Zeit mit den »Bildungsaktivitäten« verbringen, die du liebst, aber fühle dich nicht dazu gezwungen. Immerhin hast du in der Schule nie viel Zeit mit Lernen verbracht. Wie Micki und David Colfax (deren Homeschool-Söhne später an der Harvard Universität studierten) in *Homeschooling for Excellence* ausführen:

> Ein Kind in der öffentlichen Schule verbringt typischerweise ungefähr elfhundert Stunden im Jahr dort, aber nur etwa zwanzig Prozent dieser Zeit – zweihundertzwanzig Stunden – werden, wie die Bildungsfachleute sagen »bei der Arbeit« verbracht. Fast neunhundert Stunden oder achtzig Prozent werden im Wesentlichen mit organisatorischen Tätigkeiten vertrödelt.[46]

Akademisches Wissen, wie du es liebst

Es gibt sieben dicke Kapitel in diesem Buch, die dir sagen, wie du die ganzen Schulfächer ohne Schule studieren kannst. Sie helfen dir sowohl Dinge zu lernen, für die du dich bereits interessierst, als auch zu entdecken, dass du mehr für intellektuelle Themen übrig hast, als du je geahnt hast.

Aber gleichzeitig kannst du dir dein Leben erleichtern, indem du dein Gehirn mit den Dingen fütterst, denen bereits dein Herz gehört. Es geht hauptsächlich darum, zu erkennen, dass es keine dicke Betonwand gibt zwischen den Dingen, die wir tun und den Dingen, die wir lernen. Anstatt danach zu schauen, was in ein »Schulfach« passt, suche danach, was du bereits gerne tust und überlege dir, wohin es dich bringen könnte, wenn du nicht damit aufhörst.

Ein Beispiel: Ich habe immer schon Trachten und die besondere Kleidung einzelner Völker geliebt. Ich hatte früher keine Zeit, irgendetwas damit anzufangen, aber heute habe ich ein dickes Sammelalbum mit Bildern, die ich zum größten Teil aus der Zeitschrift *National Geographics* ausgeschnitten habe und auf denen die traditionellen Trachten aller Kulturen der Welt zu sehen sind. Ich sammle auch Stoffe und Kostüme, wenn ich es mir leisten kann, und schneidere mir Trachten im Laufe der Zeit. Ich halte dies nicht für irgendetwas Akademisches – ich mache es einfach gerne, aber wenn ich ein Teenager wäre, würde ich mit Sicherheit vor der Schulbehörde darauf hinweisen und vor dem College als eine unglaublich respektable Art, mein gesellschaftswissenschaftliches Quantum zu erfüllen.

Immerhin hat diese Aktivität mich in Kontakt mit allen möglichen Arten von Wissen gebracht. Zum Beispiel habe ich festgestellt, dass die Mokassins der Apachen jener Fußbekleidung der Stämme ähnelten, die an den Ufern des Amurflusses in Sibirien leben. Ich bin daraufhin zur Bücherei gegangen und habe herausgefunden, dass die Vorfahren der Apachen vermutlich über die Landbrücke ganz direkt zum amerikanischen Südwesten gewandert sind, ohne sich unterwegs aufzuhalten und viel mit anderen Volksgruppen zu vermischen. Später, als ich Märchen der Amurstämme las und Leute über die Apachenreligion sprechen hörte, fielen mir weitere Ähnlichkeiten zwischen den beiden Kulturen auf, feine Dinge, auf die ich nicht geachtet hätte, wenn ich nicht vorher wegen der Mokassins aufmerksam geworden wäre. Ich behalte diese Verbindung in meinem Hinterkopf als eine der Fragen, die ich untersuchen werde, wenn ich einmal Zeit habe. Inzwischen habe ich ein Buch über Fußbekleidungen amerikanischer Ureinwohner benutzt, um mir ein Paar Mokassins im Apachenstil zu entwerfen, die ich mit einem sibirischen Fischmotiv geschmückt habe.

Ebenfalls dank meines Interesses an Trachten weiß ich die Herkunft aller Arten von Ländern und Religionen in diesen Ländern. (In College und Highschool habe ich von diesen Orten kaum je gehört – Tunesien, Bosnien, Sardinien, Turkistan, Radjastan.) Durch Kostüme habe ich viel über Geschichte und die Beziehungen zwischen Ländern gelernt. Frauenkleidung in Südosteuropa zum Beispiel spiegelt Jahrhunderte lange türkische Herrschaft wider. Ein intensives Interesse an Folklore und Volkstänzen ist zu meiner Liebe für Trachten hinzugekommen. Die unterschiedlichen Kleidungsformen der Kulturen haben mir viele Dinge über die Wahrnehmung der Rollen von Männern und Frauen vermittelt sowie über die Beziehung zwischen Mensch und Natur. Mein Interesse hat mich auch dazu eingeladen, über den Wert der industriellen Revolution nachzudenken, die hauptsächlich dafür verantwortlich ist, dass wir heute so öde in der Fabrik zusammengeschusterte Klamotten tragen – und für andere ohne Sorgfalt erschaffene Aspekte unseres Lebens. Ich könnte noch seitenweise berichten, was ich im Zusammenhang mit den Trachten der Völker überlegt und gelernt habe.

Mein Interesse an Kostümen ist von sich aus kein Stück intellektueller als dein Interesse an Flugzeugen, Ski fahren, Pink Floyd, süßen Jungs im Fernsehen, Kirche, Fußball oder Hunden. Deine Sammelalben, Hobbys, Tagträume, Sammlungen, Gespräche, Fragen und dein Lesestoff können dich ebenfalls in Kontakt mit den knackigsten, bedeutungsvollsten akademischen Themen bringen.

Bei Rot über die Ampel in der Milchstraße

In dem Zusammenhang achte auf interdisziplinäre Studien. Was sind interdisziplinäre Studien? Praktisch alles mit »-studien«, »-kunde« oder »-wissenschaften« am Ende – Bioregionalstudien, Umweltstudien, Amerikakunde, Asienkunde, ethnische Studien, urbane Studien, Frauenwissenschaften.

Eine einzelne Disziplin liefert *eine* Sprache oder *eine* Gruppe von Fragen, durch die wir auf uns und unsere Umgebung blicken können. Die Chemie hat einen Blick auf Moleküle; die Physik schaut im Hinblick auf Atome. Die Soziologie untersucht das

Verhalten von Menschen im Hinblick auf kulturelle Muster und Beziehungen; die Psychologie untersucht ihr Verhalten im Hinblick auf ihr Bewusstsein und ihre Gefühle. Umgekehrt betrachtet ein interdisziplinäres »Wissensgebiet« ein Thema mit einer Vielzahl von Sprachen. Zum Beispiel in Frauenwissenschaften kannst du 1. Literatur von und über Frauen lesen und besprechen, 2. die Rollen von Frauen in der Geschichte untersuchen, 3. den weiblichen Körper aus biologischem Standpunkt betrachten und 4. die Rolle der Frauen heute aus soziologischer Sicht betrachten.

Ich ermutige dich, die interdisziplinäre Idee auf alles anzuwenden, was du wirklich gern hast. Betrachte Geschichte, Geographie, Literatur, Kunst, Wissenschaft usw. daraufhin, in welcher Beziehung sie zu deinem Interessensgebiet stehen. Wenn du gerne Autos magst, möchtest du vielleicht etwas über die Geschichte von Autos und anderer Transportmittel herausfinden, über die Bedeutung von Autos in Literatur und Kinofilmen, über die symbolische Rolle von Autos in unserer Kultur oder über die Umweltschäden, die sie verursachen.

Wer gibt dir die Noten?

Früher haben das deine Lehrer gemacht. Manche haben das gut gemacht, andere mies. Du musst entscheiden, wie es jetzt ablaufen soll.

Huch?

Die unerfreuliche Kehrseite im Leben des Informationszeitalter ist, dass du kaum noch weißt, was wichtig ist und was nicht. Bei Millionen von Büchern, welches sollst du lesen? Bei Millionen von Websites, welche sollst du anklicken?

Es gehört zu den besten Dingen, die ein guter Lehrer tut, dass er dir das wichtige Zeug statt des wertlosen Unsinns nahe bringt. Allerdings sind die Lehrer normalerweise darin nicht sehr gut. Zuerst werden sie mit noch mehr Informationen bombardiert als die meisten Leute sowieso schon, und vieles davon ist ziemlich billig nachgemachtes, abstoßendes Zeug, das die Schulbuchverlage ihnen verkaufen wollen. Sie haben wenig Möglichkeiten herauszufinden, was gut ist und was Müll und wenig Zeit, um eine wohl bedachte Auswahl zu treffen. Schulbuchveröffentlichungen sind *oftmals* Müll, also ist die Wahrscheinlichkeit hoch, dass sie die falsche Auswahl treffen.[47]

Lehrer sind oft nicht mehr in Kontakt mit den wirklichen Innovationen auf ihrem Wissensgebiet und haben kein Gefühl dafür, in welcher Weise ihr Gebiet mit der Welt verknüpft ist. (Bedenke, dass die meisten Lehrer nicht viel anderes getan haben, als zur Schule zu gehen – erst als Schüler, dann als Lehrer.) Lehrer sind nicht unbedingt Experten auf ihrem Gebiet. Sie müssen ihr Fachgebiet noch nicht einmal lieben. Aus diesen Gründen sind es meistens nicht die Lehrer, die dir am besten helfen können, die richtigen Ressourcen auszuwählen. Jede Schule hat natürlich Ausnahmen, und manche Schulen sind voller Ausnahmen.

Wer statt der Lehrer kann dir helfen, aus der Fülle das Richtige auszuwählen?

Dieses Buch stellt einen Anfang dar. Es nennt dir ein paar gute Quellen, die zugänglich sind, sowohl im Allgemeinen (Kapitel Zwanzig) als auch zu speziellen Themen (Kapitel Einundzwanzig bis Dreißig). Es liefert dir auch Referenzwerke für jedes Wissensgebiet – Bücher, die auf andere gute Bücher hinweisen. Manchmal sind die besten Referenzwerke die Bestellkataloge von Spezialgeschäften.

Ein weiterer sehr guter Freund, den du haben kannst, ist der *The Millennium Whole Earth Catalog* oder eine der früheren Ausgaben des *Whole Earth Catalog*, die in verführerischer Weise einen Großteil der besten Bücher auf fast jedem Gebiet beschreiben, von Evolutionsbiologie über Käsemachen zu Surfen zu westlicher Spiritualität. Inzwischen kannst du im Internet beliebig recherchieren. Außerdem gibt es Wikipedia, wo auch immer Literaturangaben zu finden sind. Wenn du im Internet zu einem Thema viele Bücher findest, bekommst du anhand der Leserrezensionen bei amazon.de und der Search-Inside-Funktion ein Gefühl dafür, welches Buch das richtige für dich ist. Auch die Websites besonders kleinerer Verlage liefern ausführliche Informationen zu den angebotenen Büchern.

Wenn du dich besonders für ein bestimmtes Thema zu interessieren beginnst, bitte einen Erwachsenen um Hilfe, der ein leidenschaftlicher Fachmann auf diesem Gebiet ist. Siehe Kapitel Fünfzehn.

Glücklicherweise organisiert sich das Internet sehr schön selber und bietet hilfreiche »Hotlists«-Seiten an. Hotlists bzw. Linksammlungen empfehlen die besten Seiten auf einem bestimmten Gebiet wie Kunst, Afrikakunde, Raumfahrt, Literatur, amerikanische Geschichte oder Mathematik.

Auch Bibliothekare können dir guten Rat geben. Es gibt zu fast allen Themen Foren im Internet, wo du nach geeigneten Büchern, Filmen und anderen Materialien fragen kannst.

Wenn du eine Weile unabhängig bist, wirst du allmählich ein Talent dafür entwickeln, deine Augen über Dutzende von Büchern in der Bücherei schweifen zu lassen und mit magischer Genauigkeit die ein oder zwei Bücher auszuwählen, die für dich am lohnendsten sind. Letztlich ist es die Herausforderung unserer Zeit, dass wir lernen, im Informationswust genau das zu finden, was wir brauchen.

Wenn du übrigens nach Babysprache süchtig bist, wirst du das überwinden müssen. Schulbücher sind meistens in Babysprache verfasst, weil ihre Autoren wissen, dass du eigentlich nicht interessiert bist und Babysprache die einzige Möglichkeit ist, dich geduldig zu halten. Die meisten populären Bücher, Hochschullehrbücher und Zeitungen sind mit Absicht ungefähr auf dem Niveau der achten Klasse geschrieben. Wenn du dich mit echten Büchern befasst, sind einige ganz schön hart. Solange du dich für das Thema wirklich interessierst, lohnt es sich aber, am Ball zu bleiben.

Natürlich kann vieles in einfacher Sprache geradeheraus gesagt werden, aber komplexe Themen erfordern oft eine schwierigere Sprache. Die Schulen neigen dazu, in höheren Lesestufen das Lesen von Romanen vorzuschreiben, liefern aber sonst keine großen Herausforderungen. Daher ist das Lesen auf College-Niveau für manche Studienanfänger ein Riesenschock. Die meisten Bücher, die ich in den nächsten Kapiteln empfehle, sind nicht besonders schwierig, aber manche gehen schon über die Stufe der achten Klasse hinaus.

Ein Blick auf deine Zukunft an der Hochschule

Viele – wenn nicht die meisten – neuen Unschooler planen, später zu studieren. (Viele überlegen es sich später anders; wenn deutlich wird, dass Eigenstudium großen Spaß macht und höchst effektiv ist, sagen sich manche helle Köpfe: »Warum sollte ich die nächsten vier Jahre damit verbringen, Befehle entgegenzunehmen um dann für weitere vier – oder mehr – Jahre Schulden zu haben?«) Wenn du die Schule verlassen willst und vorhast, später zu studieren, findest du in den Kapiteln Einundzwanzig bis Fünfundzwanzig Rat von Hochschulprofessoren, was sie sich von ihren neuen Studienanfängern an Vorwissen wünschen. Ich bin diesen Hochschullehrern sehr dankbar, dass sie ihre Ansicht mitgeteilt haben, und größtenteils halte ich ihren Rat für nützlich, aber wenn du diese Kommentare liest, bedenke bitte ein paar Dinge.

- Die meisten dieser Leute lehren in Eliteschulen, und ihre Erwartungen sind höher als die von Hochschullehrern an durchschnittlichen Einrichtungen.
- Achte darauf, ob der Hochschullehrer über Studenten spricht, die einen Abschluss in dem Fach machen wollen oder nur einen Grundkurs belegen. Du brauchst definitiv *nicht* ein Experte in jedem akademischen Fach zu sein, um zum College zu gehen – auch wenn es sich um ein sehr gutes College handelt.
- Ich habe diese Leute gefragt, wie der ideal vorbereitete Student wäre und was der minimal vorbereitete Student können müsste. Der ideal vorbereitete Student ist selten – er ist hauptsächlich ein Geschöpf professoraler Fantasien. Wenn du über den ideal vorbereiteten Studenten in einem Fach liest, das du liebst, dann sei aufmerksam, aber mache dir keine Sorgen, wenn du nicht genau diesem Profil entsprichst. Erkenne die von den Professoren ins Spiel gebrachten Ziele an, aber nicht notwendigerweise die Methoden. Von Hochschulprofessoren kann man erwarten, dass sie sehr viel über ihr Fachgebiet wissen, aber sie wissen nicht unbedingt mehr über Homeschooling als dein Dackel. Also, wenn ein Professor zum Beispiel sagt, dass du

für einen Hochschulkurs in Geschichte bereits mindestens zwei Oberstufenkurse in Geschichte absolviert haben musst, dann übersetze das in die *Entsprechung* von zwei Geschichtskursen in der Oberstufen – das kann zum Beispiel bedeuten, dass du Geschichtsbücher allein gelesen hast, ein paar ausführliche Essays und ein Forschungspapier geschrieben, intensiv an einem E-Mail-Diskussionsforum teilgenommen oder fünf Filme über den Bürgerkrieg gesehen und ihre unterschiedlichen Herangehensweisen analysiert hast. Nähere dich jeder konzentrierten historischen Aktivität mit vollständiger Aufmerksamkeit und Geduld und du wirst besser vorbereitet sein als deine Freunde in der Schule, die nur passiv »mindestens zwei Geschichtskurse auf Oberstufenniveau« entgegengenommen haben. Halte dieses »Entsprechungs«-Prinzip im Bewusstsein, wenn du mit Professoren oder anderen Akademikern redest oder korrespondierst.
- Die Meinungen von ein oder zwei Professoren sind sicherlich wertvoll, repräsentieren aber nicht notwendigerweise die Meinung aller Hochschullehrer zu diesem Thema.

Ein paar schulfreie Wege, alles zu lernen

Während der folgenden Kapitel wirst du jede Menge einzelner Vorschläge dazu finden, wie du ohne Schule lernen kannst. Kapitel Achtzehn listet Ressourcen auf, die du in deinem Umfeld findest. Hier erwähne ich ein paar Aktivitäten und Strategien, die dein Lernen zu einem beliebigen Thema erweitern können, aber nicht in die »Umfeld«-Kategorie gehören.

Mach dir ein kleines Museum, dass mit deinem Interessensgebiet zu tun hat – Naturgeschichte, Kunst, Archäologie, Skateboardfahren. Während meiner Hochschulzeit wohnte ich in einem naturhistorisch interessierten Haus. Wir führten ein kleines Museum in einem Hinterraum mit einer bezaubernden Anordnung von Felsbrocken, Muschelschalen, Fossilien und zerzausten, schillernden, ausgestopften Vögeln. Mit anderen Worten, du musst nicht reich oder berühmt sein oder von der Regierung bezahlt werden, um dein eigenes Museum zu eröffnen.

Schreibe Aufsätze. Der Aufsatz »Was ich in den Ferien erlebt habe« ist normalerweise Blödsinn, vor allem, weil deine Lehrerin, wenn sie ihn liest, überhaupt keine Zeit hat, wirklich wahrzunehmen, was drin steht. Ein Pflichtaufsatz, in dem du die Französische mit der Amerikanischen Revolution vergleichst und beide einander gegenüberstellst, ist normalerweise auch nur Beschäftigungstherapie. Aber wenn du dich ganz von alleine für die Ähnlichkeiten und Unterschiede zwischen den beiden Revolutionen interessierst, dann ist es meist ein sehr guter Weg, dein Wissen und deine Meinung zu entwickeln und zu klären, indem du es aufschreibst. Schreiben kann ein sehr scharfes Instrument sein, das dir hilft, zu reflektieren und Schlüsse aus irgendeiner Erfahrung oder einem Wissensgebiet zu ziehen. Du kannst viel genauer schreiben, als du reden kannst, weil du Zeit hast, dich durch komplizierte Argumente und Ideen zu organisieren und zu denken. Zur Inspiration kannst du in geisteswissenschaftlichen Zeitschriften über dein bevorzugtes Wissensgebiet nachlesen.

Wenn »Aufsätze« und Essays dir zu formal oder streng sind, schreib deine Gedanken über das, was du lernst in ein formloses Tagebuch. Mache ein »E-zine« oder einen Blog im Internet.

Lies wissenschaftliche Zeitschriften, aber nur, wenn du einige Geduld mitbringst. Diese Zeitschriften sind von und für Spezialisten geschrieben – sie versuchen nicht die allgemeine Öffentlichkeit zu unterhalten oder irgendetwas in leichter Sprache zu erklären.

Schreibe Briefe an Leute und Organisationen, stelle nachdenkliche Fragen, ob sie groß oder klein sind. Schreibe insbesondere Briefe an Menschen, die du bewunderst, und füge, wenn du sie nicht um eine Mailantwort bittest, einen Freiumschlag bei. (Mit deiner Adresse und passender Briefmarke.) Ein Brief wird eher gelesen als eine Mail – trotzdem solltest du unbedingt deine E-Mail-Adresse angeben, denn wenn sie deinen Brief erst mal gelesen haben, werden vielbeschäftigte Menschen lieber per E-Mail antworten. Wenn sie antworten und dich einladen, wieder zu schreiben, nur zu. Wenn du an Menschen schreibst, die nicht allzu prominent sind, hast du mehr Chancen auf eine durchdachte Antwort – nicht weil prominente Menschen herzlos sind, sondern weil sie schon mit Post überschüttet werden. Unschoolerin Chelsea Chapman schreibt in *GWS*, Nr. 69:

> Ich stehe in Briefwechsel mit einer ehemaligen Olympia-Pferdeteamtrainerin, die mir hilft, unsere Pferde zu trainieren und reiten. Ich habe sie zuerst im letzten Herbst angeschrieben, als wir Schwierigkeiten beim Training unseres norwegischen Fjordfohlens hatten. Ich fand ihre Adresse in einem Newsletter, der vom Norwegischen Fjordpferdeverband herausgegeben wird, und fragte sie um Rat im Umgang mit ihren Fjordpferden. In ihren Antworten berichtet sie von ihren Pferden und ihren Trainingsmethoden und Tricks.

Besorge dir Lernsoftware, wenn du einen Computer hast. Die muss gar nicht teuer sein, du kannst alle möglichen freien und preiswerten Programme aus dem Internet herunterladen oder kommerzielle Programme zusammen mit Freunden oder anderen Homeschool-Familien kaufen. Frage deine computerschlauen Freunde um Rat.

Durch das Internet kannst du eine erstaunliche Vielzahl von Themen erforschen, über die letzten Sportergebnisse alles herausfinden, an Diskussionen über den Nahen Osten teilnehmen oder ein Verzeichnis über Nacktbadestränd finden. Das Internet ist in beständigem Wachstum, dehnt sich aus und vervielfacht sich; bitte deine computerschlauen Freunde um Hilfe.

Denk dran, auch noch ohne Computer zu kommunizieren. Gründe eine Studiengruppe, um ein bestimmtes Thema zu untersuchen. Eröffne oder besuche einen Bürgerstammtisch – eine regelmäßige Diskussionsrunde mit Freunden oder Bekannten, irgendwo an einem gemütlichen Ort bei Tee und Plätzchen. Der *Utne Reader* schlägt vor:

> Bürgerstammtische können das Gegenmittel für die atomisierten und von Medien beherrschten Lebensweisen sein, die im Amerika der Jahrtausendwende vorherrschen. Wir müssen zusammenkommen und miteinander über die Dinge reden, die uns wichtig sind und an die wir glauben. Es macht Spaß. Es ist in. Und es kann die Welt verändern.[48]

Suche nach hervorragenden Leuten und Organisationen, die berühmt oder populär sind. Bitte nicht gleich Günter Grass, deine Schreibversuche zu kritisieren,sondern sende eine Kopie deiner besten Kurzgeschichte an eine junge Autorin, die gerade ihr erstes Buch veröffentlicht hat – was du zwar für toll hältst, was aber (noch) nicht irgendwelche Preise gewonnen hat. Anstatt dich um ein Praktikum bei der UFA in Babelsberg zu bewerben, prüfe das Werk von Filmemachern vor Ort.

Halt deine Antennen ausgefahren

Die meisten kleinen Kinder haben ein sehr gutes Gefühl dafür, was sie mögen – aber nur im *allgemeinen* Sinn. Sie können nicht über all die *speziellen* Dinge Bescheid wissen, die sie vielleicht mögen, weil sie gar nicht wissen, was es da draußen alles gibt, was zu ihrem Geschmack passt. Schon lange bevor ich sechs war, liebte ich Ballettstunden, verkleidete mich gern als Zigeunerin und wirbelte zu Hause herum. Später nahm ich Ballettstunden und manchmal auch Unterricht in Jazz und Stepptanz, woran ich viel Spaß hatte. Aber erst in der Hochschule habe ich internationalen Volkstanz entdeckt, der viel besser das traf, was ich meinte – und erst nach dem Studium entdeckte ich den Bauchtanz, der mich genau in meinem Zigeunerherz traf.

Die Moral der Geschichte lautet natürlich: *Halt die Augen offen.* Hela, meine Lehrerin und eine meiner Heldinnen, sagt: »Nimm ein bisschen von allem, damit du nicht irgendetwas verpasst, was du vielleicht geliebt hättest.« Aber Ava, eine andere Lehrerin und Heldin, machte daraus, jedes Jahr etwas Neues auszuprobieren. Letztes Jahr, als sie fast sechzig war, versuchte sie es mit Kajakfahren im Meer.

Sei alles, was du sein kannst

Dein Gehirn existiert nicht von alleine. In der Schule hat sich dein Körper daran gewöhnt, stillzusitzen und im Namen der Bildung zu leiden. Aber du wirst ein viel längeres, klügeres und glücklicheres Leben führen können, wenn du diese Gewohnheit jetzt gleich deinstallierst. Trainiere deine Muskulatur und deine Knochen, während du deinen Intellekt schärfst. Trage Kleidung, in der du dich wohl und glücklich fühlst; ernähre dich so, dass du fröhlich und energiegeladen bist; mache viele Dehnungsübungen und Pausen und spring um den Block oder tanze eine Runde; mache dich schön, nur für dich selbst. Und nähre auch deinen Geist. Ich versuche jeden Tag früh aufzuwachen und runter zum Fluss zu gehen, wo ich über das Leben nachdenke und meine Wünsche für den Tag formuliere. Finde deinen eigenen Weg dich zu zentrieren, vorzugsweise morgens oder bevor du mit irgendwelcher akademischer Arbeit beginnst – ließ in deiner Bibel oder schreibe Briefe an deinen Schutzengel in dein Tagebuch. Meditiere, schleiche auf Zehenspitzen durchs Badezimmer oder gieße die Salatpflänzchen ...

Eine kleine Predigt

Wahrscheinlich ist es traurig, wenn du mit der Schule aufhörst und keine herausfordernden, anspruchsvollen Bücher mehr liest, aber deswegen geht die Welt nicht unter, und es ist mit Sicherheit kein Grund, dich selbst zu verabscheuen. Wie viele Erwachsene, die du kennst, nehmen sich jede Woche zwei Stunden Zeit, ganz zu schweigen von jedem Abend, um ihre Seelen durch »Bildung« zu erbauen? Okay, manche von ihnen waren auf der Hochschule und haben wahrscheinlich alles, was sie jemals wissen müssen, dort gelernt, aber wie viele von ihnen erinnern sich wirklich noch daran?

Ich möchte fast garantieren, dass du deinen Intellekt verbesserst, wenn du mit der Schule aufhörst – selbst wenn du nicht die leiseste Anstrengung machst. Mit einem gesunden, entspannten (schulfreien) Gehirn wirst du nützliches und fesselndes Wissen über das Universum aufnehmen, einfach, indem du deine Augen offen hältst, ein paar gute Filme anschaust, im Wartezimmer Zeitschriften liest und Menschen bittest, dir zu erklären, was sie gesagt haben, wenn du etwas nicht verstanden hast. Die meisten Erwachsenen haben vergessen, was sie in der Schule gelernt haben, versuchen aber auch nicht, ihre Bildung – mehr als ich es gerade beschrieben habe – zu organisieren, und kommen wunderbar klar in der Welt. Du brauchst nicht »gebildet« zu sein, damit dein Herz weiterschlägt und dein Auto weiterfährt.

Jeder Mensch hat seine eigene innere Lernuhr. Obwohl ich in der Oberstufe überwiegend Einsen bekam, habe ich wenig gelernt. Ich habe Dinge nach den Klassenarbeiten schnell vergessen, weil der größte Teil des Lehrplans mir überhaupt nichts bedeutete. Soweit zum Thema »mündiger Bürgerin«. Allerdings haben sich meine Interessen in den wenigen Jahren, seit ich die Hochschule verlassen habe, erweitert und ich habe mühelos Massen von nützlichem Wissen zu vielen verschiedenen Themen angehäuft. Mit anderen Worten: Ich habe als Teenager unter schlechter Bildung gelitten, doch hat mich diese schlechte Bildung nicht daran gehindert, meine Augen zu öffnen und die Dinge ein paar Jahre später zu erfahren. Wenn du jetzt nicht liest, kannst du dann lesen, wenn deine Hormone dich nicht mehr so wild umtreiben.

Kapitel 18
Jenseits von »Schulausflügen«: Die kulturellen Schätze nutzen

Kein Schüler kennt sein Fach; er weiß vor allem, wo und wie er die Dinge herausfinden kann, die er nicht weiß.

– WOODROW WILSON

Um die Idee von maßgeschneiderter, intellektueller Spezialanfertigung zu erwerben, die du »Bildung« nennen wirst, wenn du mit dem Oberschulrat sprichst, kannst du von einer Vielzahl kultureller Schätze profitieren. Dazu gehören Büchereien, Museen und andere Paläste der Weisheit. Wenn du in einer großen Stadt lebst, wird deine größte Schwierigkeit sein, die schönsten Paläste aus einem Königreich voller Schätze auszuwählen. Wenn du auf dem Land oder in einer Kleinstadt lebst, erscheinen deine Wahlmöglichkeiten vielleicht begrenzt – dafür hast du mehr natürliche und ländliche Ressourcen. Aber egal, wo du lebst, Information ist überall in Hülle und Fülle vorhanden. Wenn du erst einmal ein paar Verbindungsfäden kennst, findest du alles, was du brauchst.

Die öffentliche Bücherei

ist die wertvollste Quelle für die Bildung der meisten Menschen. Wenn dieser Planet einmal zur Vernunft kommt, wird es viel weniger Schulen und viel mehr Büchereien geben. In einer Bücherei kannst du alles lernen, was du willst, aber niemand versucht dich dazu zu bringen, etwas Bestimmtes zu lernen. Du kannst auch in einer kleinen Bücherei große Schätze finden – entweder unter Anleitung eines Bibliothekars oder mit einer kleinen Dosis Mut, Wunschkraft und Wissen. Du kannst dort wirkliche *echte* Worte finden: Romane oder Gedichte, die deinen Geist erwecken, Sachbücher, die dir alles, was du tun willst, erklären – einen Staudamm aufzubauen, eine Solaranlage zu errichten, Sahnetorten zu machen, ein Kinderbuch zu veröffentlichen, den richtigen Tennisschläger auszuwählen, einen Saum zu nähen oder einen Gesetzentwurf zu schreiben und jemanden zu finden, der ihn in ein Gesetz verwandelt.

Es gibt zwei Möglichkeiten, die Bücherei zu benutzen: mit oder ohne Plan.

Ich kann die Wichtigkeit, es wenigstens gelegentlich auch ohne Plan zu tun, nicht genug betonen. Die Schule bringt uns bei, die Bücherei für einen Ort zu halten, zu dem du hingehst, wenn du etwas Bestimmtes über eine bestimmte Sache wissen willst. Das ist natürlich etwas, wofür die Bücherei da ist.

Aber die Bücherei bietet auch ein Feuerwerk an Überraschungen. Geh gelegentlich einfach hin, wandere an dem Regal vorbei und schau, was es da so gibt. Vergiss den Katalog und versuche nicht zu überlegen, für welche Themen du dich vielleicht interessierst. Du brauchst von den Büchern, die du findest, keines zu lesen oder sie auch nur zu prüfen, aber nimm sie aus dem Regal und lies den Klappentext oder einige Seite durch. Auch wenn deine Bücherei eine Abteilung für sehr große, dicke Bücher hat, kannst du darin herumstöbern – dort findest du üppige Kunstbände, Fotobände balinesischer Tänzerinnen und andere Überraschungen.

Um die Bücherei *mit* einem Plan zu benutzen, erfordert es mehr. Leider weißt du, wenn du so bist wie die meisten Teenager und viele Erwachsene, mit denen ich gearbeitet habe, überhaupt nicht, wie du eine Bücherei benutzen kannst, selbst wenn du glaubst, du wüsstest es. Du wirst dort viel Zeit verbringen, also erkunde das Territorium gründlich:

Melde dich für eine Einführungstour an. Wenn keine ausgeschrieben ist, frage nach. Auf diese Weise wirst du über all die Dinge etwas herausfinden, von denen du sonst nie erfährst, dass deine Bücherei sie hat. Frage, ob deine Bücherei eine Einführungsbroschüre oder einen Orientierungsplan hat. In der Schule wirst du meist im Dunkeln darüber gelassen, wie die Dinge funktionieren. Es gibt keinen speziellen Grund für Schulleute, dich wissen zu lassen, wie die Schule funktioniert. Manchmal wird dir Information sogar absichtlich vorenthalten – zum Beispiel gibt es »Lehrerausgaben« von Lehrbüchern, in denen alle Antworten und Hintergrundinformationen stehen, damit sie intelligenter erscheinen als du.

Die Bücherei ist das Gegenteil: Ihre ganze Aufgabe ist der Zugang zur Information. Bibliothekare *wollen*, dass du die Bücherei optimal nutzen kannst. Das macht ihre Arbeit leichter und lohnender.

Mache dich mit dem Büchereikatalog vertraut. Die meisten Büchereien arbeiten heute mit einem Computersystem anstelle des alten Karteikastenkatalogs und manche sind besser als andere. Im Allgemeinen kannst du die Bücher nach Thema, Titel oder Autor suchen. Wenn du nach einem Thema suchst, wirst du Übung darin entwickeln, nach verwandten Begriffen zu suchen – speziell engere oder weitere Begriffe. Wenn du zum Beispiel »Schlangen« eintippst und du dich nicht durch alle 943 Buchhinweise wühlen willst, probiere das Stichwort »Schlangenmythologie« oder »Schlangennaturgeschichte« oder »Schlangenhaustiere« oder »Schlangen Nordamerika«. Umgekehrt, wenn du »Polka« eingibst und keinen Buchhinweis erhältst, probiere es mit »Volkstanz«. Probiere auch verschiedene Schreibweisen desselben Wortes. Wenn »Läufer« nichts ergibt, versuche »Laufen«. Wenn nichts funktioniert, frag die Bibliothekarin. Bei Wikipedia gibt es einen ausführlichen Artikel darüber, wie verschiedene Katalogsystemefunktionieren, unter dem Stichwort »Bibliothekskatalog«.

Wenn du dich mit dem Ordnungssystem auskennst, kannst du nämlich, wenn du Informationen zu einem allgemeinen Thema haben willst, den Katalog links liegen lassen und direkt zum richtigen Regal marschieren. Wenn ich wissen will, welche Bücher eine Bücherei über Tanz, Stickereien, Volkslieder, Volksmärchen, internationale Trachten, indianische Geschichte oder Gärtnern besitzt, rausche ich lieblich lächelnd an all den Leuten, die an ihren Computern hocken, vorbei und gehe direkt zum richtigen Regal. Da diese Gebiete zu meinem Hauptinteressen gehören, weiß ich, wo ich sie finden kann, genauso wie du die Telefonnummern deiner besten Freunde auswendig weißt und ohne Stadtplan zu ihrem Haus findest.

Geh häufig die abonnierten Zeitschriften durch. In vielen Situationen sind regelmäßige Periodika nützlicher als Bücher, besonders wenn es um ein Gebiet geht, das sich schnell verändert oder entwickelt wie Politik oder Stofffärbetechniken. Lerne, den Magazinindex (auch Mikrofilm) zu benutzen.

Gibt es in deiner Bücherei eine Abteilung für Heimatkunde? Wenn ja, stehen dort vielleicht Bücher von oder über interessante Leute in deinem Umfeld, Gesetzessammlungen, alte Jahrbücher – von deinen Eltern? – Fotografien, Zeitungssausschnitte und alte Interviews auf Tonband oder Kassette. Als meine Brüder und ich noch dreckige, barfüßige Kinder waren, gingen wir, wenn wir bei meiner Großmutter zu Besuch waren, mit Vorliebe in die elegante, heimatkundliche Abteilung der öffentlichen Bücherei, um die Fotos unserer Vorfahren und eine Blaupause vom Haus meiner Großmutter zu betrachten, bevor sie es ausbaute, um mehr Raum für ihre Tiere zu schaffen.

Prüfe die Abteilung mit den Nachschlagewerken, selbst wenn du annimmst, dass da nur Regale voller Enzyklopädien stehen. Eine Nachschlageabteilung ist ein üppiger Mikrokosmos von Buchfolgen. Der einzige Weg, um zu erfahren, was es dort alles gibt, besteht darin, sie langsam zu inspizieren. So bin ich durch Zufall auf die spannendsten Bücher gestoßen, die ich nie gesucht hätte. Wenn du ein Nachschlagewerk findest, das du liebst, prüf, ob es ein weiteres Exemplar im normalen Regal gibt, das ausgeliehen werden kann.

Sei dir nicht zu vornehm, die Kinder- und Jugendabteilung zu benutzen. Kluge Erwachsene benutzen sie ständig. Dort gibt es nicht nur ein paar der bezauberndsten Geschichten aller Zeiten, sondern auch wunderbare Einführungen in beliebige Themen. Wenn du Wissenslücken hast, zum Beispiel von Jeanne d'Arc gehört hast, aber nicht genau weißt, warum die Leute so ein Aufheben um sie machen, brauchst du nicht unbedingt *Jeanne d'Arc: Das Bild des weiblichen Heldentums* zu lesen. Such dir stattdessen eine Biografie für Kinder und du kriegst ein Verständnis dafür, worum es geht. Wenn dieses Gesamtbild deine Neugier weckt, dann kannst du etwas Dichteres und Intensiveres nehmen – jetzt bist du bereit dafür. (Du kannst natürlich auch im Lexikon Einführungsartikel über alles nachlesen, aber Kinderbücher sind netter und oft ungefähr genauso lang.)

Mach dir klar, dass es Bücher über alles gibt, nicht nur über »buchige« Sachen. (In Wirklichkeit weiß ich nicht, was »buchig« bedeutet. Gute Gedichte zum Beispiel – sie sind nicht »buchig«, sondern »lebendig«.) Es gibt Bücher über Autoreparatur, das Gewinnen von Schönheitswettbewerben und das Retten der Welt. Es gibt Bücher über alles, woran du je gedacht hast plus alles, woran du nie gedacht hast: Bücher mit Maorimärchen und Zulugesängen, schottischen Volksliedern und südostasiatischen

Rezepten. Bücher von und über Leute(n), die mit Gorillas und Delfinen reden, Bücher voll fröhlicher Berichte von Menschen, die den »Tod« überlebt haben. Was es auch ist, wenn Menschen einen Namen dafür haben, hat bestimmt irgendjemand ein Buch darüber geschrieben, und deine Bücherei kann es für dich besorgen.

Selbst wenn das Buch, das du haben möchtest, im Katalog nicht auftaucht, kann deine Bücherei es wahrscheinlich per Fernleihe für dich besorgen. Frag am Informationsstand nach. Du musst ein Formular ausfüllen und wahrscheinlich einen kleinen Betrag bezahlen. Im Internet findest du unter dem Stichwort Digi-Bib so ziemlich alles, was in öffentlichen Bücherregalen steht.[49]

Versäume die anderen Büchereischätze nicht – CDs, DVDs, Computer, Flyersammlungen, Blätter zur Berufskunde, Telefonbücher von New York City und andere exotische Dinge, Zeitungen und Schwarze Bretter. Sorge dafür, dass du weißt, wo die neu reingekommenen Bücher schlafen und schau sie von Zeit zu Zeit durch.

Hochschul- und Universitätsbibliotheken

Wenn du in der Nähe einer Universität wohnst, trau dich, die Bücher zu benutzen. Denk dran, du *wohnst* dort, wenn es eine staatliche Universität ist, zahlen deine Eltern Steuern für sie. Hochschulstudenten sind nur für vier Jahre oder so da – es ist nicht mehr ihr Territorium als deins. Diese Büchereien bieten weit mehr in der Art schulmäßiger Zeitschriften (für den Fall, dass du die notwendige Geduld hast, um dir deinen Weg durch sterbenslangweilige Terminologie zu bahnen).

Sie sind also der richtige Ort für akademische Studien, Kunstbücher und klassische literarische Werke. Die meisten haben separate Büchereien für Mathematik und Naturwissenschaften, einige separate Abteilungen für Recht, Architektur, Kunst, Landkarten, Bildung oder Musik. Die meisten haben auch besondere Sammlungen – Bücher aus einem speziellen Land oder zu einem speziellen Thema.

Diese Büchereien knausern meistens mit Anleitungsbüchern, Kinderbüchern, Jugendzeitschriften, Science Fiction, Trivialromanen, Gothicbüchern und ScienceFiction. Sie haben wahrscheinlich keine Gesamtausgabe der Asterix-Bände. Stattdessen haben sie vielleicht etwas mit einem komplizierten Titel wie *Für die Bäume sprechen: Der Lorbeer und die Umweltdebatte in Schulen von Oregon.*

In einer akademischen Bücherei kannst du auch die CD-Rom-Datensammlung benutzen. Sie enthält riesige Verzeichnisse, die den Zugang zu sehr spezieller Information ermöglichen.

Kurse

Finde heraus, was es gibt, indem du Tanz- und Kampfsportstudios abklapperst, Museen, Kunstzentren, öffentliche Bildungsbroschüren, Volkshochschule, Zentren für Fremdsprachen oder andere Kulturen, Hochschul- und Universitätsverzeichnisse, und so viele andere Quellen, wie du dir denken kannst. Siehe auch unter Kapitel Neunzehn, Schule als Quelle der Kultur.

Hochschulen und Universitäten vor Ort

Eine Hochschule oder Universität liefert nicht nur Kurse und Büchereien, sondern auch ein beständiges Angebot an Vorträgen, Konzerten und Seminaren, die öffentlich zugänglich sind. Finde es heraus, indem du die Hochschulzeitung liest oder die Schwarzen Bretter anschaust.

Auch Hochschullehrer können wunderbare Quellen sein. Sie haben viel zu tun und das bedeutet, sie sitzen vielleicht nicht unbedingt herum und plaudern mit dir. Andererseits freuen sie sich vielleicht, Hilfe von dir zu bekommen – du kannst vielleicht mikroskopische Präparate herstellen oder Artikel in Zeitschriften raussuchen, und das kann dir helfen, einen Mentor oder Anleiter zu finden. (Wenn du lernst, in wissenschaftlichen CD-Rom-Datenverzeichnissen zu suchen, kannst du ein wertvoller Forschungsassistent sein.)

Du kannst auch studieren oder herumhängen (und Leute kennenlernen) beim AStA oder anderen Studentenvereinigungen und in der Cafeteria essen. Du kannst Tierschutzorganisationen, Tanzgruppen oder Naturexkursionsprogrammen an der Uni beitreten. Nirgendwo steht, dass diese öffentlich zugänglich sind, und technisch gesehen sind manche es vielleicht auch gar nicht, aber in Wahrheit heißen die Leute, die dort die Organisation machen, meist die Teilnahme aller Menschen willkommen, die interessiert sind. Du musst nur ein bisschen da sein, freundlich und interessiert schauen und fragen, ob du mitmachen darfst. Lass dich von einem einzigen »Nein« nicht abhalten, weiter nach einem »Ja« zu suchen.

Oft gibt es auch Kurse an Universitäten oder Volkshochschulen, achte darauf, dass du dich als Freilerner oder Homeschooler vorstellst, nicht als »Schulabbrecher«. GWS Nr. 49 erzählt über die dreizehnjährigen Homeschooler Daniel Levis, der am Fort Wayne Bibo College in Indiana einen Kurs für klassisches Griechisch nahm, und zwar mit vollem Erfolg. Leider haben sich inzwischen so viele Homeschooler an öffentlichen Hochschulen eingeschrieben, dass manche Hochschulen Beschränkungen eingeführt haben.[50] Wie Jolie Castleberly Nuñezin der Zeitschrift Homefiles schreibt: »Viele Lehrer hatten Mühe, sich daran zugewöhnen, das vierzehn und fünfzehnjährigen Studenten, die nie im konventionellen Sinne zur Schule gegangen waren, in ihren Seminarräumen auftauchten und gelegentlich ihre Hochschulkollegen ausstachen. Der Rückschlag war unausweichlich: Die Hochschulzugehörigkeitsprüfung wurde Pflicht, der Auswahlprozess wurde strenger, und heute findet man kaum noch – wie in der Vergangenheit – Homeschooler an der Hochschule.« *Davon sind wir in Deutschland natürlich noch weit entfern – endlich mal ein Vorteil!* Gelegentlich kann dir vielleicht ein Fernstudium, ein Online- oder Videokurs nützlich sein.

Privatstunden

Vanessa Keith schrieb in *GWS* Nr. 32:

> Ich bin vierzehn. Ich habe nie die Schule besucht (nur einen Tag mal mit meiner Cousine). Seit zwei Jahren mache ich einen Tauschhandel mit Nachbarn. Ich biete Babysitten, Abwaschen und Geld gegen Unterricht an. Ich habe vier Stunden pro Woche: Nähen, Weben, Botanik und Klavier. Es funktioniert wunderbar, wenn du freundliche Nachbarn hast.

Du kannst Privatstunden ganz ohne Formalien finden – so wie Vanessa – oder förmlich. Musiklehrer hängen ihre Angebote in Musikläden aus. Nählehrer hängen ihre Angebote in Stoffläden aus. Fremdsprachenlehrer hängen Flyer in der Nähe von Hochschulen aus. Du kannst auch in den Zeitungsannoncen suchen.

Fernsehen und Radio

Wenn du dich zu sehr auf diese beiden Dinge verlässt, wirst du zu einer passiven Unperson, aber wenn du die Programmzeitschrift durchforstest oder im Internet das Radioprogramm deines Lieblingssenders suchst, kann dies nützlich sein. Manche Sender präsentieren Informationssendungen; die meisten behandeln Themen nicht in der Tiefe wie gute Bücher oder das Internet, aber die visuelle Komponente gleicht das oft aus. Fernsehen ist besonders gut, um etwas über das Leben wilder Tiere zu erfahren oder über Tanz, Shakespeare, Opern und solche Dinge etwas zu lernen. Rosy Moon, eine amerikanische Homeschoolerin, die in Deutschland lebt, schreibt:

> Ich bin vierzehn Jahre und im dritten Jahre des Gymnasiums. Ich lerne besonders gern, indem ich Zeitschriften lese und Fernsehen gucke, weil ich eine Modedesignerin oder Kosmetikerin werden möchte. Ich schaue mir gern verschieden Make-up-Techniken und verschiedene Frisuren in den Zeitschriften und im Fernsehen an. Im echten Leben haben die Menschen ihr Haar oder ihr Make up nicht so gut, weil sie nicht professionell sind, und da ist es für mich schwerer, hier durch Beobachtung zu lernen. Ich sehe auch gern die verschiedenen Designer, wie sie verschiedene Arten von Kleidung entwerfen ... Ich schaue gerne *Style* auf CNN, denn

> sie sprechen mit den Designern und fragen sie nach der Kollektion, die gerade gezeigt worden ist und was sie gedacht haben, als sie die entworfen haben. So lerne ich am liebsten. Es ist vielleicht nicht dasselbe wie Lehrbücher oder Dokumentarsendungen zu schauen, aber für mich hat es sehr gut funktioniert.

Radiosendungen sind wunderbar, um leichtere Kost zu kriegen, während du Marmelade kochst oder ein Zelt nähst. Öffentlich-rechtliche Sender, z. B. Deutschlandradio und die Kulturkanäle der regionalen Sender, auch Hochschul- oder alternative Lokalsender bringen oft sehr interessante Informationen. Auch im Fernsehen gibt es eine große Bandbreite an Wissenssendungen, die »trockene« Inhalte anschaulich vermitteln. Probiere aus, was dir zusagt.

Veranstaltungen und Ressourcen für Schulen

Freilerner sind oft genauso willkommen wie Schüler auf Veranstaltungen wie Wissenschaftsmessen, Workshops für junge Autoren, Vorlesewettbewerbe und athletische, sportliche Ereignisse. Der Gewinner des Vorlesewettbewerbes 1997 von *Scripts Howard National* war die dreizehnjährige Freilernerin Rebecca Sealfon aus New York.

Veranstaltungen und Ressourcen für Freilerner

Ressourcencenter für Unschooler und Homeschooler werden hier und da gegründet und ich sage vorher, dass sie in Zukunft noch schneller gegründet werden. Sie rangieren von grundlegend bis hoch verfeinert. Ein Beispiel ist *The Ressort Center for Homeschooling* von Deb Shell, der Mutter von vier schulfreien Teenagern in Vermont. Deb's Zentrum ist überwiegend eine Informationsvernetzungsstelle mit einem hilfreichen Newsletter, der Praktikantenstellen, erwachsene Tutoren und Leute mit viel Wissen usw. auflistet. Andere sind *The Parkfinder Learning Center* in Massachusetts und The *Drop Out* Ressort Center in Kalifornien.

Manchmal bauen Unschooler Lernaustauschmöglichkeiten auf. Im *GWS* Nr.113 schreibt Luz Shosie aus Conneceticut:

> Ich habe angefangen, indem ich einen Fragebogen an all die Familien auf der Mailingliste unserer Gruppe, Unschooler Support, geschickt habe. Ich habe sie gebeten, die Dinge aufzulisten, die sie gerne lernen, lehren, mitteilen oder austauschen würden. Nun haben wir ein Netzwerk, eine Liste von Menschen aus ganz Connecticut, die ihr Wissen, ihre Ideen, ihre Waren, ihre Dienstleistungen und ihre Aktivitäten teilen wollen. Ein entscheidender Unterschied zwischen diesen Netzwerken und der Schule ist die Wahlfreiheit. Im Netzwerk wird alles nur auf Verlangen des Lernenden gelernt. Das ist eine freiwillige Vereinbarung. Wir listen auf, was angeboten wird und

> was gesucht wird und dann ist jedem einzelnen überlassen, die Liste zu benutzen und Kontakt aufzunehmen. Dann treffen die Leute ihre eigenen Verabredungen über Zeit und Ort, wo sie sich treffen wollen, welche Methoden, welchen Ausgleich usw. Ich übernehme keine Verantwortung für irgendetwas, außer dass ich die Namen aufliste und ich habe das sehr klar gemacht, denn ich wollte nicht in einer Verwaltungsposition sein und ich glaube auch, dass die Menschen selbstverantwortlich sein können für alles, was sie sich zu tun entscheiden. Das bedeutet, ich kann nicht garantieren, dass irgendjemand, der anbietet etwas zu unterrichten, wirklich ein guter Lehrer ist. Das herauszufinden obliegt dem Lernenden.

Diese Tauschliste beinhaltet auch Menschen, die bereit sind, Fertigkeiten zu teilen, dazu gehört alles von Architektur zu lokalen Fernsehkabelsendungen oder Landbautechniken. Die zahlreichen Tauschringe, die es überall gibt, basieren genau auf diesem Prinzip – du kannst sie für dich nutzen.

Homeschooler organisieren auch Konferenzen, Kongresse, Workshops, Studiengruppen, Retreats, Seminare und vieles andere, und kündigen diese Veranstaltungen auf ihren Website an.

Museen, Kunstzentren und Zentren für Wissenschaft oder Technik

sind mehr als Ausstellungshallen, auch wenn sie eine ziemliche Überforderung sein können, wenn man nicht in der richtigen Stimmung ist. Diese Einrichtungen haben auch folgende Eigenschaften; sie

- brauchen freiwillige Helfer
- haben interne Ausbildungsprogramme
- veranstalten Vorführungen (zum Beispiel Schmieden in einem Geschichtsmuseum)
- halten öffentliche Kurse, Workshops und Veranstaltungen ab
- haben eigene Büchereien, die du vielleicht benutzen kannst, wenn sie dich kennen (vielleicht nachdem du freiwillig tote Schmetterlinge in verschiedene Behälter sortierst hast)
- haben Personal mit Expertenwissen.

Schwarzes Brett

An jedem Ort gibt es mindestens einen Platz, wo die Menschen Zettel aufhängen, wo Veranstaltungen, Unterrichtsstunden und gebrauchte Flöten angeboten werden. Oft sind dies Bioläden, Heilpraktiker- und Ärztepraxen, Buchhandlungen, Cafés, Waschsalons und Supermärkte. Wenn du deine eigene Nachricht oder Anzeige bekannt machen willst, kannst du ebenfalls einen Zettel aufhängen.

Zeitungen

Einmal pro Woche listen die meisten Zeitschriften Kurse, kulturelle Gelegenheiten (zum Beispiel Vorsprechproben für ein Musical) und Veranstaltungen auf. Zusätzlich stehen in den Zeitungen oft auch ausführlichere Informationen über »Bildungs«-Gelegenheiten. Wenn es da, wo du wohnst, alternative Zeitschriften oder freie Zeitschriften gibt, die von verschiedenen Organisationen herausgegeben werden, gibt es hier oft ganz unterschiedliche Typen von Gelegenheiten.

Kleine spezialisierte Einzelhändler

Menschen, die Outdoor-Ausrüstungen verkaufen, Webzubehör, Gartengeräte, südamerikanische Folklorekunst, Solaranlagen oder Ballettschuhe, besitzen oft beträchtliches Fachwissen auf ihrem Gebiet. Du kannst auch viel lernen, wenn du einfach durch solche Läden schlenderst und Zeitschriften oder Bücher, die sie zum Verkauf anbieten, durchblätterst. Wenn ein bestimmter Ladenbesitzer dir hilft, gib ein bisschen guten Willen zurück, indem du das, was du brauchst, bei ihm oder ihr kaufst. Manchmal sind kleine Läden etwas teurer als riesige Kettenläden, weil sie nicht in riesigen Mengen einkaufen können und sowieso von Anfang an höhere Preise für ihre Waren bezahlen müssen. Denk nur daran, dass du, wenn du dein Geld ausgibst, für die Art der Welt ein Votum abgibst, in der du leben möchtest. Möchtest du lieber in einer Welt voller Aldi- und Lidl-Ketten leben oder in einer Welt, wo Mike der Besitzer seines eigenen, freundlichen Fahrradladens in deiner Straße ist?

Das Internet

»Ich benutze das Netz für so ziemlich alles«, schreibt der sechzehnjährige Nick Blanchard-Derdiht:

> Ich bekomme ungefähr fünfzig E-Mails pro Tag von Freunden, Lehrern und Menschen, die mich um Hilfe bitten. Wenn mich etwas interessiert oder ich mehr darüber wissen will, kann ich es online nachschlagen. Ich habe die Wahl 1996 live im Internet verfolgt. Ich benutze schon eine Art Computer-Guru.com und verdiene ungefähr zweihundert Dollar im Monat, indem ich eine kleine Klasse an der örtlichen Bücherei im Internetsurfen unterrichte, Websites designe und die Computer anderer Leute in Ordnung bringe. Meine Rechtschreibung und mein Stil haben sich sehr verbessert – das Internet liefert jedem die Gelegenheit, seine Arbeit zu veröffentlichen, und da die ganze Welt es sehen kann, will man auch, dass es so gut wie möglich ist. Ich habe sogar das Unschooling durch das Internet kennen gelernt. Ich hatte überhaupt keine Lust mehr zur Schule und beschloss, im WWW nach Alternativen zu suchen. Da stieß ich auf eine Unschool-

> homepage. Wie viele andere Leute hatte ich immer gedacht, dass Homeschool dasselbe wäre wie Regelschule, nur dass anstatt der Lehrer die Eltern dir die Klassenarbeiten austeilen, und war überrascht, wie falsch ich da lag. Die Seite erwähnte das Teenager Befreiungs-Handbuch, das ich gelesen habe, und innerhalb eines Monats war ich frei!

Die enorme Wirksamkeit des Netzes hat damit zu tun, dass ihm eine Hierarchie fehlt und dass es viel Kraft und Macht verleiht. Ob du neun oder neunzig bist, zur Unter- oder Oberschicht gehörst, promoviert oder »Schulabbrecher« – jeder mit Zugang zu einem Computer und Internetanschluss kann das Netz benutzen und sich selbst darin zum Ausdruck bringen. Jeder kann es sowohl nutzen, um von Experten zu lernen als auch, um sein eigenes Fachwissen weitergeben.

Die Magie des Netzes hat auch mit unglaublicher Großzügigkeit zu tun. Viele, viele Menschen teilen eifrig mit, was sie wissen, ob es mit dem Netz selbst oder mit ihren anderen Interessen zu tun hat. Zum Beispiel beantworten auf der Bauchtanz-Mailingliste, bei der ich eingeschrieben bin, viele der Spitzentänzer und Seminarlehrer freudig, ohne großes Aufheben und oft sehr ausführlich, die Fragen von Menschen, die gerade erst letzte Woche ihre erste Tanzstunde genommen haben. Aber das Internet ermutigt auch weniger erfahrene Tänzer, ihre Perspektiven hinzuzufügen. Ich bin kein Internetcrack, aber meine internetversierten Freunde haben mir geholfen, diese Vorschläge und Möglichkeiten für euch aufzulisten:

- Wenn du neu im Netz bist, finde alles heraus, was du brauchst, um mit einem Provider Kontakt aufzunehmen.
- Du brauchst nicht den neuesten und größten Computer, um das Internet zu nutzen. Ein preiswerter Computer tut es auch; gib lieber mehr Geld für ein schnelles Modem oder eine Flatrate aus. Ein guter Bildschirm ist gut, um Grafiken im Web anzuschauen, aber ein älterer tut es auch. Ich habe sieben Jahre lang denselben Computer gehabt.
- Gib nicht auf, wenn du das, was du suchst, nicht beim ersten Mal findest. Das Netz verändert sich ständig. Wenn du etwas ausprobierst und es funktioniert nicht, formuliere deine Frage anders. Suche nach dem Namen oder dem Thema, von dem du mehr wissen willst, anstatt nach der speziellen, vielleicht überholten URL-Adresse.
- Arbeite bei einem elektronischen Projekt mit Sound, Videotext, Bildern, Animationen. Die Möglichkeiten sind wirklich unendlich. Wenn deine Ausrüstung gut genug ist, kannst du
  - mit einer japanischem Tuschefeder ein Kunstwerk erstellen,
  - mit einem Freund, der weggezogen ist, ein gemeinsames Buch schreiben
  - dir mit deinem Cousin in Alaska einen Comic ausdenken
  - sofort das Feedback deines Tanzmentors über deine Choreographie erhalten

  – mit deiner Freundin vom Sommercamp eine Hausgemeinschaft planen.
- Eröffne oder erweitere ein Geschäftsunternehmen im Web, es kann von Beratung zum Internetshopping oder der Vorstellung deiner künstlerischen und musikalischen Talente reichen.
- Lerne zu fragen. Im Netz zirkuliert eine unvorstellbar riesige Datenmasse, daher erfordert es Talent, Fragen zu erschaffen. Kläre deine Neugierde, definiere deine Interessen und bringe genau auf den Punkt, was du wissen willst.
- Schärfe dein Urteilsvermögen, das Netz ist nicht zensiert oder abgeschirmt – und ich hoffe, das bleibt so – daher trägt die Information, die du darausziehst, nicht unbedingt einen Stempel mit der Absegnung durch Experten oder Ausschüsse oder Akademien oder Präsidenten. Entwickle deinen eigenen Mist-Detektor, so dass du dir das Gehirn nicht mit Pseudofakten vollmüllst. Es hilft sehr, wenn du eine Website findest, der du vertraust und dann weiter zu anderen springst, die dort empfohlen werden.
- Prüfe die Hotlists im Web, wie zum Beispiel die vom Franklin Institute. Dies sind organisierte Listen für gute Informationsquellen auf bestimmten Gebieten – wie Kunst, Afrika, Raumfahrt, Literatur, amerikanische Geschichte und Mathe. Sie helfen dir, dich durch Tausende nicht so praller Präsentationen zu wühlen. »Um es auf die Liste zu schaffen«, sagt das Franklin Institute, »muss eine Quelle kreatives Denken und Lernen anregen.« Im deutschsprachigen Web heißt das Stichwort Linksammlung.
- Bau deine eigene Website, voller großer Lehren darüber, was du am besten weißt oder voll mit dunklem Humor oder psychedelischer Fraktalkunst oder wie du dich sonst im Netz ausdrücken möchtest. Persönliche Homepages gehören zu meinen Lieblingsbeweisen dafür, dass manche Menschen wirklich lebendig sind und nicht auf Abschlüsse und goldene Sternchen und Orden und so was warten, um sich davon zum Handeln bewegen zu lassen.
- *Spiele.* Indem du auf Links klickst, kannst du mühelos von einem Thema zum nächsten gleiten. In dieser Hinsicht ähnelt das Web einer entspannten Konversation unter interessanten Freunden oder einem Nachmittag, wo du in den Himmel schaust und dich in langen, vernetzten Gedankenketten ergehst. Darüber hinaus kannst du wunderbarerweise im Netz deinen Brainstormingbewegungen auch rückwärts folgen, indem du einfach deine Schritte wieder zurückgehst. Ich liebe diese Kombinationen von rechtshirnigem freiem Denken und linkshirniger Genauigkeit und Präzision.
- Wenn du anfängst, dich frustriert oder überwältigt zu fühlen, als ob du es nie schaffen könntest, jemals mit der Software, der Hardware, der Technik und dem Jargon klar zu kommen ... *stopp!* Behalte das rechte Augenmaß für das Internet und seine kopfigen Wunder. Es ist ein großartiges Werkzeug, aber es ist nicht dein

ganzes Leben. Und wenn das Internet oder andere computerbezogene Sachen dich nerven, stehst du damit nicht alleine. Du bist nicht allein. Manche Menschen haben sich bewusst dafür entschlossen, nicht ins Internet zu gehen oder noch nicht einmal Computer zu benutzen ... und sie haben großartige Gründe – die zusammenhängen mit Gleichgewicht, dem Vorrang von persönlicher Gemeinschaft über elektronisch entkörperte Gemeinschaft und vielen anderen Dingen. Wie technikorientiert diese Welt auch wird, so leben wir hier doch immer noch *in unserem Körper* und brauchen Menschen, die andere Sachen tun, als am Computer zu sitzen – zum Beispiel Gemüse anbauen (vorzugsweise ohne Gifte, das heißt biologisch, was viel menschliche Aufmerksamkeit erfordert), um verstörend wunderschöne Kunst zu erschaffen, Babys per Hand zu versorgen, Enten von Schweröl zu befreien und Häuser zu bauen.

- »Jedes Mal, wenn du einer Maschine eine Aufgabe überträgst, die du selbst tun kannst«, schreibt Bill Hendersons in seinem lustigen und weisen Buch *The Minutes of the Lead Pencil Club,* »gibst du einen Teil deiner selbst der Maschine ... wenn du fährst anstatt zu gehen, wenn du einen Rechner benutzt anstatt deines Gehirns, hast du einen Teil deiner selbst gehindert. Auf der anderen Seite entdeckst du jedes Mal, wenn du eine Technologie aus deinem Leben entfernst, ein Geschenk.«
- Achte auf die Uhr. Ignoriere deinen Körper nicht und das Verstreichen der Zeit und den Teil deines Wesens, der nichts mit dem Netz zu tun hat. Manchmal sitzen wir zu lange am Bildschirm, und unsere Zellen werden mit Feinpartikeln bombardiert. Unsere Augen ermüden und werden kurzsichtig, unsere Handgelenke verkrampfen sich und wir entwickeln ein Karpaltunnelsyndrom. Die Sonne geht in einem Zauber von grün und lila unter, ohne dass wir es beachten; der Krokus erblüht, und wir vergessen zuzuschauen; unsere Kumpels gehen ohne uns schwimmen; der Embryo ein paar Häuser weiter verwandelt sich in einen Fußballspieler, während wir von einer Seite zur nächsten krabbeln. Unser Körper erschlafft, während unsere Bildschirme neue Seiten zeigen, jede frischer als die letzte. Anders als das Fernsehen ist das Internet wirklich intellektuell (und sogar sozial und emotional und künstlerisch) aktivierend und lohnend. Aber wie das Fernsehen bildet Internet eine eigene Zeitfalte, und wenn du nicht aufpasst, saugt es Tage und Wochen und die Jahreszeiten deines Lebens auf. Der Planet wird nicht aufhören sich zu drehen und dein Körper hört nicht auf zu schrumpeln, während du in dem scheinbar zeitlosen Reich des Internet schockgefrierst. Also sei wachsam und sorge dafür, dass die Webspinne nicht ihren Bann über dich spricht. Sonst fährst du eines Tages den PC runter, und wenn deine Augen sich vom Bildschirm wieder auf das Muster des nachmittäglichen Sonnenlichts, das durch die Blätter fällt, umgestellt haben, erkennst du, dass dein Zimmer im Chaos versunken ist und graues Haar sich dir bis zu den Hüften ringelt.

- Ich persönlich stelle mir gerne einen Wecker und jedes Mal, wenn er piept, gehe ich nach draußen, spüre meinen Atem, schaue mir eine frisch aufgeblühte Rose an, wende meine Augen der Sonne zu oder dem Sternenlicht und erinnere mich daran, wer ich bin und wer Wir sind.
- Und *mach dir keine Sorgen.* Wenn du jetzt keinen Zugang zum Internet hast oder wenn es dich einfach nicht interessiert, *ist es in Ordnung.* Das Informationszeitalter wird dich nicht zurücklassen. Zu den besten Dingen im Internet-Zeitalter gehört es, dass es, während es sich entwickelt, immer leichter zu bedienen wird, und alles spricht dafür, dass dies auch weiter so sein wird. Wenn und falls du dich irgendwann vernetzen willst, wirst du nur ein paar Nachmittage brauchen, um dich daran zu gewöhnen, und ein paar Wochen, um wirklich gut im Navigieren zu werden. Wenn du eines Tages beschließt, dass du dich intensiver darauf einlassen willst – indem du zum Beispiel ausgeklügelte Websites entwirfst oder Software – dann kannst du *zu diesem Zeitpunkt* die Fertigkeiten erlernen, die du brauchst, ob es nun Programmieren in einer bestimmten Sprache ist (die vielleicht, während du dies liest, noch gar nicht erfunden ist) oder irgendeine Fertigkeit, für die wir jetzt noch gar keinen Namen haben.

Die Computerhersteller, Zeitschriften-, Software-, Film- und Internetprovider und der Rest der gigantischen Computerindustrie wollen natürlich sehr, dass du Angst hast, dass du abgehängt wirst, wenn du nicht mindestens seit gestern am Netz hängst. Ich möchte sehr, dass du dieser Furcht widerstehst. Ironischerweise hast du nicht nur dein eigenes Gehirn, um darauf zu vertrauen (und das ist eine ganze Menge), sondern auch das Internet selbst. Ja, es wird jeden Tag reicher und komplexer. Aber es wird auch jedenTag intuitiver, besser organisiert und vernetzt.

Deine Regierung kann viel für dich tun, was auch sehr angemessen ist, denn immerhin bezahlen deine Eltern einen Haufen Steuern. Zum Beispiel habe ich herausgefunden, indem ich *The Enzyklopädia of US-Government Benefiz* gelesen habe, dass der US Travel Service durch seine Visitor Services Division den Besuch von Reisenden aus Übersee organisieren kann. (In Deutschland gibt es für so etwas zum Beispiel das Goethe-Institut.) Die Regierung kann dir auch helfen, kleine Geschäftsanleihen aufzunehmen, Luftaufnahmen zu erhalten und Zugang zu vielen anderen überraschenden Dingen zu bekommen.

Sommerlager, Wochenendseminare und Retreats

Hier kannst du lernen alles zu tun, von Physik über Glasmalerei, Massage, alpines Klettern bis hin zum Bauen von Strohhäusern. Ich liebe es, in diesen intensiven Kurzzeitgemeinschaften neue Sachen zu lernen. Um davon zu erfahren, lass dich in den Verteiler örtlicher Konferenz- und Seminarzentren aufnehmen oder lies die Anzeigen in Zeitschriften deiner Interessensgebiete, nimm an damit befassten Internet-Newsgroups teil oder frage nach Empfehlungen.

Und vergiss nicht

Zoos, Häfen, Arbeitsplätze, Telefonbücher, Kirchen, Festivals, Wälder und Gärten, Hobbyexperten, Parks und Schwimmhallen, Clubs, Vereine, Organisationen und Reisebüros.

Kapitel 19
Die Schule als kultureller Schatz

In diesem Buch stehen bisher viele gemeine Sachen über die Schule. Jetzt kommt was Nettes: Schulen haben Dunkelkammern, Sporthallen mit Gewichten und Schwebebalken, Computer, Mikroskope, Büchereien. Sie haben Schulchöre, Rockbands, Leichtathletikmannschaften und möglicherweise sogar einen Spanischkurs, der dir gefallen könnte. Viele gewiefte Freilerner haben Wege gefunden, nur die ihnen angenehmen Ressourcen der Schulen zu nutzen, ohne alles andere ertragen zu müssen.

Dieses Kapitel beschreibt einige dieser Möglichkeiten, wie Schulen und Freilerner zusammenarbeiten können, und zeigt an einzelnen Beispielen, wie Homeschooler Schulressourcen vorteilhaft nutzen. Falls die Schulen in deiner Nähe so was noch nie gemacht haben, kannst du diese Informationen an sie weitergeben und ihnen dabei behilflich sein, ein Konzept zu entwickeln, das sowohl dir wie auch ihnen nützt. Ja, auch den Schulen.

Was glaubst du, woher die Schulen das Geld nehmen, um Lehrer zu bezahlen oder Tafeln und neue Mathebücher zu kaufen? Es sind Steuergelder, die der Staat an die Schulen verteilt. Da sich die Homeschooling-Bewegung in den USA – und auch in der ganzen Welt – immer weiter verbreitet, könnten Vereinbarungen dieser Art die Schulen davor bewahren, das Gesicht zu verlieren und ihnen weiterhin erlauben, Gehälter an Menschen zu zahlen – was sicherlich besser ist, als Steuergelder für den Bau von Atombomben zu verwenden.[51]

In den USA haben einige Schulbezirke bereits gute Homeschool-Programme, die es dir erlauben, Schulbücher auszuleihen oder an bestimmten Kursen teilzunehmen. Und/oder sie bezahlen auch ausgebildete Lehrer, die dich einmal pro Woche zu Hause besuchen kommen. In Deutschland gibt es vereinzelt Fälle, in denen ebenfalls Lehrer für den Hausunterricht abgestellt werden, etwa bei Krankheit oder Spezialbegabung. Obwohl sich das in diesen Fällen als sehr förderlich erwies, werden Anträge auf Hausunterricht bisher meist abgelehnt. Familie Neubronner in Bremen erhielt ein Jahr lang jeden Monat Besuch von zwei netten Lehrerinnen, die sich eine Stunde lang mit den Kindern unterhielten und ihnen auf der Grundlage von Tests und Projektmappen am Ende des Schuljahres positive »Lernentwicklungsberichte« schrieben. Seth Raymond hat zum Beispiel in Port Townsend, Washington, an so einem Programm teilgenommen. Gesetzlichen Regelungen entsprechend, haben dort eine Gruppe Homeschooler und eine staatlich anerkannte Lehrerin, Marcie, wöchentlich jeweils zwei Stunden verschiedenen Lern-Aktivitäten nachzugehen. Desweiteren konnte Marcie zu Beginn jedes Semesters mit den einzelnen Homeschoolern einige Stunden zusammenarbeiten, um individuelle Ziele zu setzen und die einzelnen Vorhaben zu benennen. Auch während des Semesters stand ihnen Marcie jederzeit mit Rat und Tat zur Seite. Am Ende jedes

Semesters schaute sie sich ihre Logbücher an und vergab themenbezogene Punkte. Wenn sie darum gebeten wurde, vergab sie auch Noten dafür, inwieweit die vorab selbst festgelegten Ziele erreicht wurden.

Die offizielle Hauptaufgabe der Schüler bestand darin, eine Art Logbuch zu führen und darin die täglichen Aktivitäten festzuhalten. Seths Logbuch war unterteilt in Mathe, Lesen, Radfahren, Spanisch, Wissenschaft, Zeichnen, Geschichte und Berufsbildung. Einige Einträge hörten sich z.B. so an:

- Berufsbildung: »Feuerholz geschichtet, Frühstück gemacht, Rasen gemäht.«
- Radfahren: »Musiktapes fürs Radfahren zusammengestellt, Radfahrwettbewerb: 4. Platz«
- Naturwissenschaft: »Vögel beobachtet und identifiziert.«
- Lesen: »Von Mäusen und Menschen« gelesen.

Einige Familien haben es geschafft, dass in ihren Schulbezirken nicht nur der Zugang zu Schulgebäuden und Schulbüchern gewährleistet wird, sondern dass es auch finanzielle Unterstützung für Lernmittel gibt. Es ist gut möglich, dass auch du ähnliches aushandeln kannst

Susan Swecker aus Kalifornien berichtete zum Beispiel in *GWS* Nr. 76,1990 darüber, wie ein Mitarbeiter der Schulverwaltung an ihre Homeschooling-Gruppe herantrat und den Vorschlag zur Zusammenarbeit unterbreitete. Bevor sich die Gruppe mit ihm traf, setzten sie sich zusammen, um ihre Forderungen festzulegen. Sie waren fünf Familien, und der Schulbezirk würde für jedes Kind 3000 $ erhalten. Dieses Wissen gab ihnen Selbstvertrauen und Verhandlungsmacht und die Liste ihrer Forderungen las sich demzufolge wie folgt:

1. Keine Leistungskontrollen, außer jemand (ein Homeschooler) bittet ausdrücklich darum
2. Nutzung der Schulbücherei und der Computer zu bestimmten Zeiten
3. Nutzung der audio-visuellen Einrichtungen, der Dunkelkammer und Verbrauchsmaterialien
4. Ein Schulausflug pro Monat
5. Zugang zu Schulpsychologe, Sprachtherapeut, Krankenschwester und anderen Spezialisten
6. Das Recht, unsere eigenen Lernmittel auszusuchen und zu bestellen
7. Pro Kind 400 $ jährlich für Lernmittel und Kunstmaterialen
8. Das Recht, die Sporthalle, Hauswirtschaftsräume und Ruheräume für zweimonatliche Treffen und für »potlucks« (Essen, bei dem jeder eine Speise mitbringt) an Samstagen zu nutzen, insbesondere im Winter

9. Das Recht, an Sommerangeboten, Schulfeiern/-festen und Workshops teilzunehmen
10. Bei Bedarf Hausbesuche des Homeschool-Koordinators

Der Mitarbeiter der Schulverwaltung stimmte klugerweise allen Punkten der Forderungsliste zu, und soweit mir bekannt ist, waren fortan alle Beteiligten glücklich und zufrieden. Für 400 $ kannst du eine Menge guter Bücher und einen großen Stapel Hemden für deine Seidenmalerei kaufen.

Andere Homeschooler entscheiden sich für Teilzeit-Schulbesuche und versuchen, die zuständigen Beamten zur Zusammenarbeit zu bewegen. Das ist auch in Deutschland schon einigen Familien gelungen. Im konkreten Fall kann das z.B. so aussehen, dass die Homeschooler für bestimmte Fächer, etwa Sport, Musik, Chor oder Fremdsprachen am Unterricht teilnehmen, ansonsten den Unterricht aber nicht besuchen. Oder dass Lehrer der Schule für bestimmte Stunden pro Woche nach Hause kommen. Auch gibt es bereits vereinzelt Kooperationsvereinbarungen zwischen Schulen und Familien, nach denen die Kinder vom Schulbesuch befreit sind, von zu Hause aus lernen und sich bezüglich des Lernstoffes und der Bewertung mit der Schule in Form von Gesprächen oder Tests regelmäßig absprechen, wobei je nach Vereinbarung von der Schule Materialien bereitgestellt oder vorgegeben werden.

Janet Williams aus Pennsylvania beschreibt in *GWS* Nr. 33 den neuen Stundenplan ihrer Tochter Jenny (7. Klasse), die in den vorangegangenen Jahren »reine« Freilernerin war, wie folgt:

- Montag: 1. Unterrichtseinheit (UE) Computer, anschließend zu Hause
- Dienstag: 1. »Industrial Arts«, 4. UE frei, 5. UE Mittagspause, 6. UE Naturwissenschaften, 7. UE Sport, 8. UE Kunstunterricht
- Mittwoch: 1. »Speed Reading«, 4. UE frei, 5. UE Mittag, 8. UE Chor
- Donnerstag: 1. Spanisch, 4. UE frei, 5. UE Mittag, 6. UE Naturwissenschaften, 7. UE Sport, 8. UE 14-tägige Kursangebote
- Freitag: den ganzen Tag zu Hause
- In den Zeiten, in denen sie nicht am Klassenunterricht teilnimmt, arbeitet sie selbstständig in der Bücherei oder im Computer-Raum

Nick Blanchard-Wright aus Washington schreibt:

> Mal abgesehen von allen anderen Schwächen, so ist man in meinem Schulbezirk glücklicherweise doch recht aufgeschlossen, wenn es darum geht, Homeschooler am staatlichen Schulunterricht teilnehmen zu lassen. Derzeit besuche ich den Technologiekurs der Abiturstufe, und

meine kleine Schwester spielt im Orchester der Mittelstufe mit. In meinem Technologiekurs gibt es mehrere Homeschooler, was sich als vorteilhaft für die Schule erweist, da wir (über die übliche Unterrichtsstunde hinaus) mehr Zeit haben, mit den Schulcomputern zu arbeiten. Einmal bin ich innerhalb von 15 Minuten gleich zweimal in das Büro der Schulverwaltung gerufen worden – zuerst wegen meiner häufigen Fehlzeiten und das zweite Mal, um ihnen zu zeigen, wie das Netzwerk der Schule funktioniert. Das Abwesenheitsproblem habe ich gelöst, indem ich meine Mutter bat, mir eine Dauerentschuldigung zu schreiben, die mich pauschal für »bildungsbedingte« Abwesenheiten im laufenden Jahr entschuldigte. Den Zettel habe ich laminiert und eine Kopie im Schulsekretariat zur Aktenablage abgegeben. Wenn ich gefehlt habe, brauche ich ihnen nun nur noch den Entschuldigungszettel zu zeigen. Mein Kursleiter hat mir auf meine Bitte hin einen ähnlichen Zettel geschrieben, der es mir nun erlaubt, das Schulgelände zu betreten und zu verlassen, wann immer ich mag.

Da ich mir keine Gedanken mehr über Noten machen muss, kann ich mich darauf konzentrieren, tatsächlich etwas zu lernen, anstatt lediglich das Gehirn zu beschäftigen. Lehrer und Schulpersonal sind Freunde, Mentoren, Gleichberechtigte und – wenn ich ihnen mit den Computern helfe – auch meine Schüler, anstatt nur staatlich geförderte Babysitter. Schulen haben auch ihr Gutes – sie bieten Freilernern ebenso wie regulären Schülern hervorragende Ressourcen. Nur dass du definitiv mehr lernst, wenn du freiwillig hingehst.

In Kalifornien haben die meisten Schulbezirke ein unabhängiges Bildungsprogramm, das manchmal den Bedürfnissen der Freilerner angepasst werden kann. Die 13-jährige Mylie Alrich erzählte mir, dass sie – dank ihrer Teilnahme am unabhängigen Bildungsprogramm ihres Bezirkes – Mitglied der Schulsportmannschaft ist und daher einen Ausweis hat, der ihr ermöglicht, Schuldiscos zu besuchen.

Nach und nach erlassen immer mehr Bundesstaaten und Distrikte entsprechende gesetzliche Regelungen. Zum Beispiel:

1985 befand das Oberste Gericht in Michigan, dass die staatlichen Schulen Privatschülern (einschließlich Homeschoolern), die ihre Ausbildung anderweitig erhalten, den Zugang zu Wahlfächern und ergänzenden Kursen zu gewähren haben. Das Gericht bekundete: »Staatliche Schulen gestatten allen Bewohnern des Bezirkes Zugang. ... Dieses Grundrecht auf Bildung darf nicht von der Vollzeit-Anwesenheit abhängig gemacht werden.«[52]

In Washington haben Homeschooler das Recht, sich als Teilzeitschüler einzuschreiben und auch an Schulangeboten teilzunehmen, einschließlich ergänzender Sportangebote.

In Oregon, Florida und anderen Staaten haben Homeschooler ein gesetzliches Recht darauf, in Schulsportmannschaften mitspielen zu dürfen. Und auch ohne ausdrückliche gesetzliche Regelung nehmen in einigen anderen Staaten und Bezirken viele Homeschooler am Schulsport teil. Die Freilerner kämpfen hart für ein gesetzlich verankertes Recht, am Schulsport teilnehmen zu dürfen, und ihre Mühen machen sich bezahlt. Eine dieser Heldinnen ist Nicky Hardenbergh, die mit anderen Homeschoolern in Massachusetts zusammenarbeitet. Sie haben ein überaus nützliches Info-Paket für Homeschooler zusammengestellt, und wenn du dich mit Nicky in Verbindung setzt, dann wird sie auch versuchen, dir Kontakte zu anderen Menschen zu vermitteln, die sich in deinem Bundesstaat mit diesem Thema beschäftigen. Frage Homeschooler in deiner Gegend danach, was diese probiert haben und was funktioniert hat. Gib nicht auf, auch wenn ihre Antworten eher enttäuschend sind.

In Maine haben Homeschooler ein Gesetz durchbekommen, dass ihnen grundsätzlich den Zugang zu den Schulen in allen Bezirken garantiert. Allerdings dürfen die jeweiligen Bezirke die Einzelheiten selbst regeln. Daher erlauben einige mehr (Sport, Kurse, Zusatzangebote) als andere (Büchereibenutzung).[53]

Auch wenn du nicht offiziell in einer Schule angemeldet bist, ist es trotzdem recht wahrscheinlich, dass du bekommst, was du willst, wenn du nett fragst. Die14-jährige Pat Meehan aus Florida schrieb »Die Schulen hier sind sehr hilfsbereit. Wir bekommen viele Videobänder vom »county teacher's professional resource center« von der Schule gestellt, die ich besuchen würde, wenn ich denn zur Schule ginge. Alle sind sehr freundlich. Einige der Lehrer denken darüber nach, ihre eigenen Kinder zu Hause zu unterrichten, daher haben sie ein besonderes Interesse daran, wie es bei uns läuft.«

Die 16-jährige Leonie Edwards aus Minnesota verließ die Schule in der 7. Klasse. Sie hat immer noch Zugang zur Bücherei, und im Herbst wirkt sie regelmäßig beim Musical des Gymnasiums mit.

Auch viele andere Unschooler berichten von ihrer positiven Zusammenarbeit mit Schulen – sie besuchen die Schule an speziellen Tagen oder um Vorträge zu halten. In *GWS* Nr. 70 wird zum Beispiel von Homeschooler-Puppenspielern in Vermont berichtet, die Aufführungen in Schulen organisieren.

Du kannst natürlich auch versuchen, dir Zugang zu bestimmten Ressourcen einer Schule zu verschaffen, indem du den offiziellen Weg (Schulbeamte, gesetzliche Regelungen etc.) ganz außer Acht lässt und dich direkt an die Personen wendest, die haben, was du brauchst. Es ist gut möglich, dass dich der Leiter des Schulchores mit dem größten Vergnügen in der Mittagspause das Musikzimmer nutzen lässt. Fragen kostet nichts. Eva Owens aus Massachusetts ging nach der 9. Klasse von der Schule ab und berichtet in *GWS* Nr. 105:

> Ich wollte unbedingt weiterhin den Lateinkurs besuchen – die Lateinlehrerin war fantastisch. Außerdem wollte ich gerne – falls ich mich dazu entscheiden würde – die Möglichkeit haben, ein oder zwei Wahlfächer zu belegen. Die Schulbeamten dachten offensichtlich, ich sei verrückt, wenn ich tatsächlich glaubte, ich könnte außerhalb ihrer hoch angesehenen Institution

> eine bessere Ausbildung bekommen als drinnen. Schlimmer noch – hatte ich die Dreistigkeit anzunehmen, die Schule würde sich dazu herablassen, als akademische Beilage zu meinem »Bildungsschmaus« zu fungieren. Wie auch immer, ich habe ein ganzes Jahr lang – zwar ohne offizielle Genehmigung, aber mit deren Wissen – am Lateinunterricht teilgenommen. Es hat bis März gedauert, bis ich Anstalten gemacht habe, mich mit der Schulverwaltung in Verbindung zu setzen. Was ich gelernt habe, ist, dass deutliche und bestimmte Beharrlichkeit am besten wirkt. Ich habe ebenso herausgefunden, dass man besser mit möglichst vielen Lehrern spricht, um Unterstützung zu bekommen, als mit der Schulverwaltung. ... Jetzt besuche ich den Lateinkurs sowie den »Public Speaking«-Kurs.

Auch in Deutschland läuft man mitunter offene Türen ein – wenn man höflich fragt. Die damals 18-jährige Luise Fuchs aus Leipzig durfte – auf Nachfrage – an der Schule, die ihre externe Abiturprüfung abnahm, an Gruppen- und sogar Einzelkonsultationen mit den Fachlehrern teilnehmen und das Vorabitur in den Leistungskursfächern mitschreiben, welches dann von den Lehrern korrigiert wurde.

Kapitel 20
Der glorreiche Universalist

Kultur ist geistige Gewandtheit und die Empfänglichkeit für Schönheit und menschliche Gefühle, und nicht das Sammeln von Informationsschnipseln. Ein lediglich gut informierter Mann ist der nutzloseste Langweiler auf Gottes Erde.

– ALFRED NORTH WHITEHEAD

Was genau ist ein *glorreicher Universalist*, Miss Llewellyn?

Ein Universalist – ganz allgemein gesehen – ist jemand, der viel weiß. Der »glorreiche Universalist« aber unterscheidet sich von den vielen herkömmlichen Universalisten.

Ein gewöhnlicher Universalist weiß eine Menge Alltägliches. Wenn er ganz besonders pfiffig ist, kann er auch berühmte Persönlichkeiten auf unterhaltsame Art und Weise zitieren, was ja nicht verkehrt ist. Der glorreiche Universalist aber kann mehr.

Der nicht-mehr-ganz-so-gewöhnliche Universalist weiß viel, unter Umständen sogar viel über viele Dinge. Aber da ist dann auch Schluss.

Wenn der glorreiche Universalist eine entsprechende Begabung hat, kann auch er mit Zitaten und geistreichen Wortspielen um sich werfen. Ich wünsche mir oft, ich könnte das. Höchstwahrscheinlich weiß der glorreiche Universalist auch viel über viele Dinge, allerdings erst dann, wenn er schon eine ganze Weile im Geschäft ist.

Der glorreiche Universalist betrachtet die Welt als Ganzes.

Und weil er die Welt als Ganzes betrachtet, fällt es ihm leicht, mit allen Menschen, ungeachtet ihrer Herkunft, Religion oder Berufstätigkeit, zu kommunizieren. Er kann irgendeine Zeitschrift oder ein Buch in die Hand nehmen und findet darin immer irgendeine Verbindung zu seinen persönlichen Interessen. Unter Umständen, wenn er einen Bezug zu mystischen Dingen hat, kann er sogar die Bedeutung der Galaxien aus einer Handvoll Sand lesen.

Wie arbeitet ein glorreicher Universalist? Nun, er beginnt mit dem festen Glauben daran, dass die Existenz des Universums einen tieferen Sinn hat. Diesen Glaube gibt es in zwei unterschiedlichen Ausführungen. Entweder er ist davon überzeugt, dass es einen Gott – oder ähnliches –gibt, und dass dieser alles erschaffen und geordnet hat. Oder aber, er vertraut sich selbst und anderen Menschen genug, um immer in der Lage zu sein, den tieferen Sinn zu erkennen. Auch wenn z. B. kein *offensichtlicher* Zusammenhang zwischen dem Muster eines Spinnennetzes und dem Text eines Led Zeppelin Songs erkennbar ist, kann er trotzdem beides in seinem Kopf miteinander in Harmonie und Ordnung bringen – wie bei einem Bleiglasfenster in einer französischen Kathedrale.

Außerdem vertraut er der Sprache. Er ist überzeugt, dass die Sprache eine Brücke ist, die jedwede Kluft zwischen ihm und anderen Menschen überwinden kann.

Wenn du es geschafft hast, genug Vertrauen zu entwickeln, dann bist du ein glorreicher Universalist. Du hast keine Angst davor, und es würde dich auch nicht langweilen, wenn du mit einem Atomphysiker, einem Eskimo-Schamanen, einem Opernsänger oder einem Milchmann in einem Aufzug stecken bliebest.

Was, wenn das Universum anscheinend die Ordnung eines Müllhaufens hat, und du nicht wirklich glauben kannst, dass es da einen tieferen Sinn gibt? Nun, Chaos ist auch Teil der Realität. Nichts *wirklich Reales* ist so gleichförmig und berechenbar wie Reihen von Büros in einem hohen Gebäude. Solange deine Gedanken aufrichtig sind, bleibt dein Verständnis vom Universum im Fluss – ein Ozean eben, und kein Bürgersteig. Aber um über Veränderung und Chaos sinnieren zu können, benötigst du eine gewisse Ordnung in deinem Kopf – so etwas wie eine leere CD, auf die das Bild der Unordnung gebrannt werden kann.

Habe keine Angst, wenn dein Universum einem Müllhaufen gleicht. Viele Sachen sind lediglich Narben aus der Schule, wo so viel so schnell auf dich niederprasselt, dass du keine Chance hast, wirklich etwas zu verstehen. Aber du brauchst nur das Durcheinander zu erkennen, und schon kannst du dich entspannen. *Jeder* kann ein glorreicher Universalist sein, dafür bedarf es keines besonders hohen IQs. Ganz genau genommen bin ich davon überzeugt, dass wir alle als glorreiche Universalisten geboren werden. Die meisten 4-Jährigen sind nicht völlig verwirrt, was bestimmt nicht daran liegt, dass sie keine Fragen haben, oder sich nicht wundern können. Ob verwirrt oder nicht – gehe los und führ dich selbst in die Gesellschaft der glorreichen Universalisten ein. Die Angst wird verschwinden, und der Kosmos wird in deinem Kopf Gestalt annehmen.

Wie man glorreiche Universalistin wird

Werde Schüler und Beobachter eines glorreichen Universalisten. Zu allererstmusst du fündig werden. (Ganz nebenbei gesagt sind viele Vollzeit-Mütter verkannte GUs, auch wenn sie es selbst wahrscheinlich nicht wissen). Du kannst diese Person einmal anhand folgender, vom (fiktiven) Internationalen Verband der Glorreichen Universalisten aufgestellter Kriterien überprüfen. Aber auch wenn sie diesen Test nicht besteht, muss das nichts heißen. Du hast hoffentlich eine gewisse Intuitionsgabe – die brauchst du nämlich nicht nur hierfür, sondern auch fürs weitere Leben.

1. Nimmt sie dich ernst? Stellt sie dir – vorausgesetzt sie kennt dich – Fragen, die über die üblichen Höflichkeitsfloskeln hinausgehen? Ein glorreicher Universalist will von dir lernen.

2. Hat sie vielseitige Interessen? Anzeichen dafür sind z. B. abwechslungsreiche Büchersammlungen, verschiedenste Sammelalben oder vollgestopfte Projektmappen.
3. Ist ihr Freundeskreis ein bunt gemischter Haufen? Mischen sich dort Jung und Alt, diverse Berufsgruppen, drei Religionen und fünf Weltanschauungen, Hippies, Yuppies und Hinterwäldler? (Nicht, dass die glorreiche Universalistin selbst ihre Freunde so beschreiben würde – sie zieht es natürlich vor, Menschen nicht in Schubladen zu stecken.)
4. Wie sieht ihre Lebensgrundeinstellung aus? Achtet sie auf ihre Ernährung und ihren Körper allgemein? Wie geht sie mit ihren Pflanzen um?
5. Lässt sie sich auch von Spezialisten nicht beeindrucken? Beurteilt sie Menschen lieber nach ihren Fähigkeiten als nach ihren akademischen Titeln? Traut sie sich, ihr Haus selbst einzurichten oder Kinder groß zu ziehen, ohne sich darum zu sorgen, keine »Expertin« zu sein?
6. Hast du jemals gehört, wie sie lachend sagte »*Alles* ist miteinander verbunden«?

Hast du so jemanden gefunden, versuche in seiner Nähe zu bleiben und beobachte einfach, wie er denkt, redet und sich informiert. Glorreiche Universalisten mögen es normalerweise nicht, wenn man viel Aufhebens um ihre Person macht.

Lies die Biografie eines glorreichen Universalisten oder ein Buch, das von einer glorreichen Universalistin geschrieben wurde. Hier sind ein paar Vorschläge von mir. Ganz recht, in der Liste finden sich sowohl Koch- als auch Physikbücher. Denn viele glorreiche Universalisten haben ein Buch geschrieben oder mehrere, die ein herkömmliches Thema wunderbar und unerschöpflich, oder umgekehrt ein sehr kompliziertes Thema verständlich und faszinierend erscheinen lassen. Das Wissen des glorreichen Universalisten reicht von breitgefächert zu äußerst spezialisiert. Spitze die Ohren, wenn du jemanden sagen hörst: »Hm, das ist zwar ein Buch übers Brotbacken (politische Kampagnen, oder was auch immer), aber in Wirklichkeit gehts darin um das wahre Leben.«

- Seymour, John: alle Bücher von ihm, etwa *Leben auf den Lande, Selbstversorgung aus dem Garten, Vergessene Künste*
- Christopher Alexander, *Eine Muster-Sprache. Städte, Gebäude, Konstruktion*
- Gregory Bateson, *Ökologie des Geistes*
- Julia Cameron, *Der Weg des Künstlers*
- Joseph Campbell / Bill Moyers, *Die Kraft der Mythen. Bilder der Seele im Leben des Menschen*
- Fritjof Capra, *Das Tao der Physik* und *Wendezeit*
- Lewis Carroll, *Alice im Wunderland* und *Alice hinter den Spiegeln*
- Annie Dillard, *Holy, the Firm*

- Richard P. Feynman, *Sie belieben wohl zu scherzen, Mr. Feynman! Abenteuer eines neugierigen Physikers.*
- John Fire und Richard Erdoes, *Tahca Ushte. Medizinmann der Sioux*
- Natalie Goldberg, *Wild Mind – Freies Schreiben*
- Barry Lopez, *Von Wölfen und Menschen*
- W. A. Mathieu, *The Listening Book. Discovering your own Music*
- Brad Matsen und Ray Troll, *Planet Ocean*
- John Muir, *How to Keep Your Volkswagen Alive*
- Hans Magnus Enzensberger: *Der Zahlenteufel. Ein Kopfkissenbuch für alle, die Angst vor der Mathematik haben.*
- Michael Phillips, *Die Sieben Gesetze des Geldes*
- Robert M. Pirsig, *Zen und die Kunst ein Motorrad zu warten. Ein Versuch über Werte*
- Tom Robbins, *Sissy. Schicksalsjahre einer Tramperin.*
- Laurel Robertson et al, *The New Laurel's Kitchen*
- Rudy Rucker, *Herr über Raum und Zeit. Verrückte Mathematik, philosophische Schocks, physikalische Scherze.*
- William Upski Wimsatt, *Bomb the Suburbs*

Anstelle der nicht in Deutsch erhältlichen Buchtipps folgen hier Empfehlungen der deutschen Herausgeber:

- Rene Egli, *Das LOLA-Prinzip oder Die Vollkommenheit der Welt*
- Walter Russell, *Das Genie steckt in jedem* und alle anderen Bücher von ihm
- Edwin A. Abbott, *Flächenland*
- Clinton Callahan, *Abenteuer Denken, Wahre Liebe im Alltag*
- Manfred Kyber, *Das Land der Verheißung; Die drei Lichter der kleinen Veronika; Tiergeschichten*
- Douglas R. Hofstatter, *Gödel, Escher, Bach – ein endloses goldenes Band*
- Matthias Langwasser, *Vegane Kochkunst*
- Hermann Benjes, *Wer hat Angst vor Silvio Gesell?*
- Herrmann Hesse, *Das Glasperlenspiel*
- Sefi Nidiaye, *Den Weg des Herzens gehen*
- Richard Bach, *Die Möwe Jonathan; Illusionen*
- Stanislaw Lem, *Robotermärchen; Solaris; Sterntagebücher*
- Elisabeth Haich, *Einweihung*
- Tom jr. Brown, *Großvater – ein Leben für die Wildnis*
- Bastian Sick, *Der Dativ ist dem Genitiv sein Tod*
- Axel Hacke, Michael Sowa, *Der weiße Neger Wumbaba*
- Eileen Caddy, *Flug in die innere Freiheit*

- Rudolf Steiner, *Die Philosophie der Freiheit*
- Thomas Mann, *Joseph und seine Brüder; Dr. Faustus*
- Joel Kramer und Diana Alstad, *Die Guru Papers – Masken der Macht*
- Paul Watzlawick, *Anleitung zum Unglücklichsein*
- Ulrich Janßen und Ulla Steuernagel, *Die Kinder-Uni*
- Michael Ende, *Momo*

Die glorreichsten Universalisten, die ich kenne, sind die Leute, die in den USA den Whole Earth Catalog *herausgeben, die besten Ressourcen für glorreiche Universalisten. Ihre Zeitschriften und Kataloge, in denen es hauptsächlich um Besprechungen von Büchern aller Art geht, sind erstklassig. Gewöhne dir an, dich aktiv umzuschauen.* Mache dies zu einer deiner grundlegenden Lebenseinstellungen. Sich gezielt mit bestimmten Themen beschäftigen, bringt Spaß und Freude. Du lernst fortwährend etwas Neues dazu und gelegentlich erfährst du etwas, was dir eine ganz neue Sichtweise vermittelt.

Schau dich im Königreich der Wörter um: Wenn du in einer Bibliothek bist, laufe zwischen den Regalen herum und sieh dir an, was es dort so alles gibt. Wirf einen Blick auf die Bücherstapel, die andere Menschen auf den Tischen haben liegen lassen. Beachte die Vielfalt von Zeitschriften und Magazinen und schau dir ein oder zwei davon genauer an. Das Gleiche kannst du in Buchläden machen, vorzugsweise in den kleinen Läden mit dichter Atmosphäre. Schau dir die Bücherregale deiner Freunde an und frag sie, welche Bücher sie besonders mögen. Amüsiere dich in der Kinderabteilung deiner Bücherei. Blättere zu Hause mal die Gelben Seiten durch und wirf einen Blick in die Hochschulverzeichnisse der Bibliothek. Lies ab und zu die Tageszeitungen. Es ist auch gut zu wissen, was es im Fernsehen oder Radio gibt – hin und wieder lohnt es sich, die Kiste mal anzuschalten.

Schau dich in deiner Umgebung um: Alle paar Tage solltest du dir mal etwas anderes anschauen. Geh in ein anderes Geschäft, laufe eine neue Wegstrecke, sieh dir die Haustier- oder Küchengeräteabteilung im Supermarkt an, schwimme nicht immer an derselben Stelle im Fluss.

Löchere die Menschen, denen du begegnest, mit echten Fragen. Finde heraus, was sie machen (auch wenn sie noch zur Schule gehen – was tun sie sonst noch?), und lasse dir von ihren Interessen oder ihrer Arbeit erzählen. Bringe es auf den Punkt, was genau diese Leute tun. Du kannst z. B. fragen:

Was hat dein Interesse an dem geweckt, was du tust? Welche Schritte hast du unternommen, um in deinem Interessenbereich aktiv zu werden?

Warum ist deine Arbeit wichtig? Welchen Sinn siehst du in ihr? Mit welchen Fragen oder Problemen beschäftigt sich deine Arbeit? Auf welche Art und Weise versuchst du Antworten bzw. Lösungen zu finden?

Letztere Frage ist übrigens diejenige, die es immer schafft, das Eis zu brechen. Ich brauche sie nicht immer zu stellen, aber wenn ich merke, dass jemand nicht wirklich überzeugt davon ist, dass ich tatsächlich Interesse an seiner umweltwissenschaftlichen Diplomarbeit oder an ihrer Arbeit als Elektroingenieurin habe, dann öffnet diese Frage Tür und Tor. Wenn ich ihn danach fragte, woran er gerade arbeite, sagte mein Freund Clement, ein Biologie-Forschungsassistent, immer nur: »Nun ja, das ist nicht so einfach zu erklären.«. Bis ich ihn schließlich fragte: »Mit welcher konkreten Frage beschäftigst du dich gerade im Labor?« Und dann erzählte er mir, dass er herauszufinden versucht, welche Rolle ein ganz bestimmtes Hormon im Leben einer ganz bestimmten Raupenart spielt. Möglicherweise könnte die Antwort Hinweise darauf geben, welche Rolle andere Hormone im Zusammenhang mit menschlicher Epilepsie spielen. Gespräche dieser Art helfen nicht nur dabei, Barrieren zwischen anscheinend völlig verschiedenen Menschen zu überwinden, sondern helfen auch, Schönheit und Bedeutung wissenschaftlicher Arbeit zu offenbaren. Trotz meiner eher nicht-akademischen Art und Weise, das Leben zu meistern, habe ich gerade in Gesprächen mit Leuten wie Clement mehr gelernt als in der Schule und Hochschule.

Manchmal triffst du Leute, die dir einfach nicht erklären können, was genau sie tun und warum. Dies sollte dich skeptisch machen. Wenn sie es einem normalen Menschen wie dir nicht erklären können, hat das, was sie tun, dann überhaupt Sinn? Insbesondere Menschen, die im Staatsdienst tätig sind, haben oftmals jeglichen Bezug zur Realität verloren. Dies ist genau die Art von »Out-of-Touch«-Mentalität, an der die Welt zu Grunde gehen wird, wenn es denn dazu kommen sollte. Falls dich dieses Thema interessiert, lies das brillante Buch *Leben mit Bodenhaftung* von Wendell Berry.

Bekomme keinen Wissenskoller. (Wegen ihres Wissenskollers schaffen es Lehrer selten, glorreiche Universalisten zu sein und sind daher gute Negativbeispiele, auch wenn sie nicht wirklich etwas für ihren Koller können). Sinn und Zweck ist es nicht, dein Gehirn wahllos vollzustopfen wie einen Kühlschrank. Stattdessen solltest du aus allem, was du lernst, einen zu dir passenden Gebetsteppich weben.

Achte auf die kleinen Dinge in deinem Leben, z. B. darauf, was du isst, wie du mit deinen Freunden sprichst, wie du die Straße entlangläufst. Je besser du dich selbst kennst und verstehst, desto besser kannst du auch alles andere verstehen. Du stehst in der Mitte deines Gebetsteppichs; du musst dich selbst berücksichtigen.

Erlaube es dir, Grenzen zu überschreiten. Sei darauf gefasst, dass dir beim Lesen eines Gedichtbandes eine Frage aus der Physik einfällt, auf die du gerne eine Antwort hättest. Verwöhne dich hin und wieder mit kleinen Leckereien, wie z. B. den Kunstwerken M. C. Eschers – »Traumbilder, welche die Geometrie an der Kehle packen«, wie Steward Brand es treffend beschreibt. Nun gut, da wir uns hier in diesem Kapitel mit Universalisten befassen, können wir auch kurz über das Thema »Allgemeinbildung« sprechen. Seufz. Klar, wenn du kulturell nicht bewandert bist, hast du keine Ahnung, wovon die Leute reden, wenn sie die Gebrüder Wright (die übrigens ganz gut ohne lange Schulausbildung ausgekommen sind) oder die Sixtinische Kapelle erwähnen.

Auch wenn es nicht immer wichtig ist, mit diesen Begriffen etwas anfangen zu können: Um einander, unsere Vergangenheit und viele der besten Bücher zu verstehen, brauchen wir sie. Dem stimme ich natürlich zu. Aber das ist kein Grund, sich deswegen zu verrenken. Erstens kannst du immer nachfragen, wenn du etwas nicht verstehst, oder du schreibst es auf und schaust im Internet nach. Zweitens kannst du dich ausreichend kulturell bilden, indem du einfach »glorreich« Augen und Ohren offen hältst. Ich kann dir jedenfalls nicht empfehlen, entsprechende Fachbücher durchzuackern, als würdest du für die große Abschlussprüfung »Das Leben im westlichen Kulturkreis« büffeln. Das Leben im westlichen Kulturkreis ist keine Prüfung, sondern ein Fest.

Im Grunde genommen geht es bei Bildung darum, sich mit dem Universum zu verbinden und einen Platz darin zu finden. Je stärker diese Verbindung ist, desto großartiger ist unser Leben, sind unsere Träume. Durch das, was wir tun, um zu lernen und zu verstehen, können wir so unermesslich sein wie die Milchstraße selbst – wirklich glorreich.

Wer sich grundsätzliche Gedanken darüber machen möchte, was im deutschen Kulturkreis unter Bildung verstanden wird, könnte sich auch bei Gelegenheit – mit Schmunzeln, Lernbegier oder kritischem Abstand – in den Bestseller »Bildung – alles, was man wissen muss« von Dietrich Schwanitz vertiefen.

Kapitel 21
Wissenschaft und Technik ohne Schule

Du interessierst dich für nichts anderes als Schießen, Hunde und Rattenfang. Du wächst zu einer Schande für dich selbst und deine ganze Familie heran.

– CHARLES DARWINS VATER

Die Naturwissenschaften sind einer der besten Gründe, der Schule den Rücken zu kehren.

Ich habe eine Weile gebraucht, um das zu verstehen. Mehrfach haben mir die Leiter verschiedener Hochschul-Zulassungsstellen erklärt, dass Unschooler-Bewerber über sehr begrenzte naturwissenschaftliche Kenntnisse verfügen. Unter den vielen Jugendlichen, die mir von ihren Unschooling-Erfahrungen berichtet haben, gab es ein paar, die das Gefühl hatten, sie hätten die Naturwissenschaften ganz ausgelassen. Da ich selbst nicht unbedingt vom Fach bin, wurde ich das Gefühl nicht los, feindliches Territorium zu betreten. In einem Anflug von Panik dachte ich sogar daran, den Titel des Buches in *Befreiungshandbuch für künstlerisch oder literarisch veranlagte Teenager* abzuändern. Stattdessen habe ich ganz besonders gewissenhaft recherchiert und mich verstärkt auf den fachmännischen Rat und Beistand der Naturwissenschaftler in meinem Freundeskreis verlassen. Und letztendlich bin ich zu der Überzeugung gelangt, dass eine Unschooling-Massenbewegung der Welt der Naturwissenschaft zu neuem Leben, zu mehr Verantwortung und Genialität verhelfen würde.

Es besteht kein Zweifel daran, dass die Naturwissenschaften eine ganz besonders große Herausforderung für Unschooler darstellen. Laborausrüstungen sind teuer und können einem ganz schön Angst machen. Dieses Kapitel wird dir aber zeigen, wie du diese Schwierigkeiten überwindest und wie du die große weite Welt naturwissenschaftlich nutzen kannst – ein Punkt, den normale Schüler definitiv verpassen.

Warum passen Unschooling und Naturwissenschaften so gut zusammen? Was wäre deine Herangehensweise an die Naturwissenschaften ohne Schule?

Dir steht das ganze Universum zur Verfügung, nicht nur ein miefiger Laborraum. Nutze das aus. »Den Großteil dessen, was die meisten Menschen über Naturwissenschaft und Technik wissen, lernen sie außerhalb der Schule«, sagt die National Science Foundation.[54]

Schulen behandeln das Thema Naturwissenschaften völlig falsch. Sie lassen weder Raum für spielerisches Ausprobieren noch für ernsthafte wissenschaftliche Arbeit. Echte naturwissenschaftliche Arbeit aber ist eben genau das, eine Mischung aus spielerischem Ausprobieren und gewissenhafter Arbeit. Es ist wirklich schade, dass wir glauben, die Naturwissenschaften seien die sachlichsten und mit den meisten Verboten verbundenen akademischen Wissenschaften, denn der einzig richtige Weg, sich den Naturwissenschaften anzunähern, ist das Ausprobieren. Stelle dir selbst Fragen: Warum sehen Wolken wie Rauchschwaden aus? Warum sterben all die Pappeln im Park? Gehe auf Entdeckungsreise in einem innovativen Museum für Naturwissenschaften; Museen dieser Art gibt es in Deutschland und Europa viele, z.B. Universum Bremen, Planetarien, Deutsches Museum München, das Gießener Mathematikum, zahllose Museen für Naturwissenschaften an vielen Orten, um nur ein paar Beispiele zu nennen. Meinem Bruder sind in seinem Erstsemester am Caltech Mitstudenten aufgefallen, deren Grundkenntnisse nicht gerade berauschend waren – vielleicht hatten sie weder Mathe noch Physik gelernt –, aber irgendetwas hatte sie nachhaltig inspiriert und den Wunsch geweckt, das Universum tiefer zu erforschen. Bei dem einen war dieses »etwas« z. B. der Anblick der Sterne am Nachthimmel, den anderen hat die Lektüre des Buches »Auf dem Weg zur Weltformel« inspiriert. Was alle gemein hatten, waren Fragen und das Verlangen nach Antworten – ein guter Start. Einstein erging es so:

> Jemand fragte Einstein, was genau ihn auf den Weg gebracht habe, der ihn letztendlich zur Entdeckung der Relativitätstheorie führte. Einstein antwortete, dass alles mit zwei Fragen begann, über die er fortwährend nachdenken musste. Die eine Frage war: »Was bedeutet es wirklich, wenn man sagt, dass zwei Dinge zur gleichen Zeit geschehen?« Die andere Frage war: »Wenn ich auf einem Lichtstrahl durch das All reiten würde, was genau würde ich sehen, wie würden die Dinge ausschauen?[55]

Naturwissenschaftliche Arbeit verlangt aber auch Gründlichkeit und Gewissenhaftigkeit, und auf dem Weg der Wahrheitsfindung tragen die Wissenschaftler eine unglaublich große Verantwortung dafür, mit Informationen sorgfältig und rechtschaffen umzugehen. Aber ohne (Schul-)Stundenplan, kannst du dir natürlich für deine wissenschaftlichen Entdeckungen alle Zeit der Welt nehmen. Du kannst auf das richtige Wetter warten, du kannst das Wachstum von Schimmelpilzen über Jahre hinweg beobachten, anstatt dich mit einem einzigen Freitagnachmittag im Labor begnügen zu müssen.

Außerhalb der Schule hast du die Chance, echten Naturwissenschaftlern zu begegnen und dich mit echter wissenschaftlicher Arbeit zu beschäftigen. Meine Freundin Heather (Biologiestudentin am Reed College, gefördert über ein Watson-Stipendium) schlägt vor, Wissenschaftlern bei ihrer Forschungsarbeit zu helfen, da diese immer viel mehr Ideen als Zeit haben. Biologen zum Beispiel können vielleicht jemanden gebrauchen, der wirbellose Wassertierchen fängt, sich um die Aufzeichnungen klimatechnischer Messdaten kümmert, aufgestellte Fallen kontrolliert oder Wasserproben sammelt. Ruf Doktoranden an – die können sich meistens keine Forschungsassistenten leisten – und frag, ob du ihnen bei ihrer Arbeit helfen kannst. Oder klebe neonfarbene Zettel an die schwarzen Bretter in den naturwissenschaftlichen Fakultäten der Unis. Auch

Professoren oder angehende Hochschulabsolventen, die oft an recht arbeitsintensiven Projekten arbeiten, könnten vielleicht deine Hilfe gebrauchen.

Aber sei darauf gefasst, dass man dich genau unter die Lupe nimmt. Du bietest zwar an, ohne Entlohnung mitzuarbeiten, aber es wäre auch möglich, dass du durch sorglosen Umgang mit Daten jemandes ganze Arbeit ruinierst. Heather meint, es wäre von Vorteil, wenn du eine Art Lebenslauf zusammenstellst, bevor du diese Leute kontaktierst. Liste alles auf, was zeigt, dass du gewissenhaft und systematisch arbeiten kannst. Dies können z. B. naturwissenschaftliche Projekte sein, an denen du selbstständig oder aber in der Schule gearbeitet hast, oder aber auch Empfehlungsschreiben deiner früheren Lehrer. Vielleicht hast du aber auch schon mal als Umfrageassistent für ein Martkforschungsinstitut gearbeitet. Oder du backst gerne fünfstöckige Sahnetorten – auch das erfordert Präzision, ebenso wie Holzschnitzerei und Klöppeln. Wenn du wenig Erfahrungen und Fertigkeiten dieser Art vorweisen kannst, dann musst du sie davon überzeugen, dass du *weißt*, du kannst und wirst sorgfältig arbeiten. Wenn dein Gegenüber meint, du wärest noch nicht ausreichend qualifiziert, dann hake nach, was du tun musst, um das zu ändern.

In der *GWS* Nr. 78 erzählt Teri Jill Mullen:

> Ich bin mit einem Homeschooler befreundet, der sich sehr für Chemie interessiert und habe eine Freundin, die Chemikerin ist. Ich habe meine Freundin gefragt, ob sie einem 11-Jährigen erlauben würde, ihr bei der Arbeit zuzuschauen. Sie hat daraufhin ihren Boss, einen früheren Universitätsprofessor, gefragt und dieser war von der Idee sehr angetan. Jetzt hat der 11-jährige Homeschooler nicht nur Zugang zu einem Labor, sondern auch zu sehr gut ausgebildeten und freundlichen Chemikern. Ein Junge seines Alters, der zur Schule geht, hätte mit Sicherheit keine Zeit, einfach so rumzuhängen und jemandem bei der Arbeit zuzuschauen.

Ähnliche Aussagen trifft auch ein Artikel in der *GWS* Nr. 29, in welchem Dr. David Deutsch, Physiker und Gründer und Leiter einer kleinen Computer-Firma, zitiert wird. Dr. Deutsch schreibt über einen hypothetischen 12-Jährigen, welcher sich sehr für Physik interessiert. Die Schule bringe dem Jungen diesbezüglich nicht viel, und Bücher helfen auch nur bis zu einem gewissen Grade.

> Die Sache ist nicht die, dass es ihm eines Tages an wissens- und lernenswerten Fakten mangeln könnte. Aber theoretische Kenntnisse, wie er sie aus solchen Quellen erlangen kann, machen eben nur einen Teil dessen aus, was ein Physiker wissen muss. Viel wichtiger sind z. B. Einfallsreichtum und Fertigkeiten, derer es bedarf, um physikalische Fragestellungen zu erkennen, verschiedene Herangehensweisen zur Lösung von Problemen zu entwickeln und letztendlich geeignete Lösungen zu finden. So etwas kann man nur auf eine Art und Weise lernen, nämlich durch aktive Mitarbeit in der Physikkultur. Hochschulabsolventen lernen erst dann wirklich etwas

> über Physik, wenn es ihnen endlich erlaubt ist, an echten Forschungsprojekten mitzuarbeiten. Und auch unser hypothetisches Kind sollte genau das tun – an der Seite von Physikern forschen.

Laut Dr. Deutsch eignet sich die Schule genauso wenig dafür, Naturwissenschaftler zu werden, wie für eine Ausbildung zum Zimmermann. Der ausgebildete Physiker würde vorerst davon profitieren, dass sein Lehrling kleinere Jobs für ihn erledigen könnte, die keine besonderen Physikkenntnisse voraussetzen, ihn aber trotzdem bei seiner Arbeit unterstützen. Der junge Auszubildende würde davon profitieren, dem Physiker beim Nachdenken zu beobachten und Fragen zustellen. Schritt für Schritt würde sich die Beziehung weiterentwickeln:

> Der Auszubildende würde beginnen, »wie ein Physiker zu denken« da er sich unbewusst Wissen aneignet, während er den Physiker bei der Lösung von Problemen beobachtet. Er würde mehr und mehr die innere Befriedigung physikalischer Arbeit zu schätzen lernen. Gleichzeitig könnte er mir bei mehr und mehr Hilfstätigkeiten zur Hand gehen. Seinen Interessen folgend, würde es ihm so auch ohne viel Mühe gelingen, theoretisches Wissen zu erlangen. Später gelänge es ihm auch die Details spezifischer Probleme, mit denen ich mich beschäftigt hatte, zu verstehen, und er würde mit eigenen Forschungsarbeiten beginnen. Ich würde mehr und mehr von ihm lernen, nicht nur direkt, sondern auch, weil man immer selbst lernt, wenn man einem willigen Zuhörer etwas erklärt. Und da wir natürlich viele Probleme und Interessen gemein hätten, wäre er ein besonders schätzenswerter Kollege für mich. Letztendlich wäre der Auszubildende kein solcher mehr, da seine Kenntnisse und Fertigkeiten die seines Lehrer-Kollegen überträfen. Dies ist vermutlich der für beide Seiten größte Gewinn ihrer Zusammenarbeit.
>
> Ich möchte betonen, dass ich beim genannten Fallbeispiel nicht an »Wunderkinder« denke. Ich bin davon überzeugt, dass dies der gängige Weg sein kann und sein sollte, einen Beruf, gleich welcher Art, zu erlernen.

Wenn du künstlerisch veranlagt bist, oder wenn dich der staubige Geruch von Chemie-, Physik- und Biologieklassenzimmern grundsätzlich stört, dann liegt es dir möglicherweise auch, als Naturforscher oder Geologe die Wunder der Natur in Zeichnungen und farbenfrohen Abbildungen festzuhalten.

Achtung, Propaganda!

Leute, die mit dem staatlichen Bildungssystem zu tun haben, betonen immer wieder gerne, dass Mathe und Naturwissenschaften viel wichtiger wären als alles andere. Diese Einstellung hat einzig und allein mit wirtschaftlichem Wettbewerbsdenken zu tun und führt eher zur Entwicklung einer unausgeglichenen, neurotischen Gesellschaft als zu nützlichem technologischem Fortschritt. Ich erwähne dies deshalb, weil die US-Regierung eine Menge Geld dafür ausgibt, Schüler glauben zu machen, dass Naturwissenschaft und Mathematik, Göttern gleich, alles können. Dem ist aber nicht so. Hinzu kommt, dass, *solltest* du wirklich ein Fan von Naturwissenschaften und Mathe sein, die Schule dir da nicht viel bieten kann.

Was genau ist Naturwissenschaft eigentlich? Naturwissenschaft ist natürlich nicht die Existenz von Planeten und Zygoten an sich, sondern das aufmerksame, einfallsreiche aber auch methodische Studieren dieser, einschließlich der Suche nach Gesetzmäßigkeiten, die wieder und wieder bewiesen werden können. Bei normalem Luftdruck gefriert Wasser immer bei 0° Celsius. Das ist Naturwissenschaft. Darauf kann man sich verlassen. Es ist bewiesen, aber wenn du es nicht glaubst, dann kannst du es natürlich selbst testen. Sollte dein Wasser bei 15° Celsius gefrieren, schnapp dir das Telefon und ruf bei »BILD« an, aber vorher solltest du doch noch einmal die Funktionsfähigkeit deines Thermometers prüfen.

Wenn man sich mit Naturwissenschaften befasst, dann ist es wichtig, von Anfang an zu verstehen, wie wichtig wissenschaftlich-methodisches Arbeiten ist. Schulen vermitteln dieses Verständnis leider selten. In meinem Fall nicht. Aber wie auch immer, in fast jedem naturwissenschaftlichen Lehrbuch findest du dazu etwas im Vorwort oder ersten Kapitel, wie auch in jeder Enzyklopädie unter »Wissenschaft« und »wissenschaftlich-methodisches Arbeiten«.

Wenn du dich mit »wissenschaftlichem Arbeiten« beschäftigst, denk auch mal über die Grenzen der Naturwissenschaften nach. Es gibt einiges, was man nicht wissenschaftlich erklären kann. Menschen zum Beispiel sind einfach nicht berechenbar. Nimm mal den Jungen, den du ganz toll findest. Wenn du ihm morgen rote Rosen schickst, schenkt er dir vielleicht ein Lächeln, das dich im 7. Himmel schweben lässt. Hättest du ihm die Rosen letzte Woche geschickt, hätte er sie vielleicht stattdessen an seine Raupenzucht verfüttert.

Es gibt Unmengen an neuen naturwissenschaftlichen Fakten und Gesetzmäßigkeiten, die wir *lernen* können. Viel wichtiger aber ist *das selbstständige Entdecken* solcher Gesetzmäßigkeiten durch Experimentieren. Es ist nicht das Gleiche, ob man etwas über die wissenschaftlichen Erkenntnisse anderer liest, oder ob man selbst Experimente durchführt. Beides ist wichtig, und einige Bücher sind sicherlich auch unglaublich inspirierend. Aber echte naturwissenschaftliche Arbeit, erfordert eben die selbstständige Anwendung wissenschaftlicher Methoden.

Du kannst auf ganz eigene Art und Weise den Naturwissenschaften zu Leibe rücken. Oder eben auch nicht, ganz wie du magst. In den Hochschulen gehören Biologie, Chemie und Physik jedenfalls zu den Pflichtfächern in allen naturwissenschaftlichen Studiengängen. Geologie und Nebenfächer der anderen Bereiche, wie z. B. Zoologie, sind Wahlfächer.

Equipment für Versuche auftreiben

Wenn du dich genau umschaust, dann findest du, was du brauchst. Hier einige Beispiele dafür, wie sich Unschooler Zugang zu Mikroskopen und anderen Spielzeugen verschaffen kann:

- Mittels Vereinbarungen mit Lehrern oder Schulen, die Ausstattung in einer Schule nutzen zu dürfen. Hier kann es hilfreich sein, wenn du anbietest, als Gegenleistung Quiz-Ergebnisse auszuwerten oder Reagenzgläser zu reinigen.
- Durch Mitarbeit in einem Museum oder naturwissenschaftlichen Zentrum, entweder auf ehrenamtlicher Basis, als Schüler, als Auszubildender, oder ähnliches. Hoster News berichtet:

> Im Museum für Naturgeschichte in New York ist ein 11-jähriger Junge regelmäßig an Forschungsprojekten beteiligt. Er ist einer der wenigen lebenden »Proto-Zoolgen« die das seltene Phänomen beobachten können, wie ein Pantoffeltierchen eine schützende Mauer um sich herum aufbaut, während das es umgebende Wasser vertrocknet.[56]

- Durch Benutzung von Laborausrüstungen in der Hochschule der Eltern oder deren Arbeitsort
- Durch den Kauf von Laborausrüstungsgegenständen. Das muss nicht teuer sein – abgesehen von dem, was man für ein gutes Verbundmikroskop bezahlen muss – es sei denn, du hättest gerne eine bessere Ausstattung, als Schulen sie haben. Wenn du dich fürs Kaufen entscheidest, dann kannst du dir eine Liste der nötigen Sachen mit Hilfe der Angaben aus den Versuchsanleitungen in deinen Lehrbüchern zusammenstellen.
- Indem du, wann immer du jemanden triffst, erwähnst, was du brauchst.

Die Mutter des Unschoolers Patrick, Gwen Meehan, berichtete in der *GWS* Nr.73: »Ich habe durch Zufall einen Meeresbiologen kennengelernt, der auch einige Pädagogikkenntnisse hat. Er hat Pat angeboten, dass er, wann immer er mag, vorbeikommen darf, um sein Mikroskop zu benutzen und Fragen zu stellen.«.

In der *GWS* Nr. 113 schreibt Diane Metzler:

> Einer der Väter aus Luz's Unschooler-Gruppe (Unschooler Support) hat ein eigenes Labor an der Yale Universität. Meine Tochter durfte dort mehrmals monatlich mit ihm zusammenarbeiten. Sie haben Sezierungen durchgeführt und sie konnte nachfragen, wann immer sie etwas aus ihrem Biologie-Lehrbuch nicht verstand. Er beschäftigt sich hauptsächlich mit dem Studium

von Gehirnzellen, auf der Suche nach Hinweisen, wie man Epilepsie heilen kann. Sie haben daher zusammen Gehirnzellen kultiviert und meine Tochter hat gelernt, wie man ein Labor-Journal führt und Notizen macht. Wir hatten uns auch eine Liste von Versuchen/Laboruntersuchungen für 9.-Klässler am örtlichen Gymnasium angeschaut, um zu sehen, ob wir das eine oder andere auch machen sollten, aber meistens ging es darum, aus buntem Papier DNA-Sequenzen nachzubilden. Ich denke, zu sehen, wie ein echter Wissenschaftler arbeitet, hat Danielle bedeutend mehr gebracht.

Brauchst du wirklich eine Laborausrüstung?

Wahrscheinlich schon, aber vielleicht nicht ganz so viel Zeug, wie du glaubst. Für die meisten Versuche aus Lehrbüchern der Oberstufe benötigt man nicht allzuviel, allerhöchstens ein gutes Verbundmikroskop, Bunsenbrenner und eine Feinwaage. Ich habe mir ca. ein Dutzend Lehrbücher angeschaut, und für die meistenVersuche braucht man nicht mehr als Reagenzgläser, Schmelztiegel, Petrischalen, Tropfgläser, Glaszylinder und für Physik einen Versuchswagen, Stoppuhr, Motor, Verbindungsdrähte und eine Trockenzellbatterie. Mein Freund Clement, der Biologie-Forschungsassistent meint, dass man sich auch in den meisten Fällen anders behelfen kann. Benutze z. B. eine Kerze anstatt des Bunsenbrenners, nimm eine preiswerte Schülerwaage, Petrischalen kann man durch gängige Plastikschalen ersetzen, usw. Auf Seiten wie www.conatex.com findest du Material zum naturwissenschaftlichen Selbststudium.

Die Kosmos-Chemiekästen machen vielen Jugendlichen ziemlichen Spaß und bieten eine gute Ausrüstung, außerdem sind sie so zugeschnitten, dass benötigte Chemikalien nach deutschem Recht in jeder Apotheke zu erhalten sind, ich habe auf diese Art und Weise eine recht gute Beziehung zu meinem Apotheker aufgebaut und dann von ihm noch viel dazugelernt.

Weitere Ressourcen und Anregungen

Lies gängige naturwissenschaftliche Literatur. Einige Empfehlungen von mir findest du in den Kapiteln zu den einzelnen Naturwissenschaften, aber natürlich gibt es viel mehr. Falls du so was noch nie gelesen hast (Schulen verpflichten einen dazu selten), sei auf Staunen und Inspiration gefasst. Oder besorg dir eins der vielen Bücher mit »Experimenten für Kinder«, die sind auf unaufwändiges Nachvollziehen angelegt und bieten viele Anregungen. Wenn dich ein Thema dann näher interessiert, kannst du dir dazu gezielt Literatur besorgen. Warum auch nicht? – einfache Experimente, ohne komplizierten Versuchsaufbau, bei denen dich nichts vom Erfahren der eigenartigen Schönheit naturwissenschaftlicher Realität ablenkt.

(Wenn du im Hinblick auf Naturwissenschaften noch etwas zurückhaltend reagierst, dann vergiss die Lehrbücher und verführe dich mit einer Kombination aus populärwissenschaftlichen Sachbüchern und Kinder-Experimenten.)

Es gibt kein Gesetz, das verbietet, Lehrbücher der Oberstufe zu benutzen und zu Hause durchzuarbeiten. Aber sie sollten nicht dein Leben bestimmen.

Sie sklavisch durchzuarbeiten, ist unnötig und langweilig, und sie sind einfach nicht topaktuell. Sie kosten dich auch einiges, wenn du sie dir nicht ausleihen kannst. Eine gute Art Lehrbücher zu nutzen wäre: Blättere sie durch, lies die Versuchsanleitungen und führ ein paar Versuche, die dich interessieren, durch. Heb dir den Großteil deiner naturwissenschaftlichen Energie für Besseres auf, wie z. B. mit Drähten herumzuspielen oder Ameisen beim Ausschlüpfen zu beobachten.

Wenn du Lehrbücher magst, kannst du auch Hochschullehrbücher benutzen. Schau dir in dem örtlichen Hochschulbuchladen an, welche Lehrbücher in laufenden Kursen benutzt werden. Spare Geld und leihe sie dir in Büchereien aus, schau im Internet nach gebrauchten Exemplaren oder hänge Zettel ans schwarze Brett der Uni.

Wenn du Umweltschützer bist, dann verbinde deine Studien der Naturwissenschaften mit der Arbeit für eine lokale oder nationale Umweltschutzorganisation. Der BUND oder NABU z. B. braucht immer wieder mal freiwillige Helfer für Salamanderzählungen, um laichwillige Kröten von der Straße zu sammeln oder für Kontrolluntersuchen von saurem Regen. Manchmal führen lokale Gruppen auch Rekultivierungsprojekte durch, z. B. die Sanierung eines verunreinigten Baches. Um bei solchen Unternehmungen mitzumachen, durchforste die Lokalzeitungen nach Berichten über derartige Projekte, oder rufe örtlich ansässige Umweltschutzorganisationen an.

Gründe mit anderen Unschoolern oder Freunden unterschiedlichen Alters zusammen einen Verein für naturwissenschaftliche Arbeit. Teilt Euch die Kosten für Arbeitsmittel, tauscht Ideen aus und diskutiert offen über Projekte. Mit der Zeit überlegt ihr Euch vielleicht sogar, Anträge auf Fördermittel zu stellen.

Lies naturwissenschaftliche Magazine. Die Zeitschrift *Science News* ist besonders gut: kurz, aktuell (erscheint wöchentlich), klar verständlich. Andere Zeitschriften wie *Bild der Wissenschaft* oder *P. M.* findest du in deiner Bibliothek.

Hinter dem Earthwatch Institute steckt eine Gruppe von Wissenschaftlern, die Forschungsarbeit auf der ganzen Welt verteilt leisten – und Leute bezahlen dafür, ihnen dabei zu helfen. Ich habe von vielen Homeschoolern gehört, welch wunderbare Erfahrungen sie bei Earthwatch-Expeditionen sammeln konnten. Geld dafür auszugeben, bei einem solchen Projekt mitzuarbeiten, erscheint mir sinnvoller, als für die Ausbildung in einer Privatschule oder privaten Hochschule zu bezahlen. Allerdings gibt es auch Earthwatch-Stipendien. Ihre Arbeit hat teilweise mit Folklore, Textilien etc. zu tun, meistens aber ist sie naturwissenschaftlich ausgerichtet. Die Projektdauer liegt zwischen zwei und drei Wochen. Beispiele: das Studium von Motten in Papua-

Neuguinea mit Unterkunft in einem Gästehaus einer Stammesgruppe, Seelöwen in Kalifornien trainieren, Laborarbeiten auf einem Forschungsschiff (für die Anfertigung einer Karte vom Pazifischen Ozean). Das Mindestalter liegt bei 16 Jahren.

Earthwatch bietet auch in Europa Möglichkeiten: www.eu.earthwatch.org. Interessant ist auch die Internetseite interconnections.de. Im Internet findest du zum Stichwort Freiwilligendienste und/oder über folgende Organisationen weitere Informationen: weltwärts, AFS, rausvonzuhaus.de, Aktion Sühnezeichen Friedensdienste, Freunde der Erziehungskunst Rudolf Steiners (www.freunde-waldorf.de), u.ä. Angebote für ein ganzes Jahr sind in Deutschland das Freiwillige Soziale/Ökokogische/Kulturelle Jahr (FSJ/FÖJ, FKJ) bzw. der Bundesfreiwilligendienst (BFD).

Für die Schweiz u.a. www.experiement-switzerland.ch

Für Österreich u.a. www.oesterreichisches-jugendportal.at, Stichwort: Mobilität und Reisen sowie auf europäischer Ebene der Europäische Freiwilligendienst (EFD). http://europa.eu/youth/evs_database

Du musst dich ja nicht gleich für ein ganzes Jahr verpflichten, aber du findest viele Einrichtungen und Projekte, die Hilfe gebrauchen können. Schau dich auch immer wieder einmal auf den Internetseiten der Europäischen Gemeinschaft um, die viele nationale und länderübergreifende Projekte ausschreiben.

Naturwissenschaften als Hauptfach am College

Beschäftige dich eingehend mit Mathe. Führ Experimente durch und gewöhne dich so ans gewissenhafte wissenschaftlich-methodische Arbeiten. Lies sowohl akademische als auch populärwissenschaftliche Abhandlungen anderer Wissenschaftler. Vielleicht interessieren dich die ausführlichen Ratschläge der Professoren am Ende der jeweiligen Kapitel zu Biologie, Chemie und Physik, letztendlich geht es dabei aber immer um Mathe, Methode, Inspiration und Ausdauer.

Du brauchst nicht unbedingt einen College-Abschluss, um ein toller Wissenschaftler zu werden, ein Universitätsstudium (graduate school) macht sich aber auf jeden Fall bezahlt. (Kein Gesetz besagt, dass du einen »B.S.« benötigst, um an einer Universität zu studieren. Das gilt auch für Deutschland und Europa bezüglich Abitur oder Bacchalaureate. Aber sehr gute naturwissenschaftliche Kenntnisse und einen fundamentalen Erfahrungsschatz *wirst* du brauchen.) Laut meinen naturwissenschaftlichen Freunden ist das Universitätsstudium die erste wirklich wertvolle Bildungsstufe und in etwa vergleichbar mit einer Lehrausbildung. Viele von ihnen, einschließlich meines Bruders als Caltech-Absolvent, meinen, sie hätten mit Hilfe einiger guter Bücher und einer Laborausstattung, sich selbst alles beibringen können, was sie am College gelernt haben.

Naturwissenschaftler und Ingenieure ohne lange Schulausbildung

William Lear (1902-1978), Gründer der Lear Jet Coporation, ging nach der 8. Klassenstufe von der Schule ab, um als Mechaniker zu arbeiten. Während des 1. Weltkrieges wurde er zum Funktechniker bei der Marine ausgebildet. Danach erfand er Hunderte von kleinen elektronischen Hilfsmitteln und Gerätschaften – hauptsächlich Navigationshilfen für Privatflugzeuge. Später entwickelte er den Lear Jet, sowie Stereo-Kassetten-Systeme für Autos und den ersten Leichtgewicht-Autopiloten für Jet-Flugzeuge.[57]

In einer UPI-Geschichte von Eight Dollar Mountain, Oregon, aus dem Jahre1980 wird berichtet:

> Niemand würde erwarten, einen »Space-Age«-Wissenschaftler auf einem Hügel ohne Zufahrtstraßen zu finden, umgeben von Computern und Teleskopen – dort am Rande des Kalmiopsis Wilderness lebend, etwa 30 Meilen südwestlich von Grants Pass, Oregon. Aber Paul Lutus ist eben ein Mann, der seine 33 Jahre damit verbracht hat, anders zu sein als andere. ...Als »extrem frühreifer und arroganter 12-jähriger« Bücherwurm verehrte er Einstein. In dem festen Glauben, dass die Schule »zu nichts nütze« sei, ging er nach der 7. Klasse ab, um Astronomie und Elektronik im Selbststudium zu erlernen.
>
> Da seine Eltern mit dieser Entscheidung nicht einverstanden waren, zog er zu Hause aus. In einer Pflegefamilie lebend, wurde der 12-Jährige Fernsehmonteur. Mit 16 Jahren qualifizierte er sich für eine Rundfunk- und Fernsehlizenz der Federal Communications Commission und arbeitete später als Rundfunksprecher in San Jose, Kalifornien.
>
> Im Alter von 20 Jahren begann er eine Karriere als Straßenkünstler. Um sich seinen Lebensunterhalt zu verdienen, zeichnete er Portraits, sang Volkslieder, klimperte auf seiner Gitarre herum und unterrichtete im Seifenblasen-Pusten.
>
> Er nahm eine Stelle als wissenschaftlicher Mitarbeiter an der Mt. Sinai Medical School in New York an. Dann radelte er von New York nach Colorado, wo er Forschungsequipment für den Fachbereich Molekularbiologie an der Universität von Colorado entwickelte.
>
> 1974 begann Lutus als Berater für die NASA in San Francisco zu arbeiten. Ein Jahr später zog er auf seinen Hügel am Fuße des Eight Dollar Mountain. Er entwickelte Computersoftware, die der »Viking« half, zum Mars zu fliegen und er ist der Elektroingenieur, der für das »Space Shuttle« ein neuartiges Beleuchtungssystem entwickelte.

Die Christian Science Monitor berichtet von Vincent J. Schaefer, einem der Weltklasse-Wissenschaftler in Atmosphärenforschung, der dem Gymnasium nach nur 2 Jahren den Rücken kehrte. Im Alter von 17 Jahren begannen er und drei andere Jugendliche eine archäologische Zeitschrift herauszugeben. Das New York State Department of Archaeology wurde darauf aufmerksam und lud Schaefer zu einer einmonatigen Exkursion ein.

Um seine Familie finanziell unterstützen zu können, begann er eine Ausbildung bei General Electric. Dort fand Schaefer einen Mentor, der ihn dazu ermunterte, eigene Experimente im Labor durchzuführen. Schließlich entwickelte er, ganz ohne Hochschulstudium, die erste »Cloud-Seeding«-Methode (Hagelflieger, künstlicher Regen, etc.). 1961 gründete er das Atmospheric Sciences Research Centre in New York und leitete es in den drauffolgenden 15 Jahren als führender Professor. Der Zeitungsartikel verrät Schaefers »Erfolgsgeheimnis«:

- Arbeite selbstständig
- Folge dem »Learning by Doing«-Grundsatz
- Finde wertvolle Menschen und mach sie zu deinen Freunden
- Nimm jede Chance wahr, etwas zu lernen
- Denk daran, dass es Erwachsenen Freude macht, jungen Menschen dabei zu helfen, sich selbst zu verwirklichen und ihr wahres Potenzial zu erkennen

Schaefer ist davon überzeugt, dass jeder, der es wirklich will, tun kann, was er selbst getan hat. »Du musst dich Wundern und Fragen stellen können und solltest dir alles dessen, was vor sich geht, bewusst sein. Was du brauchst, bezeichne ich gerne als »intelligente Augen« – lass dich von der Welt und allem, was dazugehört faszinieren.«[58]

Unschooler und die Naturwissenschaften

Britt Barker entschied sich, ihren Interessen an Tierwelt und klassischer Musik zu folgen, anstatt zur Schule zu gehen. 16-jährig begann sie damit, gemeinsam mit Naturforschern durch Kanada zu reisen und ihnen dabei zu helfen, ein Buch über bedrohte Arten zu schreiben. Später erhielt sie ein Stipendium, das ihr ermöglichte, an einer Earthwatch-Expedition teilzunehmen, um Wölfe in Italien zu beobachten. Ihre Erfahrungen beschreibt sie in dem Büchlein *»Letters Home«*.

Auch nach dem »Oberstufen«-Alter« blieb sie weiter ihrem unabhängigen Lebensstil treu, anstatt zu studieren. Sie volontierte abermals bei Earthwatch, diesmal, um im Marineinstitut Bodega Bay in Kalifornien mitzuarbeiten. Im Alter von 19 Jahren wurde ihr eine 3-monatige Praktikumsstelle im Point Reyes Bird Observatory in Kalifornien angeboten, wo sie mit einem Biologen und vier Hochschulstudenten zusammenarbeitete. Danach war sie sechs Wochen lang mit der Identifizierung von Seeelefanten im Auftrag des Farallones National Wildlife Refuge in der Nähe von San Francisco beschäftigt. Zu der Zeit war ihr bereits ein Winter-Job in Arizona angeboten worden, bei dem es um die Radar-Überwachung von Weißkopfseeadlern auf dem Festland und auf hoher See ging.[59]

In der *GWS* Nr. 53 berichtete Kathleen Hatley über ihren 13-jährigen Sohn mit

> einem besonders starken Interesse an Frischwasserfischen. Neben dem eigentlichen Angeln, was seine Lieblingsbeschäftigung ist, schaffte er es, jedes verfügbare einschlägige Buch aus der Bücherei auszuleihen und zu lesen, einschließlich der fünf Bände einer Fisch-Enzyklopädie. Er hat mit einem Freund, der Hochschulstudent für Fischereikunde ist, vereinbart, diesem Würmer und Barsch-Filets für dessen Fischzucht zu liefern. Im Gegenzug erhielt Steve ein komplett ausgestattetes Aquarium, in dem er seine eigenen Arten halten kann. Ein Höhepunkt des Jahres war die Gelegenheit, gemeinsam mit dem Leiter des University Life Science Museums einen Fluss in der Nachbarschaft mit riesigen Wadennetzen zu »durchkämmen«, um kleine Fische für Untersuchungszwecke zu fangen. Nächste Woche beginnt er eine Ausbildung bei einem Förster an einem nahe gelegenen See (der Mann ist einer der kundigsten Naturforscher in unserer Gegend). Steve wird neben vielen anderen Dingen lernen, wie man eine Camping- und Fischereieinrichtung leitet. So wie es echte Interessen immer tun, hat ihm sein Interesse an Fischen, auch andere Bereiche, wie z. B. Klima-, Teich- und Bachökologie, Insektenkunde, etc., nähergebracht.
>
> Meine älteren Kinder bestätigen mich immer wieder in der Überzeugung, dass Kinder, wenn sie sich für etwas wirklich interessieren, das Bedürfnis haben, sich viel ausführlicher mit diesem Thema zu beschäftigen, als es eine normaler Schullehrplan jemals erlauben würde.

In der *GWS* Nr 102 schreibt Magdalene Axford über ihren Sohn Christian, der das Williams-College besucht:

> Unser Sohn Christian erreichte frühzeitig den Punkt, an welchem sein Vater und ich seinen Wissensdurst in den Bereichen Mathe und Naturwissenschaften nicht mehr stillen konnten und es wurde klar, dass diese Interessen eine große Rolle in seinem weiteren Leben spielen würden. Eine Zeit lang bereitete es mir viel Freude, mein eigenes Wissen zu erweitern und mit ihm zusammen zu lernen. Aber der Punkt war schnell erreicht, an dem ich weder Zeit noch ausreichendes Interesse hatte, mit ihm Schritt zu halten. Wir haben mehrere Wege gefunden, mit der Situation umzugehen. Einige Jahre zuvor hatten wir auf Anraten eines Experten vom Buhl Science Center in Pittsburgh ein einfaches, aber gutes Teleskop gekauft. Später erwarben wir zusätzlich ein gutes Mikroskop. Die billigen Modelle, die in Warenhäusern und Katalogen angeboten werden,

haben oftmals eine mangelhafte Fokusfunktion und scheinen wie dafür geschaffen zu sein, Kinder zu frustrieren und zu demotivieren, insbesondere, wenn sie alleine damit arbeiten wollen... Besonders die Astronomie übte eine Faszination auf Christian aus. Er las alle Bücher Asimovs, die er in die Finger kriegen konnte, sowie alles andere, was die Bücherei zu diesem Thema anbot. Schließlich hatte er das Gefühl, dass er Hilfe gebrauchen könnte. Wir entdeckten eine Interessengemeinschaft für Astronomie, deren Mitglieder sich einmal im Monat trafen, und Christian begann an diesen Treffen teilzunehmen. Er erfuhr dann, dass einer der Gründungsmitglieder im örtlichen Naturzentrum einen Astronomiekurs für Erwachsene anbot. Der dort tätige Naturforscher (er ist ein Freund Christians) sprach eine Empfehlung aus, die ihm ermöglichte, an dem Kurs teilzunehmen, obowohl er erst 11 Jahre alt war. ...Ich war etwas besorgt, aber Christian gar nicht. Er las die begleitende Literatur und war enttäuscht, weil die Zeit immer viel zu schnell zu vergehen schien. Und begriff er alles? Nein, so wie viele der erwachsenen Teilnehmer auch nicht alles verstanden, was gesagt wurde. Aber Begriffe wie »Parallaxe« und »Gradient« waren von da an fester Bestandteil seines Vokabulars, und er hatte eine ganze Menge über Teleskope und Astronomie dazugelernt. Die Audubon Society ist eine andere Gruppe, welche ihm verschiedene Aspekte der Biologie näher brachte. Als sie wieder mit ihrem alljährlichen Christmas Bird Count (Zählen der Vögel zur Weihnachtszeit) begannen, entschieden Christian und ich uns dafür, mitzumachen. Wir konnten zwar Meisen, rote Kardinale und Kleiber identifizieren, aber bei allem, was darüber hinausging, hätten wir nicht auf unsere Kenntnisse der Ornithologie schwören wollen. Einer der aktiveren Mitglieder der Gesellschaft war ein Biologe, der in einem nahe gelegenen Forschungslabor für Fischkunde arbeitete und ich fragte ihn, ob wir uns ihm bei der Vogelzählung anschließen dürften...

Der größte Erfolg der Vogelzählung war für uns, dass sich zwischen Christian und Bob, dem Biologen, einen Freundschaft entwickelte. Bob lud Christian zu weiteren Zählungen ein, und in den letzten zwei Jahren durfte Christian ihn als Assistent bei fünfstündigen staatlich geförderten Zählungen von Vögeln begleiten.

In dem Sommer nach der ersten Vogelzählung erfuhr Christian, dass er in dem Forschungslabor, in welchem Bob arbeitete, ehrenamtlich arbeiten könne, was er dann auch zwei Tage pro Woche für jeweils acht Stunden tat. In der einen Abteilung arbeitete er an Computern, und in Bobs Abteilung durfte er an einem Projekt mitarbeiten, das auch die Entnahme von Fischeier-Proben aus verschiedenen Flüssen im Nordosten einschloss. Christian lernte dabei viel über Laborarbeitstechniken als auch über die Vielzahl langweiliger Tätigkeiten, derer es ebenso bedarf, will man exakte Untersuchungsergebnisse erhalten.

All dies spielte sich in Christians »Oberstufen«-Jahren ab, einer Zeit, in der viele Eltern von Homeschoolern und auch manche Homeschooler etwas nervös werden und überlegen, ob sie nun nicht doch einen etwas traditionelleren Weg einschlagen sollten. Vor allem dann, wenn die

Kinder vorhaben, zu studieren. Christian entschied sich dafür, seine Wissenslücken mit Hilfe naturwissenschaftlicher Lehrbücher zu füllen, und die zuvor beschriebenen Aktivitäten halfen, dem Lehrbuchwissen einen Bezug zur Realität zugeben.

Christian hat sich nie besonders für Chemie interessiert. Aber seine Liebe zur Astronomie und die Biografien faszinierender Persönlichkeiten, wie Richard Freyman machten ihn für lange Zeit glauben, dass er vielleicht Physiker werden würde. Ich selbst hatte nur gewisse Grundkenntnisse der Physik und war daher keine große Hilfe. Wir konnten leider auch keine andere »lebende Wissensquelle« finden, daher nutze Christian ein entsprechendes Lehrbuch, um sich Physikkenntnisse anzueignen.

Das Lesen verschiedenster Zeitschriften und Magazine, wie Science News, Scientific American, etc. half ihm, sein Lehrbuchwissen zu ergänzen und vor allem auch auf einem aktuellen Stand zu bringen. Schließlich lernte er einen Atomphysiker kennen – den Vater der Studentin, welche sich mit Christians älterer Schwester Emily am St. John's College ein Zimmer teilte. Christian führte unzählige lange Gespräche mit diesem Wissenschaftler.

Physik war auch Christians liebstes Thema, wenn er Projektarbeiten für die Naturwissenschaftsmessen anfertigte. Bis vor zwei Jahren haben wir eine solche Messe einmal pro Jahr in unserem Haus veranstaltet und viele andere Familien haben mitgemacht. Da es uns nicht um einen Wettbewerb ging, sondern um gemeinsame Interessen und den Austausch von Ideen, gab es keine Preise. Sie waren ein willkommener Anlass, sich mit einem bestimmten Thema näher zu befassen und das Gelernte einem interessierten und geduldigen Zuhörerkreis zu präsentieren... Christian beschäftigte sich in seinen Projektarbeiten u.a. mit Raketen, Linsen und Pendeln.

Natürlich interessiert sich nicht jeder so für die Naturwissenschaften wie Christian. Aber es kann uns allen nicht schaden, uns zumindest etwas damit zu befassen. Christians Schwester Emily, mit Plänen für eine Karriere im Bereich der Museumswissenschaften, wollte

zumindest soweit mit naturwissenschaftlicher Terminologie und Grundlagen vertraut sein, um entsprechende Zeitungsartikel und Themen, die ihr tägliches Leben beeinflussen, verstehen zu können. Als begeisterte Leserin, deren Lektüre auch Bücher wie »The Lives of a Cell« (Das Leben einer Zelle) von Lewis Thomas einschloss, hatte sie keine Schwierigkeiten, dieses Ziel zu erreichen. Sie beschäftigte sich auch lang genug mit einem Chemiebuch, um sich Wissen über chemische Formeln, das Periodensystem der Elemente und andere Grundlagen anzueignen.[60]

Biologie

Wenn du beabsichtigst, dein Gehirn ganz oder teilweise der Biologie zu vermachen, überlege dir genau, welche Art von Tierexperimenten für dich in Ordnung gehen. Auch wenn du klein anfängst, solltest du von Anfang an bei allem, was du tust, deine persönlichen ethischen Anschauungen im Auge behalten. Ich kenne eine Biologiestudentin, die von einem Großteil der wissenschaftlichen Biologiearbeit die Nase voll hat. Sie meint, dass vieles nur dazu dient, wissenschaftliches Ego zu füttern – und dies z. B. auf Kosten von Fröschen mit aufgrund gentechnischer Veränderungen vermanschten Gesichtern, Beinen oder Gehirnen. Denk auch mal über Manipulation und/oder Beobachtung nach. Häufig reicht es, aufmerksam zu beobachten und sorgfältig Aufzeichnungen zu führen, um wissenschaftliche Erkenntnisse zu erlangen, anstatt aktiv einzugreifen oder zu verändern.

Falls du dich für Medizin interessierst, überleg dir, ob du nicht mit einem Tierarzt zusammenarbeiten möchtest. Tiermedizin und Humanmedizin überschneiden sich in vielen Bereichen (Menschen sind schließlich biologisch gesehen auch Tiere!). Du kannst dir sicherlich vorstellen, dass es einfacher ist, die Erlaubnis zu bekommen, der Sterilisierung einer Katze beizuwohnen, als der Sterilisierung einer Frau... Viele Unschooler helfen ehrenamtlich in einer Tierarztpraxis aus oder beginnen dort eine Ausbildung. In der *GWS* Nr. 103 beschreibt die 12-jährige Caitlin Fahey aus New Mexico ihre Volontärarbeit in einer Tierklinik:

> Ich säubere Käfige, füttere die Tiere, schaue zu oder helfe auch bei Operationen, überwache die Tiere unter Anästhesie, bereite Kochsalzlösungen für Befeuchtungszwecke vor, entferne Zahnbeläge, messe Körpertemperaturen, bereite mit Alkohol getränkte Schwämmchen für Operationen vor, kümmere mich um Tiere nach der OP und bringe sie zurück in ihre Käfige, schneide Nägel, entferne Fellverunreinigungen, helfe dabei, Operationsinstrumente und Verbandszeug bereitzulegen und ich lass mir Röntgenbilder erklären.
>
> Was ich an der Arbeit besonders toll finde, ist die Abwechslung, die die Arbeit mit den Patienten mit sich bringt. Abgesehen von den üblichen Sterilisierungen und Kastrationen müssen Bänderrisse oder Knochenbrüche behandelt oder Tumore entfernt werden. Die Tiere werden wegen allem Möglichen in die Klinik gebracht: Samen oder Dornen in den Augen, Ohren oder Pfoten, Schwänze müssen amputiert werden, weil sie in Türen eingequetscht wurden, verschiedenste Infektionen, schlechter Atem oder schmutzige Zähne, Hämatome, reinrassige Welpen, deren Schwanz gestutzt werden soll, Welpen mit mehr als der normalen Anzahl von Zehen, deren Extrazehen entfernt werden sollen (weil sie sonst später nicht zu Tierschauen gebracht werden können)... Ich lerne viel von den Tierärzten, die mir auch die Bücher leihen, die sie selbst in der Ausbildung benutzt haben. Sie geben mir auch oft Zeitschriften und

> Magazine zum Lesen mit. Was mir die Arbeit in der Klinik gebracht hat, sind Erfahrung, Wissen – und meine Katze.

Populäre Literatur

Alles, was von Stephen Jay Gould oder Lewis Thomas geschrieben wurde.

Ernst Haeckel, *Kunstformen in der Natur.* Ein psychedelisches Buch, das dich dazu bringt, dich sogar in Bandwürmer zu verlieben.

James D. Watson, *Die Doppelhelix.* Das Buch erzählt die Geschichte der Entdeckung der DNA-Struktur. Beim Lesen erlebst du wissenschaftliche Methode, Verstand und Freundschaft in Aktion, sozusagen eine Mini-Lehre. Watson, selbst einer der beteiligten Wissenschaftler, schreibt: »Ich hoffe dieses Buch zeigt, dass naturwissenschaftliche Arbeit selten in der geradlinigen, logischen Art und Weise abläuft, wie es sich Außenstehende vorstellen.«

Jane Goodall, *Mein Leben mit den Schimpansen.* Ich erwähne dieses Buch, weil es sich schnell liest und beschreibt, wie Goodall, ganz ohne Hochschulausbildung (stattdessen fand sie einen Mentor), ihr berühmtes Projekt in Afrika aufgebaut hat.

Unschooler und Biologie

Emily Ostberg fand mit der Unterstützung von *GWS*-Redakteurin Susannah Sheffer einen Ausbildungsplatz auf der 35-Acre-Farm *Ix Chel,* im Regenwald von Belize. In der *GWS* Nr. 96 berichtet sie:

> Ix Chel ist am Ufer eines angeschwollenen gelben Flusses gelegen und besteht aus 12 kleinen Gebäuden, einem Heilpflanzenpfad, einer Menge Grünzeug und einer alles überragenden hohen Antenne. Elektrizität wird mit Solarzellen erzeugt, das Wasser ist Regenwasser, Nahrung kommt aus dem Garten und die Badezimmer sind Latrinen. Hier in Ix Chel gibt es einen kurzen Naturlehrpfad durch den Regenwald, in welchem unzählige medizinisch wertvolle Bäume wachsen. Die Touristen erkunden diesen Pfad auf eigene Faust. Ix Chel versucht auch, neue Heilmittel zu finden, und schickt daher zuerst Proben an den Botanischen Garten in New York (zur positiven Identifikation) und anschließend an das Nationale Institut für Krebsforschung zu Testzwecken. Bisher haben sich 12 Pflanzen als vielversprechend im Zusammenhang mit der Behandlung von AIDS und Krebs erwiesen. In Ix Chel werden auch Heilmittel hergestellt und verkauft. Die Herstellung aus Pflanzentinkturen und Alkohol erfolgt direkt hier vor Ort, mit sehr einfachen Hilfsmitteln... Wenn ich Zeit habe, helfe ich Jay (dem Pflanzenmann) beim Pressen der Pflanzen, bei den Datenaufzeichnungen und Berechnungen und beim Abwiegen von Rinde. Ich lerne eine ganze Menge über Botanik, einfach nur durchs Zuschauen oder Mithelfen.

Emily Linn war Mitbegründerin eine Gruppe von Teenagern, die sich für verschiedenste akademische (und andere) Aktivitäten traf. Diane Linn, ihre Mutter, berichtet in der *GWS* Nr. 94:

> Besonders das Biologie-Programm war toll und funktionierte hervorragend. Am Anfang nahmen fünf und später, nachdem es sich herumgesprochen hatte, zwölf Kinder teil. Emily hatte ihren Vater gebeten, die Leitung der Gruppe zu übernehmen, und ich selbst übernahm die akademischen Koordinationsaufgaben. Wir drei verbrachten eine Menge Zeit damit, das Programm zu strukturieren und zu überlegen, wer welche Aufgaben übernehmen könnte. Es war uns auch wichtig, fortlaufend Feedback von Emily zum Stand der Dinge aus ihrer Sicht zu bekommen.
>
> Gleich zu Beginn entschieden wir uns für die Gründung eines Vereins, und aus jeder Familie sollte mindestens ein Erwachsener aktiv beteiligt sein. Mehrere der Familien waren für die Beschaffung von Materialien verantwortlich. Wir gaben ihnen Kataloge, und ein Großteil der Materialien wurde einfach im Lebensmittelladen oder Baumarkt gekauft. Eine Mutter kopierte Forschungsartikel in der Bücherei und gab sie den Kindern zum Drüberschauen...
>
> Tom, Emilys Vater, präsentierte jede zweite Woche ein Thema aus dem Lehrbuch. Er beantwortete die Fragen der Kinder und bisweilen hatte er zusätzlich ein kleines Experiment vorbereitet. In den dazwischen liegenden Wochen ging es hauptsächlich um Versuche und Experimente. Mit der Zeit gestalteten wir den Ablauf auch etwas flexibler, aber wir achteten darauf, dass Tom immer genug Zeit dafür hatte, sich mit den Kindern hinzusetzen und Gelesenes zu besprechen. Das Lehrbuch, das wir benutzen, deckte recht effizient alle Grundlagenbereiche ab. Lehrbücher sind jedoch langweilig und mit unwichtigen Details überladen. Wir griffen daher auf ergänzende Bücher zurück, von denen viele bedeutend elementarer waren als unser Lehrbuch. Die Kinder wurden nicht dazu aufgefordert, sich hinzusetzen und Begriffe und Definitionen auswendig zu lernen. Stattdessen ging es beim Lesen ums grundsätzliche Verstehen. Alle wirklich wichtigen Begriffe prägten sich von ganz allein ein, wenn die Kinder sie oft genug benutzten.
>
> Im Frühling begannen wir, uns mit Physiologie und Anatomie zu beschäftigen. Ein befreundeter Biologe erzählte uns, dass er Proben immer in großen Abnahmemengen bestellen muss und er bot uns die von ihm nicht benötigten Proben an – kostenlos. Das könnte auch für andere Homeschooler eine ganz nützliche Information sein: Biologen und Biologielehrer müssen das Zeug immer in größeren Mengen bestellen und so passiert es oft, dass Sachen einfach weggeschmissen werden. Es lohnt sich daher für Unschooler-Gruppen immer, im Gymnasium oder in der Hochschule nachzufragen, wenn sie auf der Suche nach etwas Bestimmtem sind. Proben und Exemplare kann man aber auch entsprechenden Biologie-Fachgeschäften erwerben...

Zwei der beteiligten Familien kümmerten sich um Exkursionen und Gastredner. Nachdem wir uns mit Bakterien befasst hatten, besuchten wir das Abwasserwerk in Detroit, wo wir lernten, welche Rolle Bakterien bei der Reinigung von Abwässern spielen. Außerdem kam ein bekannter Genetiker zu uns, der einen Vortrag hielt und Bilder zeigte. Eine der Mütter hatte einfach bei einem Krankenhaus angerufen und nachgefragt, wie wir es schaffen könnten, dass ein Genetiker zu uns käme. Wir fanden heraus, dass Sätze wie »Wir sind meine Gruppe von Homeschoolern, und die Kinder sind hoch motiviert und wirklich an diesem Thema interessiert« Türen und Tore öffnen. Die Leute waren unglaublich wohlwollend und schenkten uns eine Menge ihrer Zeit. Es hat sie wirklich beeindruckt, dass eine Gruppe von Teenagern tatsächlich daran interessiert war, etwas zu lernen.

Wir haben das Programm nicht wie normalen Schulunterricht durchgeführt. Es war von Anfang an klar, dass wir keine Schule sind und dass die Kinder selbst bestimmen, wie viel sie lernen wollen. Die Atmosphäre war daher informell, und es gab auch keine Leistungskontrollen, abgesehen von einer Abschlussprüfung, die wir wie ein Fernsehquiz gestalteten. Alle bimmelten wie wild mit Glocken, schrien Antworten und die gesamte Gruppe raste nur so durch den Abschlusstest aus dem Lehrbuch.

Werde Naturforscher

Naturforscher sind die mit dem Schmetterlingsnetz, der sorgfältig beschrifteten Seeohrmuschelsammlung, einem Aquarium, einem Miniaturmuseum, zwei Boa constrictors, einem Exkursionstagebuch voller Zeichnungen und Notizen, einem Paar ausgelatschter Wanderschuhe, einem Quarzkristall – in Wyoming gefunden, anstatt im New-Age-Laden an der Ecke gekauft. Für einen Naturforscher ist die Naturwissenschaft etwas Schönes und Persönliches anstatt eine trockene und unpersönliche Wissenschaft.

Die Naturgeschichte (der Pfad des Naturforschers) ist für Unschooler der ideale naturwissenschaftliche Weg, da du dir »da draußen« alle Zeit der Welt nehmen kannst. Außerdem kostet diese Art anerkannter wissenschaftlicher Arbeit meistens fast nichts. Naturforscher sind oft Allround-Naturwissenschaftler – Geologen, Klimatologen, als auch Biologen – aber sie beschäftigen sich vorwiegend mit Botanik und Zoologie.

In *Gerald Durrells Naturführer* stellt Gerald Durrell die Frage »Was macht jemanden zum Naturforscher?«: »Zu allererst benötigt ein Naturforscher Forscherdrang. Er nimmt jede noch so kleine Veränderung wahr, beobachtet diese und versucht deren Ursprung und Funktion herauszufinden… Ein Naturforscher sollte ebenso gewissenhaft Notizen machen und akkurate, saubere Aufzeichnungen zu allen Einzelheiten seiner Arbeit führen.« Durrell fängt übrigens Tiere im Auftrag von Zoos und beschäftigt sich mit vielen anderen Naturabenteuern. Als Kind hat er selten die Schule besucht (siehe sein köstliches Buch Meine Familie und anderes Getier).

Vorbereitungen auf das Biologiestudium

G.J.C. Hills, Biologieprofessor in Carleton, sagt, dass Versuchserfahrungen in den Bereichen Physik, Chemie und Biologie Grundvoraussetzungen für ein Biologiestudium sind. Ihn frustrieren Studenten, die zwar mit Lehrveranstaltungen, Seminaren und Diskussionsgruppen vertraut sind, denen jedoch die Erfahrung im Umgang mit Laborgeräten und beim Versuchsaufbau fehlt, und die die Prinzipien der visuellen Beobachtung und Datenanalyse nicht kennen. Biologie ist eine empirische und keine theoretische Wissenschaft.

Professor Hill sähe es ebenso gerne (setzt dies aber nicht zwingend voraus) wenn die Erstsemester bis zu einem gewissen Grad mit den Unterdisziplinen der Biologie: Genetik, Physiologie, Anatomie/Morphologie, Evolution sowie Zellkunde (Pflanzen/Tiere) und Molekularbiologie bereits vertraut sind. Für den Erwerb dieser Grundkenntnisse würde die Belegung eines einsemestrigen Oberstufen-Kurses, in dem diese Fächer allgemein behandelt werden, ausreichen. Viele Lehrer beschränken sich in den Biologiekursen der Oberstufe auf lediglich eine der Unterdisziplinen (hauptsächlich Genetik) oder sie behandeln Themen der Soziobiologie (Hygiene, AIDS, Umweltverschmutzung, Klimawandel, etc.). Die Grundlagen der Biologie werden dann oft völlig außer Acht gelassen. Dies führt dann dazu, dass die Erstsemester Probleme im Grundstudium haben und sich mit einer Unmenge an neuen Fachbegriffen und Grundkonzepten auseinandersetzen müssen. Natürlich stellt dies keine unüberwindbare Hürde dar, aber es macht es den Erstsemestern nicht gerade einfacher und kann ihnen das Gefühl vermitteln, nicht ausreichend für ein Biologiestudium vorbereitet zu sein.

Und was einen »idealen Studenten« ausmacht: dies ist sicherlich jeder, den eine gesunde Neugier dazu treibt, verstehen zu wollen, wie Natur »funktioniert«. Jemand, der frei ist von Vorurteilen und Voreingenommenheiten, wie »das ist nicht möglich« oder »das glaube ich nicht..«, »du kannst nicht....«, der aber trotzdem den feinen Unterschied zwischen »unwahrscheinlich« und »reine Fantasie« kennt. In der Biologie gibt es viele Entdeckungsstufen, die alle damit zu tun haben, wie wir leben und wie wir die Welt um uns herum wahrnehmen. Ich denke, ein »idealer Student« ist jeder, den die Wunder der Natur immer wieder aufs Neue mit Ehrfurcht erfüllen.

Chemie

Populäre Literatur

Unter den Chemikern scheint es weniger Barden zu geben. Aber vielleicht schreibst du ja eines Tages ein Buch über Schwefeldioxide, das vergleichbar ist mit dem Urknalltheorie-Buch Cosmos. In der Zwischenzeit lies das zwar teilweise überholte, aber insgesamt sehr gute Buch Kleine Geschichten der Chemie von Isaac Asimov. Absolut genial ist Grundkurs Chemie I und II: Allgemeine und anorganische Chemie für Fachunterricht und Selbststudium von Arnold Arni, bei Wiley-VCH.

Vorbereitung auf das Chemiestudium

Marc S. Silver, Leiter des Fachbereichs Chemie am Amherst-College, meint:

> Ich würde sagen, dass Erstsemester für den Beginn eines Chemiestudiums am Amherst-College keine fortgeschrittenen Chemiekenntnisse benötigen. Sicherlich ist es nicht verkehrt, wenn die Studenten Kenntnisse des Periodensystems der Elemente und der Ionenarten mitbringen, aber dies sind keine Grundvoraussetzungen für ein erfolgreiches Chemiestudium. Die besten Studenten sind die, denen Algebra liegt und die die Fähigkeit haben, komplizierte Worträtsel zu lösen. Meiner Meinung nach sind dies sicherlich die wichtigsten Fertigkeiten. Natürlich schadet es auch nicht, pfiffig zu sein...

Der Leiter des Fachbereichs Chemie an einer »Ivy League«-Universität sagt:

> Einige unserer Erstsemester fühlen sich auf Grund ihrer Vorkenntnisse in unserem Chemie-Grundlagenkurs etwas deplatziert. Dies entspricht sicherlich meiner Vorstellung eines bestens vorbereiteten Studienanfängers. Leider muss ich aus meiner eigenen Erfahrung und von dem, was ich von meinen Studenten höre, schließen, dass viele Chemiekurse in den Oberstufenklassen recht »dünn« sind...
>
> Wenn Chemiestudenten Schwierigkeiten im Grundlagenstudium haben, dann handelt es sich meines Wissens nach eher um Mathematik-Probleme, anstatt um mangelnde Chemiegrundkenntnisse. Vielen Studenten gelingt es nicht, ihre Ideen und Lösungsansätze (auf verbaler Ebene) in die mathematische Ausdrucksweise umzuwandeln, anhand derer sie das Problem lösen könnten. Diese Fertigkeit ist aber unverzichtbar für den Erfolg in allen Naturwissenschaften.
>
> Allgemeine Chemie und Algebra sind untrennbar. Alle unserer Studenten können die Abschlussnote »sehr gut« im Mathekurs der Abiturstufe vorweisen. Was die meisten aber leider nicht gelernt haben, ist, die Theorie praktisch anzuwenden. Sie haben das Gelernte nie wirklich verinnerlicht.
>
> Aus all dem folgt, dass die beste Vorbereitung auf ein Chemiestudium all das umfasst, was die Studenten dazu befähigt, Algebra praktisch anzuwenden. Egal ob sie dies in Mathe-, Physik-, oder Chemiekursen erlernen – solange sie diese Fertigkeit mitbringen, kann ich sie erfolgreich in der Grundlagenchemie unterweisen. Sicherlich ist es sowohl für mich, als auch für die Stu-

denten, einfacher, wenn sie etwas von Chemie gehört haben, bevor sie zu mir kommen, aber dies ist nicht unbedingt notwendig.

Physik und Astronomie

Während seiner Marinezeit fragte sich Buckminster Fuller, warum die Wasserblasen in der Heckwelle eines Bootes rund sind. Dies mag nach einer »dummen« Frage klingen, aber es brachte ihn zum Geodätischen Dom und Hunderten weiterer Entdeckungen.

– PAUL HAWKEN, *The Next Economy*

Ein Traum war der beste Physikunterricht, den ich je hatte. Es war der erste Tag in einem Physikkurs, und der Professor sagte: »Eure erste Aufgabe ist es, einen Ball zu rollen. Keine Schreibaufgaben, keine Leseaufgaben. Rollt einfach überall Euren Ball und beobachtet ihn. Rollt ihn im Park, auf der Straße, in der Küche.«

Populäre Literatur

Der Buchmarkt wimmelt von Titeln wie *Physik für Dummies* oder *Physik für Ahnungslose*. Du brauchst *auf jeden Fall* Mathe für fortgeschrittene Physik, aber die eben genannten Bücher verhelfen dir zu einem guten Start, auch ohne Mathekenntnisse. Weitere Titel:

- David Macaulays, *Das große Mammut-Buch der Technik* erklärt mit wunderbaren Zeichnungen und einem guten Sinn für Humor die Physik von Autos, Gitarren, Fallschirme, Stereoanlagen, Raumschiffen, etc.
- Stephen Hawking, *Die kürzeste Geschichte der Zeit:* Ein fantastisches und gut verständliches Buch das die ultimative Frage der Physik aufgreift: den Ursprung des Universums und aller umkreisenden Bewegungen im Kosmos.
- Richard P. Feynman, *Sie belieben wohl zu scherzen, Mr. Feynman! Abenteuer eines neugierigen Physikers.* Eine wunderbare, lustige Sammlung autobiografischer Aufsätze eines Nobelpreis-Physikers. Dieses Buch findet sich, dank Feynmans Liebe zum Leben und Lernen, auf vielen Lieblingsbücher-Listen von Unschoolern.
- Richard P. Feynman, *Sechs physikalische Fingerübungen.* Die Mitschriften von sechs hervorragenden und verständlichen Vorlesungen für Erstsemester am Caltech-College.
- Über diesen ungewöhnlichen Forscher: *Feynmans Regenbogen* von Leonard Mlodinow

Vorbereitung auf ein Physikstudium

Alfonso M. Albano, Leiter des Fachbereiches Physik am Bryn Mawr-College, beschreibt das erforderliche Hintergrundwissen für seine Einführungskurse Physik wie folgt:

> Minimum: fundiertes Grundwissen in Geometrie, Algebra und Trigonometrie. Die Studentin muss in der Lage sein, einfachen geometrischen Berechnungen zu folgen und lineare und quadratische Gleichungen, wie auch quadratische Gleichungen mit zwei Variablen zu lösen. Sie muss Graphen einfacher Funktionen zeichnen, sowie Informationen aus solchen Darstellungen ableiten können. Ebenso sollten ihr Exponentialfunktionen, Logarithmen und trigonometrische Funktionen nicht unbekannt sein.
>
> Fundierte Kenntnisse der Differenzial- und Integralrechnung sind weder Voraussetzung für den Einführungskurs noch wird dieses Thema intensiv behandelt, allerdings werden die Grundlagen der Differenzial- und Integralrechnung gelehrt und angewendet. Das Lehrbuch ist entsprechend gestaltet. Es ist nicht notwendig, dass die Studentin vorab mit Differenzial- und Integralrechnung (oder Physik) in Berührung kam.
>
> Idealfall: Zusätzlich zu den oben genannten mathematischen Grundkenntnissen wären einige Kenntnisse der Differenzial- und Integralrechnung von Vorteil. Viel wichtiger aber noch sind Neugier und Wissensdrang, Unvoreingenommenheit und die Fähigkeit, immer wieder aufs Neue darüber staunen zu können, dass zumindest einige Aspekte des Universums doch verstehbar sind. Und ja, hin und wieder bekommen wir tatsächlich solche Studenten!

Der Leiter des Fachbereichs Physik einer anderen hoch geschätzten Hochschule sagt:

> Abgesehen von allgemeinen Dingen, die für alle Studienrichtungen gelten, wie die Fähigkeit zu denken, zu schreiben und sich klar auszudrücken, braucht ein angehender Physikstudent solide (Oberstufen-) Mathekenntnisse bis hin zur, aber nicht notwendigerweise einschließlich, Differenzial- und Integralrechnung.
>
> Was sonst wünschte ich mir von einem Erstsemester? Einige Vorkenntnisse im Fach Physik sind sicherlich von Vorteil, aber nicht unbedingt notwendig. Auch nicht für unseren Einführungskurs für Physik im Hauptstudium. Gleiches gilt für Computerkenntnisse. Unsere vielversprechendsten Studenten sind meist diejenigen, die mit Begeisterung unzählige populäre Physik- und Astronomiebücher gelesen haben, ohne weitere fachspezifische Vorbereitung auf das Studium.

Gary Wegner, Professor für Physik und Astronomie in Dartmouth schreibt zur Astronomie:

> Erstsemester, die eine Astronomie-Karriere anstreben, studieren in Dartmouth Physik im Hauptfach. Im Hauptstudium können Astronomiekurse belegt werden. Für all diese Kurse sind die zwei Grundkurse Physik Zugangsvoraussetzung. Das heißt, grundsätzlich können Studenten auch ohne oder mit wenig Physikkenntnissen ein Astronomiestudium beginnen.
>
> Der ideale Student verfügt jedoch über Kenntnisse in Differenzial- und Integralrechnung sowie Physik (Oberstufen-Level) und kann mit Computern umgehen. Grundsätzlich empfehle ich, dass ein angehender Student in diesen Bereichen so viel wie möglich lernt, bevor er das Hochschulstudium beginnt. Normalerweise ist ein Doktortitel Voraussetzung, um Karriere im Bereich der Astronomie zu machen.

Geologie

Geologie bringt dich dazu, egal wo du bist, die Erde anzuschauen und dich zu fragen, wie sie wohl zu dem wurde, was sie ist – eine tolle Wissenschaft für Detektiv-Typen.

Populäre Literatur

Einstiegsmöglichkeiten zum Schmökern:

- Hoimar von Ditfurth, *Im Anfang war der Wasserstoff*
- Simon Winchester, *Krakatau. Der Tag, an dem die Welt zerbrach. 27. August 1883* und *Eine Karte verändert die Welt. William Smith und die Geburt der modernen Geologie.*
- Joachim Bublath, *Faszination Erde*

Gutes Lehrbuch

Allgemeine Geologie. Einführung in das System Erde von Frank Press und Raymond Siever. Dieser klar verständliche, breit gefächerte Einführungskurs ist für Studenten ohne speziellen naturwissenschaftlichen Hintergrund gedacht. Trotzdem bietet es eine Menge detaillierter Informationen. Es ist kein Laborbuch, beschreibt aber Landschaftsformationen, nach denen du in deiner eigenen Gegend Ausschau halten kannst.

Technologie und Computerwissenschaften

Menschen, die sich mit Technologie beschäftigen, werden normalerweise »Ingenieure« genannt. (Der zuvor erwähnte William Lear war ein »unschooled und uncolleged« Ingenieur.) Ein anderes Wort für Technologie ist »Erfindungen« – wissenschaftliche Erkenntnisse, die für die Menschheit nutzbar gemacht werden, in Form von Raumschiffen, mit Windkraft angetriebene Waschmaschinen oder Snowboards.

Nachhaltige Technologien

Zwei Begriffe, die in der Schule nicht ausreichend Erwähnung finden, sind »adäquate Technologien« und »nachhaltige Technologien«. Sie schließen die Art von Maschinen und Werkzeuge ein, die Energie und andere Ressourcen effizient und weise nutzen. Dinge also, die mit Solar- oder Windenergie oder vom Menschen selbst (z. B. Fahrräder) angetrieben werden, und auch Sachen wie Abwasser-Recyclingsysteme und biologische Landwirtschaft.

In diesen Bereichen brauchen wir so viel Innovationen wie möglich. Vieles wird von Menschen entwickelt werden, die herausfinden, wie die Menschen vor der Industriellen Revolution gelebt und gearbeitet haben und die dann diese alten Methoden und Hilfsmittel unseren heutigen Bedürfnissen anpassen. Eine »Living History Farm«, Museumsdörfer oder Museen sind gute Orte, sich mit alten Methoden und Technologien vertraut zu machen. Man kann auch Kurse besuchen, um alte handwerkliche Techniken zu lernen. Solar-Technologie ist übrigens ein Bereich, deren führende Köpfe sich den Großteil ihres Wissens durch Experimentieren und den Austausch von Ideen angeeignet haben und nicht in der Schule oder Hochschule.

Etwas anderes als ökologische Technik sollte heutzutage nicht mehr betrieben werden – die entsprechenden Projekte und Forschungsvorhaben, die dich besonders interessieren könnten, findest du übers Internet. Sehr viele dieser Projekte sind auf ehrenamtliche Mitarbeit angewiesen, und du kannst an vorderster Front forschen. Ein netter Weblink zum Einstieg könnte www.sonnenseite.com von Franz und Bigi Alt mit ihren Surftipps von sein.

Computer

Es ist kein Geheimnis mehr, dass es mittlerweile mehr 13-jährige Computer-Freaks gibt, die sich alles selbst beigebracht haben, als vergleichbar fähige erwachsene »Computer-Lehrer«. Ich brauche deshalb wohl nicht weiter zu betonen,dass Computer gute Freunde der Unschooler sein können. Im *US News and World Report* erschien kürzlich ein Artikel über die wachsende Zahl von Teenagern, die erfolgreich in der Computerbranche angesiedelte Unternehmen betreiben. Sie bieten Dienstleistungen in den Bereichen Beratung, Grafikdesign, Webdesign, technischer Support, etc. an. Einige dieser Jungunternehmer haben vorzeitig ihre Studienabschlüsse gemacht, um sich auf ihre berufliche Selbstständigkeit konzentrieren zu können.[61]

Ein anderer Artikel, erschienen in *Business News*, fordert die Leiter kleinerer Unternehmen dazu auf, junge IT-Experten anzustellen, um den Anschluss an die High-Tech-Welt nicht zu verpassen. »Eine wachsende Anzahl junger Computergenies verschafft sich Gehör und die Unternehmen, die ihren Rat hören, werden diejenigen sein, die zukünftig in der oberen Liga mitspielen. Ob Internetrecherche, Webdesign, Programmierung von interaktiven Systemen oder andere High-Tech-Bereiche – die Arbeitgeber lernen, dass die Kids mehr als nur gut sind.«[62] Wenn du einen eigenen, oder Zugang zu einem Computer hast, überleg dir, Programmiersprachen zu lernen. Die virtuelle Welt bietet unendliche viele Möglichkeiten – sei es die Programmierung von Computerspielen oder anderer Software, Hacking, Webdesign, usw., wie du selbst herausfinden wirst. Barb Parshley schreibt in der *GWS* Nr. 32:

> Ich bin derzeit als Auszubildender (im weitesten Sinne des Wortes) bei einem Entwickler für Computertechnologien tätig... Eines Tages verlieh ich meinem Bedauern dafür Ausdruck, dass ich keinen Studienabschluss in diesem Bereich vorweisen kann, der es mir ermöglichen würde, noch bessere Arbeit leisten zu können. Dann fragte ich ihn, was er denn studiert hätte, woraufhin er kicherte und sagte, er hätte nie studiert. Ich dachte er hätte meine Frage falsch verstanden. Ich war davon überzeugt, dass er gerade dabei war, zu promovieren und wiederholte deshalb meine Frage. Er sagte nochmals, er hätte keinen Hochschulabschluss und sei bereits nach der 8. Klasse von der Schule abgegangen. Er hat sich alles im Selbststudium beigebracht und befasst sich nun mit der Entwicklung von Rechnern für inländische wie ausländische Unternehmen.

Noam Sturmwind, 14 Jahre alt, aus British Columbia, schreibt:

> Wenn ich erwachsen bin, möchte ich im Bereich Computertechnologie und/oder Elektronik tätig sein. Bis jetzt habe ich noch keinen Computerkurs belegt, das, was ich weiß, habe ich mir selbst beigebracht. Ich bin Unschooler, seit ich sieben Jahre alt war.
>
> Meine Art zu lernen, war immer spielerischer und praktischer Natur. Ich leihe mir Bücher und Benutzerhandbücher in der Bücherei aus, verbringe aber auch viel Zeit damit, auszuprobieren und herumzuexperimentieren. Ich habe mir verschiedene Programmiersprachen wie z. B. C++, Visual Basic und HTML beigebracht und habe viele kleine nützliche Programme geschrieben. Einige Beispiele dafür:

- Ein Mathe-Programm, das nach der Eingabe einer bestimmten Zahl alle ganzen Zahlen ausgibt, durch die diese Zahl teilbar ist.
- Ein anderes Mathe-Programm, welches alle Primzahlen bis zu einer bestimmten Größe ausgibt.
- Ein Programm, dass die drei LED-Anzeigen eines an den Rechner angeschlossenen elektronischen Gerätes steuert. Mit dem Programm kann man die LED-Anzeigen in einem bestimmten Rhythmus aufleuchten, sie in bestimmten Abständen bzw. individuell ein- und ausschalten lassen.
- Ein anderes Programm steuert einen Türalarm. Wenn meine Zimmertür geöffnet wird, begrüßt mein Rechner den Eintretenden (über die Lautsprecher) mit einer zuvor von mir eingegebenen Phrase.

Im Laufe der letzten Jahre haben mich viele Menschen um Rat oder Hilfe gebeten – einschließlich meines Vaters! Ich liebe die Herausforderung, mich mit ihren Problemen auseinanderzusetzen und zu sehen, ob ich ihnen weiterhelfen kann.

Seit einigen Jahren bin ich der Victoria Systems Operator von »WonderNet«, einem Homeschooler-Bulletinboard in British Columbia. Die Verantwortlichkeiten umfassen u.a. die Pflege des Mitteilungs-/Nachrichtenbereiches, das Überwachen der Verbindung zum Bulletin-Server in Vancouver, die Aufnahme neuer Mitglieder, Softwareaktualisierungen, etc.

Mein Vater und ich halten seit vielen Jahren die Rechner zu Hause selbst auf dem neuesten Stand, einschließlich Änderungen/Erweiterungen der Hardware. Wir haben unsere Rechner bereits viele Male komplett auseinander genommen und wieder zusammengebaut, und sie haben jedes Mal wieder funktioniert!

Ich habe zwei Ideen für ehrenamtliche Arbeit in meinem Interessengebiet. Ich möchte in einem Laden für gebrauchte Rechner arbeiten und dort beim Reparieren und Lösen von Problemen mithelfen. Desweiteren könnte ich mir gut vorstellen, Kindern den Umgangmit Rechnern beizubringen. Dies würde es mir erlauben, meine Liebe für Computer und die Freude am Umgang mit kleinen Kindern miteinander zu verbinden. Ich werde außerdem weiterhin meinen Freunden und meiner Familie mit Rat und Tat zur Seite stehen, wenn es um Computer geht.

In meiner Familie bin ich wohl der »Computerexperte« – als ich begann, mich mit Rechnern zu beschäftigen, gab es in meinem engeren Familienkreis niemanden sonst, der etwas über Computer wusste. Homeschooling gibt mir den Freiraum, mich wirklich intensiv mit Computern zu beschäftigen und wann ich will und so viel wie ich will zu lernen. Da ich außerordentlich flexibel und selbstbestimmt mit meiner Zeit umgehen kann, bleibt neben meiner Leidenschaft für Computer immer genug Zeit für all die anderen Dinge, die mich interessieren, wie z. B. Karate,

Schwimmen, Skifahren, meine Liebe zur Natur und das Verschlingen aller Bücher, die ich in die Finger bekomme!

Kapitel 22
Mathe ohne Schule

Die Welt, das sind Farben und Bewegung, Gefühle und Gedanken.... und was hat Mathe damit zu tun? Nicht viel, wenn »Mathe« lediglich heißt, sich im Gymnasium zu langweilen. Aber in Wirklichkeit ist Mathe DIE universelle Wissenschaft. Mathe ist das Studium von Mustern, und im Kosmos basiert alles auf einer Art Muster.

– RUDY RUCKER, *Der Ozean der Wahrheit oder: Die fünf Arten zu denken*

Die Leute verlassen die Schule als Mathe-Versager oder zumindest mit dem Gefühl, versagt zu haben.

– SHEILA TOBIAS, *Overcoming Math Anxiety*

Dank solch profunder Denker wie Aaron Falbel, der gelegentlich für *Growing Without Schooling* schreibt und Seymour Papert, Autor des Buches *Gedankenblitze. Kinder, Computer und Neues Lernen*, hat sich mein Mathe-Denkmuster in den letzten paar Jahren geändert. Ich habe mich gefragt, warum so viele Homeschooler meinen, für Mathe sollten sie besser ein Lehrbuch benutzen, auch wenn sie in allen anderen Bereichen Lehrbücher als aufdringlich, irreführend, einschränkend und uninteressant bezeichnen würden. Da ich selbst eine wenig »mathephobisch« bin, habe ich eine Weile gebraucht, um meine Voreingenommenheit zu überwinden, aber genau darum geht es eben auch. So viele von uns *sind* mathephobisch (dank Schule und mathephobischen Erbanlagen) und diese Phobie hindert uns daran, Mathe mit der gleichen Unvoreingenommenheit, Unabhängigkeit und Unerschrockenheit anzugehen wie andere Bereiche – z. B. europäische Geschichte, was ja auch nicht gerade einfach ist.

Viele von uns wissen nicht einmal genau, was Mathe ist. Wir verwechseln Mathe mit Arithmetik und vergessen dabei, dass es mehr um Logik und das Erkennen und Analysieren von *Mustern* geht. Wie Patricia Clark Kenschaft in ihrem wunderbaren Buch *Math Power* so treffend sagt: »Arithmetik (einfaches Rechnen) ist das für Mathe, was Buchstabieren für die Literatur ist. Es hat zwar an sich eine Bedeutung, ersetzt aber nicht das Ganze«. Aaron Falbel schreib in der *GWS* Nr. 107: »Schulmathe hat nicht viel mit echter Mathematik zu tun. In der Schulmathematik geht es hauptsächlich um Arithmetik und Techniken der symbolischen Formelmanipulation. Aus dem Gesamtkontext herausgenommen, können diese Sachen ganz schön langweilig sein. Echte Mathematiker sitzen nicht den ganzen Tag herum und rechnen wie in der Schule. Schulen konzentrieren sich auf diesen winzigen Teil der Mathematik weil er a) leicht zu benoten ist und b) weil die meisten Schullehrer keine Mathematiker sind und keine oder wenig Ahnung davon haben, worum es in der Mathematik wirklich geht oder was echte Mathematiker tun.« William Higginson, Mathematikprofessor an der Queens Universität in Ontario sagt in der *GWS* Nr. 78:

Anstatt zu denken: »Wenn es um Kunst, Musik und Sprachen geht, kann ich mit meinem Kind all diese unzähligen wunderbaren, kreativen Sachen machen, aber für Mathe bleibt uns nur das Lehrbuch«, sollten Eltern sich endlich bewusst werden, dass die Mathematik die gleichen Möglichkeiten bietet, wie all die anderen Fächer... Allerdings befinden wir uns in einer Übergangsphase, in der dazu geneigt wird, nur den motivierenden Spaß-Elementen Aufmerksamkeit zu schenken, ohne aber weiter darauf einzugehen, welch mächtige Ideen hinter diesen Aktivitäten stecken... Eine Art damit umzugehen, wäre zu fragen: »Welche Probleme gibt es derzeit auf der Erde und was bräuchte ich als Erdenbürger, wollte ich versuchen, diese Probleme zu lösen?« Die Menschen fragen sich, welche Anwendung z. B. die Differenzial- und Integralrechnung in der Praxis findet. Nun, die Ursache vieler unserer Umweltprobleme ist ein fundamentale Missdeutung des Wachstumskonzeptes. Und wenn es in der Differenzial- und Integralrechnung um etwas geht, dann darum, wie sich Dinge im Laufe der Zeit verändern. Ein anderes Beispiel wäre, dass man sich, ohne ein gewisses Grundverständnis für statistische Methoden, in vielen Dingen entscheidend täuschen kann.

Aaron Falbel berichtet in der *GWS* Nr. 107 von seiner Arbeit mit zwei Teenager-Unschoolern. Er schlug ihnen vor, sich auf Logik-Rätsel, Paradoxa, topologische Rätsel, Geometrie, Wahrscheinlichkeitsrechnung und Rekursionsrätsel zu konzentrieren:

Zu unserem ersten Treffen brachte ich ein paar Bücher von Raymond Smullyan mit *(Dame oder Tiger* und *Wie heißt dieses Buch? – Eine unterhaltsame Sammlung logischer Rätsel).* In den Büchern finden sich alle möglichen Arten von Logik-Rätseln – weit entfernt von allem, was man in einem normalen Lehrbuch finden würde und reine mathematischer Sahnebonbons. Diese Rätsel sind nicht dazu da, wichtige mathematische Prinzipien zu illustrieren, sondern es geht dabei lediglich um Spaß. Aber aus mathematischer Sicht, sind sie unglaublich reichhaltig. Die Rätsel werden von Seite zu Seite schwieriger, und um sie zu lösen, bedarf es umsichtigen, rigorosen, systematischen Denkens – oder anders gesagt: mathematischen Denkens... Ich hoffe, dass Unschooler – nicht wie die Schüler – Mathematik als ein Päckchen betrachten, welches man eben mit sich rumschleppen muss, sondern als Mittel zur Erkennung und Erforschung der erstaunlichen vielfältigen Muster der sie umgebenen Welt und als etwas, was ebenso wie Kunst, Theater oder Musik, Spaß macht und Erfüllung bringt.

(Falbel weist auch daraufhin, dass sich der Buchautor Raymond Smullyan sein Wissen weitestgehend im Selbststudium angeeignet hat und die Schulausbildung mehrmals abbrach.)

Wenn wir uns vor etwas fürchten, können wir es nicht erlernen. Es gibt Bücher, die dir helfen, deine Angst zu verstehen und zu überwinden:

- Hans Magnus Enzensberger und Rotraut S. Berner, *Der Zahlenteufel. Ein Kopfkissenbuch für alle, die Angst vor Mathematik haben.*
- Donal B. O'Shea, *Poincares Vermutung. Die Geschichte eines mathematischen Abenteuers.*
- Dava Sobel, *Längengrad*
- Ivars Peterson, *Mathematische Expeditionen.* Glänzende Aufsätze über Fraktale, Entschlüsselung von Codes, Primzahlen, Labyrinthe, höhere Dimensionen etc.
- Ludwig Wittgenstein, *Bemerkungen über die Grundlagen der Mathematik.* »Der Mathematiker ist ein Erfinder und kein Entdecker«, sagt der bereits verstorbene Philosoph Wittgenstein. Dieses anspruchsvolle Buch befasst sich vorrangig mit Logik und tiefgründigen Erwägungen.

Noch ein paar holistische Ansätze, Freude an der Mathematik zu entwickeln

1) Lies »Harper's Index« in den Ausgaben des Harper's Magazine. In dem Index geht es um die Welt im Allgemeinen – zwar mit soziologischem Schwerpunkt, aber dargestellt anhand eloquenter Zahlen. In der Oktoberausgabe von 1990 finden sich in der Liste z. B. Folgendes:

   Amerikaner, die an Geister glauben: 25%; Jahre, die Jim Bakker brauchen würde, um mit seinem derzeitigen Job (Gefängnistoiletten reinigen) seine vom Bundesgericht festgelegte Strafe abzuzahlen: 2331; durchschnittliche Anzahl von Wörtern des schriftlichen Vokabulars eines 6- bis 14-Jährigen im Jahre 1945: 25 000; durchschnittliche Anzahl heute: 10 000. (Eine Auswahl in Anlehnung an den Harper's Index findest du unter www.geocities.com).

2) Löse logische Aufgaben – du findest sie sowohl in Rätselheften als auch in speziellen Büchern mit Logik-Aufgaben.
3) Spiele Schach, Superhirn (Mastermind) und Gobang.

Mathe-Panik

ist oft der Grund für mangelnde Mathekenntnisse. Im Internet gibt es zahllose Aufgabensammlungen, Tipps, Arbeitsmaterialien, Knobelseiten usw. Eine kleine Auswahl von Seiten, auf denen dich viele Links weiterführen, findest du im Internet: mathe-online.at, mathe.stauff.de und einfache Anleitungen zum Selbststudium. Einen guten Ruf haben z. B. de Hefte »Durchstarten Mathematik« aus dem Veritas Verlag.

Grundlagen der Arithmetik und elementare Algebra-Kenntnisse

Sind sehr hilfreich, wenn du vorhast, private Finanzen, Benzinverbrauch oder Kalorien im Auge zu behalten. Klar kannst du in den meisten Fällen einen Taschenrechner benutzen, aber es ist schon besser, wenn du auch verstehst, was du da rechnest. Wenn du diese grundlegenden Fertigkeiten nicht in der Schule erlernt hast, dann kannst du das im Selbststudium auf einfache und relaxte Art und Weise nachholen. Versuchs mal mit dem Buch *Rechnen im Alltag.– Verständlich erklärt* von Michael Engel.

Höhere Mathematik

Dazu gehören u.a. fortgeschrittene Algebra und Geometrie, Trigonometrie und die Differenzial- und Integralrechnung. Wozu die Plage? Nun, du brauchst Mathe auf jeden Fall dann, wenn du naturwissenschaftlich arbeiten oder die Theorien zur Natur des Universums verstehen willst, oder wenn du Strukturen entwickeln oder neue Technologien erfinden willst. Viele Leute gehen auch den Weg der Mathematik auf der Suche nach Schönheit. Die *Encyclopedia Americana* sagt, dass Mathe »den Verstand locken und bezaubern kann« und »Formelzeichen, geschickt und andeutend aneinandergereiht, gleichen Wörtern in Gedichten«. »In der Mathematik spiegelt sich nicht nur Wahrheit, sondern auch eine überragende Schönheit – eine Schönheit, kalt und erhaben wie die einer Skulptur«, sagt Bertrand Russell.

Muss nun jedermann höhere Mathematik studieren? Sicherlich nicht. Viel zu viele von uns haben in der Schule mehr Mathe-Sätze büffeln müssen, als wir jemals in unserem Leben gebrauchen können und trotzdem würde uns nichts von all dem helfen, wollten wir z. B. eine Brücke bauen. Andererseits würde es *keinem* von uns schaden, würden wir von jedem der Teilbereiche der Mathematik zumindest ein Grundverständnis haben.

Studium? Kann sein, dass du dafür Mathe brauchst. Wie viel, das hängt davon ab, welche Hochschule du dir aussuchst, was du gerne studieren möchtest und ob du mit all deinen anderen Qualifikationen mangelnde Mathekenntnisse ausgleichen kannst. Wenn du Geisteswissenschaften oder Kunst studierst, wirst du voraussichtlich keinen Mathekurs belegen müssen. Für einen Abschluss in Sozialwissenschaften brauchst du wahrscheinlich Statistik. Auch wenn die Hochschule deiner Wahl Wert auf einen guten Mix allgemeiner Kurse legt, wird es dir wahrscheinlich gelingen, Mathe zu vermeiden. Am Carlton-College mussten wir mindestens drei Kurse in Mathe und Naturwissenschaften belegen, was hieß, man konnte drei naturwissenschaftliche Kurse wählen und Mathe außen vor lassen.

Lehrbücher und andere instruktive Mathebücher

Viele Homeschooler hatten in der Vergangenheit Schwierigkeiten mit Mathe. Lehrbücher erklärten Dinge oft nicht gut genug, oder es mangelte an Wiederholungsaufgaben, so dass die Bücher für ein Selbststudium nicht geeignet waren. Mittlerweile gibt es aber diverse sehr gute instruktive Bücher und ein paar gute Lehrbücher.

Eine generelle Regel: Bist du dir nicht sicher, beginne mit dem dir angenehmsten Level. Auch wenn das bedeutet, ein Buch zu benutzen, dass dem Niveau einer viel niedrigeren Klassenstufe entspricht. Ich habe mich mit Mathe in der Oberstufe befassen müssen. In der 8. Klasse bekam ich eine »C« und in der 12. Klasse einmal eine »F«-Note in Differenzial- und Integralrechnung. Ansonsten waren es immer »A« und »B«-Noten. Dies bedeutet vermutlich, ich habe zumindest etwas gelernt. Aber ich hätte weder damals sagen können, was genau, noch könnte ich heute erklären, worum es bei all dieser Mathematik eigentlich ging. Ich habe nie verstanden, wozu es Quadratische Funktionen gibt oder wie wir auf diese Funktionen kamen. Ich kann mich nicht daran erinnern, wie man Logarithmen findet oder eine Differenzialrechnung durchführt. Sollte ich mich jemals dafür entscheiden, Mathe nochmal zu lernen (und das ist gar nicht so unwahrscheinlich), dann fange ich mit *Algebra I* an.

Die Meinung der Hochschulprofessoren

Der Leiter des Mathelehrstuhls an einer auserlesenen Hochschule der Freien Künste sagt:

> Wenn Erstsemester Mathematik im Hauptfach studieren wollen, sollten sie das »advanced placement BC-Calculus«-Examen mit »Grade« 4 oder 5 bestehen. Die beste Vorbereitung auf ein Mathehochschulstudium ist normalerweise die Belegung von einigen College-Mathekursen. »Homeschooler« sollten dabei weniger Probleme haben, da sie diese College-Kurse nicht in ihren Highschool-Terminplan integrieren müssen.

Frank Morgan, Leiter des Mathelehrstuhls am Williams-College, teilte mir einfach nur mit, dass für das Grundstudium Algebra- und Trigonometriekenntnisse benötigt werden und dass ein gut vorbereiteter Student ebenso Kenntnisse der Differenzial- und Integralrechnung mitbringt.

Ein Mathe-Unstudent

In der *GWS* Nr. 42 berichtet Amelia Acheson über ihren Sohn und zeigt, was möglich ist:

> Alazel ist 16 Jahre alt und liebt Mathe. Er kaufte sich von einer Gymnasiallehrerin einen Stapel Rechnungswesen-Bücher und arbeitete diese in kürzester Zeit durch. Als er die Lehrerin nach weiteren Büchern fragte, war sie erstaunt, wie weit er ihrer Klasse voraus war. Er besorgte sich desweiteren ein Trigonometrie-Arbeitsheft für Hochschulstudenten und schaffte es zwischen November und März den größten Teil des Buches durchzuackern. Vor ca. zwei Wochen fand er ein Buch seines Vaters über analytische Geometrie, arbeitete dieses fast gänzlich innerhalb von nur drei Tagen durch, um dann nach einem Buch über Differenzial- und Integralrechnung zu fragen. In nur anderthalb Wochen hat er das meiste von dem, was Hochschulprofessoren in einem anspruchsvollen zweisemestrigen Grundkurs lehren, abgedeckt. Sein Vater hat ihm versprochen, ihm mit Physik zu helfen, sobald er mit der Integralrechnung fertig ist.

Der 16-jährige Andy aus Deutschland schreibt:

> Obwohl ich Mathe liebe, seit ich sieben Jahre alt war, konnte ich nicht viel in diesem Bereich lernen, bis ich mit 11 Jahren zum Unschooler wurde. Davor bestimmte der Lehrer, wie viel und wie schnell wir Mathe lernten und es war uns nicht erlaubt, das Mathebuch in nur einem halben Jahr durchzuarbeiten. Seitdem ich Unschooler bin, kann ich mein Lerntempo selbst bestimmen. Ich bin nun 16 Jahre alt und beschäftige mich mit Trigonometrie und Algebra III, nachdem ich mir Algebra 1/2, Algebra I, Algebra II und Geometrie selbst beigebracht habe.

Der Bericht des 12-jährigen Dan Casner aus Wisconsin veranschaulicht, was es bedeutet, Mathe nicht für eine noch unbestimmte Zukunft zu lernen, sondern stattdessen Spaß zu haben und Mathe praktisch anzuwenden:

> Vor kurzem habe ich eine Wahrscheinlichkeitsrechnung aufgestellt, die angibt, wie wahrscheinlich es ist, eine bestimmte Zahl mittels verschiedener Würfel-Kombinationen zu würfeln. Ich dachte mir, dass so eine Berechnung an sich ganz interessant ist, aber auch, dass sie ganz nützlich für ein Spiel sein könnte, welches ich oft mit Freunden spiele. Zuvor hatte ich eine Fernsehsendung über mathematische Bindungen angeschaut und auch verschiedene andere Modelle entwickelt. Das erste Modell, ein Pascalsches Dreieck (in dem Fall aber in Form eines Rechtecks) entwarf ich mit Hilfe des Computers. (Das Pascalsche Dreieck ist eine Formel, die mir mein Vater beigebracht hat.) Ich schrieb ein paar einfache Anweisungen, die ich dann ausdruckte. Als ich das Modell praktisch anwenden wollte, stellte ich fest, dass es nicht ganz so gut, wie gedacht war, daher forschte ich weiter. Die nächste Wahrscheinlichkeitstabelle war eine Mischung aus Tabellenkalkulation und Word-Programm. Mein Vater zeigte mir dann, wie

man mit dem Programm Mathcad arbeitet, welches Professoren nutzen, um Diagramme für ihre Präsentationen zu erstellen. Das Programm hilft einem aber auch dabei, eigene Berechnungen durchzuführen. Die letzte von mir erstellte Übersichtstabelle zeigt die Wahrscheinlichkeiten bei Verwendung von bis zu 5 Würfeln mit jeweils maximal 30 Seiten. Mit Hilfe meines Vaters habe ich viele Berechnungen im Kopf durchgeführt, wenn wir mit unserem Hund spazieren waren. Wir reden auf diesen Spaziergängen viel, und ich kann eine Menge Fragen zu Naturwissenschaften, Elektronik, Chemie, Ingenieurwesen, etc. stellen. Während diesem einen Ausflug erarbeiteten wir die mathematischen Formeln für die Anwendung des Pascalschen Dreiecks zur Berechnung der Wahrscheinlichkeit des Auftretens einer bestimmten Zahl beim Würfeln. Ich machte die Berechnungen, aber mein Vater gab mir verschiedene Denkanstöße und half mir weiter, wenn ich in die falsche Richtung dachte. Ich habe mich noch nie mit einem Mathelehrbuch hingesetzt, um zu lernen. Aber ich habe durchaus verschiedene Bücher über Mathe benutzt.

Kapitel 23
Sozialwissenschaften entschulen

Meine Großmutter wollte, dass ich eine vernünftige Ausbildung bekomme, deswegen hielt sie mich von der Schule fern.

– MARGARET MEAD, *eine hervorragende Anthropologin*

In diesem Kapitel werden die Sozialwissenschaften, wie z. B. Geschichte, Anthropologie, Soziologie, Geografie, Politikwissenschaften und Wirtschaftswissenschaften behandelt. Die meisten dieser Bereiche sind irgendwie miteinander verbunden, daher war es nicht immer leicht zu entscheiden, ob bestimmte Ressourcen eher der Geografie oder Anthropologie, der Politikwissenschaft bzw. Geschichte etc. zuzuordnen sind. Ich habe mich letztendlich dazu entschlossen, mich bei Zuordnungen nicht zu verbiegen. All diese »Teilbereiche« gewinnen an Bedeutung, wenn man Überschneidungen zulässt, wie auch folgender Bericht der Homeschooler-Mutter Kathleen Hatley (*GWS* Nr. 45) zeigt:

> Wir haben uns in diesem Jahr aktiv in der Friedensbewegung engagiert, was den älteren Jungs ermöglichte, sich mit sozialwissenschaftliche Themen in der Praxis zu befassen und sich entsprechendes Wissen und Fertigkeiten anzueignen. Als Teil unseres Engagements in der »Peace Ribbon«-Bewegung trafen wir uns regelmäßig mit unseren Abgeordneten und schrieben ihnen regelmäßig (für die Jungs war es schon ein besonderes Ereignis, die erste Post von ihren Kongress-Abgeordneten zu bekommen). Wir haben uns unzählige Filme angesehen, Vorträge über Lateinamerika besucht und uns mit Priestern, Nonnen und Flüchtlingen getroffen, um uns über die Rolle der USA in Lateinamerika aus erster Hand zu informieren. Aufgrund dieser Erfahrungen verfolgen sie nun die Nachrichten und aktuellen Geschehnisse mit großem Interesse. Sie haben außerdem Spaß daran, Bücher und Artikel über die Geschichte und Geografie Lateinamerikas zu lesen und lernen sogar Spanisch.

Die 14-jährige Jenny Smith aus Alberta schreibt:

> Vor ungefähr einem Jahr begannen meine Zwillingsschwester Dawn, unsere Unschooler-Freundin Christy und ich an einem Modell einer Raumstation zu arbeiten. Wir gaben ihr den Namen »First Rising Moon«. Wir alle nehmen das Projekt sehr ernst, wenn wir uns z.B. überlegen, was man wirklich bräuchte, um auf einer solchen Raumstation zu überleben. Unsere Station haben wir auf dem Mond angesiedelt und wir gehen bei unseren Planungen davon aus, dass nach der Ankunft dort keine Hilfe mehr von der Erde zu erwarten ist. Das bedeutet, dass unsere Planungen Überlegungen zu Essensversorgung (wieviel Nahrung braucht eine Person pro Jahr), Kleidung, Arbeit

und Unterkunft (ca. 1000-2000 Menschen) einschließen mussten. Wir mussten ebenfalls die Anzahl der Kinder festlegen, entscheiden, was mit Verstorbenen geschehen soll und wie alles Nötige hergestellt werden könnte. Das Einzige, was uns wirklich Schwierigkeiten bereitete, war die Planung der Toilettenpapierproduktion, da ja alles recycelbar sein muss.

Wir haben Grundrisse gezeichnet, die Möglichkeiten der Solarenergiegewinnung untersucht und ein Anforderungsprofil für Bewerber erstellt. Unser Projekt ist weit entfernt von der endgültigen Fertigstellung und wächst und wächst. Wir haben entschieden, dass alle Raumstationsbewohner Vegetarier sein/werden müssen, da der Transport von tausenden von Kühen von der Erde zur Station sich einfach nicht rechnete. Um herauszufinden, wie viele Pflanzen pro Quadratmeter angebaut werden können, mussten wir Kontakt zu lokalen Gärtnereien, B.C. Fruits und Alberta Agriculture aufnehmen. Herauszufinden, wie man das Zusammenleben von bis zu 2000 Menschen organisieren kann, war eine enorme Herausforderung. Wenn uns die Arbeit an »First Rising Moon« mal langweilt, dann lesen wir Shakespeare, schauspielern oder lesen etwas über die Weltgeschichte. Letztes Jahr hat sich jeder von uns zwei Länder ausgesucht, um sich dann eingehend mit der Geschichte dieser Länder ab Christi Geburt zu beschäftigen. Abschließend haben wir dann eine vergleichende Zeittafel angefertigt.

Werde Gasthörer an der Universität oder Hochschule in deiner Nähe. Entweder du gehst den offiziellen Weg und lässt dich als Gasthörer einschreiben und zahlst einen Semesterbeitrag oder du besorgst dir das aktuelle Vorlesungsverzeichnis – und gehst einfach hin! Die meisten Dozenten werden sich freuen, einen engagierten und interessierten Zuhörer zu finden. Das gilt nicht nur für eine anonyme, gut besuchte Vorlesung, sondern selbst für Seminare. Wer sich dort interessiert zeigt, wird vermutlich schnell für einen regulären Studenten gehalten und hat keine Probleme mit dem Sonderstatus.

Geschichte

Geschichte ist nicht einfach nur die Vergangenheit der Menschheit, auch wenn es in die Schulen oft so rüberkommt. Geschichte ist viel mehr das *Studium* der Vergangenheit und hat daher viel mit Meinungen, Diskussionen und Ungewissheiten zu tun.

In Geschichte geht es nicht nur um Daten, Präsidentennamen und Kriege. Auch wenn dies eigentlich logisch ist, erwähne ich dies hier extra, da es mir selbst z. B. nicht klar war, bis ich einen aufschlussreichen Kurs an der Hochschule belegte. Geschichte beschäftigt sich mit allerlei Fragen zu Beziehungen und Mustern: Welche Rolle spielte das Christentum beim Aufschwung des medizinischen Berufsstandes im mittelalterlichen Europa? Welchen Einfluss hatte die Kunst auf das Leben der russischen Bauern im 18. Jahrhundert? Warum gibt es Kriege? Wie haben die Erfahrungen früher europäischer Entdecker in Amerika das Verhältnis der Europäer zur Natur beeinflusst? Wie hat sich die japanische Kriegsführungskunst im Laufe der Jahrhunderte verändert? Wie wurde unser heutiges Strafvollzugssystem zu dem, was es ist? Wie haben sich die Dorfstrukturen während der industriellen Revolution verändert? Welchen Ursprung hat das Pflichtschulsystem?

Zum Verständnis des Unterschiedes zwischen primären und sekundären Informationsquellen: Eine primäre Quelle ist ein Dokument (oder manchmal ein Gemälde etc.), das zur Zeit des Geschehens erstellt wurde. Ein Brief nach Hause, der von einem Soldaten während des 2. Weltkrieges geschrieben wurde, ist eine primäre Informationsquelle. Eine sekundäre Quelle ist z. B. die Interpretation primärer Quellen durch einen Geschichtswissenschaftler, z. B. ein Lehrbuch über den Unabhängigkeitskrieg.

Da sich die Geschichte größtenteils auf schriftliche Dokumentationen bezieht, schaut sie nur soweit in die Vergangenheit zurück, als dass schriftliche Belege existieren. Die Archäologie, ein Zweig der Anthropologie, schaut dagegen weiter in die Vergangenheit zurück, da ihr eher physische Objekte als Wörter Anhaltspunkte geben.

Schaue dich in der Abteilung für Autobiografien in deiner Bücherei um. Du stolperst dort bestimmt unverhofft über etwas, was dich interessiert.

In Büchereien finden sich auch stapelweise Bücher zu spezifischen geschichtlichen Themen und Ereignissen. Viele von ihnen sind einfach langweilig oder eben extrem wissenschaftlich. Andere wiederum sind hervorragend, wie z. B. *Sozialgeschichte des 15.-18. Jahrhunderts* von Fernand Braudel. Es dauert eine Weile, dieses Buch durchzulesen. Aber es ist faszinierend, detailliert und nicht sonderlich schwierig zu verstehen, wenn du am Anfang beginnst und dir Zeit lässt. Das Buch beschäftigt sich mit dem Europa des 15. bis 18. Jahrhunderts – dem Aufschwung des Kapitalismus in der vorindustriellen Welt. Ein Pluspunkt ist sicherlich, dass nicht versucht wird, den Anschein zu wecken, das Buch sei ein umfassendes Werk zur europäischen Geschichte. Es bleibt durchgehend klar, dass der Schwerpunkt auf ökonomische Betrachtungen gelegt wurde. (Die meisten Lehrbücher konzentrieren sich auch auf spezifische Themen wie Kriege, Regierungen, die Heldentaten des weißen Mannes, etc., aber sie geben vor, allgemeine Geschichtsbücher zu sein. Sie erwecken damit fälschlicherweise den Anschein, es gäbe keine anderen Betrachtungsweisen und Geschichten.)

Begrabt mein Herz an der Biegung des Flusses von Dee Brown. Amerikanische Geschichte, wie wir sie selten erzählt bekommen. Vertragsbrüche, Morde und andere Verbrechen.

Frau und Natur. Das Brüllen in ihr von Susan Griffin. Sie zieht eine Bilanz der männlichen Denkweise bezüglich Frauen und Natur in den vergangenen Jahrtausenden, die einem wahrhaftig die Augen öffnet. Der von Griffin gewählte Stil, eine Mischung aus Prosa und Poesie, passt wunderbar zur Botschaft des Buches.

Historische Romane

Manche Menschen denken, dass historische Romane nicht mehr als verzerrte und rein subjektive Interpretationen der Vergangenheit sind. Das stimmt natürlich. Aber das Gleiche gilt auch für alle anderen Quellen, primäre als auch sekundäre. Historische Romane können dir häufig eine bestimmte Epoche bedeutend näher bringen, als es Lehrbücher können. Normalerweise sind die Autoren selbst so etwas wie Geschichtswissenschaftler. Sie beschäftigen sich ausgiebig mit ihrem Thema, lesen alle entsprechenden Lehrbücher und primären Quellen und besuchen sogar die Orte, an denen die Handlung des Romans spielt. Oft finden sich am Anfang oder Ende der Bücher Anmerkungen der Autoren zu vorangegangen Nachforschungen sowie andere Hintergrundinformationen. Schau dir auch, bevor du mit dem Lesen eines historischen Romans beginnst, eine kurze Beschreibung zu Zeit und Ort in einem Lexikon oder Atlas an.

»Historische Romane« auf der Leinwand

Ja, auch das gibt es, aber nimm dich vor Gehirnwäsche in Acht. Sei dir stets bewusst, dass jeder Film aus Sicht der Filmemacher gedreht wurde, mag er auch noch so objektiv erscheinen. Ähnlich wie bei den Geschichtsromanen, kannst du auch hier vorab in einer Enzyklopädie oder in einen Atlas nachschauen. Ein klein wenig Hintergrundwissen zum *Ballett Russel* macht z. B. den Film *Nijinski* viel interessanter.

Es gibt unzählige ausgezeichnete Dokumentarfilme und hunderte guter Filme, die auf tatsächlichen Geschehnissen basieren. Filme können dir aber auch dann ein Gefühl für eine andere Zeit / einen anderen Ort vermitteln, wenn es in ihnen nicht um ein tatsächliches Ereignis aus der Vergangenheit geht. Die Filmemacher scheuen keinen Aufwand, um ein möglichst authentisches Bild von einer bestimmten Zeit und einem bestimmten Ort zu vermitteln.

Geschichte zum Anfassen

»Geschichte zum Anfassen«-Projekte sind ein weiterer Beweis dafür, dass »Im-richtigen-Leben-Lernen« weitaus interessanter und reichhaltiger ist, als »In-der-Schule-Lernen«. In der ganzen Welt findest du Gruppen von Menschen, die Lebensstil, Sprache, Mode und Fertigkeiten einer bestimmten geschichtlichen Epoche, in ihrer Freizeit oder aber beruflich wiederbeleben.

In den Rocky Mountains gibt es die »buckskinners« – Leute, die Mokassins tragen, in Tipis wohnen und mit Vorderladergewehren auf Jagd gehen. Als ich noch in der Schule unterrichtete, besetzten zwei von ihnen einen Nachmittag lang meinen Sozialkundeunterricht und demonstrierten, wie man traditionell Garne aus Wolle spinnt.

Über die ganze Welt verteilt, finden sich Enklaven von Liebhabern mittelalterlichen Brauchtums, die zum Teil der *Society for Creative Anachronism* angehören. Sie veranstalten Turnierkämpfe und tragen dabei authentische Rüstungen, sie schmücken märchenhafte Kleider im Stil des 14. Jahrhunderts mit Stickereien, sie tanzen die wirklich alten Tänze, bringen sich gegenseitig das Spielen mittelalterlicher Musikinstrumente bei, organisieren farbenfrohe Feste und veröffentlichen fantastische Informationen zu Themen wie »Frühe skandinavische Kultur«, »Englische Architektur des 12.–15. Jahrhunderts«, »Falkenjagd« und »Leder im alltäglichen Gebrauch«.

Viele »Geschichte zum Anfassen«-Projekte sind rund um Bauernhöfe angesiedelt, was mich auch gleich zu einer meiner kleinen Predigten kommen lässt. Geschichte zum Anfassen ist weitaus mehr als Bildungssache. Es geht dabei auch nicht nur um kreative Vergnügungen. Projekte dieser Art können vielmehr dabei helfen, diesen Planeten zu retten. Wir sind grade dabei zu begreifen, dass viele Aspekte des »Fortschritts« oder des »Industriezeitalters«, wie auch immer man es nennen mag, diesem Planeten und uns schaden. Die amerikanische Landwirtschaft z. B. ist heutzutage größtenteils von der Nutzung mit Benzin oder Diesel angetriebener Maschinen und der Verwendung unglaublicher Mengen synthetischer Düngermittel und Pestizide abhängig. Biolandwirte weisen zwar den richtigen Weg hin zu einem gesunden Leben, aber auch sie wissen nicht mehr alles über die Landwirtschaftsmethoden in der »Guten Alten Zeit«.

Zur Zeit der weltweiten Industrialisierung dachte kaum jemand, dass die »alten Methoden« irgendwann einmal wieder wichtig sein könnten, daher ging ein Großteil dieses komplexen Wissens verloren. Historiker führten eifrig Buch über Kriegsdaten und Namen von wichtigen Persönlichkeiten, aber es gab nur einige wenige weise Leute, die tatsächlich aufschrieben, auf welche Art die Menschen bestimmte *Dinge taten* (Viehwirtschaft, Gemüseanbau, Lederverarbeitung etc.). Da sich die Welt nun erneut zu einem weniger konsumorientierten, menschlicheren und gesünderen Ort entwickelt, ist die Wiederentdeckung des »alten Wissens« unglaublich wichtig. Wenn also Freunde der »Geschichte zum Anfassen« ihre Zeit damit verbringen, mit Ochsenpflügen zu arbeiten und mit Wasserkraft angetriebene Getreidemühlen zu bauen, dann sammeln sie in unser aller Interesse wertvolles Wissen darüber, wie solche Dinge funktionieren. Wissen, das wir dann für die (Um-)Gestaltung unseres Lebens heute und in der Zukunft nutzen können.

In der *GWS* Nr. 77 beschreibt der 17-jährige Unschooler Andrew Endsleyseine Erfahrungen mit einem »Geschichte zum Anfassen«-Projekt:

> Wir tragen Kostüme oder Uniformen einer bestimmten Epoche und verbringen dann Zeit an historisch interessanten Orten. Oder aber wir stellen bestimmte Gefechte nach, was nicht nur den Zuschauern, sondern auch uns selbst viel Freude bereitet. Die Anfertigung der originalgetreuen Uniformen macht viel Arbeit. Seitdem ich bei diesem Projekt mitmache, komme ich viel herum.

> ...Meine Gruppe ist bekannt dafür, dass sie besonderen Wert auf die historische Exaktheit legt, daher hat man uns angeboten, in den Kampfszenen von »Glory« mitzuspielen.

Andere Tätigkeiten

Vielleicht möchtest du dir ganz allgemein einen Überblick über die »großen« geschichtlichen Ereignisse verschaffen. Meiner Meinung nach gibt es keinen Grund, diese Daten auswendig zu lernen, außer du willst es selbst so und entscheidest dich, dein Badezimmer mit Informationen über historische Ereignissezu schmücken. In dem Fall könntest du dir mit Hilfe von Geschichtsbüchern und Lexika entsprechende Zeittafeln zusammenstellen.

Besuche Orte von besonderem historischen Interesse: Monumente, unter Denkmalschutz stehende Häuser, den Dachboden deines Cousins, verfallene Geisterstädte. Solche Orte werden oftmals von Touristen überrannt, und es kann eine Weile dauern, bis du es schaffst, Bilder der Vergangenheit vor deinem inneren Auge aufzurufen. Aber es lohnt sich, es zu versuchen. Setze dich hin und fühle dich in den Ort hinein, bis die Präsenz der Touristen allmählich verblasst – ähnlich einem Trancezustand. Es hilft auch, bewusst Zeiten zu wählen, wenn möglichst wenige Touristen unterwegs sind: ganz früh am Morgen oder spät am Abend ... Denke daran, dass du dich nicht auf einem Schulausflug befindest. Nimm dir Zeit und bleibe so lang du willst. Sei still und träume dich in die duftende Vergangenheit hinein.

Beginne mit deinen eigenen Nachforschungen. Es gibt so viel herauszufinden und zu interpretieren. Du könntest (ähnlich dem Stil von Stud Terkel) ältere Menschen in deiner Gemeinde interviewen und Aufzeichnungen von ihren Erzählungen und Erinnerungen machen. In dem kleinen Buch *The Tape Recorded Interview* gibt Edward Ives Ratschläge zu Equipment und interviewtechnischen Feinheiten, wie z. B. die Unterschiede in der Dynamik, wenn man Eheleute gemeinsam oder aber getrennt befragt.

Oder wie wäre es mit der Erforschung deiner eigenen Familiengeschichte? Persönliche Bezüge dieser Art lassen auch den allgemeinen Geschichtsverlauf in einem ganz anderen Licht erscheinen. ... Im Internet findest du viele nützlicher Websites zum Thema Ahnenforschung. In der *GWS* Nr. 36 schreibt Virginia Schewe hierzu:

> Dass ich diesen Sommer die Tür zur Ahnenforschung öffnete, war reiner Zufall, und ganz überraschend entwickelten meine Kinder ein starkes Interesse an Geschichte. Der amerikanische Bürgerkrieg z. B., bis dahin als alter Müll abgetan, gewann eine ganz andere Bedeutung, nachdem wir bei unseren Ahnenforschungen herausgefunden hatten, dass einer unserer Urgroßväter in diesem Krieg als Soldat diente. Wir folgten seinen Spuren und lasen viel über die Kämpfe, an denen er teilgenommen hatte.

Um die Ergebnisse deiner Forschungsarbeiten anderen zugänglich zu machen, rufe selbst ein Projekt wie Foxfire in Leben (nicht mit dem gleichnamigen Film zu verwechseln, *Foxfire* ist eine gemeinnützige Organisation zur Vermittlung von Wissen über die indianische Apalachen-Kultur; www.foxfire.org). Suche dir ein paar Leute, die Lust haben ,an einem solchen Projekt mitzuarbeiten *(hole deine Freunde aus der Schule raus!)* und es wäre bestimmt auch nicht verkehrt, sich mal mit den Foxfire-Leuten zu unterhalten. Da ihre Arbeit unzählige Lehrer inspiriert hat, sind bei *Foxfire* nun auch viele Publikationen erhältlich, die dabei helfen, ähnliche Projekte ins Leben zu rufen. Und ganz nebenbei gesagt: Ich persönlich glaube, dass Projekte wie *Foxfire* von ähnlich großer Bedeutung sind wie »Geschichte zum Anfassen«. Sie helfen uns dabei, das Wissen wiederzuerlangen, welches wir benötigen, um sorgenfrei im Einklang mit der Natur zu leben.

Wenn dich ein historisches Ereignis oder eine Epoche besonders fasziniert, dann wäre es bestimmt sehr interessant für dich, an entsprechende Orte zu reisen, um dir Ruinen anzuschauen, mit Einheimischen zu sprechen, andere Interessierte zu treffen und spezielle Sammlungen von Dokumenten und Artefakten in Büchereien und Museen zu inspizieren.

Stelle eine Verbindung zwischen Geschichte und etwas anderem her, was dich interessiert. (Siehe dazu auch Anna-Lisa Coxs Bericht in Kapitel 33). Wenn dich Autos interessieren, dann schau dich nach Oldtimer-Klubs in deiner Umgebung um. Oder sammle alten Schmuck, Messer, Bücher, Werkzeuge, Grammofone etc. Das Ganze geht auch völlig kostenlos, wenn du stattdessen entsprechende Abbildungen aus Zeitungen und Zeitschriften ausschneidest, in ein Heft klebst und mit persönlichen Bemerkungen versiehst.

Wenn du das Sammeln ernst nimmst, dann eröffne ein kleines Museum. Finde Platz in einem extra Raum oder in einer Ecke deines Zimmers. Du kannst deine Sammlung dann hin und wieder der Öffentlichkeit, oder aber einfach nur Freunden und Sammlern zugänglich machen.

Erstelle Zeittafeln zu den Themen, die dich interessieren – Mannschaftssportarten, die Evangelische Kirche, egal was.

Unschooler und ihre Erfahrungen mit Geschichte

Leigh Pennebaker ist Mitglied einer Gruppe von Unschoolern, die sich nach einigem Hin- und Herüberlegen dazu entschieden, sich mit der Geschichte des amerikanischen Bürgerkriegs zu befassen. In der *GWS* Nr. 94 schreibt sie dazu:

> Wir begannen damit, dass wir einen Darsteller einluden, der in eine originalgetreue Uniform eines »Unionist«-Soldaten gekleidet war und all jene Ausrüstungsgegenstände trug, welche die Fußsoldaten während dieses Krieges mit sich herumschleppen mussten. Er blieb ca. eine Stunde

bei uns, und wir fanden seine Ausführungen wirklich interessant. Am selben Tag kam ein Mann zu uns, der ein Buch über den Bürgerkrieg und das Leben in den Südstaaten geschrieben hatte. Er las uns aus seinem Buch vor, und anschließend redeten wir über den Bürgerkrieg. Zu jener Zeit war ich stellvertretende Vorsitzende unserer Gruppe, und der Vorsitzende und ich hatten diese Leute durch Gespräche mit geschichtlich bewanderten Menschen und den Besuch von historisch interessanten Stätten gefunden.

In der darauffolgenden Woche war ich nicht da, aber die anderen besuchten ein Bürgerkriegsmuseum. Bei der Führung erfuhren sie auch, wie das Leben an der Heimatfront war – was auch eine unserer Hauptinteressen war. Wir wollten nicht nur Informationen zu den wichtigsten Kämpfen und Persönlichkeiten sammeln, denn das kann man in allen einschlägigen Büchern nachlesen. Uns interessierte viel mehr das Leben der einfachen Soldaten und Zivilisten während dieser Zeit. Unsere Gruppe sprach am selben Tag auch noch mit einem Historiker über die politischen Aspekte des Bürgerkriegs. Dieses Treffen war einfach toll und wirklich spannend, und der Historiker war ganz offensichtlich von unserer Gruppe sehr angetan. Dies war übrigens etwas, was uns immer wieder erstaunte, wann immer wir jemanden für einen Vortrag oder eine Vorlesung einluden. Die Vortragenden oder Lehrer waren von unserem ernsthaften Interesse überwältigt.

Wir besuchten auch eine Plantage mit Herrenhaus aus der Zeit des Bürgerkrieges. Ich hatte die Idee, dass wir uns für diesen Ausflug mit entsprechenden Kostümen verkleiden könnten. Ich war mir nicht sicher, ob die anderen dies nicht als lächerlich abtun und mich auslachen würden. Aber alle fanden, dies sei eine großartige Idee und arbeiteten hart an ihren Kostümen. Wir hatten unglaublich viel Spaß.

Die 15-jährige Reanna Alder aus British Columbia schreibt:

Ich lerne unheimlich viel beim Lesen und ich mag insbesondere Geschichtsromane und Geschichten über verschiedene Kriege. Ich habe bereits sehr viel über das Leben der Juden im 2. Weltkrieg gelesen, z. B. die Bücher über Anne Frank, Art Spiegelmans »Maus: Die Geschichte eines Überlebenden« und andere weniger bekannte Werke, und auch viele koreanische, kambodschanische, russische, japanische und indianische Kriegsgeschichten. Diese Kriegsgeschichten zerreißen mich innerlich. Einerseits finde ich sie faszinierend, andererseits sehr bedrückend. Ich bin nicht ganz sicher, warum ich sie lese. Ich fühle mich irgendwie zu ihnen hingezogen und habe aber wegen ihnen auch oft Einschlafprobleme. Irgendwie scheint es für mich wichtig zu sein, diese Geschichten zu kennen, um zu verstehen.

Vorbereitung auf ein Geschichtsstudium

Hochschulen in den USA erwarten üblicherweise allgemeine Kenntnisse der US-amerikanischen und westlicher Geschichte. Um dir ein genaueres Bild von den Erwartungen der Professoren zu machen, lies nachfolgende Expertenmeinungen. Alice B. Robinson, Leiterin des Lehrstuhls für Geschichte am Wellesley College meint z. B.:

> Eine angehende Geschichtsstudentin sollte in der Lage sein zu lesen, das Gelesene zu verstehen und analytisch zu denken. Sie weiß, dass nicht alles, was gedruckt wird, auch wahr oder hilfreich ist. Sie sollte eine Vorstellung davon haben, wann etwas als bewiesen (wahr) betrachtet werden kann, in welcher Beziehung Fakten, Folgerungen und Meinungen zueinander stehen und warum Geschichtswissenschaftler bestimmte Fakten in ihre Erwägungen einbeziehen und andere nicht... Was die erwarteten Vorkenntnisse betrifft – es genügt, wenn die Studenten über allgemeine Kenntnisse der US- und Weltgeschichte verfügen. Ich war z. B. doch etwas überrascht, als ich feststellen musste, dass sich unter meinen Studenten solche befanden, die nicht wussten, was ein Bischof ist (und nicht einmal, dass der Begriff etwas mit Religion zu tun hat), oder aber, dass es in der Bibel »Bücher« gibt. Andere wiederum hatten absolut keine Geografiekenntnisse – sie verwechselten z. B. Polen mit Belgien.
>
> Ich denke, die besten Voraussetzungen bringen diejenigen mit, die belesen sind und die Möglichkeit hatten, zu reisen oder auf andere Art und Weise Menschen aus verschiedenen Kulturkreisen zu begegnen. Es hat sich ebenso gezeigt, dass eine gewisse intellektuelle und soziale Reife förderlich ist. Begabung und die richtige Einstellung sind höchstwahrscheinlich viel wichtiger, als spezifisches Wissen. Selbstdisziplin, intellektuelle Neugier, die Bereitschaft zu arbeiten, Spaß am Studieren und eine gesunde Kritikfähigkeit zeichnen den idealen Studenten aus. »Unschooler« sind vermutlich nicht so »Noten«-fixiert wie viele Abiturienten, was ich persönlich als Vorteil betrachte.
>
> ... Studenten mit klassischer Schulausbildung brauchen, sofern sie Erfolge in »Honorsclasses« und »A. P. classes« vorweisen können, bestimmte Einführungskurse nicht zu belegen und können stattdessen auf einem anspruchsvolleren und spezifischeren Level beginnen. Diese Möglichkeit steht auch »Unschoolern« offen, sofern sie sich in ähnlicher Art und Weise auf das Studium vorbereiten.

Clifford Clark, Professor für Geschichte und Amerikanistik am Carleton-College, gibt folgende Ratschläge:

> *Die Grundvoraussetzungen für einen erfolgreichen Start eines Geschichtsstudiums in Carleton dürften Folgende sein:*
>
> *Die Geschichtsprofessoren in Carleton erwarten von den Erstsemestern ein Grundmaß an Vorbereitung. Zu allererst sollten sie die Lese- und Schreibkenntnisse mitbringen, die nicht nur für ein Studium der Geschichtswissenschaften, sondern für alle Arten von Hochschulstudien unabdingbar sind. Was*

das Lesen betrifft, bedeutet dies, dass die Studenten in der Lage sein müssen, die Kernaussage eines Textes zu erfassen und diese kurz mit eigenen Worten wiederzugeben. Desweiteren sollte sie die Argumentation des Verfassers auf Logik, Durchgängigkeit und Stichhaltigkeit prüfen können. Wichtig ist auch, dass die Studenten in der Lage sind, schnell zu lesen bzw. Texte zu überfliegen. Für das Erfassen der wichtigsten Argumente in einem 200-seitigen Buch sollten drei Stunden oder weniger genügen. Was das Schreiben angeht, wird von den Studenten erwartet, dass sie argumentative Aufsätze schreiben können, d. h. die Aufsätze sollten in Einführung (These oder Fragestellung), Argumentation (einschließlich Quellenangaben) und Schlussteil gegliedert sein.

Die Studenten sollten desweiteren mit der allgemeinen Chronologie der amerikanischen Geschichte vertraut sein. Grundlagenkenntnisse der europäischen und asiatischen Geschichte wären ebenso von Vorteil. Sie sollten zumindest zwei Geschichtskurse (Highschool) belegt und neben den dort empfohlenen Lehrbüchern auch noch ergänzende Bücher und Texte gelesen haben. Ebenso sollen ihnen der Umgang mit primären Quellen, z. B. das Lesen von Originaldokumenten, nicht völlig fremd sein. Wichtig sind auch allgemeine Fertigkeiten, die für eine erfolgreiche Recherche in großen Bibliotheken benötigt werden.

Letztendlich sollten die Studenten um die Komplexität der geschichtlichen Vergangenheit wissen, und sie sollten in der Lage sein, unterschiedliche Ansichten und Interpretationen zu erwägen und in die Bildung ihres persönlichen Standpunktes einzubeziehen. Die ideale Vorbereitung auf ein geschichtswissenschaftliches Studium: Der bestmöglich vorbereitete Student bringt, zusätzlich zu den oben aufgeführten Grundkenntnissen und -fertigkeiten, ein brennendes Interesse an der Vergangenheit mit sowie das eindringliche Verlangen, sie zu verstehen. Ähnlich dem, was man von einem Detektiv erwarten würde. Ein wissbegieriger Geist mit Fragen über Fragen ist selten und wird von den Professoren hoch geschätzt.

Die besten Studenten haben neben dieser Eigenschaft auch noch Lese- und Schreibfertigkeiten, die weit über das oben erwähnte Minimum hinausgehen. Sie sind nicht nur in der Lage, die Kernaussagen in einem Buch oder Aufsatz zu erfassen und wiederzugeben, sondern sie können auch die Annahmen herausfiltern, auf die sich die Argumentationsführung des Verfassers stützt. Sie sind sich beim Verfassen eigener Texte des Standpunktes ihrer Leser bewusst und wählen die Strategie, die am besten geeignet ist, ihre eigene Argumentation am überzeugendsten darzulegen. Die meisten Menschen können sich diese Fertigkeiten nur durch ausgiebige Lektüre und das Verfassen verschiedener geschichtswissenschaftlicher Studien aneignen.

Ethnologie und Soziologie

Die Anthropologie ist das Studium der Menschen als in Gesellschaften lebender Wesen. Sie richtet ihre Aufmerksamkeit vornehmlich auf jene physischen Eigenschaften, industrielle Techniken, Konventionen und

Werte, durch die sich eine Gesellschaft von allen anderen – von anderen Traditionen geprägten – Gesellschaften unterscheidet.

– RUTH BENEDICT, *The Patterns of Culture*

Soziologie ist das Gleiche, nur dass eine Soziologin ihren eigenen Kulturkreis untersucht. Deshalb kann sie, anders als Anthropologen, die Selbstbeobachtung als wichtiges Hilfsmittel für ihre Studien verwenden.

Nach der etwas unromantischen Meinung meines kleinen Bruders Robert, der sein Anthropologiestudium in Reed abgebrochen hat, ist Anthropologie nichts anderes, als loszuziehen, um exotische Menschen anzuschauen und aufzuschreiben, was man gesehen hat. Diese Aufzeichnungen werden dann in Bibliotheken archiviert, so dass sich niemand schuldig fühlen muss, wenn dann die Traditionen dieser Menschen durch den ihnen anschließend aufgezwungenen »Fortschritt« zerstört werden. Richard erkennt aber auch an, dass es doch auch Anthropologen gibt, die ihr Wissen sinnvoll anwenden, wie z. B. jene Anthropologen, die sich für die Wiederherstellung zerstörter Ökosysteme einsetzen. Solche Anthropologen arbeiten manchmal mit den Regierungen von Entwicklungsländern zusammen mit dem Ziel, so viel wie möglich von einer bedrohten Kultur zu retten oder zumindest ihre vollständige Zerstörung zu verhindern.

Archäologie sowie indigene Kenntnisse und Fertigkeiten

Die Archäologie ist ein Zweig der Anthropologie mit vielen Leckerchen für interessierte Unschooler. Zwei Möglichkeiten: 1. fange an zu graben, 2. beschäftige dich mit Archäologie im Rahmen eines »Geschichte zum Anfassen«-Projektes oder eigne dir indigene Fertigkeiten an. Angebote zu beiden Kategorien findest du zum Beispiel unter www.archaeologisch.de.

Kyla Wetherell, erwachsene Unschoolerin, meint:

> Wir leben in einer Gesellschaft, die sich in rasantem Tempo technologisch weiterentwickelt, während die Individuen aus technologischer Sicht immer unselbstständiger werden. Früher waren die Menschen noch in der Lage, alle nötigen Materialien zu sammeln und alles, was sie brauchten, selbst herzustellen, während wir es heute z. B. gerade mal schaffen, den Knopf am Herd zu drehen und ein Streichholz anzuzünden. Nähme man uns die Streichhölzer weg und gäbe es keine in Massenproduktion hergestellten Öfen und Herde mehr, würden die meisten von uns vermutlich vor Hunger und Kälte sterben, bevor sie es schafften, ein Feuer anzuzünden. Deshalb habe ich z. B. Tage damit verbracht, Tierhäute in Wildleder zu verwandeln oder habe stundenlang an einem Stück Obsidian herumgeschnitzt, um ein Messer herzustellen. Es ist

> aufregend zu wissen, wie man seine eigenen Werkzeuge und Kleidungsstücke herstellen kann oder sich eine schützende Unterkunft baut, und es gibt einem ein gewisses Gefühl von Unabhängigkeit und Stärke. Es hat mir auch dabei geholfen, einen viel engeren und persönlicheren Bezug zur Natur aufzubauen.

Der dazugehörige Forschungszweig heißt »Experimentelle Archäologie«.

Es gibt tolle Kurse zu allen möglichen »steinzeitlichen« Fertigkeiten. Du musst aber keinen Kurs belegen, um solche Fertigkeiten zu erwerben. Versuchs mal auf eigene Faust. Im Alter von ca. 13 Jahren beschloss mein Bruder, seine Geschicklichkeit im Umgang mit Pfeil und Bogen zu trainieren. Er machte sich auf dem Rücken eines Pferdes in die Berge auf und ernährte sich nur von dem, was er in der Natur finden konnte. Er lernte viel über essbare einheimische Wildpflanzen, verspeiste Larven und ließ sich einen seiner Fingernägel ganz langwachsen (ein wunderbares Werkzeug zum Graben). Nichts davon hatte einen besonders wissenschaftlichen Anspruch, aber es spiegelte seine Begeisterung für jene Kulturen wieder, die im Einklang mit der Natur und mit einem viel engeren Bezug zum Land leben und lebten. (Als er dann einige Jahre später in Ecuador als Austauschstudent lebte, verließ er auch immer wieder mal die Familie, bei er untergebracht war, um sich in den Amazonas zu schleichen und dort mit den Einheimischen Ayahuasca zu trinken. Das hatte natürlich auch mit Anthropologie zu tun...).

Ein Freilerner-Archäologe

Die 16-jährige Amber Clifford schreibt in der *GWS* Nr. 82:

> Archäologie hat mich schon interessiert, als ich noch ein kleines Mädchen war, und das Buch *Wo die Pyramiden* stehen von David Macaulay war eins meiner Lieblingsbücher...Ich hatte mir damit allerdings ein Thema ausgesucht, von dem meine Eltern nicht viel verstanden. (Ein weiterer Tip ist das Buch: *Sie schufen die Königsgräber* von John Romer.)
>
> Am Anfang war mein Interesse an Archäologie ganz allgemeiner Natur. Ich las Bücher, die von klassischen Archäologen geschrieben wurden, wie z. B. die der Entdecker des Grabes von König Tutanchamun und Troja. Später hatte ich auch ein Notizbuch, in dem ich Zeitungsartikel und Berichte aus Zeitschriften sammelte, die mit Archäologie zu tun hatten. Ungefähr zu dieser Zeit sah ich auch meinen ersten Indiana Jones Film. Die Indiana Jones Filme inspirierten mich, auch wenn sie natürlich überromantisch daherkamen. Ich tauchte völlig in die Welt der Archäologie ein.
>
> Zu jener Zeit lebte ich in Lubbock, Texas. Ich begann, mich intensiv mit klassischer europäischer und asiatischer Archäologie zu beschäftigen und las Unmengen mythologischer Literatur. Ich besuchte viele Male das Texas Tech University Museum, in welchem eine ganze Halle der archäo-

logischen Geschichte Lubbocks gewidmet ist. Außerdem baute ich auch ein gutes Verhältnis zu den Leitern und Mitarbeitern der Lubbock Lake Site, einer archäologischen Ausgrabungsstätte, auf. Ich habe dort oft gearbeitet und viele Gespräche mit den Leuten geführt.

Meine Eltern halfen mir, für mein Selbststudium wichtige Kontakte herzustellen, und sie brachten mich auch an die Orte, die ich besuchen wollte. Als ich mich z. B. mit Fossilien beschäftigte, rief meine Mutter beim Fachbereich Geologie unserer Universität an und fragte den Professor, ob er sich mit mir unterhalten würde. Ich hatte keine Ahnung davon, wie und wo man die richtigen Leute findet, aber meine Mutter hatte ein Gespür dafür, und sie war mir daher eine große Hilfe.

Ein wirklich großes Interesse an US-amerikanischer Archäologie habe ich erst seit kurzem. Letztes Jahr schrieb ich einen Aufsatz über NNA (neutron activation analysis) und ging bei meinen Ausführungen auch auf die Verwendung von NNA in der Archäologie ein. Ich wurde auf die Mailing-Liste des Kampsville Archaeological Center gesetzt und ich habe den Kontakt zu den von mir zitierten Wissenschaftlern aufrechterhalten.

Seitdem habe ich Verschiedenes unternommen. Ich habe u.a. im letzten Jahr bei der National Endowment for the Humanities einen Antrag auf Förderung für eine Studie zum Thema NNA in der Archäologie gestellt. Die NEH unterhält ein »Young Scholars«-Programm für Highschool- und College-Studenten. Ich benötigte einen Mentor und fand einen Anthropologie-Professor, dem ich einen meiner Aufsätze schickte und der sich daraufhin bereiterklärte, mich zu unterstützen.

Wird man vom NEH abgelehnt, kann man eine genaue Begründung fordern. Sie sagen einem dann, wie man seinen Antrag/Vorschlag verbessern kann, bevor man ihn erneut einreicht. Mein Antrag wurde abgelehnt, aber ich werde ihn ihm November erneut stellen. Der Leiter der NEH zeigte sehr großes Interesse aufgrund der Tatsache, dass ich Unschooler sei und freiwillig so viel Zeit in diese Angelegenheit investiere.

Ich habe im vergangenen Jahr auch noch das Etowah Mounds Archaeological Center in Georgia besucht. Dort gibt es drei Begräbnisstätten und ein Museum. Außerdem habe ich mit intensiven Recherchen zur archäologischen Geschichte des Staates Missouri begonnen. Ich habe jetzt eine Liste der Stätten und Museen in unserer Umgebung, die ich gerne noch besuchen möchte und ich hoffe, dass ich im Herbst Zeit in einem Archäologie-Camp verbringen kann.

Geografie

In Zeiten von Google Earth und Internet kannst du dir unendlich viele Informationen über alle Gegenden der Welt besorgen und – noch besser – kostenlos per E-Mail mit

Menschen dort Kontakt aufnehmen. Gleichzeitig entwickelt sich wie zum Ausgleich noch etwas Anderes: Regionale Geografie; Bioregionalismus.

Bioregionalismus bedeutet, im Hier und Jetzt zu leben (letzteres im Gegensatz zum »in der Vergangenheit verweilen« oder »von der Zukunft träumen«). Bioregionalismus heißt, Land und Leute der näheren Umgebung kennen und schätzen zu lernen. Es bedeutet, davon überzeugt zu sein, dass der Ort, an dem man lebt, der schönste Platz auf dieser Erde ist, während man gleichzeitig anerkennt, dass jeder andere Ort ebenso der schönste Platz ist – nur eben für andere Menschen. Wenn es etwas gibt, das diesen Planet retten wird, dann sind es genau die Menschen, die ihre Heimat, ihr Zuhause lieben. Es sind diejenigen, die mit beiden Füßen auf dem Boden stehen, die ihre Nachbarn besuchen, um ein Schwätzchen zu halten, die mit Freude die ersten Knospen im Frühling begrüßen, die auf Fässer steigen, um über das Land zu schauen, die tanzen gehen, wenn lokale Bands aufspielen, anstatt sich nur noch von MTV & Co. bedudeln zu lassen, die Gedichte lokaler Schriftsteller lesen und die lieber in ein Stück selbst gebackenen Apfelkuchen beißen, anstatt sich den Magen mit Kartoffelchips aus dem Supermarkt zu verderben.

Eine bioregionale Sichtweise hat Einfluss auf fast alles, was du tust, sei es Essen, Lesen, Freundschaften schließen oder Entscheidungen treffen, ob und wo du studieren willst. Schau dich in deiner Bibliothek nach Büchern mit regionalem Bezug um (z. B. lokale Geschichte, Lebensstil und Kultur in der Vergangenheit dort ansässiger Menschen, geologische Hintergrundinformationen, landwirtschaftliche Produkte etc.). Aber noch viel wichtiger: Spaziere durch die Nachbarschaft, geh in ein lokales Cafe anstatt zu McDonalds & Co., mache Radtouren durch die Stadtrandgebiete, mache dich mit den Tauben oder den Obdachlosen im Park bekannt usw.

Andere »geografische« Tätigkeiten

Lege Sammelalben mit Fotos und Artikeln zu bestimmten Themen an (z. B. traditionelle Wohnhäuser, Landwirtschaftspraktiken, Bräuche, Feste etc.). Finde heraus, welche Art von Weltmusik dir besonders gut gefällt. Die meisten Bibliotheken haben zumindest eine kleine Auswahl an internationaler Musik. Nonesuch Records haben sich mit ihrer *Explorer Series* auf internationale Instrumentalmusik spezialisiert (japanische Flöten, afrikanische Trommeln, indische Sitars etc.). *Putamayo World Music* ist ein amerikanisches Plattenlabel, das sich auf Weltmusik spezialisiert hat und unzählige Zusammenstellungen spezieller Musikbereiche anbietet, u.a. in Fair Trade-/Weltläden erhältlich.

Wahrscheinlich ist auch ein Großteil deiner Lieblingsmusik stark von ethnischen Einflüssen geprägt. Peter Gabriel z. B. lässt auf besonders kreative Art und Weise globale Klänge in seine Arbeit einfließen.

Und wenn du selbst Musiker bist, dann bereichere doch deine Arbeit mit Klängen aus fernen Ländern.

Lerne kochen und bereite traditionelle Gerichte fremder Kulturen zu. Kochbücher, die sich mit fremdländischer Küche beschäftigen, findest du mit Sicherheit massenweise in deiner Bücherei.

Hänge dir eine Weltkarte oder eine Karte deines Landes an die Wand.

Schmeiß eine Party und lasse dabei verschiedene Elemente der Kultur einfließen, die dich besonders interessiert. Wie wäre es, traditionelle Festtagsbräuche zu feiern, wie z. B. das russische Neujahrsfest einschließlich Eisrutschbahn, Kostümen und authentischen Spielen? Oder aber du servierst einfach nur traditionelle Speisen und lässt dazu die passende Musik laufen.

Suche dir einen Brieffreund. Namen und Adressen von interessierten Menschen im Alter von 10-20 Jahren bekommst du vom International Youth Service. Es gibt auch ein paar Websites, die dabei helfen, Brieffreunde zu finden.

Die deutsche Post bietet mit dem Letternet nicht nur eine tolle – und völlig kostenlose – Möglichkeit, Brieffreundschaften weltweit zu finden und zu führen, sondern gibt – ebenfalls kostenlos – das zweisprachige »lettermag« mit Anregungen und Informationen heraus.

Internationale Volkstänze (Volkstanzgruppen, Tanzkurse etc.) – meiner Meinung nach gibt es keinen besseren Weg, um sich interdisziplinär anderen Kulturen anzunähern. Schließlich lernt man nicht nur unglaublich komplizierte Schrittfolgen, sondern ebenso viel über Geografie, internationale Musik und Kostüme. Abgesehen davon macht es einfach sehr viel Spaß.

Und *reise*, wenn du magst und kannst.

Kartenmaterial

Straßenkarten und Atlanten von allen Gebieten dieser Erde sind heute mit Google Earth, Road Maps und dem Internet überhaupt kein Problem mehr.

Wirtschaftswissenschaften

Sei dir immer bewusst, dass es in der Wirtschaft um die Beziehung zwischen Lebewesen und dem Planeten Erde – also auch einem »Lebewesen« – geht.

– PAUL HAWKEN, *The Next Economy*

Leider gibt es viel zu viele Wirtschaftswissenschaftler, die an nichts anderem interessiert sind, als an Geld und Aktien. Sie blicken nicht über den Tellerrand hinaus und verstehen nicht, dass »Geld«, ohne Bezug zu den wirklich realen Werten wie

Land, Nahrung, Wasser, Boden, Luft, Sonnenlicht und menschliche Kreativität, Fleiß und Weisheit, an sich nichts weiter als ein abstrakter Begriff ist. Zeitschriften wie »Humanwirtschaft«, Bücher über Silvio Gesell und Tauschringe bilden dich diesbezüglich weiter.

Barbara Brandt, *Whole Life Economics*. Brandt zeigt, dass Tätigkeiten wie Kinder pflegen, Gärten anlegen und Freunden helfen ebenso wichtig für die Wirtschaft eines Landes sind, wie »Ressourcen aufdecken« und Geld scheffeln.

Paul Hawken, *Öko-Kapitalismus*. Hawken beschreibt den derzeitigen Übergang von der Waren- zur Informationswirtschaft. Laut Hawken sind die Tätigkeiten, die wirklich den größten Einfluss auf die Wirtschaft haben, ganz alltägliche Dinge wie Brot backen, Wäsche waschen, Fisch fangen etc.

Wendell Berry, *Leben mit Bodenhaftung. Essays zur landwirtschaftlichen Kultur und Unkultur*. Diese ausgezeichnete Sammlung von Aufsätzen beschäftigt sich damit, welchen Einfluss »gesunde« Haushalte und Landwirtschaftsbetriebe auf das Wohlergehen des gesamten Planeten haben als auch mit dem Zusammenhang zwischen industrieller Wirtschaft und der globalen Wirtschaft im weiteren Sinne.

Betrachte die Wirtschaftswissenschaften ganzheitlich und mache dich auch schlau über effektive alternative Zahlungsmittelsysteme und Regionalwährungen, wie z. B.: »Ithaca Money«, »Chiemgauer«, »Havelblüten« oder »Rheingold«. Diese komplexen Tauschhandelssysteme fördern die lokale Wirtschaft, erhöhenden Wohlstand in der Region, fördern Firmenneugründungen und schaffen Arbeitsplätze, stärken die Kommunen, reduzieren den Erdölverbrauch (da weniger Produkte importiert werden müssen) und helfen sogar dabei, die Kluft zwischen arm und reich zu verringern. In Ithaca (New York) kannst du einfach alles mit Ithaca-Geld bezahlen, sei es Klimaanlagen, Bankdienstleistungen, Tischlereiarbeiten, Tanzstunden etc., und du kannst wiederum Ithaca-Geld verdienen, indem du Dienstleistungen oder Waren anbietest, die andere Menschen benötigen. Die Regionalwährungen stellen in der Regel ausführliche Informationen über ihre Systeme zur Verfügung, in der Hoffnung, damit in anderen Gegenden lebende Menschen zur Nachahmung anzuregen.

Solche regionalen Tauschringe gibt es flächendeckend in Deutschland und auch im übrigen Europa. Literatur zu wirtschaftswissenschaftlichen Themen im herkömmlichen Sinne findest du in jeder Bibliothek. Empfehlenswert im deutschen Raum sind beispielsweise die Bücher von Margit Kennedy. Interessant ist auch das Konzept der Regionalwert AG für die Umgebung Freiburg in Süddeutschland (www.regionalwert-ag.de).

Politikwissenschaften

Als ich im Januar 1991 damit begann, dieses Kapitel zu schreiben, hatten die USA gerade mit dem ersten Krieg gegen den Irak begonnen. Die Welt erschien plötzlich ganz klein und dunkel, und man sprach von Einberufungsbefehlen. Im schlimmsten Fall, dachte ich, wird ein Teil meiner Leser in den Krieg geschickt werden. In einem Brief an einen ehemaligen Schüler schrieb ich:

> Unsere Welt wäre ein bedeutend sauberer und friedvollerer Ort, wenn die Jugend das Sagen auf dieser Erde hätte. Es scheint, als ob die Leute, welche die Kriege führen, einfach nichts mehr zu verlieren haben. ...Sie sind nicht mehr jung, sie werden nicht mehr da sein, wenn Müllhalden und atomare Abfälle das Gesicht der Erde völlig verschandelt haben, sie sind nicht diejenigen, die dem »Feind« von Angesicht zu Angesicht gegenüberstehen und schießen müssen, und sie verbringen viel mehr Zeit mit Akten und Diplomaten als mit ihren Enkelkindern.

Als ich später das Buch beendete, war der Krieg vorbei, und vor meinem Fenster stand ein Kirschbaum in voller Blüte. Wir alle spürten Erleichterung, obwohl auf der anderen Seite des Erdballs ein Land völlig zerstört war. Das Gefühl der Dringlichkeit und augenblicklichen Betroffenheit war zwar verschwunden, aber die politische Struktur der Welt hatte sich seitdem bekanntlich keineswegs verändert oder verbessert. Es ist *immer noch* unvorstellbar und furchtbar, dass wir so wenig Einfluss auf die Entscheidungen und Handlungen unserer Regierungen haben.

Was also tun? Mein Vorschlag: erstens, werde aktiv und zweitens, informiere dich umfassend.

Indem du aktiv wirst, kannst du eine Brücke zwischen dir und dem Rest der Welt bauen. Du darfst zwar noch nicht wählen, aber du kannst mit Transparenten und Flyern auf die Straße gehen, du kannst auf Kundgebungen Gitarre spielen oder eine Mahnwache organisieren. Oder du kannst dich auch für neue gesetzlicher Regelungen auf kommunaler, Landes- oder Bundesebene einsetzen sowie für deren Änderung. Aktives politisches Engagement stärkt die Persönlichkeit und bereichert dich. (Siehe auch Kapitel 38 für weitere Informationen zum politischen Aktionismus.)

Informiere dich und setze dich dabei mit den Anschauungen der größten politischen Philosophen der Welt auseinander. Anschließend bilde dir deine eigene »21. Jahrhundert«-Meinung. Du kannst deine Erkenntnisse für dich behalten, mit anderen darüber sprechen, oder aber du nimmst sie zum Anlass, aktiv zu werden. Stets über aktuelle Geschehnisse auf dem Laufenden zu bleiben, hilft dabei, sich eine Meinung darüber zu bilden, was in dieser Welt dringend geändert werden muss. Wissen ist Macht.

Aktuelle politische Ereignisse

Lies regelmäßig eine lokale Tageszeitung. Oder besser zwei, um dir ein vergleichendes Bild machen zu können, auch wenn du dies nur zweimal im Monat schaffst. Schenke insbesondere den Lokalnachrichten und der Lokalpolitik Aufmerksamkeit, um herauszufinden, wie die Bürger in deiner Gemeinde denken und fühlen – es ist einfacher, seiner Stimme auf lokaler Ebene Gehör zu verschaffen und Einfluss zu nehmen. Wenn du in der Zeitung etwas liest, wozu du gern etwas sagen möchtest, gewöhne dir an, sofort einen Leserbrief oder einen Kommentar im Leserforum zu schreiben. Der Text muss nicht lang sein, und er sollte, auch wenn er kritisch ist, konstruktiv und freundlich sein – du wirst dich wundern, wie oft er veröffentlicht wird oder du eine persönliche Antwort der Redaktion erhältst. Übrigens machen positive Leserbriefe und Kommentare noch viel mehr Eindruck als »Nörgeltexte«, weil man davon ausgeht, dass jeder kritische Leserbrief für mindestens 1000 Leser steht, die der gleichen Meinung sind, aber nicht geschrieben haben – jeder zustimmende Beitrag aber für zehn- bis hunderttausend Leser. Stärke also systematisch die Leute, die in deinen Augen das Richtige schreiben oder tun, das macht auch (noch) mehr Spaß.

Die Nachrichtenprogramme von *Deutschlandradio* sind hervorragend, ebenso wie ihre durchdachten und tiefergehenden Kommentare und Interviews. Außerdem gibt es eine Vielzahl »alternativer« oder lokaler »Bürgersender«, die oft Themen abseits des Mainstream sehr fundiert behandeln – aber neben dem Weizen gibt es dort auch viel Spreu, entscheide selbst!

Informiere dich, wer die für dich zuständigen Abgeordneten auf kommunaler Ebene als auch auf Landes- und Bundesebene sind. Halte stets ihre Namen, Anschriften, Telefonnummern und E-Mail-Adressen für den Fall bereit, dass du ihnen deine Meinung mitteilen oder um Informationen bitten möchtest. Wenn du sie regelmäßig und aus gutem Grund kontaktierst, werden sie sich mit der Zeit an dich erinnern und dich zunehmend ernster nehmen. Politiker brauchen diesen regelmäßigen Kontakt mit einigen »normalen« Menschen, damit sie nicht völlig den Bezug zur Realität verlieren.

Wenn du Meinungen und Nachrichten wirklich abseits des Mainstreams suchst, bist du bei den großen, erfolgreichen Zeitungen und Magazinen natürlich falsch – sie wollen verkaufen. Immerhin kannst du dir, indem du bewusst darauf achtest, welche Firmen regelmäßig ganzseitige Anzeigen schalten, ausrechnen, zu welchen Themen du kaum jemals grundlegende Kritik in dem betreffenden Blatt lesen wirst. »Wes' Brot ich ess', des' Lied ich sing«.

Das Internet bietet eine ungeheuer umfassende, globale, fast völlig basisdemokratische Möglichkeit zum freien Informationsfluss und zur Vernetzung. Natürlich wird von interessierter Seite intensiv daran gearbeitet, das zu ändern, ohne die Wirtschaft zu behindern, aber Milliarden Nutzer mit dezentralen Providern zu kontrollieren, ist nicht so einfach. Halte dich auf dem Laufenden, informiere dich und sei aktiv.

Politik in der Theorie

Die westlichen politischen Systeme sind insbesondere von folgenden Werken beeinflusst oder aber kritisiert worden:

- Plato, *Der Staat*
- Aristoteles, *Politik*
- Thomas Hobbes, *Leviathan*
- John Locke, *Über die Regierung*
- John Stuart Mill, *Über die Freiheit*
- Karl Marx und Friedrich Engels, *Das kommunistische Manifest*
- Niccolo Machiavelli, *Der Fürst*
- George Orwell, *Farm der Tiere; 1984*
- Alexis de Tocqueville, *Über die Demokratie in Amerika*
- Henry David Thoreau, *Über die Pflicht zum Ungehorsam gegen den Staat*
- Aldous Huxley, *Schöne Neue Welt*

Die meisten dieser Bücher werden übrigens auch äußerst einladend in Clifton Fadimans *The New Lifetime Reading Plan* beschrieben.

Lies auch die *Amerikanische Unabhängigkeitserklärung*, die *Amerikanische Verfassung* und natürlich das deutsche *Grundgesetz* sowie die Verfassung deines jeweiligen Bundeslandes. Immer wichtiger werden auch die Konventionen der Vereinten Nationen (UN) sowie die Regelungen und Verfassungsentwürfe der EU. Im Internet findest du nicht nur sämtliche heutige Gesetzestexte und Vorlagen, sondern auch sehr viele historische. Vergnüge dich mit dem Reichsschulpflichtgesetz von 1938 oder mit der Weimarer Verfassung von 1919 ... Wenn dich Thoreaus Idee des gewaltfreien, zivilen Ungehorsams interessiert, dann schau dich nach Praxisbezügen um. Lies die Schriften von Martin Luther King Jr., oder sieh dir den Film *Ghandi* an. Ein Versuch, von der Negativbeschreibung wegzukommen, ist die Prägung des deutschen Wortes »Gütekraft« für den indischen Gandhi-Begriff *Satyagraha*. Achte auch auf bedeutsame neue politische Theorien und Modelle, die ihren Ursprung oftmals in neuen religiösen Strömungen oder der Friedens- und Frauenbewegung haben. Einer der bedeutendsten und visionärsten neuzeitlichen politischen Autoren ist Starhawk, deren Buch *Das fünfte Geheimnis* die Politik aus einem wirklich neuen, erfrischenden und bestärkenden Blickwinkel betrachtet.

Verschiedene Tätigkeiten und Organisationen

Für ein *besseres Verständnis des juristischen Systems* solltest du zu öffentlichen Gerichtsverhandlungen gehen. Von verschiedenen Trägern werden immer wieder Kinder- und Jugendparlamente unterstützt, die teilweise befristete Projekte sind, teilweise kontinuierliche Arbeit leisten, wie z. B. das Europäische Jugendparlament in Deutschland e. V.

Amnesty international (ai) ist eine der wenigen Organisationen, die nicht nur an deinem Geld, sondern gleichermaßen an deiner aktiven Mitarbeit interessiert sind. Hinzu kommt, dass die Organisation von Menschen unterschiedlichster politischer Gesinnung unterstützt wird – du brauchst also weder »links«, noch »rechts«, noch sonst was zu sein, um an das zu glauben, wofür sich diese Organisation einsetzt. Ein Großteil ihrer Arbeit besteht darin, Briefe im Interesse von gefolterten Gefangenen an die Regierungen verschiedenster Länder – Türkei, Malaysia, Südafrika etc. – zu schreiben. Ihr Hauptaugenmerk gilt dabei gewaltfreien »prisoners of conscience«, d. h. Menschen, die aufgrund ihres Glaubens, ihrer Hautfarbe, ihres Geschlechts oder ethnischen Ursprungs, ihrer Sprache oder Religion gefangen gehalten werden. Und diese Briefaktionen sind unglaublich effektiv – viele Gefangene werden in direkter Folge freigelassen oder erfahren fortan zumindest eine humanere Behandlung.

Kapitel 24
Deutsch entschulen

Die beste Deutschlehrerin der Welt würde selten etwas sagen, und vor allem würde sie nie das Wort zur gleichen Zeit an die gesamte Klasse richten. Sie würde dich in Ruhe lassen, du dürftest lesen, was immer du wolltest und sie würde nicht versuchen, nette Diskussionen über die Motive der handelnden Personen oder über die Verbindung von Handlungsort und Thema anzuregen. Sie würde dich nicht vom Schreiben abbringen, indem sie dich *zwingt*, zu schreiben. Sie würde friedlich am Pult sitzen, *Stolz und Vorurteil* von Jane Austen lesen, und wenn du mit einer Frage zu ihr gingst, würde sie ihr Buch weglegen, und freundlich über die Beantwortung deiner Frage nachsinnen.

Bedauerlicherweise kann man davon ausgehen, dass sie – sollte es eine solche Lehrerin jemals gegeben haben – mit Sicherheit inzwischen gefeuert wurde, da sie nicht immer dann, wenn der Schulleiter den Kopf zur Tür hereinsteckte, voll und ganz damit beschäftigt war, dich nach dem Unterschied zwischen Metapher und Vergleich zu befragen. Sie hätte das oberste Gebot des Lehrerberufes – »Du musst immer geschäftig wirken« – verletzt.

Aber glücklicherweise gehst du ja nicht mehr zur Schule und musst dir deshalb darüber auch keine Gedanken machen. Du kannst es dir stattdessen mit deinen literarischen Schätzen unter einem Baum bequem machen. Und wenn du dich gerne über Handlung und Ort des Geschehens unterhalten möchtest, dann ziehst du eben los und suchst Gleichgesinnte.

Unter »Deutsch« versteht man im Allgemeinen die Lektüre und das Kritisieren von literarischen Werken, sowie erläuterndes als auch kreatives Selberschreiben. Mit diesen Bereichen – einschließlich einiger Bezüge zur Mythologie– beschäftigt sich dieses Kapitel.

Literatur

Literatur sind Wörter, die uns unsere Leben erzählen. Unsere Leben sind lustig, vielfältig und verworren – ebenso wie die guten Geschichten darüber. Literatur kann man auf zweierlei Art und Weise studieren. Erstens liest du etwas ganz einfach deshalb, weil es dir gefällt. Wenn du nicht zum Vergnügen liest, dann hast du verloren.

Und zweitens wäre da die Literaturkritik, die ebenso wundervoll sein kann, solang sie ehrlich betrieben wird. Literaturkritik bedeutet, man liest etwas und spricht oder schreibt anschließend darüber. Leider passiert es immer wieder, dass langweilige und gefühllose Literaturkritiker den Leuten nicht nur den Spaß am Lesen verderben, sondern ihnen auch jegliche Freude an der Literaturkritik an sich nehmen. Viel zu viele Hochschulabsolventen vergraben nach dem Abschluss ihres Literaturstudiums ihre ehemaligen Lieblingsbücher, nicht ohne sie zuvor in einem Meer von Begriffen wie »Ausgang«, »flacher Charakter« und »Erzählstil« ertränkt zu haben.

Literaturkritik kann manchmal unglaublich lächerlich sein, und es scheint, als wäre sie nur dazu da, Germanistikprofessoren das Gefühl zu geben, sie seien wichtige Wissenschaftler, was sie natürlich nicht sind und auch nicht sein sollten. Im besten Fall schafft es die Kritik, deine Beziehung zur Literatur positiv zu stärken und so zu vertiefen, dass sie dich noch viel stärker berührt.

Kritisieren bedeutet übrigens nicht, dass man *schlechte* Dinge über Literatur sagt. Es bedeutet vielmehr, Literatur analytisch und tiefsinnig zu beurteilen, nachdem man einige Fragen gestellt hat.

Manche Menschen – und vielleicht auch du – lieben so etwas. Andere können darüber nur lachen oder machen, dass sie fortkommen. Beides ist Ansichtssache und kann daher nicht verkehrt sein. Schlimm wäre es allerdings, wenn du Geschichten nur deshalb nicht liest, weil es dir widerstrebt, sie anschließend in der Öffentlichkeit zu zerpflücken. Schlimmer noch wäre es, wenn du Literatur kritisierst, ohne aber den geringsten Spaß am Lesen an sich zu haben.

Muss man die Bücher, die man liest, denn analysieren? Nein, nein und nochmals nein! Man braucht auch keine Kenntnisse der Integral- und Differenzialrechnung für einfache Algebra und Divisionen, oder um sich in dieser Welt gut zurechtzufinden. Genauso wenig muss man sich mit Literaturkritik beschäftigen, um Bücher zu lieben und um sich von großartiger Literatur nachhaltig beeinflussen zu lassen.

Wie können Menschen, die es hassen zu lesen, Literatur studieren?

Sie können sich Filme anschauen. Filme, wie auch Bücher, können billiger Abklatsch oder aber »Klassiker« sein. Einen guten Film kannst du genauso akademisch kritisieren, wie das Werk *Der Sturm*. Wirf einen Blick in *Reclams Filmführer, Filmklassiker von Thomas Koebner*, die *Arthouse-Collection* oder in *1001 Filme, die Sie sehen sollten, bevor das Leben vorbei ist.*

Schau dir einen Film immer erst einmal zum reinen Vergnügen an. (Dies bedeutet nicht, dass du Symbolismus und Handlungsaufbau nicht erkennen wirst, aber du konzentrierst dich eben nicht ausschließlich auf diese Dinge.) Wenn du ein tieferes Verständnis für einen Film entwickeln möchtest, kannst du ihn dir anschließend ein zweites oder drittes Mal anschauen und ihn nach Herzenslust analysieren.

Natürlich ist es schade, wenn man Lesen hasst, aber darum geht es nicht.

Und welche der 2.472.003 Bücher muss man denn nun tatsächlich gelesen haben?

Diese Frage lässt sich nicht einfach beantworten. Niemand, außer vielleicht einem Vampir, hat die Zeit, wirklich alle großartigen Bücher zu lesen. Gut für dich, denn es bedeutet, dass deine persönliche Antwort auf die Frage »Na, junger Mann, was hast du denn so gelesen?« genauso gut ist wie die aller anderen Leute auch.

Sicherlich gibt es viele Bücher, die als Klassiker gelten und noch viele mehr, die nicht als solche betrachtet werden. Was also zählt? Niemand mag es zugeben, aber es gibt so etwas wie allgemein anerkannte Standards. »Gute Literatur« sind jene Werke, denen der Zahn der Zeit nichts anhaben konnte und die auch aus heutiger Sicht immer noch als »wertvoll« betrachtet werden. Es sind Geschichten, die mehr als nur unterhaltsam sind und die unsere Art zu leben und zu sterben in Frage stellen. Ezra Pound schrieb: »Ein Klassiker ist nicht deshalb ein Klassiker, weil er sich an bestimmte strukturelle Vorgaben hält oder mit bestimmten Definitionen (von denen der Autor wahrscheinlich nie etwas gehört hat) konform geht. Es ist viel mehr eine gewisse unvergängliche und unbändige Frische, die ein literarisches Werk zum Klassiker macht.«

Und warum sollte man dieses Zeug lesen? In erster Linie natürlich, weil es Spaß macht. Aber auch, um aus sich herauszugehen, um zu fliegen, zu weinen, seinen Horizont zu erweitern und etwas über die Natur der Menschen zu lernen. Wann immer wir uns in einem Dilemma oder in einer Krise befinden, lohnt es sich, einen Blick in die Welt der Literatur zu werfen. Literarische Werke zeigen uns verschiedene Wege, mit bestimmten Situationen umzugehen – sei es die Geburt, das Altern, das Sich Verlieben, das Ende einer großen Liebe, Versagen, Erfolg, Betrug, Einsamkeit, die Eltern altern und sterben sehen, sich Geld wünschen, Geld bekommen, hassen oder verlieren, Kriege führen oder dem Tod ins Angesicht blicken.

Empfehlungen

Sei dir darüber klar, dass die meisten der »Klassiker«, von denen du normalerweise hörst, von Weißen geschrieben wurden. Versuche nun nicht, ihre Bücher bewusst zu *meiden*, denn letztendlich sind sie diejenigen, die während der letzten Jahrhunderte die besten Voraussetzungen hatten, zu schreiben. Deshalb haben sie eine Menge großartiger Bücher verfasst. Bemühe dich aber auch um andere sehr gute Literatur, z. B. von Autorinnen aus anderen Kulturen usw.

Falls du sehr viel klassische Literatur lesen möchtest, bereite dich am besten etwas darauf vor, indem du die Bibel liest und dich ein wenig mit griechischer Mythologie (z. B. *Die Odyssee* und *Die Göttliche Iliade*) beschäftigst. Dies wird dir helfen, die Werke (die du z. B. unter www.klassiker-der-weltliteratur.de findest), ihre Anspielungen und vor allem den versteckten Humor zu verstehen. Denn die meisten »klassischen« Werke setzen voraus, dass der »klassisch gebildete« Leser mit der Bibel und der griechischen Mythologie vertraut war. Es lohnt sich! Wenn du nicht die ganze Bibel lesen möchtest, dann lies zumindest *Genesis, Exodus, Das Buch Hiob, Das Hohelied, Jesaja, die vier Evangelien, die Briefe an die Korinther und die Offenbarung des Johannes.*

Und falls du eine Fremdsprache lernst, dann solltest du dir auf keinen Fall das Vergnügen entgehen lassen, die besten in dieser Sprache geschriebenen Bücher zu lesen. Eine der schönsten Erfahrungen, die ich bisher in meinem Leben gemacht habe, war, in der Spätnachmittagssonne während der Wintersonnenwende neben der Steinsonnenuhr in Macchu Picchu zu sitzen und die spanische Ausgabe von *Die Höhen von Macchu Picchu* von Pablo Neruda zu lesen.

Wenn du mit Gleichgesinnten über Gelesenes diskutieren möchtest, kannst du einem Literaturklub beitreten oder selbst einen gründen. Oder aber du suchst dir einfach Leute zum gegenseitigen Vorlesen.

Bibliografien

Eine Bibliografie ist eine Bücherliste, die dir dabei hilft, dich im literarischen Universum zurechtzufinden. Klar hast du von Goethe gehört, aber möglicherweise auch von Danielle Steel. Warum also Goethe lesen? Und woher sollst du wissen, was du sonst noch lesen sollst, wenn du keinen Deutschlehrer hast, der dir Anweisungen gibt? (Wenn du der Schule den Rücken kehrst, kann es sein, dass du dich anfangs ohne Lehrer ein wenig unsicher fühlst. Das Gefühl der Unsicherheit wird sich natürlich mit der Zeit legen. In der Zwischenzeit hilft es dir vielleicht, Bibliografien als Orientierungshilfen nutzen.) Frage in einer Bücherei nach oder klicke dich mal durch die Klassiker-Bücherlisten im Internet.

Miss Llewellyns Mini-Teenager-Bibliografie

In dieser Liste spiegelt sich meine Überzeugung wider, dass die Teenager-Zeit eine Zeit starker persönlicher Veränderungen und Visionen ist. Als Lehrerin fiel mir auf, dass die meisten Teenager insbesondere Literatur mochten, die einen Bezug zum Bizarren und Visionären, zum Wilden und über Grenzen Hinausgehenden hatte, Literatur, die sich mit den geheimnisvollen Tiefen der menschlichen Natur beschäftigte. Sie suchten in der Literatur nach Bestätigungen dafür, dass die Realität trotz aller Erklärungsversuche der Erwachsenen unglaublich facettenreich und sehr absonderlich ist. Mein Freund Keith erzählte mir einmal, dass er gerne Zeit mit seiner Freundin Mary verbrachte, weil sie ihm das Gefühl gab, einen festen Platz in diesem Universum zu haben. Ich habe ihn nicht gebeten, mir genauer zu erklären, was er damit meinte, aber seine Bemerkung beschreibt ganz gut mein eigenes Verhältnis zur Literatur. Meine Gedanken und Hoffnungen können noch so eigenartig sein – ich kann mich immer darauf verlassen, dass ich in der Literatur etwas finde, was mich bestätigt und mir das sichere Gefühl gibt, nicht allein zu sein. Die meisten guten Bücher können das, aber nachfolgende Liste ist insbesondere auf die Bedürfnisse und Interessen sich auf der Suche befindender Teenager zugeschnitten.[63]

Romane

- Maya Angelou, *Ich weiß, warum der gefangene Vogel singt*
- Hal Borland, *Die alten Lieder sind verklungen*
- Rita Mae Brown, *Rubinroter Dschungel* *)
- Lewis Carroll, *Alice im Wunderland*
- Dante, *Die göttiche Komödie: 1. Das Inferno* (nicht wirklich ein Roman, sondern ein sehr langes Gedicht)
- William Golding, *Herr der Fliegen* (ich stimme Goldings pessimistischer Einschätzung der menschlichen Natur auf gar keinen Fall zu, aber nichtsdestotrotz ist dies ein fesselnder, provokant psychologischer Roman)
- Jean Hegland, *Die Lichtung*
- Keri Hulme, *Unter dem Tagmond*
- John Knowles, *Ein anderer Frieden*
- Ursula LeGuin, *Das Wort für Welt ist Wald*
- Alle Werke von Madeleine L'Engle, angefangen mit *Die Zeitfalte*
- C. S. Lewis, z. B. *Die Chroniken von Narnia, Perelandra, Perelandra*
- Carson McCullers, *Das Herz ist ein einsamer Jäger*
- Tom Robbins, *Sissy, Schicksalsjahre einer Tramperin* *)
- J. D. Salinger, *Der Fänger im Roggen*
- Sapphire, *Push**)
- Lynne Sharon Schwartz, *Feldstörungen*
- Ignazio Silone, *Wein und Brot*
- Tom Spanbauer, *Der Mann, der sich in den Mond verliebte**)
- J. R. R. Tolkien, *Der Herr der Ringe*, Trilogie
- Alice Walker, *Die Farbe Lila**)
- Richard Wright, *Native Son. Sohn dieses Landes.*

Kurzgeschichten

- Sherwood Anderson, *Winesburg, Ohio*
- Shirley Jackson, *Die Teufelsbraut*
- D. H. Lawrence, *Meistererzählungen*
- Ursula LeGuin, *Geschichten aus Orsinien*
- Barry Lopez, *Am Fluss; In der Wüste; Winterchronik*
- Edgar Allen Poe, alles – insbesondere *Die Maske des Roten Todes*

Aufsätze und Non-Fiction

- Edward Abbey, *Das Kaktusland*
- Annie Dillard, *Holy The Firm*
- John Fire Lame Deer / Richard Erdoes, *Tahca Ushte. Medizinmann der Sioux*
- Kahlil Gibran, *Der Prophet*
- Peter Matthiessen, *Auf der Spur des Schneeleoparden*
- Henry David Thoreau, *Walden* und *Über die Pflicht zum Ungehorsam gegen den Staat*
- *Offenbarungen* (in der Bibel)

Theaterstücke

- Arthur Miller, *Hexenjagd*
- Shakespeare, *Hamlet*
- Sophocles, *König Ödipus*

Filme

- *Der Club der toten Dichter*
- *Equus – blinde Pferde*
- *Harold und Maude*
- *Jesus von Montreal*
- *Die letzte Flut*
- *Einer flog übers Kuckucksnest*
- *Picknick am Valentinstag*
- *Double Happiness (1994)*
- *Grüne Tomaten*
- *Lone Star (1996)*
- *My Life as a Dog (1985)*
- *Das Piano*
- *Quiz Show (1994)*
- *Romeo und Julia*

Poesie

- William Blake, Allen Ginsberg, *Howl/Geheul*
- Die Texte deiner Lieblingslieder, wie z. B. *Pink Floyd, U2, Led Zeppelin, Tori Amos, Ani Difranco, The Indigo Girls, Ferron* oder *Bruce Cockburn*

Und hier noch eine kurze Liste großartige Liebesgedichte, für alle Fälle:

- *Das Hohelied* aus der Bibel
- Emily Brönte, *Sturmhöhe*
- Edgar Allen Poe, *Annabel Lee*
- *Gedichte* von Sappho
- Shakespeares *Sonette*

Verschiedenste alte staubige Bücher, die man in allen Hochschulbüchereien findet – suche mit Hilfe des Computers nach »Liebesgedichten« oder »Liebesliteratur«. Ich habe z. B. in der Universität von Oregon alte, in Leder gebundene Bände mit Sammlungen chinesischer und arabischer Liebesgedichte gefunden.

Anthologien

Eine Anthologie ist eine Literatursammlung – eine Menge Zeug in einem Buch. Preiswert und praktisch.

Literaturkritik

Wenn du die Sache wirklich ernst nehmen willst, dann fange an, Literaturkritiken zu lesen und selbst welche zu schreiben. Falls du C.S. Lewis und mittelalterliche englische Literatur magst, beginne mit C.S. Lewis Kritiken, die seiner Fiction in Punkto Klarheit und Weisheit in nichts nachstehen.

Lies ein paar literaturwissenschaftliche Journale, um dir darüber klar zu werden, ob dir ein Germanistik- oder ein anderes literaturwissenschaftliches Studium zusagen würde. Die anspruchsvollen Abhandlungen, die du in diesen Magazinen findest, sind in etwa das, was du im Rahmen eines solchen Studiums wieder und wieder schreiben musst. Falls du diese Journale wirklich magst, dann lies sie und werde zum Experten. Übe dich im Schreiben von Kritiken im gleichen Stil. Letztendlich kannst du einen deiner Aufsätze einsenden und schauen, ob er veröffentlicht wird.

Kontaktaufnahme zur Literatur

Der Wunsch, allem, was uns attraktiv erscheint, wirklich nah zu sein, liegt in der Natur des Menschen. Es ist ganz bestimmt befriedigender, durch die Wildnis zu wandern, geschmolzenen Schnee zu trinken und sich Blasen an den Füßen zu holen, als eine hübsche Bergstraße entlangzufahren. Es ist auch schöner, jemanden zu küssen, anstatt ein Foto anzustarren. Mein Vater erzählte mir einmal, dass er glaubt, manche Männer würden jagen, weil sie sonst – abgesehen vom Fernsehen und Besuchen im Zoo – keine andere Möglichkeit haben, wilden Tieren nahe zu sein. Ich ertappe mich selbst oft bei Versuchen, zu Dingen die ich mag, eine engere Beziehung aufzubauen. Sei es das Zerschnippeln von *National-Geographic*-Magazinseiten, um sie dann in meine eigene Sammelalben einzukleben, das Erfinden neuer Varianten meiner Lieblingsrezepte oder das Fotografieren von Landschaften, obwohl Postkarten billiger und professioneller sind.

Das Gleiche gilt für Literatur. Manchmal genügt es einfach nicht, Geschichten zu lesen und sie dann, auf unergründliche, stumme, mysteriöse Art und Weise auf uns wirken zu lassen. Manchmal müssen wir selbst etwas tun, wenn wir eine Verbindung zwischen uns und dem, was von einer anderen Person geschrieben wurde, herstellen wollen. Leider lernen die meisten von uns – in der Schule oder beim Studium – nur einen einzigen Weg kennen, nämlich das kaltherzige, von der linken Gehirnhälfte gesteuerte Zerpflücken und Kritisieren der von uns geliebten literarischen Werke. Je höher man auf der »Literatur«-Leiter klettert, desto weniger akzeptabel werden Bemerkungen darüber, inwieweit Literatur uns *persönlich* beeinflusst und unser eigenes Leben widerspiegelt. Stattdessen muss man analysieren, definieren und aufspalten. Das Ergebnis ist dann oft absurd abstrakt, und das literarische Werk kann nicht mehr auf uns in der oben beschriebenen mysteriösen Weise wirken. Es gibt aber andere Wege, sich auf Literatur einzulassen. Wege, von denen ich meine, dass sie uns selbst und der Literatur den nötigen Respekt zollen und Gelesenes tief in uns drinnen weiterleben und wachsen lässt:

Lege dir ein Kollektaneenbuch an, d. h. eine persönliche Sammlung von Zitaten aus Romanen, Gedichten, Aufsätzen etc., die du selbst gelesen hast. Es geht nicht darum, aus Zitatensammlungen anderer Leute abzuschreiben. Gerade der persönliche, intime Aspekt eines solchen Unterfangens macht es zu etwas wirklich Kostbarem. Natürlich kann ein Kollektaneenbuch auch der Anfang eines weniger privaten Projektes sein. Der Teil »Bildung« in meinem eigenen Kollektaneenbuch wird langsam so umfangreich, dass ich schon darüber nachgedacht habe, daraus irgendwann einmal ein eigenständiges Buch zu machen. Aber es käme mir nie in den Sinn, meine gesamte Sammlung veröffentlichen zu wollen. Du kannst deine Zitatsammlung in Themenbereiche (»Ehrlichkeit«, »Hunde«) gliedern oder aber du belässt sie in einem ungeordneten, poetischen Haufen. Die Zitate können kurz (einzelne Phrasen) oder lang (ganze Seiten) sein. Da es wichtig ist, dass du dich persönlich involvierst, solltest du auf die Benutzung von Fotokopierern und Scannern verzichten und die Zitate selbst abschreiben.

Das Auswendiglernen. Manche Menschen lernen Zitate auswendig, um auf snobistischen Partys kultiviert zu klingen, während sie an den Hors d'Oeuvres herumknabbern. Aber das ist nicht das, was ich meine. Vor ungefähr zwölf Jahren verbrachte ich den halben Sommer in einem Zeltlager in Northern Minnesota, um Zoologie zu studieren. Abends ging ich oft alleine spazieren, und manchmal war ich einfach überwältigt, wenn die Glühwürmchen anfingen zu tanzen, die Eistaucher riefen, die Frösche sangen und der warme Wind durch das Erlendickicht strich. Ich hatte das Verlangen, diese Schönheit zu *berühren*. Daher begann ich unter anderem Teile der Geschichte »The Search for the Heron« von Barry Lopez auswendig zu lernen. Dann wanderte ich durch die Nacht und rezitierte die Passagen mit leiser Stimme. Ich weiß, das klingt schnulzig. Aber ich wünschte, ich hätte mehr dieser »schnulzigen« Gedichte und Passagen in meinem Gehirn, und dafür weniger von diesen College-Englischunterlagen oben in meinem Aktenschrank.

Lies jemandem vor, den du magst, oder lest euch gegenseitig vor. Wenn du das Lesen an sich voll auskostest, dann wirst du auch weniger das Gefühl haben, noch andere Dinge tun zu müssen (z. B. Abhandlungen schreiben), um das literarische Werk gebührend zu würdigen.

Wenn du jemanden besser kennen lernen möchtest, dann tauscht »Leseanweisungen« aus und empfehlt euch so gegenseitig eure Lieblingsliteratur. Auf diesem Wege schafft ihr euch eine wunderbare Gemeinsamkeit und könnt die ganze Zeit gute Bücher genießen.

Schreibe Buchbesprechungen in Aufsatzlänge. Das Schreiben langer Rezensionen ist ein guter Mittelweg zwischen dem Verfassen von Literaturkritiken und dem Einfach-nur-lesen. Du liest wesentlich aktiver, vergleichst das Buch, was du bereits aus anderen Lektüren gelernt hast, mit persönlichen Erfahrungen, aktuellen Nachrichten, dem eigenen Geschichtsverständnis und dem, was du auf der Straße so hörst. Du hälst die Augen offen für gute Zitate und versuchst, das Wesentliche des Buches zu erfassen, als auch einzelne Punkte oder Themen, die dir besonders interessant erscheinen, herauszugreifen. Es bietet sich auch oft an, passende persönliche Geschichten oder Geschehnisse aus der aktuellen Politik einzubinden, weitere Hintergrundinformationen zu Verfasser und Thema zu geben und die Limitationen des Buches herauszustreichen oder aber auch ungewöhnliche Anwendungsbereiche vorzuschlagen.

Organisiere eine Poesielesung. Trage deine eigenen Lieblingsgedichte vor und bitte auch Freunde um Beiträge. Macht daraus eine Gala-Veranstaltung bei Kerzenschein und festlicher Kleidung.

Mythologie

Zur Mythologie gehört viel mehr, als sie dir in der Schule weismachen wollen. Es geht in der Mythologie nicht nur um niedliche Geschichten über den Mond und warum er seine Form verändert. Es geht vielmehr um verborgenste Träume, kniffligste Fragen und unabänderliche Schicksale der menschlichen Rasse.

Ressourcen

Die Kraft der Mythen von Joseph Campbell und Bill Moyers. Schau dir die DVD an oder lies das Buch. Anschließend bietet sich alles andere von Campbell an.

In der Kinderbibliothek findest du wunderschön illustrierte Bücher über Mythen und Legenden.

Das große Buch der klassischen Mythen von Edith Hamilton wird oft als das Standardwerk betrachtet, obwohl es sich hauptsächlich auf griechische Mythologie konzentriert und vieles andere außen vor lässt.

Was du tun kannst

Versuche, für Journale wie *Parabola* zu schreiben.

Binde Mythologien in deine künstlerische Arbeit – Dichtung, Malerei, Musik– ein. Erschaffe selbst Mythologien, so wie es auch William Blake, J. R. R. Tolkien, Ursula LeGuin und andere getan haben.

Wenn dich die Mythologien einer ganz bestimmten Kultur besonders faszinieren, dann versuche mehr über Kulturgeschichte, Geografie etc. herauszufinden. Überlege dir auch, ob du nicht die entsprechende Sprache lernen möchtest.

Erzähle Mythen nach, und schmücke sie mit weiteren Details aus, füge persönliche Interpretationen zu und fertige hübsche Illustrationen an.

Die Kunst des Schreibens

Erstens: die Aneignung allgemeiner Schreibfertigkeiten, so dass du ohne Blockaden, Ängste und Missverständnisse kommunizieren kannst. Zweitens: die Entwicklung schriftstellerischer Talente – Journalismus, Aufsätze, Poesie, Dramen, Kurzgeschichten, Romane. Und abschließend ein kurzer Blick auf die Erzählkunst.

Allgemeine Schreibfertigkeiten

Da wir am Beispiel lernen, gilt für die meisten Menschen: lesen, lesen, lesen.

Gesunder Menschenverstand hilft auf jeden Fall auch weiter. Ich hatte mehrere Schüler, die sich mündlich zwar wunderbar ausdrücken konnten, aber sofort in Panik gerieten, wenn es darum ging, zu schreiben. Das lag daran, dass ihnen in der Schule beigebracht wurde, Schreiben sei schwierig und mysteriös. Wir fanden zusammen heraus, dass sie lediglich das Tempo ein wenig zu verringern hätten und sich vorstellen sollten, sich selbst zuzuhören, um dann einfach das aufzuschreiben, was sie sich selbst sagen hörten. Einfach? Ja. – Albern? Nein. In der Schule wird die Lösung von Problemen mittels gesundem

Menschenverstand nicht wirklich gefördert, denn wenn jeder in Punkto Lernmethoden sich selbst und seinem Verstand vertrauen würde, bräuchten wir ja keine Lehrer mehr.

Erwarte nicht von Anfang an perfekte Ergebnisse. Beginne stattdessen mit »Brainstorming«. Lass deinen Gedanken völlig freien Lauf und schreibe sie einfach auf. Kümmere dich dabei nicht um Rechtschreibung, Grammatik, Ausdruck etc. Im zweiten Durchlauf kannst du dann die Sätze umschreiben, Wörter austauschen usw. Im dritten Durchlauf kümmere dich um die Feinheiten. Benutze Thesaurus und überprüfe Rechtschreibung und Interpunktion. Schreiben ist ein *Prozess*, und die meisten Leute müssen dabei Schritt für Schritt vorgehen. Der Versuch, alles in einem Durchgang perfekt hinzubekommen, ist meist zum Scheitern verurteilt. Das liegt daran, dass die meisten von uns nicht gleichzeitig kreativ und wertend arbeiten können. Daher gilt: zuerst schöpferisch arbeiten und schreiben und anschließend begutachten, strukturieren und kürzen.

Bitte Freunde und Familienangehörige um konstruktive Kritik, wenn du etwas geschrieben hast. Frage sie nach missverständlichen Passagen, vermeintlichen Wiederholungen und bitte sie, dir alles zu sagen, was ihnen sonst noch auffällt. Einige deiner Leser mögen nicht unbedingt »Experten« der Literaturkritik sein, aber dafür können sie sich höchstwahrscheinlich bedeutend mehr Zeit für die Durchsicht deiner Arbeit nehmen. Selbst in der wirklich kleinen Schule, in der ich gearbeitet habe, hatte ich nie genug Zeit, auch nur einem meiner 26 Schüler ausreichend Rückmeldung zu dessen schriftlichen Arbeiten zu geben.

Die Entwicklung literarischen Talentes

Um ein Schriftsteller zu sein, musst du natürlich nichts anderes tun, als Schreiben. An Schriftstellerkonferenzen teilzunehmen ist ganz sicher nicht zwingend erforderlich. Und wenn du *nicht* schreibst, dann wird es auch kein Literaturunterricht der Welt schaffen, dir einen Roman aus der Nase zu ziehen. Hast du aber erst mal angefangen zu schreiben, dann kann Hilfe von außen ganz nützlich sein.

In jeder Bibliothek gibt es eine Menge Bücher zum Thema »Schreiben lernen«. Die meisten sind scheußlich, aber ein paar sind hervorragend.

Begib dich, entweder per E-Mail oder persönlich, bei einem Schriftsteller, den du besonders bewunderst, in die Lehre. Schicke ihm ein ordentlich getipptes, überarbeitetes und fehlerfreies kleines Beispiel deiner Arbeit. Füge ein kurzes Anschreiben sowie einen frankierten Rückumschlag bei und bitte höflich um sein Feedback, *falls* er sich die Zeit dafür nehmen *kann*. Stelle klar, dass du natürlich Verständnis dafür hast, sollte er keine Zeit haben. Wenn er berühmt ist (was bedeutet, er hat zu tun) oder wenn deine Arbeit schluderig ist, dann wir der dir höchstwahrscheinlich gar nicht oder zumindest nicht im Detail antworten können. Schau dich in dem Fall nach jemand anderem um.

Mehrere Teenager, einschließlich der 14-jährigen Tabitha Mountjoy und der 16-jährigen Kim Kopel machen bei Susannah Sheffer, Redakteurin bei *Growing Without Schooling*, eine Schriftstellerausbildung per E-Mail. (Susannah hat auch ein wunderbares Buch über Homeschooler-Schriftsteller *Writing Because We Love To* geschrieben).

Oder aber du begibst dich »anonym« in eine Lehre bei einer berühmten Schriftstellerin, indem du einfach gewissenhaft ihre Arbeit studierst. Techniken dafür sind z. B.: Schreibe Auszüge ihrer Arbeit ab, um ihren Stil besser zu verstehen. Versuche, selbst etwas in ihrem Stil zu schreiben. Lies wieder und wieder ihre wichtigsten Werke. Lerne Teile ihrer Arbeit auswendig. Lies ihre Biografien, Briefe und alles andere, was du findest und was dir hilft zu verstehen, *wie* sie schrieb. Letztendlich wähle einen anderen Schriftsteller und wiederhole den gesamten Prozess noch einmal.

Tritt einer Schriftstellervereinigung oder ähnlichen Gruppe bei – oder gründe eine. C.S. Lewis, J.R.R. Tolkien und andere Freunde trafen sich in einer Gruppe, die sie The Inklings nannten, um Ideen auszutauschen und um über ihre Arbeit zu sprechen.

Besuche Schriftstellertreffen; entweder die »echten«, die für Erwachsene gedacht sind (aber keine Altersbeschränkungen haben) oder aber die – manchmal gar nicht so schlechten – Konferenzen für Jugendliche.

Melde dich zu einem Workshop an. Aber *nur*, wenn du dem Lehrer trauen kannst, denn solche Kurse sind nur dann sinnvoll, wenn sie von echten Schriftstellern geleitet werden. Ich kann mir nicht erklären, weshalb die meisten Oberstufen-Englischlehrer meinten, sie müssten »kreatives Schreiben« unterrichten.[64] Lehrer müssen keine *professionellen* Schriftsteller sein, solange sie willens sind, ihre Arbeit einzubringen und solange dir ihre Arbeit gefällt. Aber es gibt auch viele Schriftsteller, die Kurse – insbesondere an Hochschulen – anbieten. Wenn du keinen von einem professionellen Schriftsteller geleiteten Kurs finden kannst, dann verzichte lieber ganz darauf.

Wenn du gerne einen Kurs belegen möchtest, dann wäre vielleicht auch »Kreatives Schreiben« oder irgendetwas anderes, die rechte Gehirnhälfte Stimulierendes, das Richtige für dich. Während ich hier Tag für Tag am Rechner sitze, hat sich meine Mitbewohnerin für einen einmal pro Woche stattfindenden »Women's Journal Writing Workshop« angemeldet. Sie beginnen in der Regel mit einer geführten Meditation, bei der sie sich z.B. vorstellen, durch ein riesiges Haus zu wandern, wo sie einer alten weisen Frau begegnen. Anschließend verbringen sie eine halbe Stunde damit, Gedichte oder Prosa zu schreiben, oder aber sie zeichnen etwas, was sie während der Meditation erlebt haben. Am Schluss tauschen sich die Kursteilnehmer in einer entspannten und ermunternden Atmosphäre über ihre Arbeiten aus.

Betrachte deine Schreiberei auch als Mittel, die Welt ein wenig zu verbessern. Du kannst z. B. Mitglied bei amnesty international werden und Briefe schreiben, um gefolterten Gefangenen zu helfen, du kannst an Kongressmitglieder oder an das Parlament schreiben, wenn dir Ungerechtigkeiten den Schlaf rauben. Oder aber du schreibst an Hersteller elektrischer Geräte, um ihnen deine Ideen darzulegen, wie sie zum Energiesparen beitragen könnten.

Journalismus: Die Nachbarschaftszeitung

Tatsächlich zu Hause zu leben, ist genauso wichtig – und zeitweise auch ebenso schwierig – wie tatsächlich in der Gegenwart zu leben. So wie viele Leute so reden, als würde ihr Leben in der Zukunft beginnen – also nach dem Studium, nach der Beförderung, nach der Hochzeit, im Ruhestand usw. – gibt es auch viele Leute, die so tun, als ob das, was in New York, Paris oder Afrika passiert, wichtiger wäre als das, was in der direkten Nachbarschaft geschieht. Dabei hätten wir alle weniger Sorgen und mehr Grund zum Feiern, wenn sich mehr Menschen für ihre unmittelbare Umgebung interessieren würden. Hier kannst du also dein schriftstellerisches Talent nutzen, um das Leben für all jene, die im Umkreis von einigen Kilometern wohnen, lebenswerter zu gestalten.

Jede Nachbarschaftsgemeinde wäre glücklicher und gesünder, gäbe es eine kleine, anspruchsvolle und gut geschriebene Zeitung, die sich mit den dort lebenden Menschen und lokalen Ereignissen befasst. Wie wäre es z. B. mit einem Blick hinter die Kulissen in der kleinen Pension an der Ecke oder einem Bericht über die alte Dame, die sich um streunende Katzen kümmert, oder aber Informationen darüber, was denn genau mit dem Abwasser der Haushalte in der Nachbarschaft passiert.

Konzentriere dich auf Persönlichkeiten und die kleinen, aber feinen Hintergrundinformationen – einfach nur über das Was-Warum-Wo-Wer-und-Wie zu berichten, wird den Leuten nicht dabei helfen, ihre Nachbarn wirklich besser zu verstehen. Eine wirklich gute Monats- oder Quartalsausgabe ist besser als eine schlechte, unter Druck entstandene wöchentliche Auflage. Um Ideen zu sammeln, lies Profile und Artikel in allen möglichen Magazinen und Zeitschriften. Ermuntere die Menschen dazu, Leserbriefe zu schreiben und richte ein Editorial ein.

Achte auf deine eigene Einstellung dem Projekt gegenüber. Wenn du es selbst als eine »von Kindern gestaltete Zeitung« ansiehst, kann es gut sein, dass es irgendwann genau das ist, was Erwachsene von einem solchen Unterfangen erwarten, nämlich etwas eher Oberflächliches und Kindliches.

Betrachte dein Projekt lieber als wichtiges Medium, die Wahrheit zu berichten und die Menschen in deiner Nachbarschaft näher zusammenzubringen.

Alles, was du brauchst, ist Papier oder ein Computer mit einem Textverarbeitungs- oder Desktop-Publishing-Programm. Fotos können alles noch ein wenig interessanter machen und Grafiken kannst du von künstlerisch begabten Freunden anfertigen lassen, oder aber du suchst dir passende Illustrationen aus den Dover's Bildarchiven mit Millionen copyright-freien Grafiken aus. Vervielfältige dein Werk ... und verteile es. Die erste Ausgabe könntest du kostenlos verteilen, danach solltest du aber die Leute fragen, ob sie die Zeitung (kostenpflichtig) abonnieren wollen. Wenn du dir mit der Gestaltung wirklich Mühe gibst, werden die Nachbarn auch gerne für deine Zeitung bezahlen. Mit großer Wahrscheinlichkeit kannst du auch Anzeigen lokal ansässiger Unternehmen akquirieren.

Natürlich muss es nicht unbedingt eine Zeitschrift für die direkte Nachbarschaft sein. Möglich wäre auch, dass du dich auf das Leben und die Aktivitäten der Jugend in deiner Stadt oder aber auf Informationen über und für deinen weiteren Familienkreis konzentrierst.

Verletze niemals die Privatsphäre anderer Menschen, indem du peinliche Fakten über deren Privatleben veröffentlichst. Achte sorgfältig darauf, dass du nur die Wahrheit schreibst. Ganz allgemein solltest du dir keine Gedanken um rechtliche Belange machen müssen, solange deine Berichterstattung positiv ist und die Beiträge von dir selbst oder Freunden geschrieben werden. Enthüllungsjournalismus oder Zeitungen, die lokale Themen kritisch unter die Lupe nehmen, sind natürlich auch wichtig, aber so etwas gehört dann schon in eine andere Gewichtsklasse. Es kann leicht passieren, dass du hierbei jemandem auf die Füße trittst und dann rechtlich belangt wirst. Daher musst du besonders sorgfältig recherchieren, bevor du einen Beitrag zu einem kontroversen oder »politischen« Thema veröffentlichst. Du wirst wahrscheinlich kein Buch brauchen, das dir sagt, wie man eine Zeitung macht, stattdessen wirst du deine eigenen Erfahrungen sammeln und aus Fehlern lernen. In der *GWS* Nr. 30 berichtet der 15-jährige Homeschooler Craig Conley über seine Zeitung:

> Mein Interesse Zeitungen herauszugeben, wurde erstmals vor fünf Jahren geweckt, als ich Augenzeuge des Zusammensturzes eines alten Hotels in Joplin, Missouri, war. Ich schrieb einen Artikel über die Geschichte des Hotels und den Zusammensturz, bei dem fünf Menschen verschüttet wurden. Ich fügte dem dann weitere Artikel über meine Familie und über andere lokale Ereignisse in der Stadt zu und hatte recht schnell eine ganze Zeitung fertig. ... Heute wird meine Zeitung von 40 Familien in 15 verschiedenen Bundesstaaten gelesen. Der Name der Zeitung ist Craig's Quarterly und die einzelnen Ausgaben sind zwischen 12 und 30 Seiten stark. Der Inhalt umfasst Buchbesprechungen, Nachrichten, Kunst und Geschichten. Einzelne Abonnenten schicken mir selbst verfasste Artikel zu...Über Aktivitäten zu berichten, sehe ich als gutes Training fürs Leben an, denn es stärkt meine Beobachtungsgabe und meine analytischen Fähigkeiten. In Leuten, die ich kenne, als auch in neuen Bekanntschaften sehe ich nun auch potenzielle Interviewpartner, was dazu führt, dass ich manchmal Fragen stelle, die mir vermutlich sonst niemals in den Sinn gekommen wären. Die faszinierendsten Menschen findet man tatsächlich direkt vor der eigenen Haustür.

Nutze das Schreiben auch dazu, dein *eigenes Leben* und deine Beziehungen zu Freunden und zur Familie positiv zu verändern. Beginne ein Tagebuch zu führen. Verschenke zu Geburtstagen und Feiertagen Selbstverfasstes. Korrespondiere ausgiebig mit Brieffreunden. Und warum nicht auch mit in der Nähe wohnenden Freunden einen interessanten Briefwechsel führen? Schreibe deine eigene Autobiografie oder die Biografie eines Großonkels. Schreibe Liebesbriefe, Entschuldigungen, ein Buch über Familienbräuche für die neue Nichte...

Die 15-jährige Reanna Alder aus British Columbia schreibt:

> Der fantastische Freiraum, den ich als Unschoolerin genieße, ermöglicht mir ungehindertes Wachstum und Entwicklung meiner Persönlichkeit. Ich sehe genau vor mir, was ich tun will, wer ich sein und wie ich leben will, und ich muss mich nicht auf leidigen Umwegen meinen Zielen nähern.
>
> Heute morgen, kurz bevor ich unter die Dusche sprang, schlug ich noch schnell das Buch Wild Mind von Natalie Goldberg auf, um ein wenig darin zu lesen. Das Buch handelt von der Kunst des Schreibens, aber es geht darin auch um das Leben an sich. Ich habe das Buch vor ein paar Jahren gelesen und damals eine Menge daraus gelernt. Heute Morgen blätterte ich es in der Hoffnung auf ein paar Inspirationen durch, aber nichts Bestimmtes fesselte meine Aufmerksamkeit und ich legte es weg und sprang unter die Dusche. Zeit für einen inneren Dialog:
>
> »Vielleicht sollte ich mich zu einem ihrer Seminare anmelden. Dort könnte ich mit ihr über meine Schriftstellerei reden... Natalie, würde ich sagen, das, was ich derzeit zu Papier bringe, frustriert mich wirklich, denn es klingt so abgehoben und unpersönlich, und obwohl es meine Ideen sind, klingt es so gar nicht nach mir. Du sagst, du schreibst aus deinem Körper heraus. Aber wie macht man das? Wie schreibt man über Ideen und Philosophien aus dem Körper heraus?«
>
> »Ich würde sagen, man nutzt die Körpersprache, (ha ha) anstatt die Sprache des Verstandes. Man findet einen Weg, Ideen und Philosophien mittels Gefühlen und Bezügen zum echten Leben zu kommunizieren.« – »Du hast Recht. Ich werde das mal probieren.« Während sich meine Gedanken anderen Themen zuwenden, wird mir plötzlich etwas wirklich Lustiges klar. Was die Leute sagen, stimmt. Ich trage wirklich alle Antworten bereits fertig in mir, ich muss nur die richtigen Fragen stellen. Es ist wie im Kino, wenn der Hauptdarsteller plötzlich etwas wirklich Wichtiges herausfindet – etwas, was sein Gefährte bereits die ganze Zeit wusste. »Warum hast du mir das nie gesagt?«, schreit er. Und der Gefährte antwortet völlig gelassen: »Du hast mich nie gefragt.«.

Die 14-jährige Jade Crown aus Washington schreibt:

> Als ich in der 7. Klasse war, rief eine meiner Grundschullehrerinnen eine »Teen«-Schriftstellergruppe ins Leben, der ich beitrat. Wir trafen uns jede Woche in einem Café, umgeben von Hippies, Skateboard-Punks und Kaffeegeruch. Jodi sprach so gut wie gar nicht, und die meiste Zeit schrieben wir einfach. Wir dachten uns Themen wie »Mein erstes Paar Schuhe« oder »Kamillentee« oder »Was zählt« aus und schrieben fünf Minuten lang das auf, was uns spontan in den Sinn kam – auch wenn es uns dumm vorkam oder wir uns dabei nicht wohl fühlten. Danach lasen wir uns gegenseitig laut vor, was wir aufgeschrieben hatten. Manchmal drifteten meine Gedanken völlig ab, und das Geschriebene hatte absolut nichts mit dem eigentlichen Thema zu tun. Aber auch das war völlig in Ordnung. Das Thema diente lediglich dazu, mit dem Schreiben anzufangen, ohne zu denken: »Ich will über den Tod meiner Großmutter schreiben. Hm, am besten beginne ich wohl mit der Zeit, bevor sie krank wurde. Ja, und ich brauche natürlich einen Anfang, einen Mittelteil und ein Ende. Am Ende sollte dann wohl ihr Tod stehen, was ja auch wirklich das Ende war. Hm, lieber nicht, das klingt zu deprimierend ...« Nachdem man all diese Überlegungen angestellt hat, setzt man sich dann hin und schreibt irgendetwas Seichtes, was überhaupt nicht dem ursprünglichen Gedanken entspricht. Oder aber man lässt es dann ganz sein, weil man sich zu viele Gedanken macht und sich dabei völlig verliert.
>
> Statt Feedback gaben wir einander eine Art »recall«, was nichts weiter bedeutet, als all das wiederzugeben, was man sich gemerkt hat. Also nicht: »Mir hat die Passage über den Hut des ... gefallen«, sondern es ging vielmehr darum, möglichst genau die Worte, Sätze oder ganzen Absätze zu wiederholen, an die man sich am besten erinnern konnte. Ohne Kommentar.
>
> Jodi hat mich in meiner Entscheidung, von der Schule abzugehen, voll und ganz unterstützt. Und obwohl sie die Gruppe nicht mehr leitet, hat sie mir zugesagt, mir beim Schreiben weiterhin zu helfen.

In der *GWS* Nr. 40 berichtet Evelyn Tate von ihrer heranwachsenden Tochter Amy, die mehrere jüngere Brieffreunde hatte. Amy illustrierte ihre Briefe an ihre Freunde und sie plante, Geschichten für ihre Brieffreunde zu schreiben. In der *GWS* Nr. 43 schreibt Janey Smith über ihre Tochter:

> Lindsey (fast 13) entschloss sich, an einem Schreibwettbewerb teilzunehmen, der im Rahmen eines von der Universität veranstalteten Frauentages ausgerufen war. Es ging darum, eine Frau der Gegenwart auszuwählen, von der man meinte, sie würde in die zukünftige Geschichte eingehen. Über diese Frau sollte dann ein Aufsatz geschrieben werden. Lindsey entschied sich für Margaret Thatcher. Sie las eine schwierige Biografie, beschäftigte sich intensiv mit dem

> Britischen Regierungssystem, schrieb dann den Aufsatz und gewann den ersten Preis. All dies nahm zwei Wochen lang ihre ganze Aufmerksamkeit in Anspruch.

Katherine Houk berichtet in der *GWS* Nr. 43 über die literarischen Ambitionen ihrer 15-jährigen Tochter Tahra:

> Als Produktionsassistentin arbeitete sie gemeinsam mit einigen Filmemachern an einem HUD-Film [Head-up-Display; hier wohl eine Art TV-Spot] über Missstände im Wohnungswesen.
>
> Den Rest der Zeit widmete sie mit der Lektüre einer unglaublichen Auswahl an Büchern, dem Schreiben von Gedichten (fünf Bände!) und der Musik (Gitarre und Bambusflöten).
>
> Ihre Dichtkünste brachten ihr im November dieses Jahres einen bezahlten Job ein! Sie war eine von 60 Poeten aus dem Bundesstaat New York, die im Staatsmuseum von Albany ihre Poesie vorstellten. Wir waren bei der Lesung dabei und hörten auch einigen anderen Poeten zu. Soweit wir sehen konnten, war sie das einzige »Kind« unter den Teilnehmern.... Sie traf dort einige sehr interessante Menschen ... Sie verbringt unzählige Stunden mit dem Schreiben, weil sie es liebt.

Literatur trotz Schule

Katherine McAlpine ist eine erfolgreiche, freiberufliche Autorin, die überwiegend für kommerzielle Zwecke schreibt. In *GWS* Nr. 66 schreibt sie:

> Es gab zwei Dinge, die die Highschool-Zeit halbwegs erträglich machten. Zu allererst die Literatur. Ich nutzte jede Chance, krank zu spielen, um zu Hause bleiben und in Ruhe lesen zu können. Oder aber ich schwänzte und versteckte mich den ganzen Tag in der Bibliothek. (Mein Dank an die Bibliothekare dort, die sicherlich wussten, dass ich der Schule unentschuldigt fernblieb, mich aber nie meldeten.) Ich las querbeet und verschlang alles, was mein Interesse weckte, ohne bestimmte Richtung oder Führung. Als mir dann per Zufall »Das Wüste Land« in die Hände fiel, gab es niemanden, der mir erzählte, worum es darin eigentlich ging, wie ich darüber zu denken hatte oder dass es angeblich ein sehr schwer zu verstehendes Gedicht sei. Ich las alle Kommentare und Randbemerkungen von T. S. Elliot zu dem Gedicht, dann ein halbes Dutzend kritischer Studien, danach eine Menge Zeug über die Legende des Heiligen Grals und zog letztendlich meine eigenen Schlussfolgerungen.

Unschooled Schriftsteller

Ernest Hemingway sagte einmal über Beryl Markham, die *Westwärts mit der Nacht* geschrieben hat: »Sie kann uns alle, die wir uns als Schriftsteller betrachten, in die

Tasche stecken.« In ihrem Buch erzählt Markham von ihren Erlebnissen als Pilotin in Afrika, sowie von ihrer Kindheit und Jugend auf einer abgelegenen Farm in Kenia. Gelegentliche Andeutungen bezüglich »Unterricht« lassen darauf schließen, dass Beryl mehr oder weniger von ihrem Vater zu Hause unterrichtet wurde. So wurde ihre Jugend von weitaus aufregenderen Dingen bestimmt, wie z. B. Eber mit Speeren jagen, von Löwen angegriffen werden, Murani-Legenden lauschen, Kikuyu-Tänzern zuschauen, von ihrem Vater zur Pferdezüchterin und -trainerin ausgebildet werden. Als sie 17 war und ihr Vater nach Peru zog, blieb sie in Kenia und trainierte Rennpferde. Später lernte sie fliegen. Ihr Schreibstil ist elegant und freimütig und ihre Geschichten sind wirklich gut.

Jack London, der *Wolfsblut, Ruf der Wildnis, Der Seewolf* und viele wunderbare Abenteuergeschichten geschrieben hat, verließ die Schule im Alter von 14 Jahren.

Christopher Paolini begann mit 15, seinen Weltbestseller »Eragon« zu schreiben, und wurde mit 17 deswegen berühmt. Heute ist er ein gefeierter Schriftsteller von Anfang Zwanzig, der nur zu Hause gelernt hat.

Kapitel 25
Fremdsprachen entschulen

Wozu eine Fremdsprache erlernen? 1. Damit du auf Reisen kommunizieren kannst. 2. Um dich mit Immigranten und Touristen in deiner Umgebung unterhalten zu können. 3. Um zu lesen (zum Beispiel wissenschaftliche Werke in Englisch oder Russisch, griechische, französische oder japanische Literatur).4. Weil du Worte magst oder 5. um an einer bestimmten Hochschule studieren zu können.

Das Erlernen einer Fremdsprache ist nicht wirklich vergleichbar mit dem intensiven Studium von Molekülen oder epischen Gedichten, solange man die Sprache nicht fließend beherrscht. Als Anfänger versucht man lediglich zu sprechen und zu verstehen und die Sprache somit als Werkzeug zu nutzen, anstatt sie wissenschaftlich zu untersuchen. Wenn man dann aber Fortschritte macht, können interessante wissenschaftliche Fragen auftauchen, wie z. B.: Inwieweit spiegelt eine Sprache die jeweilige Kultur wider oder beeinflusst diese? Im Russischen wird beim Verb »heiraten« unterschieden, ob man sich auf eine Frau oder auf einen Mann bezieht. Wörtlich übersetzt bedeutet der Begriff für Frauen »sich hinter einen Mann stellen«. Das chinesische Schriftzeichen für »wütend« setzt sich aus den Symbolen für zwei Männer und eine Frau zusammen. (Wenn dich so was interessiert, besorg dir ein gutes etymologisches Wörterbuch und nimm einmal deine eigene Muttersprache unter die Lupe.

Wie wir Sprachen erlernen

Die Frage, wie wir Sprachen erlernen, kann wohl nicht genau beantwortet werden. Aber ebenso wenig, wie wir wirklich wissen müssen, warum wir Schokolade mögen, müssen wir versuchen, dieses Geheimnis zu lüften. Es genügt, wenn du dir ein paar Minuten Zeit nimmst, darüber nachzudenken, wie Kinder sprechen lernen.

Das natürliche Erlernen einer Sprache beginnt normalerweise mit dem Zuhören. Die meisten Menschen müssen eine Sprache über Tage oder Monate hinweg hören, bevor sie beginnen, sie zu verstehen und zu sprechen. Wenn du selbst mit einem Lehrbuch starten möchtest, ist das auch in Ordnung, aber versuche, dich trotzdem dem Klang der Sprache so oft wie möglich auszusetzen, indem du dir z. B. ausländische Filme anschaust, U-Bahn fährst, einem entsprechenden Sprachklub beitrittst etc. So machen es Kleinkinder, und sie sind schließlich die Experten.

Mache dir keine Sorgen, wenn du nichts von dem verstehst, was du hörst. Bleibe locker und genieße.

Vielen Menschen fällt es entscheidend leichter, sich in einer Fremdsprache zu unterhalten, wenn sie ein, zwei Gläschen Wein getrunken haben. Der sachliche Verstand rückt ein wenig in den Hintergrund, dafür treten Intuition und Unterbewusstsein in den Vordergrund. Sätze sind nicht mehr nur eine Aneinanderreihung einzelner Wörter, sondern sie sprudeln als Ganzes heraus. Deshalb hatte ich z. B. während des Studiums immer riesigen Spaß auf in Wodka getränkten russischen Dinnerpartys.

Dies soll selbstverständlich nicht als Aufforderung verstanden werden, das Gesetz zu brechen. Natürlich darfst du keinen Alkohol trinken, bevor du 18 bist, außer du besuchst eines oder lebst in einem dieser barbarischen Länder, in denen das moralische Verhalten von Teenagern nicht einer ebenso strikten Kontrolle unterliegt. Aber meines Erachtens gibt es auch andere Wege, den gleichen Entspannungseffekt zu erzielen, z. B. Atemübungen oder Trance, falls du weißt, wie man das macht. Oder aber du lauschst einfach entspannender Musik, tanzt oder starrst in eine brennende Kerze. Es geht darum, die von der Logik bestimmte linke Gehirnhälfte auszuschalten und stattdessen der rechten, intuitiven Gehirnhälfte das Ruder zu überlassen. Sobald du diesen Zustand – auf welchem Wege auch immer – erreicht hast, beginne zu sprechen.

Sprachen für das Reisen

Wenn das Reisen der Grund ist, warum du Sprachen erlernen willst, dann warte ab, bis du in einem neuen Land bist – vorausgesetzt natürlich, du hast reichlich Zeit. Das Erlernen einer Sprache ist sicherlich am aufregendsten und interessantesten, wenn man gezwungen ist, die Sprache tatsächlich anzuwenden. Wenn dir diese Idee gefällt, dann probiere Folgendes:

Sammle Informationen über die Sprachschulen, die es in dem Land, das du besuchen wirst, gibt. Bereite dich darauf vor, dich dort sofort nach deiner Ankunft anzumelden. In den meisten Fällen werden Schulen angeboten und Unterbringung in einer einheimischen Familie. Listen von empfehlenswerten Sprachschulen findest du in den meisten Reiseführern – oder im Internet. Es gibt bestimmte Gebiete, die für ihre guten Sprachschulen bekannt sind. Viele Leute beginnen ihre Lateinamerikareisen mit einem einmonatigen Aufenthalt in einer der vielen Spanischschulen in Antigua, Guatemala.

Erlerne die Grundlagen zu Satzbau und der Konjugation von Verben. Lerne ein paar wichtige Phrasen wie »Danke« oder »Wo sind die Toiletten?« auswendig. (Mit Hilfe eines Buches, einer CD oder eines Lehrers solltest du das in ein paar Stunden schaffen.) Schnapp dir dann ein Wörterbuch und mache dich auf den Weg. Im Flieger kannst du dann panisch werden und noch ein paar Phrasen auf den letzten Drücker erlernen. Mache dich nach deiner Ankunft für eine Weile zum kompletten Idioten. Meide die Gesellschaft von englischsprechenden Leuten. Aus meiner persönlichen Erfahrung heraus kann ich diese Methode wirklich wärmstens empfehlen. Insbesondere in Dritte-Welt-Ländern ist so was billig. Es macht Spaß, und es funktioniert.

Nimm dir ein Jahr Zeit dafür, eine Sprache mit Hilfe von Büchern und anderen Ressourcen (siehe weiter unten) zu erlernen. Sobald du dich einigermaßen sicher fühlst, mache eine Kurzreise. Dafür braucht man eine Menge Selbstdisziplin, und die Methode ist auch weit weniger romantisch und nicht so effektiv wie die beiden zuvor beschriebenen. Aber was solls, sie ist dafür sicher (Schulleitungen werden dem wohl uneingeschränkt zustimmen).

Nimm an einem Austauschprogramm teil. Der Nachteil dieser Programme ist, dass du höchstwahrscheinlich zur Schule gehen musst, was (nach den ersten paar Wochen) ebenso wenig Spaß macht wie zu Hause. Aber es gibt auch Programme, die in den Sommerferien durchgeführt werden, d. h., du musst nicht zur Schule gehen.

Fremdsprachen für andere Zwecke

Wenn du eine Fremdsprache für »die Zukunft«, ein späteres Studium oder aus irgendeinem anderen Grund erlernen willst, dann mach dir genau Gedanken darüber, welche Sprache es sein soll. Es kann gut sein, dass die Wahl der Sprache zu den bedeutsameren Entscheidungen in deinem Leben gehört, denn sie kann einen großen Einfluss darauf haben, was du später machen kannst, wohin du reist und was du liest. Überlege dir z. B. Folgendes: Gibt es bestimmte Länder, die du gerne bereisen möchtest? Welche Sprachen sind am weitesten verbreitet? (das ist z. B. ein guter Grund Spanisch zu lernen.) Welche Interessen und möglichen Zukunftspläne? (Wenn du weißt, dass du an Forschungsprojekten im Dschungel von Ecuador oder Indonesien teilnehmen willst, dann wärenz. B. Quechua oder Penan die richtige Wahl für dich.) Welche Sprachen lassen sich leicht erlernen? Möchtest du die Sprache deiner Vorfahren sprechen? Wird es für dich von Bedeutung sein, fremdsprachige Literatur verstehen zu können? (Viele Naturwissenschaftler benötigen z. B. Deutschkenntnisse. Russisch, Französisch und Latein spielen wiederum eine größere Rolle im literaturwissenschaftlichen Bereich.)

Ressourcen

Ich hoffe, du verlässt dich beim Lernen einer Sprache nicht ausschließlich auf Bücher oder Kurse – völlig losgelöst von wirklicher menschlicher Kommunikation. Es macht einfach keinen Spaß, und es wäre auch nicht weise. Aber in Kombination mit einem ausländischen Freund oder einem Lehrer, der die Sprache als Muttersprache spricht, können gute Ressourcen beim Erlernen und Üben sehr hilfreich sein.

Es gibt eine große Auswahl an Sprachkursen auf CD, die dabei helfen, eine Sprache durch Zuhören und Wiederholen zu erlernen. Unschooler und andere Leute empfehlen vor allem die beiden folgenden Kurse:

1. *The Learnables*, entwickelt von der International Linguistics Corporation, gibt es für Französisch, Deutsch, Mandarin, Russisch, Spanisch, Englisch und Tschechisch. Wörter und Phrasen prägen sich durch ständiges Wiederholen ein. Zu den Hilfsmitteln gehört neben den CDs auch ein Bilderbuch. Nach ca. 10 Lektionen fängt man langsam an zu sprechen. Es gibt keine Lese- und Schreibübungen, da davon ausgegangen wird, dass man diese Fertigkeiten leicht erlernen kann, wenn man eine Sprache erst einmal mündlich beherrscht. Viele Kinder nutzen diese Kurse sehr erfolgreich, was darauf schließen lässt, dass die Programme gut sind. Schließlich sind Kinder ja die Experten, wenn es darum geht, Sprachen natürlich zu erlernen.
2. Fantastisch sind die Rosetta-Stone-Lernprogramme, denn sie ahmen genau den Spracherwerb von Babys nach, »immersives Lernen« nennt sich diese Technik. Die Programme gibt es für alle möglichen Sprachen einschließlich Chinesisch, sie sind nicht billig, aber es lohnt sich und macht Spaß. Über ebay kriegt man sie manchmal billiger. Außerdem gibt es die Methode von Vera Birkenbihl, die auch sehr erfolgreich sein soll.

Für kostenlose Esperanto [eine leicht erlernbare erfundene Sprache, die der internationalen Verständigung dienen soll]-Einführungslektionen und weitere Informationen zu Esperanto siehe www.esperanto.de.

In den meisten Sprachführern findest du nicht genügend »Krücken« bzw. Redewendungen, das Eis zu brechen, oder um deine Situation zu erklären. Daher greife bei der erstbesten Gelegenheit zu Stift und Papier und ergänze deine Sammlung nützlicher Redewendungen. Lerne wie man z. B. sagt »Ich habe erst angefangen, deine Sprache zu erlernen, aber ich bin fest entschlossen, sie baldmöglichst fließend zu beherrschen.«; »Hast du genügend Geduld, um mit einem Ausländer zu reden, der versucht, deine Sprache zu erlernen?«; »Ich frag mich, ob ich deine Sprache auch einmal so gut beherrschen werde, wie du Englisch sprichst.«; »Was meinst du, in welchem Teil deines Landes wird deine Sprache am reinsten gesprochen?« Überlege dir eigene Abwandlungen. Du wirst bald feststellen, dass du so etwas wie eine »Routine«, d. h. ein Kommunikationsmuster entwickelst, das dir einerseits das Gefühl des »fließend Sprechens« vermittelt und andererseits dich auch dazu anregt, aus dem bloßen Gefühl einen wahren Zustand erwachsenzu lassen.

Aktivitäten

Nehmt in deiner Familie einen Austauschschüler für ein Jahr auf. Ja, auch Homeschooler-Familien *können* das tun, allerdings wird der Austauschschüler die Schule besuchen müssen. Wenn es dir etwas komisch vorkommt, mit einemSchüler zusammenzuleben, während du selbst nicht zur Schule gehst, dann kannst du auch einfach versuchen, dich mit Austauschschülern anzufreunden. Oder aber du organisierst selbst einen Homeschooler-Austausch, indem du dich z. B. an Clonlara Deutschland oder eine andere Organisation wendest, die Freilerner betreut. In der *GWS* Nr. 106 schreibt Danielle Metzler aus Connecticut:

> Es war sicherlich eine Herausforderung, ohne Lehrer oder Lehrbuch Japanisch zu lernen, aber es hat auch unglaublich viel Spaß gemacht. Der Knackpunkt war, die richtige Einstellung zu entwickeln. Dies bedeutete auch, zu erkennen, dass Lernen harte Arbeit sein kann. Aber wie auch immer, es macht Spaß, es ist prinzipiell einfacher und der Langzeiteffekt ist bedeutend größer. Ich war ebenso wild entschlossen, jede nur erdenkliche Möglichkeit zu nutzen, das Gelernte anzuwenden. Meine Familie nahm innerhalb von 18 Monaten mindestens sechs verschiedene japanische Austauschstudenten auf. Zwischen den einzelnen Besuchen nahm ich mir Zeit, das Gelernte zu wiederholen und mit Hilfe eines CD-Sprachkurses und eines Grammatikbuches zu vertiefen. ...
>
> Von den Organisatoren des Austauschprogramms erhielt ich einen Zettel mit »überlebensnotwendigen« Redewendungen und Aussprachehinweisen. Das reichte aber nicht, daher besorgten wir uns schnellstmöglich ein Englisch-Japanisch-Wörterbuch, einschließlich gängiger Redewendungen und Aussprachehinweisen. Ich achtete auf die Größe des Wörterbuches, um es überall mit hinnehmen zu können. Zusätzlich kauften wir ein Buch über Hiragana – das japanische Grundalphabet. Obwohl es noch ein weiteres Alphabet und Piktogrammsystem mit Tausenden von »Buchstaben« gibt, war ich doch hoch erfreut, wenn ich zumindest hin und wieder ein paar Wörter erkannte.
>
> Mit Menschen zu sprechen, deren Muttersprache Japanisch ist, hat mir am meisten geholfen. Es ist unglaublich wichtig, die exakte Aussprache zu erlernen, um Missverständnisse zu vermeiden. ...
>
> Ich denke, dass Homeschooler davon profitieren, wenn sie sich über Gelerntes austauschen. Deshalb bereitete ich für meine Homeschooler-Gruppe einen 3-stündigen Themennachmittag zur japanischen Sprache und Kultur vor. Wir befassten uns u.a. mit Origami, den Grundlagen des Hiragama, einer Einführung in japanische Konversation, der Zeremonie des Teetrinkens und ich zeigte einige der Geschenke, die wir von unseren japanischen Austauschschülern erhalten hatten. ...Dieser Themennachmittag erlaubte es mir persönlich auch einmal, auf all das zurückzuschauen, was ich bereits über die Japaner und deren Sprache gelernt hatte.

Eine weitere Möglichkeit wäre, sich mit einem ausländischen Studenten anzufreunden. Setzt dich mit dem Ausländerbüro oder deiner örtlichen Hochschule in Verbindung und frage, ob sie dir diesbezüglich weiterhelfen können. Nicky Hardenbergh aus Massachusetts schreibt in der *GWS* Nr. 87:

> Homeschooler-Familien, die gerne Menschen aus aller Welt kennenlernen möchten, sollten sich mit dem Informationsbüro für Internationale Studenten an ihrer regionalen Fachhochschule oder Universität in Verbindung setzten. Vor drei Jahren hat sich meine Familie dazu bereit erklärt, als Gastfamilie für einen vom Harvard University International Office vermittelten ausländischen Studenten zu fungieren. Hiroshi, ein junger Sprachwissenschaftsstudent aus Japan, begeisterte uns alle. Im Laufe des Jahres luden wir ihn mehrfach zu uns nach Hause ein, oder aber wir trafen uns mit Hiroshi in Cambridge. Da er bereits im Hauptstudium war, hatte er nicht allzu viel Zeit, um sich mit Leuten zu treffen und meine anfänglichen Bedenken, die Verpflichtungen einer Gastfamilie würden sehr viel Zeit in Anspruch nehmen, verflogen recht schnell.
>
> Nachdem Hiroshi nach Japan zurückgegangen war, meldeten wir uns sofort wieder als Gastfamilie an. Diesmal wurde uns ein Mathematikstudent aus Paris zugewiesen, und wir waren abermals hellauf begeistert. Mein Ehemann schätzt insbesondere Eugenes Mini-Tutorials zu verschiedensten mathematischen Themen. Da Eugene seine Doktorarbeit schreibt, ist dies nun bereits das zweite Jahr, in welchem wir als seine Gastfamilie wirken dürfen.
>
> Eugene war immer noch in Cambridge, als wir mit unserer Koordinatorin die Möglichkeit besprachen, einen weiteren Studenten als Gastfamilie betreuen zu dürfen. Sie erzählte uns von einem jungen Mann aus Beijing, China, der am East Asian Studies Program teilnehmen würde und gerne kochte. Wir bewarben uns als Gastfamilie und waren erneut begeistert. ...
>
> Als Zhen Zhou zu uns nach Hause kam, konnte ich kaum glauben, dass da jemand aus Beijing in meiner Küche stand. Mein ganzes Leben lang war China einer der am wenigsten zugänglichen Länder dieser Erde, und nun hatte ich tatsächlich die Gelegenheit, Informationen aus erster Hand zu bekommen. Wir haben von Zhen Zhou unglaublich viel über chinesische Geschichte, seine uralten Zivilisationen und das Leben im kommunistischen China gelernt.
>
> Die Erfahrungen, die wir bisher als Gastfamilie machen durften, sind für uns von unschätzbarem Wert. Einen Menschen zum Freund zu haben, der aus einem anderen Kulturkreis stammt, ist eine wunderbare Erfahrung und enorme Bereicherung unseres Homeschooling-Programms. Einerseits nutzen wir die Zeit, um von unseren Besuchern mehr über ihre Heimatländer zu erfahren, andererseits sind wir uns durch das Beantworten der Fragen unserer Studenten zum Leben in Amerika auch unserer eigenen Kultur bewusster geworden.Gleichzeitig haben wir eine stärkere Verbindung zu Wissenschaft und Lehre und können die Gelegenheit nutzen, mehr über die Studienfächer unserer Studenten zu erfahren. ...

Die Koordinatorin des Harvard-Gastfamilienprogramms hat mir bestätigt, dass die meisten Universitäten – auch kleinere Hochschulen – ähnliche Programme anbieten.

Finde heraus, ob es in deiner Stadt ein Fremdsprachenzentrum gibt. Die meisten dieser Zentren bieten nicht nur Sprachkurse an, sondern organisieren auch regelmäßig Kaffeekränzchen, wo Menschen (egal ob Muttersprachler oder Menschen mit geringen Sprachkenntnissen) sich zwanglos unterhalten können.

Finde heraus, ob die örtliche Hochschule oder Universität »Sprachtische« hat. Das bedeutet, das man in der Cafeteria beim Mittag- oder Abendessen mit Menschen an einem Tisch sitzt und sich z. B. auf Japanisch unterhält, oder dies zumindest versucht. Auch hier findet man Muttersprachler, Professoren, Anfänger sowie auch einfach nur Neugierige an einem Tisch. Wenn es dir wie mir geht, dann hast du vermutlich Bedenken, dich auf solch unbekanntes Terrain zu begeben, weil du glaubst, du könntest mit den dort anzutreffenden älteren und klügeren Menschen nicht mithalten. Versuche, das Gefühl zu ignorieren, denn all den anderen Studenten, egal wie alt sie sind, geht es vermutlich genauso wie dir.

Schau dir im Kino ausländische Filme mit oder ohne Untertitel an. Oder noch besser, leihe dir DVDs aus, und schau dir ausländische Filme mehrmals hintereinander an.

David und Micki Colfax berichten in *Homeschooling for Excellence*[65] darüber, wie ihr Sohn Reed (der später in Harvard studierte) »der lokalen spanischen Fußballmannschaft beitrat, dort ein Gehör für Sprachen entwickelte und es dann (von den drei Söhnen) am Einfachsten hatte.«

Erkunde die verschiedenen ethnischen Nachbarschaften in einer Großstadt. Iss während deines Aufenthaltes dort in preiswerten Restaurants, die nicht touristisch ausschauen und ergreife jede Gelegenheit beim Schopfe, dich mit anderen Menschen zu unterhalten.

Sobald du eine Fremdsprache einigermaßen fließend beherrschst, kannst du beginnen, Bücher in der Originalsprache zu lesen. Du kannst exotischen Radiostationen lauschen, die du über das Internet anhören kannst, dich auf linguistische Entdeckungsreisen in die Struktur der Sprache selbst begeben, als Lehrer oder Übersetzer (eventuell anfangs auf ehrenamtlicher Basis) arbeiten oder wie z. B. meine Freundin Laurachka als amerikanische Repräsentantin auf einem russischen Fischerboot arbeiten. Du wirst sicherlich eine Menge eigene Ideen entwickeln, wie du deine Sprachkenntnisse anwenden und vertiefen kannst.

Die Meinung der Professoren

Wer eine Fremdsprache studieren will, sollte die Grammatik der eigenen Muttersprache beherrschen. Solltest du diesbezüglich Nachholbedarf haben, besorge dir ein gutes

Lehrbuch. (Die meisten Leute haben keinen Grund, sich intensiv mit englischer Grammatik zu beschäftigen, *es sei denn,* sie haben vor, eine Fremdsprache zu studieren.) Nancy Saporta Sternbach ist als Spanischdozentin am Smith College tätig. Sie schreibt:

> Was wir an Erstsemestern besonders schätzen, ist die Fähigkeit, zu denken, die Motivation, zu studieren und der Wunsch, Spanisch zu lernen. Generell kann man sagen, dass Studenten, die das Englische schriftlich gut beherrschen und belesen sind, weniger Schwierigkeiten haben, diese Fertigkeiten auf eine Fremdsprache zu übertragen, als Studenten, die Probleme mit dem schriftlichen Englisch oder mit englischer Grammatik allgemein haben. Wir bieten natürlich auch für die Erstsemester Spanischkurse ganz unterschiedlicher Stufen an. Welchen Kurs die Studenten belegen, hängt davon ab, welche Spanischkenntnisse sie mitbringen und wie sie bei dem anfänglichen Einstufungstest (der sich aus Grammatik, Hörverständnis und einem schriftlichen Teil zusammensetzt) abschneiden. Studenten, die bereits viele Jahre Spanischunterricht hatten, können sofort einen Literaturkurs belegen. Manchen nützt ein Grammatik-Wiederholungskurs, andere möchten wiederum ihre mündlichen und schriftlichen Fertigkeiten in einem Konversationskurs perfektionieren. Aber ganz allgemein gesagt, sollte jeder, der ein sprachwissenschaftliches Studium beginnen möchte, über gute Grammatikkenntnisse in der Muttersprache verfügen (d. h., z. B. Zeitformen und die wörtliche Rede kennen und diese auch richtig anwenden können) und auch bereit sein, hart zu arbeiten.

Richard Sheldon (von der Russisch-Fakultät in Dartmouth) gibt folgende Ratschläge:

> Ich würde sagen, dass Kenntnisse der englischen Grammatik am wichtigsten für einen erfolgreichen Abschluss unserer Russischkurse sind. Ich werde nie den Tag vergessen, an dem ich unbekümmert über Akkusativobjekte sprach und sich plötzlich ein Student meldete und fragte, was das denn eigentlich sei. ... Über Jahre hinweg konnten wir beobachten, dass Studenten mit Lateinkenntnissen die geringsten Schwierigkeiten hatten. Es ist sehr hilfreich, wenn man im Umgang mit einer Sprache mit Fällen und konjugierten Verben vertraut ist.

Kapitel 26
Künste ohne Schule

Es gibt eine Dynamik, eine Lebenskraft, eine Energie, eine Beschleunigung, die sich durch dich ausdrückt und in Aktion tritt. Weil es dich nur einmal gibt und auch nicht noch einmal geben wird, ist deine Art, dich auszudrücken, einzigartig. Und wenn du sie blockierst, dann wird es sie nie geben, sie wird für immer verloren sein. Die Welt wird niemals um deinen Ausdruck reicher sein.

– MARTHA GRAHAM

An Halloween wollte ich Max aus *Wo die Wilden Kerle wohnen* von Maurice Sendak sein. Ich wurde abgelenkt und setzte mich stattdessen hin und bestaunte *Maurice Sendak – Bilderbuchkünstler*. Auf Seite 22 entdeckte ich folgenden Kommentar zu meinem Thema:

»Ich hasse, verabscheue und verachte Schulen« (sagt Sendak) ... An seiner Meinung, konventionelle Bildung sei der größte Feind der Vorstellungskraft und ihrem freien und kreativen Spiel, hat sich bis zum heutigen Tage nichts geändert. »Wenn du Talent hast, dann tut dir die Schule nicht gut. Du solltest vielmehr dein Talent auf ganz persönliche Art und Weise fördern.«[66]

Dieses Kapitel kann dir nicht beibringen, wie man gruselige Monster zeichnet oder wie der Wind singt. Stattdessen soll es dir bei der Entscheidung helfen, wie du deine Talente auf ganz persönliche Art und Weise fördern kannst, und dich auch mit Hilfe der Beschreibung der künstlerischen Arbeit anderer Unschooler inspirieren. Ich kann keine ausführlichen Ratschläge zu allen künstlerischen Tätigkeiten geben; ja, ich kann nicht einmal wirklich alles *erwähnen*. Der Bereich Kunst ist einfach zu vielfältig, vor allem, weil Künstler auch ständig neue Kunstformen entwickeln.

Allgemeine Ratschläge und Ressourcen

Finde heraus, was in deiner Stadt angeboten wird. Rufe die Stadtverwaltung oder die Handelskammer an und bitte um Zusendung von Informationen zu lokalen Kunstangeboten. Wenn es bei dir ein Zentrum für darstellende Künste gibt, lasse dich auf die Mailingliste setzten.

Trenne Kunst nicht vom Rest deines Lebens. Das eigene Zimmer einrichten, den Garten bepflanzen, Mundharmonika beim Sonnenuntergang spielen, Karten für Freunde basteln, die Garagenwand bemalen, ein Schlaflied für die kleine Schwester singen, im Keller Tänze einstudieren oder Gemüse auf einem Teller anrichten – alle diese Tätigkeiten sind es wert, mit größtmöglichem künstlerischen Aufwand ausgeführt zu werden. Kunst ist bedeutungslos, wenn sie nicht dazu dient, dem Leben mehr Sinn zu geben.

Wenn du talentiert und engagiert bist und einen einzigartigen Ansatz hast, dann kannst du dir überlegen, Kunst zu deinem Beruf zu machen – sei es als Fotograf, Schlagzeuger oder Kerzenmacher.

Freizeiten und Zeltlager

Zeit mit anderen Menschen zu verbringen, die ein ähnlich starkes Interesse an einer bestimmten Kunstrichtung oder einem Kunsthandwerk haben und mit einem begabten Lehrer zusammenzuarbeiten, ist eine aufregende Gelegenheit, seine Talente (egal ob als Anfänger oder Profi) weiterzuentwickeln. Es gibt unzählige Angebote in den Bereichen bildende und darstellende Künste, Musik, Kunsthandwerk, traditionelle Handwerke etc. Um ein Angebot zu finden, dass zu deinen persönlichen Interessen passt, nutze das Internet, schaue dir Anzeigen in Kunstzeitschriften an, frage in Galerien und Kunstgewerbeläden nach und sprich mit lokalen Künstlern.

Die Bildenden Künste

Besuche die Kunstmuseen und Kulturzentren in deiner Umgebung. Läden für Künstlerbedarf sind eine gute Anlaufstellen, wenn du nach Informationen über Kursangebote und Workshops suchst. In diesen Läden kannst du auch einfach herumstöbern und dich von der Farbenvielfalt und den verschiedenen Texturen der angebotenen Farben und Stifte inspirieren lassen.

Kunstgeschichte

Auf jeden einzelnen Leser eines Buches über Kunst kommen 1000 Menschen, die losziehen, um sich Gemälde ANZUSCHAUEN. Dem Himmel sei Dank!

– EZRA POUND

Kunstgeschichte bedeutet, die Kunst anderer Menschen zu studieren, anstatt selbst künstlerisch tätig zu sein. Natürlich sind beide Tätigkeiten eng miteinander verbunden. Nimm dir ein Beispiel an dem, was Ezra sagt, und schaue dir Sachen an, anstatt nur zu lesen. Besuche Museen. Wenn es keine Museen in deiner Umgebung gibt, dann gehe in die Bücherei oder ins Internet – aber es ist nicht dasselbe! Kaufe dir ein, zwei schöne Kunstdrucke und hänge sie über deiner Baseballkartensammlung auf.

Zeichnen

Für viele Arten von Kunst, wie z. B. Architektur, Skulpturdesign, Modedesign, Porträtzeichnen etc., sollte man gut zeichnen können. Für Anfänger empfiehlt sich das Buch *Das neue Garantiert zeichnen lernen* von Betty Edwards, mit dessen Hilfe es jeder geduldige Mensch schaffen kann, annehmbare Ergebnisse zu erzielen.

Wenn du lieber einen Kurs belegen willst, schau dich nach Kursen mit Modellen, vorzugsweise Aktmodellen, um. Dieses Training ist für dich als Künstler sehr wichtig, denn auf diese Weise erhälst du einen guten Blick für menschliche Formen.

Os Shepler schreibt dazu:

Ich bin 16 Jahre alt, lebe in Venezuela und bin seit sechs Jahren Unschooler. Derzeit setzte ich alles daran, Vollzeit-Comiczeichner zu werden. Meine Reise begann an dem Tag, an dem meine Mutter *Das Teenager-Befreiungs-Handbuch* mit nach Hause brachte. Dieses Buch brachte mich wiederum auf Barbara Shers Buch »Wishcraft«, das mir dabei half, mein Ziel, nämlich Comicbücher zu machen, genau zu definieren, anschließend die einzelnen Schritte festzulegen und mir letztendlich auch über die Unterstützung klar zu werden, die ich brauche, um mein Ziel zu erreichen.

Dann machte ich mich an die Arbeit. Zuerst belegte ich allgemeine Kunstkurse, die hier vor Ort von einem kleinen Kunststudio angeboten werden (in Venezuela werden Aktivitäten wie Kunstunterricht, Musik, Theater und Sport nicht von den öffentlichen Schulen, sondern von Privatklubs angeboten). Da ich sehr unzufrieden mit den Ergebnissen meiner künstlerischen Arbeit und meiner Disziplin war, begann ich nach weiteren Ressourcen zu suchen. Ich entdeckte eine Serie von Videos, die von Stan Lee produziert worden waren und durch die ich die Arbeit von Comickünstlern wie Jim Lee, Todd McFarlane, Rob Liefeld und Will Eisner kennen lernte. Ich schaute mir wiederholt die Videos an und besorgte mir alle empfohlenen Materialien. Zusätzlich beschäftigte ich mich intensiv mit der Arbeit vieler anderer Comiczeichner. All dies machte aus mir einen begeisterten Comicsammler. Letztendlich gründete ich ein eigenes Unternehmen und begann, Comics für andere in Venezuela lebende Sammler zu importieren. (Mein Visum erlaubt es mir nicht, in einem Angestelltenverhältnis zu arbeiten, aber ich darf selbstständig tätig sein.)

Zu jener Zeit hatte sich aber an der enttäuschenden Qualität meiner eigenen künstlerischen Arbeit noch nichts geändert. Mir war klar, dass ich einen Mentor brauchte. Viele Unschooler sind sehr unabhängig und brauchen keinen »Mentor«, um zu lernen. Wie auch immer, ich persönlich ziehe es vor, zuzuschauen und zu beobachten, anstatt mit Hilfe von Büchern und Lehrtexten zu lernen. Ich brauchte jemanden, der mir den Prozess des Comiczeichnens zeigte und versuchte alles, um Hilfe zu bekommen. Ich schrieb an Jim Lee und bewarb mich als Auszubildender, ich kontaktierte Absolventen des Joe Kubert College und erwähnte bei jeder sich bietenden Gelegenheit, dass ich auf der Suche nach einem Lehrer für Comiczeichnen war. Schließlich wurde meine Bitte erhört. Eine Missionarsfreundin meiner Eltern entdeckte beim Busfahren (Wünschen funktioniert!) mitten im Stadtzentrum ein Comicinstitut. Sie rief mich sogleich an, und ich bereitete sofort mein Portfolio vor und zeigte es dem Direktor des Institutes. Sie waren von meiner Arbeit beeindruckt und boten mir an, mich in ihr B.A.-Programm aufzunehmen. Als ich mit dem Studium begann und die ersten Kurse besuchte, fiel mir auf, dass ich mit meinen 15 Jahren der jüngste Student war. Die meisten meiner Kommilitonen waren zwischen 18 und 30.

Alle von mir belegten Studienfächer sind eng mit meinem Ziel, ein eigenes Comicbuch zu gestalten, verbunden. Anstatt einen Schreibkurs zu belegen, nehme ich am X-Men-Online-Rollenspiel (Uncanny X-MUSH) teil. Spanisch lerne ich durch tägliches Praktizieren, Mathekenntnisse eigne ich mir durch meine unternehmerische Selbstständigkeit an, hinsichtlich der Umweltwissenschaften habe ich eine Comicfigur für eine Pfadfindergruppe entworfen, und das Lösen von interkulturellen Konflikten in meiner multikulturellen Comicschule sehe ich als sozialwissenschaftliches Training an. Und die Einschreibung bei Clonlara Home Based Education stellt sicher, dass all diese Tätigkeiten als Schulleistungen anerkannt und entsprechend dokumentiert werden.

Derzeit mache ich ein Praktikum bei Marvel Comics, um den gesamten Prozess der Produktion eines Comicbuches kennen zu lernen. Die Comicindustrie in den USA hat derzeit hart zu kämpfen, und in Venezuela kann man durchaus von einer Krise sprechen. Als Studenten des Comic Art Institute in Caracas, Venezuela, bereiten meine Kommilitonen und ich uns auf eine Karriere in einem Industriezweig vor, den es in diesem Land gar nicht gibt. Julio Lopez, unser Direktor und mein Mentor, hat uns eindringlich darauf hingewiesen, dass unsere Zukunft davon abhängt, dass einige von uns mutig genug sind, eine eigene Produktionsfirma in Venezuela zu gründen und somit Arbeitsplätze für andere Comickünstler zu schaffen. Ich hoffe, einmal einen solchen Beitrag leisten zu können.

Beatrix Potter meint: »Meine (Aus)Bildung wurde Gott sei Dank vernachlässigt.... Ich ging nie zur Schule. ...Und ich bin froh, denn meine Originalität hätte mit Sicherheit darunter gelitten (falls ich nicht schon vorher aufgrund meiner Schüchternheit oder des hohen Leistungsdruckes gestorben wäre).[67] Potter verbrachte stattdessen ihre Zeit mit Schreiben, Zeichnen und dem Studium der Natur.

Fotografie

Lies gute Bücher und Magazine, aber schau dir auch aufmerksam die Arbeit anderer Fotografen an. Hin und wieder werden auch Bücher veröffentlicht, in denen hervorragende Fotografen genau erklären, wie bestimmte Fotos entstanden sind. Eins dieser Bücher ist z. B. *Meisterphotos. Entstehung, Technik, Gestaltung der 40 berühmtesten Bilder* von Ansel Adams. In seiner Biografie beschreibt Ansel übrigens auch das Ende seiner Schulkarriere im Alter von 12 Jahren:

> Ich empfand jeden einzelnen Tag als schwere Prüfung. Während draußen Sonne und Nebel Fangen spielten, musste ich in einem furchtbaren Klassenzimmer sitzen. Der Großteil von dem, was uns erzählt wurde, hatte absolut gar keine Bedeutung für mich. Ich bezog z. B. Schelte dafür, dass ich mir nicht merken konnte, welche Bundesstaaten an Nebraska grenzen oder welche Länder als die Golfstaaten bezeichnet werden. Es ging einfach nur darum, Namen auswendig zu lernen – wie und warum spielte dabei keine Rolle. Bildung ohne einen erkennbaren Sinn oder einen Anreiz funktioniert einfach nicht. Während ich mich nach dem da draußen sehnte, verblieb nur ein ganz kleiner Teil meines Bewusstseins drinnen, um dem Unterricht zu folgen.
>
> Eines Tages saß ich im Klassenzimmer, und ganz plötzlich kam mir die ganze Situation so unglaublich lächerlich vor, dass ich einen unkontrollierbaren hysterischen Lachanfall bekam. Ich konnte nicht aufhören zu lachen. Meine Mitschüler fanden dies zuerst ganz lustig, aber nach einer Weile machte es ihnen Angst. Ich stand auf und war kaum in der Lage nach Luft zu schnappen, während ich von Lachanfällen geschüttelt mit dem Finger auf den Lehrer zeigte.[68]

Die Schulleitung legte daraufhin Ansel nahe, die Schule zu verlassen. Sein wunderbarer Vater schenkte ihm eine Jahreskarte für die Panama-Pacific International Exposition – 1915. Er ging jeden Tag hin und ließ sich von einem Organisten, Gemälden, Skulpturen sowie naturwissenschaftlichen Exponaten und Geräten verzaubern. Ein Jahr später – im Alter von 14 Jahren – machte er seine ersten Fotos. Da er jedoch von seiner fotografischen Arbeit enttäuscht war, überredete er den Besitzer eines Fotolabors, ihn als Auszubildenden einzustellen. Aus Ansel wurde nicht nur einer der vermutlich besten Fotografen der Welt, sondern auch ein ausgezeichneter Bergsteiger und Naturschützer.[69]

Töpfern, Bildhauerei und Malerei

Versuche auch hier einen Weg zu finden, Räumlichkeiten und Ausrüstungsgegenstände zu teilen, entweder im Rahmen einer Künstlerkooperative oder über kommunale Angebote für Künstler. Frage zuerst in Fachgeschäften für Künstler nach.

Wenn du bei Null anfängst, lohnt sich ein entsprechender Kurs, bei dem es möglichst den Teilnehmern erlaubt ist, die Räumlichkeiten zusätzlich auch außerhalb des

Unterrichts zu nutzen. Wenn du dir sicher bist, dass dies das Richtige für dich ist, kannst du dir überlegen, dich nach einer Ausbildungsstelle umzusehen.

Filme und Videoproduktionen

Ganz klar, eine klassische Ausbildung/Lehre ist auch hier ein großartiger Weg, um zu lernen. Du kannst stattdessen aber auch selbst herumexperimentieren sowie Filme und Videos anderer Leute analysieren. Lokale (oder »kommunale«) TV-Sender bieten hervorragende Möglichkeiten, dir Wissen und Fertigkeiten anzueignen. Im Gegenzug für interessante Beiträge erhält man dort kostenlose Trainings und Zugang zu professionellem Equipment. Ebenso wie E-Zines, private Websites und andere Liebhabereien beweisen öffentlich zugängliche TV-Produktionen einmal mehr, dass es Menschen gibt, die wirklich Spaß am Leben haben und großartige Projektarbeit leisten, ganz einfach, weil sie Lust darauf haben und nicht, weil sie dafür bezahlt werden oder einen Wettbewerb gewinnen wollen. In der *GWS* Nr. 25 berichtet Eileen Trombly über ihre »unschooled« Tochter:

> Im Alter von 11 Jahren belegte Lori einen Videokurs am Conneticut College. Da sie ein wirklich starkes Interesse an Film- und Videoproduktion entwickelte, arbeitete sie auf ehrenamtlicher Basis bei den Dreharbeiten zu verschiedenen politischen Kampagnen in New London mit, wie dem jährlichen March of Dimes Telerama mit. Ihre ehrenamtliche Arbeit hat sie im Laufe der letzten sieben Jahre fortgesetzt und sie ist nun erste Kamerafrau und Regieassistentin bei der Telerama. Der Regisseur ruft jedes Jahr aus New York an, um sicherzugehen, dass sie wieder mit dabei ist. Dank dem Theaterregisseur aus New York hat Lori nun auch ein Jobangebot vom Eugene O'Neill Theater hier in Waterford erhalten.

Anderthalb Jahre später. Lori ist nun Studentin, und ihre Mutter schreibt:

> O'Neill hat Lori bereits einen Job für den kommenden Sommer angeboten, und sie hat für diesen Sommer *ihr eigenes* Studio bekommen. Obwohl wir nur ca. 15 Minuten entfernt vom Theater leben, übernachtet sie häufig in dem Gebäude, welches den Kritikern aus N.Y. als Unterkunft zur Verfügung gestellt wird. Sie arbeitet oft bis spät abends und bringt sich 100%ig in das ein, was sie tut.

In der *GWS* Nr. 77 berichtet der Unschooler Andrew Endsley darüber, wie seine Arbeit als Komparse für *Glory* und *Dances With Wolves* sein Interesse am Filmgeschäft verstärkt hat.

> Ich liebe die Arbeit hinter den Kulissen und möchte gerne auch weiterhin im technischen Bereich des Filmemachens tätig sein. ... Man trifft Menschen, die sich an einen erinnern und anrufen, wenn sie dich für ein anderes Projekt brauchen. Vor einer Woche rief mich unser Kontaktmann aus Montana an. Er möchte, dass ich dreieinhalb Monate lang als Produktionsassistent für ihn arbeite.

Drei Filmemacher, die der Schule vor Abschluss der Oberstufe den Rücken kehrten:

Claude Berri – verantwortlich für mehr als ein Dutzend Filme, einschließlich *Jean de Florette, Manon of the Spring* und *Tess*. Da er Jude war, musste er sich während des 2. Weltkrieges verstecken – eine Erfahrung, die später seinen ersten Film inspirierte. Nach dem Krieg musste er wieder zur Schule gehen, aber er war nach eigenen Aussage dagegen »buchstäblich allergisch«. Er verließ die Schule im Alter von 15 Jahren, arbeitete als Kürschner und nahm nebenbei Schauspielunterricht. Mit 17 hatte er seinen ersten kleinen Filmauftritt.

John Boorman, Macher von *Der Smaragdwald, Beim Sterben ist jeder der Erste, Hope and Glory – Der Krieg der Kinder* und *Excalibur*, verließ die Schule mit 16 und arbeitete in einer Wäscherei. Nach einem Jahr begann er für Frauenmagazine zu schreiben.

David Puttnan, Produzent von *Die Stunde des Siegers, Local Hero, The Killing Fields* und *Mission*, verließ die Schule im Alter von 16 Jahren und begann, in einer Werbeagentur zu arbeiten.[70]

Architektur

Das Schlendern durch die Straßen deiner Stadt oder anderer Städte und Dörfer spielt hier, wenn du wirklich etwas lernen willst, eine ebenso große Rolle, wie das Lesen und Betrachten von Bildern. Auch eine Ausbildung oder Lehre kann sich als sehr wertvoll erweisen.

Wenn du dich für Architektur interessierst, wirst du sehr leicht eine Menge Informationen über berühmte Architekten, Kathedralen und griechische Tempel finden. (Schau dich in deiner Bibliothek um.) Lasse dir aber auch auf gar keinen Fall die Schönheit und Weisheit »landschaftsgebundener Architektur«, also einfachere Bauten wie z. B. Jurten, Blockhütten und englische Cottages, entgehen. *Shelter*, von Lloyed Kahn herausgegeben, ist ein herausragendes Buch für Anfänger.

Die Arbeiten von Christopher Alexander, insbesondere *Eine Muster-Sprache. Städte, Gebäude, Konstruktion* sind hervorragende Beispiele für einen einzigartigen, schönen und menschlichen Weg, sich der Architektur anzunähern.

Letztendlich solltest du auch einen Blick in die »Kinderbücher« von David Macaulay, wie z. B. *Sie bauten eine Kathedrale, Es stand einst eine Burg, Wo die Pyramiden stehen* etc., werfen. Sie erklären anhand von faszinierenden und detaillierten Zeichnungen, wie diese Monumente entworfen und gebaut wurden.

In seiner Autobiografie schreibt Frank Lloyd Wright (über sich selbst): »Nichts von dem, was ihm in der Schule beigebracht wurde, war bedeutungsvoll genug, als dass er sagen könnte, es hätte sein weiteres Leben beeinflusst.« Wright ging frühzeitig von der Schule ab und begann, als Technischer Zeichner für einen Professor für Ingenieurwesen zu arbeiten. Er wurde zu einem der innovativsten und anerkanntesten Architekten der Welt.[71]

Handwerk und Kunstgewerbe

Es gibt endlos viele Möglichkeiten, einschließlich ukrainischer Ostereierdekorationskunst, Pullover stricken, Holzdosen schnitzen, Marmorpapier herstellen, Schmuck anfertigen, Teppiche weben, schottische Kilts nähen, Patchworkarbeiten etc. Kostenlose oder preiswerte Kurse werden oftmals von Handarbeitsläden etc. angeboten – du kaufst von ihnen die Materialien, und sie zeigen dir bereitwillig, wie man damit arbeitet. Lass dich auf Kunsthandwerksmärkten inspirieren. Wenn dich bestimmte Arbeiten besonders beeindrucken, frage die Leute, ob du bei ihnen Unterrichtsstunden nehmen oder eine Ausbildung machen kannst. Die relativ selbstorganisierte Internetplattform Dawanda ist ein Schatz an Inspirationen für und ermöglicht dir den Verkauf von allem Handgemachtem.

In der Bücherei und im Internet findest du alles, was du an Informationen brauchst, um Projekte zu starten. Handwerklich tätige Leute besuchen häufig Volkskunstausstellungen, um sich inspirieren zu lassen. Einige Museen besitzen sehr gute Sammlungen. Solltest du jemals nach Santa Fee, New Mexiko, reisen, nimm dir auf jeden Fall ein paar Tage Zeit für einen Festschmaus im überwältigenden Girard-Flügel des Museums für Internationale Volkskunst.

Abgesehen von den von mir erwähnten bildenden Künsten gibt es natürlich noch viele, viele andere, die hier wegen Platzmangel oder fehlendem Expertenwissen meinerseits unerwähnt bleiben. Du kannst z. B. Kleidung entwerfen, Hotels einrichten, als Grafikdesigner arbeiten, Trickfilme machen oder Designs für Tapeten oder Stoffe entwerfen.

Liz Claiborne, Modedesignerin und Gründerin von Liz Claiborne Inc., entkam der Schule, weil ihr Vater der Meinung war, dass formelle Bildung unwichtig sei. Stattdessen studierte sie in Belgien und Frankreich Bildende Kunst. Im Alter von 21 Jahren taucht sie in die Modewelt ein. Nachdem sie einen von Harpert's Bazaar gesponserten Designwettbewerb gewonnen hatte, bekam sie verschiedene Jobs im New Yorker Modedistrikt.[72]

Dan Casner aus Wisconsin, 12 Jahre alt, schreibt:

> Für Halloween habe ich mir eine voll bewegliche Eidechsenmaske gebastelt. Trotz der langen Schnauze gestaltete ich sie so, dass sie sich meinen Gesichtsbewegungen anpasste. Ich baute einen Mechanismus ein, der es dem Unterkieferteil erlaubte, den vertikalen als auch horizontalen Bewegungen meines Unterkiefers zu folgen. Wenn ich z. B. mein Kinn vorschob, schob auch die Maske das Kinn vor. Wenn ich meinen Mund öffnete, öffnete auch die Maske den Mund etc. Außerdem habe ich eine Bauchrednerpuppe und verschiedene Marionetten entworfen.

Die Darstellenden Künste

Schulen, die gute Möglichkeiten bieten, sich im Bereich der darstellenden Künste zu betätigen, sind eher die Ausnahme. Sollte es an deiner Schule jedoch ein solches Angebot geben, kann ich dir wärmstens empfehlen, davon Gebrauch zu machen. Meine Schule gehörte zu diesen Ausnahmen und ungeachtet all der anderen Plackerei bin ich immer noch froh darüber, dass ich Mitglied beim Capital High School Concert Choir und bei den Capital Singers war. Obwohl ich bei längerem Nachdenken doch etwas ärgerlich werde. Meine große Liebe galt nicht der Musik, sondern dem Tanzen. Da mir jedoch das Trendy-Hair-Boofy-Girl-Tanzprogramm meiner Schule nicht zusagte, sang ich lieber. Das Musikprogramm war klasse, aber ich frage mich, wie mein Leben wohl verlaufen wäre, wenn ich von der Schule abgegangen wäre und mir stattdessen die Seele aus dem Leib getanzt hätte. Wenn es an deiner Schule Programme gibt, an denen du teilnehmen möchtest, dann tu das. Heutzutage ist es Freilernern in vielen US-Bundesstaaten erlaubt, am Kunstunterricht und anderen schulischen Kursangeboten teilzunehmen.

Oder aber du schaust dich anderweitig nach Angeboten um, z. B. einem Jugendorchester, einer guten Tanzschule, einer Theater- oder Musicalgruppe, einem Sommercamp oder einem Zirkus. Und schließe auch die Studentengruppen nicht aus. Eines der Jazzdance-Ensembles meiner Hochschule nahm z. B. zwei Gymnasiastinnen auf. Niemand hat sich wegen ihres Alters mokiert oder die Tatsache bemängelt, dass die beiden keine Carleton-Studentinnen waren. Sie wurden aufgrund ihres Eifers und ihres Talentes mit offenen Armen empfangen.

Du kannst natürlich auch allein lernen, üben und auch auftreten: Breakdance auf der Straße, Violinenkonzerte in der Fußgängerzone, Comedy-Shows oder Klavierspielen in einem Restaurant. Oder aber du schließt dich mit Freunden zusammen und gründest ein Kammerorchester, eine Reggaeband, eine Stepptanz- oder Theatergruppe.

In der *GWS* Nr. 108 erzählt die 14-jährige Jenny Boas aus Florida von ihrem Interesse am Zirkus:

> Seit meinem 10. Lebensjahre beschäftige ich mich in meiner Freizeit am liebsten mit Zirkusnummern wie Jonglieren, Einradfahren etc. In den letzten 5 Jahren habe ich mich zu einer recht guten Jongleurin entwickelt. ...Ich kann mittlerweile mit 5 Bällen jonglieren.
>
> In diesem Sommer bot sich mir die Gelegenheit, von Florida – wo ich lebe – nach Rhode Island zu gehen, um dort in einem richtigen Zirkus mitzuwirken. Ein Freund meiner Familie, der in Rhode Island lebt, hat mir angeboten, bei ihm und seiner Familie zu wohnen und in seinem Zirkus als Jongleurin aufzutreten. ...
>
> Die Leute in dem Zirkus kamen aus aller Welt. Unter den neun Künstlern befanden sich Trapezkünstler, Akrobaten, Stelzenläufer, Clowns etc. Es gab auch noch jemand anderes, der mit 5 Bällen jonglieren konnte. Wir veranstalteten kleine Wettbewerbe, um zu sehen, wer am längsten durchhält. Diese Wettbewerbe waren toll, und ich konnte durch sie meine Jonglierfertigkeiten bedeutend verbessern.

Musik

Lerne durch Üben, Herumexperimentieren, Unterricht, einer Band beitreten, im Radio vorspielen, Komponieren, im Kirchenchor mitsingen etc. In deiner Bibliothek findest du mit Sicherheit Bücher mit Beatles-Songs, Beethovens Klavierkonzerten und englischen Volksliedern aus dem 17. Jahrhundert, sowie eine große Auswahl an CDs.

Und glaube nicht, dass die Instrumente, die du aus Schulbands und Orchestern kennst, die einzigen sind. Es gibt auch Panflöten, Orgeln, Akkordeons, Marimbas, Okarinas, Lauten, Mitmars, Leiern, Sitars und viel, viel mehr.

Ziehe in Erwägung, deine eigenen Instrumente anzufertigen. Der 15-jährige Saeward Stone aus British Columbia schreibt:

> Ich habe vor einigen Jahren damit begonnen, herumzuexperimentieren und Musikinstrumente herzustellen. Die Hauptquellen der Inspiration waren Bücher und meine eigene Vorstellungskraft. Ich begann auch Querflöte zu spielen. Dann lernte ich jemanden in unserer Nähe kennen, der professionell Musikinstrumente baute und der bereit war, mit mir zu arbeiten. Mein erstes Projekt war eine Mandoline, die ich auch sofort zu spielen begann. Danach baute ich eine Akustikgitarre. Momentan arbeite ich an einer Violine, einer Mandoline als Auftragsarbeit, einem Rebec, einer Oktaven-Mandoline, einer weiteren Gitarre und an einigen Reparaturaufträgen.
>
> Ich spiele Flöte, Querflöte, Mandoline, Geige und etwas Gitarre. Mein 13-jähriger Bruder spielt Gitarre, Klavier, Banjo und ein wenig Geige. Mein 10-jähriger Bruder und meine 7-jährige Schwester spielen Geige. Wir spielen oft auf Tanzfesten, Singabenden, keltischen Festivals und

auch zu Hause und wir nennen uns »Stone Circle« (Steinkreis). Wir spielen insbesondere keltische und ukrainische Volksmusik sowie amerikanische Geigenmelodien.

Im Sommer verdienen wir oft 150 Dollar pro Stunde, wenn wir auf dem Sommermarkt spielen. Wir haben vor, nach Cape Breton zu reisen, um dort Musik zu machen. In der Zukunft möchte ich gerne ein Cembalo bauen und Europa bereisen, um über Musik und Violinenbau zu lernen. Ich arbeite desweiteren an meinem Ziel, selbstversorgend auf einer kleinen Farm zu leben und dort auch einen Workshop mit alten Werkzeugen und traditionellen Arbeitsmethoden zu betreiben.

André Stern aus Frankreich ging aufgrund seines Interesses in die Lehre bei einem schweizer Gitarrenbauer stellt und selbst ausgewöhnliche Gitarren her.[73] Schule dein Gehör, indem du verschiedenste Arten von Musik hörst. Versuchs mal mit einem klassischen Radiosender am Sonntagmorgen. Besuche Konzerte. Schau dich in »alternativen« Musikgeschäften um. Surfe im Internet.

Lerne mittels Büchern, Computerprogrammen, von Lehrern oder in Kursen etwas über Musiktheorie und Komposition. Die Unschooler-Familie Wallace hat neben den von örtlich ansässigen Lehrern angebotenen Unterrichtsstunden noch andere kreative Wege gefunden, Musik zu studieren: In der *GWS* Nr. 30 schreibt die Mutter Nancy Wallace:

Ishmael wird von einem Cornell-Hochschulabsolventen in Komposition unterrichtet. Ishmael bewundert ihn. Ich habe allerdings einige Bedenken, denn er gibt Ishmael so viele Hausaufgaben auf, dass ihm kaum noch Zeit für das Komponieren bleibt. Wie auch immer, sie analysieren alle möglichen Arten von Musik, von Gregorianischen Gesängen über Debussy bis hin zu Ravi Shankar, und Ishmael erhält einen vollen Studienkurs in Melodik und Harmonielehre. Ich habe meistens keine Ahnung von dem, was sie da tun, wenn es um Sequenzen, Modulationen und Akkordstrukturen geht. Aber Ishmael scheint während der Unterrichtsstunden sehr glücklich zu sein. Er nimmt desweiteren Unterricht bei einer Nachbarin. Neben anderen Dingen bringt sie ihm »Solmisation« bei.

Ishmael zog später nach Philadelphia, wo er Musik am Konservatorium studierte und nebenbei als Begleitmusiker und Inspizient arbeitete. Seine Schwester Vita gab Kindern Violinenunterricht, um sich Geld für Kunstmaterialien zu verdienen. Ishmael quälte sich in der Schule bis zur Mitte der Sekundarstufe, dann konnten seine Eltern es nicht mehr ertragen, ihn leiden zusehen. Vita ging nie zur Schule. Beide entwickelten während des Heranwachsens eine starke Liebe zur Musik. In dem Jahr, in welchem sie 14 und 11 Jahre alt waren, verdienten sie mehr als 1000 Dollar mit Konzerten und als Wettbewerbssieger. Im Alter von 10 Jahren schrieb Ishmael das Musiktheaterstück *Love's Path is Lumpy, or Eat Your Spaghetti*, welches in Ithaca, New York produziert wurde. Ishmael selbst war der Pianist. Um mehr über die Familie Wallace zu er fahren, lies die beiden Bücher von Nancy Wallace *Better Than School* und *Child's Work*.)

Die kanadische Künstlerin Carey Newman, 14 Jahre alt, schreibt in *GWS* Nr. 68:

> Ich habe 10 Jahre lang Klavier- und Musiktheorie-Unterricht genommen. Derzeit habe ich zwar keine Pläne, professionelle Musikerin zu werden, aber meine Fähigkeiten sind mittlerweile so gut, dass ich ein solches Ziel erreichen könnte, wenn ich es wollte. Meine Mutter hat mir vorgeschlagen, ich sollte Klavier- und Theorieprüfungen ablegen, bevor ich mit dem Unterricht aufhöre. Sie meint, Zertifikate dieser Art könnten nützlich sein, sollte ich mich eines Tages dazu entschließen sollte, im Musikbereich tätig zu werden.

In der *GWS* Nr. 37 wurde ein Zeitungsartikel über den Unschooler-Musiker Gunther Schuller, Leiter des New England-Musikkonservatoriums abgedruckt. Schuller brach die Oberstufe ab und meint dazu: »Ich glaube, ich wäre kein sehr guter Schüler in den von einigen Schulen geforderten strikt organisierten Musikprogrammen gewesen, die einem so gut wie gar keine Freiheit lassen, zwischen verschiedenen Fächern zu wählen.«

Irving Berlin, der mehr als 1500 populäre Lieder komponiert hat, einschließlich »God Bless America« und »White Christmas«, ging nur zwei Jahre lang zur Schule. Er verließ die Schule im Alter von acht Jahren und nahm verschiedene Jobs an, um seine Familie finanziell unterstützen zu können. Einige davon hatten absolut nichts mit Musik zu tun. Andererseits sang er aber auch gegen Spende, sang in verschiedenen Shows und arbeitete als singender Kellner.[74]

Der legendäre Bluesgitarrist Bo Diddley ging mit 15 Jahren von der Schule ab und begann auf der Straße Gitarre zu spielen, um Geld zu verdienen.

Keith Richard von den Rolling Stones wurde im Alter von 15 Jahren wegen fortwährenden Schwänzens der Schule verwiesen. Er ging stattdessen auf eine Kunsthochschule, wo er mit der Bluesmusik Bekanntschaft machte.

Der Country-Sänger und Komponist Randy Travis, der mit drei Platinschallplatten, zwei Grammies und unzähligen anderen Musikpreisen ausgezeichnet wurde, hasste die Schule leidenschaftlich. Er verließ die Schule in der 9. Klassenstufe, nahm verschiedene Jobs an und begann in Bars zu singen, während seine Eltern oftmals als Anstandswauwaus im Publikum saßen.[75]

Schauspielerei

Die Unschoolerin Emma Roberts schreibt in der *GWS* Nr. 68:

> Ich engagiere mich sehr in unserem örtlichen Kommunaltheater. ... Letzten März spielte ich z. B. in »Brighton Beach Memoirs« mit. Ich war die einzige unter 16-Jährige in dieser Aufführung, und mit so vielen Erwachsenen zusammenzuarbeiten, gab mir ein besonders professionelles Gefühl. Die Erwachsenen waren sehr ernsthaft bei der Sache – nicht zu vergleichen mit 50 herumrennenden, schreienden Kindern. Ich hatte das Gefühl, eine solche Aufführung ist weitaus realer, als wenn eine Gruppe von Kindern auf der Bühne herumsteht und nur darauf wartet, ihren Text aufzusagen. Wenn ich mit anderen Kindern zusammen in einem Theaterstück bin, dann mag ich lieber rumhängen und mit den Kids spielen, anstatt aufzupassen und dem Stück aufmerksam zu folgen. Das macht natürlich auch Spaß, aber ich hab dann nicht dieses Gefühl der Professionalität.

Die 14-jährige Georgina McKee schreibt:

> Ich bin noch nie zur Schule gegangen, sondern wurde immer zu Hause unterrichtet. In den letzten 14 Jahren habe ich so viel getan und erlebt, dass ich mich gar nicht an alles erinnern kann. Ich erinnere mich aber daran, dass ich sechs Jahre lang Schwimmen mochte. Ich war eine sehr gute Schwimmerin und gewann viele Wettbewerbe. Danach habe ich mich mehr dem Singen zugewandt. Das mache ich auch heute noch. Mein Chor ist gerade von einer 10-tägigen Tour durch Italien zurückgekehrt, wo wir Auftritte in Rom, Florenz, Pisa etc. hatten. ... Meine größte Leidenschaft gilt momentan aber der Schauspielerei. Ich war schon immer daran interessiert, hatte aber bis letzten Herbst, als ich mich um eine Rolle in »Die Schneekönigin« bewarb, nicht viel damit zu tun. Ich bekam genau die Rolle, die ich wollte! Gar nicht so schlecht für den ersten Versuch. Während der »Schneekönigin«-Zeit schrieb ich gemeinsam mit meinen Nachbarn ein Theaterstück. Das fertige Skript zeigte ich dann meiner Regisseurin, die es gut fand. Später bat sie mich, ihr beim Überarbeiten des Skripts für die im Frühling geplante Aufführung von »Eine kleine Prinzessin« zu helfen. (Ich durfte dann auch der Regieassistentin assistieren.) Während »Schneekönigin« bot mir die Regieassistentin für den nächsten Sommer Schauspielunterricht an. In der Zwischenzeit habe ich für eine Rolle in einer von »The Madison Opera Company« geplanten Opernaufführung vorgesprochen. Sie haben mich genommen und mich sogar für die Hauptrolle vorgemerkt. Letztendlich bekam doch jemand anderes die Hauptrolle, aber ich durfte im Chor mitsingen, was wirklich aufregend war! Aber das Beste kommt noch. Mir fiel eine Broschüre der »Children's Theatre of Madison Summer Drama School« in die Hände, und ich schaffte es, ein Stipendium für die Teilnahme zu bekommen. Ich verbrachte also vier anstrengende, aber auch fröhliche und sehr lehrreiche Wochen damit, über Theater und Schauspiel zu

lernen (Stimme, Gesang, Tanz, einfach alles!). Das Ergebnis unserer Arbeit war die Aufführung von »Jane Eyre«.

Was genau liebe ich an der Schauspielerei? Nun ja, ich liebe es einfach, wenn alle Augen auf mich gerichtet sind. Aber am meisten liebe ich das Jemand-Anderes-Sein. Ich beobachte gerne Leute und versuche, sie nachzuahmen. Ich liebe es, auf der Bühne Dinge tun zu dürfen, die ich sonst nicht tun dürfte. Und ich mag die Menschen, den Geruch hinter den Kulissen vor einer Show und den Applaus, wenn man gut war. Ich hoffe, eines Tages ein Broadway-Star zu sein, dann zum Film zu gehen und vielleicht sogar eine eigene Sitcom namens »GEORG!« zu haben.

Ein paar Verbündete

Laut der Current Biographie 1983 war Eddi Murphy ein »unauffälliger« Schüler«, der meint, die Schule sei »eine endlose Fete, einfach nur ein Ort um zu lachen«.

Roseanne Barr, Komikerin und Star der TV-Serie *Roseanne*, verließ die Schule mit 16. Sie arbeitete als Tellerwäscherin und begann schließlich, in Comedy-Clubs aufzutreten.[76]

Und Mel Gibson erzählte dem Journalisten Roy Sekoff: »Ich langweilte mich in der Schule. Ich habe zwar meine Abschluss gemacht, aber auch nur gerade so.«[77]

Tanz

Beinahe die Hälfte der Mädchen, die an meiner Umfrage teilnahmen, hatten irgendwas mit Tanzen zu tun. Viele von ihnen nahmen dreimal pro Woche oder öfter Tanzunterricht. Abgesehen von Tanzstunden kannst du auch als Tänzerin für Musicals vorsprechen, eine eigene Tanzgruppe gründen oder nach New York gehen, um Ballerina zu werden.

Meiner Meinung nach sind Anleitungen auf DVD oder auf Youtube eine sehr gute Möglichkeit, sich mit neuem Tanzmaterial vertraut zu machen. Wirf einen Blick in Zeitschriften oder Foren, die sich mit dem von dir bevorzugten Tanzstil beschäftigen, oder aber du fragst andere Tänzer, ob sie gute DVDs kennen. Leider sind viele DVDs einfach nur schlecht und auch noch teuer, daher verlasse dich lieber auf Empfehlungen oder guten Rezensionen. Mein absoluter Favorit ist das Video *The Wave: Ecstatic Dance for the Body and Soul* von Gabrielle Roth. Es eignet sich für Tänzer aller Stilrichtungen, als auch für Menschen, die noch nie zuvor getanzt haben.

Schau dir auch die guten Tanzfilme an, wie *The Turning Point* (Ballett), Carlo Sauras *Carmen* (Flamenco), *Blood Wedding* – Bluthochzeit (Flamenco), *A Chorus Line* (Jazz), *White Nights* (Stepptanz und Ballett), *Strictly Ballroom – die gegen alle Regeln tanzen* (Standardtanz), *Tango-Fieber* und alte Musicals wie *Vorhang auf!* (*The Bandwagon*) und *Singin' in the Rain*.

In der *GWS* Nr. 30 wurden Teile eines Zeitungsartikels über Cathy Bergman, ehemalige Unschoolerin und Präsidentin der National Association of Home Educators, abgedruckt:

> Bergman sagt, dass sie als Teenager Ballerina werden wollte. »Um Ballerina zu werden, musste ich sechs Stunden pro Tag üben, was nicht möglich gewesen wäre, wäre ich zur Schule gegangen. Da ich zu Hause unterrichtet wurde, konnte ich all meine Energie in das Tanzen stecken. Das bedeutet nicht, dass ich nichts anderes tat. Man fühlt sich frei und inspiriert, wenn man so viel Zeit hat, um zu lernen und zu wachsen. Ein Interesse führt zum nächsten. Das Balletttanzen brachte mich z. B. zum Lesen über Ballett, und über das Lesen kam ich zur Geschichte. Das Lesen geschichtlicher Literatur brachte mich schließlich auf das Studium großer Künstlerpersönlichkeiten«.

Natürlich gehört zum Tanz nicht nur Ballett, Stepptanz, moderner Tanz und Jazztanz. Du kannst dich auch mit Flamenco (feurige, kontrollierte Leidenschaft), internationalen Volkstänzen (eine Menge komplizierter Schritte), Capoeira (brasilianische Mischung aus Kunst/Tanz), Tai Chi (nicht unbedingt Tanz, sondern eine anmutige asiatische Bewegungsform, die sich auf den Fluss der Energien in deinem Körper konzentriert), Bauchtanz (geschmeidige Wellenbewegungen und komplizierte Hüftschwünge), traditionellen indianischen Tänzen (sehr kompliziert, insbesondere für Hände und Gesicht), Standardtänzen, westafrikanischen und Hula-Tänzen beschäftigen, um nur ein paar zu nennen.

Kapitel 27
Mannschaftssport und andere sportliche Aktivitäten

Entschule deinen Körper! Was du mit ihm in der Schule tun kannst, ist nichts im Vergleich zu dem, was du mit ihm auf einem vereisten Hügel, einem Surfbrett, einem Feld, einem Pferderücken, einem Fahrrad oder dem Tanzparkett anstellen kannst. Außerdem wird sich deine Muskulatur schon automatisch merklich verbessern, sobald du nicht mehr den ganzen Tag auf einem Stuhl herumsitzt.

Während du dich nach neuen sportlichen Aktivitäten umschaust, beschränke dich nicht auf das, was du aus dem Schulsport kennst. Überlege dir z. B., zur Arbeit zu laufen, zu hüpfen, zu rennen oder zu radeln. Oder wie wäre es mit Yoga, Gärtnern, Wandern, Klettern, Skifahren, Inlinern, Kanufahren, Tanzen, Tai Chi, Reiten, Trapezakrobatik und abgefahrenen Teenager-Sportarten wie Skateboarding, Snowboarding oder Mountainbiking?

Wenn du dich eher für Sportarten interessierst, die nicht zu den Mannschaftssportarten gehören, dann wirst du deine Fähigkeiten eher außerhalb der Schule verbessern können, es sei denn, dein Schulsportlehrer ist jemand ganz besonderes, der sich viel Zeit für dich nehmen kann und will. In der *GWS* Nr. 17 steht, dass sich der Tennisspieler Björn Borg das Tennisspielen in seiner Kindheit selbst beigebracht hat und Ratschläge, denen er selbst nicht zustimmte, geflissentlich (und wohlweislich) missachtete.

Auf der Suche nach einer Mannschaft?

Nicht zur Schule gehen, aber trotzdem in der Schulsportmannschaft mitspielen.

In Deutschland ist das kein Problem, weil der Leistungssport traditionell in Sportvereinen außerhalb der Schule organisiert ist.

In vielen US-Bundesstaaten gibt es mittlerweile gesetzliche Regelungen, die besagen, dass Homeschooler am Schulsport und anderen außerlehrplanmäßigen Aktivitäten teilnehmen dürfen. Und auch wenn dies nicht der Fall ist, werden doch oft Ausnahmen gemacht oder Mittel und Wege gefunden, um Freilernern die Teilnahme an solchen Angeboten zu ermöglichen. In der *GWS* Nr. 69 wird z. B. über einen 16-jährigen Unschooler aus Vermont berichtet, der Geländelauf machte und auch an entsprechenden wettbewerblichen Aktivitäten in seinem Bezirk teilnahm. Irgendwann erreichte er den Punkt, an welchem er sich mit einer gesetzlichen Hürde konfrontiert sah, die ihm die Teilnahme an einem solchen Wettbewerb mit der Begründung verbot, dass Privatschüler (einschließlich Homeschooler) unfaire Vorteile genießen würden (sie könnten ja an intensiven Trainingsprogrammen teilnehmen) und insofern keine Amateure wären. Die Trainer, die ihn mochten und die Regelung als unsinnig betrachteten, begannen, sich um eine Änderung dieser Norm zu kümmern. Der Junge fuhr auch gern Ski, und da ihn die Skisporttrainer ebenfalls sehr schätzten, ermöglichten sie ihm die Teilnahme durch das Ausnutzen einer Ausnahmeregelung für Gäste.

In der *GWS* Nr. 78 berichtet Gretchen Spicer über ihre Tochter Jessie, die Mitglied in einer Highschool-Turnsportmannschaft war. In der 9. Klassenstufe entschloss sich Jessie, erstmalig am Schulunterricht teilzunehmen, da sie Mitglied in der Turnsportmannschaft werden wollte. Sie war gut in der Schule. Da sie aber unter anderem das Zusammensein mit ihrer Familie vermisste und auch Klavier- und Ballettstunden streichen musste, um Zeit für die Schule zu haben, verließ sie die Schule am Ende der 9. Klasse. Die Wisconsin Interscholastic Athletic Association verwehrte ihr daraufhin die weitere Mitgliedschaft in der Turnmannschaft. Laut Gretchen wurde aber letztendlich ein Kompromiss gefunden:

> Sie haben sich bereit erklärt, Jessie als Transferschülerin einzustufen. Jessie muss eine Woche vor Beginn der Wettbewerbssaison mit der Teilnahme am Schulunterricht beginnen. Allerdings geht es dabei nur um 20 Unterrichtsstunden, in Fächern ihrer Wahl. Sie muss keine Hauptfächer belegen und kann sich aussuchen, ob sie drei volle Tage pro Woche oder 5 Stunden pro Tag für bestimmte Wochentage zur Schule geht. Diese Regelung gilt für den Lauf der Turnsportsaison, danach muss sie nicht mehr zur Schule gehen. Und momentan kann sie ohne Unterrichtsteilnahme am Training teilnehmen.
>
> Anfangs waren wir recht verärgert über diese Forderungen. Es erschien uns lächerlich, dass sie so viel Zeit mit Dingen verbringen musste, die absolut gar nichts mit Turnsport zu tun hatten. Mittlerweile hat sie sich aber daran gewöhnt und meint, es sei immer noch besser als Vollzeitunterricht. Außerdem kann sie sich ja die Fächer aussuchen, die sie interessieren, wie z. B. Kunst- oder Verkehrsunterricht. Wir werden natürlich weiter gegen die Regelung kämpfen, aber in der Zwischenzeit können wir uns mit diesem Kompromiss arrangieren.

Der 15-jährige Jesse Schwerin lief für eine Geländelaufmannschaft. In der *GWS* Nr. 77 berichtet seine Mutter Virginia:

> Letztendlich teilte ich der Schule einfach nur mit, was wir tun würden – ohne um Erlaubnis zu bitten. Ich schrieb an den Sportdirektor der Schule: »Mein Sohn ist Homeschooler im Lenox-Schulbezirk. Ihm ist die Teilnahme an sportlichen Aktivitäten erlaubt, und er wird Mitglied in der Geländelaufmannschaft.« Die Leute in der Schulsportabteilung waren sehr bestärkend, und es gab absolut keine Probleme.

Werde Mitglied in einer nicht schulischen Mannschaft – z. B. in einer kommunalen Liga, in einer Privatschule oder in einer Kirchenliga. Gründe selbst eine Mannschaft für Unschooler und vorzeitige Schulabgänger. Wenn ihr genug Leute seid, könnt ihr auch eine Liga gründen. Versucht, euch eigenständig zu trainieren– eine hervorragende Gelegenheit, selbstbestimmtes Lernen auszuprobieren. In der *GWS* Nr. 97 wird über Oskars Rieksts aus Pennsylvania berichtet, der mit seinem 15-jährigen Homeschooler-Sohn mangels anderer Möglichkeiten selbst ein Basketballteam für Homeschooler gründete. Die Mannschaft entwickelte sich nach und nach. Im ersten Jahr gab es sieben Mitglieder im Alter von 11 bis17 Jahren mit unterschiedlichsten Fähigkeiten. »Wir trainieren nur einmal pro Woche, also nicht so oft, wie andere Schulsportmannschaften. Aber ich mag den Aspekt des Homeschoolens – ich sage ihnen, was sie zu Hause üben können und viele von ihnen sind diesbezüglich auch sehr motiviert.« Im dritten Jahr waren sie dann genug Spieler für drei Mannschaften – eine für die 7- bis 10-Jährigen, eine für die 10–13-Jährigen und eine für die Altersgruppe 13+. Sie spielten gegen kleine konfessionelle Schulen und planten auch ein Homeschooler-Basketball-Turnier. »Wir haben uns hauptsächlich deshalb für Basketball entschieden, weil sich mein Sohn für diesen Sport interessierte. Aber ein weiterer Vorteil war auch, dass man nur fünf Spieler für ein Team braucht. Man kann also so etwas mit recht wenigen Kindern auf die Beine stellen.«

Eine andere Familie aus Colorado, mit einem Sohn im Alter eines Achtklässlers, gründete zuerst ein Volleyballteam und weitete ihre Aktivitäten später auch auf Fußball, Softball und Basketball aus. Sie spielten in einer christlichen Schulliga mit: »Obwohl wir in dieser Liga mitspielten, hieß das nicht, dass alle Spieler Christen sein mussten. ... Wir bauten auch eine gute Beziehung zu Denver Parks and Recreation auf und durften deren Sporthalle während der ruhigeren Tageszeiten kostenlos zum Üben nutzen. ... Wir trainierten zweimal pro Woche und machten einmal pro Woche ein Spiel. Das kann ganz schön anstrengend sein, und es gab auch einige Familien, die deshalb wieder aufhörten. Aber wir hatten trotzdem immer genügend Spieler für eine komplette Mannschaft.«[78]

Unschooled Sportler

Janey Smith berichtet in der *GWS* Nr. 43 über ihren jugendlichen Sohn:

> Vor kurzem machte Seth etwas sehr Interessantes. Er begann sich fürs Radfahren zu interessieren und trat im letzten Frühjahr einem Radsportklub bei. Seth ist bisher das mit Abstand jüngste Mitglied des Klubs. Er trainierte für ein Radrennen, bei dem er ganz gut abschnitt, macht bei langen Radtouren mit (25-70 Meilen und 100 Meilen diesen Sonntag) und begann auch, sich nötiges Equipment zu kaufen. ... Da dies mit der Zeit ganz schön teuer für ihn wurde, handelte

er einen Deal mit einem örtliche Fahrradladenbesitzer aus, so dass er nun das Equipment zum Selbstkostenpreis bekommt. Im Sommer gewann er ein Rennen, und letzte Woche wurde er Dritter unter 50 (teilweise sehr erfahrenen) Teilnehmern. Er liest viele Radsportmagazine und -bücher und arbeitet seinen Trainingsplan und seine Strategien selbst aus.

Die 14-jährige Erin Roberts spielt seit ein paar Jahren in einem AYSO-Fußballteam (American Youth Soccer Organisation) mit und arbeitet desweiteren als Jugendschiedsrichterin und als Co-Trainerin für eine Mannschaft mit 4- bis 5-Jährigen. Sie schreibt: »In diesem Herbst werde ich für die Mannschaft der Boonesboro Junior Varsity High School spielen. Obwohl ich nicht zur Schule gehe, waren alle Leute, die damit zu tun hatten, hilfreich und sehr daran interessiert, mir die Gelegenheit zu geben, in dieser Schulmannschaft mitzuspielen.«

Im Jahre 1979 verbrachte ein 14-jähriger Unschooler den Winter in einem Skiressort, wo er allein im Camper seines Vaters wohnte. Theoretisch stand er unter der Aufsicht anderer Erwachsener, aber praktisch lebte er dort allein. Er konnte so viel Ski fahren, wie er wollte und sein Vater schrieb anschließend in der *GWS* Nr. 12: »Er verbrachte dort einen interessanten, schwierigen, aufregenden und produktiven Winter«.

Kapitel 28
Der Ruf der Wildnis

Oh ja, ich bin in die Schule des weißen Mannes gegangen. Ich lernte Schulbücher, Zeitungen und die Bibel zu lesen. Aber mit der Zeit genügte mir das nicht mehr. So genannte »zivilisierte« Leute verlassen sich zu sehr auf von Menschenhand Geschriebenes. Ich wende mich lieber dem Buch des Großen Geistes zu, das die Gesamtheit seines Schaffens einschließt. Du kannst einen Großteil des Buches lesen, indem du einfach die Natur studierst. Du weißt, wenn du all deine Bücher nimmst, sie in die Sonne legst und Schnee, Regen und Insekten eine Weile an ihnen arbeiten lässt, dann bleibt nichts von ihnen übrig. Der Große Geist aber bietet dir und mir die Chance, im gesamten Universum der Natur zu studieren – die Wälder, die Flüsse, die Berge und die Tiere, zu denen auch wir selbst gehören.

– TATANGA MANI, *Stoney Indian*

Ich war meinen Eltern immer dankbar für das Vertrauen, das sie in mich und meine Geschwister setzten. Meine jüngeren Brüder begannen im Alter von 14 Jahren damit, ohne Erwachsenenbegleitung wandern, jagen und zelten zu gehen. Ich selbst campte das erste Mal ohne Erwachsene als ich 16 war – zusammen mit meinen zwei kleinen Brüdern – im Sawooth-Gebirge. Nachdem Richard ein großer Stein auf den Fuß gefallen war, trugen Ned und ich abwechselnd sein Gepäck. Wir tranken das Wasser, ohne es zu filtern, wir vergossen Propan über unseren Keksen, wir hatten genügend Proviant dabei, um die ganze Welt zu ernähren. Wir hatten eine fantastische Zeit.

Die Freiheit, die uns unsere Eltern gaben und die Unterstützung, die wir von ihnen bekamen, führten uns noch weiter in die Wildnis hinein. Ich belegte einen Bergsteigerkurs in den North Cascades und reiste mit dem Rucksack allein durch eine abgelegene Gegend in Peru. Ned und Richard verbrachten zwei Wochen mit Kajakfahren auf dem Meer von Cortez in Mexiko. Richard kroch auch im Amazonasregenwald herum, während seine Gastfamilie glaubte, er sei in Guayaquil. Er hat zwei Lehrgänge bei der National Outdoor Leadership School belegt und überlegt nun, als Kursleiter für sie zu arbeiten. Ned war mit dem Kajak in Griechenland unterwegs und ist durch die Türkei geradelt. Meine Mutter sorgt sich oft, gibt aber trotzdem immer ihren Segen.

Die meisten Menschen verbinden Aktivitäten im Freien mit Sommerhitze. Im Sommer sind natürlich Schulferien und diejenigen, die durch Steinwüsten wandern wollen, können das tun und gleichzeitig Superschüler sein. Es gibt bereits genügend Bücher, die sich ausgiebig mit dieser Art von Aktivitäten beschäftigen.

Jedenfalls drängeln sich von Jahr zu Jahr immer mehr Menschen während der Sommermonate in der Wildnis. Als Homeschooler könntest du dich stattdessen im September oder Oktober dorthin aufmachen – also ein weiterer Grund, der Schule den Rücken zu kehren. Wenn du in einer nördlichen Klimaregion lebst, kann folgende Einstellung John Ruskins von Vorteil sein, der sagte: »So etwas wie schlechtes Wetter gibt es nicht, sondern lediglich verschiedene Arten guten Wetters.«

Auch wenn du eine ähnliche Frostbeule bist wie ich und es deshalb vorziehst, nicht in einer Schneehöhle zu campieren, wirst du sehen, dass Outdoor-Aktivitäten im Frühling und Herbst, mit dem Licht der tiefer stehenden Sonne, den sich paarenden Elchen, den bunten Blättern und blühenden Wiesen, einfach zauberhaft sein können. Wenn du genug Geld hast, kannst du dich natürlich auch jederzeit gen Süden aufmachen.

Falls deine Eltern ebenso vertrauensvoll sind, wie es meine waren, sind deinen Aktivitäten keine Grenzen gesetzt. Ich möchte hier aber trotzdem noch ein, zwei Worte zur Ermutigung, aber auch zur Warnung sagen.

Zuerst die Ermutigung

Ganz allgemein betrachtet, scheinen die Jugendlichen von heute in mancherlei Hinsicht weitaus erwachsener zu sein, als zu meiner Zeit. Sie wissen und sorgen sich z. B. viel mehr um diese Welt, den Naturschutz und um Menschen, die Hunger leiden.

Andererseits sehe ich auch vermehrt Anzeichen dafür, dass junge Menschen heutzutage immer verweichlichter und zaghafter werden und von ihren Eltern oder anderen Erwachsenen, die sie nicht gut genug kennen, um ihnen zu vertrauen, völlig überbehütet werden. Ich denke, dies spiegelt auch die »Lieber-auf-Nummer-Sicher-gehen«-Mentalität unserer derzeitigen Gesellschaft wider, mit ihren Anschnallzwängen, Gerichtsstreitigkeiten, Hygienevorschriften und unzähligen Verboten. Köpfchen und Mut scheinen gerade nicht in Mode zu sein.

Lass Mode Mode sein und denke lieber für dich selbst. Die Wildnis wird dir nicht in einer Styroporverpackung in den Schoß gelegt, und vielleicht wirst du sie auch nie ganz verstehen, aber was solls? Wenn du mit Bedacht vorgehst, wirst du da draußen weder sterben noch verletzt werden. Klar, die Möglichkeit an sich besteht natürlich, aber die Chance verletzt zu werden oder zu sterben, ist bedeutend höher, wenn du bei jemandem im Chevrolet mitfährst. Und wie auch immer, weder Verletzungen davontragen noch zu sterben, ist auch nur annähernd so ungesund, wie das Leben zu vermeiden.

Und nun ein Warnhinweis

Traue dich, aber bringe dich nicht in Gefahr, indem du unvorbereitet losziehst. Falls du noch keine Outdoor-Erfahrungen hast, dann lerne von solchen Leuten, die genau wissen, was sie tun. Mache auch einen Erste-Hilfe-Kurs. Wähle deine Ausrüstung und Kleidung mit Sorgfalt aus und vermeide so z. B., in nassen Jeans herumzulaufen und dich dabei zu unterkühlen. Verwechsle Mut nicht mit Dummheit.

Gefährten und Führer

Ebenso wenig, wie du zur Schule gehen musst, um Geschichte zu lernen, musst du auch keinen »Kurs« belegen, um Outdoor-Fertigkeiten zu erlernen. Du kannst dich stattdessen einfach erfahrenen Outdoor-Menschen anschließen. Wenn du noch keine in deinem Bekanntenkreis hast, dann lerne welche kennen. Du begegnest solchen Menschen, indem du dich z. B. in Naturschutzorganisationen engagierst. Nutze das Internet, um Ausflüge in andere Staaten und Regionen zu planen und Gefährten zu finden. Schau dich insbesondere nach entsprechenden Newsgroups und Mailinglisten um.

Verlass dich nicht ausschließlich auf das Wissen deiner Gefährten. Lies selbst ein bisschen, um dich vorzubereiten. Auf der Seite www.allgaeuscout.defindest du gute Buchempfehlungen und hilfreiche Links.

Die akademische Wildnis

Du kannst deine Liebe zur Natur natürlich auch mit »akademischen« Studien verbinden. Es ist durchaus möglich, ein Jahr lang durch die Appalachen zu ziehen und der Schule trotzdem keinerlei Grund für Beschwerden zu geben. Hier sind ein paar Anregungen, aber zuerst eine kleine Predigt:

Ich habe diese furchtbare Vision, in der ich durch das Chiracahua-Gebirge laufe und dabei über einen Teenager stolpere, der dieses Buch gelesen hat. Er ist umgeben von merkwürdigen Türmen und vulkanischen Gesteinsformationen. Die untergehende Sonne verleiht dem Ganzen ein Gefühl von Ewigkeit. Der Junge kauert mit einem Geologiebuch unter einem Baum und lernt Begriffe und Definitionen auswendig. Dann packt er ein Buch über Kunstgeschichte aus und beginnt, geflissentlich die Gemälde Monets und Van Goghs zu studieren. Sei bitte nicht wie er.

Denk daran, dass die Zeit in der Natur vor allem deshalb so schön ist, weil sie frei von vielen Störungen ist. Befreie dich von alltäglichen Ablenkungen und Bequemlichkeiten, so dass deine Seele nackt da liegt, bereit sich berühren zu lassen. Als aufnahmebereiter Abenteurer wirst du weit mehr durch stilles Beobachten lernen als durch gekünstelte Intellektualität. Behalte dies im Hinterkopf, wenn du nachfolgende Anregungen liest. Versuche ein oder zwei der aufgeführten Ideen in die Planungen deiner Ausflüge einzubinden, um so noch mehr aus deinem Abenteuer herauszuholen. Falls du jedoch versuchst, alle Ideen auf einmal umzusetzen, kannst du genauso gut auch zu Hause bleiben und dir ein Landschaftsposter an die Wand hängen.

Führe Felduntersuchungen durch – ob als Zoologe, Ornithologe, Botaniker oder Geologe. Sammle, beobachte, experimentiere. Stelle Fragen: Was macht die Amsel, wenn du dich ihrem Nest auf weniger als fünf Meter näherst, was bei drei Metern? (Aber belästige sie nicht.) Schreibe deine Beobachtungen auf. Lies den Abschnitt über Naturforscher in Kapitel 21.

Sammle Hintergrundinformationen über das Gebiet, in dem du dich aufhältst. Befrage den zuständigen Förster oder wirf einen Blick in die Bücherregale lokaler Geschäfte für Bergsteiger- und Wanderausrüstungen.

Betätige dich künstlerisch. Male oder zeichne, was du siehst oder arbeite an anderen Projekten. Ich nehme oft mein handliches Stickzeug mit, während ich auf einem Stein sitze und meditiere.

Schreibe. Du musst natürlich nicht über die Natur schreiben, nur weil das der Ort ist, an dem du dich gerade aufhältst. Du kannst ebenso gut an deinem Science Fiction-Roman arbeiten. Es gibt immer ein paar großartige Schriftsteller, von denen man sich inspirieren lassen kann, wenn es darum geht, über persönliche Outdoor-Erfahrungen zu schreiben. Viele der etwas kontemplativeren »Naturschriftsteller«, wie Barry Lopez, Annie Dillard, Ed Abbey und Peter Matthiessen, verbinden spannende Abenteuergeschichten mit profunden Betrachtungen über das Leben, das Universum, einfach alles. Diese Leute schreiben nicht notwendigerweise dann, wenn sie sich draußen aufhalten, aber für gewöhnlich machen sie sich Notizen oder führen Tagebuch. Das Gedächtnis könnte einen sonst schon mal im Stich lassen.

Lies. Natürlich bietet sich zuvor erwähnte »Naturliteratur« besonders an. Aber du kannst einpacken, was du willst. Generell solltest du dir eher etwas Bodenständiges auswählen. Jane Austens Welt gesellschaftlicher Etikette, mag sie ansonsten auch noch so reizvoll sein, könnte im Vergleich zu den dein Zelt umgebenden Bergen etwas belanglos erscheinen.

Falls du dich für die Beziehung zwischen Mensch und Wildnis interessierst, könntest du z. B. auch deine Ausflüge mit ein wenig Soziologie aufpeppen. Wenn du auf deiner Wanderung jemandem begegnest, stelle dich vor und bitte um Erlaubnis, Fragen zu stellen. Mache eine Umfrage daraus – stelle Fragen zu Themen, die dich interessieren: Warum sind Sie dort? Sind Sie aufgrund ihrer Erlebnisse in der Wildnis netter zu Ihren Kindern? Wird Ihr Glaube an Gott stärker oder schwächer, wenn Sie sich in einem menschenleeren Tal aufhalten? Wie unterscheidet sich Ihr Verhältnis zur Wildnis von Ihrem Verhältnis zum eigenen Garten? Schreibe deine Umfrageergebnisse auf und überlege, wo du sie veröffentlichen kannst.

Vielleicht solltest du vorher noch andere Leute konsultieren, was sie zum Thema Wildnis-Soziologie zu sagen haben. In *Mountains Without Handrails* setzt sich z. B. Joseph L. Sax mit der Auffassung auseinander, Urlaub in der Wildnis zu machen, sei ein Privileg der Elite.

Letzten Endes solltest du dich auch anderen Möglichkeiten des Lernens nicht verschließen: Meditieren, Fasten, Beten, Stille.

Unschooler ohne Mauern

Der 13-jährige britische Unschooler Shawn Hargreaves schloss sich mit fünf anderen Teenagern zusammen, um einen Segeltörn zu organisieren. Dem Bericht nach waren die beiden erwachsenen Bootseigner zwar dabei, die Verantwortung für die Planung von Expeditionen trugen jedoch die Jugendlichen selbst. Shawn berichtete: »Die Erfahrung, 1300 Meilen zu segeln und dabei die Verantwortung für das Boot und Besatzung zu tragen, hat mich sehr verändert. Ich bin selbstsicherer und selbstständiger geworden und kann bedeutend besser mit anderen Menschen zusammenarbeiten.«[79]

Der 12-jährige Dan Casner aus Wisconsin schreibt:

> Letzten Winter beschlossen ein Freund von mir, mein Bruder und ich, in den Wald in der Nähe des Hauses meines Freundes zu gehen, um zu sehen, welche Tiere wir finden können (der Wald ist nicht wirklich ein Wald, eher ein Gehölz). Auf unserem Weg lernten wir auch eine Menge über andere Dinge, z. B. Pflanzen. Wir entdeckten auch einen Fuchsbau und Spuren von Tieren, unter anderem Wildfährten. In all den Wochen, in denen wir uns da draußen umsahen, fanden wir ständig neue Fährten und auch andere Spuren, wie die Überreste eines Kaninchens, trotzdem sahen wir nie den Fuchs selbst. Wir lernten eine Menge über Tierfährten. Wir hätten gerne noch viel mehr Zeit mit unseren Erkundungenverbracht, aber das ging leider nicht, da mein Freund zur Schule geht. Wir werden dieses Jahr einen erneuten Versuch starten und werden bestimmt wieder viel Spaß dabei haben. Glücklicherweise wurde der »Wald« auch noch nicht abgeholzt.
>
> Ich habe inzwischen damit begonnen, Informationen zu sammeln. Schlitten, Überleben, Camping, Winterökologie, das Untersuchen von Eis und Schnee, Tierspuren folgen etc. Meine Mutter hilft mir dabei, auf diesen Gebieten erfahrene Leute zu finden, mit denen ich mich unterhalten kann. Ich habe außerdem in vier verschiedenen Bibliotheken, einschließlich unserer Hausbibliothek, nach Informationen gesucht. Zu lernen, wie man richtig recherchiert, war genauso wichtig für mich wie die Rechercheergebnisse selbst. Anfragen in Suchmaschinen stellen und diese dabei sinnvoll eingrenzen – anfangs musste ich mich durch 193 Buchtitel quälen, da ich nicht wusste, wie man die Suche besser eingrenzen kann. Bibliothekare um Hilfe bitten und die richtigen Fragen zu stellen. Herausfinden, dass einige Bibliothekare eher bereit sind zu helfen als andere. Lernen, Bücher und andere Schriften zu überfliegen, um schnell zu finden, was man sucht, ohne Zeit mit dem Lesen von Büchern zu verschwenden, die dann doch nicht die richtigen Informationen enthalten.

Kapitel 29
Die Weltschule

Etwas Verborgenes. Geh und finde es. Geh und schau hinter den Bergen – Etwas, das hinter den Bergen verloren ging, wartet auf dich. Geh hin.

– RUDYARD KIPLING, *The Explorer*

Die Welt ist leider kein Klassenzimmer. Es ist schwierig, Bücher wie *Grundlagen der Geographie* und andere hervorragende Werke wie dieses in die Hände zu bekommen, während man gerade dabei ist, in Bolivien den Zug zu wechseln oder sein Zelt im Grand Canyon aufzuschlagen. Ohne die Gelegenheit zu haben, sich mit Unmengen an Hausaufgaben zu Breiten- und Längengraden beschäftigen zu dürfen, sind Unschooler ganz klar benachteiligt und werden wohl ihr Leben lang an Unwissenheit leiden. Einige von ihnen sind trotzdem mutig genug, sich in die weite Welt aufzumachen. Es ist ein Wunder, dass sie nicht alle ertrinken oder unterwegs verloren gehen.

Eine der skandalösesten Unschooler-Geschichten ist die von Robin Lee Graham, der 1965 im Alter von 16 Jahren die Schule verließ und allein in einem Boot namens *Dove* um die Welt segelte. Er brauchte dafür fünf Jahre, und die ganze Welt schaute ihm dabei zu. In seinem Buch *Dove* sind alle möglichen Situationen beschrieben, in die kein Teenager der Welt jemals geraten sollte – gegen Einsamkeit und Stürme kämpfen, der Verlust eines Mastes, sich auf den Fiji-Inseln verlieben, auf den Yasawa-Inseln von Meeresfrüchten leben und gegrilltes Schwein und Papayafrüchte mit den Savo-Inselbewohnern teilen, mit Delfinen und Katzen reisen, mit dem Motorrad durch Südafrika fahren. »War ich allein deshalb anders als die anderen, weil Geschichte mich nicht faszinierte, Boote aber schon?«, fragt er. Im Alter von 13 Jahren verbrachte er bereits ein Jahr lang damit, mit seinen Eltern durch die Südsee zu segeln. Dann...

> Mit 15 saß ich wieder in einem kalifornischen Klassenzimmer. Meine Rechtschreibkünste waren immer noch nicht rühmlich, dafür konnte ich aber mit einem Sextanten fast genauso gut umgehen, wie ein Segelveteran. Auf unserer 11 000-Meilen-Reise hatte ich unglaublich zauberhafte Länder gesehen.
>
> Es ist kaum zu glauben, dass meine Eltern, die mir in einem Alter, in dem ich so leicht zu beeindrucken war, erlaubten, die Südsee zu bereisen, tatsächlich erwarteten, aus mir würde wieder ein ganz normaler amerikanischer Schüler werden. Jemand, der nach der Schule studiert, seinen Hochschulabschluss macht, dann hinter einem Walnusstisch hockt, ein Haus in der Acacia Avenue besitzt und dem örtlichen Golfklub beitritt.Ich bin sicher, die Corona del Marpress Highschool ist nicht schlecht. Ich aber hatte das Gefühl, ins Gefängnis zurückgeschickt zu

werden. Hinter dem geteerten Spielplatz und den Drahtzäunen wartete die sonnenüberflutete, palmengesäumte Küste auf meinen Schatten.

(Etwas später in dem Jahr, sagt Robin, während er mit Freunden heimlich Pläne schmiedete, davonzusegeln:)

Die Schule wurde unerträglich. Es ging nicht darum, dass ich keine Lust hatte zu lernen – mir war durchaus bewusst, dass es vorteilhaft war, zumindest teilweise zivilisiert zu sein und meine Leistungen lagen im allgemeinen Durchschnitt. Was ich aber hasste, war die tägliche Routine, die sich wiederholenden Muster vom morgendlichen Zähneputzen hin zum Lernen englischer Grammatik.Ich begann den Klang der Schulglocke, die mich ins Klassenzimmer rief, zu hassen. Ebenso wie den Geruch von Tennisschuhen und Schweiß in der Turnhalle, den erdrückenden Geschichtsunterricht und die ständige Bedrohung durch Leistungskontrollen und Prüfungen.

Unten im Hafen von Ala Wari war alles anders. Ich liebte den Geruch von Seilen und Harz und sogar den des Dieselöls. Ich liebte den Klang des an den Schiffsrumpf klatschenden Wassers und der gegen den hohen Mast peitschenden Taue. Dies waren Klänge und Gerüche von Freiheit und Leben.

(Nachdem er dann tatsächlich ein Jahr später die Segel für seine Weltreise gesetzt hatte, berichtet er am ersten Tag seiner Reise:)

Um neun Uhr zwang ich mich, eine Dose Gulasch zu essen und stellte dann im Radio meinen Lieblingsrockmusiksender ein. Ich fand es interessant, den Nachrichtensprecher über meine Abreise reden zu hören – »der erste Schuljunge der Geschichte, der versucht, allein die Welt zu umsegeln«. Der Sprecher fügte dann eine Menge kühner Mutmaßungen hinzu, wobei er sich insbesondere irrte, als er sagte: »Das wichtigste Gepäckstück, das Robin dabei hat, ist ein Regal voller Schulbücher.«

»Klar doch.«, sagte ich zu meinen Katzen.[80]

Nachdem Robin seine Reise beendet hatte, bot ihm Stanford einen Studienplatz an. Er versuchte es, brach das Studium aber nach einem Semester ab, zog nach Montana und begann ein Farmerleben. (Du kannst darüber in seinem zweiten Buch *Home is the Sailor* lesen.)

Ich weiß, dass die meisten Leute trotz solcher Ausnahmebeispiele wie Robin Grahams nicht an die Idee von vagabundierenden Teenagern gewöhnt sind. Wenn du bei dem Gedanken, fremdes Territorium ohne Begleitung deiner Mutter zu erkunden, völlig in Panik gerätst, dann ist unabhängiges Reisen vermutlich nicht das Richtige für dich.

Falls sich aber ein wenig Aufregung zur Panik gesellt, dann solltest du dir vielleicht ein paar Landkarten nehmen und anfangen zu träumen. Es gibt keine bedeutenden gesetzlichen Regelungen, die es Teenagern verbieten, zu reisen. Wenn du selbst glaubst, dazu bereit zu sein, dann bist du es eben. Klar, Unglücke passieren, aber das gilt auch für Erwachsene, und die Wahrscheinlichkeit, dass was passiert, ist in den meisten Fällen bedeutend höher, wenn du durch die Räumlichkeiten innerstädtischer Schulen in den USA wanderst.

Was genau meint sie, wenn sie vom Reisen spricht?

Was sie damit meint ist alles, was irgendwo zwischen Zum-Flughafen-fahren-um-Tante-Mathilda-abzuholen und Sich-in-einem-Raumschiff-davonmachen liegt.

Eine Fahrt nach Oklahoma oder eine Zug-, Bus- oder Lkw-Tour durch Südamerika wäre z. B. etwas, was sie darunter verstehen würde.

Sie meint damit jedenfalls nicht einwöchige Pauschalreisen nach Katmandu mit Unterbringung im Sheraton-Hotel. Für diese Art von Reisen kann sie sich nämlich nicht begeistern und sie nimmt die Warnungen davor, über etwas zu schreiben, was sie nicht begeistert, sehr ernst. Sie vermutet aber, dass sich Reiseagenturen, die du in den Gelben Seiten findest, für solche Themen begeistern können. Frag dort nach, wenn du magst.

Reisen: warum und warum nicht

Gute Gründe zum Reisen: Es ist billiger als der Besuch von Privatschulen und weitaus bildender. Wenn du dein Reiseziel mit Sorgfalt wählst oder aber in der näheren Umgebung bleibst, dann kostet dich das Ganze nicht mehr als der Besuch einer staatlichen Schule plus Unterkunft und Verpflegung. Kevin Kelly schreibt im *The Next Whole Earth Catalog:* »In den 60er Jahren erfanden die europäischen Herumtreiber eine neue, hoch entwickelte Form der Bildung: ausgiebige Weltreisen. Alle Abenteuer eingeschlossen, betragen die Kosten nicht mehr als 3000 $ pro Jahr – das mit Abstand billigste College der Welt.« Wenn du im Internet unter »Jobs im Ausland«, »Sprachen lernen« etc. suchst, findest du eine Fülle von Angeboten in allen möglichen Ländern, Preisklassen und mit den unterschiedlichsten gesellschaftlichen Hintergründen.

Ich erspare dir eine lange Predigt über die Freuden des Reisens. Die kannst du dir selbst zusammenbasteln, während du dir ein Poster mit einer Aufnahme eines Marktes in Marrakesch anschaust.

Schlechte Gründe zum Reisen: nur deshalb, weil ich es gesagt habe. Oder einzig und allein, weil es deiner Karriere nützen könnte. Oder weil du glaubst, Reisen ist besser und mutiger, als zu Hause zu bleiben und sich mit dem Möhrenbeet zu beschäftigen. Denn das muss nicht unbedingt der Fall sein.

Nutze Internet-Mailinglisten, Newsgroups und Websites, um Reisegefährten zu finden. Natürlich solltest du die Leute genauestens unter die Lupe nehmen, bevor du konkrete Vereinbarungen triffst, da sich im Internet bekanntlich auch eine Menge gefährlicher Leute mit unlauteren Absichten herumtreibt.

Besuche deine Brieffreunde, wenn du welche hast. Siehe dazu auch den Abschnitt *Geografie* in Kapitel 23.

Du kannst auch erst mal allein losziehen, in Jugendherbergen übernachten und dich dann dort mit anderen Reisenden zusammentun. Wenn du weiblichen Geschlechts bist, denke sorgfältig über die besonderen Gefahren des Alleinreisens nach. In Dritte-Welt-Ländern kommt es recht häufig vor, dass du verbal belästigt wirst, körperliche Gefahren sind aber eher die Ausnahme.

Reisen und akademische Bildung

Ganz wichtig: Sei dir darüber im Klaren, dass das Reisen an sich bereits Bildung genug ist. Du musst in deine Reisepläne kein akademisches Zeug hineinquetschen, nur um dem Ganzen einen tieferen Sinn zu geben. Allerdings *könnten* ein paar geistige Anstrengungen das Reisevergnügen noch verstärken. So zum Beispiel:

Wenn möglich, besuche die Museen an deinem jeweiligen Aufenthaltsort. Kunstmuseen, Kulturmuseen, naturwissenschaftliche oder historische Museen,etc. Denke daran, dass du dich nicht auf einem Schulausflug befindest, und nimm dir reichlich Zeit.

Lies Literatur zur Geschichte, Naturgeschichte, Kultur, Politik, Kunst oder Anthropologie des Landes oder Staates, das du besuchst. Kaufe dir ein paar Bücher, bevor du losziehst, also noch während du planst und organisierst. Nach deiner Ankunft in einem bestimmten Gebiet wirst du mit Sicherheit vor Ort weitere geeignete Bücher finden.

Führe ein Reisetagebuch. Deine Aufzeichnungen könntest du z. B. auch für Briefe oder Aufsätze verwenden. Die Unschoolerin Britt Barker schrieb z. B. wöchentlich einen Bericht über ihre Reiseabenteuer für ihre Zeitung zu Hause in Ohio. Aus der Kolumne wurde schließlich ein kleines Buch: Letters Home.

Führe ein Journal mit Aufzeichnungen zu Pflanzen, Tieren, Wetter und Geologie der von dir besuchten Gegenden. Sammle Steine, Federn etc. – solange das ethisch vertretbar ist.

Mache Fotos. Versuche, deinen Aufnahmen künstlerischen Anspruch zu geben, indem du nicht Schnappschüsse machst, sondern auf Bildkomposition achtest. Mache Aufnahmen von Szenen, denen andere Menschen keine Aufmerksamkeit (zumindest nicht im Sinne von Fotografieren) schenken würden. Oder aber du fertigst Zeichnungen von Gebäuden, Leuten etc. an. Wenn du Menschen fotografieren oder zeichnen willst, bitte immer zuerst um deren Erlaubnis. Timbuktu ist kein Zoo.

Pack ein Diktiergerät ein und interviewe Einheimische zu geschichtlichen oder anderen Themen. Oder aber du benutzt das Gerät einfach nur dazu, Klang und Geräusche deiner Reise aufzuzeichnen: eine Zugreise mit Farmern und Ziegen, einen Abend auf dem Marktplatz mit Straßenmusik und spielenden Kindern.

Bevor du losziehst, lies Romane oder schaue dir Filme an, die an dem Ort spielen, den du besuchen willst.

Reiseführer

Reiseführer enthalten detaillierte Informationen über ein bestimmtes Land oder Gebiet, einschließlich Infos zu logistischen Fragen. Es gibt viele verschiedene Reiseführerserien und Verlage. Je nachdem, welche kulturellen Interessen du hast, gibt es Reiseführer mit unterschiedlichsten Schwerpunkten.

Lonely-Planet-Reiseführer helfen weiter, wenn man einen abenteuerlichen »Abseits-der-ausgelatschten-Pfade«-Trip plant. Allerdings werden auch diese »Abseits-der-ausgelatschten-Pfade« immer populärer. Mit ihrer netten Hippie-Mentalität betrachten die Lonely-Planet-Leute das Reisen als Mittel, um positive soziale Veränderungen herbeizuführen und um zu lernen. Informationen und ein wunderbarer Reise-Newsletter können auch direkt beim Lonely Planet-Verlag angefordert werden.

Erwäge, andere Freilerner zu besuchen. In den USA gibt es um Beispiel *The National Homeschoolers Travel Directory* – eine Liste aller Homeschooler in den USA, die andere Homeschooler als Besucher willkommen heißen. Über das Internet kannst du dich an die Homeschool-Organisationen in deinem Zielland wenden und einfach fragen.

Dick Gallien schreibt in der *GWS* Nr. 52:

> Ich hatte gerade einen Anruf von Linda Salwen aus New York. ... Ihr 14-jähriger Homeschooler-Sohn hat das Geld zusammenbekommen (einschließlich 500 $ von einer Lokalzeitung), um mit seinem Fahrrad nach Kalifornien zu fliegen, von wo aus er nun allein nach New York zurückradeln und Spendengelder für Frieden oder gegen den Hunger in der Welt sammeln will. ... Nächstes Jahr will er durch Russland radeln.

Jo Anne Noland berichtet in der *GWS* Nr. 87:

> Mein ältester Sohn Greg (16 Jahre) breitet derzeit seine Flügel aus, während wir nur staunend zusehen. Letzten Sommer verbrachte er einen Monat in Frankreich bei einer französischen Familie. Es war eine wunderbare Erfahrung für ihn, und er konnte dabei sein Französisch beachtlich verbessern. ...Er besuchte verschiedene Schlösser und Burgen im Norden Frankreichs und genoss

gemeinsame Ferien mit seiner Gastfamilie im Süden Frankreichs. Das Geld für die Reise hat er sich mit Babysitten und Tischabräumen ganz allein verdient. Er war 15, als er allein, ohne Gruppe oder anderweitige Aufsichtsperson, nach Frankreich flog. Er verpasste den Anschlussflug von Paris nach Lyon, geriet aber nicht in Panik, sondern nahm einfach den nächsten Flug und gab der Familie telefonisch über die geänderte Ankunftszeit Bescheid. ...Sein Freund aus Frankreich kommt uns nun für drei Wochen besuchen, und Greg wurde für August bereits wieder nach Frankreich eingeladen.

Die Unschoolerin Anita Giesy aus Virginia arbeitete während ihres »Abschlussjahres« in einem Lebensmittelgeschäft, um das Geld für die nächste Stufe ihrer Ausbildung – eine einjährige Rundreise durch Amerika – zu verdienen. Sie schreibt:

Als alle meine Freunde damit beschäftigt waren, zu entscheiden, was sie nach dem Abschluss der Oberstufe tun sollten, begann auch ich damit, mir Gedanken darüber zu machen. Es sah so aus, als hätten meine Freunde drei Möglichkeiten zur Auswahl: Studium, Job oder Armee. Ich entschied mich gegen das Militär. Dann dachte ich über ein Studium nach, beschloss aber, dass dies noch nicht die richtige Zeit für mich war, um zu studieren. Ich dachte darüber nach, was ich gerne machen würde, welche Karriere für mich in Frage käme und dachte an all die Leute, die viel später in ihrem Leben ihren Job wechselten, um endlich das zu tun, was sie schon immer machen wollten. Deshalb entschied ich, dass – sollte ich für meinen Traumberuf einen Studienabschluss benötigen –ich dies auch noch später nachholen könnte.

Dann schaute ich darauf, was ich jetzt gerne mit meinem Leben anfangen würde und die Antwort war: Reisen. So kam es dazu, dass ich mich für eine Rundreise durch Amerika entschied. ... Ich interessiere mich wirklich für verschiedene Lebensstile und Kulturen.

Ich habe eine gute Freundin in Massachusetts, die ich über *GWS* kennen gelernt habe. Im Sommer 1987 habe ich sie eine Woche lang auf ihrer Farm besucht und wurde dort Teil der Familie. Sie unterrichtete mich im Umgang mit Pferden, und ich half der Familie nach Kräften bei der Zubereitung der Mahlzeiten. Ich begleitete meine Freundin auch zu verschiedenen Aktivitäten und Veranstaltungen im Ort. Danach besuchte ich sie noch zweimal. Fünf Tage nachdem ich meinen Führerschein bekam, machte ich mich auf einen zweiwöchigen Trip nach Massachusetts. Dies ist etwas, was ich auch gerne mit anderen Familien über ganz Amerika verteilt tun würde – sie besuchen und mich während meines Aufenthaltes als vollwertiges Mitglied in die Familie einbringen.[81]

Nachdem dieser Brief in der *GWS* abgedruckt worden war, meldeten sich ungefähr 40 Familien, die Anita zu sich einluden. Auf halbem Weg ihrer Rundreise schaute Anita bei mir vorbei. Sie erzählte mir von anderen Unschoolern und deren Familien, die sie auf ihrer Reise getroffen hatte: Der 19-jährige Michael, der nun studiert, um

»Greenpeace-Style«-Anwalt zu werden, verdient sich das Geld fürs Studium mit der Arbeit in einem Fotogeschäft und mit gelegentlicher Fotografie. ... Der 16-jährige Matt, ein Computerhacker und Programmierer, träumt davon, das NASA-System zu knacken. Anita beschrieb mir auch die organisatorische Seite ihrer Reise. Sie nimmt sich jeden Abend die Zeit, um Aufzeichnungen in ihrem Reisetagebuch zu machen. Vielleicht wird ja mal ein Buch daraus. Auch ihre Reisegeschwindigkeit scheint ideal zu sein. Sie verbringt fünf bis sechs Tage mit einer Familie, was genug Zeit ist, um die Leute kennen zu lernen. Für andere junge Reisende hat sie folgenden Ratschlag: Das Wichtigste ist, dass man bereit ist, sich anzupassen und alles als eine Gelegenheit zum Lernen betrachtet. »Solange du keine bestimmten Erwartungen hast, ist alles, was passiert, ein Bonus.« Anita ließ mir auch einen Artikel zukommen, den sie für einen anderen Homeschooler-Newsletter geschrieben hatte:

> Nachdem ich also alles geplant hatte, machte ich mich am 8. September 1990 auf die Reise. Ich startete in Virginia und fuhr dann kreuz und quer durch Kalifornien. Die ganze Zeit über fand ich Unterkunft bei Homeschooler-Familien. Ich war bereits bis Florida und New Orleans unten, und bevor ich meine Reise beende, werde ich noch in den Norden bis nach Vancouver, Kanada, reisen. Die Familien waren toll, und ich hatte die Chance, mit ihnen zu leben, zu arbeiten und zu spielen. Der Vater der Familie, bei der ich zuerst Unterkunft fand, war Töpfer. An dem Tag nach meiner Ankunft half ich ihm dabei, eine Tonne Ton anzumischen. Ich lebte auch bei einer Hebamme und durfte sie zu einer Geburt begleiten. Außerdem fand ich Unterschlupf bei einem Kunstlehrer, der an einer Hochschule lehrte, und ich arbeitete als Model in seinem Kunstkurs. Der Besuch jeder einzelnen Familie ist eine neue Erfahrung für mich, und sie alle wurden zu Freunden. Und ich denke, ich kann mittlerweile sagen, dass ich mich vom Homeschooler zum Worldschooler entwickelt habe.

Kapitel 30
Die Weltschule –
Wie anderes Schulzeug zum Unschoolzeug wird

Was ist mit dem Rest? Gesundheitsfragen, Schreibmaschinenkenntnisse, Führerschein, Hauswirtschaft, Holzbearbeitung und natürlich Abschlussfeiern. ... Informationen zu all diesen Themen warten geduldig in deiner Bibliothek oder in deinem sozialen Umfeld. Dieses Kapitel gibt nur einen kurzen Überblick. So wie auch der Rest des Buches keinen Anspruch auf Vollständigkeit hat, kann und soll hier nicht alles, was zu diesem Bereich gehört, ausführlich erörtert werden.

Autowerkstatt, Holzwerkstatt etc.

Ich schmeiße diese Dinge hier nicht deshalb in einen Topf, weil ich der Meinung bin, sie seien nicht so wichtig. Ich tue es, weil sie sich einfach nicht mit der Schule unter einen Hut bringen lassen. Es ist viel einfacher, wenn du dich draußen nach einer Ausbildung bei einem Automechaniker oder Tischler umschaust. Es gibt außerdem massenhaft Bücher und kommunale Kursangebote, die dir in diesen Bereichen weiterhelfen können. In der *GWS* Nr. 38 schreibt eine Mutter:

> Mein 12-jähriger Sohn und ich nehmen an einem Kurs zur Erwachsenenbildung teil, in dem wir an zwei Abenden pro Woche lernen, kleinere Motoren zu reparieren. Den gleichen Kurs gibt es auch für Oberstufenschüler. Wir bringen unsere eigenen kleinen Motoren mit zum Unterricht, um sie dort zu reparieren. Der Kurs wird vorwiegend von älteren Gentlemen besucht, aber diesmal bringen meine 72-jährige Schwiegermutter, mein Sohn und ich etwas Abwechslung in die Runde. Wir haben wirklich eine Menge gelernt, trotz all der Hilfe, die wir von den netten Herren bekamen, die nicht glauben wollten, dass wir in der Lage wären, solche Reparaturen durchzuführen. Wir haben bisher drei Rasenmäher und ein Go-Kart repariert, was unter anderem die Reinigung von Ventilen sowie das Einsetzen neuer Kolbenringe und Dichtungen erforderte.

John Boston schreibt in der *GWS* Nr. 42 über seinen 15-jährigen Sohn Sean:

> Als die Highschool ihm nicht die Erlaubnis geben wollte, an dem »Auto Shop«-Kurs teilzunehmen, ohne vorher Vollzeitschüler zu werden, meldete er sich, obwohl er noch nicht 16 war, zu einem Automechanikkurs des Regional Occupational Programs an. Einmal pro Woche nimmt er nun an einer Unterrichtseinheit teil, in der er auch direkt an unserem alten Truck und Auto

üben kann. Außerdem verbringt er drei Vormittage pro Woche bei einem Autoteilehändler in unserer Nähe.

Wirtschaft und Unternehmensführung

Auch hier gilt, dass man am besten in der Praxis lernt. Gründe dein eigenes Unternehmen oder arbeite für jemand anderes. In Kapitel 36 findest du Informationen zu guten Büchern. Mehr gibts in den Bibliotheken. Buchführungskurse und ähnliches werden von den Volkshochschulen angeboten.

Zehn-Finger-System

Lehrbücher findest du in jeder Bibliothek, außerdem gibt es Übungsprogramme für den Computer. Lerne, mit allen zehn Fingern zu tippen, denn mit der Zwei-Finger-Suchmethode wirst du nie schnell schreiben lernen. Klar, am Anfang wirst du nur langsam vorankommen, aber das Gleiche galt auch fürs Sprechen lernen. Und bist du heute nicht froh darüber, dass du dich nicht mit einem Zehn-Wörter-Vokabular zufriedengegeben hast?

Sobald du tippen kannst, solltest du den Umgang mit einem guten Textverarbeitungsprogramm erlernen.

Hauswirtschaftskunde

Meiner bescheidenen Meinung nach leidet das Thema Hauswirtschaft in der Schule in einer kaum zu entschuldigenden Art und Weise. Die Schule täte gut daran, ihre Finger davon zu lassen. In der Hauswirtschaft geht es um grundsätzliche Fragen unseres alltäglichen Lebens: wofür wir Geld ausgeben, was wir essen, wie wir unser Haus beheizen, welche Kleidung wir tragen und all die Fertigkeiten, die wir benötigen, um uns um diese Dinge zu kümmern.

Deine Bibliothek hält reichlich Bücher für dich bereit, die dir dabei helfen, Hauswirtschaftsfertigkeiten zu erlernen, vom Brot backen bis hin zum Herstellen von Lederbekleidung.

Bei der Hauswirtschaft geht es wirklich um *Ökonomie* im wahrsten Sinne des Wortes. Es geht darum, wie dein Lebensstil, deine Ernährungsgewohnheiten, dein Abfall und dein Konsum in diese Welt passen. All diese populären neuen Bücher, mit Tausenden von Ideen, wie man helfen kann, diesen Planeten zu retten, sind genau genommen Hauswirtschaftskundebücher. Wenn du dich dafür entscheidest, Altpapier zu sammeln, regional angebautes Biogemüse zu kaufen und generell weniger Fleisch zu essen, dann triffst du Entscheidungen, die einer noch wichtigeren Ökonomie helfen – der Ökonomie, bei der es um mehr als um dein Zuhause und um viel mehr als nur um Geld geht.

Vielleicht möchtest du ein oder zwei Häuser bauen

Um dir eine der ultimativen Überlebensfähigkeiten anzueignen, lerne, dir eine Unterkunft zu bauen. Wähle eine der Standardmethoden, wie z. B. Holzständerbauweise oder eine der innovativeren Methoden unter Verwendung erneuerbarer Ressourcen wie Strohballen und Lehm oder Recyclingmaterial. Die 13-jährige Rosie Records aus Kalifornien schreibt:

> Ich glaube, meine Mutter war die erste in unserer Familie, die vom Bauen mit Naturmaterialien hörte. Sie begann, sich für die Strohballenmethode zu interessieren und erzählte mir davon. Ich behielt das als etwas im Hinterkopf, was ich später einmal ausprobieren könnte und machte mir dazu keine weiteren Gedanken mehr. Es war immer noch ein Traum von mir, eines Tages in meinem eigenen, gut gedämmten, hoffentlich aus Strohballen und so natürlich wie möglich gebauten Haus zu leben. Aber für mich war das mehr etwas, was in weiter Ferne lag und weniger etwas, was ich in unmittelbarer Zukunft umsetzen würde. Bis ich am Not Back To School-Camp 1996 teilnahm. Ich machte bei Kyla Wetherells Diskussionsrunde zum Thema Bauen mit Naturmaterialien mit und hörte dort das erste Mal von Bauvorschriften, Stahlbeton und K-Werten (der Wärmedurchgangskoeffizientwert). Kylas Solar-Herd (und der köstliche Geschmack ihrer darin gebackenen Kekse) inspirierte mich so sehr, dass ich mir ein Buch kaufte und meinen eigenen Solar-Herd aus Holzresten, Glas, Schrauben und Pappe baute. Dabei wurde mir klar, dass Bauen meiner Seele gut tut.
>
> Im Juni 1997 nahm ich am zweiten jährlichen Women's Natural Building Symposium teil. Gemeinsam mit 50 anderen Frauen arbeitete ich an einem wunderschönen kleinen Lehm-Stroh-Häuschen. Wir formten und verputzten die Wände, deckten das Dach mit Reet und ich verliebte mich in die so geschaffene Atmosphäre von Kreativität und Schutz. Als Frau empfinde ich das Gefühl von Stärke und Selbstsicherheit, das einem das Bauen vermittelt, als besonders wohltuend. Die Fähigkeit zu besitzen, mir eine schützende Unterkunft zu bauen, ist etwas ganz besonderes für mich und steht desweiteren im ganz engen Zusammenhang mit meiner Liebe zur Natur. Leider lebe ich in einem Großstadtvorort, so dass ich nicht viel Gelegenheit habe zu bauen. Aber eines Tages ein Lehm-/Strohballen-/Holz-/Recyclingmaterialien-Haus auf einem eigenen Stückchen Land zu bauen, ist ganz bestimmt eines meiner Hauptziele. Und in näherer Zukunft möchte ich auf jeden Fall eine Ausbildung machen und noch viel mehr zu diesem Thema lernen.

In Deutschland gibt es Kurse in Ökodörfern (z. B. Sieben Linden) sowie ungezählte Bücher und Internetseiten über ökologisches Bauen. Lass dich inspirieren von dem Buch *Home. Handbuilt Shelter* von Lloyd Kahn.

Der »Schulabschluss«

kommt in unserem Kulturkreis einem Initiationsritual wohl am nächsten. In staatlichen Schulen entpuppt sich das Ereignis oftmals als langweilig und unpersönlich, obwohl es sich dabei um eine wichtige Zeremonie handelt. Auch als Unschooler solltest du den Übergang in das Erwachsenenalter auf irgendeine Art und Weise zelebrieren. Natürlich hast du dabei eine viel größere Gestaltungsfreiheit und musst daraus keine gewöhnliche »Schulabschlussübung« machen. Du könntest ein aufwändiges Ritual durchführen, einen Baum pflanzen oder einfach deine Familie und Freunde zum Essen ausführen und einen entsprechenden Toast auf dich selbst ausbringen.

Während du dir Gedanken dazu machst, wie du deine persönliche Zeremonie gestalten magst, sammle auch Informationen über Rituale, die in anderen Kulturen durchgeführt werden, wie z. B. »Vision Quests« und Potlatch-Feste. Vergiss auch nicht dein eigenes ethnisches oder religiöses Erbe. Sammle Ideen aus anthropologischen Büchern oder wirf einen Blick in *Initiationsrituale in freier Natur – Visionsquest* von Steven Foster. Du kannst aber auch einen Freund oder vertrauenswürdigen Erwachsenen bitten, eine Zeremonie oder ein Ritual *für* dich vorzubereiten.

In Deutschland wird inzwischen von verschiedenen Seiten eine »Visionssuche« für Jugendliche angeboten. Angelehnt an indianische Traditionen verbringt man Tage in der Einsamkeit, in der Natur, verbunden mit Gruppenritualen. Informiere dich übers Internet.

Natürlich kannst du auch mit 16 oder 19 deinen »Schulabschluss« feiern. Es gibt keinen zwingenden Grund, warum das im Alter von 18 Jahren passieren muss. Auch andere Übergangszeiten, wie z. B. die Fertigstellung eines wichtigen Projektes, der Beginn der Bewerbungen für einen Studienplatz oder der Auszug von zu Hause, bieten sich als gute Zeitpunkte an. Dawn Brown beschreibt in der *GWS* Nr. 77 ihre Zeremonie:

> Nur meine engsten Freunde, meine Verwandten und Nachbarn waren anwesend. Manfred und Barbara (von der The Learning Community, einer Privatschule, die Homeschooler unterstützt) erhoben sich und hielten eine kurze Ansprache. Dann überreichten sie mir meine Diplomurkunde und kleine Geschenke.
>
> Es war wirklich schön, denn auf diese Art und Weise kommt einem viel mehr Aufmerksamkeit und Anerkennung zuteil, als bei den gewöhnlichen Abschlusszeremonien der Highschools. Beide sprachen direkt zu mir, was etwas ganz anderes ist, als wenn ein paar allgemeine Worte an eine Gruppe von 500 Schulabgängern gerichtet werden.

Es gibt übrigens auch keinen Grund, warum du nicht zu einem der lokalen Abschlussbälle gehen solltest, wenn du das möchtest. Allerdings spricht auch nichts dagegen, einen eigenen romantischen Abschlusstanzabend, einen Unschooler-Ball, zu organisieren.

Kapitel 31
Studieren ohne Schulabschluss

Stell dir vor, Grant, Drew und Reed Colfax, die berühmten hochbegabten Homeschooler-Geschwister, haben genug davon, als Beweis dafür herhalten zu müssen, dass man auch ohne Highschool-Abschluss in Harvard studieren kann. Deshalb verkneife ich es mir, sie hier zu erwähnen. Gleiches gilt für Stipendien,»post Harvard Fulbright Fellowships« und die Liste aller anderen Hochschulen, wie Yale, Amherst, Princeton und Haverford, die sie ebenfalls zum Studium zuließen.

Ja, Unschooler können an Hochschulen studieren.

Wir hören nichts darüber, wenn sie zur Uni in Montana gehen, und es gibt auch keinen Medienrummel mehr, wenn Harvard Unschooler willkommen heißt. Viele Leute haben die Colfaxes im Fernsehen gesehen, aber kaum jemand kennt z. B. den Unschooler Elye Alexander, der in Harvard und auch am Middlebury College zugelassen wurde. (Zu seinen Interessen gehörte unter anderem das Schreiben von Gedichten und die Insekten- und Vogelkunde. Er war außerdem Medaillengewinner und besaß den schwarzen Gürtel in Tae-Kwon-Do.)[82] Es gab auch keine Talkshows oder große Schlagzeilen, als Dawn Shuman von Bennington, Carleton, Hampshire und Reed Zusagen erhielt. Dass Unschooler von den elitärsten Institutionen zum Studium zugelassen werden, ist heutzutage nichts Besonderes mehr und findet selbst in Homeschool-Magazinen kaum noch Erwähnung. Mittlerweile gibt es sogar einige Colleges, die aktiv Homeschooler anwerben. Innerhalb der Unschooler-Gemeinschaft ist es nun auch kein Gerücht mehr, dass Unschooling an sich die Chancen an bestimmten Colleges zu studieren, keineswegs schmälert. In vielen Fällen scheint es sogar ganz das Gegenteil zu bewirken: Vielleicht, weil Unschooling die Bewerbung interessanter erscheinen lässt. Wahrscheinlicher ist aber, dass Unschooler einfach die Chance haben, wirklich etwas zu lernen und vor allem auch sich selbst kennen zu lernen, bevor sie sich bewerben.

Zu den Hunderten von Colleges und Universitäten in den USA, die Homeschooler zum Studium zugelassen haben, gehören Amherst, Antioch, Boston University, Brown, Caltech, Duquesne University, Evergreen, Harvey Mudd, MIT, Michigan Technology University, Northwestern, Oberlin, Princeton, Rice, St.John's, Sarah Lawrence, Swarthmore, Texas A & M, Wellesley, West Point, the U.S. Naval Academy, the U.S. Air Force Academy, the University of California at Davis, the University of Pennsylvania, the University of Pittsburgh Honors College, Williams und Yale. In Großbritannien haben die York University sowie Colleges in Oxford und Cambridge Homeschooler zum Studium zugelassen, ebenso wie mindestens zwei Universitäten in Japan. Außerdem haben Homeschooler verschiedenste 2- oder 4-Jahres-Colleges bzw. Kunst- oder Wirtschaftshochschulen in vielen anderen Ländern der Welt, einschließlich Australien, Kanada, Irland, Mexiko und Neuseeland, besucht.[83] Während unsere Bewegung an Geschwindigkeit gewinnt, gehen immer mehr gute Nachrichten aus aller Welt bei uns ein.

Die Frage ist in den USA tatsächlich nicht mehr: »Können Unschooler am College studieren?«, sondern viel mehr: »Was können Unschooler tun, um mit ihrer Bewerbung den bestmöglichen Eindruck bei den Zulassungsstellen der Hochschulen zu machen?« Kritisch ist nicht mehr die Frage der Zulassung der Unschooler an sich, sondern Pionierarbeit leisten nunmehr diejenigen, die auch die Teilnahme an standardisierten Eignungstest ablehnen. Ich bin sicher, dass in den nächsten Jahrzehnten noch viel passieren wird und hoffe in diesem Zusammenhang, recht bald von Leuten zu hören, die es geschafft haben, ohne »undergraduate«-Abschluss zur Universität zugelassen zu werden.

Falls du gerne an einer besonders ausgesuchten Hochschule studieren möchtest und wegen der Zulassung ein wenig nervös bist, hoffe ich, dass dir die nächsten Seiten dabei helfen, dich zu entspannen. Zuallererst solltest du wissen, dass Unschooler, die an »guten« Hochschulen studieren wollen, die zu akademischen Studien neigen und gewillt sind, ihre Arbeit gut zu dokumentieren, um ihre Erfahrungen und Fertigkeiten der Zulassungskommission darlegen zu können, *selten größere Schwierigkeiten haben, zum Studium zugelassen zuwerden.* Ebenso wie ihre »schooled« Mitstreiter werden auch sie nicht immer vom College ihrer ersten Wahl angenommen und manchmal werden sie auch dazu aufgefordert, ein oder zwei Kurse an der Volkshochschule zu belegen, bevor ihre Bewerbung (von einer sehr ausgesuchten Institution) endgültig akzeptiert wird. Im Großen und Ganzen ist die Zulassung an sich kein großer Stolperstein mehr. Wenn es dich interessiert, wie einige Leiter von Zulassungskommissionen über Bewerbungen von Unschoolern denken, lies weiter. 1990 richtete ich folgende Frage an die Leiter der Zulassungskommissionen der 50 renommiertesten Universitäten und Hochschulen der Freien Künste:

> Würden Sie die Bewerbung einer Person mit geringer oder mit gar keiner formellen Schulbildung akzeptieren? Ich meine hierbei nicht den typischen Teenager, der die Schule abgebrochen hat, sondern einen kreativen, motivierten jungen Menschen, der bereits ein oder zwei sehr interessante Dinge mit seinem Leben angefangen hat – sei es ein eigenes Unternehmen zu gründen, in einer Jazzband zu spielen, zu reisen, Comicbücher zu schreiben, ehrenamtlich in einem Büro des Sierra Clubs zu arbeiten oder Boa constrictors zu züchten. Ich meine auch jemanden, der sich, auch ohne die Schule zu besuchen, um die Erfüllung Ihrer Zulassungskriterien bemüht hat, indem er sich Kenntnisse in Englisch, Mathematik, Fremdsprachen, Natur und Sozialwissenschaften selbstständig oder mit Hilfe eines Tutors angeeignet hat und an AP oder »achievement tests«

> (nun SAT II genannt) als auch SATs teilgenommen hat, um zu zeigen, dass seine Leistungen denen Ihrer anderen erfolgreichen Bewerber in nichts nachstehen.

Von den 27 Leitern und Mitarbeitern der Zulassungsstellen, die auf meine Anfrage antworteten, sagte kein einziger »Nein«, auch wenn drei von ihnen eher skeptisch waren. Die meisten sagten, sie seien solchen Bewerbern gegenüber völlig aufgeschlossen. Allerdings wollten sie ihre Aufgeschlossenheit nicht so verstanden wissen, dass sie Leute willkommen heißen, die zwar ein paar Jahre lang ihr »eigenes Ding gemacht« haben, sich aber wenig um Mathe oder um die Aneignung guter Schreibfertigkeiten gekümmert haben. Einige waren mit der Idee bereits bestens vertraut und standen ihr sehr positiv gegenüber. Aber alle erklärten (mit mehr oder weniger Enthusiasmus), dass sie grundsätzlich bereit seien, auch solche Bewerber zum Studium zuzulassen.[84]

Aber das Schlimmste zuerst. Eine eher pessimistische Rückantwort erhielt ich von Grinnell. Der Mitarbeiter der Zulassungsstelle meinte, er stehe grundsätzlich allen Bewerbern unvoreingenommen und offen gegenüber, allerdings wären die Homeschooler, deren Bewerbungen er in letzter Zeit zu prüfen hatte, wirklich schlecht vorbereitet gewesen. Auch John A. Blackburn, Dean of Admissions an der Universität von Virginia, meint:

> Wir akzeptieren Bewerbungen von Studenten ohne traditionelles Highschool-Diplom. Es obliegt allerdings dem Bewerber zu beweisen, dass er/sie über die von uns als wichtig erachteten Kenntnisse verfügt, was nicht einfach ist. Ganz ehrlich gesagt sind Homeschooler unserer Erfahrung nach oft in einigen Bereichen sehr bewandert und belesen, in anderen Bereichen lässt ihr Bildungsstand jedoch sehr zu wünschen übrig. In den uns bekannten Fällen erwiesen sich die Studenten hinsichtlich Literaturkritik, Fremdsprachen, Politik und Geschichte als sehr gut vorbereitet. Allerdings fehlten ihnen meistens ausreichende Kenntnisse in Mathe und in den naturwissenschaftlichen Fächern. Wie wir beide wissen, gab es in der Vergangenheit nur wenige herausragende selbst unterrichtete Menschen. Benjamin Franklin wäre derjenige, der mir diesbezüglich zuerst in den Sinn kommt. Und meiner Meinung nach war der Schlüssel seines Erfolges sein starker Intellekt, seine Intelligenz und seine Ausdauer. Ich bezweifle, dass jeder Durchschnittsmensch auf dieser Erde in der Lage wäre, das Gleiche zu erreichen wie er. Deshalb glaube ich, dass staatliche Schulen wichtig sind. Der Umgang mit Mitschülern und Lehrern und die Stimulationen dieser Erfahrung kommt den meisten Menschen sehr zugute. Aber es gibt sicherlich auch Fälle, in denen Homeschooling funktioniert und das auch noch sehr gut.

Was lernen wir aus diesen Antworten?

Erstens, vermeide die Fehler, welche die hier erwähnten unvorbereiteten Bewerber gemacht haben. Wenn du an einem ausgesuchten College studieren willst, sei dir darüber im Klaren, was man von dir erwartet. Die Tatsache, dass du Homeschooler bist, bedeutet nicht, dass Harvard dich mit offenen Armen empfangen muss. Eine Ablehnung bedeutet auch nicht, dass du nicht *gut* genug bist, sondern es kann einfach sein, dass du dich nicht um die Erfüllung ihrer Zugangsvoraussetzungen bemüht hast, oder dass du einfach noch nicht bereit oder gewillt bist, dich einer solchen Umgebung anzupassen. Und *auch wenn* du Harvard- (Princeton- oder Pomona-) »tauglich« sein solltest, kann es trotzdem passieren, dass du keinen Studienplatz bekommst. In Harvard erhält z. B. nur jeder achte *Bewerber* einen Studienplatz und die meisten der Bewerber (ganz zu schweigen von den *angenommenen* Bewerbern) können, trotz zeitraubender Schulbesuche, beachtliche Leistungen vorweisen. Man kann wohl sagen, dass die Tatsache, Homeschooler zu sein, deine Bewerbung zu etwas Besonderem macht. Sie kann aber einen Mangel an akademischen Kenntnissen und Fertigkeiten nicht wettmachen.

Zweitens, sei darauf vorbereitet, verwirrte oder zurückhaltende Mitarbeiter in Zulassungsstellen aufzuklären. Sag ihnen ganz genau, was du bisher gemacht hast und räume eventuelle Missverständnisse auf höfliche Weise aus. Benjamin Franklin ist z. B. nur eines von vielen »homeschooled« Erfolgsbeispielen der jüngeren Geschichte. Außerdem haben viele Leute die Erfahrung gemacht, dass sie (oder ihre Kinder), nachdem sie dem Schulstress ein Ende bereitet hatten, ihren Altersgefährten im Bezug auf die geistige Entwicklung weit voraus waren. Und das nicht aufgrund ihres »starken Intellekts«, sondern weil sie genügend Raum hatten, um zu wachsen. Denk daran, dass die Homeschooling-Bewegung immer noch in den Kinderschuhen steckt und dass College-Leute deshalb noch nicht viel Erfahrungen mit Homeschoolern machen konnten.

Und im Namen dieser wenigen nervösen Leiter von Zulassungskommissionen, hier noch ein paar Worte der Vorsicht: Beachte, auf welche Art von Personen ich mich in meinem Brief bezogen habe. Da ich selbst einmal ein solches College besucht habe, habe in meinem Brief wohlweislich nicht von Leuten gesprochen, die die Schule nicht mochten und ihr schon allein deshalb den Rücken kehrten.

Die meisten Rückantworten waren jedoch recht positiv. Robert E. Gardner, Dean of Admissions und Financial Aid am Davidson College meint:

> Wie die meisten Institutionen haben auch wir Vorschriften, die allgemein anzuwenden sind. Und natürlich umgehen wir auch manchmal diese Vorschriften, wenn es richtig und angemessen erscheint. Es hängt wirklich von den einzelnen Personen ab. Wir sind bestimmt nicht abgeneigt, starke Persönlichkeiten zuzulassen, während die eher schwächeren Persönlichkeiten weniger Chancen haben, einen Studienplatz bei uns zu erhalten.... Dem möchte ich noch hinzufügen, dass wir in den Fällen, in denen ein Student von einem oder beiden Elternteilen zu Hause im Sinne einer »formellen Schulausbildung« unterrichtet wurde, durchaus sehr interessant sind. Solche

Personen sind oftmals die Hefe im Brotteig und sollten in jeder Art von Bildungseinrichtung willkommen geheißen werden.

Gute Kinder findet man überall, und es ist sehr schade, dass die meisten Colleges nur an immer denselben Plätzen suchen. Zieht man den allgemeinen Zustand vieler Schulen in Betracht, kann man sich nicht darauf verlassen, dass man alle klugen und hoch qualifizierten Kinder innerhalb der Mauern dieser Institutionen findet. Wenn sich heutzutage Heranwachsende darum bemühen, sich außerhalb der Schule selbstständig Wissen anzueignen, dann ist dies sicherlich ein klares Zeichen für eine außerordentlich hohe Motivation, für ein redliches Interesse am Lernen und für die Bereitschaft, wenn erforderlich, Risiken einzugehen. Zumindest meiner Meinung nach.

Larry Clendenin, Zulassungsleiter am St. John's College in Santa Fe:

St. John's hat bereits mehrfach Studenten zugelassen, die dem von Ihnen beschriebenen Bild entsprechen und wird dies auch in Zukunft weiterhin tun. Wir wurden in unserer Annahme, dass sie durchaus in der Lage sind, erfolgreich an unseren Studienprogrammen teilzunehmen, auf sehr zufriedenstellende Art und Weise bestätigt.

William C. Hiss, Director of Admissions am Bates College:

Wie in vielen anderen Colleges auch gibt es in Bates eine Reihe von Zugangsvoraussetzungen, einschließlich dem Highschool-Abschluss und einigen Empfehlungen. ...Der Director of Admissions hat jedoch im Einzelfall die Befugnis zu entscheiden, dass bestimmte Voraussetzungen außer Acht gelassen werden können. Dies gilt z. B. auch für fehlende Highschool-Abschlüsse, wenn wir davon überzeugt sind, dass die Studenten ihre Eignung anderweitig ausreichend unter Beweis gestellt haben.

Der Senior Admissions Officer einer Ivy League Universität antwortete:

Ein Bewerber, der sich wie von Ihnen beschrieben »um die Erfüllung Ihrer (unserer) Zulassungskriterien ... (unabhängig von einer formellen Schulausbildung) bemüht hat« und dessen Bewerbung überzeugt, hat gute Chancen, zum Studium zugelassen zu werden und auch das Grundstudium an unserem College erfolgreich zu absolvieren.

... Die meisten der zugelassenen Studenten haben etwas, das sie (abgesehen von akademischen Leistungen) vom Rest unterscheidet. Bei diesem gewissen Etwas handelt es sich oftmals um eine nichtakademische Besonderheit, sei es, dass der Bewerber Musiker, Schauspieler, Sportler, Künstler oder Arbeitgeber ist (um nur einige Beispiele zu nennen). Etwas, das ihn aus der Masse der Bewerber hervorhebt. Keine dieser Aktivitäten muss etwas mit der Schule zu tun haben,

> daher sehe ich keinen Grund dafür, warum ein Bewerber ohne klassische Schulausbildung in unserem Zulassungsprozess benachteiligt werden sollte.

Der Director of Admissions eines der renommiertesten technologischen Institute gibt sich vorsichtig, um niemandem einen falschen Eindruck zu vermitteln und zöge es auch vor, wenn der Name der Einrichtung nicht genannt würde. Nichtsdestotrotz meint er:

> Der von Ihnen in Ihrem Brief erwähnte hypothetische Bewerber ... wäre hier ein akzeptabler Kandidat. ... Während die bei uns festgeschriebenen Zugangsvoraussetzungen unter anderem ein Jahr Chemie und Physik auf Highschool-Level vorsehen, werden von der Zulassungskommission grundsätzlich erst einmal alle Bewerbungen geprüft. Ein Diplom ist nicht zwingend vorgeschrieben, und wenn der Bewerber andere adäquate Qualifikationen vorweisen kann, kann von der Erfüllung der formellen Zugangsvoraussetzungen durchaus abgesehen werden.

Einige Mitarbeiter der Zulassungsstellen gaben sich durch und durch enthusiastisch, so z. B. auch Thomas S. Anthony, der Dean of Admissions an der Colgate Universität:

> Zweifelsfrei würde ich mit Freude einer Person, wie in Ihrem Brief beschrieben, die Zulassung erteilen. Ganz allgemein würde ich gerne eine große Anzahl solcher Leute in allen Kursen sehen. Die Tatsache, dass sie, abgesehen von den gewöhnlichen Voraussetzungen für ein erfolgreiches Studium, auch ein gewisses Maß an Initiativbereitschaft, Unabhängigkeit, Selbstkenntnis und individuelle philosophische Ansichten mitbringen, macht sie zu besonders begehrten Studenten. Ich vermute, dass sie ebenso über eine gewisse Reife verfügen würden, die man nicht oft bei typischen Erstsemestern findet.. ...
>
> Vielleicht interessiert es Sie zu erfahren, dass wir im Laufe der Jahre bereits mehrfach Studenten hatten, die zumindest teilweise diese Eigenschaften vorweisen konnten. Ich erinnere mich insbesondere an einen jungen Mann, der zwar die Highschool besucht hatte, aber von dem man auch hätte meinen könne, er hätte dies nicht getan. Nachdem er die Schule verlassen hatte, arbeitete er drei Jahre lang auf einem Schlepper im Golf von Mexiko, wo er ein Buch à la Pascals *Pensees* schrieb und dann zusammen mit einem Mitglied der Dallas Cowboys mit dem Verkauf von mexikanischen Essen unternehmerisch tätig wurde. Er schrieb sich an der Colgate Universität ein und war, nachdem er ein paar Anfangsschwierigkeiten überwunden hatte, sehr erfolgreich.

Harold M. Wingood, Senior Associate Director of Admissions an der Duke University sagt:

> Wir haben mit Studenten, die in der von Ihnen beschriebenen Art und Weise ausgebildet wurden, sehr positive Erfahrungen gemacht. Sie sind oftmals die stärksten Studenten in unserem Bewerberpool. Für gewöhnlich sind sie sehr belesen, haben einen auserwählten Geschmack und

außergewöhnliches Feingefühl. Da sie unabhängig vom akademischen »Mainstream« ausgebildet wurden, haben sie üblicherweise andere Ansichten und Einstellungen und können in einem Kurs viele positive Impulse geben. Als ich in einer anderen Institution tätig war, ließen wir eine Bewerberin zum Studium zu, die ausnahmslos zu Hause unterrichtet worden war. Sie fand sich ohne Schwierigkeiten in einer sehr wettbewerbsorientierten Umgebung zurecht und machte ihren Abschluss mit Auszeichnung. Auch an der Duke University haben wir bereits Homeschooler zum Studium zugelassen, allerdings nicht innerhalb der letzten vier Jahre.

... Es gibt hier keine Vorurteile gegenüber Studenten, deren Bildungsprofil oder bisheriger Bildungsweg nicht den herkömmlichen Normen unseres Auswahlverfahrens entspricht. Wir begrüßen Vielfalt. Unser Ziel ist, diejenigen Bewerber zum Studium zuzulassen, die das größte Potenzial haben, einen positiven Beitrag in unserer Einrichtung zu leisten.

Mark F. Silver, Associate Director of Undergraduate Admissions an der Washington University, schreibt:

Meine erste Reaktion auf Ihren Brief war: »Wo ist dieser Student? Gibt es ihn oder sie wirklich? Wie können wir ihn oder sie dazu bringen, sich bei uns zu bewerben?« Aber Spaß beiseite. Wir würden uns wirklich sehr freuen, von einem solchen Studenten zu hören. Eine standardisierte, traditionelle Vorbereitung auf das Studium, im Sinne des klassischen Schulwegs, war bei uns noch nie einziges Auswahlkriterium. Tatsächlich haben wir bereits mehrfach Bewerbungen (solcher) Studenten geprüft und letztendlich auch zum Studium zugelassen. ...

Es gibt zahlreiche Faktoren, die darauf hinweisen, dass es sich bei einem Bewerber um eine Person handelt, die höchstwahrscheinlich ein sehr erfolgreiches Studium absolvieren wird. Akademische Erfolge, die während einer traditionellen Ausbildung erzielt wurden, sind nur einer davon. Auch Führungsqualitäten, Anpassungsfähigkeit, die Fähigkeit, Informationen kreativ zu verwerten und ein besonders starkes Interesse in einem bestimmten Gebiet erhöhen die Wahrscheinlichkeit eines erfolgreichen Studienabschlusses. Wenn ich mit Studenten während des Auswahlverfahrens spreche, kommt es oft vor, dass ich sie dazu ermutige, ein Jahr zwischen Highschool-Abschluss und Studienbeginn »frei zu nehmen«, um sich genau diese Fertigkeiten anzueignen.

Vor kurzem hat die Boston University damit begonnen, Kontakt zu Unschoolern aufzunehmen. In einem Brief des Undergraduate Admission Office, der in der *GWS* Nr. 79 abgedruckt wurde, heißt es:

Die Boston University begrüßt Bewerbungen von Homeschoolern. Wir glauben, dass »homeschooled« Studenten den Wissensdurst, die Unabhängigkeit und die Selbstständigkeit besitzen, um in unseren intellektuell anspruchsvollen Studienprogrammen zu glänzen.

> Derzeit sind zwei »homeschooled« Studenten an der Boston Universität eingeschrieben. Einer studiert im 4. Semester an der Fakultät der Freien Künste, der andere ist Erstsemester an der Fakultät für Ingenieurwesen. Bei beiden Studenten läuft es sehr gut, und sie haben die Umstellung vom Homeschooling auf den Universitätsalltag aus persönlicher als auch aus ausbildungstechnischer Sicht erfolgreich gemeistert.

Kann sich »Unschooling« negativ auf die Chancen zu Studieren auswirken? Wahrscheinlich nicht. Wenn du bereits während deiner Schulzeit mit der Ivy League[85] geliebäugelt hast, dann kannst du das auch weiterhin tun, auch wenn du nicht mehr zur Schule gehst. Wenn du vorhattest, eine staatliche Hochschule zu besuchen, bleiben dir auch deren Türen offen. Was sich allerdings ändern kann: Du wirst dich außerhalb der Schule sehr wahrscheinlich zu einer interessanteren, befähigteren und gebildeteren Person entwickeln – zu einer Person, die von ausgewählten Hochschulen als besonders vielversprechend angesehen werden wird. Oder aber du änderst deine Meinung und entscheidest dich gegen ein Studium, weil du lieber etwas ganz anderes tun willst. Das Schlimmste, was passieren kann ist, dass sich deine Werte ändern und du damit nicht klar kommst. Es kann sein, dass du neue Interessen und Vorlieben entwickelst, die all deine Zeit in Anspruch nehmen, du aber trotzdem immer noch das Gefühl hast, du »müsstest« dich langsam mal auf das Studium vorbereiten. Wenn deine neuen Interessen und Vorlieben mit einem College-Besuch vereinbar sind, wirst du keine Schwierigkeiten haben. Wenn sie allerdings nicht viel mit einem geplanten Studium zu tun haben, na dann viel Spaß. Sprich, du verbringst all deine Zeit mit Holzschnitzereien, hast aber vor, Chemie zu studieren. In so einem Fall wird es nicht leicht sein, eine Lösung zu finden.

College, und zwar *jetzt*.

Ein interessanter Aspekt der Unschooling/College-Thematik ist die Möglichkeit, das Studium in noch recht jungen Jahren zu beginnen. Wenn du vorhast, irgendwann mal zu studieren, dann könntest du das ja auch *jetzt* tun. Viele Unschooler sind der Meinung, dass – während der Besuch der Highschool reine Zeitverschwendung ist – man im College Nebensächlichkeiten außer Acht lässt und Zeit hat, sich auf das Wesentliche zu konzentrieren. Dies war tatsächlich ein Muster, welches mir immer wieder begegnete, wenn ich mich mit Teenagern unterhielt. Ohne den Druck der Schule führten sie ein recht stressfreies Leben, welches ihnen genug Freiraum gab, um ein oder mehrere starke persönliche Interessen zu entwickeln. Dann, im Alter von 14 oder später, wünschten sich viele von ihnen ein herausforderndes, bedeutungsvolles akademisches (nicht Highschool) Umfeld.

Der Homeschooler John Waldowski aus Maryland z. B. nahm den GED[86] mit 16 in Angriff, weil er »das Gefühl hatte, eine Fortsetzung des Highschool-Besuchs sei reine Zeitverschwendung, wenn er doch bereits in der Lage sei, den Anforderungen eines Hochschulstudiums gerecht zu werden. Insbesondere auch deshalb, weil er vorhabe, Klinische Psychologie zu studieren, was mehrere Jahre dauert.«[87]

Einige Teenager beginnen ihre Hochschulkarrieren, indem sie ein oder zwei Kurse an Universitäten oder »community colleges« belegen, während sie ihr »unschooled« Leben fortsetzen. Leonie Edwards, die im Alter von 14 Jahren anfing, als Zahnarzthelferin zu arbeiten, begann gleichzeitig damit, »College-Credits« mittels Fernunterricht zu erwerben. Diese »Credits« werden ihr später als studiumsvorbereitende Leistungen anerkannt.

Die 15-jährige Dalila Droege aus Indiana wurde von der Indiana University in South Bend als »spezielle Studentin« zugelassen. Die von ihr belegten Kurse werden ihr voll als Studienleistungen anerkannt. Sie schreibt in der *GWS* Nr. 84:

> Das College ist ganz anders (und besser, wenn ich mal so sagen darf) als alle anderen Schulen, soweit ich mich daran erinnern kann. Die Atmosphäre ist weitaus entspannter, und kein Lehrer behält mich im Auge, um sicherzustellen, dass ich auch genau tue, was ich tun soll und ein braves kleines Mädchen bin. Die Verantwortung dafür, dass ich etwas lerne, trage ich selbst. So gesehen ist das College viel mehr mit dem Homeschooling vergleichbar als die Schule.

Einige Colleges haben ein »dual enrolment«-Programm, das es regulären Highschool-Schülern (Juniors und Seniors mit GPAs eines bestimmten Levels) erlaubt, Kurse nicht nur an der Highschool, sondern auch an einer staatlichen Universität zu belegen. Die 16-jährige Unschoolerin Bronwyn Jackson schaffte es aufgrund ihres Portfolios und eines Aufnahmegesprächs, in das »dual enrollment«-Programm der Florida State University aufgenommen zu werden. Ihr wurde gestattet, pro Semester zwei Kurse zu belegen, die ihr als Studienleistungen anerkannt wurden. Davon abgesehen, durfte sie so viele Kurse wie gewünscht als Gasthörerin besuchen. »Die Mitarbeiter im »dual enrollment office« der FSU kennen mich alle beim Vornamen«, schreibt sie in der *GWS* Nr. 84. »Ich habe sie dazu überredet, mich zu einem Magisterkurs zuzulassen, und sie haben mir angeboten, Empfehlungsschreiben an die Privathochschulen mit höheren akademischen Standards, die ich später besuchen möchte, zu schicken.« (Bronwyn ging anschließend auf das Wellesley College.)

In der *GWS* Nr. 84 schreibt Bettie House aus Texas:

> Mein Sohn hat kürzlich im Hinblick auf seine Ausbildung einen neuen, interessanten und etwas ungewöhnlichen Weg eingeschlagen, der vielleicht auch für andere Homeschooler inspirierend

sein könnte. Vor ungefähr einem Jahr begann James, der heute 16 ist, sich intensiv mit Mathe und Physik zu befassen. Bis zu jenem Zeitpunkt war er in Mathe nicht über den Stand der Division hinausgekommen. Innerhalb weniger Tage erreichte er einen Kenntnisstand, der weit über das hinausging, was ich in meiner traditionellen Schulausbildung über Mathe gelernt hatte. Das bedeutete, er war definitiv auf sich allein gestellt. Er arbeitete sich durch College-Algebra, Flächenberechnungen, analytische Geometrie, Trigonometrie, alle Arten von Integra- und Differenzialrechnung, Gamma- und Bessell-Funktionen, Fourieranalyse, Variationsrechnung, Vektoranalyse, Laplace-Grenzwertsätze. Gleichzeitig vertiefte er seine Physikkenntnisse, einschließlich Mechanik, Thermodynamik, Klang, Strömungslehre, Statik, Elektrostatik, Licht und Optik, Thermik, statische Mechanik, Magnetismus und ähnliches. Seine Studien betrieb er mit Hilfe von Büchern, die er sich aus der öffentlichen Bibliothek oder der Buffalo Creek Community School Library auslieh oder sich selbst kaufte.

Nach mehreren Monaten harter Arbeit bekundete James Interesse daran, einen Weg zu finden, der ihm die Anerkennung seiner Leistungen ermöglichte. Gleichzeitig wollte er gerne jemanden finden, der ihn bei seinen weiteren Studien leiten könnte. Zur gleichen Zeit erschien in einer Lokalzeitung ein Artikel über die Texas Academy of Math and Science, ein staatlich gefördertes Programm, welches sich an Studenten mit besonders starken Interesse und einer Begabung für Mathe und Naturwissenschaften richtete. Studenten, die an diesem Programm teilnehmen dürfen, können die ersten beiden College-Jahre gleichzeitig absolvieren, während sie die University of North Texas besuchen. Zu dem Programm werden jährlich ca. 200 Studenten zugelassen.

Obwohl James keinerlei anerkannte Kursleistungen oder Abschlüsse nach der 6. Klasse vorweisen konnte, wurde er aufgrund seiner SAT-Punkte, dreier Empfehlungsschreiben von Lehrern, eines Aufsatzes, eines Briefes von mir, eines persönlichen Gesprächs und eines TAMS-Eignungstests in Mathe zur TAMS zugelassen. Anstatt formeller Leistungsnachweise und Prüfungsergebnisse akzeptierte TAMS in James' Fall einen von ihm verfassten Brief, in dem er seine Lernmethoden beschrieb und Auskunft über die lange Liste der von ihm innerhalb eines Jahres gelesenen Bücher gab. TAMS sucht Studenten mit Eigenmotivation, und James hat mehr als ausreichend bewiesen, dass er über diese Eigenschaft verfügt.

Andere Unschooler schreiben sich als Vollzeitstudenten an staatlichen Hochschulen ein. Mark Edwards, Homeschooler seit der 8. Klassenstufe, schrieb sich z. B. im Alter von 16 Jahren an der California State University in Hayward ein. Sein jüngerer Bruder Cliff ging mit 15 auf das Chabot-College, und sein Bruder Matthew begann im Alter von 14 Jahren ein Studium am Holy Names College in Oakland, während er gleichzeitig als Pianist und Organist arbeitete.[88] Die Homeschoolerin Amy Hovenden schrieb sich mit 14 an der Brigham Young University ein. In einem Zeitungsartikel des *Provo Utah Herald* heißt es:

> Sie hat keine größeren Bedenken, was den Beginn eines Studiums in einem weit unterdurchschnittlichen Alter betrifft. »Ich bin aufgeregt und ein wenig nervös«, sagt sie. »Aber ich sehe keinen Grund zur Besorgnis. Auch die anderen Studenten sind nur Menschen«....Amy musste sich beinahe drei Monate lang genauesten Prüfungen der Zulassungskommission unterziehen und dabei ihre soziale Reife sowie ihre akademische Eignung unter Beweis stellen. Sie wurde gründlich im Hinblick auf ihre emotionale Stabilität geprüft und schließlich als sehr »ausgeglichen« befunden.[89]

M. Coleman Miller, der bis zum Alter von 10 Jahren zu Hause unterrichtet wurde, beendete sein Studium am Hillsdale College in Michigan im Alter von 15 Jahren mit Abschlüssen in Mathe und Physik. »Einer der landesweit begehrtesten Hochschulabsolventen ...«. Er war ebenso »sehr gut in Basketball und Karate.«[90]

In der *GWS* Nr. 50 wird über die Homeschoolerin Alexandra Swann berichtet, die 1985 in einem Alter von nur 14 Jahren ihren Bachelor-Abschluss von der Brigham University erhielt. Sie begann ihr unabhängiges Studium mit 12 Jahren und arbeitete ungefähr drei Stunden täglich. Nach ihrem Abschluss begann sie, sich auf ihr Magisterstudium vorzubereiten.

Wenn du lieber mit Gleichaltrigen studieren möchtest, versuche es mal so: Sammle zwei Jahre lang anerkannte Studienleistungen, während du noch zu Hause wohnst und mit deinen alten Freunden abhängst. Wie du das machst, ist ganz dir überlassen – du könntest z. B. Fernunterrichtskurse belegen oder dich am »community college« einschreiben. Später, wenn du 18 bist, kannst du gemeinsam mit Gleichaltrigen aufs College gehen, allerdings schreibst du dich dann nicht mehr als Erstsemester, sondern als Transferstudent, Student im 4. Semester oder als Junior ein.

Inwiefern deine reifen »unschooled« Einstellungen und Ansichten deine College-Erfahrung beeinflussen

Zuerst einmal helfen sie dir natürlich dabei, zum Studium zugelassen zu werden. Reife hilft immer. Aber sie werden ebenso von unschätzbarem Wert für dich sein, wenn du erst mal angefangen hast, zu studieren. Emily Murphy, Studentin am St. John's College, berichtet in der *GWS* Nr. 89:

> Ich konnte ebenso feststellen, dass meine Homeschooling-Erfahrung mir auch bei meinen Studienarbeiten unglaublich viel geholfen hat, da ich genügend Selbstdisziplin habe, um Aufgaben so früh wie möglich zu erledigen und nicht auf die lange Bank zu schieben. Zwei befreundete Kommilitonen legen z. B. regelmäßig Nachtschichten ein, um Aufsätze noch rechtzeitig zur Abgabe am nächsten Morgen fertig zu bekommen. Ich selbst verschaffe mir immer einen Überblick über meine Verpflichtungen und Aufgaben der nächsten drei Tage oder der nächsten Woche.

Dann setze ich mir meine Ziele und entscheide, was ich zuerst zu tun habe. Das ist meine Art zu arbeiten. Während meiner Homeschooling-Zeit haben wir am Anfang jeden Jahres einen Plan gemacht und uns dann jede Woche zusammengesetzt und geschaut, was ich bereits erledigt hatte und was noch zu tun war. Außerdem habe ich mich jeden Tag allein hingesetzt und mir Tagesziele gesetzt, wobei ich mir z. B. überlegte, ob ich an diesem Tag ehrenamtlich arbeiten würde und ob ich dann noch genügend Zeit hätte, andere Dinge zu tun. Das hat mir sehr geholfen, als ich Studium, Fechten, Chor und studienbegleitende Praktika unter einen Hut bringen musste.

In letzter Zeit empfehlen die Hochschulen den künftigen Studenten verstärkt, ein Jahr zwischen Highschool-Abschluss und Studienbeginn frei zu nehmen, um zu reisen oder Berufserfahrungen zu sammeln. Sie sind der Ansicht, dass eine solche »Pause« den Studenten dabei hilft, zu reifen, sich selbst besser kennen zu lernen und sich auch klarer darüber zu werden, warum sie denn studieren wollen. Mir wurde auch von mehreren Mitgliedern von Zulassungskommissionenbestätigt, dass ihre »nicht-traditionellen« Studenten in fast allen Fällen sehr gut zurechtkommen. Sie meinen damit ältere Studenten, die entweder schon mehrere Jahre lang gearbeitet haben, oder anderweitig über einige oder gar viele Jahre hinweg ein normales Erwachsenenleben geführt haben und sich erst später dazu entschlossen, zu studieren.

In diesen Fällen spielt eine Highschool-Ausbildung so gut wie gar keine Rolle mehr, weder für die Zulassung an sich noch im Hinblick auf den Verlauf des Studiums.

Indem du die Schule verlässt, bevor es alle anderen tun und vor allem, wenn du dich dann auf Reisen begibst, verschaffst du dir selbst einen unschätzbar klaren Kopf und ein Gespür für Wahrheit und Wirklichkeit, welches man nur mit genügend Abstand zur Welt des Vorkauens bekommen kann. Vor diesem Hintergrund wirst du auch klügere Entscheidungen treffen, einschließlich solch schwerwiegender Entscheidungen, zu studieren oder nicht, welches Fach und wo?

Aber willst du wirklich aufs College?

Ich wünschte, irgendjemand hätte mir diese Frage in ernsthaftem Ton gestellt. Bei uns zu Hause wurde grundsätzlich davon ausgegangen, dass man aufs College geht. Und natürlich nicht nur auf IRGENDEIN College, sondern auf ein renommiertes, hoch geschätztes. Wenn mir klar gewesen wäre, dies gar nicht zu müssen, hätte ich es vielleicht auch nicht getan. Oder aber doch, dann aber mit einer anderen Erwartungshaltung.

Hier die Antwort der Indianer, nachdem ihnen im Jahre 1774 von Kolonisten in Maryland und Virginia angeboten wurde, sechs von ihnen kostenlos am Williamsburg College auszubilden.

> Wir wissen, dass die Art zu lernen, wie sie an diesen Colleges gelehrt wird, von Ihnen sehr geschätzt wird und dass der Unterhalt unserer jungen Männer während ihres Aufenthaltes bei Ihnen mit erheblichen Kosten für Sie verbunden wäre. Deshalb glauben wir, dass Sie uns mit Ihrem Angebot Gutes tun wollen und wir danken Ihnen recht herzlich dafür. Aber Sie, als weise Persönlichkeiten, wissen sicherlich, dass verschiedene Nationen verschiedene Ansichten zu bestimmten Themen haben. Deshalb werden Sie es uns auch nachsehen, wenn wir in Bezug auf diese Art von Ausbildung Ihre Ansichten nicht teilen. Wir haben diesbezüglich bereits einige Erfahrungen machen dürfen. In der Vergangenheit sind bereits mehrfach junge Leute von uns an Colleges in den nördlichen Provinzen erzogen worden, wo sie auch in allen von Ihnen geschätzten wissenschaftlichen Fächern unterrichtet wurden. Als sie dann aber wieder zu uns zurückkamen, entpuppten sie sich als schlechte Läufer, unwissend in jedweder Hinsicht, was das Leben im Wald anbelangt, ... weder als Jäger, Krieger noch als Berater geeignet, ... sie waren einfach für gar nichts zu gebrauchen. Trotzdem danken wir Ihnen nochmals recht herzlich für Ihr Angebot, und um unserer Dankbarkeit weiteren Ausdruck zu verleihen, möchten wir Ihnen nun wiederum ein Angebot unterbreiten. Wenn die Herren aus Virginia uns ein Dutzend Ihrer Söhne schickten, würden wir uns geehrt fühlen, uns um ihre Ausbildung zu kümmern, ihnen alles beizubringen, was wir wissen und Männer aus ihnen zu machen.[91]

Warum willst du studieren? Wirst du nur dort bekommen, wonach du suchst? Oder gibt es auch andere Wege, um das zu bekommen, was du willst? Hochschulen haben sicherlich viel Hervorragendes zu bieten und viele Highschool-Abscheulichkeiten finden sich am College nicht wieder. Trotzdem solltest du nicht aufs College gehen, ohne darüber nachzudenken, was wäre, wenn du das nicht tust. *Melde dich nicht zum Studium an, nur weil man das von dir erwartet.*

Viele Unschooler erzählen mir, dass sie ein Studium für die Zukunft nicht ausschließen. Dies wäre aber nur dann der Fall, wenn sie sich für ein ganz bestimmtes Gebiet interessieren sollten, für das man sich Wissen am besten mittels eines Hochschulstudiums aneignet. Oder aber, sie bräuchten unbedingt einen Hochschulabschluss, um ihren Traumberuf auszuüben. Sie betonen oft, dass sie definitiv *nicht* aufs College gehen würden, um zu lernen. Sie wüssten bereits, wie man das macht. Egal, ob sie schreiben, Computer programmieren, schauspielern, Landwirtschaft betreiben, Musik machen oder ein Unternehmen – welcher Art auch immer – führen wollen, sie wissen, dass sie keine Institution brauchen, um sich dahingehend aus- oder weiterzubilden.

Hier noch ein paar zusätzliche Anregungen, dir Gedanken darüber zu machen, ob du einen Hochschulabschluss willst. Die 13-jährige Anne Brosnan schreibt:

> Ich weiß wirklich noch nicht, ob ich studieren werde oder nicht. Vielleicht bekomme ich ja irgendwo ein Stipendium. Vielleicht werde ich auch gar keine Zeit haben. Könnte ja sein, dass ich stattdessen in Kanada mit dem Kanu unterwegs bin oder Hängematten auf Hawaii verkaufe.

> Alles ist möglich. Meine Zukunftspläne sehen momentan so aus, dass ich gerne Pianistin werden würde (kann daher sein, dass ich auf die Musikschule gehe) oder aber ich wäre gerne Schriftstellerin/Dichterin (und dafür bräuchte ich ja nicht zu studieren). Ich könnte mir alles mögliche vorstellen. Ich hätte auch gerne eine Farm. Dafür braucht man natürlich keinen Hochschulabschluss, vor allem dann nicht, wenn man sich selbst alles beibringen kann, wie auch schon während der Mittel- und Oberstufenzeit.

Robin Graham erzählt in *Dove* davon, wie ihm von Stanford ein Studienplatz angeboten wurde, nachdem er seine Weltumsegelung beendet hatte. Er und seine Frau Patti halten es ein Semester lang durch, dann geben sie auf:

> Was uns am meisten überraschte war, wie wenig wir mit unseren Kommilitonen gemein hatten, die ja alle in einer völlig anderen Welt aufgewachsen waren. Ich hatte den Vorteil, Erfahrungen gemacht zu haben, die die meisten Leute in ihrem gesamten Leben nicht machen würden. Und ich hatte andere Dinge gesehen als den lokalen Basketballplatz oder das Kino an der Ecke. Es machte mich traurig, mit ansehen zu müssen, wie leicht einige Studenten, die direkt von der Highschool kamen, einfach alles glaubten und wie einfach sie von zynischen Professoren veralbert wurden, insbesondere von einem Maoisten, der leidenschaftlich von seiner Revolution erzählte. Die Studenten, die ihm am meisten applaudierten, waren diejenigen, die einen Porsche oder Jaguar vor der Tür stehen hatten.
>
> Wir hatten aber auch ein paar gute Freunde an der Fakultät. Die meisten Studenten wünschten sich ernsthaft positive Veränderungen in der Gesellschaft. Ebenso wie Patti und ich wollten auch sie Heucheleien entlarven, und sie verachteten die Gehirnwäscheversuche, die meine Generation davon überzeugen sollte, dass man die wirklich wichtigen Dinge im Leben nur mit Geld erwerben kann.
>
> Es war ganz sicher nicht Stanfords Schuld, dass Patti und ich nicht in das Campusleben passten. Es ist eine großartige Schule und wir wissen, wie viel Glück wir hatten, dort studieren zu dürfen. Aber wir hatten von Anfang an mit Anflügen von Klaustrophobie zu kämpfen. Ich konnte in den Vorlesungssälen kaum atmen. Und ich bekam Angst, dass, wenn ich es trotz all dem schaffen sollte, das Studium durchzuziehen, Patti und ich in den Sog eines Lebensstils geraten würden, den wir ja absolut zu vermeiden suchten. Die 9–17-Uhr-Routine, Mitgliedschaft im Countryclub, all diese Sachen eben. Das eine Semester in Stanford kam mir so lang vor, wie zwei Jahre auf See.[92]

Im *The Next Whole Earth Catalog* schreibt Anne Herbert in ihrem »Rising Sun Neighborhood Newsletter«:

> Wenn ich Leute meines Alters treffe, die anscheinend bereits eine ganze Reihe fantastischer Abenteuer erlebt haben, stellt sich schnell heraus, dass sie nicht aufs College gegangen sind. Anstatt sich also 4 Jahre lang mit einer Sache zu beschäftigen, haben sie nach dem Abschluss der Highschool sofort damit begonnen, jedes Jahr zwei oder drei verschiedene Sachen zu machen.

Sarah Shapiro berichtet in der *GWS* Nr. 109 über ihre Entscheidung, das Studium an der Brown University abzubrechen:

> Die Art und Weise, wie Vorlesungen und Studienarbeit mein Leben bestimmten, machte mich wütend. Ich hasste es wirklich und manchmal hatte ich das Gefühl, ich würde es nicht schaffen. ...Ich las wiederholt Arbeiten von Autoren wie John Holt und James Herndon, die in ihren Werken Gefühlen Ausdruck verliehen, die den meinen in Bezug auf die Schule glichen und das Echo vieler letzter Tage vor Schulanfang klang in meinen Ohren: einen Buchladen oder eine Bücherei zu betreten, als wäre es ein Süßwarenladen, liebevolle Blicke auf all die Bücher werfend, die ich gerne lesen würde, wissend, dass stattdessen die Schule all meine Zeit in Anspruch nehmen würde.

Sarah beschloss, das Studium abzubrechen, nachdem sie Leute getroffen hatte, »denen es nicht egal ist, was sie tun«, wie z. B. Susannah Sheffer von *GWS*. Sarah meint:

> Sich mit Menschen zu treffen, die »sinnvolle Arbeit« gefunden hatten, wie John Holt so schön sagt, bestärkte mich in der Ansicht, dass dies ein vernünftiges und erreichbares Ziel sei. ...
>
> Auch jetzt, nachdem ich das Studium abgebrochen habe, habe ich nicht immer die Zeit, all das zu lesen, was ich gerne lesen würde. Aber der Grund dafür ist nun, dass ich mich dazu entscheide, stattdessen etwas anderes zu tun. Letzten Sommer habe ich als Auszubildende auf einer kleinen Farm in New England gearbeitet. Die Arbeit war hart und die Arbeitstage lang. Ich lernte die Leute, mit denen ich zusammenarbeitete, kennen und schätzen, ich holte den fehlenden Schlaf nach, wann immer sich eine Gelegenheit ergab und abgesehen von den Biolandwirtschaftsmagazinen, ich las nicht viel. Momentan arbeite ich mit einer Gruppe von Leuten zusammen, die versuchen, kleinere Farmen in der Nähe von New York City zu etablieren. Außerdem wäre da noch die Gartenarbeit, das Jonglieren, die Unterstützung einer Freundin bei ihrem jüdischen Hortprogramm, die Geologievorlesungen an der Columbia University, die Unterstützung meiner Eltern beim Umzug in eine neue Wohnung, das In-Kontakt-Bleiben mit Freunden, die es weit weg verschlagen hat. All diese Dinge lassen mir auch heute nicht unendlich viel Zeit zum Lesen, aber ich habe es trotzdem geschafft, mich mit einigen Büchern, einschließlich russischer Romane und Geologietexte, hinzusetzen.

Ich bin sehr glücklich und genieße diese Zeit, in der ich ohne den Druck vieler Verantwortlichkeiten die Dinge lernen kann, die mir wichtig sind. Den meisten Leuten, von denen ich gerne lernen möchte, ist es völlig egal, ob ich zur Schule gehe oder ein Diplom in der Tasche habe. Sie freuen sich einfach darüber, dass ich mich für ihre Arbeit interessiere. Als ich z. B. Just Food, eine Organisation, die kommunale Landwirtschaft in New York unterstützt, anrief, um meine Hilfe anzubieten, waren sie lediglich an meinen landwirtschaftlichen Erfahrungen interessiert. Sie fragten mich, ob ich zur Schule gehe und ich erklärte ihnen, dass ich versuche, auf andere Art und Weise zu lernen, z. B. indem ich Menschen finde, deren Arbeit ich als sinnvoll erachtete und denen dann meine Hilfe anbiete. Damit zitierte ich John Holt, aber ich bin sicher, er hätte in solch einem Fall nichts dagegen.

Ich denke, es kann immer noch gut sein, dass ein Hochschulabschluss mir eines Tages nützen könnte, und auch meine Familie wäre sicherlich etwas entspannter. Könnte also sein, dass ich aus moralischen Gründen durchhalten sollte. Aber eine Möglichkeit, unfairen und lächerlichen Leistungsbewertungssystemen die Legitimation zu entziehen ist, sie zu boykottieren. Und auch der umgekehrte Fall trifft zu: Teil von ihnen zu sein, bedeutet, sie passiv zu unterstützen. Wenn ich mich dazu entscheide, einen Hochschulabschluss zu erwerben, dann gehe ich vielleicht ans Regents College der Statue University of New York, über die ich erstmals in Holts »Instead of Education« gelesen hatte. An diesem College werden alle möglichen standardisierten Tests als Studienleistungen anerkannt. Da dies eins der unsinnigen Spielchen ist, in denen ich wirklich gut bin, kann ich ja auch ebenso gut meinen Vorteil daraus ziehen...

In der Zwischenzeit versuche ich, die verlorene Zeit in meinem Leseleben aufzuholen. Seit kurzem springe ich zwischen Tolstoi, George Eliot, Hardy und Flaubert umher. Einer der Schriftsteller, auf die ich immer wieder zurückkomme, ist jedoch Henry Thoreau. Ich erinnere mich lebhaft daran, wie ich in meiner College-Unterkunft saß und dringende Hausaufgaben unerledigt ließ, nur um ihn zu lesen und wie sich mir insbesondere eine Zeile aus »Walden« einprägte: »Glaubtest du, Zeit totschlagen zu können, ohne dabei der Ewigkeit zu schaden?«

Sarabeth Matilsky, eine 17-jährige Unschoolerin, die verschiedene College-Tanzkurse in New Jersey belegt hat, schreibt:

Je mehr ich vom College mitbekomme (während ich die Tanzkurse besuche oder wenn ich mich mit Freunden unterhalte), desto desillusionierter werde ich. Nun, wo das Semester halb rum ist, sieht es so aus, als ob die Tutoren versuchten, als Vorbereitung auf die anstehenden Abschlussexamen so viel Zeug wie möglich in die Köpfe der Studenten zu stopfen. Sogar in meinen Kursen passiert das. Unsere eigentlichen Übungen werden vernachlässigt, während wir uns auf die Vorbereitung auf unsere »Prüfung« – in Form eines Abschlussprojektes – konzentrieren. Ich hasse auch dieses ganze Benotungssystem, dem hier anscheinend jeder so viel Bedeutung beimisst.

Es verwirrt mich, wenn meine Klassenkameraden (vor allem in meinem Rhythmus-Analysekurs) mit den Augen rollen, wenn ich sage, dass ich den Unterricht mag. Ihr Kommentar dazu ist dann einfach nur »wichtig ist doch nur, die Prüfung mit »sehr gut« zu bestehen«. Und ich kann auch verstehen, wie man in diesen allgemeinen Sog geraten kann. Aber ich bin fest entschlossen, mir selbst treu zu bleiben und nicht ein Blatt Papier zum Lohn meiner Arbeit werden zu lassen. Für mich zählt das Wissen, dass ich mir in diesem Kurs angeeignet habe. Ich denke, sollte ich mich jemals bei der Widerspiegelung meiner Leistungen ausschließlich auf eine von einem Lehrer vergebene Note verlassen, ist es Zeit, mir darüber Gedanken zu machen, wofür ich das eigentlich alles mache. Im Moment schaue ich mir also diese College-Sache einmal ganz genau an. Ich sehe viele gute Seiten, und ich sehe auch viele schlechte Seiten, und wenn ich mich jemals für ein Studium am College entscheide, dann ganz sicher nicht als Vollzeitstudentin. Ich werde stattdessen nur die Kurse belegen, die mich wirklich interessieren, um mich ihnen voll und ganz widmen zu können.

Hochschulabschlüsse helfen einem sicherlich in vielen Fällen dabei, einen bestimmten *Job* zu bekommen, während konsequentes Unschooling einem dabei hilft, seinen Lebensunterhalt mit dem zu verdienen, was man wirklich gerne tut. Fast alles eignet sich für eine unabhängige unternehmerische Tätigkeit, sei es Umweltschutzberatung oder Trommelunterricht. Wenn du offen dafür bist, bietet das Leben unzählige Möglichkeiten. Anstatt z. B. jahrelang Meeresbiologie zu studieren, könntest du auch mit 18 an die Küste von British Columbia ziehen und direkt damit beginnen, eigene Forschungen auf dem Gebiet der Lachswanderungen anzustellen (was dich auch weit weniger kosten würde als ein College-Studium). Mit 22 oder 23 Jahren dürfte deine Bewerbung um einen Meeresbiologenjob weitaus bessere Chancen haben, als die der klassisch ausgebildeten »Laborratten«. Es kann natürlich auch gut sein, dass du keinen Arbeitgeber mehr brauchst, da du inzwischen Mittel und Wege gefunden hast, mit deinen Forschungen Geld zu verdienen. Vielleicht bist du sogar so weit, dass du deine eigenen »Laborratten« anstellen willst.

Eine Hochschulabschluss-verrückte Gesellschaft wie die unsere ist eine Scheingesellschaft. Wahre Expertise spielt keine Rolle. Die Leute fragen nicht: »Was macht ihn denn zum Experten? Was kann er wirklich gut?«. Stattdessen fragen sie: »Was für einen Hochschulabschluss hat er? Wo hat er ihn gemacht?« Sie denken, das ist alles, was zählt. Als jemand, der die Schule nicht, gar nicht oder nur kurz besucht hat und keinen Hochschulabschluss besitzt, wirst du dem Vorurteil, du wüsstest nichts, oft begegnen. Aber ich bin sicher, du hast kein Problem damit, solche Situationen zu nutzen, voreingenommene Menschen eines Besseren zu belehren. Und wenn es dann eines Tages genügend Menschen wie dich gibt, die in diesem Hochschulabschluss-Spiel nicht mitspielen, dann ändern sich auch die Regeln.

Anstatt zu studieren, könntest du einfach damit fortfahren, zu leben. Kreiere deinen eigenen Studiengang, ganz ohne Hochschule. Kendall Hailey hat genau das getan und später das Buch *The Day I Became An Autodidact* geschrieben. Solltest du dich für »Unschooling« auf sehr hohem akademischen Level interessieren, dann empfehle ich dir *The Independent Scholar's Handbook* von Ronald Gross – ein profunder Ratgeber für das Durchführen intellektueller Projekte ohne Student, Professor oder Forschungsassistent zu sein.

Wenn du dich für Geisteswissenschaften interessierst, lernst du am meisten beim Schreiben von Aufsätzen und Abhandlungen. Du könntest ein oder zwei Kurse belegen, um ein Gefühl dafür zu bekommen, wie man solche Sachen schreibt. Danach mach einfach selbst weiter. Schick deine Werke an Wissenschaftler, die du bewunderst oder an einschlägige Zeitschriften und Journale, die deine Arbeiten möglicherweise veröffentlichen werden. Du könntest auch einen Professor um Ratschläge bitten, während du deinen eigenen »Hochschulstudiengang« kreierst.

Natürlich ist auch nichts dagegen einzuwenden, wenn du dich für den Hochschulbesuch entscheidest – solange du dir vorher Gedanken darüber machst. In der *GWS* Nr. 74 schreibt Anna-Lisa Cox:

> Als ich das letzte Mal schrieb, war ich noch unentschlossen, was ein mögliches Hochschulstudium betrifft. Ich wusste, es war nicht die einzige Alternative. Ich hätte ebenso einfach mit meinen Kostümshows weitermachen oder versuchen können, ein Praktikum in einem Museum zu machen, dass mir dann möglicherweise einen Job bringen würde. Letztendlich entschied ich mich aber doch dafür, dass mir ein College-Besuch mehr Zeit zum Ausprobieren lassen würde. Ich schrieb meine Bewerbungen und wurde schließlich von dem College meiner ersten Wahl angenommen. Eine interessante Anmerkung dazu: Ich durfte feststellen, dass in meinem Fall das Homeschooling viel mehr ein Pluspunkt war als ein Hindernis. Homeschooler fallen eben auf, wenn Colleges nur nach den geklonten Highschool-Studenten Ausschau halten. Es stimmt zwar, das Homeschooler mehr Arbeit in ihre Bewerbung investieren müssen und dass Homeschooler sein nicht gleich bedeutet, dass man in Harvard zugelassen wird, aber es kann durchaus auch von Vorteil sein.

So wie es lange Listen von Leuten gibt, die ganz ohne Schulausbildung Wunder aller Art vollbracht haben, so gibt es sogar noch längere Listen von Leuten, die ohne Hochschulabschluss spektakuläre Erfolge vorweisen können. Viele von ihnen sind Schriftsteller oder Künstler. Aber es gibt unter ihnen auch eine ganze Reihe von Wissenschaftlern, wie z. B. Jane Goddall, die ihre Arbeit mit Schimpansen in Tansania ganz ohne Universitätsabschluss oder andere klassische Ausbildung auf dem Gebiet der Ethnologie begann. (Nachdem sie fünf Jahre lang an diesem Projekt gearbeitet hatte, schrieb sie eine wissenschaftliche Abhandlung, wofür sie einen Doktortitel von der Cambridge

University erhielt.) Die Gründer des Apple-Computerunternehmens, Steve Jobs und Stephen Wosniak, brachen ihr Studium vorzeitig ab. Buckminster Fuller, (Physiker/Architekt/außergewöhnlicher Universalist) wurde der Harvard University verwiesen. Weitere Beispiele sind Ernest Hemingway, Paul Gauguin, Amelia Earhart, Eleanor Roosevelt, Harry S. Truman, Lewis Mumford, Ralph Lauren, Robert Frost, Walt Disney, Charles Schultz und Roger Tory Peterson.[93]

Und willst du wirklich einen Kredit für das Studium aufnehmen?

Ich bin erschüttert, dass junge Menschen ständig dazu ermuntert werden, sich hoch zu verschulden, nur um ein Stück Papier zu erhalten und dass anscheinend niemand diese Praktik in Frage stellt. Viele Leute beginnen das Studium in dem Glauben, dass sie Zeit haben werden, Neues zu entdecken, das zu tun, was sie wirklich interessiert, und einfach Spaß am Lernen zu haben. Nur um dann feststellen zu müssen, dass sie einfach zu gestresst und überarbeitet sind, um das Studium genießen zu können *und* dass sie nach dem Abschluss schnellstmöglich einen guten Job finden müssen, um die drückenden Schulden abzahlen zu können. Anstatt ihr Ziel, etwas zu lernen, erreicht zu haben, stecken sie nun in einer Zwangsjacke.

Vielleicht solltest *insbesondere* du nicht aufs College gehen, weil ...

du darüber nachdenkst, dein eigenes Unternehmen zu gründen oder freiberuflich zu arbeiten. In einem solchen Fall wäre ein Studium wirklich reine Zeit- und Geldverschwendung. Die beste Vorbereitung auf eine erfolgreiche unternehmerische Tätigkeit sieht meiner Erfahrung nach wie folgt aus:

Expertise in dem angestrebten Tätigkeitsfeld – angeeignet durch Selbststudium, Praktika, Jobs, Lesen, Beobachten, ehrenamtliche Arbeit und möglicherweise einige sorgfältig ausgewählte Kurse

Das Unternehmen ein bis drei Jahre lang führen, *ohne* finanziell davon abhängig zu sein.

Buchführungskenntnisse – man kann sich so wie ich mit Buchführungssoftware behelfen, besser ist allerdings, wenn man versteht, wie die eigenen Finanzangelegenheiten funktionieren.

Erfahrung sammeln im Umgang mit Geld (Sparen, Ausgeben, Investieren, Buchhaltung).

Akzeptable Mathekenntnisse und ein »Gefühl für Zahlen« – man muss kein Mathegenie sein, Bücher wie *Mathe für Dummies* von Cahrles Seiter helfen weiter.

Berufserfahrung – in den Unternehmen anderer Leute gesammelt (als Volontär, Praktikant oder Auszubildender).

Darlene Lester aus Kalifornien schreibt in der *GWS* Nr. 100 über ihren Sohn Ely:

In den Jahren, die Ely zu Hause verbracht hat, hat er sein Zeichentalent entdeckt und weiterentwickelt. Er hat Kunstunterricht genommen, jeden Tag gezeichnet und uns mit seinen stets besser werdenden Fertigkeiten hoch erfreut. Er liebte vor allem den Disneystil und hat viel Zeit damit verbracht, Disneyfiguren nachzuzeichnen. Er wurde umwerfend gut. Im Alter von 12 Jahren verdiente er sich auf Partys Geld mit dem Zeichnen von »Blitzportraits«. Die Technik hatte er von einem pensionierten Künstler gelernt, der für Disney gearbeitet hatte. ...

Als Ely später Informationen über Kunstschulen zu sammeln begann, musste er feststellen, dass sie alle unglaublich teuer waren. Er fand schließlich einen Kurs im Aktzeichnen in L. A., der von einem pensionierten Disney-Komikzeichner angeboten wurde. Er meldete sich zu dem Kurs an und nahm einmal pro Woche den Zweieinhalbstundenweg nach L. A. auf sich. Einige Leute in dem Kurs erzählten ihm von einem ROP-Animationskurs, der von einer Highschool in der Umgebung angeboten wurde. Ely meldete sich auch zu diesem Kurs an und sagt, er habe das Gefühl, er sei dort genau richtig. ...

Das ROP-Programm (Regional Occupational Program, eine Art Arbeitsvermittlungsstelle) schleust talentierte Leute in die Animationsindustrie über Praktika bei verschiedenen Studios. Ely war vor kurzem zum Bewerbungsgespräch für ein Praktikum bei Film Roman, einem Animationsstudio in L. A.. Er wurde genommen und wird dort nun einen Monat lang als Praktikant tätig sein. Wenn sie ihn mögen, wird er danach sogar bezahlt werden. ...

Das Schöne daran ist, dass Ely eine tolle praktische Ausbildung in seinem Traumberuf erhält, während andere künstlerisch Begabte seines Alters in Unis oder teuren Kunstschulen, ohne Garantie für einen anschließenden Job, verheizt werden.

Steve und ich haben den Jungs immer wieder gesagt, dass wir beide das Leben immer genossen und auch ohne Hochschulabschluss in der Tasche genau das getan haben, was wir wirklich tun wollten (und auch dafür bezahlt wurden). Stattdessen haben wir uns direkt auf unsere Ziele zubewegt. Es war sicherlich der schnellere, schönere und anscheinend auch immer der billigere Weg. Wir sind mittlerweile davon überzeugt, dass man in fast alle Berufe direkt über eine Ausbildungsstelle oder Handelsschule oder einfach über das Selbststudium mit Hilfe von Büchern und gelegentlicher Unterstützung durch Mentoren einsteigen kann. Ein Studium ist ganz bestimmt nicht für jedermann das Richtige und in vielen Tätigkeitsgebieten auch nicht der beste Weg zum Einstieg ins Berufsleben. Du bezahlst viel zu viel für das, was du dafür bekommst, und es gibt keine Garantie dafür, dass du anschließend einen (gut bezahlten) Job bekommst.

In der *GWS* Nr. 109 schreibt Mae Shell:

> Als ich vor zwei Jahren begann, ehrenamtlich in der Bibliothek zu arbeiten ... war mir nicht klar, dass ich auf diesem Wege zu meinem ersten bezahlten Job kommen würde. Zu jener Zeit sah ich die Volontärsarbeit als Chance an, rauszukommen und mit anderen Menschen zu tun zu haben. ...Ich kannte bereits ein paar der Bibliothekare, da ich vorher schon viel Zeit als begeisterte Leserin in der Einrichtung verbracht hatte. Es dauerte nicht lange, und ich hatte eine kleine Nische für mich selbst geschaffen und genoss die Tatsache, außerhalb meines Zuhauses einen Ort zu haben, an dem ich mich so wohl fühlte.

Mae begann desweiteren, Kurse an der Volkshochschule zu belegen. Sie war sich sicher, dass sie beruflich in einer Bibliothek tätig sein wollte und begann darüber nachzudenken, Literatur- oder Bibliothekswissenschaften zu studieren.Die ehrenamtliche Arbeit machte ihr allerdings so viel Spaß, dass sie diese nicht aufgrund eines Studiums abbrechen wollte. Außerdem war sie sich nicht sicher, ob sie sich tatsächlich einen solchen Schuldenberg aufhalsen sollte. Daher arbeitete sie weiter auf ehrenamtlicher Basis und kurz darauf wurde ihr eine befristete, bezahlte Stelle als Urlaubsvertretung angeboten. Kurz danach brach sich eine andere Bibliothekarin die Hüfte und Mae wurde der bezahlte Vertretungsjob angeboten. Als diese Frau ihre Arbeit wieder aufnehmen konnte, kündigte eine andere Kollegin ihren Teilzeitvertrag, und Mae bekam deren Job. Sie arbeitete zusätzlich weiterhin auf Volontärsbasis, und ihr wurden viele andere Gelegenheiten angeboten, als Urlaubsvertretung einzuspringen. Außerdem wurde sie dafür bezahlt, Poster für verschiedene Veranstaltungen zu entwerfen. Mae schreibt:

> Ich sehe derzeit keinen Grund, ein Studium zu beginnen. ...Als ich mich dazu entschloss, Bibliothekarin zu werden, wusste ich, dass ich mindestens einen B.A. und wahrscheinlich sogar einen M.A. bräuchte, um Karriere zu machen. Ich wollte nicht aufs College gehen, da wissenschaftliches Arbeiten mich nicht wirklich ansprach. Außerdem haben mir die Kurse an der Volkshochschule schon gezeigt, wie sehr sich mein sonst so kreativer Schreibstil verschlechterte, sobald ich dazu gezwungen war, bestimmte Sachen zu schreiben. Diese Schreibaufgaben kosteten mich so viel Kraft, dass ich keine Energie mehr übrig hatte, nebenbei auch noch eigene Aufsätze oder Gedichte zu schreiben. Ich habe Lesen und Schreiben schon immer geliebt, aber dazu gezwungen zu sein, nimmt mir die ganze Freude daran. Als lebenslange Unschoolerin habe ich gelernt, dass, wenn es darum geht zu beweisen, was jemand wirklich auf einem bestimmten Gebiet weiß, es auf tatsächliche Fertigkeiten und nicht auf ein Blatt Papier ankommt. Ich hatte das Gefühl, dass studieren, um in einer Bibliothek zu arbeiten, ein Schritt rückwärts wäre. Würde ich nicht ganz sicher mehr über Bibliothekswesen lernen, wenn ich in einer Bibliothek arbeitete? (Mae erklärt, dass sie trotzdem darüber nachdachte, ein paar einsemestrige Kurse am Burlington College zu belegen). Als dann aber der September immer näher rückte, wurde mir klar, dass ich wirklich

keine Kurse belegen, sondern weiterhin in der Bibliothek arbeiten, ehrenamtlich aushelfen sowie Zeit zum Schreiben haben wollte. Und genau das mache ich jetzt. ...Die letzten paar Jahre haben mir gezeigt, dass ich mit harter Arbeit, Engagement und Bereitschaft die Menschen davon überzeugen kann, dass ich wirklich in der Lage bin, bestimmte Dinge zu tun und dabei auch noch erfolgreich zu sein. ... Ich hoffe, ohne Hochschulstudium und Schuldenberg Erfolg zu haben, und bisher klappt das auch ganz gut. In Zeiten, in denen Leute mit Doktortiteln sich darüber beschweren, dass sie keinen Job finden, frage ich mich ernsthaft, was eine Hochschulausbildung denn bringt. Wenn man dabei etwas lernt, dann hat es ja noch Sinn. Wenn es allerdings nur um ein Stück Papier geht, dann ...In meiner Vorstellung von einer idealen Zukunft werden Leute nur danach beurteilt, was sie tatsächlich getan haben und können.

Einige Studiumsoptionen

Auch wenn du dir sicher bist, dass du einen Hochschulabschluss machen willst, musst du das nicht nach der klassischen teuren Methode tun. Hier sind ein paar Alternativen, über die du nachdenken solltest:

Untersuche die Möglichkeiten, auf Schleichwegen einen Abschluss in viel kürzerer Zeit und mit weniger Kosten zu machen. Du kannst z. B. ein bis vier Jahre Studienzeit sparen, indem du anderweitig Leistungsnachweise erwirbst, die dir von der Hochschule anerkannt werden (Fernunterricht, Lebenserfahrungen und verschiedene Tests, etc.). Vielleicht möchtest du auch bestimmte Studienleistungen oder gar komplette Abschlüsse über das Internet erwerben. In dem Fall recherchiere im Netz.

In der *GWS* Nr. 18 wird über Emil Berendt, einen 16-jährigen Unschooler, berichtet, der seinen B. S. mittels Selbststudium und Bestehen von Prüfungen noch vor Abschluss der Highschool machte. Kirsten Shepler aus Venezuela wurde vom Goddard College in Vermont akzeptiert, obwohl sie eine Einstufung über SAT ablehnte. Sie berichtet in der *GWS* Nr. 106:

Als ich mich entschied, Homeschoolerin zu werden, änderten sich viele meiner Ansichten und Einstellungen. Eine davon war meine Meinung zum Thema Hochschulstudium. Nachdem ich die Freiheit genossen hatte, meinen eigenen Lehrplan zu gestalten und zu lernen, indem ich Erfahrungen sammelte, konnte ich mir nicht mehr vorstellen, zu einem vorgefertigten Curriculum zurückzukehren. ...Das »Off-Campus«-Programm des Goddard College vereint praktische Erfahrung mit wissenschaftlichem Arbeiten und bietet die Chance, einen Hochschulabschluss zu erwerben. Die Studenten nutzen die Ressourcen und Einrichtungen der Institution nur zu Beginn jedes Semesters, während eines einwöchigen »Aufenthaltes vor Ort«, den sie nutzen, um ihr Selbststudium für das laufende Semester zu planen. Danach ziehen sie los und studieren entsprechend ihren persönlichen Lehrplänen. Um in Kontakt zu bleiben, korrespondieren sie alle drei Wochen mit ihrer Fakultät. Am Goddard College ersetzen von den Studenten und der Fakultät verfasste Evaluationsberichte die Noten.

[In Goddard werden normalerweise nur Leute ab 25 Jahren zugelassen, aber Kirsten erklärt:]

> Goddard zeigte aufgrund meines Homeschoolings die Bereitschaft, mich in das »Off-Campus«-Programm aufzunehmen. Deshalb betonte ich in meinem Bewerbungsgespräch insbesondere meine Homeshooling-Philosophie. Am Ende des Gespräches wurde mir gesagt, es sei zwar unüblich, dass eine 17-Jährige in das Programm aufgenommen wird, aber sie wären der Meinung, ich sei bereit dafür.

Wenn du absolut keine Ahnung hast, was du mit deinem Leben anfangen willst, dann schieb das Studium erst mal auf die lange Bank. In der Zwischenzeit reise, arbeite und lerne weiterhin selbstbestimmt. Mache dich schlau, welche Arten von Hochschulen es gibt. Aufgrund deiner Homeschooling-Erfahrung wäre vielleicht eine der »alternativen« Schulen, wie z. B. Evergreen, Prescott, Antioch, St.John's, Naropa, Deep Springs oder das The Audubon Society Expedition Institute von Interesse für dich. (Übrigens lassen sich all diese Einrichtungen kaum miteinander vergleichen.) Schau dir auch die spezialisierten Schulen wie z. B. Technologieinstitute (Caltech, Harvey Mudd, MIT), Kunsthochschulen (San Francisco Art Institute), Musikhochschulen (Juilliard, Oberlin) oder andere einzigartige Einrichtungen wie die hervorragende internationale Musik- und Volkstanzgruppe der Dusquesne University in Pittsburgh an.

Behalte nachfolgenden Kommentar eines Leiters der Zulassungsstelle an einer sehr beliebten Hochschule der Freien Künste im Hinterkopf, während du dich für eine bestimmte Art von Hochschule entscheidest:

> Wir haben bereits zwei (unschooled) Studenten die Zulassung erteilt und werden in diesem Jahr noch einen weiteren Studenten aufnehmen. Wir sind eine eher traditionelle Hochschule der Freien Künste mit 2000 Studenten, von denen alle »undergraduated« Vollzeitstudenten sind. Ich erwähne dies, da ich denke, wir sind nicht die richtige Wahl für diese Kids. Unserer Erfahrung nach sind sie daran gewöhnt, das zu tun, was sie wollen, und auch nur das. Anders als Studenten, die eine staatliche Schule besucht haben, haben sie nie gelernt, sich an bestimmte Regeln halten oder sich einem unbeliebten Procedere unterziehen zu müssen. Eine der Studentinnen verlässt uns, um an eine größere Uni zu wechseln. Wir wären sehr überrascht, wenn sie zu uns zurückkäme. Der andere Student scheint ähnliche Probleme zu haben, allerdings steht die Entscheidung noch aus, ob er bleibt oder geht. Wir haben einen weiteren Studenten für nächsten September zugelassen und er scheint so gescheit zu sein, dass die Kommission kaum in der Lage war, ihn einzustufen! Wir wissen noch nicht, ob er zu uns kommen wird, aber wir vermuten

eher nicht. Unser Fazit ist daher, dass wir meinen, nicht die richtige Wahl für solche Studenten zu sein, auch wenn wir diese Kids wirklich hoch schätzen.

Tests und das Ablehnen solcher Tests

In der *GWS* Nr. 106 schreibt Kirsten Shepler, Studentin des Goddard College »Off-Campus«-Programms: »Da ich Schule aus Überzeugung ablehne, entschied ich mich auch dagegen, am SAT teilzunehmen. Stattdessen fügte ich meiner Bewerbung einen Brief bei, in dem ich meine Gründe dafür darlegte.« In ihrem Brief heißt es:

> Ich glaube, Schulen sollten uns nicht ständig prüfen und bewerten, nur um uns vergleichen zu können. Indem sie das tun, vermitteln sie uns den Eindruck, wir könnten tatsächlich geprüft und bewertet werden. Oder dass zumindest der Teil von uns, der wichtig ist, gemessen werden kann und dass alles andere wohl nicht weiter wichtig ist. Möglicherweise kann mittels des SAT technische Intelligenz gemessen werden. Was mit Tests wie dem SAT aber ganz bestimmt nicht gemessen werden kann, ist wirklich wichtige Intelligenz, wie unsere Fähigkeit sich zu wundern oder Einsicht und Nachsicht zu zeigen.

Es gibt mindestens 241 Hochschulen in den USA, die keine Bewertung mittels SAT oder ACT fordern, darunter die California State Universities und viele andere staatliche Universitäten, viele Christliche Hochschulen und unzählige private Hochschulen, wie das Bard College, Middlebury, St.John's und Juilliard.

Stipendien

Ja, auch Homeschooler können sich für ein Stipendium qualifizieren. Ich habe von mehreren Fällen gehört, in denen Homeschoolern Sportstipendien angeboten wurden. Unschooler haben das gleiche Anrecht auf ein National Merit Scholarship wie alle anderen auch. Joshua Berger war z. B. einer der fünf Gewinner eines National-Merit-Scholarship-Stipendiums im Jahre 1991 und wurde am Dartmouth College zugelassen, wo er Mathematik und Physik studieren wollte.[94]

1997 gewann Adam Grimm aus Oregon ein volles National-Merit-Stipendium, um am Rensselaer Polytechnic Institute Elektroingenieurwissenschaften zu studieren.[95]

Jamie Smith, ihr Leben lang Homeschoolerin, verbrachte ihr »Highschool Senior Year« an einer Volkshochschule, unterzog sich dem SAT und PSAT und bewarb sich dann erfolgreich um zwei Stipendien, die ihre kompletten Studiengebühren und Lernmittelkosten abdeckten, während sie am Honors College of Maryland University Englisch studierte, um Journalistin zu werden. Eugenie Daignault aus Kanada war Homeschoolerin bis zur 11. und 12. Klassenstufe. Danach machte sie ihren Abschluss und erhielt insgesamt drei Stipendien für das College of the Rockies, wo sie vor hatte, Medizin zu studieren.[96]

In der *GWS* Nr. 27 findet sich folgende Geschichte:

> Letzen Februar wollte unsere 16-jährige Tochter nicht länger warten, zum GED (General Educational Development-Test) zugelassen zu werden und ihr Studium am Technical Institute beginnen zu können (sie hatte sich dazu entschieden, Astronautin zu werden!). Sie überredete mich daher, an den Leiter der Zulassungsstelle zu schreiben und um eine Sondergenehmigung für die Teilnahme am GED zu bitten. Sobald ihm klar war, worum es uns ging, gab er bereitwillig seine Zustimmung. So einfach. ...

Viele Universitäten haben besondere Klauseln in ihren Zulassungsrichtlinien, die die Zulassung von Studenten »unter besonderen Umständen« regeln. Sollte eine Unschooler-Epidemie ausbrechen (Go team!), wären die Umstände nichts Besonderes mehr. Ich denke, sich dem GED zu unterziehen ist nichts im Vergleich zu sechs Jahren Schulausbildung einschließlich vieler, vieler Prüfungen.

Wenn du an eine ganz bestimmte Hochschule willst, schreibe die Zulassungsstelle an und frage nach, ob sie besondere Richtlinien für Homeschooler haben.

Ausgewählte Colleges und Universitäten

Traditionelle Colleges erwarten von ihren Studenten eine breit gefächerte, profunde Vorbildung, die sie meistens mittels eines Blickes auf die Highschool-Abschlussnoten bewerten. Sie verlassen sich außerdem sehr stark auf Empfehlungen von Lehrern oder anderen Erwachsenen, auf die Bewerbungsanschreiben, auf »außerlehrplanmäßige« Interessen und Leistungserfolge, auf Ergebnisse in standardisierten Tests und manchmal auf zusätzliche Bewerbungsgespräche.

Betrachte den gesamten Bewerbungsprozess am besten mit den Augen der Mitarbeiter der Zulassungsstellen. Wenn eine solche Mitarbeiterin auf deine Unschooler-Bewerbung schaut, dann wird ihr Job plötzlich interessanter, aber auch verwirrender. Ohne die klassischen Schulzeugnisse und Noten muss sie auf andere Art und Weise davon überzeugt werden, dass du ein vielversprechender Kandidat bist. Je klarer du darstellst, was du weißt und kannst und was du bisher mit deiner Zeit angefangen hast, desto einfacher machst du es ihr. Paul Thiboutot, Leiter der Zulassungskommission in Carleton, weist darauf hin, dass er Studenten mit traditioneller Schulbildung deshalb bevorzugt, weil »wir so am einfachsten feststellen können, ob der Bewerber für das Hochschulstudium bereit ist«. Die Leute in den Zulassungsstellen müssen sich mit Bergen von Papier herumschlagen. Stelle sicher, dass du für sie nicht zum logistischen Albtraum wirst.

Nichtsdestotrotz gewöhnen sich die Colleges auch immer mehr daran, mit Bewerbungen von Unschoolern umzugehen. Wenn du weißt, auf welches College du gehen willst – auch wenn es noch fünf Jahre bis dahin dauert –, frage bei der Zulassungsstelle nach, wie du deine Bewerbungsunterlagen am besten gestalten sollst. Mittlerweile entwickeln auch immer mehr Colleges und Universitäten Richtlinien für Homeschooler. Stanford verschickt z. B. einen Standardbrief, indem es u.a. heißt: »(Homeschooler-)Studenten sind für uns mittlerweile nichts Ungewöhnliches mehr und jedes Jahr werden mehrere von ihnen in Stanford zugelassen. Natürlich stellen sie in unserem Bewerberpool trotzdem immer noch die Minderheit dar. Wir sind durch und durch fair bei der Bewertung ihrer Bewerbungen, und sie werden in keiner Weise im Zulassungsprozess benachteiligt. Wie Sie sich aber sicherlich vorstellen können, stellen die Bewerbungen dieser Studenten gleichzeitig besondere Herausforderungen an uns. Nachfolgend möchte ich daher ein paar Vorschläge unterbreiten, die Homeschooler bei ihren Bewerbungen berücksichtigen mögen.«

In einem Gespräch mit Homeschoolern wurde ein leitender Angestellter der Zulassungsstelle in Harvard gefragt: »Was wäre für Sie das am einfachsten zu überblickende Format?« Seine Antwort: »Für uns wäre eine Broschüre am einfachsten durchzuschauen, z. B. eine wie » Meine Homeschooling-Karriere«.[97]

Der Leiter der Zulassungsstelle an der Washington University antwortete:

> Bei der Evaluation solcher Bewerber haben wir uns immer nur eine Frage gestellt: Können sie den akademischen Anforderungen an der Washington University gerecht werden? Daher würden wir uns, angenommen Ihre hypothetische Person existierte, auf standardisierte Tests, AP oder Achievement Tests (jetzt SAT genannt) verlassen, um ihre Eignung zu prüfen. In den seltenen Fällen, in denen sich eine – wie von Ihnen beschriebene – Person bei uns beworben hatte, haben wir oftmals ein zusätzliches förmliches Bewerbungsgespräch angesetzt.

Natürlich kannst du den Leuten der Zulassungsstellen, außer ihnen die üblichen Kopfschmerzen zu bereiten, auch viel Freude machen. Hebe dich aus der Masse der Leute hervor, die sich nur deshalb bewerben, weil es der nächste logische Schritt in einer Routineangelegenheit ist, die sie nie in Frage gestellt haben. Versetze die Leute, die deine Bewerbung lesen, in die Lage, sich geehrt zu fühlen, dass du an ihrer Institution studieren *willst*, obwohl du genau weißt, dass du dich auch ebenso gut für ein Selbststudium entscheiden könntest.

Und zerstreue ihre Bedenken und Ängste. Diese Leute sind meistens voller Vorurteile, es sei denn, sie haben bereits positive Erfahrungen mit Homeschoolern gemacht. Sie könnten Bedenken haben, dass du über keinerlei soziale Fähigkeiten verfügst oder noch nie von Darwin gehört hast, oder nicht in der Lage bist, mit mathematischen Gleichungen umzugehen.

Sie könnten auch, vielleicht nicht ganz zu Unrecht, Bedenken haben, dass du Schwierigkeiten damit haben wirst, dich einer strukturierten, von anderen Menschen gelenkten Lernumgebung anzupassen. Delsi Z. Phillips, Direktor in der Zulassungsstelle in Haverford, spricht für viele, wenn sie sagt:

> Das akademische Programm in Haverford ist strukturiert und die Leistungen werden von den Fakultäten benotet. Diesbezüglich gibt es keine Ausnahmen. Für uns ist es wichtig, dass der Bewerber dies versteht und sich sicher ist, dass die von uns angebotenen akademischen Rahmenbedingungen wirklich das sind, wonach er sucht.

Wenn es dir nicht wirklich darum geht, aufs College zu gehen, dann wirst du sicherlich Schwierigkeiten haben, dich an die Struktur zu gewöhnen. Oder aber es wird dir unmöglich sein. Verstehe nicht falsch, warum es diese Einrichtungen gibt. Sie schulden dir keinen Zugang zu ihren Vorlesungssälen und Laboratorien. Andererseits sollten sie dich auch nicht deshalb diskriminieren, weil du keine konventionelle Schulbildung vorweisen kannst. Glaube nicht, dass sie dich schon allein deshalb zulassen sollten, weil du eine interessante Person bist und dich dann auch noch gewähren lassen sollten, was immer du tun magst. Wenn du dich einschreibst, verpflichtest du dich, das Spiel nach ihren Regeln zu spielen. Das Spiel ist kein schlechtes, es gibt aber auch noch andere gute Spiele.

Tests

Je weniger die Zulassungskommissionen mit deinem täglichen Lernprogramm anfangen können, desto mehr werden sie sich bei der Beurteilung deiner Klugheit auf standardisierte Tests verlassen. Deine Testergebnisse werden sicherlich weitaus mehr Bedeutung haben als die eines normalen Schüler-Studenten. Ein Direktor einer Zulassungsstelle schreibt über solche Tests für Unschooler: »Je mehr Punkte, desto besser und je mehr Tests, desto besser«. John Blackburn, Leiter der Zulassungsstelle an der Virginia University, schlägt Folgendes vor:

> Ich würde den (unschooled) Studenten raten, so viele Einstufungstests (SAT II Tests) wie möglich zu machen. Normalerweise werden drei solcher Tests gemacht, aber ich würde vorschlagen, dass der Student folgende Tests macht: Englisch, Mathe (vorzugsweise Level II), eine Fremdsprache, amerikanische Geschichte und mindestens eine der Natur- und Literaturwissenschaften. AP-Tests wären auch hilfreich, da sie aber meistens im Frühling vor dem Semesterbeginn stattfinden, liegen die Ergebnisse bei der Beurteilung der Bewerbungen meistens noch nicht vor. Wenn ein Student eine bedeutsame Anzahl an AP-Prüfungen im Frühling 16 Monate vor dem Einschreibungstermin ablegt, würden die Ergebnisse der Zulassungskommission rechtzeitig vorliegen.

Referenzen

Du brauchst mindestens zwei Empfehlungsschreiben von Erwachsenen, die dich gut kennen und an dich glauben. Wenn du zur Schule gingest, wären dies vermutlich deine Lehrer. Stattdessen kannst du Arbeitgeber oder Mentoren fragen.Familienmitglieder zählen nicht, obwohl es sein kann, dass Colleges *zusätzlich* von deinen Eltern wissen wollen, welche Rolle sie bei deiner Ausbildung gespielt haben. (Wenn deine Eltern dich vorwiegend in deinen Entschlussfassungen und Aktivitäten unterstützt haben, sollten sie auch nicht lügen und behaupten, sie hätten dich zu Hause unterrichtet. Das würde nur das Vorurteil stärken, Menschen könnten sich nicht selbst unterrichten.) Harvard-Radcliffs fragt manchmal nach einer detaillierten Autobiografie in Form von Lehrer-Empfehlungsschreiben. Die Unschoolerin Sarah Pitts aus Georgia ging aufs Boston College. In der *GWS* Nr. 96 rät sie:

> Es ist eine gute Idee, vorauszuplanen und sich frühzeitig um Schreiben von allen Nichtfamilienmitgliedern zu kümmern, mit denen man in nennenswerten Kontakt stand. Wenn du mit 14 eine bestimmte Tätigkeit beginnst und dies ein Jahr lang tust, dann könnte es sich Jahre später, wenn du aufs College willst, als schwierig erweisen, diese Person wieder zufinden. Als ich in der 9. oder 10. »Klasse« war, betätigte ich mich als Beraterin für meine »County 4-H[103] Group«. Am Ende des Sommers schrieb die Leiterin einen Brief, in dem sie mir dankte und den wir dann später kopierten und meinen College-Bewerbungen beifügten. Es wäre sehr schwer gewesen, diese Frau später aufzutreiben, um sie zu bitten, einen solchen Brief zu verfassen.

Bewerbungsgespräche

Einige Colleges sehen nicht unbedingt Bewerbungsgespräche für jedermann vor, aber es kann gut sein, dass sie dich zu einem Gespräch einladen. Es ist deine Aufgabe, sie von dir und deinen Stärken, die fehlende Zeugnisse ersetzen sollen, zu überzeugen. Es kann auch sein, dass du mit ihrem Vorurteil, Unschooler seien Außenseiter, aufräumen musst.

Das Bewerbungsanschreiben

Es wird sich in deinem Fall nicht von dem anderer (schooled) Bewerber unterscheiden, nur dass ihm bedeutend mehr Gewicht beigemessen wird. Da du keine »Einser« in Englisch nachweisen kannst, werden sie anhand des Anschreibens beurteilen, wie gut du dich schriftlich ausdrücken kannst. Es sei denn, du hast dein ganzes Unschooler-Leben damit verbracht, Sachen zu schreiben, die veröffentlicht wurden. Achte darauf, dass du über etwas schreibst, was von Bedeutung ist.

Andere Interessen

Colleges wollen wissen, was du neben dem Lehrbuchstudium mit deiner Zeit anfängst. (Das hat zum Teil damit zu tun, dass sie die Studenten selbst als Teil ihres Curriculums ansehen. Sie glauben, dass ein interessanter Mix an Leuten dazubeiträgt, dass die Studenten voneinander lernen und dass deshalb noch mehr Leute in dieser Einrichtung studieren wollen.) Wenn sie sehen, dass du in der Lage bist, etwas zu lieben, es zu tun und zu sein, großartig. Harvard ist insbesondere an Studenten interessiert, die nicht nur den akademischen Anforderungen gerecht werden, sondern auch auf anderen Gebieten hervorragende Kenntnisse und Leistungen vorweisen können. Dies ist deine große Chance, denn beim Unschooling geht es ja darum, das zu tun, was man liebt.

Anstelle des Highschool-Abschlusses: College-Kurse

Nachdem ich von Mitarbeitern der Zulassungsstellen als auch von Unschoolern gehört habe, kann ich nur folgenden Ratschlag geben: Belege mindestens einen Kurs an einer örtlichen Hochschule, bevor du dich bei einem bestimmten College bewirbst. Auf diese Weise kannst du einerseits beweisen, dass du mit College-Strukturen klar kommst *und* du kannst auch gleichzeitig herausfinden, ob dir das Ganze wirklich liegt. Ein erfolgreich belegter College-Kurs sagt in jedem Fall mehr darüber aus, ob du fürs College-Studium geeignet bist, als Erfolge in der Highschool. Möglicherweise kannst du dies im Rahmen eines Highschool-Zusatzprogrammes machen, oder aber du musst dich zuerst um dein GED kümmern, bevor du dich einschreiben kannst. Rufe an und erkläre ihnen höflich, worum es geht (»Ich würde gerne Ihren Kurs *Japanisch für Anfänger* belegen«) und frage sie, was du dafür tun musst.

Dies muss nicht unbedingt notwendig sein, aber es wird nervösen Mitarbeitern der Zulassungsstellen helfen, sich zu entspannen. William R. Mason, Bowdoins Director of Admissions, meint dazu:

> Wir haben dieses Jahr unter den Erstsemestern zwei »reine« Homeschooler. Beide haben zuvor in ihrer Umgebung College-Kurse belegt und die herausragende Unterstützung ihrer Lehrer hat uns davon überzeugt, dass beide Studenten beachtliche akademische Fähigkeiten besitzen.

Wenn deine Bewerbung besonders knapp ausfällt, kann es gut sein, dass ausgewählte Colleges dich sogar dazu auffordern, dich zuerst als Vollzeitstudent in anderen Einrichtungen einzuschreiben. Delsie Phillips von Haverford sagt: »In einigen Fällen haben wir Studenten ohne klassische Schulausbildung und ohne anderweitige Leistungsnachweise (Tests) gebeten, sich an einem frei zugänglichem College einzuschreiben um ihre Fähigkeit, sich strukturierten Situationen anzupassen, unter Beweis zu stellen. Wenn sie dann angemessene Noten nachweisen können, erhalten sie bei uns die Zulassung.« Und David Illingworth, leitender Angestellter bei der Zulassungsstelle in Harvard, sagte einer Gruppevon Homeschoolern:

> Ich denke, dass die Teilnahme an einem der vielen Sommer-Zusatzprogramme dabei helfen kann, an einem ausgewählten College zugelassen zu werden. Auf diesem Wege hat der Student die Chance, sich in einer Universitätsumgebung zu bewegen, zu sehen, wie das Leben fernab von zu Hause ist und allein zu leben. Gleichzeitig erhalten wir dadurch die Chance, einen Blick auf ein paar Noten und Leistungsnachweise werfen zu können. Von vielen Colleges werden Sommerprogramme für Highschool-Studenten angeboten, bei denen sie sechs Wochen lang das College-Leben kennen lernen und Kurse belegen können. ... Wenn man es sich leisten kann, ist dies eine gute Gelegenheit für Homeschooler, sich in einer ganz anderen Umgebung als zu Hause zu beweisen.[98]

Nimm teil an einem Angebot der Sommeruniversität, die viele Hochschulen anbieten oder besorge dir das Vorlesungsverzeichnis (in gedruckter Form oder über das Internet) und werde Gasthörer.

Dein täglich Brot

Das Wichtigste bei der Vorbereitung auf ein College-Studium ist, zum glorreichen Universalisten mit guten Kenntnissen der Literatur, Geschichte, Politik, Mathematik, Naturwissenschaften und Fremdsprachen zu werden. (Das bedeutet nicht, dass du dafür Lehrbücher oder Tutorien brauchst.) Je elitärer das College deiner Wahl ist, desto mehr brauchst du von all dem. Es wird außerdem von dir erwartet, dass du gute Lese- und Schreibfertigkeiten besitzt, gute Mathekenntnisse mitbringst und dass dir wissenschaftliche Prozesse und der Umgang mit Laborgeräten nicht völlig fremd sind.

Du wirst sehr wahrscheinlich ganz genau schriftlich darlegen müssen, wie du deine akademischen Studien durchgeführt hast. Deshalb ist es wichtig, dass du darüber genau Buch führst. Schreibe auf, welche Bücher du liest, welche Lehrbücher du benutzt, welche Kurse du belegst, mit welchen Experten und Professoren du dich austauschst, welche Briefe du an Senatoren oder Wissenschaftler schreibst, welche Reisen du unternimmst und welche Experimente du durchführst. Hebe auch alles auf, was du schreibst.

Um gute Chancen zu haben, wirst du vermutlich täglich zwei bis vier Stunden, fünf Tage die Woche, acht Monate im Jahr für drei bis vier Jahre in Lesen, Schreiben, wissenschaftliche Experimente und das Lösen von Mathematikproblemen investieren müssen. Wenn ich hier grimmig klinge und dir das Ganze gar nicht gefällt, dann erinnere dich einfach daran, dass die normale Schulausbildung als Vorbereitung auf ein Studium weitaus mehr Zeit kostet. Du würdest dabei sechs Stunden täglich in der Schule sitzen, zusätzlich Hausaufgaben machen müssen und das Ganze *12 Jahre* lang, ohne dabei auch nur annähernd so viel zu lernen. Und noch viel wichtiger: Erinnere dich daran, dass dir das Ganze Spaß machen sollte. Wenn das, egal wie du die Sache angehst, einfach nicht der Fall ist, dann mache aus deinem Leben etwas anderes und werde glücklich damit.

Dies ist übrigens auch der Schlüssel zu einer glücklichen Zukunft. Wenn du Spaß dabei hast, dich auf ein Studium vorzubereiten, dann wirst du höchstwahrscheinlich auch am Studieren selbst und an der Art Leben, auf die man dabei vorbereitet wird, Freude haben. Wenn du dich andererseits dazu zwingen musst, Trigonometrieaufgaben zu lösen und schwer verdauliche Literatur zu lesen, dann kannst du dich darauf verlassen, dass das College-Studium dich ernsthaft frustrieren wird. Opfere deine Gegenwart nicht für deine Zukunft, denn die Gegenwart ist der Spiegel deiner Zukunft. Deshalb: Bleib dir in den Jahren deiner Vorbereitung auf ein Studium selbst treu. Vergiss nicht, wer du bist und mache dich nicht selbst unglücklich. In *Die Sieben Gesetze des Geldes* spricht Michael Phillips über den Wunsch, reich zu sein: »Nimm an, du hast nun die gewünschten 100.000 $. Du bist nun das, was du dafür tun musstest, um das Geld zu bekommen. Wenn du dafür Dope verkaufen musstest, bist du nun ein Drogendealer mit 100.000 $.«

Das kannst du nun direkt auf die Vorbereitung zum Studium übertragen. Du willst in Dartmouth studieren. Du wirst in Dartmouth angenommen. Du bist nun das, was du dafür tun musstest, um das zu erreichen. Du könntest ein abgemagerter Stubenhocker mit verspannten Muskeln sein, oder aber ein lebendiges, wahrnehmendes, herausforderndes menschliches Wesen. Überprüfe alle paar Monate deine Motive. Wenn dich die Vereinigten Staaten von Amerika an deinem 18. Geburtstag in den Krieg schickten und alle Colleges würden ihre Türen schließen, bevor du zurückkämest – *wenn* du denn zurückkämest –, würdest du bitter bereuen, all die Zeit mit Studieren »verschwendet« zu haben? Oder würdest du dich über das freuen, was du bis dahin lernen konntest? Wie heißt es so schön: Das Leben ist kein Reiseziel, sondern eine Reise.

Und warum nun in der deutschen Ausgabe dieses Handbuchs eine so ausführliche Schilderung übernehmen, wie man in den USA die College-Zulassung bekommt? Nun, sicher nicht, um klar zu machen, *wie* benachteiligt deutsche Unschooler hier sind. Ausschlaggebend waren folgende Gründe: Einmal kann es recht lehrreich und aufbauend sein, zu erfahren, wie anders man mit Hochschulzugangsberechtigungen umgehen kann. Universitäten, die sich wirklich die Mühe machen, die Bewertungsunterlagen individuell anzuschauen, die wirklich an jedem Studenten interessiert sind, an denen es eher die Regel als die Ausnahme ist, nicht schon aufgrund von »Formalitäten« die Bewerbung auszusortieren.

Vor allem aber soll hier ausdrücklich darauf hingewiesen werden, dass diese Möglichkeiten – genau wie Universitäten in allen anderen Teilen der Welt – auch deutschen

Studierwilligen offen stehen! Zu eben den gleichen Konditionen. Nicht nur, dass die Clonlara School, deren High-School-Diplome von Hundertender US-Colleges und Universitäten anerkannt wird, das volle Programm inzwischen sogar auf Deutsch anbietet. In Europa ist es darüber hinaus jedem freigestellt, sich im Land seiner Wahl um einen Studienplatz zu bewerben, und selbst in Deutschland wurden schon viele Studenten ohne »Abitur« an Hochschulen zugelassen. In der Schweiz ist das noch üblicher. Und nichts ist wahrscheinlicher, als nach einem erfolgreichen Auslandsstudienjahr oder nach einer Zeit als »Gaststudent« an einer Universität regulär zum Studium zugelassen zu werden.

Wie-ich-ins-College-kam-Geschichten

In der *GWS* Nr. 89 erinnert sich Emily Murphy an ihre Bewerbung beim St. John'sCollege:

> Ich bewarb mich nur an zwei Hochschulen: Penn State ... und St. John's. Penn State antwortete, dass sie meine Bewerbung aufgrund des fehlenden Diploms nicht in Betracht ziehen könnten. Ich vermute, dass es eher damit zu tun hatte, dass ich nicht in ihr Computerschema passte. Aber genau dann, als sie »Nein« sagten, bekam ich von St. John's eine Zusage. Und St. John's war das College, auf das ich wirklich wollte, deshalb sah ich auch davon ab, den Fall Penn State weiter zu verfolgen. Wenn ich gewollt hätte, hätte ich ein Diplom vom State Department of Education oder einer anderen Institution bekommen können. Aber St. John's interessierte sich überhaupt nicht für ein Diplom. Sie freuten sich darüber, dass ich Homeschoolerin war und sie bemühten sich, in Kontakt zu bleiben, was mir das Gefühl gab, dass sie mich wirklich wollten. Man muss mindestens zwei Empfehlungsschreiben von Lehrern vorweisen können. Ich hatte Schreiben von zwei Lehrern, deren Kurse ich belegt hatte. In der Vergangenheit habe ich darauf geachtet, Referenzschreiben zu bekommen, wann immer ich einen Kurs belegte oder ehrenamtliche Projektarbeit leistete.
>
> Ich hatte keine klassischen Zeugnisse oder anderweitige vergleichbare Leistungsnachweise vorzuweisen, aber St. John's vergibt selbst auch keine Noten. Meine Mutter tat das, was St. John's tut, sobald man dort Student wird: Sie stellte eine ausführliche Liste mit allem zusammen, was ich bis dahin getan hatte. Glücklicherweise bekam ich auch eine gute Punktzahl beim SAT, was bestimmt auch geholfen hat. Für die Bewerbung am St. John's muss man drei größere Aufsätze schreiben: einen darüber, warum man dort studieren will, einen über die Bücher, die man gelesen hat und einen über eine Erfahrung, die das eigene Leben verändert hat.

Einige Jahre später schreibt Emilys Mutter in der *GWS* Nr. 109:

> Emily hat ihren Abschluss am St. John's College gemacht. Sie schreibt nun im Rahmen eines einjährigen Vertrages eine Fotohistorie für die Institution, entsprechend einem von ihr selbst unterbreiteten Vorschlag und ihrer Arbeit in den Bildarchiven des Colleges. Kurz nachdem ihr Buchvorschlag angenommen wurde, erhielt sie ein Angebot für eine Vollzeitstelle als Assistenzarchivarin für spezielle Sammlungen am Maryland State Archive in Annapolis. Sie wäre dabei Leiterin des großen Fotoarchivs und für die Bereiche Konservierung, Akquisition, Forschung, etc. zuständig. ... Möglicherweise wird sie irgendwann noch ihren »Master« machen wollen, im Moment ist sie jedoch vollauf zufrieden und sehr beschäftigt.

Laura Gelner konzentrierte sich am Colorado College auf Mathematik und Naturwissenschaften. In der *GWS* Nr. 89 schreibt sie:

> Colorado College hatte bereits Erfahrungen mit Homeschool-Bewerbern, so dass meine Bewerbung nichts völlig Neues für sie war. Meine Mutter schrieb einen recht ausführlichen Bericht darüber, was ich getan hatte und warum ich keine Schulzeugnisse besaß. Ich konnte die üblichen Testergebnisse vorweisen und eine meiner Nachbarinnen, die als Lehrerin an einer staatlichen Schule tätig war, schrieb mir ein Empfehlungsschreiben. Ich kenne sie bereits seit 4 oder 5 Jahren, und wir haben uns oft über Homeschooling unterhalten. Ich sprach auch in einem meiner Aufsätze über das Homeschooling, als die Frage gestellt wurde, was man über das »Blocksystem« denkt. Ich sagte, ich hätte schon immer auf diese Weise gelernt. Bei meiner Homeschooling-Arbeit neigte ich dazu, mich einem bestimmten Thema ein oder zwei Monate lang voll und ganz zu widmen. Als ich z. B. »Krieg und Frieden« las, tat ich einen Monat lang nichts anderes, als dieses Buch zu lesen. Ich war damals 15 oder 16, und ich selbst hatte mich für diese Art zu arbeiten entschieden und nicht, weil meine Mutter es mir so aufgetragen hatte.

In der *GWS* Nr. 96 schreibt Brownyn Jackson:

> Ich bin im 2. Jahr am Wellesley College. Ich begann damit Colleges anzurufen und anzuschreiben, als ich in meinem vorletzten Highschool-Jahr war. Zu Beginn meines »Senior«-Jahres entschied ich mich dafür, mich bei drei Frauen-Colleges zu bewerben: Converse, Hollins und Wellesley. Ich erhielt von allen drei Zusagen, und jede dieser Einrichtungen zeigte Interesse an Homeschoolerinnen. Hollins und Converse wussten damals noch nicht viel über Homeschooling, aber Wellesley hatte bereits in den Jahren zuvor mehrfach Bewerbungen von Homeschoolerinnen erhalten und wusste, was zu erwarten war.
>
> Den üblichen Bewerbungsunterlagen fügte ich Listen bei, die darüber Auskunft gaben, welche Bücher ich gelesen hatte, mit welcher Musik ich mich beschäftigt hatte, welche Gedichte ich

auswendig konnte, welche Bücher ich in den letzten vier Jahren geschrieben und an welchen Aktivitäten ich teilgenommen hatte, die mir nicht möglich gewesen wären, wenn ich ganz normal zur Schule gegangen wäre (eine Ausbildung in Buntglasmalerei, eine archäologische Ausgrabung, die Florida States University Musikbands und Orchester etc). Ich fügte weiterhin eine Kassette mit einer Aufnahme von meinem Harfenspiel und Fotos von Quilts, die ich angefertigt hatte, bei. Neben den regulären Aufsätzen enthielt meine Bewerbung auch Artikel (über Homeschooler und was Homeschooling für mich bedeutete), die ich für eine Highschool-Zeitung und die *GWS* geschrieben hatte. Empfehlungsschreiben bekam ich von meiner Harfenlehrerin, Professorin an der FSU, und meinem Highschool-Physiklehrer (ich hatte einen solchen Kurs an der Highschool belegt). Die Zulassungskommission des Wellesley-College sagt, dass solche Schreiben für Homeschooler besonders wichtig seien, da sie der Kommission bei der Beurteilung helfen, ob eine Bewerberin gute Chancen hat, erfolgreich zu studieren. Hollins wie Converse meinten, ich solle einen naturwissenschaftlichen Kurs belegen, bevor ich mit dem Studium beginne. Ich belegte daher einen Physikkurs an der Tallahassee-Highschool. Wellesley schlug ähnliches vor, meinte aber, dass es für sie auch ok wäre, wenn ich in meinem Seniorjahr ausschließlich auf Homeschoolbasis arbeiten würde. Bevor sich ein Homeschooler bei einem College bewirbt, sollte er/sie herausfinden, welche Richtlinien dort bezüglich der Anerkennung von Studienleistungen, GEDs und Diplomen gelten. Ivy-League-Schulen fordern z. B. kein Diplom. Weniger elitäre Schulen, insbesondere »Community Colleges« und staatliche Einrichtungen, neigen dazu, sich in ihren unproduktiven Regeln zu verstricken, da sie sich strikt an staatliche Richtlinien halten müssen.

Sarah Pitts schreibt in der *GWS* Nr. 96:

Ich bewarb mich an fünf Colleges, und das Boston College war dabei meine erste Wahl. ... In der Bewerbung wurde vor allem auf Aktivitäten Wert gelegt, und in einigen Bereichen war man dazu aufgefordert, genau darzulegen, in welche Aktivitäten man involviert war und welche Awards oder Auszeichnungen man bekommen hatte. Als Homeschoolerin konnte ich solche Sachen wie »Vorsitzende des Französischklubs« oder »Mitglied der Honor Society« nicht vorweisen. Stattdessen zählte ich Dinge wie meine Mitarbeit im kommunalen Theater und die Führungspositionen, die ich dort inne hatte sowie meine Mitarbeit im 4-H[101] auf. Ich war auch für die Registrierungen für unsere Homeschooler-Konferenz verantwortlich, was ich erwähnte, um zu zeigen, dass ich organisatorische Fähigkeiten besitze. Letztendlich zählte ich auch all die Jobs auf, die ich bereits hatte, einschließlich des Praktikums bei einem Buchhändler. ... Für die meisten Bewerbungen war zusätzlich zum Brief des Beraters, mindestens ein Empfehlungsschreiben eines Lehrers erforderlich. Zuerst wussten wir nicht, was wir tun sollten. Dann bat ich aber meine Arbeitgeber darum, Referenzen zu schreiben. Ich hatte anderthalb Jahre lang in einem Computerberatungsunternehmen gearbeitet und ich hatte einen weiteren Job im Einzelhandel. Außerdem bekam ich auch ein Empfehlungsschreiben von dem Direktor des Theaters, bei dem ich tätig gewesen war.

Externe Abschlüsse in Deutschland

Alle Schulabschlüsse können in Deutschland auch extern, d.h. ohne Schulbesuch, erworben werden. Die Prüfungsbezeichnungen, die Behördennamen und diesbezügliche Gesetze sind in jedem Bundesland anders geregelt; die Schulgesetze ändern sich immer wieder. Eine Übersicht befindet sich in unten genanntem Ratgeber.

Mögliche Bezeichnungen für die Prüfungen: Nichtschülerprüfung, Schulfremdenprüfung, externer Hauptbzw. Realschulabschluss, externes Abitur, Abitur für Nichtschüler, Begabtenabitur.

Zuständige Behörden für die Zulassung zur Prüfung:

- Für den Haupt- und Realschulabschluss meist eine lokale Behörde Oberschulamt, Schulverwaltungsamt, Bezirksschulamt, Regierungspräsidium/Abteilung Schule.
- Für das Abitur die Landesschulbehörde, das Kultusministerium des Landes.

Die Voraussetzungen für die Prüfungsanmeldung beziehen sich meist auf das Alter zum Zeitpunkt der Prüfung. Außerdem darauf, dass in der Zeit unmittelbar vor den Prüfungen keine Schule besucht wurde und dass der Abschluss noch nie versucht wurde. Regelungen zu externen Abschlüssen findet man in den Prüfungsordnungen zu den jeweiligen Abschlüssen, meist ist es ein Zusatz (Für das Abitur z.B. in der *Oberstufenordnung*).

Die Anmeldefristen können mitunter neun oder auch nur drei Monate vor den angestrebten Prüfungen liegen. Die Anmeldung ist ein Antrag und keine Bewerbung. Wenn alle Formalitäten erfüllt sind und alle Fristen eingehalten wurden, ist eine Ablehnung unwahrscheinlich.

Fragen zu schulisch staatlichen Prüfungen beantworten die Kultusministerien der Länder als zuständige Stellen.

Buchtipp:
Fuchs, Luise: Abschlüsse ohne Schulbesuch. Zulassung, Vorbereitung, Lerntipps. Ein praktischer Ratgeber. Autumnus Verlag 2012.

Weitere Hilfen:
Flex-Fernschule (externer Haupt- und Realschulabschluss) in Breisach. Angebote: Individuelle Betreuung, heilpädagogisches Förderkonzept. Fernunterricht (Lernbriefe; Kontakt mit Flex-Betreuer, Unterstützung durch Begleitperson vor Ort) und Prüfungsvorbereitungstage vor Ort. Zusammenarbeit mit Jugendämtern. www.flex-fernschule.de

Kern-Bildung. Matthias und Karen Kern
Angebot: Orientierung in der Bildungslandschaft, Beratung und Begleitung auf selbstbestimmten Bildungswegen – formal oder nicht-formal.
Für junge Menschen in verschiedenen Lebenssituationen, auch für den zweiten Bildungsweg. www.kern-bildung.de

Methodos e.V. Freiburg
Angebot: Abitur-Vorbereitung in einer festen Präsenzlerngruppe in Freiburg mit Lehrern und Unterricht.
www.methodos-ev.org

Web-Individualschule Bochum
www.web-individualschule.de
Angebot: Haupt-, Realschul- und Fachhochschulabschluss
Unterricht per Computer und Videotelefon; Unterrichtsstoff ist an Schüler individuell angepasst. Weltweit möglich.
Spezielles Angebot: Für Prominente (Fußballprofis, Musiker), Hörgeschädigte, Menschen mit Asperger-Syndrom, im Jugendstrafvollzug, Hochbegabte.

In Deutschland gibt es folgende, für Freilerner jedoch kaum relevante, Möglichkeiten, *ohne Abitur bzw. Fachhochschulreife zu studieren*: Ganz allgemein können „beruflich besonders Qualifizierte" (d.h. nach einer Meisterprüfung), Personen mit abgeschlossener Berufsausbildung und Berufserfahrung in einem fachähnlichen Bereich sowie andere Personen über sogenannte „Begabtenprüfungen" ein Studium beginnen. Genauere und bundeslandbezogene Auskünfte gibt es unter www.studieren-ohne-abitur.de

Teil 4

Bewege die Welt
– finde deine Berufung

Kapitel 32
Mehr als nur Fast Food

Nichts ist wirklich Arbeit, es sei denn, du würdest lieber etwas anderes tun.

– JAMES M. BARRIE

Dich akademisch zu wappnen, sollte nicht deine ganze Zeit in Anspruch nehmen– es sei denn, du willst deinen Altersgenossen in dem Zusammenhang um Lichtjahre voraus sein – und diese Welt braucht dich wirklich. Wir brauchen Menschen, die nicht nur mit Kopf und Händen arbeiten, sondern auch mit ihren Herzen. Die meisten Menschen, einschließlich Teenager, sehnen sich danach, echte Arbeit zu leisten – etwas zu tun, was die Welt verändert – anstatt den ganzen Tag nur herumzusitzen und sich Notizen zu machen. Manche Tätigkeiten bringen Geld ein, andere nicht. Versuche Arbeit als etwas zu betrachten, was wirklich wichtig ist,– nicht nur als eine Möglichkeit, deine Zeit, deinen Körper und deine Seele für Geld zu verkaufen. In seinem Buch *Bildung in Freiheit* bietet John Holt eine ganz gesunde Definition an: »Mit »Arbeit« meine ich das, was die Leute früher »Berufung« nannten – etwas, das man um seiner selbst willen tut und auch dann täte, wenn man kein Geld bräuchte und die Arbeit nicht bezahlt werden würde«.

Jetzt oder später

Als ich Teenager war, hasste ich die dämliche Frage der Erwachsenen: »Und was willst du mal werden?« Ebenso wie die andere Standardfrage: »Und, gefällt dir die Schule?« Ich konnte darin keinen Sinn erkennen, da es sich auf eine abstrakte Zukunft bezog, anstatt auf meine Gegenwart. Ich antwortete zwar immer höflich, aber die Antwort kam nicht von Herzen. Alles, was ich zu jener Zeit wusste, war, dass ich zur Schule gehen musste und zwar vermutlich deshalb, damit ich später das Schulwissen bei allen späteren Gelegenheiten anwenden könnte. Mir war leider nicht klar, das ich genauso gut gleich hätte beginnen können, das zu tun, wovon ich als etwas träumte, was ich »später einmal« tun würde.

Im Leben eines Unschoolers ist das Thema »gute Arbeit« ein Thema des Hier und Jetzt und keine Spekulation über die Zukunft. Es kann sein, dass du in 10 Jahren alles ganz anders siehst und sich auch deine Vorstellungen im Bezug auf deinen Traumjob geändert haben. Wenn das passiert, kannst du dich dann darum kümmern, dir entsprechendes Wissen und die Fähigkeiten anzueignen. Alles, was du jetzt tun musst, ist, deine Zeit *jetzt* gut zu nutzen. Dein Leben ist nicht etwas, was beginnt, wenn du 18 bist. Es hat bereits begonnen.

Einer der großartigen Vorteile des Unschooling ist, dass die Wahrscheinlichkeit, in der Zukunft den genau richtigen Job zu bekommen, viel größer ist. Es erlaubt dir, die Gegenwart mit der Zukunft zu verbinden. Viele Unschooler, die mir geschrieben haben, ließen dabei erkennen, dass sie die Verbindung zwischen dem, was sie jetzt tun und ihrer zukünftigen Arbeit sehen. Da wären z. B. Michael und Christin Severini: Michael beginnt mit 15 Flugunterricht zu nehmen. Er will später als Pilot arbeiten. Die 13-jährige Christin tanzt in einer Ballettgruppe und ist Mitglied bei PETA. Sie sagt: »Ich möchte später als professionelle Tänzerin arbeiten und irgendwie auch Tieren helfen.« Die Pläne der Severinis klingen glaubhaft, weil ihr gegenwärtiger Alltag im Einklang mit ihren Zukunfts träumen steht.

Wie man sich für den Montag wappnet

Tue das, was du wirklich tun magst. Es *ist* möglich, genau das zu tun, was man mag.

Für dieses Thema allein bräuchte man schon mehrere hundert Seiten. Glücklicherweise hat sich aber eine weise, unterhaltsame und sehr kluge Frau namens Barbara Sher bereits dieses Themas angenommen. Ihr Buch heißt: *Wishcraft*. Lies es, finde heraus, was du wirklich tun willst und wie du es erreichen kannst. Ohne die Klarheit, die ich durch ihr Buch erlangt habe, gäbe es vermutlich dieses Buch hier nicht. Ich würde nicht Tänze des Nahen Ostens unterrichten, und möglicherweise wäre ich sogar immer noch *Schullehrerin*. Sie wird dir auf jeden Fall Beine machen.

Aber lass mich auch noch ein paar Worte zur Beziehung zwischen Unschooling, Geld und guter Arbeit sagen. Egal wer du bist und wie viel Geld du eben nicht hast, als Unschooler kannst du (jetzt und dein ganzes Leben lang) einen Beruf ausüben, der dich spirituell erfüllt und gleichzeitig auch genug Geld einbringt. Einer der Hauptgründe dafür, dass so viele Menschen aus der Unterschicht kaum eine Chance haben, da rauszukommen, ist, dass sie einfach keine Zeit haben. Für gewöhnlich wird kreative Arbeit, die Spaß macht, bedeutend besser bezahlt, als Hilfsarbeiten oder Mindestlohnjobs. Bevor du aber anfangen kannst, mit dem Herstellen von Ohrringen, mit der Werbungskoordination für das kommunale Kunstzentrum oder dem Leiten von Ökologieseminaren Geld zu verdienen, musst du dir das entsprechende Fachwissen aneignen. Nachdem viele Schüler aus der Arbeiterklasse die Highschool abgeschlossen haben, sind die Eltern oft nicht mehr in der Lage, einen anschließenden College-Besuch oder ähnliches zu finanzieren. Daher sind diese Schüler gezwungen, sofort nach der Highschool ungelernte Vollzeitjobs anzunehmen. Ihnen bleibt keine Zeit, sich nach etwas umzuschauen, was sie *wirklich* interessiert und sich diesem Beruf schrittweise (auch erst mal unbezahlt) anzunähern.

Über das Unschooling könnten jedoch viele Leute den Absprung aus der Armut schaffen. Anstatt ihre Jugendjahre in der Schule zu verschwenden, könnten sie diese wertvolle Zeit in das Aneignen von Fertigkeiten investieren, mit deren Hilfe sie später einen interessanten Job finden würden. Oder aber sie könnten sich Schritt für Schritt ein eigenes Unternehmen aufbauen oder über ehrenamtliche Tätigkeiten einen völlig neuen Bereich kennen lernen. Solange sie noch Teenager sind, können sie *es sich leisten,* ehrenamtlich zu arbeiten oder langsam ein Unternehmen aufzubauen, auch wenn sie nebenbei noch 20 Stunden pro Woche im Supermarkt Regale einräumen müssen.

Egal ob du arm oder reich bist, genieße diesen beachtlichen Vorteil gegenüber dem Erwachsenenalter, solange du kannst. Du hast noch nicht den Druck, finanziell auf eigenen Füßen stehen zu müssen, es sei denn, deine Eltern gehören zu der Sorte, die sagen: »Du gehst entweder zur Schule, oder du suchst dir einen Job und finanzierst dich selbst«. (Sollten deine Eltern so etwas andeuten, dann erinnere sie daran, dass der eigentliche Sinn der Bildung, ob mittels Schule oder anderweitig, der ist, dass Kinder eben nicht gezwungen sind, Geld zu verdienen. Du brauchst Zeit, um dich umzuschauen, deshalb willst du von der Schule runter.) Anders gesagt, Teil deiner Ausbildung kann durchaus fantastische Arbeit sein, auch wenn du damit keinen Pfennig verdienst. Erwachsene hingegen, die das Brot auf den Tisch bringen müssen, genießen diesen Luxus nicht mehr.

Klar kann es sein, dass du mit 15 ein Seidenmalerei-Unternehmen gründest, das unglaublich erfolgreich wird. Oder aber du beginnst damit, ehrenamtlich zu arbeiten und bekommst innerhalb kürzester Zeit einen tollen bezahlten Job angeboten. Du kannst aber auch Tätigkeiten ausüben, die *niemals* Geld einbringen werden, z. B. dienstagmorgens im Frauenhaus arbeiten, Talentshows organisieren, Briefe an Politiker schreiben, Bäume pflanzen oder Gärtnern, deiner Mutter beibringen, wie man einen Computer benutzt. ...

Starte befristet

Wenn du dich der Unternehmenswelt oder Erwachsenen annäherst, während du auf der Suche nach einer Ausbildungsstelle, einem Praktikumsplatz, ehrenamtlicher Arbeit oder einem Job bist, kann es manchmal sein, dass du eher ein »Ja« zu hören bekommst, wenn du eine Probezeit vorschlägst. Wie Emily Bergson Shilcock in *GWS* Nr. 95 sagt:

> Wir sagen fast immer: »Wir können es ja erst mal drei Wochen lang probieren.« So fällt es vielen Leuten leichter, ja zu sagen. Wenn du in einen Laden marschierst und sagst: »Ich würde hier gerne ehrenamtlich arbeiten« und sie haben so was noch nie zuvor gemacht, dann ist die Wahrscheinlichkeit recht hoch, dass sie nein sagen. Die Tatsache, dass sie noch nie ehrenamtliche Mitarbeiter hatten, bedeutet nicht, dass sie es nicht können, aber es fällt ihnen mit Sicherheit leichter, zu etwas Befristetem ja zu sagen. Wenn es dann gut läuft, kannst du weitermachen. ...In

vielerlei Hinsicht ist es einfacher, in kleinen Unternehmen anzufangen und sogar noch einfacher, wenn du die Leute bereits kennst und magst.

Versuchs mit einem Kurs oder Ähnlichem

Wenn der Vorschlag, eine Probezeit zu vereinbaren, nichts nützt, dann hilft es vielleicht, wenn du dich für einen Kurs oder ein ähnliches Angebot der Firma oder Organisation anmeldest, für die du gerne tätig sein willst. Dies ist eine andere Möglichkeit, den Fuß in die Tür zu bekommen und sich mit den Mitarbeitern dort bekannt zu machen.

Es tun

Die Möglichkeiten scheinen endlos zu sein. Aber um dir den Beginn des Nachdenkens etwas zu erleichtern, habe ich folgende Einteilung vorgenommen: Lehren, Praktika, ehrenamtliche Arbeit, Jobs, Unternehmen, landwirtschaftliche Arbeit und Aktionismus. Vergiss nicht, dass du nicht die typischen Erwachsenentätigkeitsmuster zu kopieren brauchst. Betrachte deine Arbeit als Teil deiner *Bildung*, die dir dabei hilft, für deine zukünftige Karriere wichtige Fertigkeiten zu erlangen und Erfahrungen zu sammeln. Es liegt an dir, Erkenntnisse zu sammeln und aus jeder Situation etwas zu lernen. In einem Buchladen zu arbeiten, heißt nicht, dass du den Rest deines Lebens in einem Buchladen arbeiten wirst. Es könnte der erste Schritt auf dem Weg zum Buchladenbesitzer, Schriftsteller, Illustrator, Bibliothekar, Verleger, Grafikdesigner, Kundenberater oder Raumausstatter sein. (Vielleicht *möchtest* du aber *wirklich* weiterhin in einem Buchladen arbeiten, was ja auch nicht verkehrt ist.) Emily Bergson-Shilcock machte im Alter von 17 Jahren ihren ersten Laden auf. Die nötige Berufserfahrung hatte sie zuvor bei verschiedenen ehrenamtlichen Tätigkeiten sammeln können. So schrieb sie als 15-Jährige in der *GWS* Nr. 95:

> Als ich 13 war, wollte ich einen Job. Wir kennen viele Ladenbesitzer in unserer Stadt, weil wir Homeschooler sind und tagsüber oft durch die Gegend laufen. Wir mögen ganz besonders Janet, die einen Laden namens T-Shirt-Tunnel besitzt und sehr freundlich und aufgeschlossen gegenüber Homeschoolern war. Wir fragten sie, ob sie Interesse daran hätte, mich ehrenamtlich in ihrem Laden arbeiten zu lassen und schlugen eine 3-wöchige Probezeit vor. Sie sagte zu, und die Probezeit klappte hervorragend. Seitdem läuft es immer besser. Da ich erst 13 war, erhielt ich anfangs noch kein Geld. Aber als ich dann nach und nach immer mehr machte und sogar Arbeit mit nach Hause nahm, begann Janet damit, mir jedes mal fünf Dollar zu geben. Nach meinem 14. Geburtstag fing Janet an, mich regulär zu bezahlen und nun, da ich 15 bin, bekomme ich fünf Dollar pro Stunde. Ich arbeite im Schnitt vier Stunden pro Woche und etwas mehr zur Weihnachtszeit, wenn Janet mehr Hilfe benötigt. Man muss 16 sein, um an den Pressen,

die wir für das Übertragen der Schriftzüge und Bilder benutzen, arbeiten zu dürfen. Ich weiß, wie man diese Pressen bedient, aber wenn Kunden im Laden sind, benutze ich sie nicht, da ich technisch gesehen dafür noch zu jung bin. Das heißt, Janet kann mich im Moment noch nicht allein im Laden lassen, aber das ändert sich, sobald ich 16 bin. Was ich besonders toll finde, ist, wie Janet auf viele meiner Vorschläge reagiert und sie auch umgesetzt hat. Als ich dort anfing, lief der Laden zwar gut, aber der Umsatz stieg nicht weiter. Alle Schilder waren selbst gemacht, und im Fenster bleichte der Pappkarton langsam aus. Ich nahm alle Schilder mit nach Hause und gestaltete sie mit dem Computer neu. Letztes Weihnachten hatten wir Gutscheine, was meine Idee war. Dann schlug ich vor, dass Janet auch andere Sachen im Schaufenster ausstellte, damit die Leute der Nachbarschaft sehen können, dass sie außer den T-Shirts auch noch andere Sachen im Angebot hatte. Das führte dazu, dass Leute in den Laden kamen und sagten: »Ich hatte ja keine Ahnung davon, dass ihr außer den T-Shirts auch noch andere Sachen verkauft, und ich lebe hier nun schon seit Jahren!«... Janet war sehr aufgeschlossen für die Idee, mich dort arbeiten zu lassen, aber sie fragte auch: »Was würdest du denn tun?« Das lag daran, dass sie noch nie zuvor eine Volontärkraft hatte. Ich begann damit, ihr beim Regaleeinräumen zu helfen. Später durfte ich auch die Kasse bedienen. Ich habe selbst eine zu Hause in meinem Zimmer und habe es schon immer geliebt, sie zu bedienen. Janets Kasse hatte ein paar Tasten die sie noch nie benutzt hatte, weil sie nicht wusste, wofür sie da waren. Ich erklärte ihr, was diese Tasten bedeuteten, und von da an zeigte sie mir bereitwillig viele andere Sachen, wie z. B. die Benutzung des Kreditkartenlesegerätes.

Denke auch daran, dass du mehrere Jobs und Aktivitäten miteinander kombinieren kannst. Du musst nicht 40 Stunden pro Woche das Gleiche tun. Hier ein paar Geschichten, um dir einen Eindruck von der unbegrenzten Vielfalt zu vermitteln. In *GWS* Nr. 18 berichtet Lavonne Bennett über ihren Sohn, der ein »Mechanik- und Elektrotechnikgenie« ist und von einem Highschool-Lehrer als »Dummkopf« betitelt wurde:

Wir nahmen in mitten in seinem »Junior-Jahr« von der Schule. ...Er ist nun 17, hat bereits zwei Läden eines Elektronikgeräte-Unternehmens geleitet, ein 150-$-Schrottauto in einen klassischen Sportwagen zurückverwandelt, sich Ausrüstung für sein Aufnahmestudio gekauft, war Mentor für einen 8-jährigen Jungen, dem er beim Gestalten seiner Modellbahnanlage half und hat Gitarrenunterricht gegeben.

Ann Martin aus England schreibt in der *GWS* Nr. 21 über ihren 14-jährigen Sohn Nicholas:

Er hilft einen Nachmittag pro Woche bei einem Schuhmacher aus, und im Gegenzug dafür wird er unterrichtet. Nächste Woche wird er sein erstes Paar handgefertigter Schuhe mit nach Hause bringen! Er hat an sportlichen Aktivitäten teilgenommen, ist öfters mit einer kommunalen

Theatergruppe unterwegs und hilft in einem Laden aus, der einem Freund von mir gehört und der ihm die Grundlagen erfolgreichen Unternehmertums beibringt.

In *GWS* Nr. 47 berichtet Kandy Light von ihren Kindern:

Dawn ist 16 und hält sich gerade in New York auf, wo sie Freunden hilft, die gerade ihr drittes Baby bekommen haben. Sie arbeiten und leben in einem Gesundheitszentrum. Dawn hat in vielen ihrer Programme mitgearbeitet und viel über Massagetechniken, Hydrotherapie etc. gelernt. Sie hat auch in dem dazugehörigen vegetarischen Restaurant gearbeitet. Sie wollen, dass Dawn zu ihnen zieht, um dort zu leben und zu arbeiten. ...Dawn hat dort auch noch andere Ärzte getroffen, die sie in ihr Gesundheitszentrum im Süden eingeladen haben, um dort zu arbeiten und zu lernen. Letztes Jahr hat sie als Vollzeit-Babysitterin für eine Schuldirektorin gearbeitet. Die Direktorin ist vor kurzem umgezogen und hat nun angerufen und gefragt, ob Dawn zu ihnen ziehen und ihre Kinder zu Hause unterrichten würde (in Kalifornien). Wenn sie hier bei uns zu Hause ist, arbeitet sie als Sekretärin für einen benachbarten Unternehmer. Sie macht außerdem eine Ausbildung in der Country School der Barkers (siehe Kapitel 37)... Sie wurde auch schon gefragt, ob sie eine Ausbildung zur Hebamme, zur Kolporteurin, zur Gärtnerin etc. machen wolle. ... Unsere 15-jährigen Zwillingssöhne Ti und Dave machen eine Ausbildung bei einem Amish-Mann und lernen dort Maschinen – einschließlich Traktoren, Rasenmähern, Kettensägen etc. – zu reparieren. Ein Nachbar hat ihnen zwei Kälber angeboten, wofür sie ihm im Gegenzug bei Heumachen, bei der Maisaussaat und gelegentlichen beim Melken helfen. Sie arbeiten außerdem vier Stunden täglich für einen anderen Nachbarn, halten dessen Bilderbuchrasen und -garten in Schuss und erledigen kleinere Reparaturarbeiten. Als unser Dorfschulleiter umzog, bat er sie um Hilfe ...Sie haben schon bis zu 75 $ pro Tag verdient, indem sie Leuten beim Umzug halfen. Sie machen desweiteren auch eine Ausbildung bei den Barkers in Millersburg.

Kapitel 33
Lehrausbildungen und Praktika

Sobald du weißt, was für einen Beruf du ausüben möchtest, bewege dich auf dieses Ziel so direkt wie möglich zu. Wenn du später einmal Boote bauen willst, dann gehe dahin, wo Leute sind, die Boote bauen, und lerne so viel wie möglich. Wenn sie dir alles beigebracht haben, was sie wissen oder weitergeben wollen, dann ziehe weiter. Es wird nicht lange dauern, und du stellst fest, dass du – sogar im Bereich des anspruchsvollen Jachtdesigns – genauso viel weißt wie die anderen, genug um das zu tun, was immer du tun magst.

– JOHN HOLT, *Bildung in Freiheit*

Ein Großteil der Leute, die wirklich wichtige Arbeit leisten (im Gegensatz zu denen, die einfach nur Geld verdienen), ist völlig überarbeitet und könnte gut Hilfe gebrauchen. Wenn ein Mensch, jung oder nicht mehr ganz so jung, zu ihnen käme und sagte: »Ich glaube an das, was du tust und würde dir gerne so gut ich kann dabei helfen. Ich würde all das tun, was du mir aufträgst oder was ich selbst zu tun finde, für wenig oder gar ganz ohne Bezahlung.« Ich vermute, dass die meisten von ihnen antworten würden: »Klar, du kannst sofort anfangen.« Der Neuling würde beim Arbeiten mehr und mehr von ihnen lernen, er/sie würde immer interessantere und wichtigere Dinge zu tun finden oder aufgetragen bekommen und möglicherweise würde es nicht lange dauern, bis er/sie zu einer so großen Hilfe geworden ist, dass sie einen Weg finden würden, ihn/sie zu bezahlen. In jedem Fall würde er/sie auf diese Art und Weise weitaus mehr lernen, als in der Schule oder Hochschule.

– JOHN HOLT

Die von Holt beschriebenen Situationen werden normalerweise Lehren oder Praktika genannt und beruhen auf dem Prinzip des gegenseitigen Nutzens. Der Lehrling oder Praktikant erhält im Gegenzug für seine Arbeitskraft die Chance über eine bestimmte Art von beruflicher Tätigkeit zu lernen. Die Arbeit mag für jemanden, der in diesem Bereich sehr erfahren ist, langweilig oder wenig abwechslungsreich erscheinen. Für den Neuling aber handelt es sich um etwas Neues, Interessantes. Der »Meister« oder Supervisor muss seine Arbeit auch nicht ständig unterbrechen, um zu erklären, wie Sachen funktionieren, da der Lehrling hauptsächlich durch Beobachten und eigenes Ausprobieren lernt. Manchmal werden Lehrlinge oder Praktikanten auch bezahlt. Manchmal muss der Lehrling oder Praktikant bezahlen. Recht häufig wechselt überhaupt kein Geld den Besitzer.

Eine Lehre kann man in allen möglichen Bereichen, von der Chemieforschung bis hin zur Innenausstattung machen. In Ländern wie Deutschland sind die Menschen schon immer zu einem Meister in die Lehre gegangen, um bestimmte Berufe zu erlernen. Bisher waren diese Lehren stark reglementiert, dauerten zwei bis drei Jahre, und diese Berufe wurden oft als Schicksal derer angesehen, die nicht klug genug sind um Arzt, Diplomat oder ähnliches zu werden. Es freut mich ganz besonders, dass Unschooler die Tradition der Lehrausbildung für ihre eigenen Zwecke wiederbeleben – nicht nur im Sinne von Langzeitausbildungen zum Elektriker oder zur Hebamme, sondern auch im Sinne von kürzer befristeten Arrangements, die nichts mit ihren beruflichen Zukunftsplänen zu tun haben oder die sich eher auf eine akademische Tätigkeit beziehen, anstatt auf ein Handwerk- oder Handelsgewerbe. Unschooler gehen für eine Woche oder für fünf Jahre bei Chemikern, Museumskuratoren, Windenergietechnikern und Schriftstellern in die Lehre. Wenn du also in einer Gegend lebst, in der die Leute wenig Fantasie zeigen, wenn es um Lehren oder Praktika geht, lass dich davon nicht beeindrucken – stell dir die für dich und einen talentierten Erwachsenen, den du bewunderst, beste Situation vor und dann erzähle ihm von deinem Traum und schlag eine Probezeit vor.

Organisationen, die Praktika anbieten

Es gibt tausende von Organisationen, die Praktikumsplätze in verschiedensten Bereichen anbieten, einschließlich Marketing, Kunst, Personalwesen, PR, Naturwissenschaften und Industrie. Du könntest z. B. in das Kostüm- und Bühnenbilddesign einer Ballett-tanzgruppe involviert werden, ein Forschungsprojekt für das Peace Corps durchführen, Kamera- oder Lichtarbeiten bei einem TV-Sender machen, Umfragen für eine Zeitung entwerfen und durchführen oder im Büro eines Verlagshauses arbeiten. Für manche Praktika wird eine Vergütung angeboten, viele stellen Unterkunft und Verpflegung zur Verfügung, bieten kostenlose Kurse an, können als Studienleistungen anerkannt werden und helfen dir dabei, einen Job zu finden. Wenn du dich für eine ganz bestimmte Praktikumsstelle interessierst, dann denke daran:

Manche Programme bieten wenig Spielraum, andere wiederum lassen dir genug Gestaltungsfreiraum, um sie an deine persönlichen Interessen anzupassen.

Manche Praktikumsstellen sind sehr begehrt und schwierig zu bekommen. Es wird viele Mitbewerber geben, von denen die meisten älter sein werden als du.

Bei vielen Praktikumsstellen beträgt das offizielle Mindestalter 18 Jahre. Es gibt aber auch welche für jüngere Leute. Hinzu kommt, dass fast alle Organisationen »unabhängigen« Anfragen (Initiativbewerbungen) recht offen gegenüberstehen. Es kann also gut sein, dass abgesehen von den »normalen« Praktikumsplätzen spezielle Positionen geschaffen werden, um Bewerbern, die nicht in das gängige Schema passen, eine Chance zu geben. Außerdem stellen hartnäckige Unschooler immer wieder fest, dass Altersbeschränkungen nicht in Stein gemeißelt sind.

Schau dich nach geeigneten Unternehmen, NGOs und anderen Organisationen in deiner Umgebung um. Vergiss nicht, dass es einfacher ist, eine Praktikumsstelle bei einer weniger bekannten Organisation zu bekommen. Eine Kleinstadtzeitung hat mit Sicherheit weniger Bewerber als die *Washington Post.*

Cornelius Bull unterhält das Center for Interim Programs, welches mehr als 3000 nationale und internationale Stellen gelistet hat. Bull ist definitiv ein Experte, wenn es darum geht, für einen Bewerber genau die Positionen herauszusuchen, die seine Interessen am besten widerspiegeln. Ganz genau genommen handelt es sich nicht bei allen Angeboten um »Praktika« oder »Lehrstellen«, aber bei den meisten geht es auch um irgendeine Form von interessanter Arbeit. Viele Stellen kosten wenig, und Kost und Logis werden zur Verfügung gestellt. Andere sind aufgrund der Reisekosten, Kursgebühren und anderen Ausgaben recht teuer. Bei den Interessenten handelt es sich meistens um Studenten, die eine kreative Auszeit nehmen wollen, oder aber um Abiturienten, die ein Jahr lang etwas Sinnvolles tun wollen, bevor sie mit dem Studium beginnen. Bull hat allerdings bereits mit allen möglichen Leuten, von ausgebrannten Rechtsanwälten bis hin zu Müttern flügge gewordener Kinder, zusammengearbeitet und ist auch bereit, mit Unschooler-Teenagern zu arbeiten. In einem Gespräch an der Choate School in Connecticut erzählte er folgende Geschichte:

> Ich hatte mit einem Jungen zu tun, der absolut allergisch auf Schule reagierte. Er quälte sich durch das vorletzte Jahr an der Highschool und sagte dann: »Vergiss es. Ich kann nicht mehr.« Er ging nach Nepal. Dieser Junge ist ein außergewöhnlicher Kletterer – eine menschliche Fliege, wenn man so will. In der Highschool hat das niemanden interessiert. Warum auch? So etwas spielt doch keine Rolle. Daher wurde er diesbezüglich auch nie gefördert. ...Mountain Travel, das marktführende »Trekking-Unternehmen« in Nepal, wurde auf ihn aufmerksam. Sie beobachteten ihn und waren so beeindruckt, dass sie ihm einen Job anboten. Als sie dann erfuhren, dass er erst 16 war, sagten sie zu ihm: »Hey, geh nach Hause und komm wieder, wenn du 18 bist, um für uns zu arbeiten.«

Bull hat Freude daran, sich mit seinen Klienten persönlich zusammenzusetzen, allerdings erledigt er oft den Großteil seiner Arbeit per Telefon und Schriftverkehr. In seinen Unterlagen finden sich auch einige Programme, die von anderen Organisationen, wie z. B. der National Outdoor Leadership School angeboten werden. Aber einige Angebote sind wirklich etwas »ganz anderes«, nämlich einzigartige Gelegenheiten, die er persönlich mit Hilfe seines riesigen Netzwerkes an Freunden, ehemaligen Kommilitonen (Princton) und ehemaligen Schülern (er war dreißig Jahre lang Lehrer an einer Privatschule) ausgegraben hat. Unter den Angeboten finden sich z. B. Tätigkeiten auf biologischen wirtschaftenden Bauernhöfen in Spanien, Naturschutzprojekte in New York, Walforschungsprogramme in Maui und das Erlernen japanischer Teezeremonien in einem japanischen Schloss.

Wie du deine ganz persönliches Praktikums- oder Lehrstelle erschaffst und gestaltest

Möglicherweise musst du hierbei besondere Hartnäckigkeit beweisen. Aber auf jeden Fall *musst* du zuerst entscheiden, was für eine Stelle du willst. Dann sprich mit allen Leuten in deiner Umgebung, die in diesem Bereich arbeiten, bis du jemanden findest, der dich (zumindest für eine Probezeit) nimmt. Am einfachsten wäre natürlich, wenn du bereits erwachsene Freunde hast, die bereit sind, dich in die Ausbildung zu nehmen. Vielleicht kennen aber auch deine Eltern jemanden, mit dem sich eine solche Vereinbarung treffen ließe. In der *GWS* Nr. 98 schreibt Tad Heuer:

> Im Frühling 1993 wurde ein Gesetz zur Schulreform verabschiedet, das auch Belange von Homeschoolern berücksichtigte. Meine Eltern arbeiteten mit der Abgeordneten Gardner als repräsentative Homeschooler-Familie zusammen. Über diese Verbindung hatte ich Gelegenheit, mich vorzustellen. Als ich Frau Gardner das erste Mal traf, erzählte ich ihr von meinem Interesse an Politik und fragte sie, ob es eine Möglichkeit gäbe, ihr im State House zu helfen. Sie war sehr aufgeschlossen und bot mir eine Praktikumsstelle in ihrem Büro an.

Du kannst natürlich auch völlig Fremde kontaktieren, schließlich sind Praktika und Lehren ja von beiderseitigem Interesse. Du lernst von Leuten, die wissen, was sie tun, indem du sie beobachtest und dann das Gleiche tust. Sie erhalten im Gegenzug kostenlose oder sehr preiswerte Hilfe und haben Freude daran, ihre Liebe zu dem, was sie tun, mit einem interessierten Neuling zu teilen. Wenn du z. B. alle in den Gelben Seiten aufgelisteten Hundetrainer anrufst, ist die Chance recht groß, dass sich zumindest einer von ihnen bereit erklärt, dich einen Tag lang hospitieren zu lassen. Daraus könnte sich dann eine Art einwöchiger Volontärjob ergeben, der wiederum zu einem 3-monatigen Praktikum führt. Gib nicht gleich nach dem ersten »Nein, danke« auf.

Achte darauf, dass du deine Ideen und Ziele ganz genau erläuterst, so dass keine Missverständnisse auftreten können. Schreib die getroffenen Vereinbarungen auf. Wenn du dir z. B. vorstellst, drei Stunden die Woche morgens Zeitungen auszutragen, Mr. Mendoza dich jedoch eher den Fußboden kehren und Botengänge erledigen sieht, wirds mit Euch nicht klappen. So was solltest du klarstellen, *bevor* du dich zu irgendetwas verpflichtest.

Wenn du nach einer Stelle fernab von zu Hause suchst, dann könntest du, wie andere auch, über das Homeschooling-Netzwerk Erfolg haben. In der *GWS* Nr. 87 erzählt Judy Garvey, was passierte, nachdem ihr Sohn Matthew einen Brief an *GWS* geschrieben hatte, in dem er erwähnte, dass er auf der Suche nach einem Outdoor-Ausbildungsplatz sei:

Ich möchte die Leute gerne wissen lassen, welche Welten sich für ihn dadurch geöffnet haben. Er bekam viele großzügige Angebote für Ausbildungsplätze oder Besuche. ...Matt hat sich gerade auf den Weg nach Mexiko gemacht, wo er zwei Monate lang auf einer Ranch in der Sonora-Hochwüste arbeiten wird. Diese erste Stelle fand er übrigens durch den Kontakt zu Donn Reed, dem Autor von The Home School Source Book, der die Homeschooler-Familie kennt, der diese Ranch gehört. Matthew wird dort Gelegenheit haben, viele seiner bereits erlernten Fertigkeiten anzuwenden, und er wird dort als Cowboy und allgemeine Hilfskraft arbeiten. Er ist dort sehr glücklich, freundet sich mit seinen mexikanischen Kollegen an und ist von der Schönheit der Landschaft um ihn herum ganz begeistert.

Im Juli wird er dann für mindestens drei Monate nach Alaska gehen. Er wird dort bei einer Homeschooler-Familie leben und arbeiten, die ein Jagdunternehmen auf der Halbinsel und eins nördlich der Yukongrenze unterhalten. Diese Familie nimmt alle zwei Jahre einen jungen Menschen in die Lehre, dem die Möglichkeit geboten wird, eine Ausbildung zum Alaskaguide zu machen. Da das momentan genau das ist, was Matthew gern werden will, ist dies natürlich eine riesige Chance für ihn. Wenn die Zeit bei dieser Familie rum ist, wird er vielleicht zu einer anderen Familie gehen, die zwar immer noch recht abgelegen, aber doch etwas näher an Anchorage wohnt. Sie züchten Huskys, und ihr 16-jähriger Sohn hat gerade den Junior Iditarod gewonnen.

Abgesehen von dem Brief, der in der *GWS* abgedruckt wurde, stellte Matthew einen Lebenslauf zusammen, in dem er alle seine Erfahrungen, Fertigkeiten, Kenntnisse und Interessen auflistete, zwei Referenzen nannte und Angaben zu Größe (wichtig für seine Arbeit), Geburtsdatum und Namen der Eltern machte. Er hatte viele Briefe an seine potenziellen Mentoren zu schreiben, um Absprachen zu treffen. Im Ergebnis verfügt er nun über gute Erfahrungen im Bezug auf das Suchen und Finden von Traumjobs.

In der *GWS* finden sich auch hin und wieder Anzeigen von Leuten, die Jobs, Praktika oder Lehrstellen *anbieten*. In der *GWS* Nr. 27 schrieb z. B. jemand: »Suche Lehrling im Bereich Computerprogrammierung. Idealerweise Unschooler, 10 bis 15 Jahre alt, der sich in mein kleines Softwareunternehmen einbringen möchte. In meiner Vorstellung würden wir mit einem Tag pro Woche beginne, später könnten daraus drei Tage pro Woche werden.« Und in der *GWS* Nr. 25 schrieb eine Hebamme:

Wenn es eine junge Person gäbe, die Interesse daran hätte, über Körper, Geburt und Babys zu lernen, wäre ich sehr gern bereit, ihr Zeit zu widmen und sie zu Hausgeburten und Nachsorgen etc. mitzunehmen. Ich habe dabei keine Altersbeschränkungen im Sinn, da ich von Wendy (ihre 8-jährige Tochter) gelernt habe, dass solange Interesse da ist, jeder dies lernen kann. Meine Tochter weiß oft besser darüber Bescheid, was vor sich geht, als manche der Mütter, mit denen ich arbeite!

Auch Homeschooling-Organisationen selbst bieten manchmal Praktikumsplätze an und sie sind oft weitaus eher geneigt, junge Praktikanten einzustellen, als andere Unternehmen. *GWS* hat manchmal Stellenangebote, die sich als gute Starthilfe für jemanden erweisen könnten, der Interesse an der Produktion von Magazinen oder allgemein am Unternehmensmanagement hat.

Du kannst Bücher zum Thema Praktika als wichtige Informationsquelle nutzen, auch ohne dich auf eine der darin genannten Stellen zu bewerben. Suche dir ein Praktikum raus, dessen Beschreibung einfach perfekt klingt, das aber am falschen Ort angeboten wird, oder Altersbeschränkungen etc. hat. Dann schreibe die Institution an und bitte um mehr Informationen. Suche dir dann eine ähnliche Organisation in deiner Nähe, schreibe ein durchdachtes, aber immer noch flexibles Angebot, und setz dich mit ihnen in Verbindung. Sollten sie sehr zurückhaltend reagieren, kannst du auf die andere, ihnen ähnliche Organisation verweisen.

Auch in akademischen Bereichen kann und sollte ausgebildet werden. Siehe dazu auch Kapitel 21, in dem von Vincent J. Schäfer berichtet wird, der hauptsächlich wegen seiner Lehre bei General Electric zum Ingenieur wurde. In Kapitel 21 findest du auch Auszüge aus Dr. David Deutschs Abhandlung: »Wie aus Kindern Experten werden«. Susannah Sheffer erzählt in *GWS* Nr. 96 davon, wie sie Emily Ostberg dabei half, einen Ausbildungsplatz im botanischen Bereich in Belize zu finden:

> Letzten Winter, als Emily 17 war, erzählte sie mir, dass sie gerne irgendeine Tätigkeit im botanischen Bereich in Asien oder Zentralamerika ausführen würde. Sie hatte bereits einen Monat lang in Nepal verbracht, wo sie Freunde der Familie besuchte. Außerdem hatte sie auch schon eine Weile, wenn auch nicht übermäßig intensiv, mit einer Biologiestudentin Studien im Bereich der Botanik betrieben. Emily bat mich um Hilfe bei der Suche nach geeigneten Möglichkeiten und dem Erledigen damit verbundener Telefonanrufe. Ich hatte von diesem Gebiet so gut wie gar keine Ahnung, hatte aber schon mal vom Rainforest Action Network in San Francisco gehört und rief daher zuerst dort an. Sie konnten mir zwar keine Informationen über ehrenamtliche Tätigkeiten in den Regenwaldgebieten selbst geben, meinten aber, sie würden sich über jede ehrenamtliche Unterstützung in ihrem Büro freuen. Danach fiel mir Cultural Survival, hier in Cambridge, Massachusetts, ein. Dies ist eine Organisation, die sich für die Interessen indigener Völker und den Erhalt ihrer Kulturen einsetzt. Ich rief sie an und erfuhr, dass sie eine Datenbank mit Informationen über Organisationen haben, die Volontärstellen anbieten. Emily und ich besuchten das Büro von Cultural Survival und durchsuchten deren Datenbank nach für Emily interessanten Organisationen. Später schrieb sie mehrere dieser Organisationen an und erhielt auch zwei sehr interessant klingende Angebote. In der Zwischenzeit fragte ich den Ehemann einer Kollegin (der beim Harvard Museum of Comparative Zoologie arbeitete), ob er jemanden an der Harvard Uni kenne, den es sich lohne anzurufen. Er meinte daraufhin, ich solle es bei der Harvard Herbaria versuchen. Nachdem ich mit verschiedenen Leuten am Telefon gesprochen

hatte, bekam ich einen Absolventen an die Strippe, der sich bereit erklärte, sich mit uns zu treffen und uns davon zu erzählen, an welchen Projekten Studenten und Forscher derzeit auf diesem Gebiet arbeiteten. Emily und ich trafen uns mit ihm und erfuhren so, dass viele von ihnen Hilfe bei ihren Forschungsprojekten willkommen heißen. Die Schwierigkeit läge allerdings darin, dass die meisten der diesjährigen Projekte schon im letzten Jahr vorbereitet worden wären, und Emily wollte ja bereits in wenigen Monaten (diesen Sommer oder Herbst) anfangen zu arbeiten. Trotzdem war es für Emily sehr interessant, eine Idee davon zu bekommen, welche Leute an welchen Projekten arbeiteten. Meiner Ansicht nach erweisen sich bei der Suche nach Praktikums- oder Lehrstellen nur wenige Briefe oder Telefonanrufe als Zeitverschwendung, denn sie helfen dem jungen Menschen dabei, sich einen Überblick darüber zu verschaffen, wer was macht und in welchen Bereich er oder sie am besten passen würde. Zur gleichen Zeit entdeckte Emily im »Whole Earth Review« einen Artikel über die Ix Chel Farm in Belize. Sie schrieb das Magazin an und bat um die Anschrift der Farm. Danach schrieb sie an die Farm und erklärte, dass sie sich sehr für eine Volontärtätigkeit dort interessieren würde. Sie hätte zwar nur sehr geringe Kenntnisse und Erfahrungen auf diesem Gebiet, aber sie sei bereit, hart zu arbeiten und interessiere sich für Botanik, Biologie und Hortikultur. Emily erhielt recht schnell eine Antwort, in der ihr mitgeteilt wurde, dass sie willkommen sei. Sie beschrieben auch kurz die Tätigkeiten, die Emily dort ausführen könnte. Emily und ihre Familie recherchierten noch ein wenig mehr über Ix Chel und die Arbeit dort, und dann begann Emily damit, Pläne zu schmieden, um Anfang Juli dorthin zu gehen.

Mache das Beste aus Praktikum oder Lehre

Frage deinen Meister oder Vorgesetzten nach Literatur. Erledige Zusatzarbeiten. Sei pro-aktiv. Mache regelmäßige Aufzeichnungen. In der *GWS* Nr. 79 schreibt ein erwachsener Klaviertechniklehrling:

> Zu Beginn meiner Ausbildung war es mir wichtig, dass mein Lehrer mich lenkte. Ich wollte, dass man mir ganz genau sagte, was ich zu tun hätte, so dass von meiner Seite aus weder selbstständige Entscheidungen zu treffen waren, noch irgendwelches Wissen, abgesehen von dem, was der Lehrer an mich weitergab, erforderlich war. ...Das mag feige klingen, aber als absoluter Anfänger auf dem Gebiet, fühlte ich eben so. ...Ganz genaue Anweisungen für bestimmte Aufgaben zu bekommen und gleichzeitig die Freiheit zu haben, den Lehrer bei komplizierteren Sachen zu beobachten, war alles, was ich zu jener Zeit wollte und brauchte.
>
> Ich würde dies Phase eins nennen und nun, sechs Monate später, scheine ich mich nach und nach in Phase zwei – eine etwas andere Art zu lernen – zu begeben. Mir wurde fast immer das gegeben, was ich wollte – präzise Anweisungen und Aufgaben, die genau meinen Fähigkeiten entsprachen – und viel Freiraum zum Beobachten, Zuhören, um so ohne jeglichen Druck zu ler-

nen. Jetzt fühle ich mich bereit, Dinge auch allein zu machen, selbst Entscheidungen zu treffen, zu sehen, wenn es etwas zu tun gibt und diese Tätigkeiten nach ein paar Rückfragen dann auch selbst auszuführen. Ich hab immer noch unglaublich viel zu lernen und brauche auch immer noch den Lehrer zur Anleitung. Aber ich fühle mich nicht mehr so abhängig wie ganz zu Anfang. Stattdessen fühle ich mich sicher genug, um langsam anzufangen, selbstständig zu arbeiten.

Beispiele

In der *GWS* Nr. 68 berichtet Anna-Lisa Cox darüber, wie sich ihr Interesse für historische Kostüme entwickelte und wie sie eine entsprechende Praktikumsstelle fand:

Ich bin 17 und wurde die ganze Zeit zu Hause unterrichtet, bis ich mich als Teilzeitstudentin am College einschrieb. Meine größte Leidenschaft gilt seit ungefähr drei Jahren der Ethnosoziologie und der Geschichte, und es war mein Interesse an historischer Kleidung, über das ich mich diesen Bereichen annäherte. Ich begann, mich für historische Kostüme zu interessieren, als ich ein Jahr lang mit meiner Familie in England lebte und dort über das Victoria und Albert Museum in London stolperte, welches eine der besten Kostümsammlungen Europas besitzt. Ich war fasziniert und entschlossen, mehr über dieses Thema herauszufinden. Mittlerweile sind drei Jahre vergangen, und ich habe inzwischen meine eigene Kostümsammlung (durch stundenlanges Suchen und Wühlen in Charity-Läden und auf Trödelmärkten zusammengetragen), die ich für historische Modenschauen in lokalen Klubs, Kirchen und Unternehmen benutze. Ich bin außerdem für den lokalen Verein für Geschichte als Kostümberaterin tätig. Meine Tätigkeit macht mir unglaublich viel Spaß. Es ist schön, Freunden dabei helfen zu können, die Kleidungsstücke ihrer Großmütter zu datieren und ihnen Tipps zu Pflege und Aufbewahrung geben zu können.

Ein Jahr später schreibt Anna-Lisa in der *GWS* N. 74:

Meine wahre Liebe gilt der Museumsarbeit, was sehr eng mit meinem Interesse an historischen Kostümen verbunden ist. Glücklicherweise waren mir meine Eltern immer eine riesige Hilfe und haben mich immer bei meinen Entscheidungsfindungen unterstützt. ... Mit Hilfe von Freunden habe ich nun eine Praktikumsstelle im Museum gefunden, wo ich im April anfangen werde. Ein paar Freunde hatten für mich ein Treffen mit den Kuratorinnen eines nahe gelegenen Museums arrangiert. Anfangs zögerte ich ein wenig, da ich schon so oft enttäuscht worden war, aber ich entschied mich dafür, es zu probieren und bin nun sehr froh darüber. Die drei Kuratorinnen sind junge Frauen, die ebenso wie ich von historischen Kostümen fasziniert sind. Als ich sie das erste Mal traf, unterhielten wir uns sofort zwei Stunden lang, und am Ende des Gespräches fragte mich die Chef-Kuratorin, für welches Museum ich tätig sei! Ich entschied mich, ihr die Wahrheit zu sagen, nämlich dass ich überhaupt keine Museumserfahrung besäße. Sie war aber so stark von meinem Wissen beeindruckt, dass sie sagte, sie würde sich trotzdem freuen, wenn ich zu ihnen käme, um dort zu arbeiten. Es klingt jetzt alles so einfach, aber in Wirklichkeit hat es lange gedauert und viel Zeit und Energie gekostet, an diesen Punkt zu gelangen. Im letzten Sommer, den ich mit meiner Familie in England verbrachte, versuchte ich alles Mögliche, um eine Praktikumsstelle zu finden. Ich schrieb an Museen oder rief sie an. Ich hatte sogar die Unterstützung eines befreundeten Kurators, der mir Empfehlungen an ehemalige Kollegen von ihm schrieb. Doch trotz alledem konnte ich keinen Praktikumsplatz finden. Ich kann daher nur den Rat geben, weiter zu probieren und nicht aufzugeben. Da draußen wartet mit Sicherheit genau das richtige Praktikum auf dich – hab ein wenig Geduld.

Elaine Mahoney berichtet in der *GWS* Nr. 23 über ihre Tochter:

Kendra ist nun dreizehn und macht eine Ausbildung in einem Nähmaschinen-Reparaturbetrieb. Die Geschäftsinhaberin ist eine Freundin der Familie und sehr bereitwillig, ihr Wissen und ihre Fertigkeiten mit Kendra zu teilen. Kendra liebt es, Zeit in dem Laden zu verbringen und zu lernen. Sie nimmt die Telefonanrufe an, bedient die Kunden, erledigt Bankgeschäfte und lernt die Grundlagen der Nähmaschinenreparatur und -pflege.

Im darauffolgenden Jahr fügt sie in der *GWS* Nr. 28 hinzu:

Kendra ist derzeit in Tennessee (mit 4-H) und besucht dort den World Fair. ... Sie ist ganz aufgeregt, da die Gruppe auch plant, eine Nähmaschinenausstellung in Kentucky zu besuchen, was gut zu ihrer Ausbildung passt.

Im Herbst will Kendra einen Fernlehrgang für Nähmaschinenreparatur beginnen, um ein Zertifikat zu bekommen.

Lisa Asher schreibt in der *GWS* Nr. 45:

Ich bin eine 12-jährige Homeschoolerin und lebe derzeit in Barnstable, Massachusetts. Mein Vater ist Architekt und ich bin sein Lehrling.

Ich begann mich vor ungefähr einem Jahr für Architektur zu interessieren – etwa zu der Zeit, als ich mit dem Homeschooling begann. Ich fertigte Grundrisse an (Blick von oben auf ein Haus ohne Dach). Meine Pläne waren nicht wirklich gut und auch nicht baulich ausführbar, aber ein Anfang.

Vor zwei Monaten begann ich dann damit, ernsthafter zu arbeiten. Ich fertige nun Entwürfe an, die baulich ausführbar, in einzelne Bereiche unterteilt sind und an denen ich Wochen, anstatt nur ein paar Tage arbeite.

Mein Vater schaut sich all meine Arbeiten an und zeigt mir, wo noch Verbesserungen nötig sind. Von guten Plänen fertigt er mir Blaupausen an.

Außerdem helfe ich meinem Vater. Wenn er einen Entwurf fertig gestellt hat, bezahlt er mich dafür, ihn abzupausen. Manchmal fragt er mich auch um Rat und ich helfe ihm sogar hin und wieder beim Design.

Im Moment arbeite ich nur an Entwürfen für konventionelle Häuser, aber eines Tages möchte ich gerne auch traditionell gebaute Häuser entwerfen.

In der *GWS* Nr. 53 schreibt Gretchen Speicher:

Jacob (15 Jahre) und Tom, mein Ehemann, sind für ein Shakespeare-Freilufttheater tätig. Jacob erhielt anfangs als Praktikant 100 $ pro Woche, aber schon nach zwei Wochen erledigte er die Arbeiten von zwei Praktikanten und bekommt nun auch 200 $ pro Woche. ...

Wir schauen uns viele Aufführungen an, und die Kinder zitieren nun ständig Shakespeare. Unser Haus ist ein sehr dramatischer Ort geworden. ...

Judy Garvey und Jim Bergin berichten in der *GWS* Nr. 76 über ihren 13-jährigen Sohn Matthew Bergin:

Kurz nachdem er vor zwei Jahren die Schule verließ, begann Matthew bei einem Mann zu arbeiten, der eine Landschaftsgärtnerei führt. Er liebt diese Arbeit und hat sich mit seiner Energie und seinem Enthusiasmus als sehr große Hilfe erwiesen. Von diesem Sommer an wird er auch für seine Arbeit bezahlt werden. Aber was ihm diese Ausbildung bereits jetzt schon gebracht hat, nämlich Selbstsicherheit, spezielle Fertigkeiten und einen Eindruck davon, wie die Welt da draußen funktioniert, kann man nicht mit Geld aufwiegen.

Die 14-jährige Emma Roberts berichtet in der *GWS* Nr. 76 darüber, wie sie zu ihrer Theaterlehre kam:

Ich kann mich nicht mehr ganz genau daran erinnern, wie ich darauf kam, eine Ausbildung am Theater zu machen. Aber ich liebe das Theater, und ein paar Tage pro Woche in einem Theater arbeiten zu können, klang einfach toll. Es wäre die Lösung für mein Problem, einen Ort zu finden, wo ich mich jeden Tag hinbegeben könnte und es würde auch riesigen Spaß machen. Ich begann also damit, mir den Idealfall auszumalen und entschied, dass drei Tage die Woche Backstage oder im Theaterbüro zu arbeiten großartig wäre. Ich verschickte dann meinen Lebenslauf mit einem Anschreiben, in dem ich erklärte, dass ich Homeschoolerin, sehr flexibel und an einer Volontärtätigkeit im Theaterbereich interessiert wäre.

Ich hatte noch nichts von den von mir angeschriebenen Theatern gehört, als meine Mutter und ich eines Tages mit dem Bühnenbildner am Mount Wachusett Community College, Patrick Mahoney, ins Gespräch kamen. Da ich viel mit Theater am Mount zu tun hatte, kannte ich dort alle Leute. Meine Mutter erwähnte, dass ich auf der Suche nach einem Praktikumsplatz in Boston sei und fragte ihn, ob er noch andere Einrichtungen kenne, die ich anschreiben könnte. Patrick sagte »Ja, vielleicht« und fragte mich dann, ob ich schon mal ans Mount gedacht hätte. Ich sagte nein, da ich das Mount nicht wirklich als richtiges Theater angesehen hatte, aber natürlich ist es eins. Ich hatte kurz zuvor die Gelegenheit gehabt, Führungen in zwei professionellen Theatern in Boston und Worcester mitmachen zu können und konnte dabei feststellen, wie professionell auch das Theater am Mount ist. Patrick meinte, er würde der Abteilungsleiterin Gail reden. Ich rief Gail dann eine Woche später an und wir vereinbarten einen Termin.

Bei dem Gespräch fragten Gail und Patrick, was genau ich mir denn vorstellen würde. Ich sagte, dass ich gerne zwei oder drei Tage pro Woche da mithelfen würde, wo auch immer Hilfe gebraucht würde. Sie waren begeistert und Gail sagte, sie würde mit dem Chef der Personalabteilung sprechen, der mir dann wiederum anbot, ein paar Kurse am College zu belegen. Ich konnte es kaum glauben!

Wir meldeten mich zu zwei Kursen an – The Fundamentals of Acting und Scene Tech – die mir als Studienleistungen voll anerkannt würden. Der Prozess des Einschreibens war eine Tortur. Es war offensichtlich, dass sie noch nie zuvor einen Fall hatten, in dem eine 14-jährige Homeschoolerin sich bei ihnen zu Kursen anmelden wollte. Ich erhielt schließlich die Zulassung, und im Herbst gehts dann los. Sie hatten mir angeboten, schon diesen Sommer mit der Ausbildung anzufangen, aber ich sagte ihnen, dass ich mit dem Theater in Wilton immer noch so sehr beschäftigt sei und dass mir der Herbst besser passen würde

Letztendlich habe ich also eine Chance bekommen und sollte ich doch noch mal nach Boston gehen wollen, um dort eine Ausbildung zu machen, könnte ich sagen: Schaut her, ich hab bereits Erfahrungen auf diesem Gebiet gesammelt!

Ted Heuer aus Massachusetts, nun Student an der Brown Universität, arbeitete in seinem 15. Sommer als Praktikant in der Staatsverwaltung. Er kam natürlich auch nicht um die üblichen langweiligen Tätigkeiten herum – Adressen eintippen, Post sortieren etc. Aber die Arbeit war andererseits auch häufig sehr interessant. In der *GWS* Nr. 98 schreibt er:

Wenn Leute Fragen zu Gesetzesentwürfen hatten, besorgte ich eine Kopie und weitere Informationen von der Stelle, die sich mit diesem Entwurf befasst hatte. Diese Unterlagen gingen dann an die Abgeordnete Gardner, die mir ihre Ansichten dazu mitteilte und einen Entwurf für ein Antwortschreiben gab. Ich schrieb dann den Brief. Wenn Leute Fragen zu gesetzlichen Regelungen hatten, rief ich die entsprechende Abteilung, an um die notwendigen Informationen zu bekommen.

Vom Senate Legislative Education Office wurden fast jeden Tag Seminare für die Praktikanten angeboten. Das war einer der besten Teile meines Praktikums. Die Vorträge wurden von Abgeordneten, Senatoren, Lobbyisten, PR-Verantwortlichen usw. gehalten, wobei es um verschiedenste Themen ging. Wir wurden auch immer dazu aufgefordert, Fragen zu stellen. Einer der Redner stellte die Hydro-Quebecois-II-Pläne der Flutung von Land, das Cree-Indianern gehörte und wo eine riesiges Wasserkraftwerk für den Nordosten der US gebaut werden sollte, zur Diskussion. Ein anderer sprach über den ersten von ihm eingebrachten Gesetzesentwurf. Es ging darin um die Idee, bei Autounfällen getötetes Wild einzufrieren und das Fleisch für Gulasch in den Armenküchen zur Verfügung zu stellen! (Der Gesetzesentwurf wurde mit überwältigender Mehrheit angenommen). Die Seminare waren auch ein guter Ort, um andere Praktikanten zu treffen. Am Anfang eines jeden Seminars mussten wir aufstehen und uns vorstellen. Obwohl alle anderen Praktikanten College-Studenten waren, waren sie sehr freundlich zu mir, und ich hatte nie das Gefühl, dass man mich wegen meines Alters anders behandelte.

Als Praktikant zu arbeiten, war eine wunderbare Gelegenheit, einen Einblick in die Welt der Politik zu erhalten. Ich lernte so nicht nur den Alltag von Regierungsangestellten kennen, sondern ich verbesserte auch meine Kommunikationsfähigkeiten.

Zoe Blowen-Ledoux schreibt in der *GWS* Nr. 112 über ihre Puppenspielerlehre. Während der Ausbildung lebte sie sogar hin und wieder bei ihren Mentoren John und Caroll Farrell. Solche Arrangements wurden früher häufig getroffen, heutzutage sind sie jedoch eher selten:

Seit einem Jahr mache ich eine Ausbildung zur Puppenspielerin am Figures of Speech Theater. ... Ich habe viel über die Theorien der Farrells bezüglich des Puppenspiels gelernt und kann mich gut mit ihnen identifizieren. Meiner Meinung nach spiegeln die Marionetten eine Seite in uns wieder, die sich ohne Symbole nicht darstellen lässt.

Meine intensive Ausbildung begann letzten September, als ich mit John das Holzschnitzen begann. Ich nahm viele Bücher zur Hand, um mich mit den verschiedenen Puppenstilen vertraut zu machen und eine Vorstellung davon zu bekommen, was für eine Marionette ich gerne anfertigen würde. Ich arbeitete vier Wochen lang an einem Modell aus Ton und lernte nebenbei, wie man die Holzschnitzwerkzeuge schärfte. Im Oktober nahm ich an einem Holzschnitzkurs teil, den John an der Haystack Mountain School of Crafts in Deer Isle, Maine, leitete. An dem Wochenende arbeitete ich das erste Mal mit Holz und war begeistert. ...

In dem Monat nach dem Haystack-Workshop führte ich meine Holzschnitzarbeiten fort. Ich liebte es mitanzuschauen, wie sich die Figur langsam aus dem Holz herausschälte. Nach dem ich den Kopf fertig geschnitzt hatte, legte ich ihn beiseite und wendete mich dem Thema Schnittmusterentwurf zu. Ich begann so, mehr Zeit mit Carol zu verbringen als mit John. Ich lernte mit der Nähmaschine umzugehen und übte immer wieder, um geradere, haltbarere Nähte hinzubekommen. Ich begann desweiteren mit den Kleiderentwürfen für mich selbst. ...

Ich lese auch viele Geschichten und Mythen und habe angefangen, das Buch Die Kraft der Mythen von Joseph Campbell zu lesen. Ich dachte anfangs lediglich, dass ich in dem Buch eine Geschichte finden würde, die mir helfen kann, den Charakter meiner Puppe zu ent werfen. Stattdessen musste ich aber feststellen, dass mich diese Mythen aus aller Welt wirklich in ihren Bann ziehen. Ich will nun selbst eine Geschichte schreiben, in die ich Aspekte aus verschiedensten Kulturen der Welt einbinden will, anstatt mich nur auf eine Kultur zu konzentrieren.

Meine Ausbildung war eine gute Gelegenheit, thematisches Lesen zu üben. Ich habe viele Artikel in Theater- und Puppenspielmagazinen gelesen und seit kurzem diskutieren Carol, John und ich auch über bestimmte Artikel und Thesen. Es macht mir wirklich großen Spaß, mit den beiden über Artikel und Ideen zu reden und zu sinnieren, und ich glaube, dass ich so viel mehr lerne, als wenn ich diese Sachen nur allein lesen würde.

Im Großen und Ganzen gab es bisher in meiner Ausbildung nur sehr wenige Probleme und die wenigen konnte ich immer sehr schnell lösen. Zu Beginn dieses Winters war ich mit meinem Zeitplan sehr unzufrieden, der mir nur wenig Zeit für wirkliche Arbeit ließ. Wir haben daraufhin den Plan so abgeändert, dass ich nun zeitweise bei den Farrells wohne und auf diese Art und Weise längere und intensivere Ausbildungsblöcke genießen kann.

Ich fand es manchmal sehr frustrierend, wenn ich ewig brauchte, um etwas fertigzustellen. Beim Holzschnitzen letzten Oktober hatte ich z. B. das Gefühl, ich bräuchte dafür viel zu lange. Wenn ich jetzt darüber nachdenke, ist mir klar, dass ich in der Zeit viel mehr gelernt habe, als ich damals dachte. Neben dem Aneignen von handwerklichen Fertigkeiten, wie Schnitzen und Werkzeuge schärfen, begann ich mich auch ganz nebenbei dem Lebensstil der Farrells anzupassen.

Das Aneignen neuer Fertigkeiten und Entwickeln neuer Ideen hat die kreative Seite in mir in diesem Jahr vor viele Herausforderungen gestellt, und durch das Training hier eröffnen sich mir laufend ganz neue Möglichkeiten.

Kapitel 34
Volontärtätigkeiten

»Volontärjobs sind eine wirklich sinnvolle Beschäftigung«, meint der 17-jährige ehemalige Unschooler Anthony Hermans. »Man tut etwas Nützliches, ist dabei nicht einfach nur Teil der breiten Masse und schließt viele dauerhafte Freundschaften. Ich habe ehrenamtlich in kommunalen Vereinen, in der örtlichen Bücherei, unserem Wildpark und in einem Park für »Lebendige Geschichte« gearbeitet. Meine Schwester hat in einem Obdachlosenheim für Frauen und Kinder ausgeholfen.«

Volontärtätigkeiten sind in zweierlei Hinsicht Spitze: Erstens hilft man bei etwas, an das man wirklich glaubt, und zweitens gibt es einfach unglaublich viele Möglichkeiten. Man kann wirklich in fast allen Bereichen ehrenamtlich tätig sein – die kostenlose Eintrittskarte in die Welt – welche auch immer du erkunden magst. Hinzu kommt, dass du dir deine Zeit selbst einteilen und so viel oder so wenig arbeiten kannst, wie du willst. Es wird selten vorkommen, dass eine Organisation deine ehrenamtliche Hilfe aufgrund deines Alters ablehnt. Ehrenamtliche Arbeit macht sich auch gut im Lebenslauf, und es passiert recht häufig, dass sich aus solchen Tätigkeiten bezahlte Jobs ergeben.

In den Großstädten, in denen ich bisher gelebt habe, arbeiten in vielen Organisationen ausschließlich oder zumindest größtenteils ehrenamtliche Mitarbeiter: Hilfsorganisationen für ältere Menschen, Suppenküchen oder Eine-Welt-Läden. Derartige Organisationen finden sich in jeder Stadt plus einer Menge weiterer Vereine und Gruppierungen, die sich umweltschutztmäßig, sozial oder politisch engagieren: Greenpeace, amnesty international, politische Parteien, Suchtpräventionsgruppen etc.

Du musst dich aber nicht nur auf die Organisationen beschränken, die selbst aktiv nach ehrenamtlichen Mitarbeitern suchen, sondern du kannst dich an jede Organisation, Person oder Unternehmung wenden, die dir gefällt und dich dort vorstellen: »Ich würde gerne bei euch/Ihnen mitmachen – kann ich irgendetwas tun, um zu helfen?«, oder »Ich bin Pantomimin. Ich würde gerne ein mal pro Woche ohne Bezahlung im Zentrum für Asylbewerber Unterricht geben.«

In der *GWS* Nr. 100 berichtet Earl Gary Stevens darüber, wie sein Sohn zu einem Volontärjob bei einem Radiosender in Maine kam und was daraus wurde:

> Jamie war 11 Jahre alt, als er sich dazu entschloss, bei WMPG, einem mit der Universität in Verbindung stehendem lokalen FM-Sender, seine ehrenamtliche Mitarbeit anzubieten. Er ging die vier Blöcke zum Gebäude des Senders zu Fuß und erzählte ihnen, dass er bereit sei, jedwede Tätigkeiten auszuführen – Fegen, Akten sortieren, ins Mikrofon sprechen, was auch immer. Kurz darauf rief er uns an und meinte, er würde erst in ein paar Stunden nach Hause kommen, da er im Sender arbeite. ...Nach ungefähr einer Woche, in der Jamie damit beschäftigt war, Akten

zu stapeln und sich mit den Leuten dort bekannt machte, fragte ihn die Co-Produzentin von »Chickens are People Too«, ob er sich zutraue, die Sendung zu moderieren. Mit dem Schneid der Jugend und der Furchtlosigkeit eines Freilerners vereinbarte er sofort einen Termin und schwebte nach Hause, um uns die Neuigkeiten mitzuteilen. Von Bürohilfsarbeiten zur Leitung der Sendung »Chickens« in weniger als einem Monat!

(Chickens ist eine Sendung für Kinder, die von Kindern gemacht wird. Jamie hat ein paar dieser Shows moderiert.) Es dauerte nicht lange, und er half bei Ansagen und trat als Gast in anderen Sendungen auf. Die Arbeit am Mikro weckte sein Interesse am technischen Equipment, und er wollte lernen, wie man es fürs Mixen und Aufnehmen benutzte. Er belegte einen vom Sender angebotenen Produktionsworkshop und erhielt kurz darauf seinen eigenen Schlüssel für das Studio. Sein Interesse an der Radiounterhaltung brachte ihn dazu, in einem Hörspiel mitzumachen und später auch in vier verschieden Produktionen der Mad Horse Theater Company aufzutreten. Jamie spielte in Matilda, The Prince and the Pauper, East of the Sun and West of the Moon und in Charlott's Web mit. Mittlerweile ist er 13 Jahre alt und denkt nun darüber nach, seine eigene Kommunalradiosendung zu gestalten und zu moderieren. ...

Beinahe ein Jahr, nachdem Jamie sich beim WMPG vorgestellt hatte, traf ich draußen vor der Tür zufällig den Manager des Senders. Als ich mich ihm als Jamies Vater vorstellte, lächelte er und erzählte mir dann von Jamies erstem Besuch beim Sender: »Es kommt nicht oft vor, dass sich bei uns Kinder seines Alters vorstellen und nach einem Job fragen. Aber wir konnten sehen, dass er wirklich Interesse an unserer Arbeit hatte und mitmachen wollte. Wir gaben ihm deshalb eine kleine Führung durch den Sender und fanden einen Job für ihn. Wir alle hier schätzen Jamies Wesen. Seine Energie und Lebensfreude sind ansteckend ...«

Was für eine tolle Erfahrung für Jamie! Er hat inzwischen mehr als 30 Sendungen moderiert, junge Studenten getroffen, die zu Freunden wurden, sich eine besondere Nische an der Uni geschaffen, hat mit der Schauspielerei angefangen und viele positive Seiten an sich entdeckt. Hin und wieder hat er auch mit Erwachsenen zu tun, die Kindern gegen über nicht den nötigen Respekt zeigen. Aber im Großen und Ganzen haben sich fast alle gefreut, ihn kennen zu lernen und mit ihm zu arbeiten.

Viele Unschooler haben ehrenamtlich in Büchereien, Museen, Radiosendern, kommunalen TV-Sendern und lustigerweise auch in Schulen gearbeitet. Es mag merkwürdig klingen, aber es ergibt Sinn. Erstens hat jemand, der ehrenamtlich tätig ist, weitaus mehr Handlungsspielraum als die Schüler. Zweitens sind viele der Unannehmlichkeiten der Schule auf überfüllte Klassenzimmer und gestresste Lehrer zurückzuführen. Ein bereitwilliger Helfer könnte da durchaus einen großen Unterschied machen. Indem du als Unschooler auf völlig neue Art und Weise am Schulleben teilnimmst, könntest du deine eigene Kindheit, wie auch das Thema Schule insgesamt, in ganz anderem Licht betrachten. Und letztendlich wären da noch die Schüler, die von dem Zusammensein mit einem ausgeglichenen, anders denkenden Unschooler, der sie nicht nervt, mit Sicherheit profitieren. In der *GWS* Nr. 26 wird von einem 14-jährigen Unschooler berichtet, der jeden Nachmittag zweieinhalb Stunden in einer Grundschule aushilft, und von einer 13-jährigen Unschoolerin, die donnerstagnachmittags eine Stunde lang Kindern in einer Grundschule vorliest und deren Hausaufgaben kontrolliert. Und die 14-jährige Unschoolerin Jade Brown aus Washington wurde von einer staatlichen Schule eingeladen, um dort einen Vortrag über Kinderrechte zu halten.

In Kapitel 28 findest du weitere Informationen zu ehrenamtlichen Arbeiten im Outdoor-Bereich und Kapitel 29 beschäftigt sich auch mit internationalen Volontärjobs.

Volontärtätigkeiten könnten sich auch als gute Gelegenheiten erweisen, die eigene Ausbildung im Studieralter fortzusetzen. Wenn du erst mal 18 oder 21 bist, hast du bedeutend mehr Möglichkeiten, ehrenamtlich tätig zu sein, insbesondere dann, wenn du über besonders nützliche Talente und Fertigkeiten verfügst. Und vergiss nicht, dass sich aus ehrenamtlichen Tätigkeiten auch andere Gelegenheiten ergeben können. Emily Murphy schreibt in *GWS* Nr. 118:

> Aufgrund meines flexiblen Zeitplanes war es mir möglich, frühzeitig eine ehrenamtliche Tätigkeit in einem örtlichen Museum zu beginnen. Diese Arbeit war eine der aufregendsten und wertvollsten Erfahrungen, die ich bisher gemacht habe. Die Arbeit machte nicht nur Spaß, sondern ich fand aufgrund dieser Erfahrung später, während meiner »home schooled« Highschool- und Collegejahre noch viele andere Jobs in Museen, Bibliotheken und Archiven. Ich arbeite derzeit als Assistenzarchivarin und Kuratorin für Fotografien im Maryland State Archive. Als ich meine Bewerbung für diese Position vorbereitete, wurde mir klar, dass die Jobs, die sich aufgrund dieser ersten ehrenamtlichen Tätigkeit ergeben haben, zusammengerechnet viereinhalb Jahre Vollzeit-Berufserfahrung ausmachen. Das war mehr als genug, um in meinem Fall auf das Erfordernis eines abgeschlossenen Studiums zu verzichten!

Beispiele

In der *GWS* Nr. 36 berichtet ein Elternteil:

> Unsere 13-jährige Tochter arbeitet seit dem Frühjahr ehrenamtlich in einem naturwissenschaftlichen Museum. Zu behaupten, sie liebt diesen Job, ist keine Übertreibung! Sie hat bisher viel in dem »mount room« des Museums gearbeitet, wo sie Sammlungen katalogisiert und dabei viele Namen (einschließlich der lateinischen Bezeichnungen) von Vögeln und Säugetieren gelernt hat. Sie hat sich inzwischen zu einer richtigen Vogelkennerin entwickelt. Ab und zu macht sie mit dem Naturforscher des Museums Ausflüge in die Wildnis, und wir alle hatten die Gelegenheit, an einer vom Museum gesponserten Walbeobachtungstour (zu Mitarbeiterkonditionen) teilzunehmen. ...

Der Naturforscher war übrigens vom Wissen unserer Kinder und ihrer Liebe zur Natur sehr beeindruckt. Er meinte, er würde sich jederzeit freuen, sie auf Ausflüge in die Natur mitzunehmen. Alle Mitarbeiter des Museums sind der Meinung, dass es für unsere Tochter einfach toll war, diese Erfahrung machen zu dürfen und haben dabei geholfen, den Job noch interessanter zu machen, indem sie ihr unterschiedlichste Aufgaben übertrugen. Gelegentlich vertritt sie die Mitarbeiterin an der Rezeption, und sie hilft mit, wenn Rundschreiben für den Versand fertig zu machen sind. Inzwischen weiß dort jeder, was für eine gute Arbeitskraft sie ist, und die Nachfrage nach ihrer Hilfe ist groß! Ihr Hauptinteresse ist und bleibt aber die naturgeschichtliche Arbeit.

Alison McCutchen begann im Alter von 13 Jahren in einer Bibliothek und im Büro eines Tierarztes auszuhelfen. Ihre Mutter Ruth schreibt in der *GWS* Nr. 32:

»Beide Jobs machen ihr Spaß, aber die Arbeit beim Tierarzt mag sie besonders gerne. Während der ersten Woche war sie dabei, als ein Hund kastriert und zwei 10 Monate alte Kätzchen sterilisiert wurden. Sie erzählte uns davon in allen Einzelheiten, und wir waren von ihrem Bericht fasziniert. Sie war überhaupt nicht geschockt«

Anderthalb Jahre später schreibt Ruth McCutchen in der *GWS* Nr. 41:

»Alison (15 Jahre) arbeitet nun ehrenamtlich in einem Büro für Bürgerrechtshilfe, wo sie Aufzeichnungen von Sozialarbeitern abtippt und zu Berichten zusammenfasst.«

Alisons Schwester Deborah war 16 Jahre alt. Wie ihre Mutter in der *GWS* Nr. 46 berichtete:

»Deborah hat verschiedene Volontärtätigkeiten im Zoo ausgeführt. Sie hat unter anderem im Metazoo, einer kleinen Ausstellung mit Kleintieren, Reptilien und Mikroskopen gearbeitet, sowie bei der Vorbereitung der Mahlzeiten für die Tiere mitgeholfen.«

In *GWS* Nr. 26 schreibt Theo Giesy:

Darrin (14) und Susie (12) arbeiten drei Tage die Woche ehrenamtlich in der Cousteau Society. Sie machen dort alles Mögliche. Darrin arbeitet hauptsächlich im Warenlager, wo er den Warenversand vorbereitet (Bücher, T-Shirts etc.). Er darf auch den Gabelstapler fahren.

Da sie dort so viel mitgeholfen haben, wurden sie am Abend, bevor die Calypso lossegelte, zu einem 50-$-pro-Eintrittskarte-Empfang eingeladen. Darrin hatte keine Zeit, deshalb bin ich an stattdessen hingegangen. Ich traf dort unter anderem Jacques und Jean Michele Cousteau.

Darrin hat sich mit Jean-Micheles Sohn Fabian angefreundet – die beiden sind ungefähr im gleichen Alter und teilen viele Interessen.

Ich mag die Einstellung der Costeaus gegenüber ihren Angestellten und ehrenamtlichen Mitarbeitern. Sie schätzen Darrin und Susie sehr. Sie machten sich ein wenig Gedanken wegen der fehlenden Arbeitsgenehmigungen und der Menge der Stunden, welche die beiden dort tätig waren. Daher schrieb ich einen Brief auf Brook-School-Briefpapier, der besagte, dass die Tätigkeit der beiden Teil ihrer Schulausbildung sei und die volle Verantwortung von der Brook School getragen werde. Damit waren dann alle zufrieden.

Darrin ist auch für die Handhabung der Scheinwerfer beim Tidewater Dinner Theater verantwortlich, wo er für sechs Shows 40 $ pro Woche verdient. Das war auch der Grund dafür, dass er nicht zum Empfang der Cousteaus gehen konnte. Er hoffte, dass er bald die Verantwortung für die gesamte Beleuchtung übernehmen und dann 115 $ pro Woche verdienen kann. Die Arbeit mit den Scheinwerfern macht ihm Spaß, und die Leute vom Theater behandeln ihn wie einen Erwachsenen.

Der 12-jährige Frank Conley berichtet in der *GWS* Nr. 30:

Ich nehme derzeit an einem Veterinärmedizinkurs an der Louisiana State University teil. (Der Kurs richtet sich an begabte und talentierte Junior- und Highschool-Studenten, aber es war kein Problem, mich dort als Homeschooler anzumelden). Der Kurs weckte mein Interesse und ich wollte mehr darüber lernen, deshalb wendete ich mich an eine Tierarztpraxis bei uns in der Nähe. Ich fragte, ob ich in der Praxis aushelfen und im Gegenzug bei der Arbeit zuschauen dürfte.

Die Anfrage hat sich sehr gelohnt. Die drei Tierärzte sind sehr nett und hilfreich. Sie erklären mir alles ganz genau und ich darf nicht nur zuschauen, sondern auch bestimmte Hilfstätigkeiten ausführen. Sie sagen, ich sei »unersetzbar«.

Einige der interessantesten Sachen, die ich dort bisher gemacht habe, sind: einer Autopsie an einer Katze beiwohnen, Tieren Blut abnehmen und Objektträger fürs Mikroskop vorbereiten, Temperatur messen, bei Operationen zuschauen und die Tierärzte bei Noteinsätzen begleiten.

Ich helfe mittlerweile fast jeden Tag mehrere Stunden in der Tierarztpraxis aus und habe vor, als nächstes einen Tiermedizinkurs zu belegen. Ich kann diese Art zu lernen wirklich wärmstens empfehlen. Ich hatte anfangs etwas Angst, dass mich niemand nehmen würde, da ich erst 12 war, aber die Leute, mit denen ich ins Gespräch kam, waren froh, kostenlose Unterstützung zu bekommen.

In der *GWS* Nr. 35 schreibt eine Mutter:

Meine älteste Tochter meinte, sie würde gerne ehrenamtlich in einem Altenpflegeheim arbeiten. Deshalb schauten wir uns um und fanden auch eins in der Nähe, in dem sie als 14-Jährige anfangen konnte. Sie arbeitet zwei Tage pro Woche von 10 bis 15 Uhr. Die Bewohner dort lieben sie, und das Gefühl scheint auf Gegenseitigkeit zu beruhen. Von den Pflegekräften hört man nur Gutes über sie und wie gut sie sich dort eingefügt hat.

Sie denken alle, sie wäre mindestens 18 Jahre alt. Sie unterhält sich mit den Bewohnern, geht mit ihnen spazieren und füttert sie. Die Bewohner freuen sich immer auf sie. Was Lauren am meisten mag, ist, ihnen beim Erzählen von Geschichten aus der guten alten Zeit zuzuhören. (Wir unterhalten uns auch gern darüber, wie mir immer erzählt wurde, dass meine Kinder, wenn sie nicht lernten, früh aufzustehen und in die Schule zu gehen, niemals genug Disziplin haben würden, um einen vernünftigen Job zu bekommen!)

Karen Franklin aus Florida schreibt in der *GWS* Nr. 72:

Unser 12-jähriger Sohn Adam verbringt viel Zeit im naturwissenschaftlichen Museum. ... Sein größtes Interesse gilt der Meeresbiologie und vor allem den Haien. Der Museumsdirektor ist ein Experte auf diesem Gebiet und hat mit den besten Leuten dieses Faches zusammengearbeitet. Die Hauptausstellung in diesem Sommer war den Haien gewidmet und Adam, der selbst schon ein ganz beachtlicher Experte ist, durfte viele Führungen leiten und Fragen beantworten.

Die 17-jährige Sarabeth Matilsky aus New Jersey schreibt:

In der George Street Coop wird es nie langweilig. Der Laden spielt schon seit ich denken kann eine wichtige Rolle in unserem Familienleben. Die Coop ist für uns nicht nur Lebensmittelladen, sondern ein Platz, um Menschen zu treffen, Verbindungen zu knüpfen und zu lernen. Ich selbst begann dort zu arbeiten, als ich neun war (um im Namen meiner Familie die erforderlichen Arbeitsstunden zu leisten) und mit 13 wurde ich dann selbst Mitglied. Über die Jahre hinweg habe ich Hunderte von Stunden in der Coop gearbeitet, um meine eigenen Arbeitsstunden als auch die anderer Leute abzuleisten. Manchmal hab ich dort auch den ganzen Tag gearbeitet, weil sonst keine freiwilligen Helfer verfügbar waren und der Koordinator fast verrückt wurde. Ich hatte immer das Gefühl, dort respektiert zu werden, wenn auch nicht immer von Kunden (»WAS, du bist erst 12?«), dann doch von den Angestellten und den anderen Mitgliedern.

Als ich älter wurde und erfahrener, wurde mir auch mehr und mehr Verantwortung übertragen. Wann immer ich in den Laden komme, um zu arbeiten, kann ich Regale einräumen, Lebensmittel auspreisen, ... Bestellungen entgegennehmen, die Kasse bedienen ... oder eine der vielen, vielen anderen Sachen machen, die in einem Einzelhandelsgeschäft anfallen. Ich habe mir bei alledem viele nützliche Kenntnisse und Fertigkeiten angeeignet, z. B. die Berechnungen der einzelnen Kundenrabatte beim Bedienen der Kasse, den Umgang mit schwierigen Kunden, Verstehen, was in einem Lebensmittelladen hinter den Kulissen passiert, einschließlich dem Management von Jahresbudgets und Handelsspannen usw. Die Coop spielt in meiner Ausbildung eine ganz wichtige Rolle. Nicht nur, dass sie mich viel über Politik, Sozialwissenschaften, Mathe und Geografie gelehrt hat, sondern dass sie mir dabei geholfen hat, all diese praktischen Sachen und noch viel mehr zu lernen. Die Coop war und ist nicht nur Highschool- oder College-Ausbildung für mich, sondern Teil meiner Lebensausbildung.

Luba Karpynka aus Kalifornien schreibt in der *GWS* Nr. 87:

Mein 12-jähriger Sohn Joaquin Gray ist nun bereits seit einem Jahr ehrenamtlich bei unserem Lokalsender KCTV für 12 Stunden pro Woche tätig. Und er hat gerade ein sechsmonatiges Praktikum (zwischen all den Erwachsenen!) abgeschlossen. Sein Hauptinteresse gilt dem Computergrafikdesign, aber seine Aufgaben beinhalten daneben auch Regie, Kameraarbeiten und Lichttechnik. Er produziert eine Sendung über eine örtlich ansässige politische Gruppierung, zu deren Meetings er mit seinem Vater geht. Außerdem ist er gerade dabei, seine eigene Mini-Science-Fiction-Serie zu entwerfen.

All dies war nur deshalb möglich, weil er Homeschooler ist und somit Zeit hatte, sich auf seine wahren Interessen zu konzentrieren. Er hat sich den Umgang mit den Commodores 20 und 64 sprichwörtlich selbst beigebracht, und da wir uns keinen Amiga 2000 [Anm. der Übersetzer: Es handelt sich um erste Computermodelle] leisten können, hat er sich damit im Sender beschäftigt. Er wird nun andere ehrenamtliche (erwachsene) Mitarbeiter im Sender am Amiga 2000 unterrichten und dafür bezahlt werden.

Die 15-jährige Carmen Nolan aus Florida berichtet in der *GWS* Nr. 106 über ihre Volontärarbeit im Zoo:

Ich habe Tiere schon immer von Herzen geliebt und bin meiner Mutter sehr dankbar dafür, dass sie mir geholfen hat, einen Job im Zoo zu bekommen. Sie hat beim örtlichen Zoo angerufen und nachgefragt, was für Volontärjobs dort angeboten würden. Ich habe mich daraufhin für einen 8-wöchigen Mini-Zoologiekurs für Dozenten angemeldet. Den Kurs habe ich im November abgeschlossen und sofort angefangen, als Dozentin zu arbeiten. Viele Leute glauben, dass ehrenamtliche Tätigkeit im Zoo vorwiegend bedeutet, Ställe auszumisten, aber dem ist nicht so! Ganz genau genommen mache ich so was gar nicht! Ich arbeite als ehrenamtliche Dozentin und hatte daher viel über verschiedenste Tierarten zu lernen. Daneben musste ich mir besondere Kommunikationsfertigkeiten (freies Sprechen) aneignen, um Führungen machen und den Zoo bei kommunalen Projekten präsentieren zu können. Ich fühlte mich sehr geehrt, als ich mit dem Central Florida Zoo's »Rookie of the Year 1994 Award« ausgezeichnet wurde. ...Ich bin die jüngste Dozentin, die der Zoo jemals hatte. ...

Aufgrund meiner ehrenamtlichen Arbeit im Zoo konnte ich ganz genau herausfinden, welchen Beruf ich einmal ausüben möchte. Ich habe damit begonnen, mit dem Reha-Experten des Zoos zusammenzuarbeiten und denke, dass Tierrehabilitation genau das ist, was ich gerne machen möchte. Diese Art von Arbeit würde mich sehr erfüllen. Außerdem interessiere ich mich für die Arbeit mit Primaten und der Kommunikation mit ihnen via Zeichensprache.

Derzeit werde ich neben meiner Volontärtätigkeit als Dozentin auch noch als Arbeitnehmerin bezahlt. Der Zoo hat mich als Assistentin für eines seiner vielen Bildungsprogramme für Kinder angestellt. Dies ist für mich etwas ganz Besonderes, da ich mir diesen Job durch meine Volontärtätigkeit und persönlichen Einsatz verdient habe. Außerdem bin ich ja immer noch sehr jung. Ich weiß es sehr zu schätzen, dass die Erwachsenen genug an mich glauben, um mir einen Job anzubieten, der mir so viel Freude bereitet!

Die 14-jährige Anna Barnett aus Oregon schreibt:

Wir hörten das erste Mal von WISTEC, als meine Bruder mit dem Homeschooling begann. Willamette Science and Technology, das örtliche naturwissenschaftliche Museum, ist nicht besonders groß und hat nur einige große Räume, aber ich liebte es und liebe es immer noch.
Neben den ständige Ausstellungen gibt es dort auch regelmäßig Wanderausstellungen.
Im WISTEC gibt es einen Raum mit Edelsteinen, einem Bienenstock und allen möglichen Arten von Kleintieren. Jede Saison wird einem anderen Thema gewidmet: Physik, Fotografie und was auch immer. Ich habe mich für »Saturday Science«-Kurse angemeldet. Einmal habe ich einen Fotokurs belegt und dabei herausgefunden, dass WISTEC eine eigene Dunkelkammer besitzt. (Cool!). »Saturday Science« als auch der Fotografiekurs wurden von Mark Dow geleitet.

Ich glaube, zu dem Zeitpunkt hatte ich bereits mit dem Homeschooling begonnen und interessierte mich für Volontärarbeit. Ich entschied mich für das WISTEC, weil ich dachte, die Arbeit dort würde Spaß machen und da ich wusste, dass sie nach ehrenamtlichen Mitarbeitern suchten. Ich rief Mark Dow an, weil ich ihn von allen WISTEC-Leuten am besten kannte und weil er mein Lieblingslehrer war. Ich musste ein Formular ausfüllen und wurde damit offiziell. Als erstes hatte ich bei der Vorbereitung einer riesigen Ausstellung des San Francisco Exploratoriums mitzuhelfen. Die Ausstellung nannte sich »Finding Your Way«, und es ging dabei um Navigation. Ich war mit dem Auf- und Abbau beschäftigt und half Leuten beim Herumschieben von Sachen, aber ich hatte im Großen und Ganzen das Gefühl, dass jemand anderes diesen Job vielleicht besser hätte erledigen können. Zu der Zeit schrieb ich auch einen Brief an die *GWS*. Ich glaube, ich war damals 11 oder 12 Jahre alt.

Danach half ich bei der großen jährlichen Eugene Celebration mit, bei der das gesamte Zentrum von Eugene involviert ist. Das Museum war dort mit einem eigenen Stand vertreten, um »Finding Your Way« und WISTEC ganz allgemein zu präsentieren. Meine Freunde und ich trieben uns auf dem gesamten Gelände herum, und gelegentlich ging ich zum WISTEC-Stand, um dort eine Stunde lang mitzuhelfen.

Die Arbeit am Stand war etwas ganz anderes, als die Vorbereitungen der Ausstellung. Am Stand gab es Aktivitäten für Kids, Flyer und Freikarten für die Ausstellung und zwei Leute, die Auskunft zur Ausstellung gaben und die Kids beaufsichtigten. Die ehrenamtlichen Mitarbeiter am Stand waren sehr beschäftigt und froh darüber, wenn ich da war, um zu helfen. Ich verteilte viele Freikarten und weckte bei Kindern und Erwachsenen das Interesse für WISTEC.
Ich glaube, danach machte ich erst mal eine Weile nichts für WISTEC. Wenn ich Mark anrief, hatte er nichts für mich zu tun und ich fing an, mich mit anderen Dingen zu beschäftigen.
Später meldete ich mich dann zu einem »WISTEC Apprentice«-Kurs an, der von der Saturday Academy angeboten wurde. Der Kurs wurde von Mark geleitet, und wir entwarfen Ausstellungen und bauten Testmodelle. Nachdem der Kurs abgeschlossen war, ging ich weiter einmal pro Woche hin, um Ideen umzusetzen, für die wir im Kurs keine Zeit mehr hatten. Es hat riesigen Spaß gemacht, und ich konnte dabei auch meine Angst vor Elektrowerkzeugen und Maschinen überwinden.

Nach zwei Monaten fing ich jedoch an mich zu langweilen. Ich hatte keine Lust mehr, in die Werkstatt zu gehen. Meine Mutter schlug vor, dass ich ein paar meiner Computergrafiken mitnehmen und vorzeigen sollte. Vielleicht gäbe es ja in dem Bereich etwas für mich zu tun. Das machte ich dann auch, und ich wurde sofort an den Rechner gesetzt, um mit Superpaint (graphics paradise) zu arbeiten. Mark trug mir auf, eine Beschreibung mit Grafiken für ein naturwissenschaftliches Exponat anzufertigen. In der Woche darauf arbeitete ich an einer Erläuterung für ein Konferenz-Exponat. Ich brauchte dafür einen Monat, und ich arbeitete wirklich hart.

Mittlerweile mache ich eine Menge Computergrafikarbeiten und bin so etwas wie eine gute Fee des Museums. Einmal half ich Mark dabei, mit verschiedenen Farbindikatoren für einen Mr. Wizard-Auftritt bei einer WISTEC-Geburtagsparty herumzuexperimentieren. Ein anderes Mal fertigte ich eine riesige Freihandzeichnung als eine Art Ausstellungsposter an. Ich hänge Fotografien auf, fertige Kopien an, füttere Beastmaster, den Leguan und Rock, die Schildkröte. ... Ich bräuchte mehrere Seiten dafür, um all die merkwürdigen Jobs aufzuzählen, mit denen ich beschäftigt bin. Und der andere Job, den ich mir hier für zuletzt aufgehoben habe, ist die Mitarbeit bei »Friday Night Science«.

»Friday Night Science« ist ein wöchentliches Angebot für Schüler der Grundschule. Jede Woche gibt es ein anderes Thema. Ich helfe bei der Vorbereitung, bei der Beaufsichtigung der Kids und habe noch mehr merkwürdige Aufgaben, die vom Verteilen gefriergetrockneter Nahrung auf einer »Raumschiffreise« bis zum Hinweisen auf Tierspuren während Naturwanderungen reichen. Für gewöhnlich sind ungefähr 12 wilde Kinder dabei und Randy, die Lehrerin, ist für jede Hilfe dankbar. Vor kurzem brachte ich eine Freundin mit, die Lust bekommen hat, öfters auszuhelfen. Und das beste ist, dass ich durch meine Arbeit selbst an all diesen Angeboten teilnehmen kann!

Die Tätigkeit im WISTEC macht mir wirklich viel Freude. Ich mag meine Arbeit und die Einrichtung, und ich verstehe mich gut mit den anderen Leuten, die dort arbeiten. Sie schätzen meine Unterstützung.
Ich denke, bei meinen Zukunftsplänen wird WISTEC keine große Rolle spielen. Meine Berufswünsche ändern sich momentan auch ungefähr einmal pro Monat. Derzeit könnte ich mir vorstellen, Köchin, Schauspielerin oder Psychologin zu werden. Ich habe auch vor, andere Volontärjobs zu machen, sobald ich etwas mehr Zeit habe.

Mein Ratschlag an alle, die Volontärarbeit einmal ausprobieren wollen: Tu es einfach! Und hab keine Angst nachzufragen, wenn es einen Ort gibt, wo du gerne arbeiten willst. Du wirst überrascht sein, wie viele verschiedene Einrichtungen und Unternehmen, von der Bibliothek bis hin zum Baumarkt, deine Hilfe gebrauchen können.

Kapitel 35
Jobs

Ich war wie so viele andere Vollblüter. Ich wollte keinen eintönigen Job in einem Büro oder einer Fabrik. Ich war mir einfach zu schade für so was. Nicht, weil ich mich für was Besonderes hielt, sondern weil ich denke, dass jedes menschliche Wesen sich zu schade für solch ein Nicht-Leben sein sollte – sogar Weiße.

– JOHN FIRE, *Lame Deer, Seeker of Vision*

Beschränke dich nicht auf das, was die Menschen üblicherweise als für Teenager geeignete Jobs ansehen. Du kannst weitaus mehr als Babysitten, Crêpes backen und Autos waschen. In einem spezialisierten Einzelhandelsgeschäft zu arbeiten ist z. B. eine der besten Möglichkeiten, in einem Bereich tätig zu werden, der dir wirklich gefällt. Denk dabei an Comicläden, Zoo-Geschäfte, Buchläden, Schmuckgeschäfte, Klamottenläden, Trödelläden, Gesundheitsläden, Musikgeschäfte etc. Leute, die in solchen Geschäften arbeiten, sind oft sehr bewandert in ihrem Fach, und du kannst eine Menge von ihnen und dem Zeug, was sie verkaufen, lernen. Hinzu kommt, dass Einzelhandelsgeschäfte auch oft Teenager einstellen.

Mach dich mit den gesetzlichen Bestimmungen zur Beschäftigung Minderjähriger vertraut, so dass du weißt, was möglich ist und was nicht. In den USA muss man – ähnlich wie in Deutschland – generell 14 Jahre alt sein, um eine Arbeitserlaubnis zu erhalten. Diese Bescheinigungen sind von den Arbeitgebern für alle ihre Arbeitnehmer unter 18 in den Akten abzulegen. Es kann sein, dass du dir diese Arbeitsgenehmigung von der zuständigen Behörde besorgen musst. Einige Arbeitgeber haben sich jedoch im Falle von Homeschoolern mit einer schriftlichen Erlaubnis der Eltern zufriedengegeben. Setze dich dazu mit den zuständigen Behörden in Verbindung und bitte um Zusendung der betreffenden Gesetzestexte.

Schau dich auch nach geeigneten Jobs im Freundes- und Bekanntenkreis deiner Eltern um. In der *GWS* werden z. B. regelmäßig Anzeigen von Homeschooler-Familien geschaltet, die nach einem Live-in-Kindermädchen suchen.

Wenn du noch sehr jung bist oder große Schwierigkeiten hast einen Job zu finden, überlege dir, deine Arbeitskraft gegen eine sehr geringe Entlohnung anzubieten. Aber bitte nur zu Beginn. Schäme dich nicht, nach mehr Geld zu fragen, sobald du gezeigt hast, dass du den Job wirklich gut machst. Wenn du so gut wie ein Erwachsener arbeiten kannst, dann verdienst du auch, entsprechend entlohnt zu werden. Wenn du legal und mit Arbeitsgenehmigung tätig bist, steht dir in vielen Ländern ein Mindeststundenlohn zu, egal wie alt du bist. Falls du das Gefühl hast, man nutzt dich aus, rede mit deinem Chef. Sollte das nichts bringen, setzt dich mit deinem Arbeitsministerium in Verbindung und bitte um Informationen und Hilfe.

Eine andere Möglichkeit wäre, auf einer Art Tauschhandelsbasis zu arbeiten. Dies bedeutet, du bekommst als Gegenleistung etwas anderes als Geld. Wenn du noch sehr jung bist, könnte dies die Gesamtsituation für deinen Arbeitgeber etwas leichter machen. Er oder sie könnte dich Volontärkraft nennen und so Ärger mit den Behörden vermeiden.

Unschooler und ihre Jobs

In der *GWS* Nr. 20 schreibt Rosalie Megli:

> Unserer 13-jährigen Tochter Lora eröffnen sich gerade ganz neue Möglichkeiten. Sie hat sich um einen Teilzeitjob in einer örtlichen Tierarztpraxis gekümmert, wo sie die Tiere füttern und Käfige säubern wird. Die Tierärzte haben ihr auch angeboten, bei ihren Hausbesuchen mitzukommen und ihnen bei Büroarbeiten über die Schulter zu schauen. Da Lora Tiere liebt und auch eine berufliche Karriere als Tierärztin in Betracht zieht, sind wir über diese Übereinkunft sehr froh. Ihre Arbeitsgenehmigung bekam Lora vom »Superintendent of Schools«, der keinerlei Beschränkungen bezüglich Arbeitsstunden und -zeiten vornahm. ...
> Lora betreibt des Weiteren ein kleines Handwerksunternehmen (sie fertigt kräutergefüllte Topflappen-Handschuhe an) und hat vor, sich von den Einnahmen aus dem Weihnachtsgeschäft ein Mikroskop zu kaufen.

Eileen Trombly schreibt in GWS Nr. 24:

> Amy ging zum Bewerbungsgespräch, wurde angenommen und sprang kopfüber in die Avon-Welt. [Ein US-amerikanisches Kosmetikunternehmen] ...
> Sie hat in den vergangenen Monaten viel als Babysitterin und Putzfrau gearbeitet und war aufgrund ihrer Zuverlässigkeit und ihres Könnens sehr gefragt. Über die Jahre wurden ihr immer mehr Verantwortungsbereiche als Babysitterin übertragen, und Eltern von Kleinstkindern wie auch von älteren Kindern nahmen ihre Dienste in Anspruch. Während der Sommermonate begleitete sie sogar Familien auf Segeltörns nach Block Island, Newport etc. ... Mit 15 wurde ihr das alles dann zu viel, und auch das Geld, das sie – eine ambitionierte Ballerina mit hohem Verschleiß an Ballettschuhen – mit Hilfe dieser Jobs verdiente, reichte nicht mehr.
>
> In den ersten fünf Tagen als Avon-Beraterin war sie sehr erfolgreich und verdiente 100 $. Weitere Kalkulationen haben nun ergeben, dass sie im Durchschnitt zwei Stunden pro Tag (mit freier Zeiteinteilung) arbeitet und ca. 7,50 $ pro Stunde verdient. Gar nicht so schlecht für eine 15-Jährige. Wenn sie mehr Stunden arbeitet, verdient sie auch mehr – es hängt ganz von ihr ab. ... Die meisten ihrer Kunden sind ältere Menschen, die von Loras Selbstsicherheit stark beeindruckt sind. Lora hat ausgerechnet, das sie nun zusätzliche Ballettstunden nehmen und auch noch Geld zurücklegen kann.

Pam Robinson berichtet in der *GWS* Nr. 25 von ihrem 12-jährigen Sohn:

> Jared hat einen Rasenmäher-, einen LKW-Motor und ein Getriebe überholt. Im Sommer arbeitet er für einen Nachbarn. Er fährt dann einen Traktor mit angehängtem Heuwender oder großem Heuwagen. Er wird dafür sehr gut bezahlt, da er einer der besten und zuverlässigsten Arbeiter der Gegend ist. In diesem Jahr war er für die Einarbeitung der Neulinge zuständig – 17- und 18-jährige junge Männer. Von uns aus müsste Jared noch gar nicht arbeiten. Trotzdem beschließt er selbst oft, lange und auch an Sonn- und Feiertagen zu arbeiten.

Die 14-jährige Erin Roberts berichtete mir in einem Brief von ihrer Arbeit mit Pferden. Sie arbeitet seit vier Jahren in einem Reitstall, wo sie Reitausflüge leitet und auch anderweitig aushilft. Sie arbeitet des Weiteren als Assistenztrainerin auf einem Araber-Gestüt (Windsor-Araber). »Ich helfe dort vor allem bei der Dressur der 3- bis 4-Jährigen,« sagt sie, »sowie beim Zureiten der ganz jungen Pferde und vielen anderen Tätigkeiten.« Sie hat sich kürzlich einen 3-jährigen Araber gekauft und ihn selbst dressiert. Als sie mir schrieb, hatten die beiden gerade an ihrer ersten Show teilgenommen, und Erin meinte: »Wir haben zwar keinen Preis gewonnen, hatten aber unglaublich viel Spaß.«

Scott Maher, 13 Jahre alt, berichtet in der *GWS* Nr. 37:

> Im September ging ich den Wakefield Pet Shop (Tierhandlung) und fragte den Besitzer Steve, den ich bereits kannte, ob es eine für mich Möglichkeit gäbe, dort auszuhelfen. Ich sagte ihm, ich sei Homeschooler und könne deshalb auch vormittags arbeiten. Steve meinte daraufhin, wir könnten es eine Weile probieren und sehen, wie es läuft.
>
> Ich fing an einem Montagvormittag an, und Steve führte mich herum und erklärte, wie alles funktionierte. ... Ich begann dann damit, die Vogelkäfige zu säubern und die Vögel zu füttern. Als nächstes kehrte ich den Fußboden und fütterte die Fische. Dann gab ich den Kleintieren (Eidechsen, Kaninchen, Meerschweinchen, Katzen etc.) Futter und frisches Wasser. An manchen Tagen säubere ich auch die Wasserfilter der Aquarien und messe den pH-Wert des Wassers. An anderen Tagen säubere ich die Käfige und putze die Scheiben. Ich habe Steve auch schon beim Auspacken von Lieferungen und Verstauen der Waren im Lager geholfen.
>
> Ich arbeite dort nun bereits seit fast vier Monaten, habe Kunden bedient, sie beraten, Inventurlisten bearbeitet und sogar allein den Laden betreut, wenn Steve eine Erledigung machen musste. Steve wird mir bald zeigen, die Kasse zu bedienen. ...

Ich denke, das Beste an dem Job ist, dass ich so viel über verschiedenste Tierarten und ihre Haltung und Pflege lerne. Ich war schon für kleine Säugetiere und für Eidechsen ver antwortlich, und es macht Spaß, Kunden zu bedienen und zu beraten.

Ein Jahr später berichtet Scotts Mutter in der *GWS* Nr. 43:

Steve, der Besitzer, hat oft bei uns zu Hause angerufen und Scott gebeten, in den Laden zu kommen, weil er dringend seine Hilfe benötigte. Steve hat auch schon mehrfach Scott für mehrere Stunden allein im Laden gelassen, weil er etwas zu erledigen hatte. Als Steve einen zweiten Laden in einer nahe gelegenen Stadt eröffnete, nahm er Scott oftmals spätabends mit, um Waren auszupacken, Schilder aufzustellen oder ihm dabei zu helfen, Decken einzuziehen und zu verkleiden. Ab und zu begleitet Scott Steve abends bei Besuchen in Restaurants oder Privathaushalten, um dort neue Aquarien aufzustellen oder bereits vorhandene zu reinigen.

Den Kunden scheint es nichts auszumachen, dass Scott so jung ist. Sie verwickeln ihn oft in Gespräche über die Pflege und Haltung bestimmter Haustiere oder das Einrichten eines Aquariums. Ein älterer Mann nahm sich z. B. alle Ratschläge Scotts zu Herzen, als er sich die Fische für sein neues Aquarium aussuchte.

Steve hat sich vor kurzem dazu entschlossen, einen Stand auf einem Sonntagsflohmarkt in einer nahe gelegenen Stadt einzurichten und dort Zubehör für die Haustierhaltung zu verkaufen. Er hat Scott die gesamte Verantwortung für dieses Vorhaben übertragen.

Eleadari Acheson, 15 Jahre alt, berichtet in der *GWS* Nr. 76 von ihrer Arbeit in einem Antiquariat und ihrer Tätigkeit als Gymnastiklehrerin.

Während der letzten zwei Jahre ist der Laden in größere Räumlichkeiten umgezogen, und ich arbeite nun fünf Stunden täglich an drei Tagen pro Woche. Meine Verantwortlichkeit hat sich erhöht, und ich verdiene nun auch mehr Geld. Ich kaufe Bücher an, bestimme den Verkaufspreis, erledige Reinigungsarbeiten, kümmere mich um Dekoration und Präsentationen, erledige Geschäftstelefonate, schreibe Geschäftsbriefe, recherchiere bestimmte Bücher, beantworte Fragen und räume Regale ein. Wenn die Besitzer im Urlaub sind, erledige ich auch die Post- und Bankgeschäfte.

Zu Beginn war ich die einzige Angestellte, aber vor ein paar Monaten wurden drei weitere Mitarbeiter eingestellt. ...Da ich am längsten dabei bin, verdiene ich auch mehr als die anderen, obwohl ich die Jüngste von allen bin. Wenn die Besitzer nicht da sind, wenden sich die anderen Mitarbeiter an mich, wenn sie Fragen haben ...

(Über ihre Arbeit als Gymnastiklehrerin): Am Anfang war ich nicht einmal stark genug, um den Überschlag vorwärts mit den älteren Kindern zu trainieren. Mittlerweile leite ich die Älteren beim Überschlag rückwärts an. Ich leite auch die Aufwärmübungen und zeige die nicht ganz so komplizierten Tricks, während der Trainer sich auf das schwere Zeug konzentriert.
Ich denke, diese Jobs sind der wichtigste Teil meiner Homeschooler-Ausbildung. ...

Zu der Zeit, als Kristine Breck in der *GWS* Nr. 70 Nachfolgendes berichtete, war sie bereits seit sechs Jahren Homeschoolerin:

Mein größtes Interesse gilt den Tieren. Ich hatte vor kurzem die Gelegenheit, von meinem Zuhause in Alaska nach Florida zu reisen, um dort eine Einrichtung zu besuchen, die exotische Tiere wie Löwen, Tiger, Leoparden etc. züchtet. Damit wurde mein großer Traum wahr. Großkatzen hatten mich schon immer fasziniert, und nun bot sich mir die Gelegenheit, mit ihnen zu leben!

Klar musste ich dafür arbeiten, aber ich hatte immer Freude an dem, was ich tat. Ich habe mehrere (mit Preisen ausgezeichnete) Hunde und ein Schaf trainiert, einen Moschusochsen aufgezogen, einen Fuchs gezähmt, den Weltmeister der Renn-Rentiere trainiert und im Wettkampf geführt und meinem besten Freund, einem Pferd, (bisher) 35 Kunststücke beigebracht.

Als die Leute von der Großkatzeninstitution letzten Sommer ihre Ausstellung in unsere kleine Stadt nach Alaska brachten, gab ich ihnen eine Kopie meines Lebenslaufes. Sie meinten, ich hätte Talent und sie würden zu einem Gespräch auf unsere Farm kommen.

Im Februar bestieg ich dann den Flieger nach Florida. ...Da ich bereits Erfahrung in der Arbeit mit speziellen Tieren, einschließlich einiger vom Aussterben bedrohter Arten hatte, brachten mir die Besitzer viel Vertrauen entgegen, und ich durfte mich um den jungen Pavian, das Lama, die Löwenkinder und das Leopardenbaby kümmern. Ich gab mein Bestes und nutzte all mein Wissen, um mich ihres Vertrauens würdig zu erweisen. Und ich muss wohl ein gutes »Kindermädchen« gewesen sein, denn es gab nie Probleme, und sie haben mich und meine Mutter eingeladen, zu ihnen zu ziehen und dort dauerhaft zu leben und zu arbeiten.

Wenn ich Leute treffe und ihnen von meinem Abenteuer erzähle, sind sie meist sehr erstaunt. Für gewöhnlich heißt es: »Und du bist erst 16 oder 17, ja?« Ehrlich gesagt bin ich erst 14, aber mein Alter hat unter diesen Umständen keine Rolle gespielt. Viel wichtiger waren Wissen, Interesse und der Wunsch, dazuzulernen. Es war eine tolles Erlebnis für mich, und ich bin der Meinung, dass Homeschooling hervorragend dazu geeignet ist, sich auf das wahre Leben vorzubereiten.

Ein Jahr später schreibt Kristine in der *GWS* Nr. 79:

> Diesen Sommer bin ich fünf Monate lang mit der Big Cat Show herumgereist. Ich hatte zuvor schon andere Jobs, aber dieser hier war mit Sicherheit die intensivste Erfahrung. Ich habe gelernt, Verantwortung zu tragen, mit Geld umzugehen und mich weit weg von meiner Familie um mich selbst zu kümmern. Das Reisen macht mir wirklich Spaß. Neue Situationen und Umgebungen geben einem ständig Gelegenheit, dazuzulernen. Es scheint, dass es leichter fällt, sich neuen Situationen anzupassen oder Veränderungen hinzunehmen, wenn man viel gereist ist. ...
>
> An meinen nächsten Job kam ich über Leute, die mich kannten und meinten, ich sei eine sehr reife, hart arbeitende, junge Person – worum ich mich wirklich immer bemüht habe. ... Bei diesem Job hatte ich mit Kamelen und einheimischen Tieren beim Radio City Music Hall Christmas Spectacular zu tun. Dies war sicherlich ein beeindruckender Ort, um zu arbeiten und ich musste dafür auch zwei Monate lang in New York City wohnen – eine wirklich interessante Erfahrung für jemanden, der aus einer Kleinstadt kommt.

Kristine zog anschließend nach Maine, wo sie in einem Tierpark lebt und arbeitet. Sie spart sich Geld zusammen, um »ein Auto und Equipment zu kaufen, mit dem ich dann mit meiner eigenen Tiershow auf Reisen gehen kann.« Als sie 19 wurde, war sie mit ihrem Pferd Magic tatsächlich schon in den gesamten USA, einschließlich in der David Letterman Show und der Radio City Music Hall, aufgetreten und nach Kalifornien gezogen. Dort gründete sie ihr eigenes Unternehmen. Sie bietet ein Bildungsprogramm mit Tieren sowie Reitausflüge für Kinder an und organisiert romantische Reitausflüge einschließlich Sonnenuntergangsdinner.

In der *GWS* Nr. 67 schreibt Randall Kern:

> Ich bin 12 Jahre alt und war schon immer Homeschooler. Seit sechs Jahren beschäftige ich mich mit Computerprogrammierung. Vor einem Jahr trat ich einem IBM-Computerklub bei, auch wenn ich selbst damals noch keinen IBM besaß. Als wir dann letzten Juni einen IBM kauften, wurde ich Berater unserer Gruppe.
>
> Das letzte Treffen, an dem ich teilgenommen habe, fand in einem Zeitungsbüro statt, da der Rechner, den sie für ihre Buchhaltung benutzen, eingerichtet werden sollte. Vor Ort mussten wir feststellen, dass das Programm, das sie gekauft hatten, nicht das konnte, was sie brauchten. Sie beauftragten mich damit, ein Buchhaltungsprogramm zu schreiben.

In der *GWS* Nr. 43 wird von Jeff Gold berichtet, der die Schule mit 16 Jahren verließ und 2000 $ pro Woche verdiente, indem er Unternehmen dabei half, ihre Computersysteme sicher zu machen.

Leonie Edwards, 16 Jahre alt, liebt ihren Vollzeitjob als Zahnarzthelferin und hat vor, Zahnärztin zu werden. Sie begann mit 14 ihre Tätigkeit in der Praxis als Assistentin der Assistentin. Zu jener Zeit schrieb sie in der *GWS* Nr. 64:

> Ich arbeite hauptsächlich mit der Zahnarzthelferin zusammen. Ich begann mit einfachen Tätigkeiten wie Reinigungsarbeiten, Instrumente sterilisieren, Tabletts vorbereiten, Räume für den nächsten Patienten fertig machen und schaute der Zahnarzthelferin bei verschiedenen Tätigkeiten zu. Nach einer Weile bekam ich mehr zu tun. Ich arbeitete am Empfang, ordnete Patientenakten, bereitete Spritzen vor, stellte sicher, dass alle notwendigen Materialien in den Räumen zur Verfügung standen und entwickelte Röntgenaufnahmen. Danach begann ich, dem Zahnarzt zu assistieren. Mittlerweile fragt der Zahnarzt mich und nicht die Zahnarzthelferin, ihm mit Füllungen und gelegentlich auch bei Wurzelbehandlungen zu helfen.

»Dank Homeschooling kann ich nun zweieinhalb Jahre Berufserfahrung in einer Zahnarztpraxis in meine Bewerbung um einen Studienplatz schreiben«, schreibt sie jetzt. Des Weiteren hat sie einen von der Kentucky University angebotenen Fernlehrgang für Humanmedizin belegt, was ihr als Studienleistung für ihren Bachelor-Abschluss anerkannt wird.

Kapitel 36
Unternehmerische Selbstständigkeit

Ein eigenes Unternehmen zu gründen, kann Freiheit, Kreativität, Selbstverwirklichung und Befriedigung deiner ganz persönlichen Talente und Interessen bedeuten. Du kannst fast alles machen: tropische Fische züchten und verkaufen, Dachböden aufräumen, ein Perlengeschäft führen, alte Bücher aufarbeiten oder Jeans ausbessern, einen Buchversand für Teenager gründen, Pferde trainieren, Websites gestalten oder IT-Dienstleistungen anbieten usw. In den meisten Fällen gilt: Unternehmen, die von Erwachsenen geführt werden, können genauso gut auch von Teenagern geführt werden. Und nur weil du noch nie von jemandem gehört hast, der Geld damit verdient, Kindern beim Bau von Baumhäusern zu helfen, bedeutet dies nicht, dass so etwas nicht möglich ist. Klar kannst du auch jede Art von Tätigkeit als Arbeitnehmer ausführen – du kannst beispielsweise auch im Perlenladen anderer Leute arbeiten.

Als Unternehmer bist du nicht einem Boss, sondern nur dir selbst und deinen Kunden (Klienten) Rechenschaft schuldig. Logischerweise bedeutet die Führung eines eigenen Unternehmens auch, dass du auf eigenen Füßen stehen musst und es keinen Boss gibt, der dir ein Gehalt zahlt. Wenn du besonnen wirtschaftest und deine Arbeit liebst, wirst du *schließlich* auch Gewinn machen. Schlimmstenfalls kann es passieren, dass du deine Investitionen verlierst. Wenn du im Bereich Kinder- oder Haustierbetreuung tätig bist, kann es auch passieren, dass du gerichtlich belangt wirst und für entstandene Schäden aufkommen musst. Solange du jedoch bei allem, was du tust, Sorgfalt walten lässt und keine leeren Versprechungen machst, solltest du auch keine Schwierigkeiten bekommen.

Es gibt zwei Gründe, warum die Gründung eines eigenen Unternehmens sich insbesondere für Teenager anbietet. Erstens musst du dich nicht selbst anhand deines Unternehmens finanzieren. Du bist nicht gezwungen, sofort Geld zu verdienen, kannst die Sache also langsam angehen und aus eventuellen Fehlern lernen.

Viele Erwachsene können es sich nicht leisten, in die berufliche Selbstständigkeit zu wechseln. Ihre Jobs erlauben es nicht, genügend Zeit in den Start eines Unternehmens zu investieren, und sie können ihre Jobs auch nicht gänzlich kündigen, da sie das Geld brauchen. Die meisten Unternehmen machen im ersten Jahr nach ihrer Gründung nur sehr wenig Gewinn oder gar Verlust. Das hängt damit zusammen, dass häufig eine Anfangsinvestition nötig ist, deren Größe von der Art des Unternehmens, deinen Ansprüchen und deinem Einfallsreichtum abhängt. Gründungen von Einzelhandelsunternehmen erfordern für gewöhnlich ein hohes Startkapital zur Deckung von Mieten und Warenerstausstattung. (Deiner Kreativität sind bei der Reduzierung der Kosten natürlich keine Grenzen gesetzt. Ich selbst betreibe einen kleinen Einzelhandel, bei dem so gut wie gar keine Fixkosten anfallen: Ich schleppe einfach zu jedem Tanzkurs oder Workshop eine Kiste mit Anleitungsvideos und Schleiern mit, die ich zum Verkauf anbiete.) Dienstleistungsunternehmen erfordern wiederum wenig Startkapital. Als Tutor, freischaffender Fotograf, Gitarrenlehrer oder Schreibkraft benötigst du anfangs lediglich das Geld für Werbung und Transport sowie die jeweiligen Werkzeuge oder Ausrüstungsgegenstände (Kamera, Gitarre, Computer, etc.).

Ich will damit nicht sagen, dass es *unmöglich* ist, im ersten Geschäftsjahr Gewinn zu machen. Vor allem dann nicht, wenn es eines deiner obersten Ziele ist, mit deinem Unternehmen schnell Geld zu verdienen. Meine Freundin Laura z. B. buk während ihres zehnten Schuljahres jeden Tag frisches Brot und Kekse an der Highschool. Mit dem Verkauf der Sachen an Lehrer und Mitschüler verdiente sie sich das Geld für eine Schottlandreise im darauffolgenden Sommer.

Der zweite Grund, warum unternehmerische Selbstständigkeit sich insbesondere für Teenager anbietet ist, dass dies eine der wenigen legalen und aufregenden Möglichkeiten für Minderjährige ist, Geld zu verdienen. Viele Unternehmen können dich nicht einstellen, solange du noch nicht 16 bist. Aber niemand kann dich davon abhalten, stattdessen unternehmerisch tätig zu werden. Und auch wenn du 16 bist, ist es oft nicht leicht, einen Job zu finden, der Spaß macht. Klar gibt es McDonalds, aber solch ein »entwürdigender« Job ist eher was für Leute, die – warum auch immer – zu müde sind, sich um was anderes zu kümmern.[99]

Mache einen Plan

Nachdem ich nun bereits sechs Jahre lang meinen Lebensunterhalt mittels beruflicher Selbstständigkeit verdiene (Bauchtanz unterrichten und aufführen, eigene Bücher herausgeben, ein Sommerlager leiten und einen kleinen Buchversand betreiben), schlage ich vor, dass du von Anfang an Ordnung in deinen finanziellen Angelegenheiten hältst und über alles Buch führst. Beim Finanzamt erhältst du Auskunft zu relevanten gesetzlichen Regelungen und Steuerangelegenheiten. Und schreib einen Businessplan:

- Mache eine Liste aller notwendigen Anfangsinvestitionen (Neue Software? Druck von Flyern? Eine boombox falls du Hip-Hop-Tanz unterrichtest?)
- Mache eine Liste der laufenden Kosten (Versandkosten? Abonnements spezieller Zeitschriften? Werbung? Transport? Telefon? Büromaterialien?)
- Schätze den potenziellen Umsatz (alle Einnahmen)
- Schätze den potenziellen Gewinn (Einnahmen minus Kosten)
- Verschaffe dir einen Überblick über Mitbewerber/Konkurrenz am Markt (vielleicht ziehst du es vor, Konkurrenten lieber als »Kollegen« zu betrachten) und mache dir

Gedanken darüber, inwieweit sie dein Geschäft beeinflussen. Die Beziehung zu Mitbewerbern muss nicht immer negativer Natur sein – vielleicht könnt ihr auch Ressourcen teilen (z. B. Abonnements teurer Magazine) und Kunden aneinander weitervermitteln, wenn ihr zu viel zu tun habt.

Bücher, um loszulegen

Es gibt viele fantastische Bücher für Unternehmensgründer, die sich einerseits mit den gesetzlichen Regelungen und dem notwendigen Schreibkram beschäftigen *und* andererseits auch einen allgemeinen Überblick über das geben, was möglich ist.

Bist du bereit?

Das hängt davon ab, was du tun willst. Du verfügst sehr wahrscheinlich schon über ausreichend Wissen und Fertigkeiten, um ein Unternehmen ohne zusätzliches Training zu gründen. Die Schüler, die ich unterrichtet habe, hatten mit ihren 11 bis 14 Jahren bereits ausreichend Kenntnisse, um Dutzende von Geschäftsideen zu verwirklichen:

- Skateboard unterrichten
- Skateboarddesigns entwerfen
- Japanisch oder Hebräisch unterrichten
- Zeitungsartikel zu verschiedensten Themen schreiben
- Kleidung entwerfen und nähen
- Eine Band gründen
- Eiskunstlauf unterrichten
- Als Hockey- oder Tennistrainer arbeiten
- Segelunterricht geben
- Recyclingmaterialien in der Nachbarschaft sammeln (mit einem Fahrradanhänger oder der Hilfe eines Freundes mit Führerschein)
- Batikkleidung anfertigen
- Videos produzieren
- Kochen/Backen und die Produkte verkaufen
- Aufzucht verschiedenster Tierarten

Oder aber du möchtest gerne etwas tun, wofür du noch nicht qualifiziert genug bist und dies aber mit Üben, professioneller Anleitung und/oder guten Werkzeugen schnell nachholen. Ein Job in dem Bereich, in dem du gerne selbstständig tätig wärest, bietet dir die Gelegenheit, zu lernen und wertvolle Erfahrungen zu sammeln. Dies gilt vor allem dann, wenn du mit diesem Bereich noch nicht viel zu tun hattest. Du kannst aber auch eine ganz andere Richtung einschlagen, um dich vorzubereiten und um zu lernen. Nehmen wir einmal an, du bist eine gute Stepptänzerin und hast vor, deine eigene kleine professionelle Stepptanzgruppe zu gründen. Zuvor möchtest du aber noch ein Jahr lang weiterhin Unterricht nehmen, Amateurauftritte machen und alle alten Gene- Kelly- und Fred-Astaire-Musicals studieren, die du in die Hände bekommen kannst. Prima, tu das.

Ja, es ist besser zu warten, bis du dir sicher bist, dass du deinen Kunden qualitativ hochwertige Produkte oder Serviceleistungen anbieten kannst. Aber warte nicht zu lange, nur weil du Lampenfieber hast. Manchmal kommt man an einen Punkt, an dem das Interesse nicht mehr weiterwachsen kann, ohne dass man sich aufrafft und seine Talente mit dem Rest der Welt teilt. Das ist mir z. B passiert.

Nachdem ich ein Jahr lang Unterricht in orientalischem Tanz genommen hatte, war mir klar, dass dies eine meiner Berufungen ist. Ich setzte mir daraufhin das Ziel, in zwei Jahren in diesem Bereich professionell zu arbeiten. Nachdem ich in eine neue Stadt gezogen war, hatte ich große Schwierigkeiten, gemeinsame Übungsstunden mit anderen Tänzern/innen zu organisieren. Ich begann daher, jeden Tag allein zu Hause zu trainieren und mir Videoaufnahmen von anderen Tänzern anzuschauen. Letztendlich gelangte ich an einen Punkt, an dem mich der Mangel an Kontakt zu Gleichgesinnten völlig frustrierte. Ich nahm all meinen Mut zusammen und rief ein marokkanisches Restaurant in der Nähe an – anderthalb Jahre vor dem geplanten »Karrierestart«. Ich konnte es kaum glauben, aber sie waren tatsächlich der Meinung, ich sei wirklich gut, und nach meinem ersten Auftritt dort engagierten sie mich für Freitag- und Samstagabend. Und obwohl die ersten beiden Auftritte von reiner Panik bestimmt waren, wusste ich tief in mir, dass dies genau der richtige Zeitpunkt war. Liveauftritte vor einem Publikum waren genau das, was ich brauchte, um meine Tanzfertigkeiten zu verbessern.

Um dein Unternehmen in jedweder Hinsicht zu einem erfolgreichen Unterfangen werden zu lassen, achte darauf, dass du nicht nur etwas tust, was du selbst magst und was sich verkaufen lässt, sondern dass es etwas ist, was gut für die Menschen und diesen gebeutelten Planeten ist. Und damit beziehe ich mich nicht nur auf die Art deines Geschäftes, sondern auch auf deine persönliche Grundeinstellung. Als Bauchtänzerin mache ich meinem Publikum Freude, wecke kulturelles Bewusstsein, repräsentiere Weiblichkeit und biete ihnen ein freundliches Unterhaltungsprogramm. Ich zelebriere mit ihnen, was gute Arbeit ist. Wenn ich eine andere Einstellung zu meiner Kunst hätte, könnte ich stattdessen den Eindruck von Albernheit, Softpornografie, Mätzchen und billiger Unterhaltung vermitteln.

Führe dein Unternehmen deinen persönlichen moralischen Werten entsprechend. *Denke* nach über das, was du tust und nimm dir die Zeit, es richtig zu machen. Wenn du einen Cateringservice anbieten willst, überleg dir Alternativen zu den üblichen

Einwegverpackungen. Als Textildesigner schau dich nach Farben und Färbemitteln um, die du in den Ausguss gießen kannst, ohne das Grundwasser zu verseuchen. Wenn du vor einem Publikum singst, dann tue das nicht nur, um die Menschen zu beeindrucken, sondern auch, um ihre Herzen zu berühren und ihnen eine gutes Gefühl zu geben.

Vergiss auch nicht, dass viele der sogenannten »Teenagerjobs« in Wirklichkeit kleine Unternehmen sind. Wenn du babysittest oder Schnee schaufelst, ist der Unterschied zwischen »Boss« und »Kunde« lediglich eine Frage der Wortwahl. Auch wenn solch eine Tätigkeit scheinbar nicht so glamourös ist wie das Entwerfen und Anlegen von Steingärten, kannst du das Ganze in einem ganz anderen Licht betrachten, wenn du deine Einstellung änderst. Betrachte dich selbst als Unternehmer und entwickle eine kreativere und aktivere Herangehensweise. Natürlich hat das Unschooling auch im Zusammenhang mit solch typischen »Teenagerjobs« seine Vorteile. Lora Risley erwähnt in der *GWS* Nr. 76: »Ich verdiente mit dem Babysitten recht viel, da ich auch dann verfügbar war, wenn die anderen Babysitter in der Schule waren.«

Unschooler als Unternehmer

Die 14-jährige Carey Newman aus British Columbia schreibt in der *GWS* Nr. 68:

> Ich arbeite momentan daran, Vollzeitkünstlerin zu werden. Meine Eltern haben bisher in dem gesamten Entwicklungsprozess eine wichtige Rolle gespielt.
> Als ich 12 war, fragte mein Vater beim Sooke Museum an, ob ich in ihrer Galerie eine Soloausstellung mit meinen Naturzeichnungen haben könnte. Das Museum sagte zu. ... In den Monaten vor der Ausstellung verbrachte ich viel Zeit mit der Vorbereitung der Ausstellungseröffnung, zu der fast 90 Besucher kamen. In den darauf folgenden zwei Monaten verkaufte ich mehr als die Hälfte meiner Zeichnungen. Ich bin meinen Eltern dankbar dafür, dass sie mich unter Druck gesetzt haben, um alles rechtzeitig für die Ausstellung fertig zu bekommen.
>
> Später begann ich dann mit indianischer Kunst (Northwest Coast Indian Art). Mein Vater, der selbst indianische Kunst ausübt, brachte mir die Regeln indianischen Designs bei. Kurz darauf erhielt mein Vater ein Bewerbungsformular für die Teilnahme an der alljährlich stattfindenden Sooke Fine Arts Show. Ich meinte scherzhaft, ich könne ja mit meinen auf Seide gedruckten indianischen Designs teilnehmen. Meine Eltern machten aus Spaß Ernst und forderten mich dazu auf, es zu versuchen. Sie unterstützten mich finanziell und gaben mir das Geld für die Teilnahmegebühr und die Seidenmalereimaterialien. Eine befreundete Künstlerin half mir mit den Seidendrucken. Zwei meiner Entwürfe wurden angenommen, und innerhalb von 10 Tagen verkaufte ich 59 Drucke, die mir mehr als 2000 $ einbrachten. Ich zahlte das Geld an meine Eltern zurück und kaufte mehr Materialien, um mit dieser Kunstform weiterzumachen.

> Meine Mutter erfuhr später von der Okanagan Summer School of Arts. Sie besorgte das Bewerbungsformular, half mir dabei, mich für ein Stipendium zur Deckung der Kosten zu bewerben und unterstützte mich beim Verfassen meines Bewerbungsanschreibens und der Auswahl einiger Beispielarbeiten, damit ich zu einem Kurs zugelassen werden würde, an dem man normalerweise erst ab 16 teilnehmen durfte.

Im Alter von 13 Jahren begann Vita Wallace mit Violinunterricht Geld zu verdienen (siehe *GWS* Nr. 64 und 70). In der *GWS* Nr. 64 wird darauf hingewiesen, dass junge Lehrer manchmal besser wären als ältere, denn sie haben noch nicht vergessen, wie es ist, unterrichtet zu werden.

In der *GWS* Nr. 42 berichtet Amelia Acheson über ihre 12-jährige Tochter:

> Letzten Sommer lieh sie sich ein Clown-Buch aus der Bücherei aus. Sie entschloss sich dann, sich eines der darin abgebildeten Clownkostüme als Halloween-Kostüm anzufertigen. Es wurde so toll, dass sie dazu eingeladen wurde, es in einem Tagespflegeheim »vorzuführen«, um die kleinen Kinder zu unterhalten. Im Laufe eines Jahres entwickelte sich daraus ein Unternehmen, in das alle unsere drei Kinder involviert sind. Sie werden für ihre Clown-Auftritte bezahlt, sie haben eigene Visitenkarten, sie haben einen riesigen Siegerpokal von einer Parade mit nach Hause gebracht, und vor allem haben sie jede Menge Spaß dabei. Sie fahren Einrad, jonglieren und führen sonstige Kunststücke vor. Tia zaubert auch (in einem ihrer Zauberbücher heißt es, dass Zaubern ein ganz besonderer Beruf ist – man muss dafür zu Hause lernen und üben). Sie arbeiten manchmal mit einem 14-jährigen Clown aus einer anderen Stadt zusammen, der Luftballon-Tiere macht. Er zeigt unseren Kindern, wie das geht und erlernt im Gegenzug das Einradfahren.

In *GWS* Nr. 24 berichtet eine Mutter über die Unschooling-Erfahrung ihrer Familie. Im ersten Jahr hielten sie sich an den Calvert-Lehrplan (eine Fernschule). Da sie aber nicht besonders viel Freude daran hatten, machten sie dann etwas anderes:

> Im zweiten Jahr starteten wir unser Familienunternehmen. Wir verkaufen und reparieren Fahrräder. Außerdem bieten wir auch Fahrradzubehör zum Verkauf an. Während der Vater seinem Vollzeitberuf als Tischler nachgeht (eine zusätzliche Einnahmequelle ist im ersten Jahr wichtig, es sei denn, man ist wirklich reich), tragen die Kinder und ich die Verantwortung für den Laden. Abends und an den Wochenenden engagiert sich dann auch der Vater im Laden. Unser 15-jähriger Sohn, der viel über Fahrräder weiß (aus Büchern und anderen Quellen), leitet die Reparaturabteilung. Er führt alle Reparaturen aus (und unterrichtet den Vater), ist für das Ersatzteillager verantwortlich und verhandelt mit den Kunden. Unsere 16-jährige Tochter »organisiert« die ganze Familie. Sie achtet auf Ordnung und Sauberkeit, hält den Laden in Schuss und ist für den

> Verkauf des Zubehörs zuständig. Mutter (das bin ich!) ist für das Büro, die Buchhaltung etc. verantwortlich. ...Klingt einfach? Ist es nicht. Aber irgendwie klappt es doch!

Im Alter von 16 Jahren eröffnete Carmen Rodriguez-Winter mit ihrem 17-jährigen Bruder Javier in Toledo, Ohio, ihren eigenen Laden »Back Alley Peddlers«. Sie verkaufen Vintage-Kleidung, Konzert-T-Shirts, Skateboards, Hüte, handgefertigten Schmuck, Räucherstäbchen, Haarfarben, Gedichte von Freunden, Lavalampen usw. Carmen hat seit der 4. Klasse davon geträumt, ihren eigenen Laden zu haben und ein paar Jahre später, nachdem sie die Schule in der 8. Klassenstufe verlassen hatte, fühlte sie sich bereit dafür. Mit der Unterstützung ihrer Mutter renovierten und dekorierten Carmen und Javier das Ladengeschäft und begannen ihren Traum zu verwirklichen, indem sie zu Modenschauen in Los Angeles, New York und Chicago reisten. »Ohne Homeschooling wäre nichts von all dem Wirklichkeit geworden«, sagt sie. »Ich ginge immer noch zur Schule, würde da rumsitzen, mich langweilen und absolut nichts mit meinem Leben anfangen.«

Auch die 17-jährige Emily Bergson-Shilcock aus Pennsylvania eröffnete ein eigenes Ladengeschäft: »The Destination of Independence«. Sie schreibt:

> Ich war schon immer Homeschoolerin, und die Grundphilosophie meiner Ausbildung war »Lerne während du arbeitest« (im Gegensatz zu »Arbeiten schreiben« – wie Matheübungsblätter ausfüllen, anstatt in der Werkstatt oder Küche echte Messungen vorzunehmen)... Kurz nach meinem 17. Geburtstag erreichte ich mein Lebensziel und eröffnete ein Geschäft. Ich habe mich schon immer für Betriebswirtschaft und Finanzen interessiert, und meine Eltern haben mein Interesse diesbezüglich gefördert. Als ich 10 war, schenkten sie mir z. B. eine echte elektronische Kasse. Ich habe außerdem seit meinem 7. Lebensjahr zahlreiche ehrenamtliche Tätigkeiten ausgeführt. Daraus hat sich dann der Traum ergeben, einen Weg zu finden, geschäftliche Tätigkeit und die Hilfe für andere unter einen Hut zu bringen.
>
> »The Destination of Independence«, im April 1995 gegründet, führt Produkte, die das Alltagsleben behinderter Menschen erleichtern. Unter den Produkten finden sich z. B. Wanddosenöffner, Greifer, lange Schuhanzieher, ergonomisch gestaltete Gartenwerkzeuge, von der Arthritis Foundation ausgezeichnete und besonders für Menschen mit MS, Arthritis, Carpal-Tunnel-Syndrom etc. entworfene und ausgewählte Küchenutensilien, Türgriffe und andere Gerätschaften. Einen Laden zu besitzen und zu managen, hat mir dabei geholfen, Einblicke in ganz neue Welten zu bekommen und unglaublich viel dazuzulernen: Lieferanten und Produkte finden und auswählen, beim Vorführen von Produkten frei sprechen, Geschäftskorrespondenz erledigen, sich mit Steuerangelegenheiten befassen, ein Finanzbuchhaltungsprogramm am Rechner bedienen, mein Gespür für die Bedürfnisse älterer und behinderter Menschen verfeinern, kontinuierliche Verbesserungen vornehmen und erkennen, dass mit harter Arbeit und einer positiven Einstellung alles möglich ist.

Ich habe es geliebt, Homeschoolerin zu sein und zwar nicht nur deshalb, weil ich dies für den einzig richtigen Weg halte, sich zu bilden und weiterzuentwickeln, sondern weil ich denke, dass Homeschooling für mich persönlich die beste Wahl war.

Kapitel 37
Schweine und Honig: landwirtschaftliche Tätigkeiten

Warum?

1. Machs für deine Bildung. Sich mit dem Leben von Pflanzen und Tieren zu befassen, die wir essen, schließt da eine große »Bildungslücke«, wo die Schulen regelmäßig versagen. Der Schulausflug aufs Land, um sich dort Kühe anzuschauen, bringt nichts. Ebenso wenig wie die Fotografie eines Kornfeldes auf Seite 361 in deinem Heimatkundebuch oder das Zerstückeln von Ratten im Biologieunterricht. Vielleicht sehe ich das Ganze ein wenig zu romantisch, da ich selbst noch keine eigene kleine Farm betreibe. Aber bisher hat noch niemand überzeugend widerlegen können, dass es sein Gutes hat, Kontakt zu den Grundbausteinen unseres Lebens zu haben. Landwirtschaftliche Projekte, egal welcher Art, sind gut für dich. Die Familie Colfax meint:

> Unsere Bemühungen zu Hause, das Land wieder nutzbar zu machen, den Garten zu bestellen und unsere Nutztierhaltung zu verbessern, haben das Interesse an Biologie, Chemie und schließlich auch an Genetik und Embryologie geweckt. Den schwerkranken Boden zu sanieren, hat uns viel über Ökologie gelehrt und der Bau des Hauses und der Nebengebäude hat den Jungs die praktische Bedeutung von Geometrie anschaulich dargestellt. Drew erkannte als 7-Jähriger, wie wichtig der Satz des Pythagoras bei der Anfertigung des Grundrisses für seinen rechtwinkligen Schafstall war. Der 9-jährige Grant entdeckte einen Pomo-indianischen Lagerplatz, was ihn dazu anregte, sich mit nordamerikanischer Archäologie zu befassen und später die Kulturen der Maya und Azteken zu studieren.[100]

Eine der beeindruckendsten Unschool-Familien, von der ich je gehört habe, ist die Familie Fallick, die in einer kleinen Gemeinde in der Nähe von Washington lebt. Die Fallicks leben ohne konventionelle Energieversorgung und generieren den Großteil ihres elektrischen Stroms mit Hilfe einer Solaranlage selbst. Sie bauen ihr eigenes Obst und Gemüse an, halten Haustiere, haben eine Komposttoilette und entnehmen ihr Wasser aus einem nahegelegenen Fluss. Jj, die Mutter, beschreibt Teile der Familienausbildung so:

> Unsere Aktivitäten sind dem Jahreszyklus, den einzelnen Jahreszeiten und deren klimatischen Besonderheiten angepasst. Im Winter verbringen die Kinder mehr Zeit im Haus als im Rest des Jahres, wo sie sich die meiste Zeit draußen aufhalten. Einfach nur hier zu leben, bildet ...in

> Bezug auf Elektrizität (Warum löst man die Verbindung von Solaranlage und Haus/Batterien während eines Gewitters?) und wilde Tiere (Kates Liste von Tieren, die hier leben, einschließlich einem Bären und einem Puma, ist mittlerweile länger als eine Seite). ...Wir spielen Musikinstrumente (Piano, Gitarre, Klarinette, Blockflöte, Mandoline und Perkussion/Waschbrett),... lesen uns gegenseitig laut vor,... singen usw. Die Kinder machen beim 4-H[101] mit (vorwiegend Hauswirtschaft und Kunst), engagieren sich in der Kirchengemeinde und in der Homeschooling-Gemeinschaft und sind Mitglieder in einem Klub für begabte Kinder.

In der *GWS* Nr. 28 schreibt Lynne Hoffman: »Ich habe eine Übersicht allgemeiner landwirtschaftlicher Tätigkeiten ausgearbeitet und den zugehörigen akademischen Fächern zugeordnet.« In ihrer Aufstellung fand sich z. B. unter Geometrie: »Garten und Teich anlegen sowie Tischlereiarbeiten« und unter Chemie: »Käse herstellen und einfrieren«.

Natürlich würde niemand, der bei klarem Verstand ist, etwas Wunderbares tun, nur um »wissenschaftlich« zu sein. Chilischoten anzupflanzen, nur um landwirtschaftliche Studien zu betreiben, hat wenig mit gutem Geschmack zu tun. Andererseits zeugt es durchaus von gutem Geschmack, wenn du Chilischoten anpflanzt, weil du Spaß daran hast und ganz nebenbei eine Menge Biologie, Sonnenschein, Kochkünste und agrarwissenschaftliche Kenntnisse – was auch immer das heißen mag – mitnimmst.

2. Um die Welt zu heilen, oder zumindest einen kleinen Teil davon. Die heutige Landwirtschaft ist in keinem guten Zustand. Deine Frühstückseier sind möglicherweise von einer Henne gelegt worden, die noch nie draußen war. Sie lebt in einem Drahtkäfig, indem sie sich geradeso umdrehen kann, und das Licht in der Fabrik bleibt die ganze Nacht lang eingeschaltet, um die Eierproduktion zu erhöhen. Die Weintrauben, die dein Freund zum Sonntagspicknick mitbrachte, wurden mit Unmengen an chemischen Insektiziden besprüht, welche die Gesundheit der Feldarbeiter schwer schädigen. Das Steak in der Pfanne ist vollgestopft mit künstlichen Hormonen.

Anders als die Bauern in der Vergangenheit weiß der moderne Landwirtschaftsexperte heutzutage nichts mehr über die Gesundheit der Flüsse, die Wildnis, von Kleinstädten und – insbesondere – den Menschen, die Pflaumen, Spinat, Milch und Schinken essen. Er sieht nur noch Chemikalien, Ernteerträge, Effizienz und riesige neue Landmaschinen.

Kluge Bauern wie Wendell Berry behaupten, dass viele Leute damit beginnen müssen, in kleinem Rahmen biologische Landwirtschaft zu betreiben, um die Menschheit weiterhin ernähren zu können. Trotzdem werden die Bauern immer *weniger*, anstatt mehr. Laut einem Artikel in *Harrowsmith* ist das »Durchschnittsalter der Landwirte 52. ... Es gibt mittlerweile doppelt so viele Landwirte über 60 wie Landwirte unter 35. In den nächsten 10 Jahren wird die Zahl der Landwirte, die in den Ruhestand gehen, Rekordhöhe erreichen.«[102] Ich hoffe daher, dass du landwirtschaftliche Arbeit zumindest mal ausprobierst und idealerweise dann dabei bleibst. Meiner Ansicht nach, würdest du damit der Menschheit helfen, auf diesem Planeten Erde zu überleben.

3. Ich könnte mir auch vorstellen, dass du einfach nur Spaß daran hast, Kräuter zu trocknen, Ziegen zu melken, Brot zu backen und Hühnermist zum Komposthaufen zu tragen. Mal ganz abgesehen davon, Platz zu haben, sich zu bewegen. Die 13-jährige Anne Brosnan aus New York klagt:

> Wir leben seit sieben Jahren in einem der Vororte New Yorks. Zuvor lebten wir in einem kleinen Häuschen im ländlichen Minnesota. Uns gefällt es hier in NY überhaupt nicht und wir haben vor, das Haus zu verkaufen und auf eine kleine Farm in Minnesota oder Kentucky zu ziehen. Ich denke, Homeschooler sollten auf dem Land aufwachsen, denn wenn man schon frei ist, sollte man auch dort leben, wo man diese Freiheit so richtig genießen und nutzen kann. Hier ist alles so eng und unser Grundstück ist weniger als 15 Schritte lang. Die Kinder in der Umgebung verbringen fast den ganzen Tag in der Schule, und wenn sie dann nach Hause kommen, fahren sie Skateboard oder beschäftigen sich mit ihren Handys. Man kann einfach nicht viel anderes tun, wenn Menschen auf so engem Raum zusammenleben. Die Kinder hier scheinen wirklich clever zu sein und wissen über viele Dinge Bescheid, aber sie probieren nichts aus.

Was also tun? 20 Hektar Land kaufen? Die Eltern so lange nerven, bis sie ihre Jobs aufgeben und aufs Land ziehen? An die Türen aller Bauernhöfe in der Umgebung klopfen? Nee. Versuchs stattdessen mit Eigeninitiative. Dir wird schon was einfallen. Und als Starthilfe hier noch ein paar Vorschläge und Ressourcen:

Zieh los und verbringe Zeit auf einem Bauernhof.

Zwei Wochen, drei Monate oder ein Jahr – egal.

Erläutere im Internet, wonach du suchst. Du solltest natürlich bereit sein, deine Arbeitskraft im Austausch für Unterkunft und Verpflegung anzubieten. Bedenkt man das warme und aufgeschlossene Wesen vieler Homeschooler, kann man wohl davon ausgehen, dass du mit dieser Taktik zahlreiche Einladungen erhalten wirst. Wahrscheinlich findest du auf diesem Wege einen Ort, wo andere Homeschooler deines Alters oder aber kleine Kinder leben (bei deren Aufsicht du ja helfen könntest). Gut möglich, dass du so einen Bio-Obstbauernhof oder eine Farm mit Milchkühen auftreibst. Du kannst stattdessen oder zusätzlich auch bei Bio-Landbauverbänden wie Bioland oder Demeter nachfragen oder eine Anzeige in »Schrot & Korn« schalten. Toll ist auch die internationale Organisation *World Wide Opportunities on Organic Farms* (WWOOF), mit der du über ein Kontaktverzeichnis einen Hof finden und dort gegen Kost und Logis mitarbeiten kannst.

Es ist natürlich wichtig, dass du mit der Gastfamilie vorab ganz genaue Vereinbarungen triffst. Kläre die zeitlichen Rahmenbedingungen und beiderseitigen Erwartungen – vor allem dann, wenn du einen längeren Aufenthalt planst. Stelle klar, dass du wenig Erfahrung hast. Frage danach, wie kalt es dort werden kann und wann du morgens aufzustehen hast. Auch Glaubensfragen spielen eine nicht unwichtige Rolle. Mache dir ein Bild davon, wie viel Freiraum sie dir zu geben bereit sind. Die Bandbreite der auf dem Land lebenden Homeschooler-Familien deckt so ziemlich alles ab. Unter ihnen finden sich Christen, die es kaum mögen werden, wenn du in deinem Zimmer die Rolling Stones dröhnen lässt, wie auch die extrem flexiblen Leute, deren eigene Teenager nebenan in einem ausgebauten Stall leben und ihre persönliches, soziales und bildungstechnisches Leben komplett selbst bestimmen.

Sprich darüber, ob du vorwiegend in den normalen täglichen Ablauf eingebunden wirst oder ob du eigene Projekte, wie z. B. das Anlegen eines Kräutergartens oder den Bau einer Solaraußendusche in Angriff nehmen kannst.

Hin und wieder unterbreitet auch eine Familie in dieser Richtung ein Angebot. In der *GWS* Nr. 18 suchte z. B. eine auf dem Land lebende Familie nach einer Babysitterin, die bei ihnen wohnen und 10 Stunden pro Woche arbeiten sollte. Sie boten an, neben freier Unterkunft und Verpflegung, 50 $ pro Woche zu zahlen. In der *GWS* Nr. 20 bot eine Familie Unterkunft und Verpflegung plus kleines Gehalt für Unterstützung bei der Heuernte und Gartenarbeit auf einer Bio-Rinderfarm an.

Aber Miss Llewellyn, was ist, wenn ich gar nicht von zu Hause weg will, weil ich dann meine kleine Schwester vermissen würde? Ich sag ja nicht, dass du für immer davonziehen sollst. Du könntest es ja mal eine Woche lang probieren und dann wieder nach Hause kommen. Deine kleine Schwester wird immer noch da sein und vermutlich gerade in der Schublade mit deiner Unterwäsche wühlen.

Aber du kannst natürlich auch die Freuden des Lebens dort genießen, wo du jetzt lebst.

Was man zu Hause oder in der Nähe landwirtschaftlich tun kann

Anstatt auf einem weit entfernten Bauernhof zu leben, kannst du auch nach einem Hof in deiner Nähe Ausschau halten. Mache Aushänge in Futterbetrieben, sprich mit Bauern auf dem Markt oder frag einfach jeden, den du kennst, ob er oder sie einem Bauernhof kennt, wo du als Praktikant anfangen könntest. Frage in Naturkostläden nach einem Verzeichnis regionaler Bio-Bauernhöfe.

Tabitha Mountjoy berichtet in der *GWS* Nr. 68 von ihrer Arbeit auf einem Hof:

> Ich lernte Ms. Chaffin, die Besitzerin des Bauernhofes, kennen, als ich ein Pferd von ihr kaufte. Shari, mein neues Pferd, ist auf ihrem Hof untergebracht und ich helfe daher bei der Stallarbeit. Ich bin manchmal für die Fütterung mit Getreide, Heu, Wasser und allem, was die Pferde sonst noch brauchen, zuständig. Ich miste auch die Stallboxen aus oder bringe die Pferde raus auf den Übungsplatz. Außerdem lerne ich, wie man kranken Pferden eine Penizillinspritze gibt.

Werde Mitglied in einer 4-H-Gruppe.[103] Ich muss leider sagen, dass mir als modebewusster, hochnäsiger Teenagerin kleine gemeine Wörter wie »Hinterwäldler« durch den Kopf gingen, wenn ich »4-H« hörte. Wenn es dir auch so geht, dann überwinde deine Vorurteile und zeige Größe. Man kann auch mit lila Haaren und schweren schwarzen Schnürschuhen an den Füßen ein Schaf scheren. Laut World Book Encyclopedia ist 4-H das »größte informelle Bildungsprogramm für junge Menschen in den USA«. Elaine Mahoney schreibt in der *GWS* Nr. 28:

> Kendra ist in diesem Jahr 4-H-Teenagerin. ... Die Jungen und Mädchen arbeiten zusammen an Gemeinschaftsprojekten, organisieren Tanzveranstaltungen, machen Ausflüge und lernen viel über Tierpflege, Gesundheit, Ernährung, Gemüseanbau und Energiethemen. ... Kendra hat mit 4-H bereits das »state house« besucht und wird mit der Gruppe im Juli nach Washington D.C. fahren. Sie beschäftigt sich derzeit auch mit den Formalitäten für die Beantragung von Fördermitteln zugunsten eines Gemeindeprojektes, das sie gerne verwirklichen möchte und das über 4-H von Reader's Digest gesponsert wird.

Wenn ihr ein großes Grundstück habt, nutze den Platz, um selbst ein oder zwei Projekte zu starten. Möglicherweise haben deine Eltern bereits einen Garten, aber du denkst, dass er ihr und nicht dein Ding ist. Oder sie schütten massig Chemikalien auf die Beete. Frage, ob du selbst was auf die Beine stellen darfst. Gesetzliche Vorschriften und die Nasen deiner Nachbarn werden es wohl nicht zulassen, dass du dort Schweine hältst.

Aber sehr wahrscheinlich kannst du dort Kaninchen züchten, Kiwis anbauen und ein Gewächshaus aufstellen, aus dem du dir dann im Winter die feinsten Zutaten für deinen Salat holst.

Lerne coole Sachen zu machen, wie z. B. Saatgut sichern und mit anderen Leuten Tauschhandel betreiben. Organisationen wie »Dreschflegel« und »Bingenheimer Saatgut«, »oekoseeds« usw. haben sich dem Erhalt alter und vom Aussterben bedrohter Gemüse-, Obst-, Getreide-, Blumen- und Kräutersorten verschrieben.

Gründe ein eigenes kleines Bio-Landwirtschaftsunternehmen. Du kannst z. B. Erdbeeren oder Spezialgemüse anbauen und verkaufen (mit essbaren Blumen kann man beispielsweise 28 $ pro Pfund verdienen), Hühner halten und die Eier verkaufen, Honig verkaufen, Blumen trocknen und binden, Milchziegen oder exotische Tiere wie Kleinstpferde aufziehen, Champignons im Keller züchten, Schafe halten und deren Wolle färben. ... Die Möglichkeiten sind schier endlos. Rufe eine Aktion ins Leben, um deine Stadt in ein Paradies mit mehr Obstbäumen, Gemeindegärten und sogar Minifarmen zwischen all den Einkaufszentren zu verwandeln. Das Stichwort hierfür ist *Urban Gardening*.

Beispiele

In der *GWS* Nr. 15 wird über den 14-jährigen Unschooler Grant Harrison berichtet, der in einer ländlichen Gegend in England lebt:

> Er unterhält eine kleine Geflügelfarm mit 100 Tieren und verkauft die Eier an Leute, die zu ihm kommen. Für Hähne, die er nicht behält, errechnet er die genauen Aufzuchtkosten, schlägt seinen Gewinn auf und verkauft sie dann frei Haus. Er hat 10 verschiedene reine Zuchtrassen und experimentiert mit Kreuzungen. Er hätte gerne eine Drehbank für Metallwerkstücke, bei deren Anschaffung wir (die Eltern) ihn unterstützen werden. Er möchte damit gerne kleine Teile für von ihm reparierte Uhren, eine Dampfmaschine und Teile für Spinnräder anfertigen. Er hat bereits außergewöhnliche Fertigkeiten im Umgang mit der Holzdrehbank bewiesen.

Weitere Berichte aus der *GWS*:

> Wir leben auf einer Ranch in New Mexiko. Unsere Kinder (16, 14 und 7) sind reine Home schooler. Die Viehzucht auf unserer Ranch bietet den Mädchen ausreichend Gelegenheit, tiermedizinische Erfahrungen zu sammeln, Traktoren und Lkws zu fahren und mit kleineren Maschinen zu arbeiten. Sie haben Zeit, die Tier- und Pflanzenwelt zu beobachten und ihre unmittelbare Umgebung gut kennen zu lernen. Wir machen oft Ausflüge und besuchen dabei historische oder anderweitig interessante Stätten in unserem Bundesstaat. – *Donna Spruill, GWS Nr. 45*

> Da wir eine Farmerfamilie sind, haben viele unserer wissenschaftlichen Projekte einen engen Bezug zur Agrarwirtschaft. Unser neuestes Projekt ist eine Fischfarm, einschließlich 10-Gallonen-Aquarium für Präsentationszwecke und ein 5-Gallonen-Aufzuchtbecken. Letzte Saison haben beide Jungs harte Männerarbeit auf den Feldern geleistet. Wir haben sie auf die Gehaltsliste gesetzt, und sie haben toll gearbeitet. Mark (14) hat die Bedienung des Mähdreschers erlernt und diesen Herbst auf mehr als 100 Acres Weizen aus gesät. Bill (13) hat den Großteil des vorangehenden Pflügens erledigt und hat beim Einfahren des geernteten Getreides mitgeholfen. – *Virginia Schewe, GWS Nr. 35*

> Die Mädchen (Star, 13 und Deva, fast 6) besuchen regelmäßig eine Frau, die 20 Meilen von uns entfernt lebt. Die Frau hat noch zwei andere Mädchen ähnlichen Alters für vier Tage pro Woche zu sich eingeladen. Sie erwartet von den Mädchen, dass sie für sich selbst kochen und sorgen und ihr bei der Gartenarbeit und anderen Projekten helfen. Sie ist eine begabte Textilkünstlerin und hat vor, ihre Kenntnisse an die Mädchen weiterzugeben. Star hat ihr Wolle usw. mitgebracht und war sehr begeistert. ...
>
> Star hat sich eine ganze Zeit lang mit Pferden beschäftigt (mehr gedanklich, als in der Realität, obwohl sie mehrere Jahre lang ein eigenes Pony besaß), und sie dachte, sie würde nach unserem Umzug verstärkt in diese Richtung gehen. Mittlerweile interessiert sie sich aber viel mehr für Handarbeiten, Lesen und Gartenarbeiten als für die Arbeit mit Tieren. Es fiel ihr nicht leicht, ihre alten »Vorstellungen« loszulassen, und sie hatte sogar Schuldgefühle, weil sie eigentlich kein Pferd mehr haben wollte (als ob sie Verrat an sich selbst begehen würde!). Unter Tränen gab sie schließlich ihre sechs Gänse nebst Jungen weg, nachdem sie sich eingestanden hatte, dass sie die Tiere unter den gegebenen Umständen nicht artgerecht halten konnte und sie ihnen auch nicht genug Interesse und Aufmerksamkeit zukommen ließ. Star ist nun, da sie nicht mehr da sind, erleichtert und bedeutend glücklicher, und sie steckt viel Arbeit in ihren Garten, der grünt und blüht. – *Laurie Fishel-Lingemann, GWS Nr. 30*

Kirsten Rowe aus New York wollte drei Wochen lang das Leben auf einem Milchhof erkunden und blieb letztendlich mehr als ein Jahr lang dort »hängen«. In der *GWS* Nr. 108 schreibt sie:

> Als ich im Sommer vor der 11. Klassenstufe mit dem Homeschooling begann, dachte ich, es könnte nicht schaden, 3 Wochen auf dem Milchhof befreundeter Farmer in Earlville, New York zu verbringen. ...
>
> Ich musste feststellen, dass das Leben auf einer Farm nichts mit dem von mir gewohnten Leben in einer Großstadt zu tun hat. Als ich dort ankam, erzählten mir die Farmer, das sie jeden Tag um 4.30 Uhr aufstehen, und als ich nach »freien Tagen« fragte, schauten sie mich nur komisch an und sagten, für sie gäbe es keine »freien Tage«.
>
> Nichtsdestotrotz verfiel ich dem Leben auf der Farm voll und ganz. Die Geburt eines Kalbes war für mich etwas unglaublich Schönes. Ich liebte es, die Kälber zu füttern und es den Färsen im Stall bequem zu machen. Auch der Melkvorgang faszinierte mich. Während meines Aufenthaltes vertieften wir unsere Freundschaft noch mehr und sie boten mir an, im Rahmen meiner Homeschooling-Ausbildung, eine Weile bei ihnen zu leben.

Bei der Farm handelt es sich um eine 480 Acres große registrierte Holstein-Farm. Wir haben 80 Milchkühe und ziehen unsere eigenen Färsen auf. Ich bin vor allem für die Fütterung der Färsen und die Reinigung des Pferdestalles zuständig. Ich genieße die Zeit, die ich mit meinem sechs Monate altem Holstein-Kalb »Hop Along Cassidy« verbringen kann.

Obwohl die anderthalb Jahre hier bisher unglaublich toll waren, gibt es auch ein paar Schattenseiten, einschließlich der Trennung von meinen besten Freunden in Ithaca. Ich versuche alle zwei Wochen nach Hause zu fahren, um meine Freunde zu sehen und mit ihnen auf Partys zu gehen. All meine Schulfreunde finden es »cool«, dass ich so spontan auf eine Farm gezogen bin. ...

Um meine wachsende Begeisterung und meine Kenntnisse der Milchwirtschaft zu teilen, nahm ich an der Wahl zur Chenango County Dairy Princess 1995/96 teil. Ich habe die Wahl gewonnen und seitdem viele Präsentationen in Schulen, Camps, Tagesstätten, Altersheimen und Vereinen durchgeführt. Bei einem der größeren Projekte, an denen ich beteiligt bin, geht es um einen Dokumentarfilm zum Thema Osteoporose. Ich habe viel über diese Krankheit recherchiert und das neu erlangte Wissen hat mich auch dazu gebracht, mir über meine eigene Ernährung Gedanken zu machen. Und ich wollte das Erlernte auch mit anderen Kindern teilen. Als Teenager weiß ich natürlich, dass wir nicht immer offene Ohren für Belehrungen haben. Deshalb entschied ich mich gegen trockene Vorträge in Klassenzimmern und stattdessen für die Produktion eines Dokumentarfilms, der der Krankheit ein Gesicht gibt.

Ich habe eine Videoproduktionsfirma in der Nähe gefunden, die sich bereit erklärt hat, den Dokumentarfilm zu drehen, das Material zu bearbeiten und auch die Kosten dafür zu übernehmen. Meine Eltern und ich tragen die restlichen Kosten. Ich habe viele Interviews mit Leuten aufgenommen und anschließend das Material bearbeitet. Dann hatte ich die Idee, an den Anfang des Films ein Bild zu stellen, das Hände zeigt, die einen Knochen zerbrechen. Ich ging also zur Pathologieabteilung der Cornell Universität und bekam dort einen Knochen von einem Hund, der tatsächlich an Osteoporose gelitten hatte. ...

Im Zusammenhang mit meinen »Dairy Princess«-Aktivitäten werde ich im November nach Honduras reisen. Die Gruppe, mit der ich unterwegs sein werde, nennt sich »Heifer Project International«. Wir werden verschiedenen Familien jeweils eine Kuh schenken und sie bitten, das erste Kalb an eine Nachbarfamilie weiterzugeben. Da die Dorfbewohner wenig Erfahrung mit Tierhaltung haben, werden wir eine Milchsammelstelle bauen und den Leuten zeigen, wie sie sich um ihre Tiere kümmern und gutes Futter anbauen können. In dem Gebiet, das ich besuchen werde, gelten 75% der dort lebenden Kinder als unterernährt. Die Milch, die sie von den Kühen bekommen werden, wird ihre Ernährung bedeutend verbessern.

Die 12-jährige Jesse Williams aus Washington schreibt:

Beim Bauernmarkt mitzumachen, hat mir dieses Jahr unglaublich viel gebracht. Ich habe Erfahrungen im Anbau von Obst und Gemüse gesammelt, habe mich mit wirtschaftlichen Fragen beschäftigt und den Umgang mit verschiedensten Leuten erlernt.

Wir hatten schon immer einen großen Garten zu Hause, und ich habe auch kleine Kürbisse für den Verkauf angebaut. Vor zwei Jahren erreichte mein Kürbisgeschäft seinen Höhepunkt. Ich verkaufte 4000 Kürbisse an unsere beiden lokalen Gemüsehändler.

Als ich im Frühling mit der Aussaat und dem Pflanzen von Gemüse begann, wusste ich noch nicht, dass ich beim Bauernmarkt mitmachen würde. Mir war allerdings klar, dass mir der Anbau von Kürbissen für die Gemüsehändler langsam zu langweilig wurde und dass ich gerne mehr frisches Gemüse für den Weiterverkauf produzieren wollte.

Obwohl ich noch nicht wusste, wo ich die Erzeugnisse verkaufen sollte, begann ich sukzessiv, Standardgemüsesorten anzupflanzen.

Der beste Ort, den ich für den Verkauf meiner Produkte finden konnte, war der neue freitägliche Bauernmarkt in unserer Stadt. An meinem ersten Markttag war ich extrem schlecht vorbereitet. Zum einen hatte ich nur Spinat und zwei Sorten Salat im Angebot. Ich hatte zwar einen Tisch, aber kein Vordach, und es kamen nur sehr wenige Kunden zu mir. Wenn ich die Standgebühren nicht bereits für einen Monat im Voraus bezahlt gehabt hätte, wäre ich wahrscheinlich nicht wieder hingegangen.

Im Laufe des ersten Monats unternahm ich viele Veränderungen. Ich baute ein Vordach, entwarf ein effektiveres Auspreissystem und verbesserte auch meine Frischhaltetechniken an warmen Tagen. Hinzu kam, dass mit dem Lauf der Saison auch mein Angebot an Gemüse reichhaltiger wurde.

An Markttagen hieß es um sechs Uhr aufstehen. Mein Vater und ich fuhren dann zur Farm, um das Gemüse zu ernten. Danach half er mir noch beim Aufbau des Standes, und dann war ich bis zum Ende des Markttages auf mich allein gestellt.

Am Ende der Saison hatte ich alles wirklich gut im Griff. Ich verdiente genug Geld, um einige größere Gartengerätschaften anschaffen zu können. Außerdem hatte ich Namen von 36 interessierten Kunden, die sich auf dem Markt in eine Mailingliste eingetragen hatten.

Ich will zukünftig weiterhin Landwirtschaft betreiben. Ich bin nicht sicher, ob ich weiterhin am Markt teilnehmen oder ob mich stattdessen nach einer anderen Absatzmöglichkeit umschauen werde. Ich interessiere mich auch ein wenig für die Produktion von Frischfleisch und Milchprodukten. Ich bin mir auf jeden Fall ganz sicher, dass der Anbau gesunder Nahrung immer Teil meines Lebens sein wird.

Kapitel 38
Die Welt verbessern: Gesellschaftlicher und politischer Aktionismus

Noch nicht 18 sein bedeutet nicht, dass du weniger Mensch bist als die anderen. Es bedeutet auch nicht, dass du in dieser Welt keine Stimme hast, außer du lässt es zu, dass man sie dir nimmt. In der *GWS* Nr. 68 wird von dem 12-jährigen Schüler Andrew Holleman aus Massachusetts berichtet, der in seiner Gemeinde einen Wald davor bewahrte, einer neuen Siedlung weichen zu müssen. Andrew recherchierte Bebauungspläne, Baugesetze und andere Informationen und schrieb Briefe an Gerichte und TV-Sender. Er versammelte seine Nachbarn, klärte sie darüber auf, was vor sich ging, erhielt ihre volle Unterstützung und startete eine Unterschriftensammlung. Die Baugenehmigung wurde nicht erteilt.

Aktionismus: Aktiv betriebene Politikwissenschaft

Wenn dir etwas auffällt, was in unserer Welt falsch läuft, kannst du dabei helfen, den Fehler zu beheben, indem du mit oder »an« unserem politischen System arbeitest. Du kannst dich an Abgeordnete wenden, Flyer verteilen, von Tür zu Tür gehen, Spenden für Greenpeace sammeln und anderen Leuten dabei helfen, sich für anstehende Wahlen zu registrieren – auch wenn du selbst noch nicht stimmberechtigt bist.

Um dich zu engagieren, kannst du entweder innerhalb des Systems wirken, oder aber du versuchst von draußen aus Veränderungen herbeizuführen. Diese beiden Möglichkeiten können natürlich auch kombiniert werden. Du kannst z. B. mittels zivilem Ungehorsam die Aufmerksamkeit der Leute wecken, was dann wiederum zur Änderung bestehender gesetzlicher Regelungen führen kann.

1. Neue Gesetze

Die meisten Gesetzesentwürfe werden vermutlich von Parteien und Abgeordneten-Ausschüssen entworfen. Sie können aber auch von ganz normalen Bürgern stammen. Solltest du keine Lust haben, den Entwurf zu schreiben, kannst du stattdessen auch einen detaillierten Vorschlag ausarbeiten, andere Menschen in die Aktion einbinden und dann deine Abgeordneten dazu drängen, den eigentlichen Gesetzesentwurf zu entwickeln.

Zuerst suchst du dir ein ganz spezielles Gesetz, dass verändert werden muss: Wie sehen in deiner Stadt die Richtlinien für die Benutzung von Skateboards aus? Braucht deine Stadt bessere Recyclinggesetze? Oder ein Gesetz, dass es Menschen jeden Alters erlaubt, das Abitur zu machen? Sollten 16-Jährige bei nationalen Wahlen stimmberechtigt sein? Sollte es gesetzlich festgelegte Geldstrafen für Abgeordnete geben, die ihre Versprechen nicht einhalten?

Dann schreibst du mit Hilfe Gleichgesinnter auf, was die neue gesetzliche Regelung beinhalten sollte. Gehe dann zu öffentlichen Versammlungen oder setze dich mit deinen Abgeordneten in Verbindung, bis du jemanden gefunden hast, der dich bei der Anfertigung des Entwurfes und Einbringung zur Abstimmung unterstützt.

Wenn dein Thema gerade sehr populär ist, arbeiten mit Sicherheit auch schon andere Leute daran, denen du dich anschließen kannst; im Internet findest du schnell Kontakt zu Gleichgesinnten.

2. Nimm an gewaltfreien Aktionen oder zivilem Ungehorsam teil – auch als Sitzstreiks, Blockaden, Demonstrationen, Protestmärsche oder politisches Straßentheater bekannt.

Unter gewaltfreier »direct action« wird für gewöhnlich eine dramatische, in der Öffentlichkeit durchgeführte Aktion verstanden, mit deren Hilfe die Aufmerksamkeit der Bürger auf einen bestimmten Missstand gelenkt werden soll. Derartige Aktionen können legal, aber auch illegal sein.

Ziviler Ungehorsam ist die illegale Variante und bedeutet im Allgemeinen, dass ein Gesetz, das man für falsch hält, vorsätzlich gebrochen wird. Diese Tradition gibt es bereits seit Tausenden von Jahren – erinnerst du dich an all die hebräischen Jungen, die sich weigerten, Könige anzubeten und zu verehren? Thoreau belebte im 18. Jahrhundert die Tradition neu, als er es ablehnte, Steuern zu zahlen, mit denen Sklaverei und der Mexikanische Krieg unterstützt wurden. Er schrieb anschließend den Klassiker »Über die Pflicht zum Ungehorsam gegen den Staat«, in dem es u.a. heißt, dass Emerson ihn im Gefängnis besuchte und fragte: »Warum bist du hier?« Daraufhin antwortete Thoreau: »Warum bist du nicht hier?«

Wenn du in Deutschland lebst und ohne Schule frei leben willst, hast du derzeit noch jede Menge Gelegenheiten zu zivilem Ungehorsam, um endlich dafür zu sorgen, dass auch die deutschen Bundesländer diese Bildungsform anerkennen. Die Verleger des Buches, das du gerade liest, lebten während der Drucklegung der ersten Auflage dieses Buches mit gesperrten Konten und riskierten sogar, Deutschland verlassen zu müssen, weil ihre Kinder lieber frei lernen wollen, als in die Schule zu gehen. Allerdings waren ihre Söhne noch keine Teenager – je älter du bist, um so leichter wird es sein, eine Genehmigung zu erhalten oder eine anderweitige geschickte Lösung zu finden; siehe Kapitel 11.

Egal ob du bereit bist, auch eine Verhaftung in Kauf zu nehmen, oder ob du die weniger riskante Variante der Teilnahme an einem Friedensmarsch vorziehst – mein Freund Heiko, selbst erfahrener Aktivist, empfiehlt jedem wärmstens die Teilnahme an einem Workshop zur Gewaltfreiheit. Solche Kurse werden regelmäßig von verschiedenen Friedensgruppen angeboten. Sie decken folgende Bereiche ab: Geschichte und

Philosophie gewaltfreien, zivilen Ungehorsams, Einigungsprozesse (wie man gegenseitige Übereinkünfte trifft, im Gegensatz zu Mehrheitsentscheidung, wo alle anderen verlieren) und konkrete Verhaltensregeln, wenn man am zivilen Ungehorsam beteiligt ist (wie man der Polizei begegnet, wie man seinen Körper entspannt, wenn man davongetragen wird, was man nicht sagen soll etc.).

Heiko meint weiterhin: Versuche nicht, auf eigene Faust vorzugehen. Finde Menschen, die dich praktisch und moralisch unterstützen. Es wird Zeiten geben, in denen es so aussieht, als sei alles umsonst gewesen. Gib nicht auf – dein Beitrag, mag er auch noch so klein sein, ist wichtig. Steter Tropfen höhlt den Stein.

Tritt für deine eigenen Interessen ein

Themen wie Umweltschutz, Unterernährung und Weltfrieden verdienen sicherlich deine Aufmerksamkeit – *deine* Rechte sind aber auch wichtig. Denke an: Wahlberechtigungen, Mindestalter für Führerscheine, Schulgesetze und Regelungen für Homeschooler, Verhütung und Abtreibung, Ausschank von Alkohol an Minderjährige, Kinderarbeit etc. Steh auf und lasse die anderen wissen, was du darüber denkst.

Du, die Welt

Du weißt sicherlich bereits, dass auch dein Beitrag zählt. Es bewirkt auf jeden Fall etwas, wenn du keinen Thunfisch isst, der mit Netzen gefangen wird, in dem Delfine verenden oder wenn du Schmierpapier statt nagelneuer Notizbücher benutzt. Viele Organisationen und Menschen können dir dabei helfen, Veränderungen in deinem Leben herbeizuführen. Dazu möchte ich aber noch ein paar Worte sagen. Es gibt Leute, die eine militärische Selbstdisziplin entwickeln, sobald sie sich dazu entschließen, ihren Lebensstil aus politischen/ökologischen Gründen zu verändern. Sie verlieren auf diesem Wege völlig den Bezug zu dem, was ihnen früher einmal wichtig war. Deshalb:

Wenn du dich dazu entschließt, die Welt zu verbessern, werde nicht zum Roboter. Bleibe dir selbst treu und halte das Ganze auf einem persönlichen Level. Säubere einen kleinen Teich am Straßenrand und gehe dann dort angeln. Drücke deinen Apfel einer Obdachlosen in die Hand, wenn du auf dem Weg zum Recyclingcenter bist. Solch kleine Gesten werden nicht gleich die Welt verändern, aber sie sind gut für Geist und Seele.

Fange nun, da du all deine Zeit damit verbringst, Gutes zu tun, nicht damit an, weniger perfekte Menschen zu verurteilen. Übe dich in Zurückhaltung. Vergiss nicht, dass du – egal wie gut deine Absichten sind – als Mensch des industrialisierten 21. Jahrhunderts trotzdem einige Dinge tust, die dem Planeten Erde schaden. Wenn du Baumwollkleidung trägst, die nicht auf kontrolliert biologischen Anbau zurückzuführen ist, dann unterstützt du damit insektizidverseuchte Baumwollfelder und nicht den Erhalt natürlicher Artenvielfalt. Wenn du Polarfleece oder Polyesterkleidung trägst, unterstützt du die erdölabhängige Industrie und trägst zur Klimaerwärmung bei. Benutzt du elektrischen Strom, wird auch wegen dir ein weiterer Fluss aufgestaut. Verurteile dich nicht wegen Dingen, die du nicht ändern kannst. Aber verurteile auch nicht die anderen Leute. Mit Vorwürfen erreichst du für gewöhnlich genau das Gegenteil – die Leute haben keine Lust mehr, sich zu engagieren. So wie du *keine* Lust hattest, deine Hausaufgaben zu machen, wenn deine Mutter dich dazu gedrängt hat.

Halte dich vor allem gegenüber deinen Eltern zurück. Denke daran, dass sie es waren, die dich in diese Welt eingeladen haben und bereit waren, dafür auf andere Dinge zu verzichten. Außerdem haben sie ausreichend Geduld bewiesen, als du deine Was-kostet-die-Welt-Phase hattest, ihnen dreiseitige Weihnachtswunschzettel präsentiertest oder mit »Mama, Susie hat von ihrer Mutter einen neuen Fernseher geschenkt bekommen« in den Ohren lagst. Übe dich nun im Gegenzug in Geduld und Respekt und vergiss nicht, dass sie in ganz anderen Zeiten aufgewachsen sind. (Vor zwanzig Jahren waren Vegetarier wirklich noch die Ausnahme. Sie lasen damals Frances Moore Lappés *Die Öko-Diät*. Heutzutage finden sich unter den Ernährungsbewussten immer mehr Veganer, Biogemüse ist der Renner. Was uns die Ernährungsbewussten in zwanzig Jahren zu sagen haben werden, bleibt vorerst reine Spekulation.) Klar kannst du *mit* deinen Eltern reden, aber halte ihnen *keine* Predigten.

Du kannst deine politischen Ansichten auch mit deiner Arbeit verbinden. Steige in das Recyclinggeschäft ein oder lege Biogärten für Leute an, die dafür keine Zeit haben. Arbeite ehrenamtlich für Greenpeace. Mache ein Praktikum in einem Obdachlosenheim.

Heikos Brainstorming

Nachfolgende Listen sind auf ein wunderbares Chart zurückzuführen, dass mein Freund Heiko, erfahrener Aktivist, ausgearbeitet hat. Sie sollen dir dabei helfen, eigene Ideen zu entwickeln und dir zeigen, wie du einen Beitrag zur Lösung riesiger Probleme leisten kannst, indem du dir konkrete Ziele setzt und dann Schritt für Schritt vorgehst.

Beispiele wichtiger Thematiken, mit denen sich Menschen beschäftigen können

Rechte der Afroamerikaner, Lateinamerikaner oder Indianer; Zentralamerika; Konsumentenschutz; Umweltschutz; landwirtschaftliche Themen; Rechte der Schwulen/Lesben; Obdachlosigkeit; Menschenrechte; behindertengerechte Infrastrukturen; Hunger;

Arbeit; Rechte älterer Menschen; Rechte der Jugendlichen; Biolandwirtschaft; Frieden; Rassismus; Religionsfreiheit; soziale Gerechtigkeit; Frauenrechte.

Möglichkeiten, wie man diese (oder andere) Thematiken zur Sprache bringen kann

Ändere die Grundeinstellung der Menschen mittels Bildung (was nicht unbedingt *Schulbildung* heißt – die Medien können sich als hilfreich erweisen, um Aufmerksamkeit zu wecken)

Ändere gesetzliche Rahmenbedingungen – z. B. indem du vernünftige Abgeordnete wählst, dich für neue Gesetze einsetzt oder dass existierende Regelungen angewandt werden)

Ändere bestehende Strukturen (direkt) – unterstütze Streiks, zwinge Unternehmen (und Hochschulen), den Bezug von Waren aus Ländern oder von Unternehmen, die die Menschenrechte missachten, einzustellen, rufe Recyclingprogramme ins Leben, hilf Leuten bei der Installation von Solaranlagen, unterstütze Boykotte, baue Unterkünfte für misshandelte Frauen etc.

Unterschiedliche Herangehensweisen von Leuten (oder Gruppierungen) bei der Verfolgung ihrer Ziele

- sei geradlinig oder kontrovers
- arbeite mit einer hierarchischen oder egalitären Gruppenstruktur
- nutze bei Abstimmungen das Mehrheitssystem oder bestehe auf Einstimmigkeit
- arbeite mit Angestellten oder auf rein ehrenamtlicher Basis
- versuche Veränderungen an der Basis herbeizuführen, oder schließe Freundschaften mit »denen da oben«
- schließe dich einer bestehenden Gruppe an oder gründe eine neue Gruppe

Ein paar spezifische Strategien, die Menschen bei der Verfolgung ihrer Ziele nutzen

(Wähle nur diejenigen aus, die deine oder die Talente deiner Gruppe widerspiegeln und mit denen du am effizientesten arbeiten kannst; versuche nicht, krampfhaft alle aufgezählten Methoden anzuwenden.)

Rufe Abgeordnete an oder schreibe ihnen Briefe, plane Projekte und führe sie durch, fertige Infobroschüren an und verteile sie, richte Büros ein, arbeite an Informationsständen auf Festivals und anderen Veranstaltungen, organisiere Spendenaktionen, recherchiere in der Bibliothek, erhebe selbst Daten, gestalte Websites, schreib Pressemitteilungen, rufe Zeitungen an, arbeite an alternativen Zeitschriften mit, organisiere Versammlungen, schreibe Anträge, gehe zu öffentlichen Anhörungen, nimm an Demonstrationen teil, lasse dich festnehmen, entwerfe Poster und Transparente, mache bei »Guerilla-Theateraufführungen« mit, hilf bei Mailingaktionen, sprich mit deinen Freunden, gehe von Tür zu Tür und rede mit deinen Nachbarn, gründe Koalitionen mit ähnlichen Organisationen, arbeite ehrenamtlich in Suppenküchen oder Frauenhäusern, schreibe Bücher, mache Videos, gib ein Magazin heraus usw.

Teil 5

Das Leben der Unschooler

Kapitel 39
Das Versuchskaninchen-Kapitel

Dieses Kapitel wuchs unbeirrbar aus meinem Posteingang.

Das Buch, das du in Händen hältst, ist überall mit Geschichten von Unschooling-Teenagern gespickt – wo sie arbeiten, was sie über das Lernen denken, wie sie Fußball spielen und welche Musikinstrumente sie lieben. Aber ich wollte die Menschen, die mir über ihr Leben schrieben, eingehender behandeln, um dir zu zeigen, dass es sie wirklich gibt, und um dir einen breiteren Überblick über die Vielfalt an Möglichkeiten zu geben. Deshalb werde ich mir auf den nächsten Seiten das Vergnügen gönnen, dir ein paar Dutzend dieser Teenager vorzustellen, und auch immer wieder einen *GWS*-Artikel einstreuen. Jeder einzelne dieser Teenager müsste mit einem eigenen Kapitel gefeiert werden, aber das gehört in ein anderes Buch aus einem anderen Jahr.[104]

Die meisten Teenager, die du kennenlernen wirst, lernen nach einem ziemlich traditionellen Lehrplan, der Mathematik, Naturwissenschaften, Literatur und Geschichte umfasst. Auf die akademischen Fächer werde ich nicht genauer eingehen. Nur soviel zu ihrer Ausrüstung: Die meisten verwenden Lehrbücher für Mathematik, und für die anderen Gegenstände entweder Lehrbücher oder Bücher aus der Bibliothek. Einige verwenden auch öffentliche TV-Sender, CDs, Computer und Museen. Viele lernen von erwachsenen Freunden. Einige besuchen College-Kurse, sind in Fernschulen eingetragen oder nehmen sogar an den Lehrveranstaltungen von öffentlichen Highschools teil. Bei manchen sind die Eltern eng in den Entscheidungsprozess eingebunden und kontrollieren die Arbeiten. Andere wiederum arbeiten und treffen ihre Entscheidungen unabhängig. Die vorgestellten Teenager widmen sich nicht unbedingt vielen Gegenständen gleichzeitig. So lesen sie vielleicht mehrere Wochen lang Biografien, ehe sie sich einen ganzen Monat dem Mikroskop verschreiben.

Einige dieser Teenager lernen überhaupt nicht formell. Und selbst diese vollkommen »unstrukturierten« Teenager erlangen schließlich ein Wissen in »akademischen« Fächern, das weit über das von schulgebundenen Teenagern hinausgeht. Sie befassen sich mit diesen Themen bloß nicht nach einem vor bestimmten Lehrplan. Die meisten sind begeisterte Leser, was vermutlich darauf zurückzuführen ist, dass niemand sie zwingt zu lesen.

Ich werde dir diese Teenager in alphabetischer Reihenfolge vorstellen. Nachdem die Vorstellung abgeschlossen ist und du jemanden gefunden hast, neben dem du gerne sitzen willst, werde ich einige Kommentare anbringen.

Der 12-jährige Tom Adams aus Pennsylvania hat viele Hobbys: er sammelt und katalogisiert Briefmarken, Football- und Baseball-Karten, sammelt Gesteinsproben, zeichnet, schnitzt, liest Krimis und spielt mit Freunden Base- und Football. Er will eines Tages aufs College gehen und Baseball-Profi oder Anwalt werden. Das Leben in einer Universitätsstadt bietet ihm seiner Meinung nach große Vorteile, weil er dadurch Zugang zur Universitätsbibliothek hat, zu Kulturereignissen und zu den Professoren als »Wissensdatenbank«.

Der 15-jährige Joseph Anderton aus North Carolina verwendet Lehrbücher. Aus Tests geht hervor, dass er seiner Schulstufe etwa zwei Jahre voraus ist. Einen Großteil seiner Zeit verbringt er damit, seinem Vater bei der Arbeit zu helfen, der Servicetechniker für Heizungs- und Klimaanlagen ist. Er beabsichtigt, ein Zulassungsdiplom in diesem Fachbereich zu erwerben und vielleicht einmal aufs College zu gehen. Außerdem spielt er gerne mit seinen Freunden Football und sammelt Baseballkarten.

Die heute 22-jährige Pianistin und Buschpilotin Britt Barker aus Ohio wuchs mit leidenschaftlichem Interesse an Natur und klassischer Musik auf. In Kapitel 21 findest du mehr über ihre Erlebnisse beim Biologieunterricht im Gelände und über ihre Reiseerfahrungen (außerdem hat sie selbst eine Broschüre mit dem Titel *Letters Home* geschrieben). Hier wollte ich jedoch andere Aspekte ihres Lebens erwähnen. Als Unschoolerin inmitten einer siebenköpfigen Farmerfamilie veröffentlichte Britt bereits im Alter von zwölf Jahren ihren ersten Artikel über Ponys in der Zeitschrift *Mother Earth News*. Zwei Jahre später verkaufte sie ein wöchentliches Worträtsel an die Lokalzeitung und schrieb mit fünfzehn Jahren einen zweiten Artikel für *Mother Earth News*. Als klassisch ausgebildete Pianistin und aktives Mitglied auf dem Farmbetrieb ihrer Familie beschloss sie im Alter von sechzehn Jahren, ihr Zuhause für einige Zeit zu verlassen, um neue Abenteuer zu suchen, wie sie in *Letters Home* beschrieb. 1986 wurde sie von der Zeitschrift *Teenage* unter die »100 interessantesten Teenager auf dem Land« gewählt.[105]

Britts Mutter Penny hielt mich auch über ihre anderen Kinder auf dem Laufenden: Die 17-jährige Maggie ist begeisterte Hundeschlittenfahrerin und hält dreißig Hunde – Huskies und Border Collies. In Michigan führt sie Wanderungen mit Packhunden und Hundeschlittenworkshops für Personen ab elf Jahren durch. In einem Zeitungsausschnitt über ein 80-km-Rennen, das sie mit ihren Hunden gewann, berichtet ein Sheriff: »Man konnte die Freude an ihrem Gesicht ablesen ... Wie sie lächelte, als sie über den Hügel kam und die Straße querte.«

Die übrigen Unschooler der Familie Barker sind der 16-jährige »Cellist« Dan, der 14-jährige »Kajakfahrer und Bootsbauer« Ben, und der 12-jährige »Mechaniker« Jonah. »Alle sind so verschieden«, berichtet Penny, »das macht großen Spaß.« Alle Barkers arbeiten zusammen, um The Country School zu führen, ein Sommerprogramm auf ihrer Farm, wo Kinder und Teenager bei einem fünftägigen Aufenthalt an den Farmaktivitäten teilnehmen können.[106]

Der 16-jährige Benjamin Israel Billings aus Massachusetts schrieb:

> Ich fische gerne, lese eine Menge (über Vietnam) und mag meine Musik (Progressive Rock, Klassik, Männerchöre, New Age, Folk und auch ein wenig irische Musik). Zu meinen Lieblingstätigkeiten zählt Rad fahren (letzten Sommer bin ich an einem einzigen Nachmittag 154 Kilometer gefahren). Ich spiele auch gerne »Dungeons und Dragons«. Pfadfinder- und Kirchenaktivitäten machen mir ebenfalls viel Spaß. ... Im April erhalte ich mein Eagle Scout-Abzeichen. Zur Zeit bin ich Junior-Pfadfinderführer.

Der 13-jährige Django Bohren aus Louisiana ist mit seiner Familie ständig »unterwegs«, weil sein Vater Spencer Bohren Musiker ist. In einem einzigen Herbst reiste er einmal durch Louisiana, den Yellowstone Park, Washington, Oregon, Montana, Wyoming, Colorado, Arizona, Michigan, Illinois und Kentucky. Er hat einmal sogar für zweieinhalb Wochen die Schule besucht und es genossen, aber sein Leben als Unschooler ist übervoll. Die vielen Reisen bringen ihn mit Welten in Kontakt, die für die meisten Teenager nicht erreichbar sind.

Die 13-jährige Anne Brosnan aus New York schrieb eine Menge, das wert ist, hier erwähnt zu werden. In ihren Worten entdecke ich die Unschoolerin, die ich hätte sein können:

> Ich lerne, indem ich lebe und etwas tue. Zu Hause können wir jederzeit tun, was wir wollen, denn meine Mutter gibt uns weder Lesenoch sonstige Hausaufgaben auf. Kinder gehen zur Schule, um zu lernen, wie man die Dinge tut. Aber dabei vergeudet man eine Menge Zeit. Man kann dasselbe auch lernen, indem man es einfach tut. So habe ich Klavier spielen gelernt, indem ich Klavier gespielt habe. Noten lesen lernte ich, indem ich das eingestrichene C im Notenheft und auf dem Klavier suchte, und daraufhin folgten alle anderen Noten von selbst. Lesen lernte ich beim Lesen, Maschine schreiben beim Maschine schreiben usw. So ist es immer weiter gegangen. Es ist ein wirklich einfaches Konzept ...
> [Anne listet ihre Interessen auf:] klassische Musik, Folk, Ragtime, früher amerikanischer (klassischer) Jazz, Klavier, Banjo, Mundharmonika und andere Instrumente ... Ich studiere Musik, indem ich zuhöre und spiele.
> Mythologie und Folklore, Legenden und Religionen aller Kulturen, Tiefenökologie, Philosophie, die Gaia-Hypothese. (Die folgenden Personen studiere bzw. bewundere ich) Albert Einstein, John Muir, Robert Frost, Charles Dickens, Amos Bronson Alcott, Leonardo da Vinci, Ludwig van

Beethoven, Wolfgang Amadeus Mozart, Johann Sebastian Bach, Abraham Lincoln, den Baum als Wesen.
Natur, Ökologie, Wölfe, Archäologie, Anthropologie, Genealogie, Geographie, Lexikologie, Bibliophilie, Autodidaktik. Bücher wie die von Charles Dickens, Shakespeare, Scott O'Dell, *Unten am Fluss* (Richard Adams), *Meine Familie und anderes Getier* (Gerald Durrell). Fischernetze knüpfen, stricken, Kuckucksuhren, laufen, Basketball, Badminton, berühmte Homeschooler, Poesie, Kalligrafie, Philatelie, Postkarten, Tierskelette, Geoden, Eulen, Carl Larrson, Maschine schreiben, die Galapagosinseln, Sierra Club, Newsletter, Geschichte, einfaches Leben, Landwirtschaft, Baumhäuser (zur ständigen Bewohnung), Vegetarismus, wilde Tiere Afrikas, Kompostieren, Wiederverwertung, Fahrräder, amerikanische Ureinwohner, Kanufahren, Camping und Hüte. Ich verwende keine Lehrbücher, mit Ausnahme von ein bis zwei Übungsbüchern für gelegentliche Mathematikübungen, und keine Fernkurse.

[Anne erklärt, wie sie ihre Zeit nützt:] Etwa drei Tage pro Woche widme ich dem Leichtathletik- und Basketballtraining, sowie den Spielen und Wettkämpfen am Wochenende. Die sind zumeist abends. Tagsüber spiele ich etwa 45% meiner Zeit Klavier (das ist eine Menge), schreibe Briefe, lese, stricke, trainiere Basketball und Leichtathletik, spiele Tennis etc., arbeite ein wenig im Garten und mit dem Kompost, fertige Hängematten an, putze das Haus, sortiere Bücher, knete Brotteig etc. Ich arbeite auch immer an vielen Projekten, wie Artikelschreiben, Putzen und Briefmarkensammeln.

Der 15-jährige Todd Brown meint, dass »Wahlmöglichkeit« und »Freiheit« die größten Vorteile sind, wenn man nie zur Schule gegangen ist. Was ihm seine Freunde über die Schule erzählen, klingt »feindselig, barbarisch und monoton«. Todd geht bedächtig und nachdenklich an seine vielen Interessen heran. So bezeichnet er zum Beispiel *Star Trek* als »Erweiterung unserer Träume und Verwirklichung unserer grenzenlosen Möglichkeiten«. Zusätzlich zu den Sendungen liest er die Bücher und nimmt an Star-Trek-Versammlungen teil. Zu seinen anderen Lieblingsbeschäftigungen zählt die Entomologie – »ich liebe jede Art von Insekten und Arthropoden« – sowie das Herstellen elektrischer Geräte – »Ich kann nicht einmal ansatzweise beschreiben, wie viel Freude es mir macht, einen Schaltkreis zu entwickeln und zu testen«. Zusätzlich segelt er gerne, verwendet einen Computer, zeichnet, arbeitet mit einem Mikroskop, stellt Schmuck und Modelle her und liest. Zu seiner akademischen Ausbildung gehören Latein und Philosophie. Sein Vater unterrichtet ihn in Elektrotechnik. College? Er beabsichtigt, das Virginia Tech zu besuchen. Er genießt es, einer Pfadfindergruppe anzugehören und nimmt an einem Meeresbiologiecamp teil. Seltsamerweise geht er mit sich wegen einer Lücke in seiner »Ausbildung« sehr hart ins Gericht: »Ich hasse Geschichte, obwohl ich fest daran glaube, dass sich die Geschichte wiederholen wird, wenn wir sie nicht studieren. Auf diesen Mangel bin ich wirklich nicht stolz.«

Die 16-jährige Sharma Buell aus Maine verwendet weder Lehrbücher noch Tests. »Wir sitzen bloß am Rand des großen Schmelzkessels, rühren kräftig um, werfen etwas hinein ... und kosten das, was gut aussieht.« Als Freigeist mit einem nachdenklichen Blick auf die Welt macht sie »eine Menge Kunst«, Reisen per Anhalter und denkt unablässig. »Ich habe die meisten Dinge auf die harte Tour gelernt«, sagt sie, »aus eigener Erfahrung. Das ist der Trick. Allerdings hat das nichts mit sauberen, sicheren Lehrbüchern zu tun, wo du innerhalb eines begrenzten Zeitrahmens kontrollierte Information ›lernst‹.«

Die 14-jährige Becky Cauthen aus Georgia spielt in der Zeit, die sie nicht mit akademischen Dingen verbringt, Klavier. Zwei Mal pro Monat spielt sie für eine Homeschooling-Gruppe und drei Mal wöchentlich für die Kirche. Neben ihrer Tätigkeit als freiwillige Helferin im Krankenhaus, Pfadfinderin und Mitglied der Jugendgruppe ihrer Kirche hilft sie auf einer Vieh- und Ziegenfarm, näht einen Teil ihrer Kleidung selbst, bäckt und spielt Gitarre. Sie denkt nicht daran, je wieder in die Schule zurückzukehren: »Ich wäre dann sieben oder mehr Stunden fort von zu Hause. Das ist eine gewaltige Zeitvergeudung. Jetzt kann ich bei meinen Englischarbeiten eine Pause machen, bei den Kühen helfen, im Wald spazieren gehen oder Klavier spielen, und kehre dann erfrischt an meine Arbeit zurück.«[107]

Chelsea Chapman aus Alaska wird von ihren Eltern unterrichtet, jedoch nicht, wie es in der Schule üblich ist. Sie erklärt ihre Methode in *GWS* Nr. 74:

> Ich werde versuchen, unsere Art von Homeschooling zu erklären. Meine Mutter unterrichtet uns in Kultur, Geschichte, Literatur und derartigen Dingen, während uns mein Vater in Mathematik, Chemie, ein wenig Geschichte und Physik unterrichtet. Wir erledigen unsere schulischen Aufgaben vormittags zwischen 8.00 und etwa 12.00 Uhr. Oft tun wir auch gar nichts, und nachmittags tun wir nie etwas. Mein Vater arbeitet eine Woche und hat dann die nächste Woche frei. Wenn er zu Hause ist, spricht er mit uns über Mathematik und Chemie und gibt uns Aufgaben, die wir lösen sollen. Oft zeichnet er auch bloß Bilder von Protonen, Neuronen und anderen Dingen, die wir uns ansehen und studieren. Heute habe ich kurze Aufsätze über Pythagoras, Archimedes und Avogadro geschrieben. Wenn ich etwas über ihr Leben weiß, fällt es mir leichter, mich an ihre jeweiligen Theorien, Prinzipien und Gesetze zu erinnern.
>
> Ich mag Physik und derartige Dinge! Ich habe bloß geglaubt, nicht klug genug zu sein, um diese Dinge zu verstehen, und dass sie ohnehin langweilig wären (diese Ansicht hatte ich aus der Schule). Mittlerweile habe ich erkannt, dass sie weder schwierig, noch langweilig oder dumm sind, außerdem habe ich endlich die Ansicht überwunden, dass »schwieriges Zeug« nicht für alle ist.

Ich habe auch gesagt, dass uns unsere Mutter in Geschichte und Literatur unterrichtet. Vorwiegend lesen wir über Geschichte. Eigentlich lesen wir immerzu. Meine 11-jährige Schwester und ich lesen alles und überall. Hier dürfen wir wirklich alles lernen, was wir wollen. Manchmal erinnert es mich an Summerhill-School. Ich liebe Poesie und lese massenhaft Blake, meinen Lieblingsdichter. Shakespeare ist auch in Ordnung; *Der Sturm* gefällt mir am besten. Als Gegensatz dazu habe ich auch über DOS gelesen (Microsoft Betriebssystem) und arbeite viel an unserem Computer. Wir arbeiten an allem, was uns gefällt. Manchmal gibt es überhaupt keine schulische Arbeit, zum Beispiel wenn etwas anderes viel wichtiger ist, wie den Start des großartigen Hundeschlittenrennens »Yukon Quest« mitzuerleben!

Wenn ich erwachsen bin, werde ich Naturwissenschaftlerin/Schriftstellerin/Künstlerin/Dichterin. Ich glaube, dass man das alles kombinieren kann.

Alex Clemens war dreizehn Jahre alt, als seine Mutter an *GWS* Nr. 16 schrieb:

Alex programmiert derzeit den Apple II, arbeitet in einem Computerladen, hilft dem Bürovorsteher des Rathauses, nimmt bei seinem ehemaligen Mathematiklehrer von der öffentlichen Schule Mathematikstunden, schreibt Tagebuch und Buchberichte für mich, hat im Juni in Karate den grünen Gürtel gemacht und kocht sich selbst seine Mahlzeiten.

Christopher DeRoos schrieb im Alter von 16 Jahren in *GWS* Nr. 32:

Vor zwei Jahren ... begann meine Mutter, mich zu Kursen am College mitzunehmen. Ich bin nun am Holy Names College in Oakland [Kalifornien], das auch ein Freund von mir besucht. Er begann dort, als er fünfzehn war. ... Ich besuche einen Kurs für Informatik und Wirtschaftskunde und werde als nächstes einen für KFZ-Technik machen. ... Außerdem arbeite ich in der Planungskommission des Kennzeichenausschusses, der die Kennzeichenverordnung für Alameda County prüft. ...

Mein Motto stammt aus *Tante Mame:* »Das Leben ist ein Festessen, und die meisten armen Leute kommen um vor Hunger.«

Der 13-jährige Jonas Deiner aus Virginia lernt nicht auf formelle Weise. Stattdessen verbringt er seine Zeit damit, Rad zu fahren, zu lesen, worauf er Lust hat, am Computer zu arbeiten und sich mit Elektrizität zu befassen – »Glühlampen, Drähte und solches Zeug«.

Die 14-jährige Katrina Fallick aus Washington interessiert sich für Ökologie in Aktion, Modedesign, Vertriebsplanung sowie Soziologie. Unter »Ökologie in Aktion« versteht sie, Bäume zu pflanzen und viel darüber zu lesen, was für eine gesunde Ökologie getan werden muss. Um ihr Interesse an Mode zu befriedigen, streift sie durch

Bekleidungsläden und entwirft und näht dann Stücke, die – wie sie voraussagt – dem nächsten Trend entsprechen werden. Zusätzlich arbeitet sie im Organisationskomitee der lokalen Homeschooling-Messe (sie hilft bei den Dreharbeiten zu einem Werbefilm für die Messe), liest, wandert, schreibt Brieffreunden, und – oh ja – lernt akademische Fächer wie Mathematik und Geschichte. Mit sechzehn Jahren will sie das Äquivalenzdiplom zum Highschoolabschluss machen, damit sie am College Kurse belegen kann. Sie betont jedoch, dass sie aufs College gehen will, »um etwas zu lernen, und nicht wegen eines Diploms«, und dass »[ich] auf dem College mit dem besten Programm für das, was ich lernen will, genau die Kurse machen werde [die ich brauche]«.

Katrinas Mutter Jj schickte mir später Informationen, wie es mit Katrina weiterging:

> Sie besucht jetzt in Spokane einen Fachkurs für Modevertrieb auf Highschoolniveau – lebt bei Freunden und betreibt in ihren üblichen Fächern Homeschooling. Mit vierzehn Jahren hat sie sich an einer Highschool eingeschrieben ... wo sie mit fünfzehn die Grundlagen für einen Eintritt ins Berufsleben erwerben wird, und hofft, mit sechzehn einen Job zu finden. Zusätzlich will sie am Junior College einige Kurse belegen, eine Karriere als Modedesignerin beginnen ... und eigene Entwürfe kreieren.

Der 15-jährige Zachary Field aus Maine will schon bald professioneller Jongleur werden. Dafür übt er jeden Tag mehr als eine Stunde lang. Seine akademischen Studien bezeichnet er als »sehr informell«. Wie viele Unschooler versuchte er, unmittelbar nach seinem Schulaustritt vor fünf Jahren zunächst ein ziemlich strenges heimisches Lernprogramm durchzuziehen, das allmählich an Struktur verlor. Zu seinen Interessen zählen exzessives Lesen, Einradfahren und viel Zeit mit seinen Freunden zu verbringen, von denen die meisten ebenfalls jonglieren.

Der 12-jährige Benjamin Flagel aus Maryland ist Mitglied von zwei 4-H-Clubs, liest viel, spielt Baseball, Basketball und Fußball, betreut einen Garten und sammelt Schmetterlinge und Baseballkarten.

Nicole Flores aus Kalifornien schreibt in *GWS* Nr. 52:

> Ich verließ die Highschool in der neunten Schulstufe, als ich fünfzehn war. Meine Mutter und ihr Freund schufen dafür die legalen Voraussetzungen, indem sie unser Zuhause in eine Privatschule verwandelten.
>
> Das ist großartig. Sie haben mich auch mit Lehrmaterial ausgestattet. Drei Jahre später habe ich mich für Fächer interessiert, bei denen ich auf der Highschool bloß aufgeschrien hätte. Heute schreibe ich Science-Fiction-Geschichten, lese über Physik und habe vor allem gelernt,

> selbständig zu denken und eigene Entscheidungen zu treffen. Im Grunde habe ich durch die Freiheit, an der es mir in der Schule mangelte, die Gelegenheit bekommen, zu wachsen.

Die 15-jährige Elise Foxton aus Washington ist im Fernprogramm einer allgemeinen Homeschooling-Organisation eingetragen und gleichzeitig in einem Algebra-Kurs der University of Nebraska. Sie bestätigt das Meiste, was ich schon von anderen Homeschoolern gehört habe: »Du hast mehr Zeit, um Dinge zu tun, die nicht mit der Schule zusammenhängen. Ich reite die Pferde, für die ich sorge, während andere Kinder immer noch in der Schule sind.« Sie nimmt wöchentlich Reitstunden und hat letztes Jahr erfolgreich begonnen, ihre beiden Pferde vorzuführen.

Theo Giesy aus Virginia war in den 70er Jahren eine der ersten Homeschooling-Mütter. Ihre schulpflichtigen Kinder baten sie unablässig, doch zu Hause zu bleiben zu dürfen, weil sie da mehr lernen würden als in der Schule. Theo nahm sie ernst und beendete ihre schulische Karriere, ohne damals zu wissen, ob dies legal möglich sei. Alle vier Kinder nahmen Ballettunterricht, und Theo erzählt in *GWS* Nr. 58 ihre Erfahrungen nach zehn Jahren Homeschooling. Zu diesem Zeitpunkt waren ihre Kinder 14, 18, 20 und 22 Jahre alt. Theo schreibt:

> Kurz nachdem Danile [die älteste Tochter] die Ballettstunden aufgenommen hatte, begann sie sich für eine Karriere als Tänzerin zu interessieren. Im Alter von dreizehn Jahren trat sie mit einer kleinen Modern-Dance-Gruppe in Schulen auf. Seitdem tanzt sie in verschiedenen derartigen Gruppen. Schon vor ihrem 18. Geburtstag zog sie in eine eigene Wohnung, weil sie damals mit einer Gruppe tanzte, die 65 Kilometer von zu Hause entfernt in Williamsburg ihren Sitz hatte. Mit 18 Jahren teilte sie uns mit, dass sie von nun an keine finanzielle Unterstützung von uns benötige, und dass sie es uns sagen würde, wenn sie doch einmal Hilfe bräuchte. Neben ihrer eigenen Tanztätigkeit unterrichtet sie Ballett und Jazzdance. Sie hatte nie das Gefühl, ein Diplom zu benötigen. Wenn sie bei einem Bewerbungsformular für einen Job die Rubrik »besuchte Schule« ausfüllt, schreibt sie immer: Brook School, abgeschlossene Schulstufe: 12.
>
> Darrin nahm auch Ballettunterricht, und da er nicht zur Schule ging, hatte er genug Zeit, bei Proben dabei zu sein und sich um den Kassettenrekorder zu kümmern. Auf diese Weise fand er Zugang zum technischen Bereich des Theaters. Auch wenn er weiterhin Ballettstunden nahm, interessierte er sich als Berufswunsch mehr für die technische Arbeit. Mit 17 Jahren ging er für zwei Jahre auf das Antioch College. Während dieser Zeit wuchs sein Wunsch, doch weiterzutanzen. So verließ er das College und studierte das gesamte letzte Jahr mit dem Boston Ballet. Vor kurzem unterzeichnete er einen Vertrag mit dem Nevada Dance Theater für nächstes Jahr.

Susie genoss das Ballett, hatte aber nie die Absicht, Ballerina zu werden. Ihre Überlegungen gehen in Richtung Musicaltheater und Modeling. Sie hat in denselben Gruppen gearbeitet wie Danile, sowohl als Tänzerin als auch als Technikerin. Derzeit tanzt sie in einer Lounge. Nächstes Jahr wird sie mit Danile in einer Gruppe tanzen, die in Schulen und anderen Gemeindezentren auftritt. Was sie danach tun will, weiß sie noch nicht.

Anita schreibt Gedichte, eine Teenager-Romanze und bewegende Briefe an Freunde und Familienmitglieder. Sie arbeitet für zehn Familien als Babysitter, will diese Tätigkeit aber etwas einschränken, um mehr Zeit für andere Dinge zu haben. Sie stellt wunderschöne Ohrringe her, die sie lieben Freundinnen schenkt und gelegentlich auch verkauft. Wäre sie zur Schule gegangen, hätte man sie sicher als »lernbehindert« bezeichnet, weil sie erst spät lesen gelernt hat ...

Es war wunderbar, zuzusehen, wie alle vier Kinder ohne Lehrplan, ohne künstliche Stundenpläne und ohne Vergleich mit »der Norm« aufgewachsen sind, gelernt und sich entwickelt haben.

Mit 18 Jahren unternahm Anita eine einjährige Reise durch die USA. Als sie dabei nach Eugene kam, besuchte sie mich und erzählte mir mehr über das Leben der Familie Giesy. Als Teenager entwickelte Anita großes Interesse an Kindern und arbeitete für mehrere Familien als Ganztagsbetreuung. Sie war auch Mitglied bei 4-H, fungierte bei 4-H-Camps als Beraterin, gab Workshops, in denen man von ihr lernen konnte, wie man Ohrringe herstellte, half bei den technischen Arbeiten von Tanzproduktionen und setzte sich ein, um ein Gesetz zu verhindern, das bei Minderjährigen die Einwilligung der Eltern zur Abtreibung forderte.

Die mittlerweile 25-jährige Danile tanzt immer noch im Ensemble Ballet Tide water und unterrichtet sowohl Jazzdance als auch Ausdruckstanz. Zusätzlich tritt sie als »Heartbreak Dancer« auf, wo sie im Stil der 50er Jahre Rock'n Roll tanzt. Mit 23 Jahren tanzt Darrin als Eleve im Ballet Met von Columbus, Ohio, und überlegt, ob er bei anderen Tanz-Ensembles vortanzen oder aufs College zurückkehren soll. Er hat auch schon als freiwilliger Feuerwehrmann und Rettungssanitäter gearbeitet. Die 21-jährige Susie ist eben von einer sechsmonatigen Reise durch Europa zurückgekehrt, die sie allein unternommen hatte. Zuvor hatte sie im Ballet Tidewater getanzt und Kindern aus den ärmeren Stadtvierteln Ballettstunden gegeben.

Darlene Graham aus Texas schrieb in *GWS* Nr. 37 über ihre Söhne Grant und Graham:

Grant ist jetzt 17 Jahr alt und arbeitet als Tischler, während er sich auf sein Äquivalenzdiplom zum US-Highschool-Abschluss vorbereitet. Graham ist 14 Jahre alt und legt bei seinen Geigenstunden eine kleine Verschnaufpause ein ... Er unterstützt meinen Mann häufig bei Autoreparaturen und ist darin schon sehr geschickt und verantwortungsvoll. In seinem Alter liebt er alles, was

> mit Autos zu tun hat, und beschwert sich auch nicht da rüber, das Viehfutter auszuladen, denn immerhin bedeutet das, rückwärts zur Scheune fahren zu können. Manchmal fährt er dann als Zugabe sogar ein bis zwei Mal die gesamte Auffahrt rauf und runter.

Die 13-jährige Ashia Gustafson aus Washington tanzt leidenschaftlich gerne, so dass sie schon eine Karriere als Tänzerin ins Auge fasst. Derzeit trainiert sie Ballett, Jazzdance, Stepptanz und Modern Dance. Zusätzlich lernt sie nach dem ziemlich »traditionellen« akademischen Programm der Calvert-Fernschule. Sie möchte gerne aufs College gehen. Im Vergleich mit Gleichaltrigen, welche die Schule besuchen, hat sie das Gefühl, ein umfassenderes akademisches Wissen auf höherem Niveau zu besitzen.

Mit 16 Jahren wurde Andrea Harrison aus England Mitglied des Ludlow Orchestra. *GWS* Nr. 15 berichtet über sie:

> Mit 18 Jahren will sie am Dartington College Musik studieren. Bis vor kurzem führte sie einen kleinen Betrieb in einem der Gebäude [in ihrem Zuhause]. Von einem befreundeten Nachbarn kaufte sie biologischen Vollweizen, backte daraus Brot und verkaufte es in ihrem kleinen Laden. Allerdings stellte sie fest, dass diese Tätigkeit zu viel Energie und Zeit kostete, so dass sie ihrem Musikstudium nicht mehr gerecht wurde. An manchen Tagen widmet sie sich acht bis zehn Stunden intensivem Musiktraining.

Der 15-jährige Gordon Hubbel aus Kalifornien studiert als neuer Unschooler Russisch, Englisch und Mathematik. Zusätzlich verbringt er so viel Zeit wie möglich mit Ski- und Mountainbikefahren. Er nimmt an Skirennen teil, liest Bücher über Skilauftechnik und läuft oft bei den Extreme Skiing Championships mit. »Mit dem Mountainbike fahre ich täglich 29 Kilometer in hoher Taktzahl durch abwechslungsreiches Gelände.«

Jud Jerome, ein ziemlich berühmter Dichter, Essayist, Dramatiker etc., schrieb in *GWS* Nr. 1 über seine Tochter ab einem Alter von zwölf Jahren:

> Um [Anfang der 70er Jahre] rechtliche Schwierigkeiten zu vermeiden, schrieben wir sie in eine »freie« Schule in Spokane (Washington) ein, die ein Freund von uns leitete, der sie gerne auf den Listen führte, obwohl sie bis zum heutigen Tag weder die Stadt noch die Schule zu Gesicht bekommen hat. Den Großteil des ersten Jahres verbrachte sie hier auf der Farm, sprang überall wie eine Erwachsene ein und lernte aus Erfahrung, wie wir es alle taten. Als sie dreizehn war, halfen wir in einer anderen Gemeinde im Norden Vermonts bei der Gewinnung von Ahornsirup. Ihr gefiel es so gut, – es war sehr primitiv, und die Geräte wurden noch von Pferden gezogen – dass sie fragte, ob sie bleiben dürfe. Daraus ergab sich ein für alle Seiten angenehmes Arrangement. Sie lebt nun schon über fünf Jahre dort, bis auf das eine Jahr, als sie sechzehn war. Damals ging

> sie mit ihrem Freund (der zehn Jahr älter ist als sie) nach Island (Vermont war ihnen nicht rau genug), um den Winter über in einer Fischkonservenfabrik zu arbeiten. Im darauffolgenden Frühjahr trampten sie durch Skandinavien, durchwanderten die Alpen und flogen dann wieder nach Hause. Sie kehrten mit 3000 $ mehr zurück bei ihrem Aufbruch. Als sie sich letztes Jahr für ein Ausbildungsprogramm der Regierung bewarb, benötigte sie ein Highschool-Diplom. So nahm sie mehrere Wochen an einem Erwachsenenbildungskurs teil und absolvierte ihre Prüfung mit ausgezeichneter Punktezahl (so dass ihr mehrere Colleges ein Stipendium anboten). Auf diese Weise machte sie ihren »Highschool-Abschluss« noch vor ihren Altersgenossen, die weiterhin zur Schule gegangen waren. Ihr Fall demonstriert besonders dramatisch, wie viel Zeit in Schulen vergeudet wird. Sie ist keineswegs besonders lernbegierig und würde sich auch selbst nie als Intellektuelle betrachten. Immerhin hatte sie schon immer mehr Interesse daran, Kühe zu melken, Gemüse zu ziehen und mit Pferden zu arbeiten, als sich mit Büchern zu befassen. Im Alter zwischen dreizehn und achtzehn Jahren wandelte sie sich mühelos zur Frau, eignete sich eine Vielzahl an Fähigkeiten an und sammelte in einem breiten Spektrum an Interessensgebieten Erfahrungen in der Welt der Erwachsenen. Gleichzeitig gelang es ihr, sich auch im akademischen Bereich außergewöhnlich zu qualifizieren. Im Vergleich dazu sind ihre Klassenkameraden, die weiterhin zur Schule gingen, in vielfacher Weise geistig gehemmt und emotional gestört und gehen ohne bedeutende Ziele und echte Werte durchs Leben. Meiner Ansicht nach geht dies größtenteils auf das Schulsystem zurück, in dem sie ausgebildet werden.

Die 14-jährige Clarissa Johnston aus Georgia hat vor viereinhalb Jahren die Schule verlassen und trainiert nun an vier Tagen pro Woche Gymnastik. Zusätzlich widmet sie sich den meisten akademischen Fächern, indem sie Lehrbücher verwendet, nimmt aber auch an einem Spanischkurs an der Highschool teil und studiert die Natur auf eigene Faust. Neben den ziemlich rigorosen akademischen Arbeiten und dem intensiven Gymnastiktraining genießt sie die Zeit, die sie nach ihren Aufgaben mit Freunden, im Freien oder beim Lesen verbringen kann. Sie hat sich bereits für ein College entschieden und hofft, Botanikerin oder Sportlehrerin zu werden.

Die heute 21-jährige Vanessa Keith aus New Hampshire ging nie zur Schule. Sie hat nie intensiv gelernt, mit Ausnahme von Algebra, als sie achtzehn Jahre alt war, und ein wenig Lesen, Schreiben und Mathematik auf Montessori-Art, als sie etwa sechs oder sieben war. Gelegentlich erhielt sie von Nachbarn Lektionen in Zehn-Finger-System, Französisch, Mathematik und Schreiben. Sie widmete sich vor allem ihren Interessen im Kunsthandwerk, Weben und Nähen, trat mit achtzehn ohne Vorbereitung zur Äquivalenzprüfung zum Highschool-Diplom an – der ersten Prüfung in ihrem Leben überhaupt – und bestand! In ihrer Teenagerzeit arbeitete sie jedes Jahr vier Monate, indem sie mit ihren Eltern Äpfel pflückte und Apfelbäume beschnitt.

Der 19-jährige John Keller aus Minnesota studiert zur Zeit im ersten Jahr am Carleton College. Als Teenager lernte er unter der Anleitung seiner Eltern, die für die

Wycliffe Bible Translators tätig waren. Er wuchs in Vietnam, Kambodscha, Frankreich und den USA auf. Letztes Jahr reiste er mit seinem Vater fünf Wochen durch Europa. John beabsichtigt, Französisch, Englisch oder Politikwissenschaft als Hauptfach zu studieren, ist Eagle Scout, Boundary Waters-Kanuführer und Hockey-Spieler. Er berichtet:

> In der achten und neunten Schulstufe richtete ich mich nach einem vorgegebenen Lehrplan. Sobald wir erkannten, dass wir auf uns selbst gestellt besser arbeiteten, kauften wir Lehrbücher und anderes Material und planten die zehnte bis zwölfte Schulstufe selbst.
>
> Jetzt, wo ich aufs College gehe, fühle ich mich besser vorbereitet als alle Anderen. Aufgrund des Homeschoolings bin ich auch ein wesentlich gefestigterer Individualist und nicht so anfällig dafür, im Mainstream am Campus zu schwimmen.
>
> Ich hatte nie Probleme im sozialen Bereich, trotzdem tut es gut zu sehen, dass ich viele gute Freunde erworben habe. Außerdem fühle ich mich wohl, wenn ich in den Kursen und an Diskussionen teilnehme und noch Zeit bleibt für Aktivitäten außerhalb des Studienplans.

Die 15-jährige Suzanne Klemp aus Wisconsin geht nun schon seit vier Jahren nicht mehr zur Schule. »Es war meine Idee«, schreibt sie. »Denn mir gefiel die negative Umgebung in der öffentlichen Schule nicht. Außerdem hemmten mich die Lehrer in meiner Kreativität.« Sie lernt Algebra, Englisch, Biologie, Geschichte und andere Disziplinen mit Hilfe von Lehrbüchern und konzentriert sich zusätzlich sehr auf Ballett; so nimmt sie im YMCA Ballettstunden, erteilt aber auch selbst Ballettunterricht. Innerhalb ihrer lokalen Homeschooler-Gruppe hat sie eine Jugendgruppe für Teenager organisiert. Zusätzlich ist sie Mitglied einer kirchlichen Jugendgruppe. Sie beabsichtigt, aufs College zu gehen und hofft, sich eines Tages einer Balletttruppe anzuschließen.

Die 13-jährige Hanna Lee aus New York genießt es, so oft wie möglich ihr Pferd zu reiten. Zusätzlich geht sie jeden Dienstag zum Rollschuhlaufen in eine Arena. Sie beabsichtigt, das Skidmore College zu besuchen und Pferdetrainerin zu werden.

Der 14-jährige Jason Lescalleet aus Ohio erforscht alles, was ihm interessant erscheint, programmiert seine Computer, liest viel, verwendet bei seiner Ausbildung Lehrbücher und Aufgabensammlungen. (Im Bereich Naturwissen schaften verwendet er dieselben Lehrbücher, mit denen seine Mutter an der Ohio State University unterrichtet.) Er zeichnet und liest »futuristisches High Tech aus dem Weltall«, spielt Geige und berät Unschooling-Anfänger: »Wenn dir die Schule einen Lehrplan zuschickt, solltest du ihn einfach ignorieren.« Er beabsichtigt, ein College zu besuchen und sagt: »Ich werde mich eindeutig mit Computern befassen. Vielleicht schreibe ich auch Videospiele, bei denen Nintendo vor Neid so grün wird wie ein John-Deere-Traktor.«

Die 13-jährige Jessin Lui aus Maryland genießt es, in enger Zusammenarbeit mit ihrer Mutter Naturwissenschaften, Geschichte, Sozialwissenschaft, Mathematik, Literatur und Komposition zu lernen. Auch wenn sie nie zur Schule ging, ist sie sich bewusst, dass ihr ohne Schule »zusätzliche Zeit zur Verfügung steht«, die sie nicht nur mit Freunden, sondern auch mit ihren Interessen verbringen kann, wie etwa Schauspiel, Singen, Klavierspielen, Eis- und Rollschuhlaufen sowie Schwimmen. Sie beabsichtigt, auf eine Universität zu gehen und genießt es, Aufführungen des Symphonieorchesters, das Schauspieltheater und das Museum zu besuchen. »Manchmal unternehmen wir auch längere Reisen während des Schuljahrs«, erzählt sie. »Meist haben wir keine Eile, zurückzukehren.«

Die 14-jährige Rebecca McGuire aus Alaska pflückt gerne Beeren, stellt Marmelade her, gärtnert, kocht, näht und fährt gerne mit dem Fahrrad und dem Boot. Sie schätzt die zusätzliche Freizeit, die sie aufgrund ihres schulfreien Lebens genießt, und wendet sie für Aktivitäten im Freien auf.

Die 13-jährige Rosemary McGuire stammt ebenfalls aus Alaska. Sie freut sich darüber, dass sie Dinge wie kochen, Geige- und Klavierspielen, malen und sticken kann, weil »ich um so viel mehr Freizeit habe, weil ich keine nutzlosen, langweiligen, sich ständig wiederholenden Arbeitsblätter ausfüllen muss.« Sie hilft im Stall, im Garten und im Haus. Zusätzlich genießt sie es zu malen, im Meer zu schwimmen, Vögel und andere Tiere zu beobachten, zu wandern, Fahrrad, Ski und Kanu zu fahren. Sie beabsichtigt, eines Tages aufs College zu gehen und zu schreiben.

Die 16-jährige Amanda McPherson aus Kalifornien spielt Klavier, pflegt ihre Rosensträucher, liest die Bibel und arrangiert Blumen. Zu ihrer akademischen Arbeit zählen all die »üblichen« Gegenstände, ergänzt um Musiktheorie, Deutsch und einen Computerkurs an einem Junior-College. (Letztes Jahr belegte sie auf dem Junior-College Algebra und Biologie.)

Der 14-jährige Jesse McPherson aus Kalifornien verbringt den Großteil seiner Zeit auf dem Fahrrad, weshalb er auch einem Rennteam angehört. Zusätzlich spielt er täglich zumindest eine Stunde Geige, wandert häufig, ausgestattet mit seinem Rucksack, durch die Sierra, arbeitet als Teilzeitkraft, nimmt an kirchlichen Aktivitäten teil, erfüllt verschiedene Aufgaben, schwimmt, und spielt mit seinen Freunden Billard und Basketball. (Im Rahmen seiner akademischen Ausbildung belegt er einen Spanisch- und Algebrakurs an einem Junior-College.)

Der 13-jährige Joel Maurer aus Kalifornien lernt nur Mathematik im formellen Sinn. Ansonsten ist er der Meinung, um etwas zu lernen, »musst du dich erst für etwas interessieren. Der Rest ist dann leicht. Wenn du etwas wirklich magst, spürst du es auf und saugst es wie ein Schwamm in dich auf.« Im Gegensatz dazu erinnert er sich, dass er einst in der Schule »einen Lehrer hatte, der die Klasse wie ein Gefängnis geführt hat. Irgendwann habe ich einfach aufgegeben und keine Arbeiten mehr abgeliefert.« Er verbringt viel Zeit damit, Skateboard zu fahren und beharrt ausdrücklich darauf, dass »Homeschooler einen besseren Sinn für Humor haben als ›Schulleute‹«.

Der 14-jährige Patrick Meehan aus Florida ist ganz und gar begeistert von seinem letzten Jahr – in dem er zum ersten Mal nicht zur Schule ging. Obwohl ihn das Schulsystem als »besonders talentiert« eingestuft hatte, sehnte sich Patrick seit der vierten Schulstufe verzweifelt danach, die Schule zu verlassen. »Ich war frustriert über die miese Haltung der Schüler dem Lernen und der Schule gegenüber, über das geringe Niveau der meisten Lehrer, über die Grausamkeiten der Schüler untereinander und über die Intoleranz gegenüber allem Andersartigen. Außerdem schienen viele Lehrer die Schüler abzulehnen, die Fragen stellten.« Er beschreibt den größten Vorteil des Unschooling: »Zeit, Zeit, und noch einmal Zeit. Ich habe mein Leben zurückbekommen, damit ich es nach meinem Willen verwende.« Was unternimmt er mit all dieser Zeit? »Ich lese sehr viel«, erzählt er, »außerdem zeichne ich, kreiere auf meinem Computer graphische Kunst und nehme mir Zeit, um zu denken. Denken ist das Wichtigste überhaupt! Wir gehen auch in Museen, zu Kunstausstellungen und reisen ... Zusätzlich sehen wir uns viele Dokumentationen an ... Ich helfe auch im Garten und manchmal im Haus, lerne kochen, stelle Skulpturen her, nehme Musikunterricht und übe.«

Einige Monate, nachdem ich von Patrick selbst gehört hatte, schickte mir seine Mutter Gwen die neuesten Nachrichten über ihn:

> Die Projekte, die er unternommen hat, waren realitätsnahe, hochprofessionelle Unternehmungen. Vor kurzem hat er eine erstaunliche Arbeitsmappe vollendet, die er zur Begutachtung an eine Videospielfirma geschickt hat ...
>
> Für diese Mappe benötigte er viel Planungszeit und endlose Zeichenstunden (immerhin gibt es über 63 individuelle Zeichnungen verschiedenen Schwierigkeitsgrades, für die er von einer Stunde aufwärts drei oder mehr Stunden benötigte, um sie zu entwerfen und auszuführen). Zusätzlich verfasste er die gesamten Beschreibungen für die Spiele und die einzelnen Gestalten, einen Begleitbrief und den Copyright-Papierkram. Insgesamt benötigte er mehrere Monate, um [das Projekt] fertig zu stellen, und er arbeitete wirklich hart daran.

Gwen berichtet, dass Patrick, der vor weniger als einem Jahr erstmals Musikstunden bekam, darüber hinaus noch Komposition lernt und Unterricht auf einem Keyboard-Synthesizer nimmt. »Pat übt jede Woche Stunden um Stunden und wendet viel Zeit auf, um zu komponieren. Wenn er den Musikunterricht, die Übungsstunden und die Kompositionsstunden in die geringe Zeitspanne hätte pressen müssen, die ihm neben der Bürde einer traditionellen Schule zur Verfügung stünde, hätte er nie so gewaltige Fortschritte gemacht! Für ihn bedeutet dies einen Erfolg auf gänzlich neuem Niveau.«[108]

Die 13-jährige Rebecca Merrion aus Indiana ist nie zur Schule gegangen. Für sie ist die Möglichkeit zu reisen, »wann immer ich will«, einer der größten Vorteile von Unschooling. Sie freut sich jetzt schon auf eine Reise nach Haiti noch in diesem »Schuljahr«. »Akademische« Fächer behandelt sie, indem sie liest und darüber spricht. Zusätzlich arbeitet sie in ihrem Garten, nimmt wöchentlich zwei Ballettstunden und schwimmt. Sie will Fotografin werden und das Outback Australiens bereisen.

Die 17-jährige Cathy Moellers aus Iowa nimmt seit acht Jahren Gymnastikunterricht. Sie näht, stellt Quilts her, spielt Klavier und hilft auf der Farm ihrer Familie bei der Arbeit mit dem Vieh. Sie ist seit zwei Jahren Präsidentin ihres 4-H-Clubs und gehört zusätzlich einem Naturschutz- und Schützenverein an. Als Erwachsene will sie auf einer Farm leben, eine Näherei betreiben und Familie haben.

Die 15-jährige Ariel Mortensen aus Washington geht seit viereinhalb Jahren nicht mehr zur Schule. Neben akademischen Fächern hat sie eine breite Palette an künstlerischen Interessen. Sie »malt viel«, bekommt wöchentlich zwei Doppelstunden Ballettunterricht und monatlich zwei Klavierstunden. In ihrem Leben dreht sich alles um Kostüme. Sie entwirft und näht diese sowohl für sich als auch fürs örtliche Theater. Für die Zukunft beabsichtigt sie, ein Kunstcollege in Seattle zu besuchen.

Die 14-jährige Tabitha Mountjoy aus Missouri schreibt:

> Ich habe drei Pferde, von denen ich zwei trainiere. Außerdem spiele ich gerne Hackeysack, schwimme und liebe Gesellschaftstanz. Letzten Sommer war ich im Schwimmteam unserer Stadt, und nächsten Sommer will ich als Rettungsschwimmer arbeiten. Hackeysack und Gesellschaftstanz mache ich im Rahmen der Communiversity [ein Erwachsenenbildungsprogramm], das zwar vorwiegend für ältere Leute bestimmt ist, aber auch Jüngeren gegenüber offen ist.

Die 13-jährige Helen Payne aus Virginia verwendet sechs Lehrbücher und wendet viel Zeit für akademische Fächer auf. Sie genießt es, genug Freizeit zu haben, um sechs unterschiedliche Tanzkurse zu besuchen, in einem Team Fußball zu spielen, als Babysitter zu arbeiten und zu lesen. Ihrer Meinung nach ist es effektiver, außerhalb der Schule zu lernen, weil sie dabei nicht gezwungen ist, etwas lernen zu müssen.

Auch die 13-jährige Janet Petsche aus Minnesota absolviert ein umfangreiches akademisches Programm unter der Aufsicht ihrer Mutter. In der zusätzlichen Freizeit (nachdem sie ihre Aufgaben erledigt hat) liest sie gerne, stickt, angelt und fährt mit ihrem Kanu aus.

Die 12-jährige Aurelia Rector aus Arizona lernt Mathematik, Englisch, Naturwissenschaft, Geographie und Geschichte »durch Beispiele, Lesen, aufmerksames Zuhören, den Wunsch zu lernen, Neugier, Arbeit und einfach durch das Leben selbst!« Keine Lehrbücher, nein danke! Sie ist sehr kunstbegeistert, nimmt zwei Mal pro Woche

Ballettunterricht, tritt mit einer Gesangstruppe namens Kids Alive im ganzen Land auf und spielt im Gemeindetheater mit. Ihr akademisches Wissen und ihre Fähigkeiten schätzt sie höher ein als die von traditionellen Schulkindern. Zusätzlich gesteht sie, dass sie den Ruf hat, »klug« zu sein.

Die 16-jährige Kacey Reynolds aus North Carolina ging von der siebenten bis zur neunten Stufe nicht zur Schule. In der zehnten Stufe kehrte sie in die öffentliche Schule zurück, um zu sehen, ob sie »am Ball geblieben war«. Sie wurde nicht nur in verschiedene Kurse für Fortgeschrittene aufgenommen, sondern auch in die National Honor Society eingeladen. Nachdem sie das Jahr mit Sehr gut in allen Fächern abgeschlossen hatte, meinte sie: »Das führe ich auf meine Homeschooling-Erfahrungen zurück.« Die schulfreie Zeit ermöglichte es ihr, sich auf ihr akademisches Lieblingsfach Geschichte zu konzentrieren und auf die Schauspielerei. Sie hat am lokalen Theater mehrere Schauspielkurse absolviert, war in zwei Stücken aufgetreten und hat einen TV-Werbefilm gemacht. Sie beabsichtigt, ein Bachelorstudium für Theaterkunst zu absolvieren und Geige zu spielen.

Die 13-jährige Jean Rezac aus Massachusetts ist einer jener Freigeister, die mich informierte, dass sie überhaupt nicht »lerne«. Dennoch ist sie der Meinung, über ein umfassendes akademisches Wissen zu verfügen und auch in anderer Weise ihren Schulkollegen ebenbürtig zu sein. Sie erzählt, sie lerne »aus allem, was ich tagsüber tue«. Ihr Hauptinteresse gilt den Pferden, weshalb sie auch auf einer Pferdefarm arbeitet.

Der 14-jährige Jeff Richardson aus Oklahoma malt gerne, fährt leidenschaftlich gern Skateboard und will professioneller Skater werden.

Die 15-jährige Debra Roberts aus Oklahoma ist stolz darauf, wie viele verschiedene Aufgaben im Haushalt sie erledigen kann, die die »meisten Schüler und Schülerinnen erst lernen, wenn sie allein leben«. »Ich kann nähen und kenne mich im Haushalt aus, weiß, wie man einem Baby die Windel wechselt und sie auswäscht, und komme mit einem Haus voller Kinder zurecht«, erzählt sie. Zu ihren Aufgaben zählt es, eine Unmenge an Geschirr zu waschen und hunderte Hühner, zwei Truthähne und neun Ziegen zu betreuen. Ihre Punktzahl beim Leistungstest des Bundesstaates Iowa ergab, dass sie im akademischen Bereich in allen Fächern auf dem Niveau der elften Schulstufe arbeitet. Sie begleitet ihren Vater oft zur Arbeit, um sich als Elektrikerin ausbilden zu lassen. Falls sie sich für das College entscheidet, kommen Bibliothekswissenschaft, Gebärdensprache und Tierheilkunde in die engere Wahl.

Die Interessen der 14-jährigen Erin Roberts aus Maryland gehen in verschiedene Richtungen. Manchmal verwendet sie mehrere Monate lang Lehrbücher, dann wieder »picke ich hier und dort etwas heraus«. Sie beabsichtigt, aufs College zu gehen und schätzt, dass sie trotz ihres lockeren akademischen Lehrplans ihren Schulkameraden in allem, ausgenommen vielleicht Mathematik, voraus ist. Als leidenschaftliche Leserin verschlingt sie Krimis, Science-Fiction Romane, Tier- und Sportgeschichten, Klassiker, Romane, »einfach alles«. Sie lebt auf einer Farm, wo die Pflege der Tiere sie in Atem hält.

Die 13-jährige Jennifer Ryan aus Minnesota verwendet Lehrbücher für Mathematik, Informatik und Geschichte. Zusätzlich lernt sie Naturwissenschaft, Klavier und Literatur, »indem ich es einfach tue«. Sie liest und schreibt gerne, backt, betreibt verschiedene Sportarten, näht, arbeitet im Garten und kunsthandwerklich.

Der 12-jährige Michael Scott aus Georgia ergänzt sein akademisches Programm, indem er einen Computer verwendet und selbst programmiert, »Sachen baut« und Rad fährt. Die Freiheit, Roboter und Computer zu erforschen, hat sein Interesse in diesem Bereich so gesteigert, dass er Ingenieur oder Programmierer werden will. Er ist in der glücklichen Lage, dass ihm zu Hause Werkzeuge, ein Computer, ein Mikroskop (wie man es in einem Biologielabor verwendet), eine Nähmaschine und eine Menge Bücher zur Verfügung stehen.

Der 14-jährige Kevin Sellstrom aus Kalifornien arbeitet als Freiwilliger an einer Schule für geistig behinderte Menschen und nimmt Klavierunterricht. Zu seinen akademischen Fächern gehören Mathematik, Geschichte, Englisch und Naturwissenschaft. Als Pfadfinder hilft er in seiner Funktion als Scharführer bei der Leitung einer Gruppe von Kindern der ersten bis vierten Schulstufe. In seiner eigenen Pfadfindergruppe ist er Patrouillenführer und für Planung zuständig. Aufgrund seiner Begeisterung für Mechanik fährt und repariert er gerne Fahrräder. Er schreibt:

> Ich habe relativ viel Erfahrung im Reparieren von Automotoren, Fahrrädern, Traktoren oder anderen mechanischen Geräten. Diese Fähigkeiten habe ich mir angeeignet, indem ich meinem Vater und Anderen bei Reparaturarbeiten zugesehen habe. Ich baue auch gerne Stromaggregate und andere elektrische und elektronische Geräte, die manchmal praktischen Nutzen haben und manchmal nicht.
>
> Für meine Amateurfunklizenz musste ich das Morsealphabet lernen, mir einiges an theoretischem Wissen über Elektronik aneignen und die Techniken für den aktiven Funkbetrieb erlernen. ...[Meine Vater] hat mir auch vieles von dem beigebracht, was ich heute an theoretischem Wissen über Elektronik und Elektrik habe. Während er seine Lizenz mit fünfzehn Jahren erwarb, bekam ich meine schon mit dreizehn Jahren.

Die 13-jährige Christin Severini aus North Carolina erzählt:

> Ich tanze in der nahegelegenen Ballettschule und bin auch Mitglied des Ensembles. Außerdem sorge ich für Tiere und helfe ihnen, indem ich sie weder esse, noch mich mit ihnen kleide, und zu Tieren freundlich, nett und hilfsbereit bin, wo immer sie mir begegnen. Zusätzlich bin ich Mitglied von People for the Ethical Treatment of Animals. Zu Hause stelle ich jede Menge verschiedener

Kunstwerke her wie etwa Puppen, Kleidung für mich, Freundschaftsbänder, Körbe, Karten für besondere Anlässe wie Geburtstage, Feiertage, Jubiläen usw.

Der 15-jährige Michael Severini aus North Carolina trainiert Karate, arbeitet mit Holz, fliegt leidenschaftlich gerne und ist aktiver Amateurfunker. »Sechs Mal pro Woche trainiere ich in einer Karateschule in der Nähe«, schreibt er, »und manchmal trete ich bei Wettbewerben an. Auf dem nahe gelegenen Flughafen nehme ich Flugstunden, und zu Hause sitze ich oft am Funkgerät.« Michael strebt den Schwarzgurt an und will einmal Pilot bei einer Fluggesellschaft werden.

Die 13-jährige Mae Rose Shell aus Vermont ist nie zur Schule gegangen. Sie wirkt besonders entspannt und gesund und hat eine kluge Sicht auf die Dinge des Lebens. Einen Großteil ihrer Zeit verbringt sie im Freien beim Schwimmen, Radfahren, Lang- und Eislauf. Sie liest gerne, weil sich dadurch »eine ganze Welt für mich öffnet«. Aus Büchern, von Eltern, Freunden und Alltagssituationen lernt sie Mathematik, Geografie, Geschichte und Rechtschreibung. Ihre »Ausbildung« ist in keiner Weise strukturiert, so dass sie immer tut, was ihr gefällt. »Ich stelle Fragen und lese Bücher«, erzählt sie. Was ihre Zukunft betrifft, überlegt sie, Kurse auf dem College zu belegen, falls sie großes Interesse in einem bestimmten Fachgebiet entwickelt und mehr darüber erfahren will. Sie will Mutter und Schriftstellerin werden und betrachtet sich als »im Einklang mit der Natur«.

Der 12-jährige Matt Snead aus Georgia spielt Basketball, Tennis, Baseball und in mehreren Fußballteams. Zusätzlich spielt er Klavier und singt in verschiedenen Chören. Er will aufs College gehen und Kinderarzt werden.

Der 13-jährige Anthony Stabile-Knowles aus Kalifornien lernt, indem er seine Aktivitäten, Bücher und Interessen frei wählt. »Ohne Zwang, Belohnungen oder Druck« und ohne »Lehrplan«. Er hat noch nie Lehrbücher oder »Kurse« verwendet. Stattdessen liest er viel und vor allem in den Fächern, die ihn am meisten interessieren, wie Geografie, US-amerikanische Geschichte, Naturwissenschaft, Astronomie und Kunst. Er liebt Flugzeuge, sieht sich die Nachrichten an, diskutiert über aktuelle Ereignisse, malt und entwirft Spiele. »Ich lese viel und studiere wenig.«

Die 15-jährige Colleen Stevens aus Kalifornien hat von der fünften bis zur achten Stufe nicht die Schule besucht, obwohl sie jetzt wieder zur Schule geht. Sie arbeitet als Freiwillige in einer historischen Stätte für »lebende Geschichte« und in einem Tiermuseum.

Nachdem Patricia Young mit ihren Kindern vierzehn Jahre lang Homeschooling betrieben hatte, schrieb sie in *GWS* Nr. 25:

> Unsere jüngste Tochter geht nun im Rahmen eines Spezialprogramms für besonders talentierte Studenten aufs College, nachdem sie für ihr letztes Jahr an der Highschool, die sie mit Auszeichnung abschloss, ein Stipendium von der Interlochen Arts Academy bekommen hatte. Unsere älteren Kinder wurden Rechtsanwalt, Krankenschwester, Rechtsanwaltsgehilfe, leitender Angestellter in einem Computerunternehmen und Arzthelferin. Keines unserer Kinder hatte auch nur die geringsten Schwierigkeiten, in die weiterführende Schule seiner Wahl einzusteigen. Unsere älteste Tochter unterrichtet mittlerweile ihre eigenen vier Kinder ebenfalls zu Hause.

Ein anonymer Teenager aus Kalifornien schrieb in *GWS* Nr. 20:

> Vor knapp vier Monaten bestand ich den California High School Proficiency Test, der einem Highschool-Diplom entspricht. Ich bin nun ein 15-jähriger Highschool-Absolvent. Jetzt gehe ich auf das Los Angeles Valley Junior College – weil ich es mir nicht leisten konnte, auf eine Universität zu gehen. Ich gehe abends zu den Vorlesungen und arbeite vormittags in Teilzeit als Tutor für geistig behinderte Jugendliche ... Nachmittags betreue ich Schüler der ersten und zweiten Stufe der hiesigen Volksschule. In beiden Jobs verdiene ich jeweils 300 $ pro Monat ... Ich wohne immer noch zu Hause, was vermutlich noch eine Weile so bleiben wird. ... Ich schreibe auch immer noch. Der Santa Monica *Evening Outlook* hat schon eine Geschichte gedruckt, die ich geschrieben habe, und eine weitere über das Schreiben selbst wird in meiner Collegezeitung veröffentlicht werden. Dafür werde ich 50 $ bekommen.

Was kannst du mit all den Beispielen in diesem Kapitel anfangen?

1. Du kannst sie als Inspiration und Ermutigung nützen, ohne dich einschränken zu lassen.

Verfolge *deine* eigenen Träume, und versuche keinesfalls, das Leben eines anderen zu kopieren. Wenn du von etwas träumst, was du gerne »in Zukunft« machen willst, dann träume jetzt davon.

2. Lasse dich nicht einschüchtern.

Klingen einige der Jugendlichen, die ich eben beschrieben habe, reifer als du? Wenn sie tatsächlich reifer sind, liegt es nicht in ihren Genen, sondern ist nur ein Nebeneffekt des Unschoolings. Dir wird dasselbe geschehen.

Wirken die beschriebenen Personen »talentierter« als du?

Sowohl die Unschooling-Teenager als auch ihre Eltern haben mir gegenüber immer wieder betont, dass sie sich selbst nicht für besonders talentiert oder von Natur aus anders als Andere halten. Sie sind es auch nicht – bis auf eine wichtige Ausnahme: Sie sind mit mehr Zeit und Vertrauen ausgestattet. Wenn du die Schule verlässt, wirst auch du diese beiden Geschenke erhalten. So wie sie kann jeder Wissen erwerben und Interesse entwickeln für ein breites Spektrum von Fachgebieten. (Viele Unschooler brachten in der Schule entsetzliche, erfolglose Jahre zu, ehe sie außerhalb der Schule aufblühten.) Dies ist einer der wichtigsten Punkte in diesem Buch. Deshalb darf ich noch weitere Personen zu diesem Thema zitieren:

Bonnie Sellstrom, deren Sohn Kevin oben vorgestellt wurde, schrieb mir: »Ich sollte betonen, dass keiner unserer Jungs besonders talentiert ist. Sie sind bloß erfüllt von Neugier auf das Leben, und wir haben uns bemüht, diese Neugier nicht zu zerstören. Wenn einer von ihnen eine Frage hat, versuchen wir, eine Antwort zu finden, die ihn zufrieden stellt.«

In Kapitel 26 bewundern wir die beiden talentierten jungen Musiker Ishmael und Vita Wallace. Ihre Mutter Nancy schrieb ein großartiges Buch mit dem Titel *Better Than School*, über das John Holt in seiner Buchbesprechung Folgendes sagt:

> Viele Schulleute [sagen], dass sie sich durch Homeschooling-Eltern wie die Wallaces, die ihre talentierten Kinder aus der Schule nehmen, [in den Schulen] mit den weniger talentierten Kindern abmühen müssen ... Wie schon in der Einführung zu diesem Buch erwähnt, steht Eines unverrückbar fest: Weder Ishmael noch Vita wären in der Schule Stars gewesen. Sie hätten nicht nur in den meisten Fächern schlechte Leistungen erbracht, sondern man hätte ihnen noch jede Menge psychisch schädlicher Etiketten aufgedrückt, wie lernbehindert, psychisch gestört – das gesamte widerliche Paket. Die Schule hätte sie nicht als Gewinn betrachtet, sondern nur als Problem, und hätte vermutlich auch die beiden selbst davon überzeugt, dass sie nichts als Schwierigkeiten machen.

In ihrem Buch *Better Than School* berichtet Nancy, was Ishmaels Lehrerin in der ersten Klasse über ihn sagte, ehe Nancy ihn aus der Schule nahm:

> Ishmael scheint Hörprobleme zu haben ... Wenn ich den Kindern eine Platte vorspiele, die Anweisungen enthält, in welcher Weise sie bestimmten Richtungen folgen sollen, läuft Ishmael immer wieder in die Irre. Sein Gehör scheint normal zu sein, deshalb weiß ich nicht, was ich tun soll. Außerdem fällt es ihm schwer, »das Gesamtkonzept« zu begreifen. Wenn ich zum Beispiel der Klasse einen Absatz vorlese, kann er mir nicht sagen, was das Hauptthema ist. Er verfängt sich in winzigen Details. Vermutlich sollten wir Ishmael testen lassen, vielleicht entdeckt man ja ein Entwicklungsproblem. Dann könnten wir ihn zur Unterstützung jeden Tag zehn Minuten in den Förderraum schicken.

In *GWS* Nr. 35 erzählt Maria Holt über die Zeit, als die Beamten der Schulbehörde dem Homeschooling-Projekt ihrer Familie einen Besuch abstatteten. Sie waren beeindruckt. »Einer von ihnen sagte mir beim Gehen: ›Sie haben außergewöhnliche Kinder‹«, erzählt Maria. »›Da täuschen Sie sich‹, antwortete ich. Und das meinte ich auch. Unsere Kinder sind ›durchschnittlich‹. Kein einziges ist ein Genie.«

> »Es fasziniert mich«, schreibt Penny Barker in *GWS* über ihre Kinder, dass diese Kinder nicht »überdurchschnittlich begabt« sind. Sie verbringen einfach ihre Zeit mit Dingen, die sie auch tun wollen (selbstverständlich nachdem sie ihre Aufgaben erledigt haben). Im Winter verbringen wir vormittags mehrere Stunden mit strukturiertem Lernen, aber das ist es auch schon. Der Großteil ihrer Ausbildung erfolgt vollkommen spontan. Während ich schreibe, machen Maggie und Britt im Obstgarten Halt (wo ich tippe), um mir zu sagen, dass sie im Wald nach der Hirschkuh Ausschau halten wollen, die Britt am Morgen entdeckt hat, und dass sie Vögel beobachten und ihre Rufe aufzeichnen wollen ... Ich könnte endlos über meine »durchschnittlichen« Kinder und ihre wundervolle Entwicklung schreiben. Offenbar haben sie einfach mehr Zeit, um zu wachsen und sich zu entwickeln, als andere Kinder, die ich kenne und die vermutlich mehr Potential besitzen, aber weniger Zeit, so dass sie es nicht einmal erkennen, weil sie ständig im Schulgebäude eingeschlossen sind.

3. Allerdings solltest du diese Jugendlichen auch nicht unterschätzen.

Fege diese Liste facettenreicher Teenagers nicht einfach beiseite mit den Worten: »Und? Ich nehme auch Tanzstunden und gehe trotzdem zur Schule.« Selbstverständlich bedeutet Schule nicht, dass du nicht nebenbei noch andere Dinge tun kannst. Wie viel Zeit und Energie du jedoch dafür aufwenden kannst, ist die große Frage. Wer zur Schule gehen und sich auf außerschulische Interessen konzentrieren will, hat verschiedene Möglichkeiten:

- Er spart bei den Hausarbeiten Zeit ein, indem er Arbeiten abgibt, die nicht seine gesamten Fähigkeiten widerspiegeln. In dem Fall wird er sich schuldig fühlen und schämen.
- Er betrachtet seine persönlichen Interessen als zweitrangig und widmet ihnen unter der Woche nur wenige Stunden, oder verschiebt sie auf die Wochenenden und Ferien.
- Er opfert ihnen die Zeit, die er gerne mit seinen Freunden verbringen würde.
- Er opfert ihnen die Zeit, die er ansonsten mit seiner Familie verbringen würde.
- Er opfert ihnen Schlaf und Erholungszeit und gerät dadurch unter Stress.
- Er entscheidet sich für »leichte« Schulfächer, bei denen nicht allzu viel an Hausarbeiten zu erwarten ist (und die meist langweilig sind und die Zulassungsprüfer besserer Colleges nicht beeindrucken werden).
- Er ist genetisch so beschaffen, dass er in Sekunden Differentialgleichungen lösen, gleichzeitig ein bedeutsames Gespräch führen und ein Sonnet umarbeiten kann.

Anders ausgedrückt: Wenn dein Leben schon in der Schule faszinierend ist, kann es ohne Schule noch faszinierender und bedeutend entspannter sein.

Joshua, unser letztes heldenhaftes Versuchskaninchen in diesem Kapitel

Joshua Smith, der nun eifrig am College studiert, schrieb mir einen köstlichen Brief über seine Erfahrungen, als er die Schule verließ. Er bringt mich immer noch zum Schmunzeln. Hätte ich ihn doch schon mit zwölf Jahren gelesen! Auszugsweise lautet er:

> Alles begann vor etwa zweieinhalb Jahren ... damals besuchte ich eine sogenannte »Magnetschule« – eine Schule für »talentierte« Schüler. Als im Spätherbst meines ersten Jahres die ersten Tests näher rückten, geriet ich in unbeschreiblichen Stress. Allerdings weniger aufgrund des Inhalts der Fächer, sondern wegen der gewaltigen Arbeitsmenge. Es blieb einfach keine Zeit mehr für ein Leben außerhalb der Schule. Wenn ich aus der Schule kam, war ich immer erschöpft und angewidert. Wie all die anderen Schüler freute ich mich auf die Freitage, als wären sie eine Segnung eines göttlichen Wesens.
>
> Eine besonders widerliche Woche wurde schließlich zum Katalysator für die dramatische Wende in meinen Ausbildungsmethoden. Nur wenige Minuten nachdem ich an diesem Freitag erschöpft auf die Couch gefallen war, teilte ich meiner Mutter meine Absichten mit. Da sie erst kurz zuvor meine heute zehnjährige Schwester aus der Schule genommen hatte, ... unterstützte sie mich. Erst als sie meine Schwester aus der Schule nahm, erkannte ich, dass es eine Alternative gibt.
>
> Da ich mich noch nie davor gefürchtet hatte, ein System herauszufordern, marschierte ich am darauf folgenden Montag in die Schule und erklärte meinen Schulaustritt. Das ergab eine gewaltige Auseinandersetzung mit den Schulleuten. Meine Schulberaterin erklärte beharrlich, dass es mit meiner Ausbildung aus und vorbei sei, wenn ich die Schule verließe. (Allerdings ist die Schule nicht der einzige Ort, an dem man etwas lernt; da gibt es noch eine Kleinigkeit, die man Leben nennt.) Wie sehr ich mich auch bemühte, die Lage zu erklären, fand ich weder bei ihr noch bei meinem ehemaligen Direktor Gehör. Das überraschte mich nicht. Umso größter war die Überraschung, als ich es meinen Lehrern erzählte – denn sie unterstützten meine Idee. Und meine Klassenkameraden? Nun, die meisten erfuhren erst davon, als es schon vorüber war, denn an diesem Tag fegte ich wie ein Wirbelwind durch die Schule. Jene, die ich als echte Freunde bezeichne, akzeptierten oder bewunderten meine Entscheidung, oder waren einfach nur neidisch ...
>
> Als ich an diesem Tag die Schule vorzeitig verließ, ging ich als erster offizieller »Schulabbrecher« der Hume Fogg Academic High School in die Geschichte ein. Diesen Tag werde ich noch sehr, sehr lange nicht vergessen.

In der Woche danach bot mir die Schulbehörde von Nashville an, in das Schulsystem zurückzukehren, jedoch in eine andere Schule (... in der Gewalt und Teenager-Schwangerschaften alltäglich waren). Man bot mir eine Schule am anderen Ende der Stadt mit einer eigenen Transportmöglichkeit an. Nur um mich im Schulsystem zu halten, waren sie bereit, von der Wohnortbindung abzusehen.

Es versteht sich von selbst, dass ich ihnen bloß die lange Nase zeigte und meine Entscheidung nie bereute. Hume Fogg war die achte Schule, die ich besucht hatte, und ich war längst bereit für eine Veränderung.

Während der nächsten eineinhalb Jahre arbeitete, studierte und reiste ich. Erst fuhr ich in meine alte Heimat Kanada, um einen Freund zu besuchen, und dann nach Florida, Ost-Tennessee und Wisconsin. In dieser Zeit entwickelte ich starkes Interesse an Fotografie und Psychologie. Und noch etwas Anderes, Wichtigeres. Ich entdeckte mich ... Ich hatte nie vollständig in die Form gepasst, die man mir in der Schule zugewiesen hatte. Selbstverständlich war ich mit den Lehrern halbwegs gut ausgekommen, aber ich bin in der Schule einfach mit allem davongekommen, was ich wollte. Zum Beispiel hatte ich wenig übrig für Sport. Deshalb bin ich nur zum Antrittsappell gekommen und habe mich dann hinausgeschlichen, direkt am Direktor vorbei. Vermutlich haben sie meine stille Rebellion gar nicht bemerkt. Ich lächelte bloß und stieß ihnen das Messer in den Rücken. Nachdem ich die Schule verlassen hatte, gab es niemanden mehr, gegen den ich mich hätte auflehnen können. Dadurch hatte ich mehr Zeit, über mich nachzudenken und mich allmählich zu ändern, bis ich mit mir zufrieden war und mich wohl fühlte.

Um aufs College zu gehen, musste ich zwei Tests bestehen: das Äquivalenzdiplom zum Highschool-Abschluss (weil ich kein Highschool-Diplom hatte) und den SAT. Obwohl ich nicht viel davon halte, habe ich bei standardisierten Tests immer gut abgeschnitten, und diese beiden waren keine Ausnahme. Durch mein SAT-Ergebnis hatte ich Chancen auf »stark wettbewerbsorientierte« Colleges. Ich hatte mich jedoch schon für zwei mit jeweils etwa sechshundert Studenten entschieden, in denen keine besonders ausgeprägte Wettbewerbsatmosphäre herrschte. Davon hatte ich schon genug gehabt und wollte es nicht nochmals erleben. Ich wurde an beiden Colleges aufgenommen und beabsichtige, in Psychologie und Konfliktlösung je ein Diplom zu machen. Meine Wahl ist auf das Northland College in Wisconsin gefallen, weil es weit weg ist von größeren Städten. Das gefällt mir. Außerdem sagt mir dort das Klima mehr zu ... und es gibt einen hohen Prozentsatz an ausländischen Studenten, was mir die Möglichkeit bietet, multikulturelle Erfahrungen zu machen ...

Zurzeit bin ich ein stilles, aber sehr einflussreiches Individuum im College. Ich war an der Gründung des Ortsverbandes der grünen politischen Partei beteiligt und habe bei der Umsetzung von vernünftigen ökologischen und sozialen Maßnahmen mitgearbeitet ... Wenn ich auf dem

Campus bin, arbeite ich als Fotograf. Einige meiner Fotos sind auch schon um die Welt gegangen, denn mit dem College-Verzeichnis werden sie in verschiedene Länder verschickt ...

Nicht schlecht für einen Schulabbrecher, oder?

Kapitel 40
Deine Verbündeten unter den Reichen und Berühmten

Vermutlich hätte ich nicht überrascht sein sollen, aber ich war es. Nachdem ich von einigen wenigen berühmten Persönlichkeiten gehört hatte, die keine Schule besucht hatten, ging ich in die Bibliothek, um mich näher über sie zu erkundigen. Ich steuerte die Nachschlagabteilung an und setzte mich mit einem Stapel *Current Biography Yearbooks* an einen Tisch. Erst schlug ich die Namen auf meiner Liste nach, doch schon bald blätterte ich lachend Seite für Seite um. Warum?

1. Durchschnittlich jede fünfte bis sechste angeführte Persönlichkeit hatte die Schule verlassen oder nur eine kurze formelle Schulausbildung erhalten. (Das Current Biography Yearbook wird jedes Jahr herausgegeben. Es enthält Hunderte von Kurzbiographien über Menschen, die derzeit auf einem bestimmten Gebiet herausragend sind, wie etwa Spitzenpolitiker der gesamten Welt, Entertainer, Wissenschaftler, Schriftsteller und Künstler.)

2. Aus nahezu allen Biographien ging hervor, dass die Schule wenig bis gar nichts dazu beigetragen hatte, diese Persönlichkeiten und ihr großartiges Leben zu formen. Stattdessen wurden sie durch andere Erfahrungen inspiriert und motiviert.

So wurde zum Beispiel beim französischen Virologen Luc Montagnier, der für seine Erforschung des Aids-Virus berühmt wurde, das Interesse für die Naturwissenschaft durch das Labor geweckt, das sein Vater – ein Buchprüfer – in der Garage eingerichtet hatte. Er selbst durfte in einem eigenen Labor im Keller experimentieren. Wichtig für seine Entwicklung dürfte auch gewesen sein, dass er im Alter von fünfzehn Jahren miterlebte, wie sein Großvater an Krebs starb.[109]

Steven Spielberg erlernte das Filmemachen, indem er mit der 8mm-Kamera seines Vaters experimentierte. Auf der Highschool verbrachte er viel Zeit damit, Filme zu drehen, um dem Algebra- und Französischstunden zu entkommen. Später schlich er sich an Drehorten ein, um zuzusehen (seine Highschool-Zensuren waren zu schlecht, um auf eine Filmakademie zu gehen).[110]

3. Viele berühmte Personen mussten zur Schule gehen – vermutlich hatten sie nie von »Unschooling« gehört – und gaben hässliche Kommentare über diese Zeit ab. Beispiele findest du am Ende dieses Kapitels.

Ich werde mich nicht mit den Reichen und Berühmten befassen, um erst gar nicht den Gedanken aufkommen zu lassen, dass es zwangsläufig befriedigend sei, reich und berühmt zu sein. Derartige Informationen sind jedoch ein guter Tritt in den Hintern für alle fantasielosen, unlogischen Menschen, die glauben, dass man durch den Schulaustritt zum »Versager« wird. Halte die Augen offen und erstelle eine eigene Liste von bewundernswerten Menschen, die selbstständig gelernt haben. Oder sieh dir im Internet die Liste von Karl Bunday an.[111] Hier ein Ausschnitt aus meiner Liste:

Personen, welche die Highschool/Schule verließen oder auf andere Weise im Teenageralter dem üblichen Schulunterricht entkamen: Konrad Adenauer, Johanna von Orleans, Irving Berlin, William Blake, Pearl Buck, Samuel Clemens (Mark Twain), Buffalo Bill Cody, Noel Coward, Charles Dickens, Thomas Edison, Benjamin Franklin, Henry Ford, George Gershwin, Whoopi Goldberg, Samuel Gompers, Maxim Gorki, Robin Graham, John Houston, Abraham Lincoln, Jack London, Liza Minnelli, Wolfgang Amadeus Mozart, Sean O'Casey, Florence Nightingale, Beatrix Potter, David Puttnam, Keith Richards, Walter Russell und Wilbur Wright.

Zusätzlich hatten ein Drittel der Unterzeichnenden der Unabhängigkeitserklärung, der Konstitutionsartikel und der Verfassung der Vereinigten Staaten nicht mehr als ein paar Monate Schulausbildung vorzuweisen. Der Historiker Harry G. Good beschreibt einige von ihnen:

> Der ehemalige Farmerjunge Stephen Hopkins aus Rhode Island wurde Landvermesser und erlernte die Politik, indem er als Mittler bei Stadtversammlungen auftrat. Roger Sherman aus Connecticut arbeitete als Lehrling bei einem Schuhmacher und wurde nach und nach Schriftsteller, Verleger und Anwalt ... Andere lasen medizinische Bücher und halfen daraufhin einem Arzt in der Praxis.[112]

Da Schwarze und andere Farbige über einen weiten Zeitraum der US-amerikanischen Geschichte nicht zum Schulunterricht zugelassen waren (und auch weder Erzieherinnen noch Hauslehrer hatten), waren viele schwarze (und andere) Anführer der letzten Jahrhunderte Autodidakten. So brachte sich etwa John Jones – ein führender Gegner der Sklaverei und Aktivist aus dem 19. Jahrhundert – selbst Lesen und Schreiben bei, wurde ein erfolgreicher Geschäftsmann und hielt in ganz Illinois Vorträge über die Rechte der Farbigen. Weitere prominente schwarze Autodidakten des 19. Jahrhunderts sind Harriet Tubman und Sojourner Truth.

Ironischerweise teilen die meisten Biografen das allgemeine Vorurteil gegen Unschooling. Wenn ihre Hauptperson wenig oder gar keine Schulbildung besitzt, heben sie diese Tatsache nicht als besonders cool hervor, indem sie aufzeigen, wie sich diese Person durch Eigeninitiative selbst ausbildete, sondern spielen die Sache herunter, oder unterlassen jeden Hinweis auf das Thema »Ausbildung«.

Möchtegern-Unschooler

Viele geniale Menschen haben nicht aufgrund ihres Schulbesuchs, sondern trotz ihrer Schulbesuchs Großartiges geleistet.

Woody Allen sagte: »Ich hasste und bedauerte jeden Tag, den ich in der Schule verbrachte. Am liebsten wäre es mir gewesen, man hätte mich lesen, schreiben und addieren gelehrt, und mich dann in Ruhe gelassen.«[113]

Winston Churchill sagte: »Ich war ein glückliches Kind mit all den Spielsachen in meinem Kinderzimmer. Als erwachsener Mann wurde ich von Jahr zu Jahr glücklicher. Nur dieses Zwischenspiel in der Schule bildet einen düsteren grauen Fleck auf der Landkarte meiner Reise. Es war ein endloser Fluch von Kummer und Sorgen, die damals nicht klein wirkten, und eine Plackerei ohne jeglichen Erfolg; Jahre der Unlust, des Zwanges, der Einförmigkeit, der Sinnlosigkeit.« [114]

Der in Prag geborene Schriftsteller *Franz Kafka* sagte: »Soweit ich es mitbekommen habe ..., zielte man in der Schule darauf ab, die Individualität des Einzelnen auszuradieren.« Gerhard Prause erzählte, dass Kafka

> das Schulsystem und die vor Prüfungen wachsende Angst nicht nur hasste, sondern auch überzeugt war, dass die Schule zu wenig bot im Vergleich zu der Zeit, die er dort zubrachte. Vor allem bot sie nicht genug praktische, wichtige Inhalte. Seine größte Kritik richtete sich gegen die Tatsache, dass Ausbildung im Allgemeinen versuchte, jeden gleich zu machen, und auf diese Weise die Talente und Fähigkeiten des Einzelnen ignorierte.[115]

Die ehemalige griechische Kulturministerin, Parlamentsabgeordnete und Schauspielerin Melina Mercouri hasste die Schule. »Das einzige schwere Leid in Frau Mercouris Kindheit war die formelle Schulausbildung, die sie zum Weinen brachte«, liest man in *Current Biography* 1988. »Aber da sie in einem Haus aufwuchs, in dem Politiker, Gelehrte, Schriftsteller und Künstler ein- und ausgingen, erhielt sie dennoch eine gute, liberale Ausbildung.«

Der französische Impressionist *Claude Monet* »wuchs als keineswegs verlegener, wagemutiger, rebellischer Junge mit starkem Willen auf« erzählt Charles Merril Mount in der Biografie *Monet*. Dieser Biografie zufolge soll Monet gesagt haben:

> Ich war von Geburt an undiszipliniert; selbst in meiner frühesten Jugend beugte ich mich nie einer Regel. Das Wenige, das ich weiß, lernte ich zu Hause. Die Schulen erschienen mir immer wie ein Gefängnis, und ich konnte mich nie dazu entschließen, dort zu bleiben, nicht einmal vier Stunden lang, sobald die Sonne einladend schien, das Meer glatt da lag, oder es eine Freude war, in der frischen Luft über die Klippen zu laufen und im Wasser zu paddeln.

Vor allem im Kunstunterricht begehrte Monet auf, indem er Parodien und Karikaturen malte, anstelle der realistischen Arbeiten, die man ihm aufgetragen hatte. Und obwohl ihn sein Zeichenlehrer für untalentiert hielt, war er bereits mit fünfzehn Jahren ein begehrter, professioneller Karikaturist.

Der Pulitzerpreisträger *Edmund Morris* hasste die Highschool. Wie in *Current Biography* 1989 zu lesen ist, »unterhielt er sich damit, verborgen hinter einem Atlas in der letzten Bank jeder Klasse Romane zu schreiben.«

Der französische Sänger, Komponist und Dichter Charles Trenet besuchte eine katholische Schule – »Freie Schule der Dreifaltigkeit« – über die er sagte: »Die Schule mag ja frei gewesen sein, aber ich war darin eingeschlossen.«[116]

Der ehemalige deutsche Minister Dr. Norbert Blüm schrieb in einem Grußwort für die erste Globale Homeschooling-Konferenz 2012 in Berlin Folgendes: „Ich jedenfalls behaupte, dass ich mehr außerhalb als innerhalb der Schule gelernt habe. Meine Vorbilder, von denen ich mir das Meiste abgeguckt habe, waren Mutter und Vater, Großeltern, Tanten, Onkel, Cousins, nicht zu unterschätzen, meine Spiel- und Schulkameraden und die vielen Kumpanen, mit denen ich meine Zeit außerhalb der Schule verbrachte. Meine Kindheit war jedenfalls nicht durch Schulzeit beschlagnahmt."[117]

Übrigens – kennst du die »Eragon«-Trilogie? Den ersten Band schrieb Christopher Paolini als 15-jähriger Homeschooler.

Kapitel 41
Das Leben als Kür: Seth Raymond

Ein Zeitungsausschnitt auf dem Kühlschrank weckte meine Aufmerksamkeit: Das Foto zeigt einen Jungen, der über seinem Fahrradlenker balancierte, und darunter einen kurzen Text. Auch wenn er klug geschrieben ist, enthält er einen winzigen Fehler.

> Der 14-jährige Highschool-Schüler Seth Raymond aus Port Townsend verbrachte den letzten Freitag einen Großteil des Tages damit, Physik, Geometrie, Sport und vermutlich auch Philosophie zu lernen. Sein Lehrer war sein Fahrrad; das Klassenzimmer eine betonierte Fläche am Strand ... Raymond erzählte, dass er sich auf den 4. Wettbewerb der Northwest Freestyle Association in Seattle vorbereite. Auch wenn er diesen Kurs erst seit sieben Monaten belegt, scheint es, als würde er mit Auszeichnung abschließen, wenn man sich seine Drehungen, Sprünge und Balanceakte ansieht.

Vollkommen richtig – bis auf eine Kleinigkeit: Seth Raymond ist nicht Schüler der Port Townsend High School.

Wie in dem Ausschnitt angesprochen, ist er ein Schüler seines Fahrrades, eines Mathematik-Lehrbuchs, einiger guter Romane, des Meereskundezentrums am Strand, seiner Eltern, der Olympic Mountains und seiner Pentax-Kamera. Seth Raymond ist ein selbstlernender Schüler des Lebens.

Jetzt, im Oktober 1990, ist er fünfzehn Jahre alt. Bei meinem Besuch werde ich nicht nur von Seth begrüßt, sondern auch von seiner 11-jährigen Schwester Vallie, seiner vierjährigen Schwester Lydia und seinen Eltern Kath und Dan. Sie leben in einem eleganten, schlichten und geräumigen Fachwerkhaus. Die klare Schönheit der Holzbalken, Decken, Böden und Türrahmen verbindet sich mit der Wärme abgenutzter Orientteppiche und den Kürbissen, die an den Fenstern aufgestapelt sind. Schon auf den ersten Blick scheint die Familie Raymond viel mit ihrem Haus gemein zu haben: In ihrer Gesellschaft gibt es kein Vortäuschen, kein künstliches Hochspielen und keine Imitation. Kein Wunder – wie sich herausstellt, haben sie dieses Haus gemeinsam über einen Zeitraum von drei Jahren gebaut.

Dem Mut und der Unabhängigkeit seiner Eltern verdankt es Seth, dass er nie zur Schule ging. Kath erinnert sich an die Entscheidung. Kurz nachdem eine Cousine an einer Schule zu unterrichten begann, gab sie enttäuscht auf. »Ich würde meine Kinder nie in eine öffentliche Schule geben«, warnte sie Kath und Dan. Um einige gute Ratschläge zu anderen Möglichkeiten zu hören – wie etwa Montessori oder alternative Schulen – besuchten sie einen Vortrag von John Holt in St. Paul. Aber er sprach nicht über Montessori, sondern über Unschooling. Kath erinnerte mich an meine erste

Reaktion auf Holts Bücher, als sie sagte: »Ich hatte zuvor noch nie von Unschooling gehört. Aber sobald er zu sprechen begann, hatte ich das Gefühl, dass ich immer schon daran geglaubt habe.«

Im Verlauf der Jahre praktizierten sie Homeschooling, manchmal legal und manchmal möglicherweise illegal. Aber das kümmert sie wenig. Wenn sie je für das Recht, ihre Kinder ohne Schule aufzuziehen, kämpfen müssen, werden sie es tun. Gleichzeitig sind sie dankbar dafür, dass sie nie schikaniert wurden.

Während Seth heranwuchs, lebte die Familie immer wieder in einer anderen Gegend. Doch wo immer er auch war, nützte Seth die vorhandenen Möglichkeiten und verfolgte seine eigenen, wechselnden Interessen. Zum Beispiel nahm er im Alter von acht und neun Jahren Ballettunterricht bei einem »harten Kerl« vom Minnesota Dance Theater in Minneapolis. Höhepunkt dieser Laufbahn war sein Auftritt im Nussknacker – sechs Mal auf der Bühne und ein Mal in der Halbzeit eines Footballspiels der Vikings.

Zu Seths stärksten Erinnerungen zählt die Arbeit an dem Haus. Er erinnert sich deutlich daran, wie das Gestrüpp niedergebrannt und die Bäume gefällt wurden, die Erde ausgehoben und das Fundament gelegt wurde, wie er beim Aufstellen der Balken half, Zement goss, Botengänge machte, Gipskartonplatten festnagelte, bei der Isolierung unter dem Haus half, Rohre schliff und klebte, die Fenster einbaute, die Verkleidung auf Maß schnitt, den Lehm anrührte, die Ränder abklebte, ausmalte und die Täfelung anbrachte. »Es hat enorm viel Spaß gemacht«, erzählt er, »und ich habe eine Menge gelernt. Dadurch wird es einfacher, wenn ich mich einmal entschließe, selbst ein Haus zu bauen.«

Letztes Jahr arbeitete er etwa achtzehn Stunden pro Woche in einem chinesischen Restaurant namens The Shanghai, wo außer ihm kaum jemand Englisch sprach. Er räumte das Geschirr ab und servierte den Gästen das Essen. Als er nach einem Jahr mehr Zeit für andere Interessen aufwenden wollte, kündigte er.

Akademische Fächer

Die Familie Raymond gehört einer Homeschooling-Gruppe an, die von der lokalen Schulbehörde genehmigt ist. Die Behörde bezahlt die Teilzeitlehrerin Marcie, die den Homeschoolern hilft, ihre akademische Arbeit zu dokumentieren, sie benotet und eine wöchentliche Ausbildungsaktivität organisiert, die jeden Mittwochnachmittag etwa zwei Stunden in Anspruch nimmt. Dafür sind die Homeschooler offiziell bei der Schulbehörde »eingeschrieben«, wodurch diese mehr Geld für sie erhält.

Seth und Kath erklären ihre gemischten Gefühle gegenüber diesem Programm. »Das ist sicher nicht der beste Teil des Homeschoolings«, meint Seth, »aber immerhin sind es bloß zwei Stunden pro Woche. Das ist ein gewaltiger Unterschied zu sechs Stunden pro Tag. Wenn wir Lehrbücher benötigen, hilft uns Marcie auch, die geeigneten zu finden.« Er erinnert sich noch gut, als sich die Gruppe vornahm, so viele Bücher wie möglich in einem einzigen Monat zu lesen. »Das hat Spaß gemacht, denn ich habe mehr gelesen als üblich.« Im Austausch für die geringen Unannehmlichkeiten, dass sie Logbücher führen und zu den wöchentlichen Aktivitäten kommen müssen, ist das Homeschooling von Seth und Vallie (im Rahmen dessen sie sogar auf das Highschool-Diplom hinarbeiten) unbestreitbar legal und gesetzeskonform, was sie aber nicht wirklich kümmert.

Die Familie Raymonds scheint sich in keiner Weise von dem Programm abhängig zu fühlen. Wenn es dieses Programm nicht gäbe, und Homeschooling dadurch illegal wäre, würde sie ebenso Homeschooling betreiben, ohne es zu verbergen. In Minnesota kannten sie Homeschooler, die ständig in Angst leben und sich versteckten. Sobald es an der Tür läutete, verbargen sich die Kinder unter den Betten. Die Raymonds wollen nicht so leben.

Seth genießt den Kontakt zu den anderen Teenagern der Gruppe, deren »Spezialinteressen« in den Bereichen Tanz, Schriftstellerei und Sport liegen. Seine besten Freunde gehen jedoch zur Schule. Allerdings sind sie seine Freunde, weil sie sein Interesse für das Radfahren und Trampen teilen.

Ich blättere in Seths Logbuch: Manchmal finde ich Einträge für Naturwissenschaft, Geschichte und Spanisch, manchmal aber bloß Mathematik, lesen und Rad fahren. Unter jeder Kategorie finden sich kleine Anmerkungen: »Vögel beobachtet und bestimmt, Radwettkampf, 4. Platz erreicht, Musikkassette für das Radfahren bearbeitet, Video für Radsponsor bearbeitet, Poster für Zimmer gemacht, gebrauchten Fahrradrahmen gekauft und begonnen, ihn abzuschleifen, Marinezentrum, ›Bernices Bubikopf‹ gelesen«.

Im rückwärtigen Teil des Logbuchs finden sich zahlreiche akademische Utensilien und Dinge, die Seth geschrieben hat. Zusätzlich hat er eine Handvoll Merkblätter (»Anleitungen für Lehrer«) gesammelt zu der PBS-Serie *Scientific American Frontiers*, mit Anleitungen für Laborübungen und Hinweisen. Eine besagt: »Erklären Sie den Studenten, dass Wasser üblicherweise bei 0° Celsius friert und Eis schmilzt.«

***

Ich befrage Seth, was er in verschiedenen Fächern tut.

Schreiben gehört nicht zu seinen Lieblingsbeschäftigungen, obwohl ihm Kreatives Schreiben hin und wieder gefällt. Eine seiner Geschichten wurde letztes Jahr beim Schreibwettbewerb des Centralia College (das vor allem von Schulkindern besucht wird) ehrenvoll erwähnt. Außerdem führt er ein Tagebuch, das niemand außer ihm lesen darf.

Letztes Jahr arbeitete er sich durch einen Großteil des Harcourt-Brace Jovanovich-Lehrbuchs für Biologie – indem er die Laborübungen durchführte und die dazugehörigen Texte las – während er gleichzeitig im örtlichen Marinezentrum lernte. Er begann in der Mitte des Lehrbuchs mit den Kapiteln, die ihn am meisten interessierten, und arbeitete sich dann an den Anfang zurück. Weil ihn der Gedanke an Leben auf anderen Planeten besonders faszinierte, bat er schriftlich um mehr Informationen über Exobiologie. Zusätzlich nahm er mit großem Interesse an einem »Naturwissenschaftstag« in Seattle teil, einer Art Naturwissenschaftsmesse, die vor allem von Schülern öffentlicher Schulen besucht wurde.

Geschichte? »Ich habe Geschichte schon immer geliebt«, erzählt er, »aber ich habe noch nie Lehrbücher dafür verwendet.« Seth liest Bücher über bestimmte historische Ereignisse und erforscht ansonsten die Geschichte in der Praxis. Mit seinem Tramperfreund Reg hat Seth im Fort Worden State Park wohl jeden einzelnen der dreißig Bunker aus dem Ersten Weltkrieg untersucht.

Mathematik, Lesen, Spanisch und Sport? Diese Fächer sehe ich in Aktion. Während ich bei der Familie Raymonds zu Besuch bin, erlebe ich auch einen Montagmorgen.

Zunächst fällt mir auf, dass die morgendliche Hektik fehlt, die alles beherrschte, wenn meine Geschwister und ich uns für die Schule bereit machten. Nachdem sich alle Pancakes gebacken und ein wenig geplaudert haben, setzen sich Seth und Vallie ins Wohnzimmer, um mathematische Aufgaben zu lösen, wobei Kath gelegentlich eine Frage beantwortet. Mathematik ist in Ordnung, meint Seth, wenn es auch nicht sein Lieblingsfach ist. Die Uhr tickt. Kath liest im Wohnzimmer. Ich bin überwältigt von der Ruhe und dem Gefühl, dass sich das Leben tatsächlich *jetzt und hier* abspielt und dass man nicht bloß darauf wartet, dass eines Tages etwas passiert.

Ein paar Minuten vor zehn Uhr steht Vallie auf und schließt ihr Buch. »Wie geht es?«, fragt Kath. »Gut«, antwortet Vallie. »Ich habe nur einen Fehler, weil ich dividiert statt multipliziert habe.« Sie holt sich ein Shel-Silverstein-Buch aus dem Regal und macht es sich damit auf dem Sofa bequem.

Um zehn Uhr sagt Kath zu Seth: »Möchtest du dir diese Starshow ansehen?«

»Läuft die nicht schon seit einiger Zeit?«

»Nein, du hast nur einen Beitrag versäumt.«

»In Ordnung.«

Aber niemand sieht sich die Starshow an. Denn als sie um 10.30 Uhr weitergeht, liegt Seth oben in seinem Zimmer auf dem Bett, gefesselt von dem Buch *Der Graf von Monte Christo*. Dies ist sein dritter Roman seit September nach *Von Mäusen und Menschen*, und *Wer die Nachtigall stört*. Seit September hat er außerdem Kurzgeschichten von John Updike, Richard Wright, Ernest Hemingway, Willa Cather, und F. Scott Fitzgerald gelesen. Die Bücher, die er liest, wählt er aus dem Bücherregal der Familie und aus Bücherlisten. Außerdem nutzt er intensiv die öffentliche Bibliothek. »Was passiert, wenn du mit einem Buch beginnst, das dir dann nicht gefällt?«, frage ich. »Dann lese ich einfach etwas Anderes«, antwortet er nüchtern, betont aber gleichzeitig, dass das nur selten vorkommt. Immerhin liest er gerne, obwohl er erst mit acht Jahren begonnen hat.

Während er liest, ist Kath bei den Nachbarn nebenan und die reizende Lydia singt im Erdgeschoss: »One of these things is not like the other« und schüttelt dazu die Rassel, die sie am Vorabend aus zwei Schalen und einigen Bohnen gebastelt hat. Dan ist bei der Arbeit auf einer Baustelle. Vallie arbeitet hingebungsvoll an einem gezackten Freundschaftsband, für das die Anleitung heute mit der Post gekommen ist.

Ich sehe mich inmitten der Stille um. Im Bücherregal herrschen C. S. Lewis und John Holt vor. Ich bemerke auch *Garantiert Zeichnen Lernen*, einen Topf Playdoh-Knete, Steinbeck, Kipling, Enzyklopädien, A. A. Milne, *Der Prophet* von Gibran, verschiedene Bibelausgaben, weitere Bücher aus allen möglichen Bereichen, auf dem obersten Regalbrett steht ein Globus. Dies ist eindeutig kein Haushalt, in dem man eine vollständige Sammlung der großen Klassiker besitzt, nur um intellektuell zu wirken, wie es in der Oberschicht häufig üblich ist. Jedes Buch im Haus der Raymonds ergibt einen Sinn und zeigt leichte Gebrauchsspuren.

An den Wänden des Wohnzimmers entdecke ich eine Weltkarte und ein gerahmtes Poster von Seths Tanzdebüt, auf dem zu lesen ist: »Twentieth Anniversary Loyce Houlton's Nutcracker Fantasy, Minnesota Dance Theater.«

Nun gehe ich wieder hinauf in Seths Zimmer. In seinem Schrank hängen ein Schlafsack und ein Taucheranzug. Hinter einem Stapel Sweatshirts entdecke ich auf der Kommode drei goldfarben blitzende Trophäen von Freestyle-Radrennen. Auf dem Schreibtisch liegt ein Stapel Fahrrad-Zeitschriften: Go, BMX Plus. Seth sitzt auf dem Bett und lehnt sich bequem gegen die Holzvertäfelung, die er selbst montiert hat. Auf der anderen Seite des Zimmers blickt ihn von einem Foto – ein Original von Seth – ein Hirsch mit großen weichen Augen an. Im Fenster über Seths Kopf liegt die alte Petri-Kamera und starrt *mich* an.

Mittags esse ich mit Seth ein paar Sandwiches und setze mich dann ins Wohnzimmer, um *España Viva* anzusehen, einen Spanischkurs von PBS. Per Post hat sich Seth die dazugehörigen Arbeitsbücher bestellt und macht nun jede Woche die Aufgaben für eine Lektion, so dass er immer gleichauf bleibt mit der TV-Sendung.

Nach dem Mittagessen sind die akademischen Fächer offiziell vorüber, obwohl Seth noch eine Weile im *Graf von Monte Christo* liest. Den Rest des Tages verbringt Seth mit seinem Fahrrad, einer Menge von Gesprächen und einem Videofilm.

Beim Abendessen halten wir uns an den Händen und sprechen ein Tischgebet. Als Dessert schneidet Seth eine Ananas wesentlich eleganter auf, als ich es je geschafft hätte. Das hat er im Restaurant Shanghai gelernt.

***

Dank seines ruhigen Lehrplans kann Seth seinen Hauptinteressen viel Energie widmen. Derzeit befasst er sich vorrangig mit Meeresbiologie, Fahrrad fahren und Fotografie.

Das Zentrum für Meeresbiologie

Letztes Jahr organisierte Seths Freilerner-Gruppe einen wöchentlichen »Kurs« im örtlichen Meeresbiologiezentrum. Seth genoss die Zeit im Zentrum sehr, entdeckte seine Liebe für die Meeresbiologie und ist immer noch stark im Zentrum engagiert, obwohl die Homeschooling-Gruppe schon zu anderen Aktivitäten gewechselt ist. Anfangs verbrachten die Freilerner viel Zeit damit, sich in den Aquarien Seesterne, Krabben, Anemonen, Fische und Kraken anzusehen und dem Direktor zuzuhören, erinnert sich Seth. Der Direktor Frank D'Amore erklärte ihnen die Namen der Tiere, die Nahrungskette – »wer frisst wen« – und die Pflege der verschiedenen Arten. Die Homeschooler nutzen auch die Messinstrumente des Zentrums, um das Wetter, den Niederschlag, die Wolkenmuster und die Wassertemperatur grafisch festzuhalten.

Obwohl Seth die Zeit im Zentrum genoss, fühlte er am Anfang eine »Lehrer-Schüler-Hierarchie«, »als wären sie die Erwachsenen und wir die Kinder«. Dieses Gefühl löste sich später auf, als die Homeschooler Verantwortung übernahmen, indem sie das Fleisch schnitten, die Tiere fütterten, die Aquarien reinigten, beim Sammeln des Planktons halfen, mikroskopierten und die Fragen von Schulkindern beantworteten, die im Rahmen einer Exkursion ins Zentrum gekommen waren. Allmählich verbrachte Seth auch allein zwei bis vier Stunden pro Woche im Zentrum. Dadurch fühlte er sich stärker in den Betrieb einbezogen und ernst genommen.

Letzten Sommer bot Frank Seth einen Job im Zentrum an, aber aufgrund verschiedener Umstände konnte er ihn nicht annehmen. Aber dieses Jahr freut sich Seth schon darauf, seine Arbeit im Zentrum weiterzuführen und auf informelle, individuelle Weise zu lernen. Letzte Woche half er bei den Vorbereitungen für die Exkursion von Schülern der vierten Schulstufe, beantwortete Fragen und bereitete die Mikroskope vor. Frank hat auch schon darüber gesprochen, Seth in eine Forschungsprojekt einzubeziehen, bei dem die Meerestemperatur überwacht, Plankton analysiert und die Fragilität des Seegrases untersucht wird. Nächsten Sommer will Seth die Arbeit im Zentrum zu seiner obersten Priorität machen.

In welcher Weise wird sich Seths Arbeit im Zentrum auf seine Zukunft auswirken? Darauf hat Seth noch keine definitive Antwort. Er ist einfach dankbar, dass sie seine Liebe zur Meeresbiologie geweckt hat und möchte diese Leidenschaft eines Tages mit Tauchen und Schnorcheln verbinden, und dies möglichst in einem etwas wärmeren Klima als dem Pudget Sound. Mittlerweile trainiert er bereits, ohne Gerät zu tauchen. Wie er erklärt, ist die Sicht im Sound jedoch gering, seit die Algen in dieser eigentlich kalten Region so stark wachsen.

Fahrrad fahren

Drei Dinge zischen: die Wellen des Ozeans, wenn sie ans Ufer prallen, die Flügel der Seemöwen und Seths Fahrrad, wenn es in der Luft kreist. Natürlich nicht das ganze Fahrrad, denn ein Rad bleibt am Boden. Es ist gar nicht so leicht zu beschreiben, wo sich Seth befindet. Denn manchmal steht er auf einem kleinen Sporn, der über der Nabe des Vorderrads befestigt ist. Dann wieder schwingt er seine Beine über die Lenkstange, während sich diese unter ihm um die eigene Achse dreht. Seine Augen sind jedoch immer wachsam. An diesem Wochenende wird er nach Lewiston in Idaho reisen, um an einem Freestyle-Fahrradwettbewerb teilzunehmen.

Seth übt sich nun schon seit einem Jahr in Freestyle. Wenn sein Freund Mike aus der Schule kommt, fahren sie zum Fort Worden State Park hinunter und trainieren etwa zwei bis drei Stunden lang. Bei gutem Wetter beginnt Seth früher.

Der örtliche Fahrradladen Aurora Cycle sponsert Seth und Mike, was nichts anderes bedeutet, als dass er ihnen Bremszüge und »solches Zeug« kostenlos zur Verfügung stellt. Mike fährt nun schon seit drei Jahren sein Freestyle-Rad. Während immer wieder andere Teenager aus dem Ort dazugestoßen und wieder gegangen sind, bilden Seth und Mike den harten Kern. Sie üben schweigend, konzentrieren sich auf ihre Arbeit, und man hört nichts außer einem gelegentlichen Zischen des Rades und hin und wieder einen kurzen Kommentar. Die Luft ist feucht und die Betonfläche ist von weichen Büschen eingesäumt, wie sie hier an der Küste wachsen. Nach ein paar Stunden machen sie abwechselnd Fotos voneinander.

Dann gehen sie gemeinsam zum Haus der Familie Raymond zurück, um sich den Fahrradrahmen anzusehen, an dem Seth derzeit arbeitet. Danach gehen sie zu Mike nach Hause und basteln an einem seltsamen Einrad mit Handgriffen und ohne Pedale. Um es zu fahren, stehen sie auf dem Schutzblech oder den Sporen über den Naben. Zwei Stundenlang fahren sie damit die Straße auf und ab und experimentieren mit einem Seil, das sie wie Zügel an die Lenkstange binden. Das Seil bietet ihnen Spannung und dadurch mehr Kontrolle. Die Nachbarkinder strömen aus den Gärten und sehen zu. Sobald Dan nach Hause kommt, geht er mit Lydia ebenfalls zu Mike hinüber.

Obwohl Seth sein tägliches Fahrradtraining mehr genießt als die Wettbewerbe, schlägt er sich ausgezeichnet. Bei den Wettbewerben der North American Freestyle Association in Eugene, Vancouver, und Portland errang er den dritten Platz in der Kategorie der Neulinge. In Spokane und bei den regionalen Finali in Kelso, Washington, wurde er Erster. (Einige Monate nach meinem Besuch erfuhr ich, dass Seth beim Finale von 1990 in Bremerton, Washington, Erster in seiner Abteilung wurde, und auch in der Gesamtwertung des Jahres den ersten Platz einnahm.)

Wie ernst nimmt Seth das Freestyle-Radfahren? »Ich betrachte es nicht als meinen zukünftigen Beruf«, meint er, »aber im Augenblick mag ich es sehr. Manchmal denke ich, es könnte Spaß machen, selbst Fahrräder zu konstruieren.«

Kath erzählt mir, dass die Homeschooling-Gruppe Seth eingeladen hat, den Mitgliedern bezahlte Unterrichtsstunden in Freestyle zu geben, aber er habe abgelehnt. »Wenn jemand Freestyle lernen will, kann er jederzeit kommen und mit uns trainieren«, hatte er ihnen geantwortet.

Fotografie

Seth lächelt, als ich erzähle, dass Ansel Adams im Alter von zwölf Jahren die Schule verlassen hat, denn Adams Fotografien haben Seth in seiner Arbeit stark beeinflusst. Das zeigt sich auch deutlich, als ich seine Schwarz-Weiß-Aufnahmen betrachte, die 1990 bei der Jefferson County Fair den Preis »Best of Show« gewannen. Durch den seltsamen Blickwinkel wirkt ein in Hunderten Grauabstufungen wiedergegebenes viktorianisches Gebäude fast dreidimensional.

Seth arbeitet mit einer Pentax-Kamera, die er letztes Jahr kaufte. Davor hatte er zwei Jahre lang mit einer alten Petri-Kamera vom Flohmarkt gearbeitet. Da sie keinen Belichtungsmesser hatte, war Seth gezwungen, die Lichtverhältnisse genau zu berechnen. Er liest Bücher über Fotografie und experimentiert viel. Sein Interesse an Camping- und Outdoor-Aktivitäten hat sich ebenso gesteigert wie seine fotografischen Fähigkeiten. Deshalb träumt er manchmal von einer Zukunft als Fotojournalist. »Ich interessiere mich für die Arbeit im Freien«, erzählt er mir. »Die Studiofotografie ist nichts für mich.«

Bisher hat sich Seth auf den ersten Teil des fotografischen Prozesses konzentriert – ein Bild zu komponieren und den Film zu belichten. Jetzt fühlt er sich bereit, sich auch mit der Entwicklung und Ausarbeitung seiner Fotos zu befassen und ist dafür auf der Suche nach einer geeigneten Dunkelkammer. Innerhalb seiner Homeschoolgruppe überlegt man, noch dieses Jahr eine Dunkelkammer einzurichten. »Das wäre großartig«, sagt Seth mit einem in die Ferne gerichteten Blick.

An einem Abend treffen wir uns in Seths Zimmer, wo er Dias zeigt, die er während zweier Tramptouren durch Washington aufgenommen hat: eine mit seiner Familie in Neah Bay und die andere mit gleichaltrigen Freunden in den Olympic Mountains.

Während der Vorführung halte ich oft erstaunt die Luft an. Seths Dias sind durch ihre sprechenden Farben, die Muster und die Formen noch beeindruckender als seine Schwarz-Weiß-Fotos. Ein Foto, das am Point of Arches in Neah Bay aufgenommen wurde, zeigt eine weiche, graue und in Nebel getauchte Landschaft mit Strand, Wasser und als scharfe Dreiecke aus dem Wasser aufragende riesige Felsen. Ein anderes zeigt auf lebendige Weise die nackten, feuchten, sonnengebräunten Rücken von drei Jungen vor einem blauweißen Wasserfall, und in der Ecke eine rote Blume.

Seth wechselt schnell von einem Dia zum nächsten, als würden sie es nicht verdienen, lange bewundert zu werden. Als ich ihn bitte, sie langsamer zu zeigen, kommt er meinem Wunsch nach. Wir halten bei dem Portrait einer spiralförmigen Pflanze. »Was ist das?«, erkundigt sich Dan. »Stinkkohl«, sagt Seth, »eine alpine Form.«

Dann folgt eine Serie Nahaufnahmen von Weißkopfseeadlern. Sie waren so intensiv damit beschäftigt, als Festschmaus einen toten Hund aufzufressen, dass sie Seths künstlerisches Eindringen einfach ignorierten.

»Unser Nationalvogel ist eindeutig Aasfresser«, kommentiert Dan.

Meine besondere Aufmerksamkeit gilt einem ungezwungenen Foto, das Lydia zeigt, wie sie sich im Zeltlager ihren eigenen Dingen widmet. »Üblicherweise macht Seth keine Fotos von Menschen«, erklärt Kath lachend. »Wenn wir Fotos von uns während unserer Trips haben wollen, müssen wir sie selbst machen.«

»Ich fotografiere Lydia gerne«, erzählt mir Seth später. »Sie *posiert* nicht. Aber ich mag es gar nicht, wenn sich Menschen vor irgendetwas aufreihen. Das sieht so gestellt aus.«

***

Zweifellos funktioniert Seths Unschooling, weil seine Eltern daran glauben. Im gesamten Haus fühlt man nicht den geringsten Hauch von »Schule«, obwohl morgens immer die Mathematikbücher hervorgeholt werden.

Kath und Dan strahlen, wenn sie über Unschooling sprechen. »Mitunter verweisen die Menschen auf das Argument der realen Welt«, sagt Dan. »Du weißt schon – wie sollen eure Kinder in der realen Welt überleben, wenn sie nicht zur Schule gehen und das Leben mit seinen Widrigkeiten gar nicht kennenlernen? John Holt sagte, das wäre, als würde man seinen Kopf gleich in einen Schraubstock stecken, weil man ja ohnehin irgendwann einmal Kopfschmerzen bekommt. Außerdem geht es darum, sich nicht bloß an die Welt anzupassen, so wie sie ist, sondern dazu beizutragen, eine bessere Welt zu erschaffen.«

»Wenn die Menschen Homeschooler betrachten, werden sie vielleicht auch einmal erkennen, dass sich glückliche Kinder in glückliche Erwachsene verwandeln«, fügt Kath hinzu.

Wir sprechen auch über das Thema Unschooling in einer Doppelverdienerfamilie. Wegen der vierjährigen Lydia ruft bei Kath der Gedanke, einer Arbeit nachzugehen, zwiespältige Gefühle hervor. Allerdings gesteht sie bereitwillig, dass Seth und Vallie auch ohne sie ausgezeichnet auskommen würden. Wenn sie Probleme in akademischen

Fächern hätten, könnten sie immer noch Dan oder sie am Abend fragen, so wie sich andere Kinder mit Fragen bei den Hausarbeiten an ihre Eltern wenden.

»Ja«, stimmt Dan zu. »Bei Teenagern müssen Eltern nicht mehr ständig eingebunden sein.«

Kath weist darauf hin, dass sie auch für Seths Ausbildung nicht verantwortlich ist, obwohl sie tagsüber zu Hause ist. »Ich habe nicht das Gefühl, dass ich bei allem, was er tut, auf dem Laufenden sein könnte oder sollte.«

Kath absolvierte ein Viertel ihrer College-Ausbildung, während Dan nie aufs College ging. »Man hat uns das Lernen abgewöhnt«, erzählen sie. »Vermutlich haben wir am falschen Ende begonnen – wir hätten die Eingangskurse links liegen lassen und gleich aufs College gehen sollen.« Beide wünschen sich, dass Seth das College besuchen kann, wenn er sich dafür entscheidet, was er auch tut, sofern ihm nichts Besseres einfällt.

Eine der größten Herausforderungen für Kath und Dan war das Gefühl, unzulänglich zu sein. Einerseits lernte Seth sehr spät lesen. Auch wenn er bereits im Alter von fünf Jahren aufmerksam lange Geschichten anhörte, begann er erst etwa mit acht Jahren, selbst zu lesen. Kath las damals in *GWS* viele Geschichten über Kinder, die bereits mit vier oder fünf Jahren lasen. Das bestätigte sie in der Annahme, dass sie etwas falsch machten, weshalb sie mitunter in Panik geriet. Zum Glück widerstand sie dem Impuls, Seth zum Lesen zu drängen, und als er bereit war, geschah es von selbst.

Andererseits fühlten sie sich hilflos, wenn sie von den großartigen Aktivitäten anderer Unschooler hörten. »Wenn wir über Homeschooler lasen, die in Großstädten Museen, Konzerte und all das zur Verfügung hatten, dachten wir: ›Ja, das ist es! Auch wir sollten in einer Großstadt leben!‹ Als wir von Homeschoolern auf einer Farm hörten, die Ziegen großzogen und gärtnerten, dachten wir: ›Ja, das ist es! Auch wir sollten auf einer Farm leben!‹ Und wenn wir von Familien lasen, die lange exotische Reisen unternahmen, dachten wir: ›Ja, das ist es! Auch wir sollten reisen!‹

Aber wir konnten nicht reisen, weil wir gerade unser Haus bauten«, erzählt Kath lachend. »Und wenn wir wieder zur Vernunft gekommen waren, erkannten wir, dass jene Menschen, die in der Stadt lebten, auf der Farm arbeiteten oder Reisen unternahmen, vielleicht über uns sagten: ›Ja, das ist es! Auch wir sollten ein Haus bauen!‹«

Ich bestätigte ihnen, dass Seth mit seinen Fertigkeiten auf dem Fahrrad, im Bereich Fotografie und seinem wachsenden Engagement in Meeresbiologie genauso beeindruckend sei wie jeder andere Homeschooler. »Dabei ist das gar nicht das Wichtigste«, bringt es Dan auf den Punkt. »Bei Homeschooling geht es nicht um Wettbewerb, sondern darum, ein sinnvolles Leben zu führen.«

Kurz nachdem ich Seths Profil geschrieben hatte, richtete er in einem Teil des Wirtschaftsraums eine kostengünstige Dunkelkammer ein, begann ein Kajak zu restaurieren und trat mit Mike in einer Grundschule auf. Nach der Veröffentlichung der ersten Ausgabe dieses Buches nahm Seth einen Job in der Pygmy Boat Company in Port Townsend an, die Boote und Kajaks herstellt – und machte dort alles, vom Telefondiensts bis zum Bau von Prototypen. In dieser Zeit unternahm er auch mehrere ausgedehnte Reisen: mit seinen Biker-Freunden an die Ostküste; allein nach Costa Rica, Nicaragua und Panama; und eine Rundfahrt durch die USA mit einem Abstecher nach Jamaika. Er entdeckte die Gitarre für sich und spielte in zwei Bands: Pin Fish und Civil to Strangers. Während dieser Zeit eröffnete die Highschool von Port Townsend einen Alternativzweig, durch den Seths bisheriges Leben gewürdigt und mit einem Diplom versehen wurde. Im Alter von 22 Jahren lebt Seth heute in Portland, Oregon, arbeitet in einem französischen Restaurant und belegt Kurse am Northwest Film Center.

Kapitel 42
Das Tagebuch und einiges mehr von Miss Kim Kopel, Autodidaktin

Kim Kopel ist sechzehn Jahre alt. Sie ist nie zur Schule gegangen, lebt in St. Louis, Missouri, erteilt zwei Mädchen Unterricht in irischem Tanz und lernt eigenständig, auf einer Blechflöte zu spielen. Zusätzlich webt sie, schreibt Geschichten, spielt Klavier und interessiert sich immer wieder für Physik, Motoren und Maschinen. Es ist mir eine große Freude, dir ein wenig aus ihrem Tagebuch zu offenbaren, dir ihre Lernmethode vorzustellen und einige ihrer Gedanken über ihre zukünftige Ausbildung und ihren Lebensstil.

Als Kim diesen Abschnitt schrieb, war sie vierzehn Jahre alt.

Dienstag, 6. September 1988, 10 Uhr

Heute ist der erste Tag des neuen Schuljahrs. Warum sitze ich dann zu Hause an der Schreibmaschine, anstatt an meinem Tisch im Klassenzimmer? Weil ich frei lerne. Damit meine ich, dass ich meine Ausbildung selbst in die Hand genommen habe und mein eigenes Leben lebe. Lange Zeit bezeichnete ich mich als »Homeschooler«, aber davon halte ich heute nicht viel, weil es nicht mehr auf meinen Fall zutrifft. Homeschooling ist für mich genau das, was es aussagt: eine Schule zu Hause.

Ich würde nie eine »Schule« wählen, wie wir sie kennen – weder ein Gebäude, das als »Schule« bestimmt ist, noch das eigene Zuhause, noch den Vorgarten der Nachbarn. Ich will nicht, dass mir ein Lehrer meinen Kopf mit einem Wissen anfüllt, das andere für mich bestimmt haben. Ich will nicht, dass man mir sagt, was und wann ich denken soll, wann ich welche Seite aus welchem Buch lesen soll, wann ich zu Mittag essen soll und vieles mehr. Und weil ich in keiner Weise »geschult« werden will und auch nicht »geschult« werde, will ich mich auch nicht als in irgendeiner Weise »geschult« bezeichnen. Meiner Meinung nach ist »zu Hause ausgebildet« kaum besser als »zu Hause unterrichtet«, denn das klingt, als würde ich nur an einem einzigen Ort etwas lernen – nämlich zu Hause. Ein derartiges Konzept ist mir so fremd, dass es mir schon lächerlich erscheint.

Deshalb habe ich mich für den Begriff »frei lernen« entschlossen, auch wenn die Menschen im Allgemeinen keine Ahnung haben, was ich damit meine. Vermutlich klingt es, als würde ich mich alles selbst lehren, was genauso wenig passt, als würde ich mich als »zu Hause unterrichtet« bezeichnen. Wenn ich von mir sage, dass ich frei lerne, meine ich, dass ich entscheide, was, wann, wo und wie ich etwas tue, und wer mir dabei hilft, falls überhaupt. Ich entscheide selbst, welche Unterstützung ich mir wünsche und suche dann nach der Person, die mir genau diese Hilfe bietet, ohne mich in Dingen zu unterstützen, um die ich nicht gebeten habe.

Da ich meine Ausbildung und mein Leben selbst in die Hand genommen habe (und somit die Freiheit habe zu entscheiden, auf welche Weise ich meine Zeit verwende), glauben die Menschen häufig, dass ich immer bloß das tue, worauf ich Lust habe und was mir in diesem Augenblick gefällt. Das stimmt jedoch nicht. Auch wenn es mir keine Freude macht, Böden zu schrubben, Geschirr zu spülen, Wäsche zu waschen, Mahlzeiten zuzubereiten, den Rasen zu mähen, sind das doch alles Dinge, die getan werden müssen, und deshalb tue ich sie. Auch wenn ich sie in Wirklichkeit nicht tun will und keine Zeit dafür aufwenden will. (Aus dem offensichtlichen Grund, dass ich sonst weder saubere Kleidung noch sauberes Geschirr und nichts zu essen hätte!) Neben diesen Dingen gibt es auch noch jede Menge Anforderungen des täglichen Lebens – vielleicht müssen wir etwas einkaufen, oder meine Mutter braucht mich, um auf meine kleinen Schwestern aufzupassen, während sie Bücher in die Bibliothek zurückbringt, oder wir haben Besuch, oder eines meiner Geschwister will, dass ich ihm bei etwas helfe usw. Ich lebe nicht abgeschirmt in meiner eigenen kleinen Welt und treibe ziellos dahin, ohne auf das zu achten, was um mich vorgeht.

Ich glaube, dass es ganz in Ordnung ist, wenn ich tue, worauf ich Lust habe – immerhin ergibt es keinen Sinn, meine Zeit mit Dingen zu verbringen, die ich hasse! Vermutlich glauben die Menschen, dass du nie etwas tust, was dir schwer fällt oder dich herausfordert, solange dich niemand dazu drängt. Sie nehmen wohl an, dass du bloß herumsitzt, fernsiehst, mit Freunden ausgehst und ständig Partys feierst. Kurz gesagt, dass du »dahinvegetierst«. Wenn ich mit Menschen über freies Lernen spreche, fällt es den meisten schwer zu glauben, dass jemand tatsächlich etwas Bedeutungsvolles, Schwieriges oder Herausforderndes tut, ohne dazu gezwungen zu sein.

Wahrscheinlich kommt es daher, dass diese Menschen nur die Kids aus ihrer Umgebung betrachten, von denen viele ungern zur Schule gehen (was die meisten Menschen als Zeichen dafür ansehen, dass es den Kids egal ist, ob sie eine »gute« Ausbildung bekommen, weshalb sie ihnen Verantwortungslosigkeit vorwerfen), ständig erinnert werden müssen, ihre Hausarbeiten zu machen, im Haushalt nicht mithelfen– außer unter Zwang – und am liebsten vor der Flimmerkiste sitzen etc. Deshalb denken sie: »Wenn die Kinder schon jetzt nichts Vernünftiges tun, was geschieht dann erst, wenn sie nicht dazu gezwungen werden, etwas zu tun!« Vermutlich behielten sie sogar Recht, und diese Kinder würden bloß dahinvegetieren, wenn man sie einfach aus der Schule nähme. Wenn man den Großteil seines Lebens verbracht hat, indem eine andere Person all die Denkarbeit und die Entscheidungen für dich übernimmt, wird es wohl eine Weile dauern, bist du dich daran gewöhnst, selbstständig zu denken und die Verantwortung für dein Leben zu übernehmen. Wenn Kinder die Schule verlassen, benötigen sie erst eine Anpassungsphase, um sich von den Auswirkungen der Schule

– wie etwa mangelndes Selbstbewusstsein und Selbstvertrauen usw. – zu erholen, bevor sie sich auf die Sachen konzentrieren können, die sie in ihrem Leben tun wollen.

Weil ich nie zur Schule gegangen bin, musste ich diesen Prozess – mich von dem zu befreien, was mir die Schule angetan hat – nicht durchmachen. Ich habe immer schon selbstständig gedacht, Entscheidungen getroffen und Verantwortung für mein Leben übernommen, so dass ich heute an einem Punkt angelangt bin, wo ich herausfinde, was ich tun will, und Mittel und Wege finde, es zu tun. Fernsehen, herumhängen und Ähnliches sind für mich nur leere, unbefriedigende Tätigkeiten. Ich weiß, dass es im Leben mehr gibt als das. Ich will meine Zeit nicht für solche Dinge vergeuden, immerhin gibt es viele andere wichtige Dinge zu tun (etwa zuzusehen, wie das Gras wächst. Daran erkennt man, welch geringen Stellenwert diese anderen Dinge auf meiner Liste haben.).

Wenn ich so etwas in einem Gespräch sage, wollen alle immer wissen: »Und was willst du tun?«

Ich hoffe, dass dieses Tagebuch diese und viele anderen Fragen beantwortet, die man mir immer wieder stellt. Aus diesem Grund schreibe ich es, und auch als Versuch, mein Leben so zu beschreiben, wie es ist, und um meine Gedanken zu vielen Dingen zum Ausdruck zu bringen.

Zunächst erzähle ich euch ein wenig über mich. Ich bin vierzehn Jahre alt, schreibe gerne Geschichten, Briefe, Musik, führe mein privates und dieses öffentlich zugängliche Tagebuch. Abgesehen von Briefen und meinem privaten Tagebuch ist dies die erste Dokumentation, die ich verfasse.

Ich habe hier zu Hause einen großen, frei stehenden Webstuhl mit vier Webgeschirren und sechs Pedalen, auf dem ich gerne webe. Schon seit langem webe ich mit Begeisterung, verwendete dazu früher jedoch einen kleinen Webrahmen, den man auf dem Schoß halten konnte. Aber ich wollte immer schon echte Dinge auf einem großen Standwebstuhl weben. Im Herbst 1986 besuchte ich zum Tag der offenen Tür ein renoviertes historisches Gebäude, in dem eine Weberei untergebracht war, in der man auch Kurse belegen konnte. So meldete ich mich an und nahm etwa ein Jahr lang Unterricht, was ich wirklich liebte. Jetzt habe ich meinen eigenen Webstuhl. Derzeit versuche ich, ein Muster für einen schottischen Tartan zu entwerfen, jenen Umhang, aus dem die Schotten ihre Kilts anfertigen. Außerdem will ich mir aus dem MacGallum-Tartan einen Kilt oder etwas Anderes machen. Mein Großvater wünscht sich, dass ich für ihn und einige unserer Verwandten (die Familie meines Großvaters hatte einige schottische Vorfahren, die wir den MacGallums zurechnen) Platzdeckchen oder einen Tischläufer herstelle.

Ich liebe auch Musik und habe mir mit etwas Unterstützung meiner Mutter (aber nur, wenn ich darum bat) beigebracht, Klavier, Keyboard und ein wenig Gitarre zu spielen. Ich singe auch gerne dazu oder wenn eine andere Person spielt, auch wenn ich Kassetten oder Radio höre, wann immer ich mich danach fühle – was nahezu immer der Fall ist! Aber auch wenn ich gerade nicht singe, ein Instrument spiele oder Musik höre, läuft in meinem Kopf immer ein Lied!

Tanzen gehört ebenfalls zu meinen Lieblingsbeschäftigungen. Ich nehme seit Jahren Ballettunterricht, auch wenn es aussieht, als würde ich nie ans Ziel kommen. Vermutlich bin ich die vielen Übungen an der Stange leid und dass ich nie wirklich tanze. Deshalb nehme ich jetzt Unterricht in irischem Stepptanz. Neben anderen Tänzen werde ich auch die irische Jig erlernen, von der du vielleicht schon gehört hast. Sara [Kims Schwester] und ich nehmen Stunden bei Mary Mayer ... in der Mary Mayer School of Irish Dance; unsere erste Lektion wird am 16. September sein. Ich kann es kaum erwarten. Alles sieht auch sehr nett aus, und ich mag Mary Mayer. Deshalb bin ich überzeugt davon, dass es großen Spaß machen wird.

Das sind meine derzeitigen Hauptinteressen, auch wenn es noch viele andere Dinge gibt, die ich gerne tun würde.

Jetzt schreibe ich alle Fragen auf, die mir häufig über meine Ausbildung gestellt werden, und die Antworten, die ich gerne in dem Augenblick der Fragestellung geben würde. Ich weiß nicht, woher es kommt, dass mir nach einem Gespräch immer eine Million besserer Erklärungen einfallen!

Frage: *Was tust du?*

Antwort: Diese Frage wird mir am häufigsten gestellt. Das bedaure ich, weil ich es hasse, diese Frage zu beantworten. Dadurch scheint es, als wäre das, was ich tue, wichtiger, als wer ich bin, und das ist vollkommen verkehrt. Ich tue eine Menge Dinge, und ich könnte noch vieles tun, was ich derzeit nicht tue. Würde ich antworten, dass ich gerne zeichne, könnte niemand dadurch eine Entscheidung treffen, ob er mich mag oder nicht. Ich frage die Menschen nicht, was sie tun, nur um zu entscheiden, ob sie seltsam sind oder nicht; ich frage sie, weil ich mich tatsächlich dafür interessiere, was ihnen wichtig ist. Ich könnte auch mit Menschen befreundet sein, die etwas ganz anderes tun als ich; die Tatsache, dass jemand nicht genau so ist wie ich, bedeutet noch lange nicht, dass er seltsam oder geisteskrank ist. Allerdings habe ich das Gefühl, dass man mir diese Frage nicht stellt, weil man sich für das interessiert, was ich tue und mich besser kennenlernen will, sondern um herauszufinden, ob ich auch tatsächlich eine Ausbildung »wie jeder Andere« bekomme. Nun, die bekomme ich nicht! Wenn dem so wäre, könnte ich gleich zur Schule gehen! Außerdem mag ich diese Frage nicht, weil sie in mir das Gefühl weckt, verhört zu werden. Wenn ich daran denke, wie seltsam ich oft behandelt werde, wenn mich die Leute fragen, was ich tue, sollte ich wohl antworten: »Oh, ich esse, trinke, atme und schlafe, wie alle anderen Menschen auch!«

Frage: *Wie findest du Freunde?*

Antwort: Indem ich aus dem Haus gehe und verschiedene Dinge tue, wie jeder Andere auch – indem ich einfach lebe. Vermutlich stellen viele diese Frage in der irrigen Annahme, dass die Schule der einzige Ort ist, wo man Menschen treffen und

Freundschaften schließen kann. (Wenn dem so ist, wäre es besser, du würdest gleich dort Freunde fürs Leben finden, denn sonst wirst du nach deinem Abschluss kein Sozialleben haben!) Wer so denkt, beschränkt sich selbst. Denn auf diese Weise hast du nur Freunde, die zufällig zur selben Zeit dieselbe Schulstufe in derselben Schule besuchen. Das ist eine weitere Einschränkung von Schulen. Du findest keine älteren oder jüngeren Freunde, weil du den Großteil des Tages mit Gleichaltrigen verbringst, oder bestenfalls mit Kids, die ein Jahr älter oder jünger sind.

Ich hingegen habe die meisten meiner Freunde durch meine Interessen kennengelernt. So zähle ich zum Beispiel auch meine Lehrer, bei denen ich Webunterricht hatte, zu meinen engen Freunden.

[Etwas später schreibt Kim in ihrem Tagebuch: »Ich glaube, es ist nicht so wichtig, wie viele Freunde du hast, sondern wie gut du mit jedem einzelnen befreundet bist.«]

Frage: *Hast du auch Hausarbeiten?*

Antwort: Das klingt, als würde man mich fragen, ob ich Arbeiten rund um das Haus hätte wie Fegen oder Staub wischen! Vermutlich meinen die Menschen damit zusätzliche »Schulaufgaben«. Da ich ohnehin keine Schulaufgaben mache, habe ich auch keine »zusätzlichen« Schulaufgaben! Aber selbst wenn ich »Schulaufgaben« machen würde (wie etwa mit Arbeits- und Lehrbüchern zu arbeiten und Aufgaben zu lösen etc.) wäre die Frage trotzdem bedeutungslos, denn ich würde all meine Schularbeiten zu Hause machen, so dass alles »Hausarbeit« wäre! Manchmal frage ich mich, welche Antwort die Menschen von mir erwarten: »Nein, meine Mutter gibt uns nach dem Homeschooling-Unterricht Aufgaben, die wir dann in der Schule lösen«?!

Frage: *Wie lernst du Dinge, die deine Eltern nicht beherrschen?*

Antwort: Da meine Eltern meiner Meinung nach weder für meine Ausbildung noch für mein Leben verantwortlich sind, ist es mir nie in den Sinn gekommen, nur Dinge zu lernen, die sie beherrschen oder die ihnen wichtig erscheinen. Ich bin nicht nur imstande, etwas selbstständig zu tun und herauszufinden, sondern es macht mir sogar Spaß. Ich brauche niemanden, der mir sagt, was ich wissen oder tun muss und wie ich mehr Informationen über etwas bekomme. Wenn ich mich entschließe, jemanden um Unterstützung zu bitten, bedeutet das nicht, dass ich ihn bitte, alles zu übernehmen. Ich bitte ihn bloß, mir bei einer bestimmten Sache zu helfen. Meine Eltern sind nur zwei Menschen unter vielen, die ich kenne und die bereit sind, mir zu helfen, wenn ich darum bitte. Wenn ich niemanden kenne, der mir etwas Bestimmtes beibringen könnte, worüber ich gerne mehr wüsste, dann suche ich solange, bis ich jemanden finde. Dazu kann ich die Unterstützung Anderer heranziehen oder es selbst tun – üblicherweise wird es eine Kombination aus beidem. Ein gutes Beispiel dafür ist mein Interesse an irischem Tanz und mein Wunsch, Unterricht zu nehmen. Ich entschloss mich, meine Mutter zu bitten, mir beim Sammeln von Informationen über die verschiedenen Schulen für irischen Tanz in St. Louis zu helfen, um entscheiden zu können, welche ich besuchen will. Obwohl sie selbst irische Tänze nicht beherrscht, war sie imstande, mir zu helfen, jemanden zu finden, der es kann. Nichts hilft mir mehr, als wenn man mir zuhört und reagiert, wenn ich darum bitte, Mittel und Wege zu finden, um das zu tun, was ich tun will.

Frage: *Ist deine Mutter Lehrerin?*

Antwort. Nein, obwohl sie auf dem College eine Lehrerausbildung begonnen hat. Es war aber genau diese Ausbildung, die sie davon abgebracht hat, selbst zu unterrichten! (Auch ihre eigene Schulausbildung trug zu ihrer Entscheidung bei, die Lehrerausbildung abzubrechen und ihrem Kind zu gestatten, sich selbst zu bilden.) ...

Frage: *Wie kann dich deine Mutter unterrichten, wenn sie nicht selbst Lehrerin ist?*

Antwort: Ich bin auch keine »Lehrerin« (in dem Sinn, dass ich an keiner Schule unterrichte), und dennoch bin ich problemlos imstande, meiner vierjährigen Schwester Katie das Alphabet beizubringen. Mein Bruder Burt ist auch kein »Lehrer«, und dennoch habe ich vieles von ihm gelernt, indem wir über das gesprochen haben, was er gelesen oder gehört hat und was er denkt. Außerdem sollte man aus logischen Gründen annehmen, dass jemand, der etwas kann oder versteht, auch imstande ist, es anderen zumindest ansatzweise zu erklären. (Mir ist aufgefallen, dass ich eine Sache viel besser kennenlerne, wenn ich sie einer anderen Person erkläre – vielleicht, weil ich dabei Dinge bemerke, die ich zuvor nicht beachtet habe, oder aufgrund der mir gestellten Fragen.)

Weil meine Mutter zur Schule ging, nehmen die meisten Menschen an, dass sie dort etwas gelernt hat und es daher uns weitergeben kann. Wer könnte dem widersprechen? Man könnte den Einwand vorbringen, dass sie eine Ausbildung benötigt, um zu unterrichten, und es nicht genügt, nur über das Fach Bescheid zu wissen, das man unterrichtet. Der Großteil der Lehrerausbildung besteht jedoch daraus, zu lernen, die Klasse unter Kontrolle zu halten, und da meine Mutter nur uns vier (bald fünf) Kinder hat, muss sie nicht wissen, wie man mit einer Klasse von fünfzig Schülern zurecht kommt. (Ich möchte gar nicht erst auf die Tatsache eingehen, dass in Privatschulen viele Lehrer gar kein Diplom besitzen, um zu unterrichten.) Meine Mutter ist dazu qualifiziert, Mutter zu sein, das reicht. Außerdem unterrichtet mich meine Mutter nicht in dem Sinn, dass sie mir sagt: »In Ordnung, Kim, jetzt werde ich dich in Trigonometrie unterrichten«. Vieles von dem, was ich von ihr gelernt habe, habe ich gelernt, indem ich beobachtete, wie sie lebt, und aus den Gesprächen mit ihr. Sie hilft mir immer, wenn ich sie darum bitte – aber sie bietet mir nur die Unterstützung, um die ich sie gebeten habe, nicht mehr und nicht weniger. Wenn sie mir bei dem, was ich brauche oder mir wünsche, nicht helfen kann, suche ich jemanden, der es kann – und oft bitte ich dann meine Mutter, mich dabei zu unterstützen.

Lesen, Schreiben und Rechnen

Aus einem längeren Aufsatz von Kim über ihre Art, die »Grundlagen« zu erlernen:

Ich erhielt sehr wenig »formelle« Ausbildung. Meine Mutter arbeitete nie einen Lehrplan für mich aus und unterrichtete mich weder in Englisch, noch in Geschichte oder anderen Fächern. Ich habe die Dinge auf meine eigene Weise zu dem von mir gewählten Zeitpunkt und in meinem Tempo gelernt, während ich meine selbst gewählten Interessen verfolgte.

Im Alter von etwa drei oder vier Jahren lernte ich zu schreiben. Weil ich es unbedingt können wollte, bat ich andere (meine Mutter, meinen Vater, andere Verwandte und Freunde) mir zu zeigen, wie man die Buchstaben des Alphabets schreibt. Sobald ich sie beherrschte, schrieb ich Briefe. Wenn ich wusste, was ich sagen wollte, bat ich Menschen aus meiner Umgebung, die Worte für mich zu buchstabieren. Auf diese Weise lernte ich Rechtschreibung und Grammatik und eignete mir ein Wissen über Buchstaben und Worte an, durch das ich später lesen lernte. Im Alter von etwa zehn Jahren begann ich, ein Tagebuch zu führen – was ich bis heute beibehalten habe – und meine ersten Geschichten zu verfassen.

Einige Jahre später lernte ich auf ähnliche Weise zu lesen. Ich erinnere mich, dass man mir viel vorlas, was ich sehr genoss, dass ich mir aber gleichzeitig wünschte, selbst lesen zu können. Schließlich lernte ich lesen, indem man mir vorlas und meine Fragen beantwortete, wenn ich unablässig fragte »Was heißt das?« und das Wort aufschrieb, wodurch ich es erkannte. Vor allem aber lernte ich zu lesen (und zu schreiben – und überhaupt alles, was ich weiß), weil ich es können wollte. Weder um Lesen zu lernen, noch um Schreiben zu lernen, verwendete ich irgendwelche Lernmaterialien.

Mathematik erlernte ich, indem ich sie anwandte. Mathematik ist logisch. Niemand muss es dir erklären, denn du lernst es auf natürliche Weise, während du versuchst, etwas zu zählen oder hinter eine Sache zu kommen. Addieren, subtrahieren, multiplizieren und dividieren lernte ich einfach, weil ich es brauchte. Auch wenn ich nicht immer die schnellste Methode verwendete, um etwas zu entdecken, wusste ich, was ich herausfinden wollte, und was ich tun musste, um die Antwort zu bekommen ...

Als ich bedauerlicherweise mit etwa dreizehn Jahren den CAT machte (meinen ersten Test), erkannte ich, dass ich in Mathematik nicht den Anforderungen meiner Schulstufe entsprach. Das war vor allem darauf zurückzuführen, dass ich die verschiedenen Methoden nicht kannte, die ich zur Problemlösung verwenden sollte (auch wenn ich absolut imstande war, die Aufgaben auf meine Weise zu lösen). Außerdem machte es mich nervös, dass die Zeit gemessen wurde. Immerhin hatte ich mich bei Mathematik noch nie darauf konzentriert, die Lösungen so schnell wie möglich zu finden. Für mich war es vor allem wichtig, auf die richtige Lösung zu kommen. Die Geschwindigkeit steigt, wenn man Mathematik häufiger anwendet, und damals hatte ich nur selten

Grund, mich überhaupt mit Mathematik zu befassen. Hätte ich einen echten Grund gehabt, um schnell zu rechnen, hätte ich es auch gekonnt. Aber nur schnell rechnen zu können, um einen Test zu bestehen, war für mich nicht Grund genug, um etwas zu lernen.

Auch noch nach dem Test machte es mich nervös, dass ich es nicht geschafft hatte, den Anforderungen meiner Schulstufe in Mathematik zu genügen. Ich hatte es mir in den Kopf gesetzt, Mathematik zu lernen, um »aufzuholen« – und dies nur, weil eine Person, die mich nicht kannte, festgelegt hatte, dass ich aufgrund eines bestimmten Alters auf einem bestimmten Niveau sein sollte. Deshalb besorgte ich mir Arbeits- und Lehrbücher und bat meine Mutter, mit mir Mathematik zu üben, was sie auch tat.

Es endete in einer Katastrophe. Ich bekam eine Mathematikblockade, weil ich mich wegen des Tests so hineinsteigerte und mich so verzweifelt bemühte aufzuholen, dass ich schließlich gar nichts mehr begriff. Meine Lösung war einfach: Ich erklärte, dass Mathematik dumm sei, denn das war besser, als mir einzugestehen, dass *ich* dumm sei, weil ich nichts verstand.

Unbewusst rebellierte ich auch dagegen, etwas zu tun, das mir in Wirklichkeit nichts bedeutete. Auf diese Weise machte ich es mir selbst unmöglich, Mathematik zu erlernen, weil ich es im Grunde gar nicht lernen wollte. Ich tat es ja bloß, weil ich das Gefühl hatte, es tun zu müssen. Schließlich erschöpfte es mich so sehr, dass sich alles in mir dagegen stemmte, und ich behauptete, Mathematik zu hassen.

Es dauerte fast drei Jahre, bis ich wieder an Mathematik denken konnte, ohne in Panik zu geraten oder mich minderwertig zu fühlen – und die Blockade habe ich immer noch nicht vollständig überwunden. Derzeit versuche ich, das praktische, anwendbare Verständnis für Mathematik wiederzugewinnen, das ich einst hatte.

Wie man der Zukunft mit Anstand begegnet

In diesem späteren Abschnitt denkt Kim über Themen nach, die ihr in ihren späteren Teenagerjahren begegneten.

Vor etwa zwei Jahren wurde ich immer unzufriedener mit dem Leben, das ich führte. Ich war gelangweilt und ruhelos, wollte viel mehr tun, ohne zu wissen was. Gleichzeitig hatte ich das Gefühl, an der Schwelle zu einer neuen Welt zu stehen, an einem Wendepunkt in meinem Leben. Ich stellte mir viele Fragen über das Ziel meines Lebens, wohin ich gehörte, was ich tun wollte, und versuchte verzweifelt, mich selbst zu finden.

In dieser Zeit stellte man mir auch immer häufiger die Frage, welche Pläne ich für mein Leben hätte, und der Tonfall der Frage war deutlich ernster und intensiver als noch wenige Jahre zuvor. Immerhin war ich schon im Highschool-Alter, wo es »höchste Zeit ist zu wissen, was ich mit meinem Leben anfangen will«. Zumindest schien es mir, als wolle man mir das sagen. Überflüssig zu erwähnen, dass ich mir ziemlich dumm vorkam, weil ich nicht wusste, was ich mit meinem Leben anfangen solle. Ich fühlte mich auch nicht mehr wohl dabei, bloß »ich weiß es nicht« zu sagen, wenn man mich fragte, ob ich aufs College gehen wolle. Damit schockierte ich die Leute zwangsläufig, so dass sie sich berufen fühlten, mich zu warnen, dass es ohne College-Abschluss unmöglich sei, »einen guten Job« zu bekommen (was auch immer das sein mochte), und dass ich ohne Collegebesuch und eine entsprechende Karriere für den Rest meines Lebens weder glücklich noch von der Gesellschaft akzeptiert würde. Ich könnte doch nicht *ernsthaft* etwas Anderes als den »traditionellen« Weg von College und Karriere einschlagen. Das wäre einfach gefährlich und unreif – wie man mir sagte.

Das machte mich wütend: Wenn ich schon mein Leben ruinieren wollte, so ging das nur mich etwas an! Außerdem machte es mich wütend, dass man etwas von mir *erwartete*. Mitunter wuchs dieses Gefühl in mir so mächtig an, dass ich einfach loslaufen und genau das Gegenteil von dem tun wollte, was man von mir »erwartete«.

Darüber hinaus störte es mich, dass man mir ständig College, Karriere, Entscheidungen und Ähnliches mehr unter die Nase hielt, weil mich das von meiner Suche nach einem bedeutungsvollen Leben ablenkte. Es war sehr frustrierend zu wissen, dass ich den Konflikt und Aufruhr in meinem Leben lösen musste, es aber nicht konnte, weil ich mich mit der Verwirrung befassen musste, die Andere in mir ausgelöst hatten.

Indem man mich ständig drängte, aufs College zu gehen und dies und das zu tun, zeigten mir diese Menschen nur, wie wenig sie mich respektierten, und wie wenig sie mir vertrauten. Im Grunde sagten sie mir damit, dass ich nicht imstande sei, mein Leben selbst in den Griff zu bekommen, und dass nie »etwas aus mir werden würde«, wenn sie mir nicht die Hand hielten und mich in die »richtige« Richtung lenkten. Die ganze Sache machte mich unendlich wütend.

Gleichzeitig hatte ich aber auch Angst. Was, wenn sie Recht hatten? Was, wenn ich tatsächlich ohne Collegeabschluss keinen Job bekäme und nicht imstande wäre, für meinen Lebensunterhalt aufzukommen? Hunderte, nein Tausende nagender Zweifel, Sorgen und das »Was wäre wenn?« drängten sich in meinem Kopf, bis ich allmählich das Gefühl bekam, dass ich tatsächlich ernsthaft daran denken sollte, aufs College zu gehen. So ersuchte ich mehrere Colleges, mir Informationsmaterial zuzusenden, und las es sorgfältig durch – immer unter dem Eindruck, dass ich einen Schuh zu tragen versuchte, der mir nicht passte. Ich verbrachte viel Zeit damit, zu einer Entscheidung zu gelangen, wohin ich gehen wollte, welche Hauptfächer ich wählen sollte und mit welcher Tätigkeit ich den Rest meines Lebens meinen Unterhalt verdienen wollte. Lange Zeit sprang ich hin und her – einmal war ich definitiv entschlossen, aufs College zu gehen, dann wieder hätten mich keine zehn Pferde dorthin schleppen können.

Zu guter Letzt entschloss ich mich, all dem Druck und den Ängsten zu stellen, um herauszufinden, ob sie tatsächlich Gültigkeit hatten. Zunächst prüfte ich die Ansichten, die man mir als Wahrheiten und Fakten präsentiert hatte, wie etwa, dass man sich für eine Sache (als Beruf) entscheiden sollte, um dies dann für den Rest seines Lebens zu tun. Woher kannst oder willst du wissen, was dich in zehn, fünf, oder auch bloß zwei Jahren interessieren wird? Sollte man so etwas überhaupt von dir erwarten? Warum gilt es nicht als normal, aufzuwachsen und dabei deine Prioritäten zu ändern? Was ist falsch daran, in eine andere Richtung weiterzugehen, wenn du aus dem, was du derzeit tust, herausgewachsen bist?

Allmählich erkannte ich, dass vieles von dem Druck, aufs College zu gehen, einen »guten Job« zu bekommen, erfolgreich zu sein und Ähnliches mehr, vorwiegend auf Angst basierte. »Wenn du das nicht tust, wird dir jenes passieren. Wenn du nicht aufs College gehst, wirst du nie einen ›guten Job‹ finden und deinen Lebensunterhalt bestreiten können.« und so weiter. Niemand erwartete von mir, aufs College zu gehen, um dort ein lebenswertes Leben zu finden oder um dort als Mensch zu reifen. Man erwartete es bloß, damit ich nicht als sozialer Außenseiter ende oder auf der Straße verhungere.

Diese Erkenntnis legte irgendwo in meinem Inneren einen Schalter um. »Das reicht«, sagte ich mir. »Ich werde mein Leben nicht aus Angst ruinieren; welchen Sinn ergibt es, wenn ich mich in meinem Leben aus Angst verleiten lasse, Dinge zu tun, nur damit etwas Bestimmtes nicht eintritt? Wie kann man je glücklich sein, wenn man ständig in Angst lebt? Es wird immer etwas geben, das man tun muss, um etwas Schreckliches abzuwenden. Ich würde lieber verhungern und ausgestoßen werden, bevor ich für immer Angst habe und nie zur Ruhe komme!«

Sobald diese Last von meinen Schultern abgefallen war, entschloss ich mich, all den Mythen und Ängsten auf den Grund zu gehen. Bei näherer Betrachtung entdeckte ich eine Angst, die größer war als alle anderen zusammen: die Angst, den gesellschaftlichen Anforderungen »nicht zu entsprechen« und deshalb nicht akzeptiert und in der Folge ausgestoßen zu werden. Man muss aufs College gehen, denn das tut jede respektable Person, die »etwas aus sich machen will«, damit sie einen »guten Job« bekommt, viel Geld verdient und Prestige erringt.

Dadurch wurde mir klar, dass die Schulen darauf abzielen, dir diese »Moral« einzuimpfen, dass es im Leben nichts Wichtigeres gibt, als akzeptiert zu werden. Ich erkannte auch, dass man den Menschen diese »Moral« einflößt, um sie kontrollieren zu können. Wenn die Menschen glauben, nur glücklich zu sein, wenn sie gesellschaftlich akzeptiert werden, werden sie alles dafür tun, denn auch sie wollen glücklich sein.

Nach dieser Erleuchtung betrachtete ich all diesen Druck und diese Sorgen als das, was sie in Wirklichkeit waren: falsche Ängste und Unsicherheiten. Es war, als würde ich das Licht einschalten und erkennen, dass ein schreckliches Monster in Wahrheit bloß ein Schatten war.

Somit hatte ich Zeit und Raum, um mich mit der Lösung meines persönlichen Konflikts und meiner Unzufriedenheit mit meinem Leben zu befassen. Ich unterzog mein Leben einer eingehenden Prüfung und stellte viele Dinge in Frage.

Ich fragte mich, warum ich meinen Interessen Tag für Tag gefolgt war und mich von ihnen hatte leiten lassen? Warum hatte ich nie einen Plan für mein ganzes Leben ausgearbeitet? Warum hatte ich mich, als ich mich für das Schreiben interessierte, nicht augenblicklich um eine Möglichkeit zur Veröffentlichung, einen Lektor oder einen Kritiker gekümmert? Warum hatte ich mir nicht vorgenommen, erst sechs Monate lang Kurzgeschichten zu schreiben, dann zwei Monate lang mit Essays zu experimentieren, mich dann drei Monate in die Poesie zu vertiefen, mich einen Monat lang in Journalismus zu versuchen, dann meine Kurzgeschichten zu revidieren und sie für die Veröffentlichung vorzubereiten usw.? Warum war ich zufrieden damit, jeden Tag offen zu sein für Ideen zu neuen Artikeln und Geschichten, oder für etwas gänzlich Anderes? Wieso hatte ich keine Angst vor der Ungewissheit des Morgen – warum begrüßte ich diese Ungewissheit sogar als aufregende Möglichkeit? War es falsch, so zu leben? Musste ich dieses Leben aufgeben, obwohl es mir so viele Jahre gut getan hatte? Und warum hatte ich das Gefühl, mein Leben ändern zu müssen?

Nach langem Suchen und endlosen Fragen kam ich zu dem Schluss, dass ich nicht jetzt die eine Sache finden musste, die ich für den Rest meines Lebens tun will. Mit dieser Erkenntnis öffnete sich mir eine völlig neue Welt mit vielen wichtigen Möglichkeiten.

Letztes Jahr hatte ich zum Beispiel einen Artikel über einen Kinderchor hier in St. Louis gelesen, der mir gefallen hatte, und ich hatte immer schon gerne gesungen. Obwohl ich nie Gesangsunterricht genommen oder in einem Chor gesungen hatte, beschloss ich, für diesen Chor vorzusingen. Ich wurde aufgenommen und jetzt, sechs Monate später, habe ich schon die höchste Stufe im Chor erreicht, absolviere zehn zweistündige Proben pro Monat und plane, mit dem Chor diesen Sommer nach Atlanta zu touren. Der Chor wurde zu einem wichtigen Bestandteil meines Lebens.

Durch meine Mitgliedschaft im Chor hat sich mir erst kürzlich eine weitere Möglichkeit eröffnet. Vor etwa einem Monat begann ich, mich für Gesangsstunden zu interessieren und fragte meinen Chorleiter nach einem Gesangslehrer. Da er etwa zur selben Zeit beschlossen hatte, Gesangsunterricht zu erteilen, fragte er mich, ob ich nicht bei ihm Stunden nehmen wolle. Weil er ein großartiger Mensch ist und wir gut miteinander auskommen, sagte begeistert zu. Jetzt bekomme ich schon seit einem Monat Unterricht und genieße ihn in vollen Zügen! Wer weiß, welche Möglichkeiten sich mir wiederum durch den Gesangsunterricht eröffnen werden – vielleicht sogar die Chance, solistisch zu singen.

Neben dem Chor und dem Gesangsunterricht ist mir auch das Schreiben sehr wichtig. Ich habe es schon immer geliebt zu schreiben – Briefe, Geschichten, mein privates Tagebuch, ein Tagebuch über meine Ausbildung, und in letzter Zeit Artikel über Homeschooling und verwandte Themen. Während ich mich mit dem Druck und den Ängsten rund um College und Beruf auseinandersetzte, verbrachte ich auch viel Zeit damit zu schreiben, um meine Gedanken zu ordnen. Wenn ich schreibe, werden mir verschwommene Dinge plötzlich klar und ich kann das Gesamtbild besser erfassen, anstatt mich in einem Wirrwarr zu verlieren. Selbst wenn ich gar nicht versuche, Ansichten, Ängste oder Philosophien zu beschreiben und zu analysieren, hilft es mir niederzuschreiben, was ich fühle, auch *ohne* dass ich herauszufinden versuche, warum ich so fühle. Es ist, als müsste ich erst die Last von meiner Brust nehmen, um über die Dinge nachdenken zu können.

Ich arbeite ständig an irgendeinem Artikel – einmal an einem, um den man mich ersucht hat, dann wieder an einem, den ich mir selbst ausgedacht habe. Und selbst wenn ich an nichts Bestimmtem arbeite (was selten der Fall ist), schreibe ich in mein Tagebuch oder Briefe an Freunde. Ich schreibe gerne über das Lernen, über Homeschooling, Ausbildungsphilosophien und derartige Dinge – einfach, weil es mir wichtig ist. Derzeit überarbeite ich einen Artikel, den ich vor nicht allzu langer Zeit verfasst habe und in dem es darum geht, wie ich lesen und schreiben lernte. Sobald ich damit fertig bin, will ich ihn einer oder mehreren Zeitschriften anbieten. In meinem Kopf habe ich noch unzählige Ideen für weitere Artikel, die ich schreiben möchte.

Mein derzeit größtes Projekt ist die Überarbeitung meines Ausbildungstagebuches, das ich von September 1988 bis 1989 führte und das ich zu veröffentlichen hoffe. Es ist voller Beschreibungen und Berichte über alles, was ich während dieses Jahres tat und las, welche Menschen ich traf etc. Außerdem habe ich in diesem Tagebuch auch meine Gedanken, Gefühle und Ideen zu vielen Dingen dargelegt: Ich habe versucht, mich und den Rest der Welt zu verstehen, herauszufinden, wo ich stehe und warum. Im Grunde ist es ein Selbstporträt. Das Material ist so umfangreich, dass es ein langwieriger, schwieriger Prozess wird, es zu überarbeiten. Aber es ist all die Zeit und Mühe wert.

Während der letzten vier Jahre habe ich bei Susannah Sheffer, der Herausgeberin von *Growing Without School*, eine Art Schreibpraktikum gemacht. Susannah gibt zu allem, was ich ihr schicke, hilfreiche Vorschläge und Kommentare ab, wie etwa: »Dieser Teil ist nicht wirklich klar; was genau meinst du?«, »Was du hier gesagt hast, weckt meine Neugier auf dieses oder jenes; vielleicht solltest du auch das erklären«, oder »Du könntest diesen Satz etwas abändern, um ihn klarer zu machen« etc. Diese Vorschläge helfen mir sehr bei der Überarbeitung, denn obwohl ich oft weiß, dass ich etwas ausgelassen habe oder dass ein Absatz umgeschrieben werden muss, weiß ich nicht genau, wo ich ansetzen muss, um ihn zu verbessern. Dadurch, dass Susannah meine Texte liest und kritisiert, werde ich auch selbst zu einer besseren Kritikerin meiner eigenen Arbeit. Denn sie macht mir bewusst, wie meine Texte für eine andere Person klingen.

Meine schriftstellerische Zusammenarbeit mit Susannah hat zu mehreren Reisen nach Boston geführt, um sie zu besuchen, und mir die Möglichkeit eröffnet, als Freiwillige im Büro der Holt Associates zu arbeiten, wo ich viele nette Menschen kennenlernte, wie etwa meine engsten Freunde. Ganz zu schweigen davon, dass auch Susannah selbst zu einer meiner besten Freundinnen geworden ist.

Auch wenn ich immer noch nicht alle Antworten auf meine Fragen gefunden habe und mich nach wie vor bemühe, verschiedene Dinge zu lösen, wird das Bild allmählich klarer. Ich habe erkannt, dass es in Ordnung ist, wenn ich nicht alle Antworten kenne. Ich weiß jetzt, dass ich mich mein ganzes Leben lang weiterentwickeln werde, und dass diese Perioden von Verwirrung und Frustration nur Teil eines lebenslangen Entwicklungsprozesses sind. Statt diese Perioden zu fürchten, sollte ich sie begrüßen, denn jedes Mal, wenn ich eine derartige Periode durchmache, bedeutet es den Aufstieg in die nächste Stufe meines Lebens.

Nach der ersten Ausgabe des Teenager Befreiungs Handbuchs *schrieb Kim weiter an ihrem Ausbildungstagebuch, in dem sie auch die Abenteuer der nächsten Jahre chronologisch festhielt. Unterstützt und ermuntert von ihrer Freundin und Mentorin Susannah Sheffer machte Kim ein Praktikum auf einer als volkskundliches Freilichtmuseum geführten Farm namens Strawbery Banke in New Hampshire. Dort arbeitete sie ein Jahr lang. Sie zeigte Besuchern das Spinnen, arbeitete mit der Leiterin gemeinsam in der Event-Planung und erfüllte verschiedene andere herausfordernde Aufgaben. In GWS Nr. 99 kannst du einiges aus ihrem Strawbery-Banke-Tagebuch nachlesen. Hier nur ein Ausschnitt, der aufzeigt, wie sich das Leben in einem Freilichtmuseum für jene darstellt, die dort arbeiten:*

6. August 1992
Nachdem ich Kathleen in ihrem Büro getroffen hatte, gingen wir ins Besucherzentrum, wo ich mir das kurze Orientierungsvideo ansah und dann die Kurzführung durch das Museum machte. Danach gingen wir in das Spinner-Haus und zur Thomas-Bailey-Aldrich-Gedenkstätte; in dieser Gedenkstätte werde ich jeden Dienstag und Donnerstag von 13 bis 15 Uhr als Führerin arbeiten ...

Gemeinsam mit Kathleen erstellte ich einen vorläufigen Stundenplan für die Zeit, bis mein Spinnrad eintrifft. An zwei weiteren Wochentagen werde ich mich an zwei Forschungsprojekten von Kathleen beteiligen. Das erste untersucht, welche Art von Spinnarbeit hier in Strawbery Banke verrichtet wurde, welche Fasern verwendet wurden (Wolle, Flachs, etc.), woher sie stammten (wurden damals Schafe auf dem Anwesen gehalten?) und was man aus dem Garn herstellte. Sobald ich genug Informationen gesammelt habe, soll ich eine Dokumentation darüber verfassen.

Das zweite Projekt ergab sich daraus, dass Kathleen mich bat, ihr bei der Planung des diesjährigen Herbst- und Halloweenfestes zu helfen. Sie ersuchte mich zu erforschen, was auf Strawbery Banke während der Hexenprozesse von Salem geschah, ob es auch hier Berichte über Hexen und Hexerei gab. Außerdem soll ich mich über Hexerei, Aberglaube und den Ursprung des Halloweenfestes informieren.

Außerdem soll ich einiges über Thomas Bailey Aldrich nachlesen, um genug über ihn zu wissen, wenn ich als Führerin in der TBA-Gedenkstätte die Fragen der Besucher beantworte. Soweit ich weiß, war TBA zu seiner Zeit ein berühmter Schriftsteller. Aldrichs Buch liegt ebenso auf meinem Schreibtisch wie ein Stapel von etwa zehn weiteren Büchern über das Spinnen und Weben, die ich alle lesen werde.

Nachdem Kim einige Zeit auf sich selbst gestellt gelebt hatte (und weitere Abenteuer erlebte, wie etwa eine Ausbildung zur Massagetherapeutin zu machen und zu heiraten), schrieb sie: »Ich wusste immer schon, das ich nicht imstande bin, an die Ewigkeit zu denken. Mein selbstständiges Leben hat mich darin nur bestärkt. Ich muss mich mit dem befassen, was ich heute tun will, und Mittel und Wege finden, um es zu tun; ich werde wissen, wann ich bereit bin, etwas Neues zu beginnen.«

Kapitel 43
Freilerner aus Deutschland, Österreich und der Schweiz

Dieses Kapitel entstand im Zuge der Überarbeitung und Neuauflage im Frühjahr/ Sommer 2014. Herzlichen Dank an alle, die unserem Aufruf gefolgt sind!

Magali Fischer aus Haspelschiedt (Frankreich), 14 Jahre:

Gerade beim Lernen kann man nicht festlegen, was richtig oder falsch ist. Aber man kann es ausprobieren und nachschauen, ob es für einen selbst das Richtige ist und wenn ja, dann passt es in diesem Moment.

Bei mir hat es in der ersten Klasse schon nicht mehr gepasst. Ich habe angefangen zu streiken und mich gegen das System Schule zu wehren. Von meinem Klassenlehrer wurde ich als schüchtern, still und unauffällig bezeichnet. Meine Eltern haben sich darüber sehr gewundert, denn so kannten sie mich gar nicht. Daheim war ich ein kleiner Wirbelwind. Ich war neugierig und wollte immer alles wissen. Als ich mich weigerte, in die Schule zu gehen, beschlossen sie, dass es so nicht mehr weitergehen kann. Eigentlich hatten sie vorgehabt, mit Freunden eine Montessorischule zu gründen, da es bei uns in der Gegend nichts Alternativeres als die Waldorfschule gegeben hat. Zufälligerweise sind meine Eltern dann im Internet auf das Freilernen gestoßen. Meine Mama fand das sehr interessant und hat viele Bücher darüber gelesen. Mein Papa hat das alles ein bisschen kritischer gesehen, was nach meiner Meinung auch verständlich ist, denn schließlich ist er Lehrer. Sie haben viel diskutiert und am Ende haben sie sich darauf geeinigt, dass ich fünf Wochen lang zu Hause lernen kann. Das habe ich dann auch getan und am Ende konnte ich lesen. Es war dann für mich und meine Eltern klar, dass ich von nun an daheim bleibe.

Am Anfang sind wir auf viele Freilernertreffen gegangen. Wir haben viele Leute kennengelernt und ich habe neue Freunde gefunden. Gut zweieinhalb Jahre lebten wir noch in Deutschland. Dann zogen wir nach Frankreich, wo Freilernen ganz legal ist. Wir hatten zwar keine Probleme mit den Behörden, aber wir lebten trotzdem in ständiger Angst, dass uns irgendjemand verpfeift. Da wir kein Geheimnis aus dem Freilernen machten, wussten es ziemlich viele in unserem Freundes- und Bekanntenkreis. Die meisten fanden es zwar nicht gut, aber sie haben uns gelassen. Ich glaube, einige fühlten sich von uns, oder besser gesagt, von mir angegriffen, da sie zwar hinter der Schule stehen und sie verteidigen, sich aber im Grunde doch nicht sicher sind, ob Schule das Richtige ist.

Als wir mit dem Freilernen angefangen haben, habe ich mich kaum mit schulischen Sachen befasst. Ich habe beim Spielen und im Leben gelernt und war froh, dass ich wieder frei war. Damals und heute war und ist mein sozialer Raum das Kletterzentrum Camp4 in Zweibrücken. Mit sechs Jahren begann ich, einmal die Woche zu trainieren. Mit acht war es schon zweimal die Woche und mit neun bin ich in den Leistungskader eingestiegen und hatte damit drei Mal die Woche Training. Ich habe angefangen, Wettkämpfe zu klettern. In der Gruppe war ich die Jüngste und habe so immer mitbekommen, was die Älteren über die Schule erzählt haben. Wenn mir etwas an der Schule gefehlt hat, dann die Tatsache, dass ich nicht auch über irgendwelche Lehrer lästern konnte.

Am Anfang dieses Jahres war ich für eine kurze Zeit auf der Realschule in Zweibrücken. Es war eine sehr aufregende Erfahrung und ich bin froh, dass ich es ausprobiert habe. Ich habe das Gefühl, dass ich erst dadurch angefangen habe, das Freilernen zu schätzen. In der Schule kann man die ganze Verantwortung an die Lehrer abgeben. Wenn man etwas nicht verstanden oder in einem Fach eine schlechte Note geschrieben hat, kann man die Schuld immer auf die Lehrer schieben. Daheim kann man das nicht. Da liegt es an einem selbst, was, wann und wieviel man lernt. In der Schule ist das alles vorgegeben. Man muss nicht mal mehr nachdenken, was man lernen will und in der Schule ist das auch nicht wichtig. Denn es spielt keine Rolle, was man will. Jeder muss funktionieren. Wer das nicht tut, bekommt eine schlechte Note. Ich lerne seit der ersten Klasse zu Hause. Es ist für mich ganz normal geworden, anders zu sein. Es ist und war nicht immer leicht, dazu zu stehen. Vielleicht wollte ich auch deshalb in die Schule. Vielleicht wollte ich eine Bestätigung fürs Freilernen. Ich hatte ziemlich große Erwartungen an die Schule. Das Traurige war, dass sie sie nicht einmal annähernd erfüllen konnte. Der Aufenthalt in der Schule hat mir gezeigt, dass es auf jeden Fall daheim funktioniert. Ich konnte mich ohne Probleme an das System anpassen. Ich hatte weder mit Lehrern oder Mitschülern Probleme. Schon in drei Wochen habe ich mir einen Kreis von Leuten aus den Parallelklassen aufgebaut, zu denen ich in den Pausen oder Freistunden gehen konnte. Immer wieder sind Leute auf mich zugekommen und haben mich über das Freilernen ausgefragt. In den Fächern Mathe und Geschichte habe ich in der ersten Hausaufgabenüberprüfung gleich eine Eins geschrieben, gelernt habe ich dafür aber nicht. Englisch war das einzige Fach, in dem ich Probleme hatte, da ich Französisch als erste Fremdsprache hatte. So war mir die Klasse zwei Jahre voraus. Ich habe schnell verstanden, bei welchen Lehrern man sich in Acht nehmen musste und bei welchen man schlafen konnte. In der Schule hat mir gefallen hat, dass ich mittags nach Hause kam und wusste, dass ich dasselbe gelernt und gemacht hatte, wie alle anderen Kinder auch. Ich war für drei Wochen einfach mal ganz normal. Das tat unglaublich gut.

Im Moment lerne ich zu Hause hauptsächlich mit *Sofatutor*, eine Internetseite, die eigentlich für Schüler eingerichtet wurde, um ihnen bei den Hausaufgaben zu helfen. Mir stehen bis zu 10.300 Videos und 200 Kurse in allen Fächern und in allen Klassenstufen zur Verfügung. Diese Videos werden von Lehren für Hilfe benötigende Schüler gemacht und am Nachmittag kann man ihnen in dem sogenannten Fach-Chat Fragen stellen. Mit *Sofatutor* lerne ich hauptsächlich Biologie, Chemie, Physik, Geschichte und Musik, aber auch Deutsch und Mathe. Französisch und Englisch lerne ich über *Rosetta Stone*. Im Moment schreibe ich mir jeden Tag auf, was ich Schulisches gemacht habe. Früher hatten wir einen Wochenplan, den ich am Anfang der Woche mit meinem Papa abgesprochen habe. Wir sind meine Schulbücher durchgegangen und wenn mir ein Thema gefallen hat, haben wir es auf den Wochenplan geschrieben. Über die Woche konnte ich die aufgeschriebenen Sachen dann abarbeiten und ankreuzen. Meine Rechtschreibung habe ich früher hauptsächlich durch Diktate geübt und verbessert. Ich habe sie ein paar Mal abgeschrieben und meine Eltern haben sie mir schließlich diktiert. Nebenbei habe ich gerne Phantasiegeschichten geschrieben und hatte eine Brieffreundin in der Schweiz. In Mathe habe ich die ganzen Grundsachen recht spielerisch nebenbei gelernt. Durch eine Freundin bin ich schließlich auf das Lernsystem *Kumon* gestoßen. *Kumon* ist eine japanische Selbstlernmethode, bei der man sich durch tägliches Üben bestimmter Einheiten auf Zeit Mathe erschließen kann. Ich beschäftigte mich ca. eineinhalb Jahre freiwillig mit *Kumon*. Meine Mutter hat dieses System eher mit kritischen Augen betrachtet.

Aber auch wenn man nicht so viel (Schulisches) lernt, haben wir Freilerner alle etwas, was den Schulkindern schon längst genommen wurde. Sie wissen vielleicht in gewissen Themen mehr als wir, aber sie haben auch verlernt, mit Freude zu lernen. Sie müssen alles, was der Lehrer ihnen vorsetzt, auffressen und in den Hausaufgabenüberprüfungen oder Arbeiten wieder auskotzen. Wir Freilerner können uns für ein Thema interessieren und uns hineingeben. Wir haben gelernt, zu lernen oder besser gesagt, wir haben es noch nicht, wie die Schulkinder, verlernt.

Wir lernen, weil wir noch Spaß am Lernen haben, weil wir uns so viel Wissen wie möglich aneignen wollen. Und das wollen wir von uns aus und nicht, weil es uns irgendjemand reinwürgen will. Wir wollen es, weil wir noch nicht verlernt haben, zu lernen. Viele sagen, dass ich ohne die Schule keinen sozialen Raum hätte und dass es wichtig ist, mit Gleichaltrigen zusammen zu sein. Das ist der größte Quatsch, den ich je gehört habe; vor allem, nachdem ich mich von diesem sozialen Raum Schule einmal selbst überzeugt habe. Ich glaube, eigentlich wollen alle einfach nur wieder heil aus der Schule rauskommen.

Meine Mama, mein kleiner Bruder und ich verreisen seit vielen Jahren mit dem Verein *Kunterbunt*. Dieser bietet Urlaubsreisen für Menschen mit Behinderung innerhalb Europas an. Meine Mama arbeitet in den Freizeiten als Betreuerin und wir durften immer mitkommen, egal ob nach Frankreich, Tschechien oder auf die Schwäbische Alb. Wir waren immer mit dabei. Letztes Jahr bin ich zum ersten Mal alleine nach Südfrankreich mitgefahren. Ein Sommercamp für zwei Wochen mit einer Gruppe von 30 Teilnehmern und 14 Betreuer.

Was das Freilernen in unserer Gegend betrifft, sind wir schon lange nicht mehr die einzigen. Wir sind mit uns gerechnet fünf Familien und drei andere haben Interesse, auch zu uns zu ziehen. Ich bin zwar von den Kindern die Älteste, doch das hindert mich nicht daran, mit der achtjährigen Runa mit Schleichpferden oder Elfen zu spielen.

Nächstes Jahr habe ich vor, meinen Hauptschulabschluss zu machen. Wenn das geschafft ist, gehe ich entweder in die Schule oder mache den Realschulabschluss extern. Weiter habe ich noch nicht geplant: entweder werde ich nach dem Realschulabschluss in die Schule gehen, um Abi zu machen oder ich gehe irgendwo in die Lehre.

Ich bin dankbar, dass mir die Entscheidung, in welches Lernsystem ich mich hineinbegebe, frei überlassen wurde. Denn ohne das Freilernen wäre ich nicht der Mensch, der ich heute bin.

Magalis Mutter berichtete 2012 über den Weg ihrer beiden Kinder auch in dem E-Book (amazon Kindle): Freilernbildung. Wie Homeschooling gelingt (Hrsg.: Luise Fuchs).

Sara Gantenbein, 13 Jahre, aus der Schweiz:

Mein Name ist Sara und ich bin 13 Jahre alt. In meinem ganzen Leben war ich noch nie in der Schule. Oft fragen mich die Leute, ob ich nicht mal ausprobieren möchte, wie es in der Schule ist. Aber von meinen Freunden, meinen Kolleginnen oder von Nachbarskindern höre ich genug wie es in der Schule läuft. Und das klingt jeweils nicht sehr verlockend. Mir gefällt es so wie es ist und für mich ist das ganz normal.

Gerne möchte ich erzählen, wie mein Alltag ohne Schule aussieht. Zuerst einmal schlafe ich jeden Morgen aus. Einen Wecker habe ich nicht. Wenn ich dann wach bin – meistens um ca. 7 Uhr – stehe ich gemütlich auf. Als erstes schreibe ich das Tagebuch vom vergangenen Tag. Danach spiele ich Klavier oder ich lese in einem Buch. Wenn dann die ganze Familie wach ist, frühstücken wir gemeinsam und planen den Tag. Ich überlege mir dann, welchen Themen ich mich heute widmen möchte. Das sind immer aktuelle Themen, die mich interessieren. Manchmal haben wir auch Termine, die wir einhalten möchten. Im Moment ist es so, dass ich fast jeden Tag einen Brief schreibe, sei dies auf Deutsch, Französisch, Englisch oder Spanisch. Sprachen mag ich sowieso sehr und deshalb lerne ich auch mehrere Sprachen. Und das geht so: Englisch und Spanisch lerne ich mit einem Online-Sprachenlern-Programm im Internet namens Livemocha. Dort kann ich eine Lektion nach der anderen in meinem ganz eigenen Tempo absolvieren. Meine gelösten Aufgaben kann ich dort einsenden und sie werden von anderen Sprachenlernenden korrigiert. Auch ich kann dort andere Leute, die Deutsch lernen, korrigieren und verdiene damit Punkte, um mir damit wieder Lektionen zu kaufen. Ich habe zwar in meinem ganzen Leben noch nie eine Deutschstunde besucht und auch nie Grammatik gelernt. Doch weil ich sehr viel lese, ist das für mich ganz einfach.

Französisch spreche ich, seit ich fünf Jahre alt bin. Es kommt jedes Jahr ein Ferienkind aus Frankreich zu uns. Mit diesem Kind kann ich nur Französisch sprechen. So habe ich Französisch gelernt und meine Eltern haben mir und meinen Geschwistern die Bilderbücher auf Französisch vorgelesen. Ferien, Zeugnisse, Hausaufgaben und Prüfungen habe ich keine ;-). Außer ich gebe mir selber welche.

Ich schreibe ebenfalls an einer Geschichte, die ich einmal zu einem Buch machen will. Die Geschichte hat mittlerweile schon 83 Seiten. Das Schreiben macht mir Spaß!!

Ich unterhalte mich mit über 20 Brieffreundinnen auf der ganzen Welt. Das finde echt toll!!! Während dem Briefeschreiben oder dem Lesen mache ich immer wieder kleine Pausen am Klavier. Ich spiele sehr gerne Klavier und übe insgesamt mehrere Stunden pro Woche. Mein liebstes Hobby im Moment ist jedoch das Eiskunstlaufen. Ich habe dies erst vor ca. einem halben Jahr entdeckt und bin so begeistert davon, dass ich fast jeden Tag ca. zwei Stunden aufs Eis gehe, außer am Wochenende. Manchmal trainiere ich zusammen mit meiner Schwester und manchmal haben wir Gruppentraining. Ich liebe es, dass ich dort einen tollen Trainier habe, der mich korrigiert und mir zeigt, wie ich die Pirouetten, die Sprünge und Schrittfolgen lernen kann. Das ist einfach cool!!! Zu Hause übe ich dann alles, was ich im Training gelernt habe, im Trockenen, manchmal mehrere Stunden pro Tag.

In unserem Dorf kennen wir einen Bauern mit drei Pferden. Und da ich schon seit mehreren Jahren reiten kann, darf ich zu diesen Pferden gehen und mit ihnen reiten, wann immer ich Lust dazu habe. Meistens kommen meine Geschwister und meine Mutter auch mit und wir reiten gemeinsam durch den Wald. Manchmal kommt auch der Bauer mit und wir machen einen größeren Ausritt.

Einmal in der Woche gehe ich in ein kreatives Tanzen. In diese Tanzstunde gehe ich schon seit neun Jahren und es macht immer noch total Spaß.

Kinder, die zur Schule gehen, meinen oftmals, dass man ohne Schule keine Freunde habe. Aber das stimmt natürlich nicht. Meine Freunde finde ich durch gemeinsame Interessen wie die Hobbies. Deshalb habe ich meine Freunde beim Reiten, Tanzen, Eiskunstlaufen und anderen Treffen kennen gelernt. Die meisten Freundinnen, die ich habe, gehen zur Schule. Doch die finden es alle total cool, dass ich nicht zur Schule gehe. Natürlich hab ich auch Unschooling-Freunde. Leider wohnen die meisten aber nicht gleich um die Ecke. Aber wir schreiben uns Briefe oder wir skypen zusammen. Und bei den verschiedenen Unschooling-Treffen können wir uns jeweils wiedersehen.

Die Tage sind immer sehr abwechslungsreich und ich lerne, weil ich lernen will und nicht, weil mich jemand dazu auffordert. Von den vielen Aktivitäten des Tages bin ich abends dann oftmals wirklich müde und gehe jeweils auch gerne und erfüllt ins Bett.

Mein Leben ohne Schule genieße ich sehr. Etwas vom Schönsten ist, dass ich einfach Zeit habe für all das, was mich wirklich interessiert. Und ich habe vor allem Zeit zum Zusammensein mit meiner Familie und mit meinen Freunden. Mein Wunsch an alle Kindern und Jugendlichen der ganzen Welt ist, dass auch sie so frei leben und lernen dürfen wie ich.

May all beings be free!

Auszug aus dem Buch: Das Wahren der Einzigartigkeit von Bruno und Doris Gantenbein. Erscheint voraussichtlich im Herbst 2014. Weitere Infos: www.pro-lernen.ch

Keziah, 15 Jahre aus Deutschland:

Mein Tag beginnt um 7:00 Uhr. Ich füttere die Pferde. Danach gehe ich wieder ins Haus und mache das Frühstück. Manchmal gibt es etwas Besonderes, Muffins oder Pfannkuchen. Nach dem Frühstück gehe ich zu meinem Schreibtisch und beginne mit meinen Schularbeiten.

In der 1.Klasse bin ich gern zur Schule gegangen, aber danach hatte ich keine Freude mehr an der Schule. Das einzige, was mir in der ganzen „Schullaufbahn" immer und jederzeit gefallen hat, waren Pausen und Ferien. Ich hatte die Schule vollkommen satt. Immer Unterricht, Unterricht, Unterricht, und dann noch Hausaufgaben. Mehr als die Hälfte des Tages damit verbracht, in der Schule zu sitzen und den Vortrag eines Lehrer zuzuhören, oder daheim über die Hausaufgaben gebeugt. Besonders ärgerte es mich, wenn dann fast die ganze Mathestunde benutzt wurde, nur um die Hausaufgaben zu besprechen. Es ärgerte mich, weil es dann für mich schien, ich hätte meinen Tag verplempert.

Als ich in der 5.Klasse war, beschlossen meine Eltern mich daheim zu lassen. JUHU!!! Ich freute mich richtig! Vorbei war, wenn ein Schüler dachte, er würde uns anderen alle eine Freude machen, indem er die Lehrerin zur Weißglut brachte, und so den Unterricht aufhielt, was mich aber nur unheimlich störte. Endlich mal ein Thema aussuchen, was ich interessant fand, wie Indianer oder Der Zweite Weltkrieg. Als ich nicht mehr zur Schule ging, änderte sich mein Alltag drastisch.

Am Anfang legte mir meine Mutter jeden Tag zurecht, was ich an Schularbeiten machen sollte. Oft bin ich zu ihr gekommen: „Mama, was muss ich jetzt machen?" Aber mit der Zeit änderte sich das, ich lernte schon bald, Sachen selbstständig zu machen. Selbstständig arbeite ich nach dem Frühstück an meinen Schulaufgaben. Etwas, was ich mir vor einigen Jahren nie gedacht habe! Ich brauchte früher einen Lehrer, der mir sagen musste, was ich jetzt lernen sollte! In meinem Mathebuch wird es jedes Mal, wenn etwas Neues dran kommt, erklärt. Es kommt aber auch vor, dass ich die Erklärung nicht verstehe, auch nachdem ich sie einige Male durchgelesen habe. Dann frage ich meine Mutter, die es mit mir zusammen durcharbeitet. Es gibt aber auch Mathebücher, wo es passend dazu eine DVD gibt. Da erklärt man mir in jedem neuen Kapitel, wie man z.B. ausklammert. Das hat mir ganz gut gefallen, denn der Vorteil an einer DVD ist, dass man die Erklärung so oft anhören kann, wie man es nötig hat. Fragt man einen Lehrer zum dritten Mal um die gleiche Erklärung, wird dieser in der Regel genervt sein. Wo Mathe meistens sehr traditionell mit einem Mathebuch aussieht, ist es bei Deutsch oft ganz anders. Ich hatte eine Biografie von Louis Braille geschrieben (Erfinder von Braille, der Blindenschrift). Für die Arbeit recherchierte ich im Internet und las passend dazu ein Buch. Ich übte mich in Erörterungen und Rechtschreibung, gleichzeitig lernte ich über die Blindenschrift und die damalige Verhältnisse, in denen Blinde damals oft leben mussten. Anschließend gestaltete ich ein Plakat und hielt dann vor einer Lehrerin und einigen andern Schülern eine Präsentation. Deutsch und Geschichte mit einer Klappe geschlagen, würde man sagen.

Das letzte Halbjahr habe ich etwas (für mich) sehr Interessantes gemacht. Von meinem Urgroßvater gibt es noch Briefe, die er als Soldat im 2. Weltkrieg geschrieben hatte. Die Briefe waren alle in der altdeutschen Schrift geschrieben, die ich auf dem Computer in die „normale" Schrift übersetzte. Die altdeutsche Schrift habe ich im letzten Jahr gelernt, dazu habe ich eine Tabelle aus dem Internet ausgedruckt und geübt, indem ich Gedichte in mein Schreibheft abschrieb. Dadurch, dass ich die Briefe übersetzte, bekam ich einen sehr guten Einblick in den Alltag eines Soldaten in der 1944-1945iger Zeit.

Etwas, was mir sehr gefällt an dem Daheimlernen, ist, dass ich zur jeder Zeit „lerne", von morgens bis abends. Und das auf ganz natürliche Weise: Ich sitze ganz gemütlich vor dem Kamin und lese ein Buch. Vergnügen pur!, würde man meinen. Ja, aber nicht nur sondern auch Lernen. Schauen wir mal das Buch genauer an. Oh, es ist eine Biografie von Abraham Lincoln! Sein Leben, Kindheit, Präsident der USA, der die Sklaverei abschaffte, und sein Tod. Ich lerne über den Bürgerkrieg zwischen Nord- und Südstaaten. Ich lerne über eine berühmte Persönlichkeit. Andere Lektüren könnten sein: Die roten Matrosen, Meine kleine Farm, Neil Armstrong, Albert Schweizer, Cleopatra, Winnetou,... die Zeitung. Einmal in der Woche gibt es bei uns daheim Filmabend. Da würde auf dem Programm stehen: Western wie *Winnetou, Cool Runnings, Gandhi, Das Wunder von Bern, Der weiße Löwe*, ein Dokumentarfilm über die Raumfahrt. Da meine Mutter aus Kanada kommt, kann ich fließend Englisch reden, lesen und schreiben. Ab und zu gehe ich für eine Sprachreise nach Kanada. Dies ermöglicht mir, meine Aussprache zu verbessern und einen Einblick in die Kultur und Eigenheiten der Kanadier zu gewinnen. Daheim lese ich viele englische Bücher, schreibe Geschichten, E-Mails und Briefe, und wir alle schauen den Großteil der Filme auf Englisch an. Mit meiner Mutter rede ich immer Englisch.

Da ich ein Bauernhofkind bin, ermöglicht es mir so einiges in der Natur: einen Garten, Tiere wie Kälber und Hühner. Und mein großes Hobby: Pferde. Wenn man Pferde hat, gehört nicht nur das regelmäßige Füttern, sondern auch das Ausmisten, Ausrüstung in Ordnung halten, und natürlich Reiten und vieles mehr dazu. Mit zwei meiner Schwestern erledige ich die Aufgaben und habe großen Spaß dabei. Das Halten von Pferden lehrt mich nicht nur Verantwortung zu tragen, sondern auch andere Dinge:

Verhaltensweise der Pferde (Pferdesprache), die Gesundheit des Pferdes (Krankenpflege, was zum Glück nicht oft passiert), Anatomie.

Anderes, was ich oft und gerne mache: Voltigieren, Schwimmtraining über die Wintermonate (mit der Deutsche Lebensrettungsgemeinschaft, DLRG), mit Bekannten Fußball spielen, mit der Familie wandern gehen... kochen und backen, Querflöte spielen und lesen.

Nachdem ich vier Jahre daheim gelernt habe, ging ich für eine kurze Zeit wieder zu einer Regelschule. Die Schule fand ich schlimmer als ich sie in Erinnerung hatte. Wahrscheinlich, weil ich jetzt zwei Seiten kenne. Vorher kannte ich nur die Regelschule. Es war so langweilig dort. Warum muss Lernen so langweilig sein? Als ich in der Regelschule war, konnte ich nicht anders, ich stellte mir die Frage, ob ich das, was ich gerade lernte, wohl später in meinen Leben jemals wieder gebrauchen würde. Als ich an einem Erste-Hilfe-Kurs teilnahm, fand ich das sehr nützlich und brauchbar: Es könnte eines Tages Leben retten. In der Schule war der ganzen Tag weg. Ich hatte nicht mehr so viel Zeit für meine Familie, für mein Hobby Pferde und anderes.

Letztes Jahr habe ich den Hauptschulabschluss gemacht. Warum? Weil ich von der Schulpflicht befreit sein wollte, weil die Schulbehörde gerade Stress machte, und weil mir überhaupt die ganze Erfahrung mit Prüfungen gut tut. Zur Vorbereitung habe ich das *Paukerbuch. Hauptschulabschluss 2013* benutzt. Ich hatte die Trainingsaufgaben durchgemacht und anschließend an den Originalprüfungen der letzten Jahre geübt. Da ich durch die Schulfremdenprüfung den Hauptschulabschluss machte, gehörte der Fächerverbund WZG und WAG* und eine Hausarbeit mit Präsentation auch dazu. Für WAG und WZG habe ich ein Politiklexikon und die Zeitung benutzt, ein jeweilige Schulbücher und auch mal meinen Vater nach Genauerem gefragt. Für die Hausarbeit habe ich das Thema „Die Indianer Nordamerikas in den Reservaten" gewählt. Für alle fünf Fächer gehörten eine mündliche, sowie eine schriftliche Prüfung dazu. Die Prüfungen verliefen recht gut, und ich bin sehr zufrieden mit den Noten, die ich bekommen habe (Einserschnitt). Zu erwähnen ist, dass ein Lehrer mir mit Rat und Tat zur Seite gestanden ist. Ich plane, nächstes Jahr noch den Realschulabschluss zu machen, und dann vielleicht auch mal das Abitur.

Mein Tag endet damit, dass ich die Pferde in den Stall bringe, und dann: Ab ins Bett, nach einem ereignisvollen Tag.

*WZG=Welt/Zeit/Geschichte ist ein Fächerverbund aus Geschichte, Gemeinschaftskunde, Erdkunde und Teilbereiche der Wirtschaftslehre und Informatik und WAG= Wirtschaft/Arbeit/Gesundheit ist ein Fächerverbund aus Wirtschaftslehre/Informatik; Technik und Hauswirtschaft/Textiles Werken.

Mutter und Tochter aus Süddeutschland, die anonym bleiben möchten:

Hallo, ich bleibe mehr oder weniger anonym, aber mein Alter verrate ich trotzdem. Ich bin 13 Jahre alt und gehe jetzt schon zweieinhalb Jahre nicht mehr in die Schule, lebe und lerne aber (gerade deshalb): gut und flüssig. Warum ich nicht mehr in die Schule gehe, hat einen einfachen Grund: Dort fühlte ich mich absolut unwohl und fehl am Platz.

Ich konnte in der Schule nicht wirklich etwas lernen. Ich denke, man ist nicht besonders aufnahmefähig, wenn man sich an einem Ort befindet, an dem man sich nicht wohl fühlt. Ich war sehr unglücklich in der Schule und ohne sie komme ich viel besser zurecht. Ich habe Zeit für meine Hobbys und muss nachmittags nicht stapelweise Hausaufgaben machen. Jetzt lerne ich für mich selbst und nicht für Prüfungen und Benotungen. Auch mache ich viel mehr und habe nicht mehr das Gefühl nur in der „Theorie" zu leben und alles auf später verschieben zu müssen. Das Leben macht mir wieder viel mehr Spaß und deshalb unternehme ich etwas, so einfach ist das!

Ich finde, einen Großteil von dem, was in der Schule gelernt werden soll, braucht man im echten Leben sowieso nicht. Natürlich ist es gut für mich, die Grundlagen wie Schreiben, Lesen, Rechnen, Englisch zu können, doch sonst lerne ich das, was mich gerade interessiert oder das, was ich brauche, um meine Ideen umzusetzen. Wenn man sich spezialisieren oder ein Studium machen möchte, kann man das ja machen.

Als ich noch in der Schule war, hatte ich eigentlich zu gar nichts mehr Lust, aber seit mir nichts mehr aufgezwungen wird, interessiere ich mich plötzlich aus mir selbst heraus wieder für die Dinge. Ich lerne das, was mir Spaß macht und das, von dem ich ganz genau weiß, dass ich es später brauche. Und was ich auch noch wichtig finde: Ich traue mir wieder was zu! Ich finde, das alles ist viel besser als das, was man in der Schule tut, oder?

Von Mama: Mit dem Kindergarten fing es schon an, meine Tochter ging nicht besonders gerne dorthin. Und in die Schule kommen, das wollte sie überhaupt niemals. Für meinen Mann und mich war das zu dieser Zeit noch undenkbar.

Wir ließen C. noch ein Jahr von der Schule zurückstellen, dann kam sie in die Grundschule.

Dreieinhalb Jahre haben wir das „durchgehalten", da wir damals keine, für unsere Familie praktikable, Alternative sahen. C. ging es dabei immer schlechter, seelisch wie auch körperlich. Freundschaften aus Kindergartentagen zerbrachen, weil es nur noch darum ging, wer „besser" war. Bei den Lehrerinnen war der Fokus auf den zu erfüllenden Lehrplan und die Bewertungen (bzgl. Grundschulempfehlung) gerichtet. Und die Parole lautete sinngemäß: „So ist das Leben eben, da müssen die Kinder halt durch."

Für uns tat sich die Möglichkeit auf, dass unsere Tochter auf eine Freie Waldorfschule wechseln konnte. Das brachte zunächst eine Verbesserung mit sich. Aber auch hier stellte sich nach einiger Zeit des Bemühens heraus, dass das Konzept Schule absolut nicht das Richtige für unsere Tochter ist. Wir trafen die Entscheidung, dass es so nicht mehr weitergehen sollte und wir ohne Schule auskommen wollten.

Wie das im Alltag aussehen sollte, wussten wir noch nicht. Nach einer, für uns als sehr bedrohend empfundenen, Auseinandersetzung mit dem deutschen Schulamt, entschlossen wir uns dazu, teilweise im europäischen Ausland zu leben und so die deutsche Schulpflicht zu umgehen.

Die Schule hinter uns zu lassen, war und ist eine sehr gute Wahl für unsere Tochter und die ganze Familie. Seither war C. sehr selten krank; sie findet immer mehr zu sich selbst zurück, ist selbstbewusst und entwickelt mehr und mehr Eigenständigkeit.

Sie lernt, vor allem anderen, wer sie selbst ist und welche Wünsche, Interessen und Vorlieben ihre ureigenen sind. Unsere Tochter entwickelt und entfaltet sich ungehindert, da sie weder einem vorgesetztem Lehrplan, noch irgendwelchen, von außen aufgedrängten Doktrinen und Glaubensmustern folgen muss. Auch das ständige Vergleichen mit anderen und das Bewerten jeglicher Lebensäußerung, wie ja in der Schule üblich, fällt weg. C. folgt freudig und wieder neugierig ihren Interessen. Das Lernen gestaltet sich vollkommen praktisch und projektbezogen.

Ich kann nur sagen, diesen Schritt zu wagen, hat sich für uns gelohnt. Es ist wunderbar mitzuerleben, wie sich unsere Tochter entwickelt und auch das Familienleben ist ein völlig anderes, da die ganzen „hausgemachten" Schulprobleme wegfallen und natürlich auch die ständigen Sorgen um die Gesundheit unserer Tochter. Für mich bedeutet es, einen Schritt weiter in Richtung Freiheit und bewusster, positiver Selbstbestimmung gegangen zu sein. Und ich frage mich, was es für unsere Gesellschaft und Welt bedeuten würde, wenn alle Kinder sich frei und glücklich entwickeln dürften. Ich meine: Die Kinder sind die Zukunft, so wie die Kinder sind, wird die Zukunft sein.

Joya Marschnig aus Österreich über das Homeschooling mit ihrer 16-jährigen Tochter:

Bevor ich über unsere Freilernergeschichte erzähle, ist es wichtig, die Rahmenbedingungen für Österreich kurz zu erläutern: Bei uns gibt es die gesetzlich verankerte Möglichkeit, „die Schulpflicht im Rahmen des häuslichen Unterrichts zu erfüllen". Damit verbunden sind einige Auflagen wie z.B. jährliche Meldungen bei der Behörde und Externistenprüfungen, doch grundsätzlich hat das schulfreie Lernen eine rechtliche Basis. Ungeachtet dessen ist diese Bildungsform (noch) wenig bekannt und von staatlicher Seite ungern geduldet.

Und nun zu unseren Erfahrungen: Meine heute 16-jährige Tochter hat im Juli 2013 ihre neunjährige Schulpflicht beendet, davon die letzten acht Jahre freilernend. Heute lebt sie immer noch freilernend, allerdings mit dem großen Unterschied, dass es im Sommer keinen Papierkram mehr für mich zu erledigen gibt!

Ich blicke zurück auf unsere Anfänge im Jahr 2006, als wir mit einer frustrierten Erstklässlerin zum ersten Mal über diesen Bildungsweg erfahren haben und sehe, welch grundlegende Veränderung nicht nur unsere Familie, sondern auch unser gesamtes Umfeld erfahren hat. Begonnen haben wir damals mit klassischem Homeschooling Mama als Lehrerin mit Schulbüchern am Küchentisch und sind recht bald immer mehr ins Freilernen oder Radical Unschooling hineingewachsen. Damals gab es wenig Kontakte mit anderen Familien, während wir heute Teil eines lebendigen, ständigen wachsenden Netzwerkes sind.

Lisa hat mehrere deutlich ausgeprägte Interessensschwerpunkte, denen sie teils abwechselnd, teils gleichzeitig, teils alleine oder auch im Team mit anderen nachgeht. Dazu zählen z.B. Musik, Schriftstellerei, künstlerisch-kreativer Ausdruck und Tiere. In manchen dieser Bereiche hat sie bereits einiges an „Berufserfahrung" gesammelt, falls man das Erhalten von Geldscheinen für selbst gewählte Tätigkeiten als solches definieren möchte. Viel wichtiger finde ich jedoch ihre menschlichen Qualitäten, das In-Sich-Ruhen, das Selbstbewusstsein und die eigenverantwortlichen Entscheidungen für ihr Leben. Ja, und vor allem das tiefe Vertrauen, dass sie jederzeit Neues kennen lernen und erlernen kann und wird!

Mehr an Details über ihren Lern- und Lebensweg wird sie vielleicht selbst an anderer Stelle mitteilen und damit komme ich zu meinen eigenen Erkenntnissen und Entwicklungsschritten:

Ich sehe Freilernen als Lebensentwurf, der generationsübergreifend wirkt und auch auf uns Erwachsene wesentliche Auswirkungen hatte und hat. Unsere Sichtweisen über Lernen, Leben, Hobby, Arbeit, Freizeit, Ferien,... haben sich grundlegend gewandelt, sodass selbstbestimmte Gestaltung unserer Zeit heute selbstverständlich geworden ist.

Die Beschäftigung mit den gesetzlichen Grundlagen und den teils sehr willkürlichen Auslegungen durch Beamte in einem nahezu undurchschaubaren Verwaltungsdschungel hat uns auch die Augen dafür geöffnet, wie wichtig es ist, Verantwortung für das eigene Leben zu übernehmen. Nachdem wir gemeinsam mit anderen engagierten Familien, die sich zu einem österreichweiten Netzwerk auf www.freilerner.at zusammengeschlossen haben, jahrelang das Gespräch und eine einvernehmliche Lösung gesucht hatten, kam es im Jahr 2012 dazu, dass wir unsere Forderung nach freier Wahl der Externistenprüfungsschule (und damit verbunden die freie Wahl des pädagogischen Konzepts und Lehrplans) bis zum Obersten Verwaltungsgericht gebracht haben. Erst im Frühjahr 2014 kam die Entscheidung, dass über diese Frage nicht entschieden werden müsse, da die angefochtenen Bescheide der Bezirksbehörde rechtmäßig sind. Damit stehe ich nun – ein Jahr nach Ende der Schulpflicht meiner Tochter! vor der Situation, dass die verschiedenen Behörden und Gerichte einige hundert Euro Strafgelder von mir verlangen, die ich jedoch mangels Unrechtsbewusstsein nicht bezahlen werde. Meine finanziellen Belange habe ich so organisiert, dass ich nicht pfändbar bin, sodass nur noch die Ersatzfreiheitsstrafe übrig bleibt, die ich gegebenenfalls mit entsprechender medialer Begleitung antreten werde.

Das Fazit: Freilernen in Österreich ist möglich, allerdings erfordert es Mut und Kreativität, da Behörden und Politik noch nicht wissen, was sie mit dieser Bewegung anfangen sollen. Derzeit ist eine gewisse Art von Verweigerung und Blockade wahrzunehmen, was sich allerdings durch die aktuellen Entwicklungen bald ändern wird. Mehrere Familien haben ihre Kinder im vergangenen Schuljahr nicht mehr der klassischen Externistenprüfung nach staatlichem Lehrplan ausgesetzt. Parallel dazu wurden die Behörden seit Herbst 2013 in aller Deutlichkeit darauf hingewiesen und lösungsorientierte Gesprächsbereitschaft angeboten, die jedoch konsequent verweigert wurde. Laut Auskunft des Bundesministeriums im Juni 2014 gebe es „kein politisches Interesse", die Situation der Freilerner zu verändern oder auch nur darüber zu diskutieren.

Nun werden die Kinder mangels gültigem Zeugnis ab Herbst per Bescheid in die Schulen befohlen. Dies erfolgt ohne eigenes Verschulden der Familien, die daher diesen Anordnungen nicht entsprechen werden. Die Nichtbefolgung wird Berufungen, Instanzenzüge und letzten Endes Geldstrafen wegen Verwaltungsübertretungen nach sich ziehen. Dazu ist zu sagen, dass entgegen der Situation in Deutschland hier in Österreich aufgrund von Konflikten mit der Schulbehörde weder seitens der Jugendwohlfahrt noch der Verwaltungsbehörden drastische Maßnahmen wie Kindesabnahme oder finanzielle Existenzbedrohung durchzusetzen sind.

Die Zahl der Unterstützer und Familien, die sich dieser Bewegung „Initiative Freilernen 2013" anschließen, steigt ständig, sodass wir den weiteren Geschehnissen mit Gelassenheit und Vertrauen entgegen sehen! Ebenso werden wir weiterhin unsere Gesprächsbereitschaft und den Wunsch nach einer friedlichen Lösung zum Wohle aller Beteiligten in den Vordergrund stellen. Das gesamtgesellschaftliche Bewusstsein über die Missstände im Ausbildungssystem unserer Kinder sichert uns breite Unterstützung aus anderen zivilgesellschaftlichen Bewegungen und Netzwerken.

Passendenderweise schließe ich mit einem Zitat von John Holt:

Ich will nicht, dass Kinder ihre gesamte Zeit an Orten verbringen müssen, die speziell für Kinder vorbereitet wurden, mit Menschen, die speziell ausgebildet sind, um sich um sie zu kümmern, unabhängig davon, wie nett diese Orte und Menschen sein mögen. Kinder brauchen viel mehr als das – eine Gesellschaft, die offen, zugänglich, sichtbar für all ihre Bürger ist, jung und alt, und in der jeder Bürger, wie jung oder alt auch immer er sein mag, das Recht hat, eine aktive, ernsthafte, verantwortliche und nützliche Rolle zu spielen.

Aus: John Holt: Instead of education, 1976.

Moritz Neubronner, 17 Jahre aus Bremen:

Ich bin Moritz und habe von meinen bis jetzt zehn schulpflichtigen Jahren ca. acht Jahre keine Schule besucht. Diese Zeit war für mich unglaublich aufregend und ich hoffe, ich kann das irgendwie im Text rüberbringen. Ich will versuchen, mit diesem Erfahrungsbericht andere Kinder und Jugendliche zu motivieren, diesen Schritt ebenso zu gehen. Klar ist es ein großer Schritt, sein Leben so zu ändern. Aber wenn ihr in der Schule nicht klar kommt, oder es einfacher findet, von zu Hause aus zu lernen, dann ist dieser Schritt genau der richtige! Ich will nicht behaupten, dass es für alle der richtige Weg ist. Und manche Leute würden bestimmt auch daran scheitern. Aber in einer Schule kann man auch scheitern, und die Tatsache, dass du dir dieses Buch gekauft hast, zeigt doch, dass du das wirklich als Alternative in Betracht ziehst. Erstmal freue ich mich total, dass auch ich meine kleine Geschichte erzählen darf. Denn in Zeiten, in denen ich selbst an meinem Bildungsweg zweifelte, habe ich oft ein bisschen in der ersten Auflage der Teenager-Befreiungshandbuchs geblättert und mich so wieder motiviert, weiterzumachen.

Ich bin in einem kleinen Dorf in Bayern aufgewachsen. Schon den Kindergarten habe ich nicht gerne besucht, und nach einigen Wochen auch wieder verlassen. Da meine Eltern wohl schon abschätzen konnten, dass mir die staatliche Dorfschule auch nicht so wirklich gefallen würde, begannen sie mit Eltern, die über ihre Kinder etwas Ähnliches dachten, eine eigene Schule zu gründen. Diese Schule beruhte auf der Pädagogik von Maria Montessori und mit der Hilfe vieler Eltern aus der Dorfgemeinschaft schafften sie es tatsächlich, diese Schule zu gründen und genehmigen zu lassen. Nach meiner Einschulung dauerte es nur wenige Tage, bis mir die Schule nicht mehr gefiel. Wenn ich jetzt auf diese Zeit zurückblicke, dann weiß ich, dass meine Unzufriedenheit überhaupt nicht mit der Schule zusammenhing (die Schule war wirklich großartig!) das *Grundsystem Schule* war für mich einfach nicht das richtige. Die erste und zweite Klasse besuchte ich trotzdem, da meine Eltern natürlich nicht begeistert von meinem Unmut waren – es war ja ihre eigene Schule, die ich nicht mochte. Nach und nach sahen sie aber, dass mir die Schule nicht wirklich gut tut, und nachdem wir im Mai 2005 aus dem kleinen Allgäuer Dorf nach Bremen gezogen waren, durfte ich dann zu Hause bleiben.

Auch mein Bruder entschied sich, einige Tage nachdem er an einer Schule in der Nähe eingeschult wurde, für ein Leben ohne Schule. Anfangs begannen wir, mit Hilfe von Nachhilfematerial für die Grundschule tatsächlich eine Art Schule zu Hause aufzuziehen. Anfangs täglich mehrere Stunden. Doch von Tag zu Tag mehr merkten meine Eltern, wie sinnlos das Ganze eigentlich war. Jeden Tag wurde unser Schulprogramm kürzer und kürzer, und irgendwann (ich glaube es war im Jahr 2009) hörten wir ganz damit auf. Doch schon zur Anfangszeit, wo tatsächlich eine Art Unterricht stattfand, begannen wir, viel befreiter spielen zu können. Wir starteten unsere eigenen Projekte, ganz ohne irgendwelche Zwänge oder Vorgaben. Wir haben z.B. 2008 eine kleine Kinderband geführt, für diese eine eigene Homepage erstellt und wochenlang Choreografien und Texte geübt. Wir haben beide eine Zeit lang im Kinderchor gesungen, ich habe viele Monate Posaune in einem Orchester gespielt, außerdem viele Jahre in verschiedenen Vereinen Fußball gespielt. Mein Bruder ist einige Zeit im Reitverein geritten und hat die Kampfkunst Jiu-Jitsu ein paar Monate erlernt. Eine Zeitlang haben wir beide Kick- und Thaiboxen gemacht, waren viel im Garten auf unserem Trampolin oder beim Fußballspielen – alleine, mit Nachbarn oder befreundeten Homeschoolkindern. Mein Bruder hat täglich viele Stunden lang Comics gezeichnet. Einige seiner Zeichnungen wurden dann im Rahmen von Kunstausstellungen ausgestellt. Ansonsten haben wir die Zeit gehabt, stundenlang Playmobil zu spielen, viele, viele Bücher zu lesen, lange Gespräche mit unseren Eltern zu führen und verschiedene Ausflüge zu machen. Gitarre spielt mein Bruder heute noch regelmäßig, und wir beide trainieren seit einigen Jahren mehrmals pro Woche intensiv Kung Fu und V.G.T Eskrima (eine Kampfkunst, in der vor allem mit Stöcken gearbeitet wird). Ich habe Filme gedreht und geschnitten, Geschichten geschrieben und noch vieles mehr – einfach, weil ich Zeit dazu hatte, meinen EIGENEN Ideen, Hobbys und Projekten viele Stunden Zeit zu widmen und diese so intensiv zu verwirklichen, wie es mir mit regelmäßigem Schulbesuch niemals möglich gewesen wäre. Klar habe ich auch viel am PC oder an meiner Wii gespielt und YouTube geguckt, das muss ich ja ehrlich zugeben. Natürlich unter anderem auch die oft kritisierten Gewaltspiele. Doch durch diesen vielen Umgang mit Computern, der auf den ersten Blick wie sinnloses Gedaddel aussieht, habe ich, ohne es zu wollen, eine ganze Menge gelernt. Heute pflege ich unter anderem das deutschsprachige Social-Media Angebot des renommierten Neufeld-Instituts, übersetze und schreibe gegen ein kleines Taschengeld Untertitel für Werbe- und Imagefilme. Das alles entstand ohne irgendeinen Plan oder eine Ausbildung, sondern einfach aus dem Spaß an der Sache und der vielen Zeit, mit der ich mein Wissen auf diesen Gebieten aufbauen konnte.

Ein anderes Beispiel von mir für diese Entwicklungen ist der Einsatz meiner Stimme. Ich habe schon als Kind leidenschaftlich gerne Hörspiele gehört und meiner Familie vorgelesen. Daraus entwickelte sich eine wachsende Begeisterung für das Sprechen. Ende letzten Jahres habe ich dann meine erste Rolle in einer professionellen Hörbuchproduktion gesprochen und im Rahmen meines STERN TV-Auftritts einen Tag zusammen mit dem Tonmeister von I&U TV im Tonstudio verbracht. Diese Entwicklung von reinem Interesse an der Sache zu nennenswerten Erfolgen hat in Deutschland ja vor allem André Stern bekannt gemacht, und ich kann das nur bestätigen. Klar, es gibt Richtungen, in die man ohne Berufsausbildung nicht reinkommen kann, meine persönlichen Erfahrungen waren ja alle im Bereich Medien oder Kreativität. Als Anästhesist kommt man um eine Ausbildung genauso wenig umhin wie als Richter. Aber wer wirklich von diesem Beruf träumt, den wird auch eine mühsame Ausbildung oder ein Studium nicht abhalten.

Auch ich habe zwei Schulabschlüsse gemacht, einfach aus dem Grund, weil ich zu feige war, das ganze wie André Stern durchzuziehen. Ich brauchte für mich selbst einfach eine Art Bestätigung oder eine Sicherheit. Den ersten Schulabschluss (ein

Hauptschulabschluss) habe ich ohne jeden Schulbesuch gemacht, mich einfach extern vorbereitet. Wer darüber mehr wissen will, dem empfehle ich das Buch „Abschlüsse ohne Schulbesuch“ von Luise Fuchs, da ist eigentlich alles erklärt, was man wissen muss. Das hat bei mir auch mit wenigen Wochen Vorbereitung geklappt. Ich war von der Schule einfach noch nicht so abgenervt wie viele Schüler, so dass ich mich einfach voll und ganz auf das Prüfungsprogramm eingelassen habe. Ich war einfach noch aufnahmebereit und motiviert. Wenn ich davor sieben Jahre lang eine Schule besucht hätte, dann wäre diese Motivation zum Üben deutlich abgeschwächt gewesen.

Für den Mittleren Schulabschluss habe ich dann vier Monate eine reguläre Schule besucht und mich dort mit dem regulären Unterricht auf den Abschluss vorbereitet. Der Hauptgrund, warum ich das nicht auch über einen externen Abschluss machen wollte, war der, dass ich nach acht Jahren Freiheit einfach mal wieder eine Schule besuchen wollte. Außerdem hatte ich einfach Lust, für ein halbes Jahr ein „ganz normaler Junge“ zu sein, es hatte den Vorteil, dass ich noch ein paar neue Leute kennen lernen konnte, was natürlich immer eine Bereicherung ist. Die meisten der Freundschaften aus dieser Zeit bestehen auch jetzt – ein Jahr nach meinem Abschluss – immer noch.

Beide Schulabschlüsse habe ich mit einem sehr guten Notenschnitt geschafft, dafür habe ich allerdings wirklich eine Menge Zeit investieren müssen. Wenn ich einfach nur irgendwie hätte durchkommen wollen, hätte ich das ganze ohne viel zu üben schaffen können. Während ich das hier schreibe, sitzt mein Bruder gerade im Zug, auf dem Weg zu seiner schriftlichen Matheprüfung für den Hauptschulabschluss, er macht das auf demselben Weg wie ich. Ich selbst habe momentan auch noch das Abitur vor, auf welchem Weg ich das machen will, weiß ich noch nicht genau, Möglichkeiten habe ich aber auf jeden Fall.

Parallel gab und gibt es für mich und meine Familie natürlich auch die dunkle Seite: Der Rechtsstreit, die Zwangsgelder, der Besuch des Gerichtsvollziehers, der drohende Sorgerechtsentzug und daraufhin die Flucht ins Ausland. Doch auch das wäre ohne die Verfolgung von Home- und Unschoolern nicht nötig gewesen, obwohl ich es dieser Strafverfolgung verdanke, dass ich Surfen, Snowboarden, Skifahren und Bogenschießen lernen konnte und auch im Ausland eine wirklich tolle Zeit erlebt habe. Trotzdem hätten wir da ohne die Verfolgung auch einiges anders gemacht und nicht so viel Zeit im Ausland verbracht.

Ich kann euch einfach nur raten, das zu machen, worauf ihr Lust habt und was ihr persönlich für das Richtige haltet! Nicht das, was eure Eltern, Freunde, Verwandten oder sonst wer euch raten. Klar könnt ihr euch beraten lassen, aber letztendlich ist es euer Leben, ihr entscheidet, was ihr daraus macht! Wenn euch die Schule Spaß macht, ist das wunderbar, und ihr spart euch eine Menge Ärger. Aber allen, bei denen das nicht zutrifft, habe ich hoffentlich mit meinem Text geholfen und sie in der Entscheidung, ein Leben ohne Schule zu beginnen, bestärkt.

Vom Weg seiner Familie berichtete seine Mutter Dagmar Neubronner bereits 2008 in Die Freilerner. Unser Leben ohne Schule (Genius Verlag). Außerdem erschien ein Bericht über seinen externen Hauptschulabschluss in Abschlüsse ohne Schulbesuch. Zulassung, Vorbereitung und Lerntipps. Ein praktischer Ratgeber (Autumnus Verlag). 2013 machte Moritz seinen Realschulabschluss an einer regulären Schule, darüber wurde bundesweit, u.a. in Stern-TV berichtet. Auf dem youtube-Kanal seiner Mutter sind in der Playlist „Bildungsfreiheit" Interviews zum Thema Freilernen auch mit Moritz zu finden. Sehr gut gemacht ist auch die von Moritz und seinem Bruder gefilmte und bearbeitete Parodie „37 Grad - Unterricht am Küchentisch" auf Youtube.

David Widmer, 19 Jahre, aus der Schweiz:

Mit 14 nahmen mich meine Eltern aus der Schule und unterrichteten mich zwei Jahre zu Hause, ein Jahr später folgten meine Brüder. Jetzt bin ich bald 19 Jahre alt und am Ende des dritten Lehrjahres als Landschaftsgärtner. Mein Wissensdurst ist wie der eines Kindes, das alles wissen will.

Der Amazonas-Regenwald hat mich schon immer mit seiner Vielfältigkeit und Faszination gefesselt. Vor allem das, was in dessen Gewässer schwimmt. Ich setzte mir immer selbst Ziele, die ich erreichen wollte, dadurch lernte ich sehr viel. Mein Ziel ist es, seltene Fische wie den Gebänderten Ziersalmler (Nannostomus espei) und Zebrawelse (Hypancistrus zebra) aus dem Amazonas zu züchten.

Ich bin davon überzeugt, dass jedes Kind und jeder Jugendliche von Natur aus einen brutal starken Wissensdurst hat. Meinen Wissensdurst kriegte die Schule nicht unter, aber es interessierte sie auch überhaupt nicht, was mich interessierte; so interessierte es mich auch nicht, was sie interessierte und ich lernte entsprechend meinen Interessen... Im Grunde ist es so einfach, vorausgesetzt man hat die Aufmerksamkeit des Kindes, ihm etwas beizubringen. Ich glaube, ich hab' mir während meiner frühen Schuljahre mehr Wissen selbst angeeignet, als ich erzwungenermaßen gelernt und wieder vergessen habe.

Ich interessierte mich schon immer für Zebrawelse, ich wollte alles über diese Tiere erfahren. Auch Wildformorchideen interessierten mich enorm. Wenn irgendjemand einmal einen Gedanken daran verschwendet hätte, wäre diese Person wahrscheinlich auf den Gedanken gekommen, mich bei diesen Themen abzuholen. Doch das tat niemand: Zudem wussten die Lehrer nicht mal, dass in 10 Meter Tiefe im Rio Xingu in Brasilien ein Wels, gestreift wie ein Zebra, auf dieser Erde existierte...

Vielleicht ist das nicht objektiv, aber meine Erfahrungen der obligatorischen Schulzeit, insbesondere der ersten Jahre war, dass Lehrer nicht so lernfähig sind, was die Motivation des Kindes betrifft; sie sind zwar fähig, sich Wissen anzueignen und es in derselben Form den Schülern wieder zu vermitteln, aber sie bauen nicht auf dem Wissensdurst der Kinder auf, sondern auf dem Druck der Noten. Dies soll nicht eine

Aussage gegen Lehrer sein, es spiegelt lediglich meine Erfahrung wieder, dass mich niemand auf meinem Gebiet abholte. Niemand war bereit, sich in mein Thema einzulesen und mich weiterzubringen. Aber natürlich musste ich immer genau das, in sturer trockener Materie lernen, was sie wollten. Für meine fischigen, nassen Interessen, war die Schulmaterie zu trocken, so dass mein Wissensdurst bezüglich der Schule vollständig austrocknete. Doch außer leeren Tintenpatronen konnte mich nichts davon abhalten, seitenweise Informationen über Zebrawelse auszudrucken und zu lernen. Durch das drittgrößte Staudammprojekt am Rio Xingu, wird der Fluss bei Bello Monte teilweise trockengelegt bzw. zu einem See angestaut. Das heißt, dass der L 46, wie der Zebra-Wels noch genannt wird, in freier Natur aussterben wird, da der Wels nur in dieser Schlaufe des Rio Xingu lebt...

Es hätte so viele Schulgebiete gegeben, auf die man hätte aufbauen können, um mein Interesse an schulischen Themen zu wecken. Nur um einige Beispiele zu nennen:

- Natur, Geografie, Geschichte & Ethik: Der Mensch, der durch Habgier die Natur zerstört.
- Wirtschaft: Der Nutzen von Wasserkraft und dessen Auswirkungen auf die Umwelt.
- Chemie: Was die einzelnen Wasserwerte, die der Zebrawels im Aquarium benötigt, aussagen wie pH-Wert, KH (Karbon-Härte), GH (Gesamthärte) usw. und wie sie zustande kommen.
- Biologie: Wie die Welse entstanden sind und warum sie Streifen haben.
- Mathematik: Wie viele Wels-Paare könnte man mit 1000 Franken kaufen, wenn ein geschlechtsreifes Weibchen, 7 cm gross, Fr. 200.- kostet, ein Männchen Fr. 150.-. Oder wie viele Jungtiere könnte man kaufen, wenn ein 3 cm grosser Wels Fr. 120.- kostet?

Ich hätte freiwillig Überstunden gemacht, wenn die Rechenaufgabe folgendermaßen gelautet hätte: 125 Liter Aquarienwasser; davon muss 1/3 wöchentlich gewechselt werden (ca. 42 Liter), das neue Wasser besteht aus 2/3 Osmose-Wasser (entsalztes Wasser) und 1/3 Leitungswasser. Ich hätte es so schnell wie möglich ausgerechnet haben wollen! Da wäre es mir auch egal gewesen, wenn es meine schulischen Kompetenzen überschritten hätte... (da ich erst in der Unterstufe war), ich hätte einfach dazugelernt, was ich gebraucht hätte, um es auszurechnen. Wenn mir ein Problem zu groß ist, werde ich einfach größer...

Mittlerweile halte ich unter anderen sieben adulte L 46 (Zebrawelse) und sieben junge L 173 Wildfang-Nachzuchten (Wurmlinien-Harnischwelse).

Fazit: Wenn du dich für die Dinge einer Person interessierst, wird diese Person sich auch dafür interessieren, was dich interessiert. Ich werde mich weiterhin bilden wollen, selbst dann, wenn ich keinen obligatorischen Schulunterricht bzw. Berufsschule mehr besuchen werde.

Nachtrag: Kurz vor Redaktionsschluss absolvierte David erfolgreich die Lehrabschlussprüfung und ist nun Landschaftsgärtner/EFZ (Eidgenössisches Fähigkeitszeugnis).

Davids Mutter betreibt den Blog www.schulstube.jimdo.com

Immanuel Wolf, 27 Jahre, aus Deutschland:

Wo fängt es an, wo hört es auf? Ein Dorf auf der Schwäbischen Alb, das geräumt wurde, um dem Militär mehr Platz zu geben, neuere Waffen mit größeren Reichweiten, mit denen sie üben wollten. Mein Großvater wurde in diesem Dorf noch geboren, mein Urgroßvater war dort der letzte Pfarrer. Meine Eltern hatten die Vision, dieses Dorf wieder aufzubauen, als Friedens- und Ökodorf. Sie hatten sich in der Friedensbewegung kennen gelernt, bei Sitzblockaden gegen Atomwaffen und anderen gewaltfreien Aktionen. Mein Vater war damals Wandergeselle bei *Axt & Kelle*, meine Mutter in einer landwirtschaftlichen Ausbildung. Zusammen kauften sie ein Haus am Rande des Truppenübungsplatzes, eine Baustelle, mit der wir drei Söhne aufwuchsen.

Geboren wurde ich 1987, die anderen beiden kamen zwei und vier Jahre später. Sprechen gelernt habe ich relativ spät, so dass sich meine Eltern schon Gedanken machten, ob ich schwerhörig sei. Aber als ich dann anfing zu sprechen, beherrschte ich auch gleich komplexere grammatikalische Formen. Das Haus war häufig übervoll mit anderen Familien, die mit uns lebten, reisende Handwerker, manchmal auch Soldaten, die zum Diskutieren eingeladen waren. In der Anfangszeit lebten wir noch ganz ohne Strom. Die Stoffwindeln hingen zum Trocknen über der Küchenhexe. Vegetarisches Essen, zeitweise auch Rohkost und leckere Wildkräutersalate zeichneten unsere Ernährung aus. Vor den Mahlzeiten sangen wir oft Friedenslieder. Wenn auf dem Platz geschossen wurde, klirrte das Geschirr im Schrank. Düsenjäger donnerten über uns hinweg und nachts war mitunter ein blaues Flackern am Fenster zu sehen. Unsere Mutter kam einmal wegen der Sitzblockaden für ein paar Tage ins Gefängnis. Wir zwei schon geborenen Söhne waren in der Zeit bei den Großeltern, während unser Vater die Öffentlichkeitsarbeit machte. Das Haus ist an einem Hang, auf dem wir viel spielten. Es gab kleine Schleichwege, die durchs Schlehendickicht führten. Zu Hause hatten wir neben dem Lehmgrundofen einen großen Spielbereich. Matratzen, einen Kaufladen, Holzeisenbahn, Murmeln, Steine, etc. Umgezogen sind wir zwischendrin immer wieder mal, probierten verschiedene Formen von Gemeinschaftsleben aus. Doch zu diesem Haus kamen wir immer wieder zurück. Von dort aus kam ich auch in einen Waldorfkindergarten und ging gerne hin. Als mein nächstjüngerer Bruder in den Kindergarten kam, fühlte er sich dort gar nicht wohl und blieb deshalb zu Hause. Diese Offenheit meiner Eltern auf unsere individuellen Bedürfnisse einzugehen, war also bereits da.

Auf die Einschulung hatte ich mich sehr gefreut. In der Waldorfschule gab es auch Elemente, die mir durchaus entsprochen haben. Märchen, Marionettentheater, den Jahreskreis mit Festen feiern, Bilder malen, etc. Anderes passte nicht so zu meinen Bedürfnissen. Damals war ich ein notorischer Mützenträger, was den Spott und die Hänseleien meiner Mitschüler/innen auf sich zog. Lärm und Auseinandersetzungen in der Klasse, ein manchmal etwas überforderter Lehrer und ein Lernrhythmus, der doch ganz anders als mein eigener war.

Was letztlich ausschlaggebend war, weiß ich nicht mehr, jedenfalls verweigerte ich irgendwann in der zweiten Klasse den Schulbesuch. Morgens hatte ich Kopfweh und Bauchschmerzen – bis der Schulbus abgefahren war. In der Schule war ich nur noch körperlich anwesend, war für die Lehrer schwer und oft gar nicht zu erreichen. An diese Zeit habe ich nur wenige Erinnerungen, aber an die Bäume vorm Fenster erinnere ich mich noch. In jener Zeit hoffte ich auf einen Wahlsieg der Grünen, glaubte damals, dass diese dann die Schulpflicht abschaffen würden... Irgendwann weigerte ich mich ganz, zur Schule zu gehen. Mein Vater trug mich einmal bis ins Klassenzimmer. Von der Schule gab es den Vorschlag, dieses Prozedere zu wiederholen, bis ich wieder selber gehen würde. Doch meine Eltern meldeten mich stattdessen von der Schule ab. Sie hatten sich unter anderem mit der Pädagogik von Rebecca und Mauricio Wild beschäftigt und wussten, dass Bildung auch ganz anders funktionieren kann. Von Homeschooling hatte meine Mutter vorher schon gehört, konnte sich aber gar nicht vorstellen, in die Rolle einer Lehrerin zu schlüpfen. Ausschlaggebend für die Entscheidung, mich nicht weiter in die Schule zu zwingen, waren dann wohl Vorträge von Olivier Keller, der Familien in der Schweiz und Frankreich untersuchte, deren Kinder unbeschult und ohne Unterricht aufwuchsen.

Anfangs war ich offiziell an einer Schule in Österreich angemeldet, bin aber tatsächlich nur für eine Woche dort gewesen. Den Nachbarn erzählten wir, ich würde dort ‚Blockunterricht' erhalten und wenn ich irgendwo zu Besuch wegfuhr, behaupteten wir ihnen gegenüber, ich wäre jetzt wieder in meiner Schule gewesen. Irgendwann haben wir gemerkt, dass uns dieses ‚Geschichten erzählen' total stresst. Unsere Mutter begann damals, zusammen mit einer befreundeten Lehrerin mit einer Initiative zur Gründung einer freien aktiven Schule. Diese Schule existiert inzwischen in Tübingen, aber wir brauchten damals eine schnellere Lösung. Den Sommer über verbrachten wir auf verschieden ‚Rainbow Gatherings'. Menschen, die für eine Zeit zusammen in Tipis leben, trommeln, tanzen, im Redekreis sprechen. Im Großen und Ganzen einfach eine gute Zeit miteinander und mit der Natur drumherum verbringen. Viel Schönes für uns Jungs, auch mit manchem, was nicht ganz rund liefen. So gab es unter den Kindern eine Bandenbildung und Streitereien, wie sie schnell entstehen, wenn Kinder zu wenig in Strukturen eingebunden sind. Vor allem aber ist für mich diese Zeit von den Anfängen der Trennung unserer Eltern überlagert. Sie versuchten zwar, uns da herauszuhalten, aber vieles haben wir doch mitbekommen. Unser Vater war meistens unterwegs, kam nur ab und an zu Besuch. Wieder zu Hause erinnere ich mich, dass sich unsere Eltern zum Streiten ins Schlafzimmer eingeschlossen hatten. Wir Kinder malten in unserer Verzweiflung mit Wachsmalstiften lauter Herzen auf Schränke, Wände und Türen. Sie blieben dann noch ein paar Jahre zusammen, auch wenn unser Vater bei uns mehr einen Besucherstatus hatte und die meiste Zeit auf Montagen unterwegs war. Wir zogen um, nach Sachsen-Anhalt, in die Nähe einer noch relativ jungen freien Schule, in die wir ca. ein dreiviertel Jahr gingen. Doch nach strukturellen Änderungen an der Schule beschlossen wir, wieder von zu Hause aus zu lernen. Dieses Mal ganz offen, wir versteckten uns nicht mehr und gingen sogar vormittags in die Bücherei...

Bei uns gab es keinen Unterricht. Wir wurden in unseren Interessen unterstützt und begleitet. Es standen viele Materialien zur Verfügung, z. B. von Montessori. Doch in der Praxis haben wir diese selten genutzt. Unser Lernen war ähnlich wie das an manchen freien aktiven Schulen und wie man auch Laufen und Sprechen lernt: durch Ausprobieren, Nachahmen und Spielen. Ich habe mit meinem Großvater gedrechselt und Bücher gebunden, habe Ameisen beobachtet, Wildkräuter gesammelt, gefilzt und mit meinen beiden Brüdern gespielt. Mit dem Lesen angefangen habe ich ca. ein halbes Jahr nachdem ich aus der Schule draußen war und habe phasenweise fast nichts anderes mehr gemacht. Mein nächst jüngerer Bruder fand das oft langweilig und zettelte dann für mich unfreiwillige Spiele an, indem er mein Buch versteckte oder damit wegrannte, worauf ich wiederum recht aggressiv reagierte.

Wir hatten ein großes Haus mit über einem Hektar Land, zwei Eseln, später noch einem Hund, Katzen und einer LKW-Ladung Sand zum Spielen. Viel genutzt haben wir auch *Kapla*-Steine, kleine Holzsteine in einem genialen Format. Daraus bauten wir ganze Städte und belebten diese über Tage und Wochen im gemeinsamen Rollenspiel. Oft kamen Nachbarskinder zu Besuch. Manchmal haben wir auch unseren Vater auf seinen Montagen begleitet. Da war er in einem 10 Meter langen ausgebauten Bus unterwegs und baute Blockhäuser.

Unsere Mutter knüpfte Kontakte zu anderen Familien, deren Kinder nicht zur Schule gingen. Zu diesen Treffen kamen bald Menschen aus der ganzen Bundesrepublik, die als ‚Initiative für selbstbestimmtes Lernen' gegen die Schulpflicht aktiv wurden. Der erste handschriftliche und kopierte ‚Rundbrief' wurde verschickt. Irgendwann hat dann doch jemand dem Schulamt gemeldet, dass wir nicht zur Schule gehen. Es gab einen Anruf, verschiedene Gespräche, schließlich Bußgeldverfahren. Wir luden Presse mit dazu ein, es gab auch Berichte in überregionalen Zeitungen und sogar im Fernsehen. Die Verhandlungen waren regelrechte Happenings, viele Menschen kamen, die von uns begeistert waren und uns als wichtige Vorkämpfer betrachteten.

In dieser Zeit gründete sich aus der Initiative heraus auch der ‚Lernen ist Leben – Bundesverband Natürlich Lernen! e. V. BVNL'. Für mich bedeuteten die Treffen vor allem, mit den vielen anderen Kindern und Jugendlichen zu spielen und zu toben. Mit den Redekreisen der Erwachsenen hatte ich damals wenig zu tun, auch wenn ich stolz darauf war, bei der Gründung des Vereins mit dabei zu sein und auch mit zu unterschreiben. Meistens war ich unter den Kindern der Älteste und damit auch Schnellste und kannte mich auf dem Gelände gut aus. Beim ‚Räuber und Gendarm' oder ‚Doppel-E' hatte ich also gute Chancen. Auch erinnere ich mich an eine Zaubershow, die wir veranstalteten. Wir sammelten dabei Geld und kauften uns heimlich Zigaretten, an ein oder zwei Treffen. Aber so richtig konnten wir uns für's Rauchen nicht begeistern und sind nach diesen Versuchen letztlich alle Nichtraucher geblieben. Unsere Experimente mit Alkohol, von denen unsere Mutter wenig bis nichts mitbekam, waren da verfänglicher. Aber das blieben einzelne Momente einer insgesamt doch sehr behüteten und begleiteten Kindheit und Jugend. Noch als 15-Jähriger konnte ich richtig spielen, bis ich dann wieder in die Schule kam, meine Haare schnitt, weniger barfuß lief und auch wie viele andere einen Alltag lebte, der viel zu oft aus vormittags Schule und nachmittags Abschalten am PC bestand. Nichts denken und nichts fühlen...

Unsere Eltern hatten sich getrennt und wir hatten uns alle drei dazu entschieden, mit unserem Vater in Bremen zu leben, obwohl klar war, dass er uns bei seinem Alltag nicht zu Hause begleiten konnte und schon von daher die Einschulung damit verbunden war. Auch hatte sich der Druck durch Behörden und Gerichte über die Jahre gesteigert, bis hin zu einem teilweisen Sorgerechtsentzug vorm Familiengericht, der allerdings noch nicht rechtskräftig war. Eine Frau vom Jugendamt, die bei uns am Küchentisch saß und zu uns Kindern sagte, dass wir uns zwischen Schule und Heim zu entscheiden hätten. Wir Kinder überlegten uns schon, wo und wie wir weglaufen könnten, falls uns die Polizei mitnehmen würde. Auch um diesen Stress zu beenden, hatte ich schließlich beschlossen, mich über eine Abendschule auf den Hauptschulabschluss vorzubereiten. Wegen des langen Fahrtwegs wechselte ich dann doch auf die zuständige Hauptschule, zog dann aber auch zu meinem Vater und meinen dort dann schon lebenden nächstjüngeren Brüder. Von uns drei älteren Brüdern wurde der jüngste nach der Einschulung bald Klassenbester, ging bis zum Abitur gerne hin und studiert inzwischen. Der Mittlere blieb bis zum Fachabitur in der Schule. Ich selbst war altersgemäß in die 9. Klasse eingeschult worden und wechselte bald auf die Realschule. Von einer gewissen Eingewöhnungszeit abgesehen, hatte ich inhaltlich wenige Schwierigkeiten an der Schule. Texte schnell von der Tafel abzuschreiben, musste ich üben. Mein Allgemeinwissen war breit gefächert, oft wusste ich da mehr als meine Mitschüler. Mathe machte mir Spaß und so kam ich da auch zu guten Noten. Mit Englisch hatte ich meine größten Schwierigkeiten, da ich mich vorher nie damit beschäftigt hatte. (Bloß ein bisschen Latein mit meinem Großvater, aber das nützte da wenig und war letztlich auch nicht sehr weit gegangen...) Im Unterricht malte ich da also anfangs vor allem viele Gesichter in mein Heft. Aber als ich dann in einem Sommer auf einem Workcamp in England war und danach auch Englisch-Nachhilfe bekam, wurde es deutlich besser. Sozial war es in der Hauptschule in Bremen katastrophal gewesen. Menschen, die über die Jahre immer weiter aussortiert worden waren und bei denen auch die Lehrer davon ausgingen, dass viele später nicht mal einen Ausbildungsplatz bekommen würden. Frustration, die in der Klasse gegeneinander und besonders natürlich gegenüber den Schwächsten ausgelebt wurde. Wir drei Brüder schafften es, jeweils einen Posten etwas außerhalb der Hackordnung zu bekommen, ein gewisser Sonderstatus, bei dem ich meine Ruhe hatte. In der Realschule war das soziale Klima schon ein ganzes Stückchen besser. Nach dem Realschulabschluss wollte ich mir alle Möglichkeiten offen halten und ging erst Mal weiter auf's Gymnasium. Doch wurde ich relativ bald krank und war regelrecht geschockt darüber, dass ich mich darüber freute, krank zu sein. Eigentlich wusste ich ja, dass ich keine Krankheit brauchte, um nicht zur Schule zu gehen, hatte das aber irgendwie aus dem Blick verloren. Ich machte lange Listen, in denen ich die Vor- und Nachteile von Schule und Nichtschule gegeneinander abwog. Durchaus emotional eingefärbt, in einem Zustand, den ich auch jetzt noch oft bei Menschen in der 11. oder 12. Klasse beobachten kann, die anfangen, ihren Bildungsweg zu hinterfragen und erstmal in eine starke Abwehr kommen.

Für mich war es jedenfalls eine große Befreiung, mich dann wieder von der Schule abzumelden, in einem Alter, in dem rechtlich kaum noch mit Konsequenzen zu rechnen war. Ich besuchte andere jugendliche Freilerner in Frankreich, besuchte viele Freunde und Verwandte, war auf Camps und radelte mit dem Fahrrad quer durch Deutschland. Das Jahr darauf radelte ich mit zwei Freunden um die Ostsee und setzte damit ein Vorhaben um, das ich mir bei Verlassen der Schule vorgenommen hatte. Fünf Monate waren wir unterwegs, übernachteten meistens im Zelt, hatten aber auch ein paar Adressen als Zwischenstationen. Gekocht haben wir über dem Lagerfeuer und haben meistens an Häusern geklingelt, um nach Trinkwasser zu fragen. Nach der Radtour war ich erst eine Zeit bei meiner Mutter und meinen zwei jüngsten Brüdern. Spielte im Schachverein und war weiterhin viel unterwegs. In dieser Zeit organisierten wir die ersten Treffen von jugendlichen Freilernern, die dann zur ‚Jugendgruppe Septré' wurden. Ein dreiviertel Jahr war ich nochmal in Bremen bei meinem Vater, um meine gerade geboren Schwester mit zu begleiten. Auf einem Treffen in Berlin kam ich 2008 recht spontan in den Vorstand des ‚Lernen ist Leben – Bundesverband Natürlich Lernen! e. V. BVNL' . Ein Rahmen, in dem ich seither aktiv bin. Mit der *Freilernerzeitschrift*, dem Newsletter, vor allem aber auf Treffen im direkten Gespräch ermutige ich immer wieder Menschen, sich ihre Freiräume zu nehmen und einen Weg zu gehen, der ihnen entspricht. Dabei stelle ich mich zunehmend gegen Idealisierungen oder Verallgemeinerungen. So viele verschiedene Lebensformen, die meistens einfach nur anders sind, nicht besser oder schlechter. Dem einen geht es total gut damit, die andere leidet entsetzlich.

Was macht Leben wirklich aus? Als Filzkünstler lasse ich diese Frage mit ihren unendlichen Aspekten in meine Arbeit einfließen. Faszinierend finde ich das Bild, unsere Gesellschaft als soziale Plastik zu sehen, die wir alle mit gestalten. Auch mit den Methoden aus der Permakultur kann ich mich regelrecht dafür begeistern. Viel beobachten, Dinge neu verknüpfen, Impulse setzen. Das Gestalten lebender Systeme. Erfahrungen gesammelt habe ich in unterschiedlichsten politischen Zusammenhängen bei gewaltfreien Aktionen gegen Gentechnik, Kohlekraftwerke und Atomtransporte. Ich war in einem Jugendparlament engagiert, habe bei Bündnis 90/Die Grünen einen Ortsverband mitgegründet und war zuletzt Beisitzer im Kreisvorstand. Eine Zeit lang war ich in einem Asylcafé aktiv, derzeit bin ich es in der Artabana-Solidargemeinschaft, einem gelebten Gegenentwurf zum herkömmlichen Krankenkassensystem.

Aus einer großen Freiheit heraus beschäftige ich mich damit, welche Strukturen uns wirklich gut tun. Wo wir nicht einfach nur funktionieren, sondern voll und ganz bei dem sind, was uns entspricht. Gerade in einer Gesellschaft voller Widersprüche, die so nur funktioniert durch Entfremdung und Verdrängungen. In denen sich viele ohnmächtig fühlen und meine Dinge akzeptieren und mit tragen zu müssen. Dabei ist wenig wirklich alternativlos!

Immanuels Mutter Christiane Ludwig-Wolf berichtete 2011/12 auch über den Weg ohne Schule in dem E-Book (amazon Kindle): Freilernbildung. Wie Homeschooling gelingt *(Hrsg.: Luise Fuchs).*

Luise Fuchs, 25 Jahre, aus Freiburg:

Eines Sonntags im November 2005, da war ich 16, sagte ich zu meinem Vater: „Ich will nicht mehr in die Schule gehen". Am nächsten Tag ging ich auch nicht mehr. Im Januar war ich dann endgültig frei. Ich hatte ich mich auch schon informiert, dass es die Möglichkeit gibt, ein externes Abitur zu machen. Diese Information reichte mir fürs Erste.

Die erste Zeit schlief ich lange, las viel. Traf mich anfangs noch oft mit Freunden aus der Schule – ich holte sie sogar oft von dort ab. Ich meldete mich mit einer Freundin, die nach Mexiko gehen wollte, bei einem Spanischkurs an. Der Anfänger I-Kurs war schon voll, also machten wir den Anfänger II-Kurs. Die ersten Lektionen bearbeitete ich zu Hause. Etwas zusätzliches Geld verdiente ich mir mit Babysitten. Ich war ja auch nun viel flexibler... Ostern saß ich in der Kirche „zufällig" neben einer Bekannten. Sie fragte mich, was ich so machte und bot mir dann an, doch ein Praktikum bei ihr zu machen: Sie arbeitete in der Namenforschung (Onomastik). Warum nicht? Ich sagte zu. Ich ließ mir auch genügend Zeit für andere Aktivitäten in der Woche: Drei Tage Uni, zwei Tage frei (schon damals entdeckte ich den Vorteil von Teilzeitarbeit). Ich hatte noch Klavierunterricht und Basketball- und Schwimmtraining. Ich konnte schon mal ein bisschen Uni-Luft schnuppern, fand es auch ganz interessant und fühlte mich auch schon sehr erwachsen... Mir wurden Aufgaben übertragen, die ich eigenverantwortlich ausführen konnte, ich durfte eine Unterrichtsstunde für Studenten vor- und nachbereiten und habe einen Einblick in das wissenschaftliche Arbeiten erhalten.

Im Sommer entschied ich mich, dass ich wohl das externe Abitur (siehe Kapitel 31) machen würde. Plante schon ein bisschen, wie ich es machen würde und besorgte mir Materialien, überlegte, von wem ich unterstützt werden konnte. Im Herbst müsste ich dann einen Antrag beim Kultusministerium stellen. Dann machte ich ein bisschen Sommerferien oder so etwas Ähnliches – wenn man frei lernt, braucht man ja keine Ferien mehr, weil man immer das machen kann, was man will! Für September fragten mich dann deutsche Freunde, ob ich ihnen nicht bei ihrem Umzug nach England helfen wollte. Zwei Wochen Cambridge. Mit wenig zu tun, viel anschauen und den wunderbaren Charme englischer Kleinstädte genießen.

Ich wollte unbedingt die Schule besuchen, die durch einen Film über sie quasi den Auslöser für die Zeit zu Hause gegeben hat: De Ruimte in Soest/NL. Also fragte ich die Schulversammlung an, ob ich zwei Wochen kommen konnte und ob es eine Familie gäbe, bei der ich wohnen dürfte. Alles klappte. Ich wohne in einer Familie mit drei Kindern, bei denen ich innerhalb von zwei Wochen so viel Holländisch lernte, dass noch heute Niederländer beeindruckt sind, wenn ich meine paar Sätze sage. Mir gefiel die Schule, aber ich merkte auch, dass ich alleine besser zurecht kam. Als ich wiederkam, hatte ich Zweifel, ob ich wirklich das Abitur machen sollte. Ich könnte doch einfach zu einer Universität gehen und mich dort vorstellen und denen erzählen, warum ich das so gerne machen möchte. Aber Deutschland ist nicht Holland oder die USA, wo mit Homeschoolern (obwohl mir der Begriff noch nicht bekannt war) anders umgegangen wird. Also entschied ich mich dafür, das Abitur zu machen auch, weil ich merkte, dass ich dafür sehr viel Unterstützung gebraucht hätte, die zu diesem Zeitpunkt so nicht da war.

Meine nächste Reise führte mich für vier Wochen nach Frankreich. Eine französische Freundin hatte den Kontakt zu ihren Freunden hergestellt, bei denen ich unterkommen konnte, so war ich bei vier unterschiedlichen Familien untergebracht und half im Alltag mit. Im Garten, beim Quittenmarmeladekochen, half in einem großen Bio-Gemüse-Betrieb mit und verkaufte an einem Samstag auf dem Wochenmarkt – natürlich auf Französisch! Jedenfalls hatte ich eine wunderbare Zeit in Frankreich, manchmal auch schwierig – so lange war ich noch nie von zu Hause weg.

Als ich zurückkam, nahm ich mir noch mal ein bisschen Zeit zum Ausruhen bis ich im Januar dann mit den Vorbereitungen auf das externe Abitur begann, dessen Prüfungen dann im Mai und Juni stattfanden.

Rückblickend stand das ganze Jahr unter dem Stern der Sprache und Fremdsprache, meiner großen Leidenschaft. Ich konnte mich diesen endlich auf die Weise widmen, die mich wirklich weitergebracht hat: Echte Kontakte, Reisen, Filme im Original schauen und Bücher lesen...

Was für mich die ganze Zeit über sehr erstaunlich war und mich immer noch mit Dank erfüllt, ist, dass mir so viele Menschen geholfen haben. Es war wie ein Wagnis und plötzlich kam von überall her Hilfe und Unterstützung. Obwohl sicher einige nicht ganz einverstanden waren mit meiner Entscheidung. Das war echt toll. Andererseits gab es aber auch die, die das nicht gut fanden und mit denen es dann keinen Kontakt mehr gab. Aber die anderen waren deutlich in der Überzahl. Und das Gefühl überwog.

Mein Vater gründete in der Zeit eine demokratische Schule mit, aber es war gar nicht mein Interesse, dort hinzugehen, weil ich die Sachen auch gut zu Hause machen konnte und mich mit den Leuten, die dort waren, auch so treffen konnte.

„Pünktlich" mit 18 Jahren, wie meine früheren Klassenkameraden, absolvierte ich 2007 das Abitur. Die ganzen Themen und Erfahrungen des vorausgegangenen Jahres spiegeln sich höchstens in dem Wort „Schulfremde" (auf dem Zeugnis steht dann „Allgemeine Hochschulreife für Schulfremde") wider. Dank meiner Freiheit lernte ich so viel für's Leben über Zeitmanagement, Disziplin, Gärtnern, Draußensein, mich im Ausland zurechtzufinden und so vieles mehr wie nie in der Schulzeit. Und deshalb bin ich auf meinen Weg auch wirklich stolz!

Bisher habe ich in verschiedenen Jobs in den Bereichen Verkauf an Naturkostständen und in Naturkostläden sowie im Einzelhandel, Kinderbetreuung, Einzelbetreuung von behinderten Menschen sowie im Verlagswesen (Vertrieb, Lektorat, Herausgeberin und Autorin, Übersetzung) Erfahrungen gesammelt. Nachdem ich aufgrund der Lektüre des Teenager-Befreiungshandbuchs meinen ersten Studienplatz ablehnte, um Arbeitserfahrungen in der „echten Welt" (Verlag, Markt, Kinderbetreuung) zu sammeln, probierte ich es 2 Jahre später doch mal mit dem Studium. Ich habe drei Semester an der Universität Freiburg Europäische Ethnologie und Geschichte studiert und seit 2012 (bis 2015) mache ich in Freiburg eine Hebammenausbildung. Dem Freilernen bin ich weiterhin treu, je nach Lebensphase im Außen oder im Herzen und wünsche mir sehr, dass ich meine Kinder diese Möglichkeit bieten kann.

Weitere Berichte von Luise auch in dem E-Book (amazon Kindle): Freilernbildung. Wie Homeschooling gelingt (Hrsg.: Luise Fuchs) sowie Abschlüsse ohne Schulbesuch. Zulassung, Vorbereitung und Lerntipps. Ein praktischer Ratgeber (Autumnus Verlag).

Maria, 25 Jahre aus Süddeutschland:

Meiner Mutter war bereits in der Schwangerschaft klar, dass sie sich für ihr Kind den konventionellen Lebensweg mit Schule und allen Schikanen nicht vorstellen konnte.

Sie war und ist der Meinung, dass unser Schulsystem den Menschen ihre Würde, ihre Freiheit und ihren Willen raubt und die Entwicklung zu einem selbstbestimmten Individuum verhindert oder zumindest schwer behindert. Sie wollte daher weder sich selbst noch mich diesem System ausliefern, in dem immer andere darüber bestimmen, was man wann zu tun hat, wofür man sich wann und wie interessieren muss. Sie betrachtet dies als ein unerträglich manipulatives System, das in allen Beteiligten eine ungute Entwicklung fördert. Dies führte auf allerlei Umwegen zu ihrem Entschluss, ein Gemeinschaftsprojekt in Frankreich zu gründen.

Hier zogen wir hin als ich fünf Jahre alt war. Ein großer alter Hof, für sich alleine gelegen mit eigenem See, sehr viel freiem Land drum herum und tausend Möglichkeiten, sich auszuprobieren nicht nur für uns Kinder ein Paradies. Hier verbrachten wir unsere Zeit mit Spielen und Entdecken. Unser im Laufe der Jahre entstandenes Schulzimmer hatte irgendwann alles, was man sich in einer „freien Schule" wünscht. Bis es so weit war, hatte ich allerdings mein neuntes Lebensjahr schon erreicht. Dann gab es fünf bis sechs Mal pro Woche den Vormittag über „Kinderzeit", in der sich ein Erwachsener nur für uns Kinder Zeit nahm und präsent war. Der Erwachsene hat sich nicht vor uns hingestellt und irgendwas unterrichtet, sondern war einfach mit seiner ganzen Aufmerksamkeit und Präsenz für uns da. Es gab klare Regeln, die es einzuhalten galt, aber jedes einzelne Kind war frei, das zu tun, worauf es gerade Lust hatte. Meistens spielten wir den ganzen Tag. Der Erwachsene war da, wenn es Fragen gab, Hilfe benötigt wurde oder wenn es irgendwelche Konflikte zu lösen gab. Es gab auch mal besondere Angebote zu einem bestimmten Thema von Seiten des Erwachsenen, wo sich die Kinder entscheiden konnten, ob sie daran teilnehmen wollten oder nicht, aber prinzipiell ging es darum, den Kindern selbst die Initiative zu lassen. Das Schöne ist, dass es immer etwas gibt, das ein Kind gerade wirklich interessiert und begeistert und wenn es dem nachgehen und sich damit wirklich befassen kann und darf, dann geht das Lernen ganz von alleine. Es ist eher ein Erfahren und Erfassen anstatt theoretisch lernen.

Ein kleines Lernbeispiel von mir: Schreiben hat mich schon früh interessiert, und ich schrieb nach meiner eigenen Auffassung schon mit drei Jahren. Dass es jemand anders auch verstand, was geschrieben wurde, war dann mit ungefähr sechs oder sieben Jahren. Da schrieb ich meine ersten Postkarten an meinen Vater. Die Karten waren von rechts nach links und dann wieder zurück geschrieben. Als ich älter wurde, merkte ich, dass man Worte „richtig" schreiben konnte, aber das war für mich zunächst nicht wichtig. Erst als ich zwölf Jahre alt war, interessierte ich mich plötzlich für Rechtschreibung. Ich lernte schnell und mit Begeisterung Rechtschreibregeln und schrieb Diktate. Es ging nicht lange und ich schrieb ziemlich fehlerfrei. Wenn also der Punkt gekommen ist, wo man bereit ist, sich mit einem Thema zu befassen, dann macht das Lernen Freude und geht auch sehr schnell. Ein sehr entscheidender Faktor hierfür ist allerdings ein wirklich entspanntes Umfeld mit entspannten Eltern. Und, wie ich aus eigener Erfahrung weiß, ist es toll, wenn sich die Eltern auch für's Lernen begeistern das steckt an ;-).

Es gibt spannende Bücher zu dem Thema von Rebecca Wild. Ihr Basiswerk heißt *Erziehung zum Sein.* Auf diese Art und Weise habe ich gelebt und gelernt bis ich 13 Jahre alt war. Dann hatte ich eine sehr unzufriedene Phase, in der ich mich intensiv fragte, wie mein Leben jetzt weitergehen sollte. Für mich war das „anders sein, als die anderen“ schon früh ein großes Thema und ich lebte oft in dem Gefühl, alle anderen in meinem Alter wissen und können viel mehr als ich. Das verstärkte sich zunehmend und darunter litt ich ziemlich. In den Zeiten, die meine Mutter und ich in Deutschland verbrachten, das waren immer ein paar Monate im Jahr, hielt ich mich vormittags lieber zu Hause auf, um blöden Fragen und Blicken aus dem Weg zu gehen. Mein Vater und meine besten Freundinnen lebten in Deutschland und ich fühlte mich dort eigentlich sehr heimisch.

Für mich stand fest, dass ich irgendwann einen Schulabschluss machen wollte und so fingen wir an, uns nach Möglichkeiten umzusehen, die in diese Richtung führen könnten. Wir schauten uns verschiedene Schulen an, aber eigentlich kam eine ganz normale Schule nicht wirklich für mich in Frage. Ich liebte meine Freiheit und alles, was ich so hörte und ausprobierte, war nicht überzeugend. Als wir jedoch von der Fernschule für deutsche Schüler im Ausland, ILS, erfuhren, meldeten wir mich sehr schnell probeweise an. Es war erstmal nicht so klar, für welche Klasse, da ich ja bisher nicht so nach festen Vorgaben gelernt hatte. Schließlich probierte ich es mit der 7. Klasse aus. Ich stürzte mich mit Begeisterung auf den Schulstoff und stellte mit großer Freude und Erleichterung fest, dass mir der Stoff der 7. Klasse keine Probleme bereitete.

Das tat mir und meinem Selbstwertgefühl unheimlich gut. Mit großer Motivation zog ich dann das Schuljahr in der vorgegebenen Zeit durch und ich war damit sehr zufrieden. Ich hatte meinen vorgegebenen Schulstoff, stellte mir meinen eigenen Stundenplan selber auf und hatte den Freiraum, trotzdem auf Reisen zu gehen, zwischen Deutschland und Frankreich hin- und herzupendeln, Praktika zu machen oder zu jobben. So folgten auch die 8. und 9. Klasse bei der Fernschule ILS. Ich machte immer wieder verschiedene Praktika, u. a. ein paar längere im Kindergarten, in der Theaterschneiderei und in einer Freien Schule, wo ich dann im Anschluss eineinhalb Jahre immer ein bis zwei Tage pro Woche als freie Mitarbeiterin beschäftigt war.

Während der 9. Klasse stellte sich dann wieder die Frage, welches der beste Weg zu meinem Realschulabschluss sein würde. Mir boten sich verschiedene Möglichkeiten an. Ich hätte noch ein weiteres Jahr beim ILS bleiben können und dann am Ende eine ziemlich aufwendige externe Prüfung sowohl schriftlich als auch mündlich in jedem einzelnen Fach in Hamburg bei mir unbekannten Prüfern ablegen müssen und das ohne jegliche Prüfungserfahrung. Alternativ hätte ich mich für die externe Prüfung an einer örtlichen Realschule anmelden und mich selber darauf vorbereiten können. Als dritte Möglichkeit konnte ich noch für ein Jahr in einer normalen Schule die 10. Klasse besuchen und wie alle anderen die Prüfung intern machen, d.h. mit Vornoten, bekannten Prüfern und weniger

Prüfungsfächern. Ich entschied mich dann für die 10. Klasse einer deutschen Abendrealschule und machte hier den besten Realschulabschluss der Klasse. Danach reiste ich ungefähr ein Jahr durch Europa und arbeitete unter anderem in verschiedenen Ländern als Kinderbetreuerin für den Reiseveranstalter „Vamos-Eltern-Kind-Reisen“. Ich wollte dann ab dem nächsten Sommer gerne eine Ausbildung machen, aber mich interessierten so viele verschiedene Bereiche, dass ich es schwer hatte, mich zu entscheiden. Nachdem ich eine Absage der Theaterschneiderei erhielt, beschloss ich sehr spontan und zur Überraschung meines Umfeldes, eine Ausbildung zur Hotelkauffrau in einem Vier-Sterne-Hotel anzufangen. Es wurde extrem stressig, mein Leben war mit einem Mal komplett fremdbestimmt und ich hatte kaum noch Freizeit, aber es machte mir trotzdem Spaß und ich zog die dreijährige Lehre durch, obwohl ich anfangs sehr stark daran zweifelte. Besonders in der Berufsschule war der Schulstress und Druck für mich teilweise kaum zu ertragen und mir wurde noch mal richtig vor Augen geführt, was mir alles, Gott sei Dank, ohne Schule erspart worden war. Ich tauchte also voll ein in die normale Welt und arbeitete insgesamt vier Jahre in dem Hotel, die letzten sechs Monate als stellvertretende Rezeptionsleiterin. Ich hätte mich auch leicht noch weiter hocharbeiten und dort meine nächsten Jahre verbringen können, aber ich habe es vor einigen Monaten geschafft zu kündigen und genieße momentan meine wiedergewonnene Freiheit.

Für mich war es auf jeden Fall eine wichtige Zeit und toll zu erleben, dass ich auch ein ganz normales und erfolgreiches Leben führen kann, obwohl ich so „anders“ aufgewachsen bin. So kann ich mir aussuchen, in welcher „Welt“ ich leben möchte. Ich kann jedenfalls eindeutig sagen, rückblickend bin ich sehr zufrieden mit den 25 Jahren meines bisherigen Lebens und ich bin gespannt, wie es weitergeht. ;-)

Malchus Kern, 24 Jahre, lebt in Deutschland und Frankreich:

Ich heiße Malchus, bin jetzt 24 Jahre alt und Unternehmer (Verkauf von Geschenkartikeln), Permakultur-Berater und -Designer, Suchmaschinenoptimierer, betreue Facebook-Seiten für Unternehmen und leidenschaftlicher Gärtner. Wie es dazu gekommen ist, und wie mir Bildung von zu Hause aus es mir dabei ermöglicht hat, die nötigen Fähigkeiten für diese Berufe zu erlernen, mag ich hier berichten:

Das wichtigste und für mich dabei bedeutendste Element ist die Zeit. Nachdem ich mit elf Jahren die Schule verließ, hatte ich Zeit das zu tun, was ich wollte ohne Begrenzung. Wenn ich an einem Tag nicht damit fertig geworden bin, so gab es ja noch einen und noch einen, ich konnte mich in meine Interessen stürzen, ohne Angst zu haben, gestört oder unterbrochen zu werden (außer durch die von außen erlegten Grenzen wie, dass wir uns zu siebt einen Computer teilten...), es gab niemanden, der gesagt hätte: „Jetzt hast du 45 Minuten gelesen, jetzt machst du aber mal eine Runde Mathe“ und niemand, der mir das Gefühl vermittelt hätte, dass meine Interessen unwichtig seien, weil sie ja nichts „für's Leben“ seien. Meine Interessen waren und sind wertgeschätzt. Dadurch konnte ich zu einem richtigen Experten für diese Themen werden, da ich versuchte, alle für mich erreichbaren Informationen zu erlangen. Wenn mich ein Thema interessierte, so habe ich mir alle möglichen vorhandenen Informationen dazu gesucht, Bücher, Artikel und Blogs im Internet gelesen, Filme gesehen, Foren durchforscht, und wenn es ein praktisches Thema war, so viel wie möglich ausprobiert. Was für ein Gegensatz zur Schule! Da wird alle 45 Minuten das Thema gewechselt (und was sind schon 45 Minuten ich habe mich monatelang jeden Tag nur mit einem Thema beschäftigt!), ich musste alle möglichen Dinge tun, die mich allgemein oder in diesem Moment nicht interessieren...

Nachdem ich die Schule verlassen hatte, gab es einige Wochen oder Monaten, in denen ich mich bewusst mit nichts Schulischem beschäftigte. Dann allmählich kamen manche Thematiken wieder, die in der Schule viel Raum finden. Das Spannendste aber für mich ist im Nachhinein, dass ich mich mit der Zeit wieder mehr mit Themen beschäftigte, die zuvor, als ich noch nicht in der Schule war, für mich bedeutsam waren. Als ich noch nicht in der Schule war, habe ich ganz oft Rollenspiele gespielt, in denen ich Verkäufer war im Supermarkt, im Reisebüro und vieles mehr. Als ich sechzehn war, hatte ich die Möglichkeit, in einem Laden mitzuarbeiten und jeden Tag mitzuerleben, was getan werden muss. Ich durfte alles mitmachen und hatte Einblick in die ganzen Zahlen und Berechnungen. Ich habe dann verschiedene Bereiche übernommen und diese fast alleine erledigt, und habe mich um einige Warengruppen ganz alleine gekümmert, vom Einkauf bis zur Präsentation. Und das mehrere Jahre lang. Ich war kein Praktikant, der nur die kleinen Arbeiten übernahm, es war ein Geben und Nehmen, denn diese Zeit bildete die Basis für meine eigenen Überlegungen und meinen jetzigen Verkauf. Und diese Arbeit konnte ich nur tun, weil ich die Zeit hatte! Es war keine Ausbildung im konventionellen Sinne, für mich war es viel mehr, denn ich war nicht nur irgendjemand, der „nur" etwas lernen wollte oder sollte, sondern ich war zugleich eine Hilfe und war in kurzer Zeit der Experte für meine Warengruppen, weil ich auch hier wieder die Zeit zu Hause hatte, mich über diese zu erkundigen, die besten Großhändler herauszufinden, alle Informationen darüber zu finden, wie und wo diese Produkte hergestellt wurden, und konnte dadurch den Kunden auch eine gute Beratung geben. Hätte ich mich für eine konventionelle Ausbildung entschieden, so hätte ich mich für eine spezielle Richtung entscheiden müssen und hätte gelernt, was mir vorgesetzt worden wäre ich hätte bestimmt viel gelernt, aber nicht in dieser Tiefe und nicht in dieser Eigenverantwortung.

Meine andere Passion ist das Gärtnern, und dies ist auch eine Sache, die ich schon als kleiner Junge sehr gerne getan habe. Erbsen und Tomaten im Garten angebaut, Kompost angelegt, eine große Kakteensammlung auf der Fensterbank... Und auch hier hatte ich wieder die Wertschätzung meiner Eltern und durfte mich damit so viel beschäftigen, wie ich wollte. Vor einigen Jahren, in meiner ersten eigenen Wohnung, hatte ich einen Garten, und wollte in diesem Gemüse anbauen. Der Boden war aber von so schlechter Qualität und überhaupt nicht für die üblichen Methoden geeignet und ich bin auch davon überzeugt, dass sich Gemüse überall und sogar besser biologisch anbauen lässt, so dass ich mich auf die Suche nach Alternativen machte. Ich fing wieder an, alles, was ich an Informationen finden konnte, in mich aufzusaugen, ich saß tagelang vorm Computer und las E-Books zu alternativer und nachhaltiger Landwirtschaft. Dabei stieß ich immer wieder auf Permakultur, ein Landwirtschaftskonzept und -Design, welches auf die Schaffung von nachhaltigen, sich selbst erhaltenden Kreisläufen (nach wissenschaftlichen Methoden) zielt. Ich fing an, das Wissen und die Ideen und Anregungen, die ich fand, in meinem Garten umzusetzen. Am Anfang war es wirklich nur mein Interesse und meine Passion, im Garten zu sein, diese handwerkliche Arbeit zu tun, und davon einen Ertrag zu haben. Doch immer wieder führte ich Freunde durch meinen Garten, die ganz begeistert waren, von dem, was ich dort tat, und sie fragten mich um Rat, zeigten mir ihren Garten und baten mich, Vorschläge zu machen, was sie dort anders und besser machen könnten. Ich war dem anfangs abgeneigt, weil ich mich selber eher als Suchenden und Experimentierenden verstand, als jemanden, der es eben auch nicht besser weiß, sondern einfach versucht. Aber ich hatte durch meine Recherchen und meine Praxis ein solches Wissen erlangt, dass ich wirklich zu einem Experten geworden bin. Durch meine Passion und die Zeit, und die Wertschätzung dessen, dass das, was ich tue, genau das Richtige ist und ich dem diese Zeit widmen darf, wurde ich zu jemandem, der ein großes Wissen angesammelt hat. Ich bin dann nach knapp drei Jahren an diesem Ort, wieder in die Stadt gezogen und hatte nur noch einen Minibalkon, einen halben Quadratmeter groß. Und doch habe ich es einfach getan, und habe versucht, dort möglichst viel Gemüse und Kräuter anzubauen; es sah sehr wild und grün aus, und die Menschen auf der Straße machten sogar Fotos davon, und mittlerweile werden Bilder davon als Lehrmaterial in Permakulturkursen verwendet (nicht nur in meinen). Hierbei entdeckte ich die Herausforderung der kleinen, urbanen Räume und fand mich wieder in einem Thema, über das ich noch nicht so viel wusste und wieder ging es los: Bücher lesen, im Internet recherchieren, ausprobieren. Und jetzt biete ich Kurse zum nachhaltigen Gärtnern in der Stadt an und berate und gestalte essbare Gärten!

Für mich sind das zwei Beispiele, die zeigen: Es lohnt sich, seinen (scheinbar) unwichtigen Interessen zu folgen und ihnen all die Zeit zu schenken, die man möchte, denn es lohnt sich, nicht nur für einen selber, sondern möglicherweise auch finanziell! ;) Und es zeigt: Spezialisierung bedeutet nicht, nur eine Sache zu können. Es ist die Begeisterung, die zählt. Ich bin sehr dankbar dafür, dass ich diese Möglichkeit hatte und habe, denn es ist ja noch lange nicht vorbei und ich freue mich auf all die Berufe, die in meinem Leben noch dazukommen werden!

Weitere Berichte von Malchus auch in dem E-Book (amazon Kindle): Freilernbildung. Wie Homeschooling gelingt (Hrsg.: Luise Fuchs) sowie Abschlüsse ohne Schulbesuch. Zulassung, Vorbereitung und Lerntipps. Ein praktischer Ratgeber (Autumnus Verlag).

Anhang A
Unschool-Bücher und andere Freunde

In diese Materialliste habe ich nur einige wenige Bücher und andere Informationsquellen mit den jeweiligen Auszügen aufgenommen, damit du jedem Einzelnen Aufmerksamkeit schenkst. Mittlerweile gibt es viele gute Bücher über Unschooling, von denen du das eine oder andere auch in der Bibliothek findest. Die hier genannten sind das Beste vom Besten und gleichzeitig die wichtigsten Quellen für Teenager. Sie befassen sich mit Unschooling oder Ausbildung im Allgemeinen. Leider sind nur einige davon bisher ins Deutsche übersetzt worden, deswegen gibt es zusätzlich eine Auflistung der bisher erschienenen deutschsprachigen Bücher zum Thema, sowie einige Quellen und Organisationen, die dir helfen, Kontakt zu Freilernern zu finden. Zahlreiche Informationsquellen zu bestimmten Themen habe ich im Verlauf des Buches empfohlen (siehe Anhang D).

Bücher von John Holt

John Holt, *Zum Teufel mit der Kindheit.* Dieses Buch geht über das Thema Schule hinaus und behandelt auch viele andere Methoden, wie »Minderjährige« daran gehindert werden, ihr Potenzial im Leben voll zu entfalten. Es vertritt die Auffassung, dass Kinder aller Altersstufen Zugang zu denselben Rechten haben sollten wie Erwachsene: Das Recht zu arbeiten, zu wählen, auf Eigentum, zu reisen, sich einen Vormund zu wählen, die Ausbildung selbst in die Hand zu nehmen usw.

> Lange Zeit kam es mir gar nicht in den Sinn, diese Einrichtung [der Kindheit] in Frage zu stellen. Erst in den letzten Jahren begann ich darüber nachzudenken, ob es für junge Menschen nicht andere oder bessere Möglichkeiten gäbe, zu leben. Mittlerweile bin ich der Ansicht, dass die Tatsache, ein »Kind« zu sein, vollkommen unterwürfig und abhängig, und von Erwachsenen als eine Mischung aus kostspieligem Ärgernis, Sklave und Luxusschoßhündchen betrachtet zu werden, den meisten jungen Menschen mehr schadet als gut tut. Deshalb schlage ich vor, dass die Rechte, Privilegien, Pflichten und Verantwortlichkeiten erwachsener Bürger jedem jungen Menschen, ungeachtet seines Alters, zugänglich gemacht werden, wenn er sie nutzen will.

John Holt, *Freedom and Beyond.* In diesem Buch wirft Holt die Frage auf, ob wir Schulen benötigen. Er untersucht das Wesen der Freiheit, Wahlmöglichkeit, Autorität und Disziplin, sowie die Beziehung zwischen Schulen und Armut.

> Wenn wir die Freiheit nicht verstehen, verstehen wir auch Autorität nicht. Wir denken in Begriffen wie Organisationsschemata, Hackordnungen, Orden auf der Brust und Streifen am Ärmel. Wenn

jemand im Organisationsschema über uns steht, dann ... hat er das Recht, uns aufzutragen, was wir tun sollen, und wir haben zu gehorchen, egal wie absurd, zerstörerisch oder grausam es ist. So ist es nur natürlich, dass einige, welche die grauenvollen Auswirkungen dieser Art von Autorität um sich sehen, sie ganz und gar ablehnen. Damit lehnen sie oft auch jede Art von Kompetenz, Inspiration und Anleitung ab, was zwar verständlich ist, aber trotzdem unklug. Sie können sich nicht vorstellen, dass sie aus eigenem freien Willen jemanden fragen könnten, was er denkt, oder das tun könnten, was er von ihnen will, einfach weil er diese Sache besser kennt als sie, oder weil sie ihm mehr bedeutet als ihnen. Die einzige Alternative zu erzwungener Autorität ist offenbar gar keine Autorität. Deshalb habe ich versucht, das Wesen der Freiheit besser zu ergründen, damit wir vielleicht besser begreifen, wie Menschen verschiedenen Alters und unterschiedlicher Fähigkeiten zusammen leben und einander nützen können, ohne dass die Einen die Anderen ständig herumschubsen.

John Holt, *Instead of Education: Ways to Help People Do Things Better.* Dieses Buch bietet viele Ideen, auf welche Weise Gemeinschaften verbessert und verändert werden können, damit Jugendliche mehr Möglichkeiten bekommen, auch außerhalb der Schule zu lernen. Es entwickelt auch die Idee, dass Lernen und Tun ein und dasselbe sind, und erklärt den Unterschied zwischen gesundem Lehren bzw. gesundem Schulumfeld und ungesunden Situationen.

Dieses Buch spricht sich für das *Tun* aus – für ein selbstbestimmtes, zielgerichtetes, bedeutungsvolles Leben und Arbeiten – und *gegen* »Ausbildung« – einen Lernprozess, der vom aktiven Leben abgeschnitten ist und der nur unter dem Druck von Erpressung, Drohung, Habgier und Angst erfolgt.

John Holt, *Bildung in Freiheit.* Dies ist die erste und immer noch beste allgemeine Einführung für Familien, die sich von der Schule trennen wollen. Holt tritt nicht dafür ein, dass Eltern ihre Kinder im herkömmlichen Sinn unterrichten; stattdessen ermutigt er sie, ihre Kinder beim Lernen zu unterstützen, indem sie ihnen nicht im Weg stehen. Ein Teil des Inhalts wird sich nicht auf dich anwenden lassen, weil sich dieses Buch vorwiegend auf jüngere Kinder konzentriert und viel davon handelt, auf welche Weise sie die Grundlagen der Mathematik, des Lesen und des Schreibens erlernen. Allerdings bietet es viele Informationen über gute Arbeitsbedingungen für Unschooler, sowie Gedanken über die Philosophie des Unschooling und andere Themen. Dieses Buch eignet sich hervorragend für deine Eltern: Vor allem ein Kapitel mit dem Titel »Verbreitete Bedenken gegen Homeschooling« wird ihnen helfen, ihre Gedanken zu ordnen.

Selbst in den angeblich »freien« und »alternativen« Schulen tun immer noch viele, was man in den konventionellen Schulen tut. Sie trennen die Kinder von der großartigen, reichen Vielfalt der Welt und ersetzten diese durch Schulfächer und Lehrpläne. Auch wenn sie diese mit

Hühnerknochen, Rechenstäbchen und sonstigem Krimskrams aufpeppen, gestatten sie es den Kindern nicht, mit anderen Menschen, Orten, Hilfsmitteln und Erfahrungen in Kontakt zu kommen. Stattdessen schneiden sie alles in winzige Stücke und verabreichen diese den Kindern in jenen Mengen, in denen sie diese nach den theoretischen Überlegungen so mancher Experten brauchen und ertragen.

Kinder benötigen jedoch keine neuen und verbesserten Stundenpläne, sondern vielmehr *Zugang* zur wirklichen Welt; viel Zeit und Raum, um über ihre Erfahrungen nachzudenken, und um durch Fantasie und Spiel ihren Sinn zu begreifen; außerdem benötigen sie Tipps, Straßenkarten und Reiseführer, um leichter dorthin zu gelangen, wohin sie wollen (nicht wohin wir glauben, dass sie gehen sollen), und um das herauszufinden, was sie herausfinden wollen. Allerdings ist es nicht einfach, Mittel und Wege zu finden, um dies alles zu tun. Die moderne Welt ist gefährlich, verwirrend, nicht für Kinder gemacht, und im Allgemeinen Kindern gegenüber nicht besonders freundlich und entgegenkommend. Wir müssen lernen, wie wir Kindern den Zugang zur Welt erleichtern, und wie wir ihnen mehr Freiheit und Befugnisse zugestehen, um sie zu erforschen. Das ist eine ganz andere Sache, als einen hübschen kleinen Stundenplan zu verfassen.

Growing Without Schooling (GWS): Zweimonatszeitschrift, seit 2001 eingestellt, weil das Internet den Austausch einfach schneller ermöglicht. Aber eine Zusammenstellung alter Ausgaben kann bei www.holtgws.com als Sammelband bestellt werden, und einige Beispieltexte sind auf dieser Seite frei zugänglich. *Home Education Magazine (HEM)*, zweimonatlich erscheinend Zeitschrift, siehe www.homeedmag.com. *HEM* bietet lange Artikel und hervorragende, regelmäßige Kolumnen von Personen wie Cafi Cohen, der Autorin von *And What About College*, und dem wunderbaren, aufschlussreichen Earl Stevens, einem Unschooling-Vater. Rechtliche Informationen, viele Hinweise zu Lehrmaterial für jüngere Kinder, sowie Nachrichten und Ideen von Teenagern.

In Deutschland waren uns zum Zeitpunkt der Drucklegung die im Nachfolgenden aufgelisteten Zeitschriften und Initiativen zum Thema Lernen ohne Schule bekannt. Da die Freilerner in Deutschland eine schnell wachsende und sehr aktive Bewegung sind, kommen ständig neue Websites, wichtige Artikel und Essays und andere Veröffentlichungen hinzu. Das Internet, segensreich und unerlässlich für die Vernetzung auch der Freilerner, hält aktuelle Informationen bereit.

Zeitschriften

Die Freilernerzeitschrift für selbstbestimmtes Lernen und Leben ersetzt seit 2011 den Rundbrief der Initiative für selbstbestimmtes Lernen und des Bundesverbandes Natürlich Lernen. Sie erscheint fünf bis sechs Mal pro Jahr enthält Einladungen zu Treffen,

Berichte darüber und Artikel der LeserInnen. Die Initiative für selbstbestimmtes Lernen trifft sich schon seit Sommer 2000 regelmäßig für bundesweite und regionale Treffen. Der Bundesverband Natürlich Lernen! (www.bvnl.de) gründete sich aus der Initiative heraus. Schwerpunkte des BVNL sind Umwandlung der Schulpflicht in eine Bildungsfreiheit, Aufklärung dazu und Hilfe zur Gründung und Legalisierung von Familienschulen. Bundesverband und Initiative arbeiten zusammen und unterstützen sich gegenseitig. Kontakt: www.bvnl.de Tel.: 030 / 45 97 61 99

Natürlich Lernen. Die 2006 von Sandra und Stephan Schwitalla vom Continuum Waldkindergarten e.V. gegründete Zeitschrift »Natürlich Lernen«, tologo Verlag, beschäftigte sich mit Themen rund ums Lernen. Wissenschaftliche Aspekte werden ebenso behandelt wie Erfahrungsberichte, aktuelle Entwicklungen und Ereignisse. Die Herausgabe wurde bereits 2006 wieder eingestellt. Die erschienenen Hefte sind über den tologo-Verlag zu beziehen.

Unerzogen-Magazin, tologo Verlag. Das 2007 gegründete »unerzogen«-Magazin informiert über Bildungsfreiheit, selbstbestimmtes Lernen und Aufwachsen sowie über den respektvollen Umgang mit Kindern. Ein großer Teil des aktuellen Heftes behandelt die Themen Schule und Demokratie sowie Unschooling, das Lernen ohne Schule. www.unerzogen-magazin.de/ Tel.: 0341 / 49 24 03 41

Bücher

- Illich, Ivan (1970): *Schulen helfen nicht. Über das mythenbildende Ritual der Industriegesellschaft.*
- Holt, John (1984): *Zum Teufel mit der Kindheit.* Grundlagenschrift des Unschooling-Vordenkers, ebenso zu empfehlen wie seine sämtlichen anderen Werke.
- Holt, John und Farenga, Pat : *Bildung in Freiheit. Das große John-Holt-Buch zum eigenständigen Lernen* (Original: Teach Your Own, 1989). Grundlagenwerk der Unschool-Bewegung.
- Heimrath, Johannes (1991): *Tilmann geht nicht zur Schule – eine erfolgreiche Schulverweigerung.* Die Geschichte des ersten und bisher einzigen »Schulverweigerers«, dessen Eltern vor Gericht Recht bekamen. Mit ausführlicher Dokumentation.
- Keller, Olivier (1999): *Denn mein Leben ist Lernen – wie Kinder aus eigenem Antrieb die Welt erforschen.* Porträt von sieben Unschoolern aus den verschiedensten Familien und sozialen Schichten.
- Pousset, Raimund (2000): *Schafft die Schulpflicht ab!* Warum unser Schulsystem Bildung verhindert.
- Llewellyn, Grace und Silver, Amy (2001): *Guerrilla Learning. How to give your kids a real education with or without school.* Eine Einladung zur Solidarität mit ihren Kindern an Eltern, für die Leben ohne Schule kein Thema ist.

- Juul, Jesper (2001): *Das kompetente Kind.*
- McNeice, Angus, Maisie und Travers (2002): *Wir Löwenkinder – unser abenteuerliches Leben in der Wildnis von Botsuana*
- Warcup, Charles (2003): *Die Wiederentdeckung des Potenzials.* Eine freundliche Schulkritik, die viele lerntheoretische Informationen liefert.
- Mayer, Thomas und Schirrmacher, Thomas (Hrsg., 2004): *Wenn Kinder zu Hause zur Schule gehen.* Eine Fundgrube an Dokumenten, Argumenten, Zitaten; mit Schwerpunkt auf formalem Hausunterricht.
- Mohsennia, Stefanie (2004): *Schulfrei: Vom Lernen ohne Grenzen.* Spannend geschriebenes, sehr informatives Buch mit Schwerpunkt Unschooling.
- Schirrmacher, Thomas (2005): *Bildungspflicht statt Schulpflicht.* Juristischer Schwerpunkt.
- Kuegler, Sabine (2006): *Dschungelkind.* Spannende Autobiografie über eine Kindheit ohne Schule im Urwald.
- Neufeld, Gordon (2006): *Unsere Kinder brauchen uns! Die entscheidende Bedeutung der Kind-Eltern-Bindung.* Die bahnbrechenden Erkenntnisse der Bindungsforschung machen bestens belegt Schluss mit dem Mythos, Schule fördere eine gesunde Sozialisation.
- Barson, Seslie Safran (Hrsg., 2006): *Selbstbestimmtes Lernen und Bildung ohne Schule: eine europäische Perspektive.* Dreisprachige Zusammenstellung von Erfahrungsberichten und Grundsatztexten aus Deutschland, Frankreich, England und Schweiz.
- Edel, Jan (2007): *Schulfreie Bildung.* Handbuch mit vielen nützlichen Informationen und Quellen.
- Gilmour, David (2009): *Unser allerbestes Jahr.* Roman einer Vater-Sohn-Beziehung ohne Schule.
- Griffith, Mary (2011): *Ansteckendes Lernen.* Rückblick auf unbeschulte Jahre.
- Griffith, Mary (2013): *Das große Unschooling-Handbuch. Die ganze Welt als Klassenzimmer.*
- Gatto, John Taylor (2009) *Verdummt noch mal! Der verborgene Lehrplan oder Was Kinder in der Schule wirklich lernen.*
- Hunt, Jan (Hrsg., 2009): *Das Freilerner-Handbuch.*
- Martin, Dayna (2011): *Die freie Familie oder die Freiheit über Leben und Lernen selbst zu bestimmen.*
- Mayer, Thomas/Schirrmacher, Thomas (Hrsg., 2004): *Wenn Kinder zu Hause zur Schule gehen.*
- Neubronner, Dagmar (2008): *Die Freilerner. Unser Leben ohne Schule.* Der Weg der Familie Neubronner ohne Schule.
- Pflüger, Georg (2004): *Lernen als Lebensstil. Die Herausforderung der Homeschool-Bewegung.*

- Stern, André (2009): *... und ich war nie in der Schule. Geschichte einer glücklichen Kindheit.*
- Thomas, Alan (2008): *Bildung zu Hause. Eine sinnvolle Alternative.*
- Fuchs, Luise (Hrsg., 2012): *Freilernbildung. Wie Homeschooling gelingt.* (E-Book bei amazon Kindle).
- Fuchs, Luise (2012): *Abschlüsse ohne Schulbesuche. Zulassung, Vorbereitung, Lerntipps. Ein praktischer Ratgeber.*
- Sher, Barbara (1984): *Wishcraft. Lebensträume und Berufsziele entdecken und verwirklichen.*

Von Grace Llewellyn empfohlene englische Buchtitel:

- Thomas Amstrong, *Seven Kinds of Smart: Identifying and Developing Your Many Intelligences.*
- Clifton Fadiman, *The New Lifetime Reading Plan.*
- Richard Fobes, *The Creative Problem Solver's Toolbox: A Complete Course in the Art of Creating Solutions to Problems of Any Kind.*
- Ronald Gross, *The Independent Scholar's Handbook.*
- Herbert Kohl, *From Archetype to Zeitgeist: Powerful Ideas for Powerful Thinking.*
- Howard Rheingold, Herausgeber von *The Millennium Whole Earth Catalog.*

Weitere englischsprachige Bücher:

- Orr, Tamara: *After Homeschool. Fithteen Homeschoolers out in the real world.*
- McKee, Alison: *Homeschooling our children. Unschooling ourselves.*
- Kream, Rue (2005): P*arenting a Free Child: An Unschooled Life.* Eine Mutter, die ihre beiden Töchter vollkommen frei erzieht, antwortet auf typische Elternfragen zum Thema Erziehung und Bildung und erzählt dabei aus ihrem Familienleben. Faszinierend.

Zahlreiche weitere neuere deutsche und englische Buchtipps, die zur Auffassung von Grace Llewellyn passen, finden sich unter www.leben-ohne-schule.de, die von Stefanie Mohsennia betrieben wird, der Autorin von *Schulfrei.*

Filme:

- *Schulfrei. Ein Film über Lern- und Lebenslust* von Anne Sono, 2011. Tologo Verlag.
- *Alphabet. Angst oder Liebe* von Erwin Wagenhofer, 2013. Kritischer Dokumentarfilm zum Thema Konkurrenz in der Bildung mit einem Teil über André Stern. www.alphabet-film.com
- *Being and Becoming* von Clara Bellar. 2014. Dokumentarfilm über europäische Freilerner. www.beingandbecoming.com

Erfahrungsberichte und Austausch gibt es in Blogs, Foren und Facebook-Gruppen. Einige werden hier genannt, aktuelle Informationen gibt es auf den weiter unten aufgeführten Websites.

- zahlreiche Facebook-Gruppen, u.a. *Freilernen in der Praxis*
- www.freilernerdorf.de (Forum)
- www.pro-lernen.ch – Blog der Unschooling-Familie Gantenbein aus der Schweiz
- www.schulstube.jiimdo.com – Blog und Website einer schweizer Mutter, deren Kinder zu Hause lernen
- www.goodbye-schulpflicht.de – Blog mit Sammlung von Gründen gegen die Schulpflicht (Aktion des BVNL)

Websites zum Thema

Grundlage für diese Linksammlung ist die Website von Jan Edel: www.homeschooling.de.

Organisationen und Vereine (deutsch):

- Netzwerk Bildungsfreiheit, ein Zusammenschluss mehrerer nationaler und internationaler Organisationen, Vereine und Wissenschaftler gegen den in Deutschland noch immer praktizierten Schul(besuchs)zwang: www.netzwerk-bildungsfreiheit.de
- Lernen ist Leben, Bundesverband Natürlich Lernen! e.V.: www.bvnl.de
- Informationszentrum Leben ohne Schule: www.leben-ohne-schule.de
- Clonlara-Schule: www.clonlara.de
- Schulbildung in Familieninitiative e.V.: Eine von Nordrhein-Westfalen ausgehende Elterninitiative: www.homeschooling.de
- Selbsthilfegruppe »Bildungsinitiative Zukunft«: www.bi-z.de
- Bildung und Erziehung in Familien e.V. Ein Zusammenschluss von Homeschoolfamilien aus Baden-Württemberg: www.homeschool.de (nur bis 2006 geführt)

- Schulunterricht zu Hause e.V. Rechtshilfeorganisation für die Anerkennung von Homeschooling in Deutschland, unterstützt von HSLDA (ca. 80 000 Mitglieder): www.schuzh.de
- Initiative deutscher Hausschulfamilien: www.hausunterricht.org
- Deutsche Fernschule www.deutsche-fernschule.de
- www.septembertreffen.de – Gruppe von freilernenden Jugendlichen/jungen Erwachsenen, die regelmäßige Treffen organisiert
- www.schulfrei-festival.de
- www.freilerner.net – Informationsportal, Freilerner-Wiki
- www.freilerner-solidargemeinschaft.de
- www.kern-bildung.de – Begleitung bei individuellen Bildungs- und Abschlusswegen von Freilerner-Elternpaar

Einige andere europäische Organisationen

- Europäisches Bildungsnetzwerk: www.eu-le.de
- Europäisches Forum für Bildungsfreiheit (effe): www.effe-eu.org
- Home Education, UK: www.home-education.org.uk
- www.educationotherwise.net
- www.hesfes.co.uk – jährlich stattfindendes Sommerfestival für Freilerner
- Les enfants d'abord, France: www.lesenfantsdabord.org (auch Englisch)
- Asociación para la Libre Educación, Spanien: www.educacionlibre.org (nur Spanisch)
- Bildung zu Hause e.V., Schweiz: www.bildungzuhause.ch
- Homeschooling in der Schweiz: www.cruxmove.com/SwissHomeSchooling.htm
- Home Education Network of Geneva, Schweiz: www.heng.nyonweb.ch
- Netzwerk für Hausunterricht, Österreich: www.unsereschulen.at
- Freilernernetzwerk Österreich: www.freilerner.at
- Homeschooling in Italien: http://educazioneparentale.org
- Ucíme se doma in Tschechien: www.ucimesedoma.blog.cz
- Hjemmeundervisning in Dänemark: www.hjemmeundervisning.dk
- Hjemme Undervisningen in Norwegen: www.nhuf.no
- Swedish Association for Home Education: www.rohus.org
- Das irische Home Education Networks: www.henireland.org
- Holland: www.lereninvrijheid.nl

Große internationale Organisationen

- Home Schooling (Methods, Planning, Resources, Organisations): www.myhomeschoolingweb.com
- Home School Legal Defense Association: www.hslda.org
- National Home Education Research Institute: www.nheri.org
- Homeschool World: www.home-school.com
- ePals – die weltweit größte Online-Klassengemeinschaft: www.epals.com

Anhang B
Nachwort zur zweiten Auflage

Als ich 1991 die erste Ausgabe dieses Buches fertigstellte und sie dem Universum übergab, wusste ich nicht, was ich erwarten sollte, ob ich die ersten tausend Exemplare verkaufen oder damit lediglich den Fußboden meines Schlafzimmers pflastern würde. Ich war nicht sicher, ob auch nur eine einzige Person meine wilden Worte lesen und sich von ihnen überzeugen lassen würde, die Schule zu verlassen und ein großartiges Leben zu beginnen. Aber schon damals fühlte ich, dass sich alle meine Mühen für eine einzige Person gelohnt haben würden.

Sieben Jahre und 20.000 Exemplare später ist Das Teenager-Befreiungs Handbuch immer noch im Untergrund, verborgen im Dunkeln und nicht einmal in den untersten Rängen einer beliebigen Bestsellerliste zu finden. Durch Briefe, Telefonate, Artikel und Beiträge in Homeschooling-Newslettern, E-Mails, vertrauenswürdige Mitteilungen und persönliche Begegnungen habe ich von *hunderten* Teenagern gehört, die dieses Buch gelesen und mit Unschooling begonnen haben (vermutlich gibt es noch eine ganze Menge mehr, von denen ich nicht gehört habe) ... und von weiteren Hunderten, die bereits vorher Homeschooling betrieben, aber nun mehr Eigeninitiative zeigen. Auch Lehrer, Eltern, College-Studenten und andere Erwachsene schreiben und erzählen mir, wie sie sich selbst von ihrer Schulbildung lösen, wieder Vertrauen gewinnen in ihren eigenen Geist und ihre Wünsche, und wie sie versuchen, die jungen Menschen, die sie unterrichten, oder auch die eigenen Kinder, verstärkt zu respektieren und zu unterstützen.

Dadurch lebe ich in ständiger Ekstase. Kaum ein Tag vergeht, ohne dass ich erstaunt und dankbar bin, dass ich zur richtigen Zeit am richtigen Ort war, und dass gerade mir die Aufgabe zufiel, Teenagern die Unschooling-Bewegung näher zu bringen. Selbstverständlich kostete es viel Mühe, dieses Buch zu schreiben (und zu überarbeiten), deshalb bin ich überaus zufrieden mit mir, dass ich diese Arbeit so gut erfüllt habe, wie ich nur konnte. Gleichzeitig bin ich unendlich dankbar, dass mir mein Leben die Gelegenheit dazu bot. Der Großteil dieses Buches ist Allgemeinwissen, das ich aufgenommen, verarbeitet und umgelenkt habe – wie eine (passive) Solarzelle.

Wie es seit der ersten Ausgabe dieses Buches mit der Unschooling-Bewegung weiterging:

Die Unschooling-Bewegung ist gewachsen und mutiger geworden, auch wenn der Begriff *Unschooling* dem Durchschnittsbürger auf der Straße immer noch unbekannt ist. Dafür hat zumindest in den USA jeder schon von Homeschooling gehört und glaubt zu wissen, was es bedeutet. In den Städten verbreitet sich Unschooling sehr rasch. Und während man allgemein *Homeschooling* als ländlichen Trend ansah – was es vielleicht nie war – ist es das heute gewiss nicht mehr.

In letzter Zeit entdecken auch die Medien den Begriff *Unschooling*. (Ein wenig ärgerlich ist es jedoch, dass Unschooling als neue Unterkategorie von Homeschooling vorgestellt wird, als hätte John Holt nicht schon in den 70er Jahren die Grundlagen dafür geschaffen.) Heute hat sich die rechtliche Lage für Homeschooling im Allgemeinen gebessert, so dass es nun in den meisten US-Bundesstaaten relativ einfach ist, die Schule zu verlassen.

Zum Teil aufgrund dieses Buches haben viele junge Menschen selbst die Initiative ergriffen und den Prozess des Unschooling eingeleitet, statt darauf zu warten, dass ihre Eltern an diese Möglichkeit denken. Dadurch, und auch weil sich die Homeschooling-Bewegung allgemein rasch ausbreitet und die jüngeren Homeschooler mit jedem Tag älter werden, gibt es heute weitaus mehr freilernende Teenager als im Jahr 1991. Nur weiter so! Außerdem habe ich immer wieder gesehen, dass sich unsere Bewegung nicht nur deshalb so gut entwickelt, weil Unschooling sinnvoll ist, sondern auch, weil sich die Unschooler als Gemeinschaft betrachten und geradezu herzzerreißend großzügig miteinander umgehen.

Indem sich Unschooler die Erfahrungen anderer Unschooler zunutze machen, werden sie immer besser beim Lernen, aber auch im Leben. Wie immer entscheiden sich viele für Aktivitäten, die sie zutiefst erfüllen und befriedigen, auch wenn sie nicht »außergewöhnlich« sind, wie etwa Lesen oder ehrenamtliches Arbeiten in der Nachbarschaft, alles hinterfragen, Vögel beobachten und enge Freundschaften pflegen. Andere wiederum wählen spektakuläre Abenteuer oder große Projekte, die oft wirklich berichtenswert sind – auch wenn es im Grunde nicht darum geht –etwa eine Radtour allein durch Kolumbien und Ecuador; das Schreiben oder Herausgeben von Büchern, Entwurf und Bau eines Liegerads, das Eröffnen und Führen eines Ladens, die Herausgabe eines ernst zu nehmenden Unschooling-Magazins über mehrere Jahre hinweg; der Bau einer Jurte, eines Strohballenhauses oder eines Solarofens nach eigenem Entwurf; die USA per Fahrrad durchqueren und dies als jüngste Amerikanerin, die dies je geschafft hat. (Selbstverständlich verbringen dieselben Personen, die diese Meisterleistungen erbringen, auch lange ruhige Perioden zu Hause, wo sie lesen, Vögel beobachten, und alles hinterfragen ...)

Was die Autorin in der Zwischenzeit erlebte:

Nun, ich verliebte mich, heiratete, feierte meinen dreißigsten Geburtstag, begann zu gärtnern, verbesserte meine Fähigkeiten im Tanz, verbrachte sieben Jahre als Sekretärin der Autorin des *Teenager-Befreiungs-Handbuchs* ... und versuchte mich in einer Reihe von Projekten, die mit Unschooling zusammenhingen. Ich gab zwei weitere Bücher im Eigenverlag heraus, begann etwa fünf zusätzliche Bücher (die jetzt unvollendet in meinem gewaltigen Aktenschrank liegen), veröffentlichte den Newsletter *Unschooling Ourselves* und arbeitete an einem Video über Unschooling (das ebenfalls noch nicht vollendet ist). Ich eröffnete ein Informationszentrum, sprach in zahllosen Radiosendungen und einigen wenigen TV-Shows mit einer Unmenge von Journalisten, hielt bei Homeschooling Konferenzen und anderen Ereignissen eine Vielzahl von Reden, führte Beratungsgespräche, rief das *Not Back to School Camp* ins Leben, richtete eine Selbsthilfegruppe für Unschooler ein (und eine weitere für Schulabbrecher) und baute einen Buchversand auf. Zusätzlich beantwortete ich Hunderte oder vielleicht sogar Tausende von Briefen – allmählich verliere ich den Überblick. (Manchmal überwältigt mich mein Schuldgefühl, weil ich es nicht schaffe, meine gesamte Post zu beantworten, und weil ich nicht all den Teenagern eine persönliche Freundin und Beraterin sein kann, die sich Hilfe suchend an mich wenden, während sie im Begriff stehen, die Verantwortung für ihr Leben zu übernehmen, und dies oft mit verwirrten oder skeptischen Eltern an ihrer Seite.)

Bei alledem habe ich eine wichtige Lektion gelernt: Es ist nicht gesund, zu vieles gleichzeitig zu tun. Außerdem ist es eine undankbare Vergeudung, so schnell zu leben, dass du nicht mehr atmen kannst. Selbstverständlich hatte ich auch viele großartige Augenblicke, vor allem, wenn ich vielen Menschen helfen konnte. Dennoch hätte ich mich wohler gefühlt, wenn ich mit größerer Sorgfalt einige wenige Projekte gewählt und mich besser auf sie konzentriert hätte. Heute veröffentliche ich keinen Newsletter mehr, führe kein Informationszentrum, spreche nicht mehr bei Homeschooling-Versammlungen, gebe Medienleuten keine Interviews mehr, führe keine Beratungsgespräche und leite keine Selbsthilfegruppen. Allerdings leite ich immer noch mit Unterstützung meines reizenden Ehemannes Skip – mit großer Freude und Begeisterung – das *Not Back to School Camp* und unseren Buchversand *Genius Tribe,* beantworte einen Teil meiner Post, schreibe weiterhin und überlege, alte Projekte wieder aufleben zu lassen oder mich neuen zu widmen – und dies gezielt.

Ich werde oft gefragt, ob sich in den vergangenen sieben Jahren meine Ansicht über Ausbildung geändert habe. Im Allgemeinen haben sich meine Gefühle einfach intensiviert. Heute bin ich *weniger* tolerant gegenüber jener Form von Homeschooling, bei der Eltern zu Hause einen Schulbetrieb einrichten und sich an einen vorgefertigten Lehrplan halten. (Als ich zum Beispiel heute Morgen in Colorado widerwillig als Gast an einer konservativen Radiosendung teilnahm, erklärte ein erboster Anrufer: »Ich bin *schockiert*. Selbstbestimmtes Lernen? Genau deshalb habe ich meine Kinder *aus der Schule* genommen.«)

Umso mehr Freude bereitet mir jedoch heute jene Art von Homeschooling, bei der die Jugendlichen ihre Ausbildung selbst in die Hand nehmen. Die erste Ausgabe dieses Buches schrieb ich auf Basis meiner heftigen Kritik an meiner eigenen Jugend, der Arbeit von John Holt und zahllosen Beispielen von Teenagern, die ihre Ausbildung bereits selbst in die Hand genommen haben. Mit meinem mittlerweile vertieften Verständnis fügte ich neues Material hinzu und brachte alte Informationen mit Hilfe meiner Mailbox und neuer Freundschaften auf den neuesten Stand. Zum Glück zählen zu meinen engen Freunden auch mehrere inzwischen erwachsene Unschooler, die mich immer wieder daran erinnern, was im Leben wichtig ist und wie *ich* leben will. Die Briefe, die mein Herz und meine Aktenschränke füllen, zeigen mir immer wieder, dass Unschooling Leben rettet und dass diese Botschaft sogar noch wichtiger ist, als mir dies in der ersten Runde bewusst war.

Eugene, Oregon, Freitag, 13. Februar 1998

Anhang C
Kraft und Magie in meinem Postfach

Ich erhalte äußerst spannende und faszinierende Briefe: von Lesern jeder Altersklasse, von denen ein Teil zur Schule geht und ein Teil die Schule verlassen hat, von Teenagern, Eltern, Lehrkräften, College-StudentInnen und anderen Erwachsenen. Sie erreichen mich aus den USA, aus Kanada und gelegentlich auch aus anderen Ländern. Meist sind sie überschäumend, mitunter frustriert, und oft ein wenig von beidem. Das tiefe Verständnis, das aus ihnen spricht, überwältigt mich, und was ich hier erfahre, treibt mich voran. Ich freue mich, dir Ausschnitte aus einer Handvoll dieser Briefe vorzustellen, zusammen mit einigen meiner Antworten. Auch wenn ich die Briefe hier verschiedenen Kategorien zuweise, spiegelt jeder einzelne ein einzigartiges Individuum wider.

Lehrkräfte

Ich höre oft von LehrerInnen, die dieselben Konflikte durchleben, unter denen ich litt, als ich noch an der Schule unterrichtete. Manche überlegen, ob sie die Schule verlassen sollen, manche beschließen zu bleiben und kämpfen hart darum, authentisch und konstruktiv zu sein, und manche haben die Schule vor kurzem verlassen und lassen dieselbe erstaunte Freude erkennen wie so viele frischgebackene Unschooler.

Liebe Grace,
vor kurzem habe ich Ihre Bücher *Real Lives* und *Das Teenager-Befreiungs-Handbuch* gelesen und war völlig überwältigt ... Nachdem ich zwölf Jahre lang als »erfolgreicher« Schüler die öffentlichen Schulen von Memphis, Tennessee, besuchte, schloss ich 1984 als Klassenbester ab und schrieb mich an der University of Tennessee ein. Ich wollte immer schon unterrichten, am liebsten als Mathematiklehrer an einer Highschool. Nachdem mir jedoch meine Lehrer mit dezenten Hinweisen von dieser Berufswahl abrieten (es wäre eine »Vergeudung meiner Talente«) und auch meine Eltern (dieser Beruf sei nicht lukrativ genug), beschloss ich, der Lehrerberuf müsse warten, bis ich ein wenig Geld verdient hätte. So wählte ich als Hauptfach Ingenieurwesen. 1988 machte ich meinen Abschluss an der UT in Elektrotechnik und nahm augenblicklich einen Job als Informatiker im Research Triangle Park von IBM in North Carolina an.

Nach einigen Jahren in einem amerikanischen Unternehmen wuchs meine Unzufriedenheit, und ich überlegte erneut, Lehrer zu werden. An der Wake Forest University fand ich ein Studienprogramm, mit dem ich sowohl einen Hochschulabschluss in Pädagogik als auch eine Lehrberechtigung erwerben konnte. Zum Entsetzen von Familie und Freunden verkaufte ich mein Haus, kündigte meinen Job bei IBM und schrieb mich an der Universität ein. Zu diesem Zeitpunkt hatte ich schon viel über »Ausbildung« gelesen und mich vor allem in Jonathan Kozol verliebt, dessen Leidenschaft für das Unterrichten und öffentliche Schulen sich mit meinen deckte. Ich hatte sogar schon festgelegt, dass Zensuren das größte Problem der Schulen darstellen, und dass sich durch die Abschaffung der Zensuren an den Schulen wundervolle Dinge jeglicher Art ergeben würden. (In Wake Forest galt ich dadurch als ziemlich radikal.) Als Diplomarbeit entwarf ich ein Pilotprogramm für eine »Essential School« nach den Prinzipien von Ted Sizers *Coalition of Essential Schools*. Meiner Ansicht nach beinhaltete eine Lösung für die Probleme einer Ausbildung an öffentlichen Schulen nicht nur die Abschaffung der Zensuren, sondern auch andere Coalition-Prinzipien wie eine Verringerung des Schüler-Lehrer-Verhältnisses und der unterrichteten Fächer etc. Kurz gesagt glaubte ich im Grunde an dieselben Dinge, an die alle Schulreformer glauben: dass wir lediglich einige wenige (wenn auch nicht unwichtige) Probleme lösen müssten, um großartige Schulen zu bekommen. Im Sommer 1993 schloss ich mein Studium an der WFU ab und nahm einen Job an einer »schwierigen« innerstädtischen Highschool in Durham, North Carolina, an. Ich war gleichzeitig nervös und zuversichtlich, denn immerhin benötigten diese Kids vor allem idealistische, engagierte junge Lehrer, was ich zu diesem Zeitpunkt gewiss war.

Es war vom ersten Schultag an eine Katastrophe. Die Schule war hoffnungslos in politische Querelen verstrickt, der brandneue Direktor versuchte verzweifelt, seinen Erfahrungsmangel und seine fehlende Kompetenz durch autoritäres Verhalten und Schuldzuweisungen zu verbergen, und die Schüler hatten ihre Probleme. Ich war überwältigt und hatte das Gefühl, keinerlei Unterstützung zu bekommen. Zwischen Anfällen von Depression, Angst, Sorge und Enttäuschung erkannte ich allmählich zum ersten Mal, dass neben einigen Schwierigkeiten, die auf meinen Erfahrungsmangel zurückzuführen waren, viele andere Absurditäten aus dem Schulsystem selbst hervorgingen. Viele meiner Schülerinnen und Schüler waren entweder schwanger oder bereits Eltern (und das mit 15 Jahren), die meisten lebten in Sozialbauten, und niemand von ihnen hatte einen Grund, sich für rechtwinkelige Dreiecke oder lineare Gleichungen zu interessieren. Wäre ich in ihrer Lage, würde es mir genauso gehen – darauf kam ich rasch.

Durham High raubte mir rasch meine Energie. Nach nur wenigen Monaten erkannte ich, dass ich einerseits nicht an das glaubte, was ich dort tat, und dass ich, wenn ich bliebe, meine Ehe, meine Gesundheit und meinen klaren Verstand aufs Spiel setzte. Deshalb kündigte ich schon nach einem zermürbenden Semester. Ich nahm daraufhin einen Teilzeitjob im Nachmittagsprogramm einer nahe gelegenen privaten Mittelschule an und versuchte – noch immer verärgert und verwirrt – dahinter zu kommen, was für mich Unterricht, Lernen und Ausbildung bedeuteten. Vielleicht waren ja Privatschulen die Lösung; vielleicht war die »Schulwahl«, die ich bis dahin als elitäres Ablenkungsmanöver von den realen Problemen des öffentlichen Schulwesens verurteilt hatte, die Lösung; vielleicht war Homeschooling die Lösung; vielleicht gab es überhaupt keine Lösung.

(Hier beginnen nun Lob und Huldigung.) Als ich eines Tages durch die Ausbildungsabteilung der öffentlichen Bibliothek streifte, entdeckte ich Ihr Buch Real Lives. Augenblicklich wusste ich, dass ich über etwas gänzlich Andersartiges gestolpert war. Meine größte Sorge im Hinblick auf Homeschooling basierte auf dem Bild eines Elternteils, der täglich sechs Stunden lang mit einem Kind am Küchentisch sitzt. Ihr Buch fegte diese Vorstellung einfach weg (besonders faszinierte mich Kylas Bericht über ihre Fahrradreise durch Südamerika). Zum ersten Mal in meinem Leben fragte ich mich, ob Mathematik, Naturwissenschaft, Englisch und Sozialkunde tatsächlich das Wichtigste im Leben waren; vielleicht war es genauso wichtig, ein Haus zu bauen, ein Pferd zu reiten oder mit dem Fahrrad durch Südamerika zu reisen. Nachdem ich *Real Lives* gelesen hatte, war ich wochenlang wütend darüber, dass ich so viel Zeit meines eigenen Lebens in Klassenzimmern verbracht hatte und im Alter von 28 Jahren immer noch nicht gelernt hatte, selbstständig zu entscheiden, was mich interessierte und welcher Sache ich Zeit widmen wollte. Ich war der lebende Beweis dafür, dass das traditionelle Schulwesen Schäden hinterlässt.

Danach befasste ich mich ernsthaft mit dem Konzept des »Unschoolings« und selbstbestimmten Lernens. Ich las *Das Teenager-Befreiungs-Handbuch, Dumbing us Down* von John Taylor Gatto und alles, was ich von John Holt finden konnte. Vor allem Gattos Schriften sprachen mich stark an, wenn er von den inneren Kämpfen eines Mannes erzählte, der im öffentlichen Schulsystem überaus »erfolgreich« war, ehe er beschloss, dass er keinen »Job mehr wollte, in dem ich Kinder schädigen muss, um meinen Lebensunterhalt zu verdienen«. Immerhin wusste ich genau, wovon er sprach.

Die Nachgeschichte: Ich habe aus meiner Autobiografie jenen Teil weggelassen, in dem meine Ehefrau ähnliche Kämpfe auszufechten hatte, bis sie sich entschloss, ein geistliches Amt zu übernehmen. Nun leben wir auf Ocracoke Island, vor der Küste von North Carolina, wo sie als Pastorin der United Methodist Church tätig ist. Im Februar erwarten wir unser erstes Kind, und ich freue mich schon darauf, Vollzeitvater zu sein. Ich habe auch schon mit meinem eigenen »Unschooling« begonnen – ein schwieriger und gleichzeitig aufregender Prozess, den ich bisher unendlich genieße.

Lance Bledsoe, Ocracoke, North Carolina.

College-Studenten

Erfreut und überrascht stellte ich fest, dass auch viele College-Studenten dieses Buch verwenden. Viele von ihnen haben es im Rahmen eines Ausbildungskurses oder anderer Kurse als Pflichtlektüre *gelesen! Selbstverständlich haben viele von ihnen das Buch lediglich*

»interessant« gefunden, andere wiederum haben es als lächerlich abgetan, und wieder andere haben sich entschlossen, es auf ihr Leben anzuwenden. Für einige bedeutet dies, dass sie das College verlassen, für andere, dass sie ihr Hauptfach wechseln, sich mehr Freizeit gönnen oder einfach (?) ihren Blick auf das Leben und ihre Prioritäten ändern.

Liebe Grace,
ich sitze hier um 1:30 Uhr in der Küche meines kleinen Appartements, schreibe in mein Tagebuch und lese vermutlich zum zwanzigsten Mal dein erstes Buch. Dabei bin ich auch über den letzten Satz deines ersten Kapitels gestolpert. Du schreibst etwa: Ich hoffe, dass auch du einen Höhenflug erlebst. Erzähle mir dann, wo du gelandet bist ... Nun, ich bin südlich des Äquators in Buenos Aires gelandet. Ich weiß nicht, ob du dich noch erinnerst, aber ich schrieb dir vor acht Monaten aus dem Swarthmore-College, inmitten der kalten Novemberstürme und meiner eigenen Zerrissenheit, ob ich weiterhin an der hebräischen Schule unterrichten solle, weil es mich in viele Konflikte stürzte, ausschließlich die Rolle der »Lehrerin« zu übernehmen. Zusätzlich war ich mir über meine weitere College-Karriere nicht im Klaren, obwohl ich nicht weiß, ob ich in meinem Brief auch darüber geschrieben habe. (Und Ja, deine Antwort war sehr hilfreich; es hat mir auch viel bedeutet, dass du dir die Zeit genommen hast, mir zu antworten.)

Mein zweites Semester führte mich hierher nach Buenos Aires, wo ich mein Auslandsstudienjahr verbringen wollte. Allerdings ist etwas geschehen. Als ich dir letzten Herbst schrieb, war ich zutiefst deprimiert und glaubte, in einigen Monaten alles wieder in Ordnung bringen zu können. Gegen Ende des Semesters stellte ich jedoch fest, dass ich nicht bereit war, zurückzugehen. Ich genoss mein Leben in meinem gemieteten Appartement, mit meiner Arbeit, meinem Studium, der spanischen Sprache, einfach das Leben selbst. Und ich wollte bleiben, um diese »Fähigkeiten« weiter zu entwickeln. Zunächst geriet ich in Panik. Für mich war es ein großer Sprung, eine gewaltige Programmänderung, die eine Änderung meines gesamten Studienprozesses bedeuten würde. Ich würde mich nicht mehr im Schutz der »Legitimität« eines Auslandssemesters bewegen, sondern nur noch Aviva sein und in Südamerika in Sünde leben (Sünde deshalb, weil ich nicht mehr aufs College ging – und leider in keinem anderen Sinn). Ich würde Englisch unterrichten, reisen, studieren, frei sein, die Universität besuchen, aber ohne bei meiner Rückkehr einen Garantieschein zu erhalten.

Weißt du was? Ich habe mich noch nie freier gefühlt. Noch nie standen mir so viele Möglichkeiten offen. Es gibt so vieles zu lernen. Vielleicht werde ich im Frühling an dasselbe College zurückkehren, vielleicht aber auch nicht. Das muss ich nicht schon jetzt entscheiden. Das Schönste daran ist, dass ich weiß, dass ich erreichen werde, was ich tun will, und dass ich mich zum ersten Mal nicht gefangen fühle. Ich habe erkannt, dass es noch nicht zu spät ist, um all das in die Tat umzusetzen, was du in deinem Buch anbietest. Immer wieder denke ich an das 16-jährige Mädchen, dessen Fahrradreise durch Südamerika du in *Real Lives* beschreibst. Wenn sie dazu fähig ist, sollte ich keine Angst davor haben, etwas länger in Argentinien zu bleiben.

Warum erzähle ich dir all dies? ... Weil du zu meinem Entschluss beigetragen hast, hier zu bleiben. Keine Sorge, meine Mutter wird dich nicht anrufen, um sich zu beschweren: »Warum haben Sie meiner Tochter eine Gehirnwäsche verpasst?« Deine Worte haben nur verstärkt, was ich in meinem Herzen schon seit Längerem wusste, aber zu ängstlich war, um es mir einzugestehen: Dass das Collegeleben derzeit nicht das ist, was ich will. Dieser konzentrierte innere Zugang ist jetzt nicht das Richtige für mich. Meine Entscheidung – wie auch immer sie ausfallen wird – ist absolut gültig und wertvoll, weil sie das ist, was sie immer schon hätte sein sollen, nämlich meine Entscheidung. Immer, wenn ich bei Tagesanbruch nicht mehr schlafen kann, blättere ich in deinem Buch, stoße auf ein inspirierendes Zitat und sage mir: »Ja, genau das ist es«. Dann schlafe ich wieder ein und träume von all den herrlichen Erfahrungen, die mir diese Welt bietet. Früher war ich oft traurig, weil ich all die (zeitlichen) Möglichkeiten, die mir die Jahre auf der Highschool geboten hatten, nicht genutzt hatte. Jetzt bin ich aufgeregt und begeistert, weil ich sagen kann: »Hey, das macht Spaß, und ich bin erst zwanzig. Es gibt noch so vieles, was ich tun kann.« Deshalb danke ich dir für all die Inspiration, Ausbildung und Unterstützung, die ich von dir bekommen habe.

Aviva Kushner, Argentinien über das Swarthmore-College

Eltern

Ich erhalte viele umwerfende Briefe von Eltern. Wie gerne werde ich daran erinnert, wie mutig einige Menschen sind.

Liebe Miss Llewellyn,

im Dezember 1995 habe ich meinem Sohn endlich das »Homeschooling« gestattet, worum er mich schon seit Jahren bat. Bereits in der ersten Schulstufe informierte er mich, dass er die Schule verlassen würde, sobald er seinen Anteil am Zeitschriftenverkauf der Schule erhalten haben würde. Als ich ihm endlich erlaubte, von der Schule abzugehen, war er bereits in der siebenten Stufe. Obwohl ich wusste, dass ihn die Schule unglücklich machte und mit ihm fühlte, weil ich mich noch erinnerte, wie schlecht ich mich selbst in der Schule gefühlt hatte, glaubte ich, dass wir keine andere Wahl hätten. Als Alleinerziehende glaubte ich, dass ich den ganzen Tag zu Hause sein müsste, um meine Kinder zu unterrichten.

Im Dezember beschloss ich, dass Kevin in der Schule genug gelernt hatte, um sich alles Weitere selbst beizubringen, was er wissen müsste. (Er liest ausgezeichnet und hat in Mathematik alles bis zu den Grundlagen der Algebra erlernt.) Selbst als ich einwilligte, dass er Homeschooling *versuchen* darf, gab ich ihm immer noch Hausaufgaben auf.

Vor einigen Wochen gab mir die Kinderbibliothekarin für Kevin und meine Tochter Jessica *Das Teenager-Befreiungs-Handbuch*. (Jessica schloss sich Kevin Ende Januar als Homeschoolerin an.) Die Kids waren nicht allzu begeistert davon, Ihr Buch zu lesen. Aber ich liebte es vom ersten Augenblick an. Als ich zum dritten Kapitel kam, informierte ich die Kinder, dass ich ihnen keine Hausarbeiten mehr auftragen würde. Daraufhin fragte mich Jessica (die im August dreizehn wird): »Du wirst also nichts sagen, selbst wenn ich ein ganzes Jahr nichts lerne?«

Ich antwortete ihr, dass sie es vermutlich nicht aushalten würde, ein ganzes Jahr nichts zu lernen – dazu ist sie viel zu neugierig –, aber dass sie es gerne versuchen dürfe. Daraufhin entschloss sie sich, Ihr Buch zu lesen, so dass ich keine Gelegenheit hatte, es zu Ende zu lesen!

Wie gerne hätte ich all diese Informationen schon als Kind gehabt, oder zumindest bevor ich vier lästige Jahre auf dem Community College verbrachte, das ich eben abschloss! Ich *hasste* die Schule – Kevin *hasste* die Schule – und Jessica ertrug die Schule. Ich bin überglücklich, dass die Kinder jetzt frei sein können (auch wenn ich wünschte, dass ich sie schon vor Jahren befreit hätte), und dass auch ich heute Alternativen für meine akademische Bildung kenne.

Seit ich Kevin von der Last befreit habe, Leistung zu erbringen, sind auch seine Depressionen und seine Wut geschwunden, die sich im Lauf der Jahre aufgebaut hatten. Jessica hat schon Pläne geschmiedet, bei jedem Tierarzt ein Praktikum zu machen, der sie nimmt. (Übrigens spielen beide Kinder noch in ihren Schulbands.)

Hier noch eine Reaktion von Jessica auf das, was sie bisher gelesen hat ... »Mom, ich glaube nicht, dass dieses Buch *genehmigt* ist, denn die Autorin sagt genau das, was ich mir denke, während ich bisher geglaubt habe, mit meinen Ideen allein zu sein.«

Rebecca Mae Loos, Spokane, Washington

Aktive Unschooler

Anfangs überraschte es mich, dass sich meine Ratschläge auch für jene als nützlich erwiesen, die schon Unschooling betrieben. Das hatte ich nicht erwartet. Ich beabsichtigte lediglich, Schülern von dem zu erzählen, was Unschooler taten, damit sie entscheiden könnten, ob sie es auch versuchen wollen. Wie sich herausstellte, haben auch viele Langzeit-Unschooler durch dieses Buch erkannt, wie viele Möglichkeiten ihnen in ihrer Ausbildung und ihrem Leben offen stehen. Das macht mich unendlich glücklich – vor allem, weil ich von Unschoolern so viel lernte, begeistert es mich jetzt umso mehr, dass sich meine Arbeit auch für sie als nützlich erwiesen hat.

Liebe Grace Llewellyn,

ich bin fünfzehn (bald sechzehn) Jahre alt und grüße aus Madison, Wisconsin. ... Ich schreibe dir über dein Buch, und wie sehr es mir geholfen hat, ein echtes Leben zu bekommen. Ich wollte dir schon seit langem schreiben. Vor einem Jahr las ich dein Buch. ... Damals war ich ein wenig unglücklich, weil meine Art von Homeschooling einfach nicht funktionierte, so dass ich sogar überlegte, in die Schule zurückzukehren. Dein Buch hat mich komplett umgewandelt! Ich habe dadurch vieles in meinem Leben verstanden ... Auch wenn ich schon viele Erfolgsgeschichten von Menschen gehört habe, die dein Buch gelesen haben, will ich dir zuerst meine erzählen.

Ich glaube nicht an die Gesellschaft und fordere traditionelle Überzeugungen und Regeln ständig heraus. Als mich schließlich die Schule überkam und mich aufsaugte, schrie meine Seele verzweifelt nach Freiheit. Jeden Tag meines Lebens starb ich ein wenig mehr. Den Rest kennst du ...

Am Ende der fünften Schulstufe sprach ich mit meinen Eltern über die Möglichkeit von Homeschooling. Auch ich selbst zweifelte: Was, wenn mich die Leute für einen Schulabbrecher hielten? Wie sollte ich ohne Lehrer etwas lernen? Wie sollte ich Freunde finden usw.? Über all diese Themen sprachen wir mit einigen Homeschooling-/Unschooling-Familien aus unserem Bekanntenkreis. (Vermutlich hielten sie uns für normale amerikanische Durchschnittbürger, aber sie waren dennoch sehr freundlich und verständnisvoll.) Obwohl ich immer noch nervös war ..., bin ich am ersten Tag der sechsten Schulstufe einfach nicht in die Schule gegangen. Auch nicht am nächsten Tag oder am Tag danach oder am Tag nach diesem Tag. Ich bin nie mehr in die Schule gegangen! (Eine wirklich gute Sache!) Es gab nur ein Problem: »Was soll ich mit all dieser Freizeit anfangen?« Es war eine gewaltige Veränderung, plötzlich Unmengen von Zeit für das zur Ver fügung zu haben, was ich tun wollte. Als mir niemand mehr sagte, was ich in jeder Nanosekunde tun musste, tat ich einfach gar nichts. Durch dieses Nichtstun fühlte ich mich schuldig, unfähig, beschissen, müde, und vieles mehr.

Dann passierte etwas Interessantes. Eigentlich war es eine interessante Kette von Ereignissen. Mein ganzes Leben lang habe ich Bewegung geliebt. Damals hatte ich schon seit sieben Jahren Ballettunterricht genommen. Vor eineinhalb Jahren wurde mir das zu langweilig, so dass ich mich für modernen Tanz entschied. Ich besuchte eine Unterrichtsstunde in Graham und war augenblicklich davon fasziniert. Ich wollte gar nicht mehr weggehen! So schrieb ich mich für eine Stunde pro Woche ein (aber nur, weil ich mir nicht mehr Unterrichtsstunden leisten konnte.) Nicht im Traum hätte ich mir vorstellen können, dass sich ein Körper auf so viele unterschiedliche Arten bewegen kann! Beim Ballett versuchte ich immer, alles richtig zu machen, so dass mir natürlich nie etwas wirklich gelang. Dann machte ich einen kleinen Kurs in Graham, der mein Schicksal besiegelte. Ich verliebte mich in die Anspannung und Entspannung, in die

Spiraldrehungen und Hebefiguren, in die dritte Rückenposition, die Impulse und die Tiefenstreckungen und vor allem in die Brezel-Figur!

Zur selben Zeit las ich dein Buch und erkannte, dass die ganze Welt tatsächlich in einem einzigen Obstgarten steckt – wie du es beschrieben hast – und dass ich im Überfluss lebte. Niemand kann gleichzeitig Tänzerin sein und zur Schule gehen. Fünfundzwanzig Stunden Training pro Woche sind unmöglich. ... Und als ich dies erkannte, bemerkte ich plötzlich, welche Frucht immer schon über meinem Kopf gehangen hatte. Ich streckte mich und griff nach ihr:

Eines Tages machten wir wieder viele Bewegungsübungen auf dem Boden (wie es im Tanzunterricht in Graham zu Beginn jeder Stunde üblich war.) Lisa, die Kursleiterin, lobte uns, kommentierte die Übungen und korrigierte uns. Sie war jedoch vor allem beeindruckt, wie schnell sämtliche Kursteilnehmer die Bewegungen verstanden (genauso wie wir selbst!), und rief begeistert aus, dass wir alle nach Kanopy kommen sollten, in die von ihre geleitete Schule. Außerdem lud sie mich und ein weiteres Mädchen aus dem Kurs, das ebenfalls schon mehrere Jahre Tanzunterricht genommen hatte, ein, bei den Profitänzern der Kanopy Dance Company vorzutanzen. Vor Aufregung wäre ich fast aus meinem Trikot gesprungen! »Im Ernst?«, fragte ich. »Darauf kannst du wetten. Ich glaube, ihr seid gut genug, um zumindest ein Praktikum zu bekommen«, antwortete Lisa. »Es gibt nur ein Problem« (du errätst es sicher), »wir proben tagsüber. Vermutlich werdet ihr wegen der Schule unter der Woche nicht kommen können.« In diesem Augenblick schlug ich zu: »Ich gehe nicht zur Schule.«

Jetzt habe ich ein Vollstipendium der Kanopy Dance Company und des Kanopy Youth Ensemble und genieße jeden einzelnen Augenblick!

Außerdem bin ich eine glühende Shakespeare-Anhängerin. Jeden Sommer spielen meine 11-jährige Schwester Nora und ich bei den Young Shakespeare Players mit – einem Schauspielprogramm junger Leute, die Shakespeare in voller Länge, ohne Kürzungen und ohne sonstigen Unsinn aufführen. Selbstverständlich zieht dieses Programm Homeschooler und Unschooler wie ein Magnet an, ebenso wie Kids, die wissen, dass sie mehr verdient haben als die Highschool-Schauspielprogramme und die sogenannten »Kindertheater«, von denen viele bloß auf die Kinder herabsehen. Die Young Shakespeare Players (YPS) bieten Kids die Möglichkeit zu entdecken, wozu sie imstande sind, anstatt ihnen unter die Nase zu reiben, was sie nicht können. Letzten Sommer spielten wir »Othello«. Es war erhaben, aufregend, beunruhigend, einfach alles, was Othello sein soll. Und ich spielte eine Rolle, die ich vermutlich nie wieder spielen werde. Ich war Jago. Bösartig, kalt, hinterhältig, zynisch, teuflisch und bei allen beliebt. Eine wahre schauspielerische Herausforderung. Einerseits musste er zu den anderen Figuren durch und durch gut, wohlmeinend und nett sein, und andererseits musste er dem Publikum seine wahren Absichten offen legen. Darüber hinaus ist es die drittlängste Rolle in den Werken von Shakespeare. Mit über tausend Zeilen Text übertreffen ihn nur Richard III und Hamlet. Wenn wir schon von Hamlet sprechen: Dieses Stück spielt die YSP in diesem Sommer. Weil ich nicht zur Schule gehe, studiere ich das Stück schon seit Oktober. Alle meine Freunde, die zur Schule gehen und *Hamlet* lesen, erklären, dass sie auch gerne so viel Zeit hätten wie ich, um das Stück zu lesen. Kein Kommentar.

Zusätzlich kann ich mich nun auch in andere Gebiete vertiefen wie Mythologie, Astrologie, Astronomie, Geowissenschaften (indem ich ein Praktikum in einem Arboretum mache), Algebra (früher habe ich mich davor zu Tode gefürchtet), Informatik, Philosophie, Literatur, »alternative« und traditionelle Medizin, Naturwissenschaften (auch davor fürchtete ich mich früher), Theater (mit der Inspizientin des örtlichen Gemeindetheaters habe ich eine Arbeits- und Lernbeziehung aufgebaut, wobei sie mich in Beleuchtung, Bühnengestaltung, Lichteffekte, Pyrotechnik und Audioeffekte einführt), gute Literatur und Filme ..., Physiologie, Anatomie, Griechisches Theater, Elisabethanische Kostüme, Anthropologie, Anthropologie und nochmals *Anthropologie!* (In diesem Bereich dient mir jeder als Lehrer: von Hamlet, über Jesus und Rush Limbaugh – nur ein Scherz! – bis zu meiner Mutter) die großen Seen, chemische Schadstoffe, frühe Theorien, warum Atomkraft nie funktionieren wird, meine eigenen Fähigkeiten als nicht veröffentlichte darstellende Künstlerin (vor Kurzem erkannte ich, dass es mir tatsächlich auch ohne Lehrer möglich ist, jeden Knochen und Muskel des menschlichen Körpers zu malen), verwerfliche Institutionen, und warum sie nicht funktionieren ...

Kristen Emily Kehl, Anthropologin, Autodidaktin und vogelfreie Jugendliche! Madison, Wisconsin

Etwa eineinhalb Jahre später hörte ich erneut von Kristen:

Seit meinem letzten Brief habe ich vielen Teenagern dein Buch geliehen. Vier von zehn haben daraufhin die Schule verlassen ... Außerdem wurde ich am National Shakespeare Conservatory aufgenommen, oben in den Catskill Mountains im Staat New York. Das ist meine erste »professionelle« Schauspielausbildung. Für das Sommerprogramm nimmt das Conservatory jeden Sommer landesweit fünfzig Personen auf. Man kann sich aber auch für ein Zweijahresprogramm entscheiden. Bisher ist es einfach unglaublich. Auch wenn es außer mir noch eine Handvoll 17-Jähriger gibt, bin ich meist mit Studienabsolventen und professionellen Schauspielern zusammen. Dieser Teil der Reise ist einfach wundervoll – ich genieße ihn sehr! Es gibt so vieles, das ich lernen und an dem ich teilnehmen kann. Ich kann meine Flügel ausbreiten und fliegen ...

Nur damit du auf dem neuesten Stand bist: Ich tanze nicht mehr in der Tanztruppe ... Letztes Jahr habe ich mich weniger auf Tanz und Schauspiel, dafür mehr auf Musik konzentriert. Ich habe mich dem Madison Children's Choir angeschlossen – eine unglaublich schöne musikalische Erfahrung. Ich habe auch angefangen, Klaviermusik zu komponieren. Im Herbst werde ich in zwei Chören singen, nachdem es mir gelungen ist, im atemberaubenden Konzertchor der Madison West Highschool Fuß zu fassen. Auch meine Aussichten für das Frühjahr sind damit großartig. Aber man weiß ja nie, was morgen kommt ...

Zukünftige Unschooler

Paul Donnelly schrieb mir diesen Brief wenige Monate, bevor er tatsächlich die Schule verließ:

Liebe Miss Llewellyn,
danke, dass Sie den jungen Menschen *Das Teenager-Befreiungs-Handbuch* geschenkt haben. Schon bevor mir meine Mutter Ihr Buch zu lesen gab, hatte ich die Absicht, die Schule zu verlassen. Meine Mutter und ich haben das Gefühl, dass mich die Schule einschränkt. Ich weiß nicht genau, was mein Vater empfindet, aber ich vermute, dass es ihm genauso geht. (Bisher habe ich ihn nicht gefragt.) Meine Mutter hat es mir mit folgenden Worten gesagt: »Du hast vier Jahre, in denen du tun kannst, was du willst. Du musst noch keine Steuern zahlen und wirst vermutlich nie wieder eine derartige Gelegenheit bekommen. Deshalb solltest du diese Jahre nicht vergeuden.« Ich stimme ihr voll zu.

Ich bin jetzt dreizehn Jahre alt und in der achten Schulstufe einer christlichen Privatschule in Ypsilanti, Michigan, die ich seit der dritten Schulstufe besuche. Mit der Schule bin ich ganz zufrieden, soweit man das von einer Schule sagen kann. Sie ist ein relativ angenehmer Ort, um zu lernen. Insgesamt gibt es etwa 220 Schüler, von denen 48 in meiner Schulstufe sind. Auch wenn wir sehr eng miteinander verbunden sind, wissen die Lehrer wenig über unser Leben außerhalb der Schule – im Gegensatz zu Ihren Erfahrungen. Die Lehrmethode ist weder »empirisch«, noch konventionell. Sie mischt Literatur, Philosophie und Theologie mit den üblichen Kursen und Wahlfächern. Neben der relativ positiven Atmosphäre war das einer der Gründe, warum ich so lange geblieben bin. (Im Vergleich zu anderen Schulen herrscht trotz aller Mängel eine sehr gute Atmosphäre.) Von allen Fächern interessiert mich Philosophie am meisten.

Während der ersten Hälfte des vergangenen Jahres trug uns mein Sozialkundelehrer auf, jeden Abend einen kleinen Abschnitt des Buches zusammenzufassen, als Vorbereitung auf unser tägliches Quiz. ... Bei jedem Quiz stellte er uns zehn Fragen, um unser Erinnerungsvermögen und unsere Lesefähigkeiten zu testen. Fragen wie »Wie viele Männer führte George Washington an einem bestimmten Tag in jene Schlacht?« waren unsinnig und für den Geschichtsunterricht irrelevant, und die Frage-und-Antwort-Spiele selbst eine reine Zeitvergeudung. Dadurch lernten wir nichts Wissenswertes, und auch nicht, wie man effektiv Informationen aufnimmt. Stattdessen stopften wir unser Gedächtnis mit nutzlosen Fakten, Daten und Namen voll. Vor dem Quiz waren wir maßlos nervös, nur um das Gelernte sofort danach wieder zu vergessen. Dadurch erreichten wir gar nichts. Als ich das meinem Lehrer sagte, sah er es ein. Seitdem hat er seinen Lehrstil geändert. Jetzt trägt er uns auf, den Text zu lesen, und gibt uns vorab die Testfragen, die auf breiten geschichtlichen Zusammenhängen basieren und die wir in Form eines Aufsatzes beantworten. Vor kurzem lautete eine Frage: »Welche politischen Philosophien lagen der Wiederaufbaupolitik von Präsident Johnson und den radikalen Republikanern zugrunde, welche Politik war dies, und wie wurde sie umgesetzt?« ... Diese neue Methode stellt für mich eine größere Herausforderung dar (immerhin musst du tatsächlich nachdenken) und ist gleichzeitig wirkungsvoller, weil wir mehr über den kulturellen, politischen, sozialen und wirtschaftlichen Hintergrund unseres Landes erfahren. Allerdings nützen uns die Antworten nicht unmittelbar, weshalb ich auch mit dieser Methode nicht wirklich zufrieden bin. Diese Unzufriedenheit mit der Schule ist auch der Grund, warum ich ihr jetzt den Rücken kehre.

Ich habe es satt, keine Zeit für meine Familie, meine Freunde und mich selbst zu haben. Das ist ein weiterer Grund, warum ich mich entschlossen habe, ab dem nächsten Jahr bis zum College Unschooling zu betreiben. Ich werde nicht zu Hause bleiben, wenn ich von Freunden zu einem Spiel oder ins Kino eingeladen werde, nur weil ich meinen Kopf für einen schwierigen Test in die Bücher stecken muss. Ich werde auch nicht mehr müde um sechs Uhr früh aufstehen, mir keine Sorgen mehr machen über die Reaktion meiner Eltern, wenn ein Schulzeugnis einmal nicht perfekt ist, und ich werde mein Leben auch nicht mehr auf die Schule abstimmen. Ich werde mein Leben zurückgewinnen.

Voraussichtlich werde ich bei verschiedenen Freunden meiner Eltern ein Praktikum machen, nur um sie zu beobachten und ihnen mehrere Tage pro Woche bei der Arbeit zu helfen. Auf diese Weise erlerne ich Fähigkeiten leichter und wirkungsvoller, als wenn ich nur darüber lese. Außerdem beabsichtige ich, Unterricht in Zeichnen, Gitarre, und Klavier zu nehmen und nur Dinge zu tun, die mich interessieren. Ich liebe es, Musik zu hören und zu machen, zu tanzen, zu singen, zu lesen und zu lernen. Schon als kleines Kind habe ich immer gerne gelesen. Die Schule hat diesen gesunden Durst nach intellektueller Stimulation gedämpft. Ich habe an den meisten Büchern das Interesse verloren, und für die, die ich gerne lesen wollte, hatte ich keine Zeit. Deshalb freue ich mich schon darauf, nächstes Jahr mit Unschooling zu beginnen, um meine Liebe für Bücher wieder aufleben zu lassen. Meiner Meinung nach lernst du mehr, wenn du aus freiem Willen liest, als wenn du dazu gezwungen wirst. Mit Ausnahme von Büchern im Stil von *Sweet Valley High* halte ich Bücher für die wertvollsten Lehrmittel, die uns zur Verfügung stehen.

Wie schon erwähnt, interessiere ich mich auch für Philosophie. In meiner Schule führen wir (höchstens einmal pro Schulstufe) eine kurze Diskussion über Philosophie, wobei es vor allem um räumliche, theologische oder psychologische Beziehungen geht.

Einige meiner Klassenkameraden langweilen aber auch schon diese kurzen Diskussionen, weil sie philosophische Konzepte nicht begreifen oder nicht mitdenken wollen. Manchmal ist es in Ordnung, sich nicht zu beteiligen, zum Beispiel wenn du die gehörten Informationen nur aufnehmen und geistig verarbeiten willst, um dir dann deine eigene Meinung zu bilden. Aber sich zu weigern an einer Diskussion teilzunehmen, nur weil du nicht nachdenken willst, zeugt von Unreife und Faulheit. Mit ihren unsinnigen, nicht zum Thema passenden Scherzen und Bemerkungen, mit denen sie sich verzweifelt den Anschein geben wollen, als wüssten sie, wovon sie reden, vergeuden sie bloß die Zeit der Klasse. Das klingt vielleicht arrogant und vielleicht haben sie ja etwas zu sagen, was ich nicht verstehe, aber sie geben völlig unsinnige Kommentare ab und nützen in keiner Weise ihre Intelligenz, die sie nämlich haben. Deshalb würde ich viel lieber einen Philosophie-Kurs an einem College belegen, denn bei diesen Diskussionen will ich auch nach dem Läuten noch weitermachen (selbstverständlich ohne die erwähnten Bemerkungen). Als ich die College-Kurse meiner Schwester besuchte, bemerkte ich, dass noch viele andere gerne aufs College gingen. ... Heute erklärte uns mein Lehrer, dass wir auf eine bestimmte Art denken müssen, um ein guter Christ und aufrechter Bürger zu werden, der für seine Handlungen verantwortlich ist, »sobald er erwachsen ist«. Er erklärte es uns folgendermaßen: Wir sollen die Geschichte nicht als Abfolge von Lineargleichungen sehen, sondern als spezifische, eigenständige Ursachen und Wirkungen. Auch wenn ich darin übereinstimme, dass Geschichte ein Netz von Ursachen und Wirkungen ist, halte ich es für ausgemachten Unsinn, dass er uns sagt, wie wir zu denken haben. Was hat deine Betrachtungsweise der Geschichte mit deinem Status als Bürger zu tun?

Heute sind Lehrer Diktatoren, die uns sagen, was und wie wir denken sollen – ausgenommen die meisten meiner Lehrer. Sie übernehmen die volle Kontrolle über unser Leben, missbrauchen ihre »Autorität« und behandeln uns im Allgemeinen, als wären wir Haustiere. Verzeihung, wenn ich ernsthaft überzeugt bin, dass ich intelligenter und unabhängiger bin als der Hund meines Nachbarn. Ich bin zweifellos imstande, für mich selbst zu denken.

Als er einen unsinnigen Scherz machte und wir nicht lachten, war er beleidigt und kommentierte unser Schweigen mit der taktlosen Bemerkung: »Ihr hab keinen Sinn für Humor. Ihr lacht über jeden abgedroschenen Witz, aber ein anspruchsvollerer Scherz geht an euren Köpfen einfach vorbei.« Ist es Lehrern heute gestattet, ihren Schülern unverhohlen die Intelligenz abzusprechen, ohne dafür einen Verweis zu bekommen, oder war das immer schon so? Seine inhaltslosen Schmeicheleien sind nur ein weiterer Beweis für seine Geistlosigkeit. Soll ich etwas dagegen sagen? So sollte Schule doch wirklich nicht sein.

Ich halte es für nützlich, auch gehorsam sein zu können, aber nicht bis zur vollständigen Abhängigkeit und Aufgabe der eigenen Freiheit. Niemand sollte blind durchs

Leben stapfen und die besten Gelegenheiten verpassen, die sich ihm bieten. Uns Schüler lehrt man genau das zu tun. Uns sagt man, dass es in Ordnung sei, einen Kompromiss zu schließen und unsere Zeit gegen Ausbildung einzutauschen. Wobei man früher unter »Kompromiss« ein beiderseitiges Zugeständnis verstand. Heute versteht man darunter, dass man seinen freien Willen und seine Individualität aufgibt. Zeit, diese unerbittliche Reise durch die Existenz, ist mir heute mehr wert als eine mittelmäßige Ausbildung, die mich auf die »reale Welt« vorbereiten soll.

Paul Donnelly, Ypsilanti, Michigan

Probleme und Sorgen

Viele schreiben mir über ihre Wut und Enttäuschung über das Schulsystem – egal, ob sie noch zur Schule gehen oder ihr schon entkommen sind.

Liebe Grace,
bitte entschuldige die Form dieses Briefes. Aber irgendwie glaube ich, dass du ohnehin nicht allzu sehr darauf achtest. Meine Eltern ließen sich scheiden, als ich gerade ein Jahr alt war. Und als Alleinerziehende hatte meine Mutter keine andere Wahl, als mich so schnell wie möglich in die Schule zu stecken. So begannen elf Jahre Zeitvergeudung. Erst schrieb sie mich in einen Montessorikindergarten mit Vorschule ein, und als es Zeit wurde für die erste Schulstufe, schrieb sie mich in ein Nova Program ein. Dafür musste ich sogar einen Test machen, bei dem ich unter die besten Zehn kam.

Während ich dir schreibe, studiere ich im zweiten Semester, von dem ich nur noch (genau) 42 Tage absolvieren muss. Lange Zeit (nämlich seit der vierten oder fünften Schulstufe) waren meine Zensuren alles andere als »beispielhaft«. Nachdem ich ein Kapitel deines Buches gelesen habe, brach ich vor Wut, Trauer und Enttäuschung in Tränen aus. Du triffst den Nagel auf den Kopf. Meine ersten Highschool-Jahre waren besonders bedrückend. Und ich kann getrost sagen, dass ich nichts gelernt habe, außer wie man unterdrückt wird. Was ich in meinem kurzen Leben gelernt habe, habe ich trotz der Schule und nicht durch die Schule gelernt.

Ich wünsche mir meine Freiheit, meine Kindheit und all die verlorenen Jahre zurück. Es macht mich jedoch besonders traurig, dass ich nur noch meine Freiheit zurückgewinnen kann. Ein guter erwachsener Freund sagte einmal zu mir: »Wenn ein Augenblick vorüber ist, kannst du ihn nicht wieder zurückholen.« Als Realistin erkenne ich, dass ich vor allem meine Zukunft zurückerobern kann. Ich hoffe, dass dies genügt.

Drei Jahre lang (und zusätzlich eine Zeitspanne, die ich mir nicht eingestehen will) habe ich unter Depressionen gelitten, die ziemlich tief gingen. Jetzt will ich meine Freiheit zurück! Ich will wieder unbekümmert schlafen und mich für meine Überzeugung einsetzen. Erst jetzt begreife ich, dass ich aus einem vierzehn Jahre andauernden

Schlaf erwacht bin ... Aus tiefstem Herzen danke ich dir für deine Unterstützung, dass ich mein Leben zurückgewonnen habe.

Hannah B., Minnesota.

Die Unentschlossenen

Oft erhalte ich Briefe von Schülern, die nicht wissen, ob sie die Schule verlassen sollen und mit ihren Eltern noch nicht gesprochen haben. Sie sind noch tief in das System eingebunden und verwirrt angesichts der Wahlmöglichkeiten. Hier ein paar Auszüge aus einem Briefwechsel mit einem noch Unentschlossenen.

Liebe Miss Llewellyn,
ich schreibe Ihnen, um Ihnen zu sagen, wie wütend mich Ihr Buch gemacht hat. Wenn ich nicht bei meinem Nachmittagsjob nach der Schule als Bibliothekshelfer über Ihr Buch gestolpert wäre, hätte ich vermutlich nie über Freiheit nachgedacht. Und wenn Sie nicht so inspirierende Bücher geschrieben hätten, hätte ich mich ohne Schwierigkeiten zufrieden gegeben mit meinem Leben in meiner neuen, angesehenen Knabenschule, hätte widerstandslos zugelassen, dass meine Kreativität niedergezwungen wird, und hätte nach dem College einen Job angenommen, eine Immobilien-Hypothek aufgenommen und wäre irgendwann gestorben, ohne überhaupt zu erkennen, dass ich eine andere Wahl gehabt hätte. Aber weil Sie diese Bücher geschrieben haben, weiß ich jetzt nicht mehr weiter.

Ich heiße Andrew B., bin sechzehn Jahre alt und gehe in eine University School. Wie erwähnt, habe ich *Das Teenager-Befreiungs-Handbuch* und *Real Lives* gelesen. Selbstverständlich nicht von der ersten bis zu letzten Seite, denn seit Beginn der Highschool habe ich weder genug Zeit noch Energie, um ein Buch meiner Wahl zu Ende zu lesen. Aber alles, was ich in Ihrem Handbuch gelesen habe, trifft genau auf mich zu. Als ich letztes Jahr erkannt hatte, nichts in der Schule zu lernen, fürchtete ich, in keinem »guten« College aufgenommen zu werden. Deshalb bat ich meinen Vater, in eine Privatschule wechseln zu dürfen. Jetzt besuche ich eine Schule in einem der reichsten Vororte von Cleveland, wo ich gezwungen werde, zu beten, die Nationalhymne zu singen, mein Piercing im Gesicht zu entfernen und mich einem militärischen Regiment zu unterwerfen. Und wie steht es mit meiner Ausbildung? Genauso schlecht wie in meiner multikulturellen öffentlichen Highschool, nur mit mehr Hausarbeiten.

Ich heiße Andrew B., bin Schriftsteller, Möchtegernreisender, aufstrebender Filmemacher und Aktivist. Ich liebe das Leben so sehr, dass mich der Gedanke an Selbstmord entsetzt, aber ich verstehe sehr wohl, wie heftig man sich nach einer Fluchtmöglichkeit sehnen kann. Ich werde getrieben von Reiselust und will vieles erforschen – geografische Orte genauso wie meine eigene Persönlichkeit. Ich will großartige Filme machen ... Ich bin genial. Ein Visionär.

Während ich diesen Brief schreibe, bereite ich mich auf einen weiteren Schultag vor und beobachte, wie meine beiden Persönlichkeiten miteinander ringen: »Bleib in der Schule!«, sagt die eine. »Das eröffnet dir großartige Möglichkeiten! Von der University School kannst du an die NYU oder sogar nach Harvard gehen!«

»Wen kümmert das?«, fragt die andere. »Ich bin unglücklich, lethargisch und fühle mich grauenvoll. Ich habe großartige Ideen, aber keine Zeit, sie umzusetzen. Dort liegen sechs Stunden Filmmaterial für meinen ersten Kurzfilm, der nun schon seit zwei Monaten wartet, ohne dass ich weiß, wann ich ihn weiter bearbeiten kann.«

Ich will auf die Academy of Art in San Francisco gehen. Ich weiß, dass ich es mit meinem Äquivalenzdiplom schaffen kann. Aber die Schulbehörde lässt nicht zu, dass ich diesen verdammten Test mache, bevor ich nicht aus der Schule ausgestiegen bin, und ich habe Angst auszusteigen (aufzusteigen?), ohne sicher zu wissen, was danach kommt. Außerdem habe ich Angst, mit meinem Vater zu sprechen. Immerhin habe ich ihn *angefleht*, in diese Schule gehen zu dürfen. Wie soll ich ihm erklären, dass ich jetzt ganz und gar aus der Schule aussteigen will?

Vermutlich sollte ich jetzt aufhören. Immerhin muss ich um sechs Uhr früh aufstehen, um zur Schule zu fahren. Bitte schreiben Sie mir zurück. Ich habe kaum jemanden, der mich unterstützt, und kann mich nicht davon überzeugen, dass Sie Unrecht haben ...

Andrew B., Cleveland Heights, Ohio

Lieber Andrew,
ich weiß nicht, wie ich auf einen so angsterfüllten Brief antworten soll. Ich kann nur sagen: »Ich habe dich gehört und stehe auf deiner Seite. Danke allen Göttern, dass du immer noch so weit im Leben stehst, dass du weißt, dass du in Schwierigkeiten steckst. Kopf hoch!« Ich verstehe alles, was du mir schreibst, und dasselbe gilt für die meisten Menschen, mit denen ich in Verbindung stehe, ebenso wie für die neunzig Unschooler, die mit mir die letzte Augustwoche in Oregon verbracht haben. (Das erwähne ich nur, weil du dich mit deinen Gedanken im Augenblick wohl ziemlich allein fühlst.)

Weil du noch annähernd zwei volle Schuljahre vor dir hast, glaube ich, dass du sehr viel zu verlieren hast, wenn du weiter zur Schule gehst, und sehr viel zu gewinnen hast, wenn du ihr den Rücken kehrst. Ich rate dir, Kylas Aufsatz in *Real Lives* zu lesen – falls du es noch nicht getan hast –, denn sie verließ die Schule im Frühjahr ihres Juniorjahres, ohne es je zu bedauern. Wir sind immer noch in Kontakt – sie war eine der Beraterinnen beim *Not Back to School Camp* im August –, so dass ich immer wieder Neues aus ihrem Leben erfahre. Oft genug schreibt man mir: »Dein Buch hat mich mitten ins Herz getroffen, aber ich habe nur noch sechs Monate/ein Jahr/drei Jahre/fünf Wochen vor mir, soll ich es nicht einfach *durchstehen*?« Für mich gibt es einen wichtigen Grund, warum diese Menschen (und du) es nicht durchstehen sollen: Wenn du eine Sache durchstehst, stehst du vielleicht auch die nächste durch (das College, einen verhassten Job etc.) – warum sollst du außerdem auch nur einen weiteren Augenblick vergeuden?

Du hast das Glück, bereits ein Ziel mit Leidenschaft ins Auge gefasst zu haben, so dass du genug Treibstoff für ein Gespräch mit deinem Vater hast. Für mich klingt es, als solltest du 1. mit deinem Vater sprechen, 2. wenn nötig nochmals (und nochmals) mit ihm sprechen, 3. die Schule verlassen, 4. dein Äquivalenzdiplom machen[118] und 5. dich an der Academy of Art in San Francisco bewerben. Zudem solltest du so rasch wie möglich Freunde und Bekannte finden, die durch ihr Beispiel beweisen, dass es besser ist, das zu tun, was man wirklich tun will, statt seinen wertvollen Atem für Dinge aufzuwenden, die man nicht tun will.

Im Gespräch mit deinem Vater wirst du wesentlich überzeugender klingen, wenn du zunächst die Idee präsentierst, die du ursprünglich verfolgt hast, und weswegen du auf die University School gehen wolltest. Erkläre, warum sich diese Idee als undurchführbar erwiesen hat und sage, dass du nach langem Nachdenken einen anderen (und wesentlich kostengünstigeren) Weg beschreiten willst – *aber immer noch mit demselben Ziel vor Augen!* Die Grundaussage ist hier: »Ich verfolge immer noch dasselbe Ziel, nur weiß ich mittlerweile besser, dorthin zu gelangen«, statt die Verwirrung zu vergrößern, indem du sagst: »Letztes Jahr wollte ich noch auf die Privatschule gehen und jetzt mache ich eine 180-Grad-Wende und steige aus.«

Ich wünsche dir alles Gute. Nimm deinen Mut zusammen, sprich mit deinem Vater, und lasse mich wissen, was daraus geworden ist.

Deine Grace Llewellyn

Etwa drei Monate später schrieb mir Andrew: »Mein Vater hat eingewilligt, dass ich die Schule verlasse!!«

Teenager, deren Eltern ihnen nicht gestatten, die Schule zu verlassen

Die schwierigsten Briefe (abgesehen von den wenigen hässlichen, die ich bekommen habe) stammen von Teenagern, die sich verzweifelt danach sehnen, die Schule zu verlassen und schon alle Taktiken angewendet haben, die ich in Kapitel 10 »Das möglicherweise heikle Thema Eltern« angeführt habe, und deren Eltern ihnen den Schulaustritt dennoch verweigern. Da sich zweifellos viele Teenager in dieser Lage befinden, macht es mich wütend, dass junge Menschen nicht mehr rechtliche Kontrolle über ihr Leben haben. Oft erstaunt mich die Kraft und Kreativität, die aus diesen Briefen spricht und in der sich die Entschlossenheit der Schreiber widerspiegelt, gesund zu bleiben und sich weiterzuentwickeln, obwohl sie weiter zur Schule gehen müssen. Hier Ausschnitte eines Briefwechsels mit einer jungen Frau.

Liebe Miss Llewellyn,
zunächst entschuldige ich mich für diesen formlos und hastig gekritzelten Brief. Ich hoffe, Sie können ihn lesen. Aber meine Hände zittern so sehr, dass ich kaum schreiben kann. Vermutlich hätte ich den Brief tippen sollen, aber derzeit muss ich oben bleiben, weil ich Besuch erwarte ... und mein Computer ist unten. Wie ich es liebe, wenn die Schule witterungsbedingt geschlossen bleibt.

Aber vor einer Stunde kam mein Vater zum Essen nach Hause und setzte sich zu einem kleinen Vier-Augen-Gespräch zu mir. Das war eine echte Überraschung. Üblicherweise spricht Papa nicht viel, er ist eher verschlossen und mürrisch. (Vermutlich war das nicht immer so.) Jedenfalls sagte er mir ins Gesicht, dass meine Chancen auf Homeschooling »gleich Null« seien, und dass es »die Maßstäbe unserer Familie« nicht zuließen, dass mein Wunsch – mein derzeit größter Wunsch – in Erfüllung geht.

Ich weiß gar nicht, wie ich beschreiben soll, wie wir an diesen Punkt gekommen sind ... Den gesamten letzten Monat habe ich mit meinen Eltern diskutiert, ausgerüstet mit Ihrem *Teenager-Befreiungs-Handbuch,* dem Leitartikel der *Kalamazoo Gazette* vom 22. November über einen 17-jährigen Homeschooler, der an der University of Michigan aufgenommen wurde, den Aussagen von drei befreundeten Homeschoolern, einer Rede von John Gatto, einer Ausgabe von *Growing Without Schooling,* dem Colfax-Buch und dem Wichtigsten überhaupt: meinen Gefühlen. Aber meine Gefühle wurden in letzter Zeit so stark in Mitleidenschaft gezogen, dass ich nicht mehr weiß, wie lange ich dies alles allein noch durchstehe.

Ich gestehe, dass ich das *Teenager-Befreiungs-Handbuch* noch zu Ende lesen muss. Derzeit bin ich mitten im Kapitel über die Versuchskaninchen. Ich gestehe, dass ich in den letzten vier Wochen nichts anderes gelesen habe (mitunter habe ich dafür sogar die Lehrbücher weggelegt). Aber es war mir einfach sehr, sehr wichtig. Seit mehr als zwei oder drei Jahren bin ich schon deprimiert wegen der Schule. Ich ... hmmm ... ich weiß nicht, wie viel Sie über asiatische Familien wissen, aber ein immer wiederkehrendes Thema ist »Ausbildung *geht vor*«. Mein ganzes Leben habe ich mit goldenen Sternchen und Sehr Guts zugebracht, auch wenn sie mich nicht glücklich machen. Heute weiß ich, dass all die Zusammenbrüche in den letzten drei Jahren unnötig und überflüssig gewesen wären, wenn ich schon damals von Homeschooling erfahren hätte. Und ich hätte davon erfahren können. Jetzt bin ich eine 15-jährige Highschool-Schülerin im zweiten Jahr, und damit ist es für mich »zu spät«, um neu zu beginnen – wie meine Eltern sagen. Aber ich will es doch so gerne.

Tut mir leid. Ich springe hin und her. Vor allem, weil ich nicht weiß, wo ich mit meinen Gedanken beginnen und wo ich sie weiterführen soll – alles ist so verwirrend und überwältigend ...

Hmm ...vielleicht sollte ich Ihnen ein paar Dinge über mich erzählen, damit Sie das Gefühl haben, mich besser zu kennen, und zu wissen, was ich tue ...

Ich bin Schülerin der Portage Central High School, des Mathematik und Naturwissenschaftszentrums der Kalamazoo-Region (einer Schule für talentierte Schüler), und der Portage Northern High School, wo ich als vierte (von elf) Cellisten im Portage High School Orchestra spiele. Zusätzlich spiele ich seit neun Jahren Klavier und arbeite derzeit an einer Polonaise von Chopin, einem Impromptu von Bach und der Pathetique von Beethoven. Darüber hinaus spiele ich Er-Hu, das ist eine zweisaitige chinesische Folklore-Geige, die man zwischen den Knien hält. Ich bin meinen kulturellen Wurzeln stark verbunden, spreche zu Hause Mandarin und tanze in einer chinesischen Folkloretanzgruppe, die von meiner Mutter geleitet wird, während ich selbst die Kinder- und Jugendgruppe leite. Zu meinen Hobbys gehören Radfahren, wobei ich im Frühling und Sommer gerne durch die ganze Stadt fahre, die Erforschung der Innenstadt von Kalamazoo zu Fuß, das Internet und das Schreiben. Seit mittlerweile vier Jahren bin ich aktives Mitglied der Online-Gemeinschaft und zähle zu den ersten echten Mitgliedern der Online-«Szene«. Ich habe als Mitarbeiterin Zugang zum Golden Unicorn, dem beliebtesten Forum in der Kalamazoo Region, und dort auch ein eigenes Message-Forum geleitet. Ich gebe auch ein eigenes Magazine namens *Sidetracked* heraus, das vor allem meine persönlichen Gedanken, Ansichten, Schriften und Kunstwerke enthält, und alles, was ich sonst noch veröffentlichen will. Letztes Jahr habe ich von den fünf Ausgaben über dreihundert Exemplare verteilt. Außerdem bin ich Mitherausgeberin des Mini-Magazins »quirt« ...

[Cindy erzählt weiter, dass sie noch an einem anderen Kunst- und Literaturmagazin mitarbeitet, pro Monat fünfzig bis achtzig Briefe schreibt, in einer Produktion von The Music Man das zweite Cello spielt, im Chinarestaurant Joy Fong arbeitet, einem Jungen aus der achten Schulstufe Mathematiknachhilfe gibt, an verschiedenen Camps teilnimmt und zahlreiche Bücher liest.]

Aber genug davon. Was wollte ich denn mit diesem Brief erreichen? Sie bitten, mir zu helfen, neue Ressourcen zu finden? Mich darüber beklagen, dass es mir trotz Ihrer klaren, einfachen Vorgehensweise immer noch nicht gelungen ist, meine Eltern zu überzeugen? Beweisen, dass ich nicht verrückt bin? Um ein paar nette Worte betteln? ...

Cindy H., Kalamazoo, Michigan

Liebe Cindy,
dein Brief wirkt so dringend, dass ich sofort antworten will. Manchmal verzweifle ich, weil das Beantworten meiner Post der wichtigste Teil meiner Arbeit zu sein scheint ... und es oft genug schwierig ist, Zeit für alle Briefe zu finden ...

Wenn ich davon ausgehe, dass sich deine Ausgangssituation nicht geändert hat, weiß ich nicht, was ich dir sagen soll. Keine meiner Ideen erscheint mir als ideale Lösung, und weil ich deine Familie nicht kenne, weiß ich nicht, was funktionieren könnte. Manchmal bekomme ich Briefe von Jugendlichen, deren Eltern sich weigern, sie aus der Schule zu nehmen. Wenn die Kids sich daraufhin grundsätzlich weigern, zur Schule zu gehen, erkennen die Eltern irgendwann, dass sie ihr Kind nicht wirklich zwingen können, zur Schule zu gehen, außer sie rufen die Polizei oder das Gericht zu Hilfe, oder sie greifen zu drastischen, gewaltsamen Maßnahmen, etwa das Kind regelrecht aus dem Haus prügeln etc. Doch offenbar gibt es Eltern, die davor zurückschrecken, derartige Maßnahmen zu ergreifen.

Selbstverständlich zahlt man für derartig extreme Vorgehensweisen einen hohen Preis, und in vielen Familien ist dieser Preis sowohl dem Kind als auch den Eltern zu hoch. Mich verfolgt immer noch der Fall eines Mädchens, das mit siebzehn Jahren Feuer und Flamme war, die Schule gegen den Willen ihrer Eltern zu verlassen. Sie war erfüllt von Träumen und Plänen, die mir realistisch und aufregend erschienen. Ein Jahr später schrieb sie mir ernüchtert, es sei »falsch« gewesen, die Schule zu verlassen und ihrer Familie so viele Schwierigkeiten zu bereiten. Sie fühlte sich schuldig und persönlich für all den Kummer verantwortlich, den ihre Eltern erlitten hatten. Unter der Last dieser Schuld war sie nicht imstande gewesen, genug Energie aufzubringen, um die Träume und Pläne zu verwirklichen, die sie ursprünglich so begeistert hatten. Diese Nachricht traf mich hart – warum betrachtete sie es als ihre Schuld und ihren Fehler und nicht als tragische Engstirnigkeit ihrer Eltern? Ungewollt war ich wütend auf ihre Eltern, die durch ihre Ignoranz die Träume ihrer Tochter zum Einsturz gebracht hatten. Ihre Geschichte zeigte mir jedoch, dass in manchen Familien der Preis für den »Ungehorsam« der Kinder zu hoch ist.

Andererseits bekomme ich auch Briefe, in denen es heißt: »Nachdem ich eine Woche lang die Schule geschwänzt hatte, erkannte meine Mutter, dass ich es ernst meinte und sie mich nicht zwingen konnte, zur Schule zu gehen. Seitdem läuft es ausgezeichnet.«

Dein Brief bedrückt mich besonders, weil dein Leben so erfüllt ist und du dich so vielen wichtigen Projekten und Aktivitäten widmest. Offensichtlich würdest du dich großartig entfalten, wenn du nicht durch die engen Zeitvorgaben und die geistige Starre der Schule begrenzt wärest. Oft genug bekomme ich Briefe von Eltern, die mir schreiben: »Wenn sich mein Kind nur für irgendetwas interessieren würde, wäre ich überglücklich, es aus der Schule zu nehmen.« Ich habe schon häufig miterlebt, wie sich zuvor unmotivierte und desinteressierte Teenager in die Welt verliebten, sobald sie die Schule hinter sich gelassen hatten. Aber es ist um vieles einfacher, wenn jemand schon *vor* seinem Schulaustritt überschäumt vor Begeisterung.

Mittlerweile hast du vermutlich verstanden, dass ich dir nicht wirklich helfen kann. Ich kann nicht auf einen magischen Knopf drücken, so dass deine Eltern plötzlich davon überzeugt sind, dich ziehen zu lassen. Wahrscheinlich hast du darauf gehofft, dass ich dir einen Probelauf oder (zunächst) einen Kompromiss vorschlage, dich z. B. für ein externes Diplom anzumelden. Wenn auch diese Strategien nicht funktionieren, weiß ich auch nicht weiter. Ich weiß einfach nicht, was ich dir noch sagen soll.

Vielleicht hilft es, mit anderen asiatischen Homeschooling-Familien in Kontakt zu kommen? Ich weiß, dass in den meisten asiatisch-amerikanischen Familien der Grundsatz »Ausbildung geht vor« gilt ..., weshalb ich auch nicht allzu oft mit asiatischen Homeschoolern zu tun habe. Vor einem Jahr traf ich in Oregon ein Mädchen, das wohl zu den am stärksten »hausunterrichteten« Homeschoolern gehörte, die ich je gesehen habe. Aber ich weiß auch, dass es dort draußen asiatisch-amerikanische *Un*schooler gibt. Da du so gut vernetzt bist, fallen dir gewiss mehr Möglichkeiten ein als mir, wie du mit ihnen via Internet in Kontakt kommen kannst. Im Cyberspace gibt es jede Menge Homeschooling- und Unschooling-Foren, auch wenn ich mich nicht an ihnen beteilige, weil mein Leben ohnehin schon zu erfüllt ist.

Vielleicht solltest du Donna Nichols-White schreiben, die das multikulturelle Homeschooling-Magazin *The Drinking Gourd* herausgibt. Sie selbst ist Afroamerikanerin, aber sehr gesellig und reisefreudig, so dass sie vermutlich auch asiatischamerikanische Unschooler kennt, mit denen sie dich in Kontakt bringen kann.

Sicher hast du auch schon daran gedacht, all deine Versuche einzustellen, deinen Eltern begreiflich zu machen, wie wichtig *dir* Unschooling ist – weil du sie damit offenbar nicht überzeugen kannst. Vielleicht solltest du dich stattdessen verstärkt darauf konzentrieren, ihnen zu zeigen, wie angesehen und ernsthaft intellektuell Unschooling sein kann (was du vermutlich auch schon getan hast, aber möglicherweise lässt sich hier noch mehr erreichen). In diesem Zusammenhang fällt mir ein neues Buch ein *[And What About College?]* ... über die Zulassung zum College (... Ich habe eine Rede der Autorin gehört, und sie ist einfach sagenhaft) – auch wenn ich dir nicht in jedem Fall rate, aufs College zu gehen. Aber diese Information könnte für deine Eltern wichtig sein. Bei der Buchpräsentation erzählte die Autorin (Cafi Cohen), wie außergewöhnlich gut ihr Sohn als *Un*schooler (und nicht als in Heimunterricht ausgebildeter Homeschooler) auf die Luftwaffenakademie vorbereitet war, bei der es sich nicht nur um eine besonders selektive Akademie handelt, sondern sogar um eine *militärische* ... Zusätzlich fallen mir noch die Colfaxes ein (deren zwei Söhne nach Harvard gingen)[119], die *Homeschooling for Excellence* (mein spezieller Tipp) und *Hard Times in Paradise* verfasst haben. Das Buch *The Independent Scholar's Handbook* von Ronald Gross könnte dir helfen, einen ernsthaften Plan zu entwickeln (falls du dies möchtest), um deine Eltern doch noch umzustimmen. ... Es tut mir leid, dass du in einer so schwierigen (wenn auch vermutlich nicht seltenen) Situation steckst, und ich wünschte, ich könnte dir eine Lösung sagen. Vielleicht helfen einige der oben genannten Ideen. Und falls nicht, darf ich dich daran erinnern (auch auf die Gefahr hin, dass es gönnerhaft oder belanglos klingt), dass nur noch zwei Schuljahre vor dir liegen. Vielleicht findest du Mittel und Wege, das System so weit zu beeinflussen, dass es *für* dich arbeitet, solange du darin gefangen bist, anstatt gegen dich. Vor allem hoffe ich, dass du dir, selbst wenn du bis zu deinem Abschluss in der Schule bleibst, deine Vision, deine Leidenschaft und deine Entschlossenheit erhältst, die dich jetzt offensichtlich nähren. Sei dir meiner besten Wünsche versichert. Außerdem kannst du schon bald in die Sommerferien flüchten, die für dich lang, sonnig, strahlend und friedvoll sein mögen.

Deine Grace Llewellyn

Liebe Grace,
im letzten Jahr habe ich mehrere Versuche unternommen, dir zu schreiben ... aber sie endeten immer damit, dass ich Grenzen überschritt und mehr erklärte, als ich wollte, so dass der Brief nicht mehr passte und ich ihn deshalb nicht abschickte.

Nun, ich gehe immer noch zur Schule, bin aber zu dem Schluss gekommen – bzw. habe die Entscheidung getroffen –, dass sie mich nicht umbringen wird, weil ich es nicht zulasse. Wie sehr ich die Schule auch hasse und alles, was sie repräsentiert ..., habe ich gelernt, mit ihr auszukommen. Meine Stundenpläne sind mittlerweile so verrückt, dass ich nie mehr als zwei Stunden am Stück an einer Schule verbringe. Immerhin gehe ich wöchentlich auf vier verschiedene Schulen ..., von denen eine das Community College ist.

Im Grunde mache ich diesen Kompromiss meinen Eltern zuliebe. In einer unserer Auseinandersetzung ist etwas Verrücktes passiert. ... Ich gelangte an einen Punkt, wo meine Mutter plötzlich begann, *ihre* eigene Rolle im Leben wirklich zu hinterfragen, ... ihre Ausbildung, ihren Job ... und sogar ihre Ehe. Für mich war es aufregend und frustrierend zugleich, sie bei diesem Vorgang zu beobachten ..., vor allem, weil ich der Schlüssel für ihre neue »Erleuchtung« – oder wie man es nennen will – war.

Der Familie zuliebe unterdrückt jeder von uns einen Teil seines eigenen Wesens. Ich weiß nicht, ob das klug ist ..., aber es ist Teil des Spiels. Was mich betrifft, ist es ein akademisches Spiel ... Ich weiß nicht, wie ich so viele Jahr chinesischer Tradition und klassischer Werte ausreißen kann, nur um jetzt zu bekommen, was ich mir wünsche, ... aber ich werde Mittel und Wege finden, um dieses akademische Spiel auch ohne Homeschooling zu gewinnen ... Aber ich werde mir nicht gestatten zu vergessen ..., das ist besonders wichtig, weil ich Lehrerin werden will. Dass dies ein riskantes Unternehmen ist, weiß ich, immerhin stumpfen viele Lehrer ab. Außerdem habe ich zahlreiche Artikel darüber gelesen, warum selbst Lehrer mit besten Absichten irgendwann den Geist ihrer Schüler brechen ..., aber das ist etwas, für das ich mich wirklich begeistere. Ich will es zumindest solange versuchen, wie ich es mit meinem Gewissen vereinbaren kann ... grins.

Derzeit arbeite ich an einer Zeitschriftensammlung als Nebenzweig meines üblichen Magazins *Sidetracked*. Ich bin schon fast fertig ..., da geht es um unsinnige Strafen und Regeln, welche die Schüler ertragen müssen ..., von Verstößen gegen die Kleiderordnung bis zu einseitigen Auseinandersetzungen mit dem Verwaltungsapparat, weil harmlose Fehler zu großen Schwierigkeiten führen ... Dies ist nur eine Sammlung von Beispielen aus dem realen Leben, die aufzeigen, warum Schule manchmal sinnlos ist.

Cindy H., Kalamazoo, Michigan

Teenager, die dieses Buch lesen und dann die Schule verlassen! Ein dreifaches Hoch auf sie!

Die köstlichsten Leckerbissen in meinem Postfach stammen von jenen Schülern, die meinem Rat gefolgt sind und die Schule verlassen haben. Kyla Wetherell war eine der ersten, von denen ich hörte, und sie ist bis heute eine meiner liebsten Freundinnen und größten Heldinnen. Ich erinnere mich noch, wie ich ihren Brief im Postamt in Empfang nahm, mich auf die Stufen davor setzte, um ihn zu lesen, und vor den Augen aller vor Freude zu weinen begann.

Nachdem Kyla die Schule und (unter anderem) ihre Stellung als Herausgeberin der Highschool-Zeitung aufgegeben hatte, fuhr sie allein mit dem Fahrrad durch Kolumbien und Ecuador und schrieb einen Artikel für mein zweites Buch Real Lives: Eleven Teenagers Who don't go to School. *Ihr Beispiel sprang wie ein Funke auf andere Teenager über. (Deshalb bitte ich dich, ihr zu folgen, mir ebenfalls von deinen Unschooling-Abenteuern zu berichten und mir zu gestatten, deinen Brief zu veröffentlichen, damit der Funke auf immer mehr Menschen überspringen und sich das Feuer verbreiten kann. Oder schreibe an GWS, an Ann Landers oder an einen Zeitungsherausgeber, oder veröffentliche deine Unschooling-Abenteuer auf deiner eigenen Website, in deiner eigenen Zeitschrift oder deinem eigenen Buch.)*

Jetzt, während ich dies schreibe, ist Kyla zweiundzwanzig Jahre alt und immer noch großartig darin, geeignete Lösungen zu finden, um das zu erlernen, was sie wissen will – über biologischen Landbau, Artenschutz, alternative Baumethoden, Ofendesign, Solartechnologie und vieles mehr; vor kurzem gründete sie eine gemeinnützige Gesellschaft, die unter anderem das Ziel verfolgt, Mädchen und Frauen darin zu unterrichten, ökologisch gesunde, preiswerte Häuser zu errichten. Außerdem gehört sie zu dem Team, das mich jeden Sommer bei der Durchführung des Not Back to School Camps unterstützt.

Liebe Grace,
vor einem Monat sagte mir ein Bekannter: »Ich habe hier ein Buch, dass du mir am liebsten klauen würdest, aber ich leihe es dir erst, wenn ich fertig bin.« Es war dein *Teenager-Befreiungs-Handbuch*, und er hatte Recht: Ich lieh es mir einen Tag lang von ihm aus, gab es am nächsten Tag zurück und kaufte mir sofort ein eigenes Exemplar.

Das war am Montag. Der darauf folgende Freitag war mein letzter Schultag. Ich kann dir nicht genug danken. Meine letzten Monate in der Schule waren ein Albtraum. Ich hatte so viele Pläne, so viele Träume, und empfand die Schule bloß als Zeitvergeudung. Ich wollte, dass mein Leben jetzt und hier beginnt. Aber da gab es immer noch diese unerbittliche Stimme in meinem Ohr, die mir sagte, dass Schüler wie ich nie die Schule verließen. Sie beharrte darauf, dass es falsch wäre, der Schule den Rücken zuzukehren, und dass ich damit »die letzte Brücke hinter mir abreißen« und »mein Leben ruinieren« würde. Dein Buch überzeugte mich davon, dass jede Tür, die sich durch meine Entscheidung, die Schule zu verlassen, hinter mir schließen würde, es nie wert gewesen war, hindurchzugehen ...

Ich hatte keine Ahnung, wie viele Möglichkeiten all jenen Menschen offen stehen, die ihre Zeit nicht in der Schule verbringen, weil ich geblendet war von der Aussicht, die Highschool zu beenden, gute Noten und ein Vollstipendium für ein anerkanntes College zu bekommen, Diplome zu erwerben usw. Danke ..., dass du meiner Mutter geholfen hast, mich zu verstehen. Ich brauchte nur ein langes Gespräch mit ihr und einen Abend, an dem ich ihr ausgewählte Abschnitte aus deinem Buch vorlas, um sie davon zu überzeugen, dass es für mich keine bessere Entscheidung gab, als die Schule zu verlassen! ...

Kyla Wetherell, Corvallis, Oregon

Manchmal erhalte ich Briefe von Teenagern, die mir noch am selben Tag schreiben, an dem sie die Schule verlassen. Die überschäumende Energie ihrer Briefe nährt meine Seele, so dass ich mit breitem, unbezwingbaren Grinsen umherlaufe.

Liebe Grace,
ich liebe dich! ... Ich bin fünfzehn Jahre alt und habe mich heute selbst befreit. Soweit ich weiß, war heute mein letzter Pflichtschultag. Ich bin so glücklich und ekstatisch! Aber bevor ich weiter über meine Gefühle spreche, erzähle ich dir meine Geschichte:

Ich hatte schon mit meinen Eltern über Homeschooling gesprochen, und obwohl sie skeptisch waren, willigten sie ein, dass ich mit Beginn des nächsten Schuljahres Unschooling betreibe. Seit diesem Gespräch wartete ich auf Informationen von einem Freund, der in New York (über Clonlara, wo ich nun auch eingeschrieben bin!) als Unschooler lebt. Heute stand ich kurz vor einem Zusammenbruch ... Auch wenn ich nach elf Jahren in einer öffentlichen Schule alles über die Fremdbestimmung meines Lebens weiß, wusste ich nicht, wie ich meine Qualen über die viel zu lange Zeit in diesem Schulsystem in Worte fassen sollte. Bisher fiel und fällt mir nur *»Scheiße«* ein. Das sind auch meine Lieblingsworte und die meiner Freundin (die keine Chance auf Unschooling hat, weil ihre Mutter – als *Lehrerin* – sie mit siebzehn Jahren nicht für intelligent genug hält, um zu wissen, was sie will und braucht – und das macht mich sehr WÜTEND), weil wir sie in der Schule nicht aussprechen dürfen und sie unserem Schmerz noch am ehesten gerecht werden. Ich weiß, dass ich ein wenig abgeschweift bin, und werde also wieder zurückkehren. Als ich ohnehin schon zutiefst deprimiert darüber, dass ich keine Kontrolle über mein Leben habe, dein Buch las, fühlte ich sofort in meinem Herzen, dass jedes Wort wahr ist, dass all die grauenvollen Dinge wahr sind, und dass man mir diese Dinge nun schon seit *elf* Jahren antut!

Am liebsten hätte ich geweint und gebrüllt, gebissen und um mich getreten, und ihnen dasselbe angetan (aber offenbar hat man ihnen das schon angetan, denn wie könnten sie sonst auf diese Weise mit anderen Lebewesen umgehen?).

[Marie schildert, wie ihr eines Tages in der Schule schrecklich übel wurde, die Schulschwester sie nicht ernst nahm, weil sie kein Fieber hatte, und sie wieder in die Klasse zurückschickte. Das brachte das Fass zum Überlaufen.]

Als ich nach Hause kam, sprach ich mit meiner Mutter vernünftig darüber. Ich erklärte ihr, dass ich in dieser Schule auf keinen Fall bis zum Ende des Schuljahres durchhalten würde, und nicht einmal mehr bis zum Ende der Woche. Ich sagte ihr auch, dass ich alle nötigen Informationen hätte und in der Clonlara School anrufen würde, um die Pflichtschule zu verlassen.

Sie sagte nur, »OK.«

Zu meiner Überraschung erzählte sie mir, dass sie sich noch daran erinnerte, wie schrecklich ihre Schulzeit gewesen war.

Daraufhin rief ich in der Clonlara School an, bekam die Unterstützung, die ich brauchte, schrieb einen Brief an meine Schule (meine Kündigung!) und gehe morgen nur noch einmal in die Schule, UM SIE ZU VERLASSEN!

Ich werde nur den Kunstkurs weiterführen, den ich dort immer genossen habe und der im Grunde unabhängig läuft. Außerdem werde ich meinen CPR-Kurs beenden, weil ich es so will, und das wars. Nächstes Semester werde ich dort noch meine Fahrstunden absolvieren. Aber sie können mich nicht mehr kontrollieren! Ich bin so glücklich! Ich bin frei! Danke, dass du das wichtigste Hilfsmittel für meine Befreiung geliefert hast!

Marie L., Illinois

P.S. Stell dir vor, ich bin ein Nachtmensch und musste elf Jahre lang zu früh schlafen gehen und zu früh aufstehen. Heute Abend werde ich so lange aufbleiben, wie ich will!

Und manchmal höre ich von Leuten, die schon länger in Freiheit leben, so dass ihre Freiheit schon Früchte trägt.

Liebe Miss Llewellyn,
ich habe eben damit begonnen, das *Teenager-Befreiungs-Handbuch* zum zweiten Mal zu lesen. Ich liebe, bewundere und verehre dieses Buch und will Ihnen dafür danken! Mittlerweile betreibe ich schon seit einem Jahr über die Clonlara School Unschooling – die beste »Highschool«-Erfahrung meines Lebens. Davor war ich in der hiesigen miesen öffentlichen Highschool und an der Illinois Mathematics und Science Aca-

demy – die ich mir als himmlische Antwort auf die verhasste Schule und die dummen Schüler vorstellte und als Ort, an dem man das Lernen liebt. Theoretisch ist die IMSA eine der besten Highschools des Landes und nimmt auch nur das beste Prozent aller Schüler des Bundesstaates auf. Die meisten Menschen sind entsetzt und schockiert, wenn sie erfahren, dass ich heute »Homeschooling« betreibe, während ich doch an dieser prestigeträchtigen Hölle aufgenommen wurde und tatsächlich dort studierte. Und all jene, die mich und mein großes Interesse an dieser Welt nicht kennen, nehmen an, dass ich zu einem faulen, apathischen, drogensüchtigen Missetäter geworden bin, der von der Schule geflogen ist. Aber jene Erwachsenen, die mich kennen, führen mit mir nicht nur großartige Gespräche über meine Pläne und Gedanken über Ausbildung, sondern auch über Philosophie, Religion, Kunst, Gesellschaftsformen (unsere und andere) und das Weltgeschehen.

Wer mich nicht kennt, glaubt, dass ich täglich erst um drei Uhr nachmittags aufstehe und fernsehe, bis meine versklavten Freunde aus der Schule kommen, um sie eine Zeitlang zu verderben, ehe ich mich wieder in mein finsteres Versteck zurückziehe, um Drogen zu konsumieren und zu schlafen. Sie haben keine Ahnung, dass ich mittlerweile gut bewandert bin in Religion, Kultur, Literatur, Ökofeminismus und lesbischen Philosophien! Ich habe auch viele soziale und politische Themen recherchiert und studiere verschiedene Regierungsformen. Zusätzlich gehe ich nahezu wöchentlich zu einer Demonstration und weiß mehr über vegane Ernährung, als die sich je vorstellen können.

Es macht mir unendlich viel Spaß, auf die Frage, welche Schule ich besuche, zu antworten, dass ich Homeschooling betreibe!

Erst vor kurzem bin ich von einem viermonatigen Aufenthalt in New York zurückgekehrt. Drei Monate davon machte ich ein Praktikum in einer nationalen Tierschutzgruppe und einem Tierheim für misshandelte »Farm«-Tiere (und ich meine alle Tiere, die auf einer Farm leben) namens Farm Sanctuary. Dort lernte ich vieles über die Pflege genmanipulierter, mit Hormonen vollgepumpter, in Zuchtfabriken aufgewachsener und jetzt befreiter Tiere; wie man einen Viehhof, eine Farm und ein Schlachthaus inspiziert; wie man Tiere von diesen Orten rettet und wie man sie rehabilitiert. Ich lernte auch vieles über Veganismus, über den derzeitigen Status und die Entwicklung der Tierhaltung, über die Kommunikation mit Tierquälern, Rechtssystemen und gemeinnützigen Organisationen. Vor allem aber lernte ich, dass ich nicht in einer Tierschutzorganisation arbeiten will. Vor dem Praktikum wollte ich nichts anderes in meinem Leben, als in diesem Bereich zu arbeiten, aber jetzt bringt mich nichts mehr dazu! Außer, ich arbeite für feministische Tierschützerinnen ...

Während meines letzten Monats in New York lebte ich im Wohnwagen meiner Freundin und ehemaligen Chefin und pflegte ihre Katzen während ihrer Abwesenheit. Ich hatte noch nie ganz allein auf dem Land in einem Wohnwagen gelebt. Das war schon eine besondere Erfahrung. Wie glücklich bin ich, dass ich diese Erfahrungen machen kann, anstatt bei Neonlicht in einem gefliesten Klassenzimmer zu sitzen und 33 Stunden pro Woche frustriert, gelangweilt und deprimiert zu sein. Ich bin so glücklich darüber, dass ich mit echten Menschen (und auch Nicht-Menschen) zusammenkomme, und nicht nur mit den stumpfen, denkfaulen, konformistischen, chauvinistischen, sexistischen, heterosexistischen, ihre Mitgeschöpfe essenden Tölpeln an der öffentlichen Schule, die weder einen Geist haben, noch eigene Gedanken. Die öffentlichen Schulen sind kleine Status-Quo-Maschinen, die den Schülern jeden individuellen Gedanken, jede Identität und jede Kultur rauben, und sie zu stolzen, getreuen Lakaien des Staates machen. Und jene, die nicht dazupassen, werden zu armen Kerlen ohne Selbstbewusstsein gemacht, die glauben, dass mit ihnen etwas nicht stimmt, und die nie auf den Gedanken kommen, dass es möglicherweise an der Gesellschaft liegt, die sie falsch einschätzt.

Die traditionelle Schule zu verlassen war das Großartigste, was mir im Hinblick auf jeden Aspekt meines Lebens je passiert ist (zusammen mit Veganismus): Meine Depressionen verschwanden, ich erkannte, dass ich lesbisch bin, ich rasierte mir den Kopf, ich gehe auf die Toilette, wann immer ich will, und ich lerne viel und gewinne allmählich meine verlorene Teenagerzeit zurück! Ich genieße mich jetzt wirklich, und zusätzlich hat mich Unschooling viel offener werden lassen, so dass ich heute weiß, wer ich bin und was ich tun will, anstatt ziellos dem vorgegebenen gesellschaftlichen Plan eines Wiffzacks zu folgen (den Highschool-Abschluss zu machen, augenblicklich auf ein bekanntes College zu gehen, einen guten Job zu bekommen, immer am selben Ort zu leben und die Gedanken innerhalb der vorherrschenden Denkmuster zu halten ...). Dein Buch hat all das in Bewegung gesetzt! Dafür danke ich dir! Seit ich es von einem Freund der Familie bekommen hatte, habe ich es schon vielen Freundinnen geliehen, von denen eine diesen Oktober gemeinsam mit mir mit Unschooling begonnen hat. Eine andere Freundin quält sich immer noch im öffentlichen Schulsystem, obwohl sie längst hinaus will (und MUSS). Aber ihre böse, unbewegliche Mutter arbeitet in diesem öffentlichen Schulsystem und gestattet es meiner Freundin nicht, sich zu befreien, denn wie alle wissen, sind öffentliche Schulen der einzige Weg, und Homeschooler sind bloß eine faule, verantwortungslose, apathische Gefahr für die Gesellschaft, die nie etwas lernen, nie etwas erreichen und zu obdachlosen Drogensüchtigen verkommen (also zu echten Bösewichten). Es schmerzt mich zuzusehen, wie viele meiner Freunde leiden und verzweifelt versuchen, sich auch innerhalb des traditionellen Schulwesens ihre Gedanken, ihre Integrität und ihre Identität zu erhalten. Immer wieder frage ich mich, welches kranke, tyrannische, menschenverachtende Arschloch dieses System erfunden hat? Und wer die Inneneinrichtung entworfen hat?

T. L., Chicago, Illinois

Liebe Grace,
seit fast zwei Jahren habe ich dir keinen richtigen Brief mehr geschrieben, weil in meinem Leben so viele atemberaubende und aufregende Dinge geschehen sind, dass ich endlos darüber erzählen könnte! Stattdessen will ich dir noch einmal von Herzen danken ..., weil du mir die Augen über Unschooling geöffnet und mir damit das Ticket in die Freiheit ausgestellt hast. Die Entscheidung, die Schule zu verlassen, wird immer die beste Entscheidung meines Lebens bleiben, egal, was noch auf mich zukommt. ... All die wundervollen Möglichkeiten, die sich mir bisher schon geboten haben und noch bieten werden, und all die Erfahrungen, die ich gemacht habe und noch machen werde, hätten sich nie ergeben, wenn ich in der Schule geblieben wäre. Ich hätte nie all die großartigen Reisen gemacht (Langlauf in Vermont, fünfeinhalb Wochen durch Ost- und Südafrika reisen, fünf Wochen campieren im ganzen Land, drei Wochen auf dem Colorado River durch den Grand Canyon paddeln usw.), und hätte nie Zeit gehabt, um meine verschiedenen Interessen zu verfolgen (Wildwasser-Kajakfahren, Geografie, die Beatles, Französisch, mehr über HIV und AIDS erfahren ...)

Ohne Schule führe ich ein viel glücklicheres Leben. Und weil es langsamer verläuft, habe ich genug Zeit, um all die Dinge zu tun, die mir wirklich etwas bedeuten. Ich bin auch überzeugt davon, dass ich mehr Selbstbewusstsein besitze als die meisten Schulmädchen und viel reifer wirke – immer wieder nimmt man von mir an, dass ich schon aufs College gehe (»Nein, ich gehe nicht zur Schule« ... »Aha! Dann hast du schon dein Diplom gemacht ...«) –, und ich habe viele erwachsene Freunde.

Zusätzlich habe ich im Vergleich zu meinen Freunden einen weiteren Blickwinkel auf die Welt (was vermutlich zum Teil auf meine Reisen zurückzuführen ist). Im Allgemeinen haben sie nur eine schmale, begrenzte Sicht auf die Welt und das Leben, das für sie vorwiegend aus Schule, Prüfungsvorbereitungen, heiße Jungs aufreißen, Trinken und Rauchen besteht. Das Schulsystem hat sie schon einer gründlichen Gehirnwäsche unterzogen, denn obwohl sich alle beklagen, dass sie die Schule hassen, dass sie langweilig ist und sie nur ihre Zeit vergeuden, rührt keiner auch nur einen Finger, um dort herauszukommen! Es ist, als würden sie annehmen, dass sich die Situation ohnehin nicht ändern ließe, und es nun einmal so ist, wie es ist.

Adrian Deal, sechzehn Jahre, Greensboro, North Carolina.

Anhang D: Bücher und Lernmaterial

Die nachstehende Auflistung basiert auf den von Stefanie Mohsennia für die Clonlara Schule Deutschland zusammengestellten Empfehlungen für ältere Kinder und Jugendliche. Sie erhebt natürlich keinerlei Anspruch auf Vollständigkeit, sondern soll nur mögliche Einstiegswege aufzeigen. Siehe auch die im Verlauf dieses Buches von Grace Llewellyn empfohlenen Werke.

In Deutschland sind es bereits über 100 Familien. Auf die nochmalige Auflistung der von Grace Llewellyn im Laufe dieses Buches empfohlenen Literatur haben wir verzichtet, da viele Bücher nicht auf Deutsch erhältlich sind und der Schwerpunkt stark auf amerikanischer Literatur liegt. Auf deine Tipps und Hinweise zu guten Büchern, Spielen, Programmen, Computergames usw. freuen wir uns – bitte mit kurzer Beschreibung und einer Begründung, warum dir dieses Material gefallen hat.

Allgemein

Bertelsmann Verlag	Jugendlexikon
Gerstenberg Verlag	Das visuelle Lexikon

Lektüre

Abdel-Qadir, Ghazi	Die sprechenden Steine
Almond, David	Zeit des Mondes
Avi	Frei wie ein Wolf
Boie, Kirsten	Der durch den Spiegel kommt
Chidolue, Dagmar	Zuckerbrot und Maggisuppe
DeCesco, Federica	Anahita, im Land des Monsuns
DeCesco, Federica	Shana, das Wolfsmädchen
Defoe, Daniel	Robinson Crusoe
Diaz, Gloria C.	Der Himmel glüht
Dickens, Charles	Oliver Twist
Durian, Wolf	Kai aus der Kiste (+ Hörbuch)
Ende, Michael	Der satanarchäolügenialkohöllische Wunschpunsch
Ende, Michael	Die unendliche Geschichte
Ende, Michael	Momo
Fährmann, Willi	Deutsche Heldensagen
Fährmann, Willi	Das Jahr der Wölfe
Fährmann, Willi	Unter der Asche die Glut
Farley, Walter	Blitz, der schwarze Hengst

Fox, Paula	Paul ohne Jacob
Frank, Anne	Anne Frank Tagebuch
Funke, Cornelia	Herr der Diebe
Funke, Cornelia	Tintenherz und Folgebände
Fussenegger, Gertrud	Goethe
Grimm, Jacob	Deutsche Sagen
Hänel, Wolfram	Irgendwo woanders
Härtling, Peter	Jakob hinter der blauen Tür
Härtling, Peter	Reise gegen den Wind (+ Hörbuch)
Härtling, Peter	Romane für Kinder
Hegewisch, Helga	Lauf, Lilly, lauf!
Hegewisch, Helga	Lilly und Engelchen
Held, Kurt	Die rote Zora und ihre Bande
Ibbotson, Eva	Maia oder als Miss Minton ihr Korsett in den Amazonas warf
Ingalls Wilder	Laura in der Prärie
Kästner, Erich	Als ich ein kleiner Junge war
Kästner, Erich	Das fliegende Klassenzimmer
Kästner, Erich	Emil und die Detektive
Kästner, Erich	Pünktchen und Anton
Kerr, Judith	Als Hitler das rosa Kaninchen stahl
Kordon, Klaus	Mit dem Rücken zur Wand
Kordon, Klaus	Die Zeit ist kaputt (Biographie Kästner)
Kordon, Klaus	Die roten Matrosen oder Ein vergessener Winter
Kordon, Klaus	Der erste Frühling
Krüss, James	Timm Thaler oder Das verkaufte Lachen
Levine, Karen	Hanas Koffer
Levoy, Myron	Der gelbe Vogel
Lewin, Waldtraut	Mauersegler
Lindgren, Astrid	Die Brüder Löwenherz
Lindgren, Astrid	Ronja Räubertochter
Maar, Paul	Kartoffelkäferzeiten
Maar, Paul	Lippels Traum
Montgomery, Lucy M.	Anne of Green Gables
Neill, Alexander S.	Die grüne Wolke
Noack, Hans-Georg	Die Webers, eine deutsche Familie 1932-1945
Nöstlinger, Christine	Gretchen Sackmeier hoch
Nöstlinger, Christine	Maikäfer, flieg!
Orwell, George	Farm der Tiere

Orwell, George	1984
Ossowski, Leonie	Stern ohne Himmel
Pausewang, Gudrun	Die Wolke
Pausewang, Gudrun	Du darfst nicht schreien
Pearce, Philippa	Als die Uhr dreizehn schlug
Pohl, Peter	Jan, mein Freund
Pressler, Mirjam	Malka Mai
Pressler, Mirjam	Wenn das Glück kommt, muss man ihm einen Stuhl hinstellen
Preußler, Otfried	Krabat
Pruetz, Sigurd	Falsch gedacht
Rhue, Morton	Die Welle
Richter, Hans P.	Wir waren dabei
Schins, Marie-Therese	Und wo sind die Indianer?
Schulz, Hermann	Wenn dich ein Löwe nach der Uhrzeit fragt
Schwab, Gustav	Griechische Sagen
Skarmeta, Antonio	Der Aufsatz
Spinelli, Jerry	Crash – Das Leben ist Football
Spinelli, Jerry	Stargirl
Stöver, Hans D.	Die Akte Varus
Stöver, Hans D.	Daniel und Esther. Allein in Rom
Stöver, Hans D.	Quintus geht nach Rom
Tetzner, Lisa	Die schwarzen Brüder (+ Hörbuch)
Tetzner, Lisa	Die Kinder aus Nr. 67 (+ Hörbuch)
Travers, Pamela L.	Mary Poppins
Treiber, Jutta	Felsen küssen mit der Nase
Twain, Mark	Tom Sawyer und Huckleberry Finn
Verne, Jules	Reise um die Erde in 80 Tagen
Verne, Jules	20000 Meilen unter dem Meer
Vinke, Hermann	Das kurze Leben der Sophie Scholl
Whelan, Gloria	Stich für Stich
Welsh, Renate	Besuch aus der Vergangenheit
Wilson, Jacqueline	Die fabelhaften Barker Girls
Winterfeld, Henry	Caius, der Lausbub a. d. alten Rom
Wölfel, Ursula	Mond, Mond, Mond

Deutsch

Englert, Sylvia	Wörterwerkstatt
Görner, Lutz	Balladen, Gedichte und Geschichten für kleine und große Leute
Görner, Lutz	Goethe für Kinder, Goethes letzter Geburtstag
Görner, Lutz	Zauberlehrling & Co
Hetmann, Frederik	Dichter leben
Mai, Manfred	Geschichte der deutschen Literatur
Wahrig, Gerhard	Deutsches Wörterbuch

Biographien

	Das große Buch der Biografien von A bis Z: 1000 Porträts (Ravensburger Verlag)
Prinz, Alois	Und jedem Anfang wohnt ein Zauber inne
Quadflieg, Josef	Sie bewegten die Welt
Sichtermann, Barbara	50 Klassiker, Frauen

Englisch

Willmann, Helmut	Langenscheidts Taschenwörterbuch
PONS Wörterbuch	PONS Collins English Dictionary
Murphy, Raymond	English Grammar in Use, New edition
Murphy, Raymond	English Grammar in Use, Supplementary Exercises
Thomson, A. J.	A Practical English Grammar
www.leo.org	Online-Wörterbuch für viele Sprachen

Englisch lesen und hören

Dahl, Roald	Matilda
	Titel aus der Reihe Penguin Readers
Blyton, Enid	The Secret Seven *(u.a. Titel dieser Serie)*
Spot On	monatliches Magazin aus dem Spotlight-Verlag
www.kumon.de	Lernhilfe für Englisch

Die Mutigen können sich an einige der aus dem Englischen übersetzten Bücher heranwagen, die auf der Liste mit Lektüre-Tipps (sowohl für jüngere als auch für ältere Kinder) zu finden sind, z.B. »The Black Stallion« von Walter Farley, »Little House on the Prairie« von Laura Ingalls Wilder und andere.
Außerdem möglichst viele Filme und Sendungen im englischem Original anschauen (Fernsehen, Video oder DVD), englischsprachige Hörbücher (evtl. auch aus der Bücherei zu entleihen) und Radio-Sendungen. Reisen ins englischsprachige Ausland unternehmen.

Sprachlernhilfen allgemein

www.busuu.com	weitgehend kostenloses soziales Netzwerk zum Sprachenlernen, Nutzer helfen sich gegenseitig, mit audiovisuellem Lernmaterial in derzeit zwölf Sprachen
www.rosettastone.de (kostenpflichtig)	webbasiertes Sprachlernprogramm in über 20 Sprachen
www.assimilwelt.com Sprachen	Sprachlernmethode mit Lehrbuch und CDs in über 25
www.digitalpublishing.de	Sprachkurse und Hörbücher zum Hören und Mitlesen
www.livemocha.com	kostenloses Onlineprogramm zum Sprachenlernen, Nutzer helfen sich gegenseitig ähnlich dem Sprachtandem

Mathematik

Large, Tori	Tessloffs Schülerlexikon: Mathematik
Vorderman, Carol	Spannendes aus der Welt der Mathematik
Dahl, Kristin	Zahlen, Spiralen und magische Quadrate
Poskitt, Kjartan	Mathe – voll logisch!
Poskitt, Kjartan	Mathe, einfach maßlos!
Enzensberger, Hans M.	Der Zahlenteufel
Loyd, Sam	Mathematische Rätsel und Spiele
www.kumon.de	japanische Selbstlernmethode in kleinen Lektionen

Naturwissenschaften allgemein

	Das visuelle Lexikon der Naturwissenschaften (Gerstenberg-Verlag)
Brody, David E.	Die sieben größten Rätsel der Wissenschaft und wie man sie versteht
Newth, Eirik	Die Jagd nach der Wahrheit
Staguhn, Gerhard	Warum fallen Katzen immer auf die Füße...und andere Rätsel des Alltags
www.die-kinder-uni.de	bundesweite Vorlesungsreihen an Hochschulen und Bücherreihe

Chemie

Arnold, Nick	Ein Knaller, die Chemie
Schwenk, Ernst F.	Sternstunden der frühen Chemie
Chemicus / CD-ROM oder DVD	

Biologie

	Das visuelle Lexikon der Pflanzen und Tiere (Gerstenberg-Verlag)
	Das visuelle Lexikon der Umwelt (Gerstenberg-Verlag)
Arnold, Nick	Einfach tierisch, die Natur!
Gates, Phil	Echt revolutionär, die Biologie!
Paulsen, Susanne	Sonnenfresser
Meckes, Oliver	Der Mikrokosmos
Bartos, Burghard	Die Welt im Mikroskop
Blech, Jörg	Mensch & Co.

Physik

Stockley, Corinne	Tessloffs Schülerlexikon: Physik
Häußler, Peter	Donnerwetter – Physik!
Ditzinger, Thomas	Spaß und Spannung mit Physik
Dittmar-Ilgen, Hannelore	Warum platzen Seifenblasen? Physik für Neugierige
Walker, Jearl	Der fliegende Zirkus der Physik
Englert, Sylvia	Café Andromeda. Eine fantastische Reise durch die moderne Physik
Staguhn, Gerhard	Die Jagd nach dem kleinsten Baustein der Welt
Bührke, Thomas	Sternstunden der Physik
Arnold, Nick	Hochspannend, die Elektrizität
	Physikus / CD-ROM oder DVD und Physikus – die Rückkehr

Astronomie

Mitton, Simon	Young Oxford – Astronomie
Couper, Heather	Der Weltraum
Couper, Heather	Spannendes Wissen über das Weltall
Poskitt, Kjartan	Die unendliche Welt der Planeten
Bührke, Thomas	Sternstunden der Astronomie

Geschichte

	Das große Arena-Lexikon der Weltgeschichte
	Die visuelle Weltgeschichte der alten Kulturen (Gerstenberg-Verlag)
	Die visuelle Weltgeschichte der Neuzeit (Gerstenberg-Verlag)
Gombrich, Ernst H.	Eine kurze Weltgeschichte für junge Leser

Grant, Neil	Young Oxford – Weltgeschichte
Mai, Manfred	Weltgeschichte
Zimmermann, Martin	Weltgeschichte in Geschichten
LeGoff, Jacques	Die Geschichte Europas
Mai, Manfred	Deutsche Geschichte
Deick, Christian	Deutsche Geschichte
Barth, Reinhard	Nachgefragt: Deutsche Geschichte
Vollkommer, Rainer	Sternstunden der Archäologie
Deary, Terry	Beinhart, die Steinzeit
Holtei, Christa	Reise in das alte Ägypten
Deary, Terry	Unverwüstlich, die Ägypter!
Holtei, Christa	Reise in das Alte Griechenland
Deary, Terry	Sagenhaft, die Griechen
Inkiow, Dimiter	Griechische Sagen
Kaempfe, Peter	Odysseus Audio-CD
Kaempfe, Peter	Herkules Audio-CD
Kaempfe, Peter	Jason und Medea Audio-CD
Inkiow, Dimiter	Der Zug der Argonauten Audio-CD
Schnieper, Claudia	Reise in das Alte Rom
Stöver, Hans D.	Report aus der Römerzeit
Deary, Terry	Die abenteuerliche Welt der Wikinger
Deary, Terry	Unschlagbar, die Ritter
Macaulay, David	Sie bauten eine Kathedrale

Technik

	Das visuelle Lexikon der Technik (Gerstenberg-Verlag)
Wright, Michael	Das große Arena Lexikon der Technik
Ardley, Neil	Spannendes Wissen über Technik im Alltag
Macaulay, David	David Macaulay's großes Buch der Bautechnik

Politik

Schulz-Reiss, Christine	Nachgefragt: Politik
Savater, Fernando	Sei kein Idiot

Wirtschaft

Piper, Nikolaus	Geschichte der Wirtschaft
Lietaer, Bernard A.	Die Welt des Geldes
Piper, Nikolaus	Felix und das liebe Geld

Erdkunde

Steele, Philip	Tessloffs große Länderkunde
	Die visuelle Geschichte der Erde und des Lebens (Gerstenberg-Verlag)
Farndon, John	Spannendes Wissen über die Erde
Taylor, Barbara	Zeige & erkläre mir die Erde
Davis, Kenneth C.	Wieso fließt der Nil bergauf?
Allaby, Michael	Faszination Wetter
Schultheis, Rainer	DonnerWetter
Ganeri, Anita	Orkanstark, das Wetter

Philosophie

Law, Stephen	Philosophie – Abenteuer Denken
Labbe, Brigitte	Denk dir die Welt
Soentgen, Jens	Selbstdenken!

Religion

	Das visuelle Lexikon der Weltreligionen (Gerstenberg-Verlag)
Barnes, Trevor	Die großen Religionen der Welt
Staguhn, Gerhard	Gott und die Götter
Rosen, Sybil	Mensch sucht Sinn
Wendl, Lieselotte	Mein Glaube ist mir wichtig

Kunst

Johannsen, Rolf H.	50 Klassiker, Gemälde
Kretschmer, Hildegard	Das Abenteuer Kunst
Sturgis, Alexander	Peters Engel und die Geheimsprache der Bilder
Prestel Verlag	Reihe »Abenteuer Kunst«

Musik

Bernstein, Leonard	Konzert für junge Leute, Audio-CD
Gümbel, Lutz	Die Geheimschrift im Kloster *(und andere Titel aus der Reihe »Krimis in Dur und Moll«)*

Empfehlenswert für alle Altersstufen sind auch folgende fächerübergreifenden Buchreihen, TV-Reihen, Zeitschriften, Internet-Seiten und Spiele:

Buchreihe
- Was ist was
- Sehen, Staunen, Wissen / Verlag Gerstenberg
- Megawissen / Verlag Dorling Kindersley

TV
- Schulfernsehen
- logo! – Nachrichten für Kinder
- Bibliothek der Sachgeschichten
- Löwenzahn
- Willi will's wissen
- National Geographic World
- Was ist was
- Wissen macht Ah!

Zeitschrift
- Geolino
- National Geographic World

Websites
- www.blinde-kuh.de (Suchmaschine für Kinder)
- www.wasistwas.de
- www.geo.de/GEOlino
- www.lehrer-online.de: Portal für bildungsrelevante Nachrichten, Didaktik, Medienkompetenz und Unterrichtsdaten
- ww.sofatutor.com – Nachhilfeseite mit Videos, Kursen und Fachchats mit Lehrern für allen Schulstoff

Spiele
- Activity Kinder und Activity Junior
- Querdenker
- Trivial Pursuit
- Wer wird Millionär?
- 20 Questions
- Deutschlandreise
- Weltreise
- Monopoly
- Kniffel
- Scrabble

- Boggle
- Letra-Mix
- Wortfix
- selbst gestaltete Spiele wie Zahlen-, Rechen- oder Wörterbingo, Würfelspiele aller Art und anderes

Anmerkungen

1 (S.18) Aus der Zeitschrift Growing Without Schooling Nr. 73.

2 (S. 33) Aus *GWS* Nr. 78.

3 (S. 39) John Taylor Gatto, *Verdummt noch mal! Der unsichtbare Lehrplan oder Was Kinder in der Schule wirklich lernen.*

4 (S. 42) Information des National Home Education Research Institute; insbesondere aus der Publikation des Jahres 1986 *A comparison of home schooling and conventional schooling: With a focus on learner outcomes.*

5 (S. 45) Hilde S. Hein, *The Exploratorium: The Museum as Laboratory.*

6 (S. 55) Das ist zwar nur in den USA üblich, wir fanden es aber zu schade, diesen Satz wegzulassen. Die Herausgeber.

7 (S. 57) Jessica Vitkus, »Hello, I'm Your substitute Teacher«, Zeitschrift *Sassy*, März 1991, S. 37.

8 (S. 61) Siehe Lawrence A. Cremin, *American Education: The National Experience 1783-1876*, Harry G. Good, *A History of American Education*, und Lawrence Kotin / William F. Aikman, *Legal Foundations of Compulsory School Attendance.*

9 (S. 63) Lawrence A. Cremin, *American Education: The National Experience 1883-1876, S 350-1 ff.*

10 (S. 63) Dan Greenberg, »School for a Post-Industrial Society«, veröffentlicht in der Zeitschrift *Friends of Summerhill Trust Journal*, Ausgabe 11.

11 (S. 63) Siehe Lawrence Kotin und William F. Aikman, *Legal Foundations of Compulsory School Attendance.*

12 (S. 64) John (Fire) Lame Deer und Richard Erdoes, *Tahca Ushte. Medizinmann der Sioux.*

13 (S. 76) Mit »Froschhaut« bezeichnet der Autor Dollars.

14 (S. 76) John Fire Lame Deer und Erdoes, Richard, *Tahca Ushte. Medizinmann der Sioux*

15 (S. 77) »King Looie Katz« aus Dr. Seuss (Theodor Geisel), *I Can Lick Thirty Tigers Today, and other stories.*

16 (S. 80) Aus Educator's Newsletter, 1987, wie berichtet in *Luno* 11:5.

17 (S. 84) Dr. J. Gary Knowles; »Now we are adults: Attitudes, beliefs, and status of adults who were home-educated as children.«

18 (S. 86) Aus einer Studie von Dr. Steven Duvall, aus dem Jahr 1994, erhältlich über das National Home Education Research Institute.

19 (S. 96) z. B. www.web-individualschule.de

20 (S. 96) Mehr Informationen zu dem Clonlara-Programm erhältst du in Kapitel 11 und in Anhang A

21 (S. 97) http://www.unschooling.com/gws/

22 (S. 97) Viele der hier gegebenen Tipps klingen für deutsche Ohren wie Zukunftsmusik – wir haben sie dringelassen, damit du diese Musik hörst: So kann es sein, so soll es sein, so wird es sein! Die Freiburger Abiturientengruppe Methodos e.V. ist so ein Anfang.

23 (S. 99) (engl. *drop out*, wörtlich: herausfallen)

24 (S. 99) (engl. *rise* out, aus: John Holt, »Notes for a Talk to Students«, *GWS* Nr. 74

25 (S. 116) Im Internet kannst du dich über alle »Freien Schulen« in deiner Umgebung informieren.

26 (S. 119) Die Informationen, die ich in diesem Kapitel anbiete, sind so genau wie möglich. Dennoch sind sie nicht als *offizieller* rechtlicher Ratschlag gedacht, denn dazu bin ich nicht befugt. Nur ein Rechtsanwalt ist berechtigt, rechtliche Ratschläge zu erteilen. Außerdem ändern sich die Gesetze so rasch, dass zu dem Zeitpunkt, an dem du dieses Buch liest, viele Einzelheiten bereits überholt sein könnten.

27 (S. 110) Auf den Internet-Seiten der deutschen Homeschool-Bewegung gibt es zahlreiche Nachweise von Studien aus anderen Ländern, besonders der USA, (z.B. von Dr. Brian D. Ray) und England (Prof. Dr. Paula Rothermel). Bei standardisierten Tests in den USA schneiden Homeschooler regelmäßig in allen Fächern erheblich besser ab als der landesweite Durchschnitt von Schulkindern.)

28 (S. 121) www.hausunterricht.org/html/hs_international.html#Schweiz

29 (S. 122) Anmerkung für Leser, die nicht in den USA leben: Obwohl in diesem Abschnitt die amerikanischen Gesetze besprochen werden, sind einige Vorschläge auch in anderen Regionen der Welt anwendbar.

30 (S. 122) Informationen zu den Gesetzen aller fünfzig Bundesstaaten sind auf der Website der Home Education Press erhältlich. Kopien der Gesetzestexte kannst du auch beim State Department of Education oder bei lokalen Abgeordneten anfordern oder in einer juristischen Bibliothek einsehen.

31 (S. 126) In den USA wird der Führerschein im Rahmen der Schule erworben.

32 (S. 129) Aus der NEA-Resolution, verabschiedet 1996 bei der Jahresversammlung der NEA in Washington, DC.

33 (S. 130) Siehe dazu die Zeitschrift *Home School Researcher*.

34 (S. 139) zugänglich z. B. unter: netzwerk-bildungsfreiheit.de

35 (S. 143) »Japan's brutal schools: Discipline fosters culture of violence« von Mari Yamaguchi, Tokio, Associated Press, März 1994

36 (S. 143) »Japanese Teen Confesses to Beheading«, von Noriko Yamaguchi, 29. Juni 1997, Kobe, Japan, Reuters.

37 (S. 147) Diese Information stammt von der Website von Karl M. Bunday: »School is Dead, Learn in Freedom«.

38 (S. 148) *Schulpflicht und Bildungsfreiheit in Europa.* Jan Edel, unerzogen-Magazin 3/2008

39 (S. 157) z. B. bei www.co-counseln-lernen.de

40 (S. 169) Aus *GWS* Nr. 73

41 (S. 174) aus *GWS* Nr. 112

42 (S. 176) *Home Education Magazine*, März-April 1997

43 (S. 178) Dr. John Wesely Taylor in seiner Doktorarbeit »Self-concept in home-schooling children« und in seinem Artikel zum selben Thema in *Home School Researcher*, wie beschrieben in Dr.

Brian D. Rays Broschüre *Marching to the Beat of their Own Drum: A Profile of Home Education Research.*

44 (S. 178) Delahooke, 1986, zitiert im *Fact Sheet* 1 des National Home Education Research Institute.

45 (S. 181) Aus *GWS* Nr. 112

46 (S. 200) David und Micki Colfax, *Homeschooling for Excellence*, S. 46

47 (S. 202) siehe Stiftung Warentest vom 27.09.2007

48 (S. 207) nachzulesen in: *Utne Reader*, März/April 1991

49 (S. 213) www.digibib.net

50 (S. 214) Für Deutschland ist dies Zukunftsmusik.

51 (S. 224) Viele Homeschooler halten es für besser, gar nichts mit Schulen oder staatlichen Institutionen zu tun zu haben, da dies den Einfluss der Schulen stärken würde und diese irgendwann alle Homeschooler verstärkt kontrollieren würden. Ich kann diese Ansicht gut nachvollziehen, möchte hier aber doch auf die verschiedenen Möglichkeiten hinweisen und entsprechende Informationen bereitstellen. Die Entscheidungen triffst letztendlich du.

52 (S. 227) Aus GWS Nr. 44

53 (S. 228) Aus GWS Nr. 115

54 (S. 237) Zitat von Roger L. Nichols, Präsident und Leiter des Boston Museum of Science, in einem Brief an den Herausgeber des The Boston Globe, 10/12/87

55 (S. 238) John Holt, »Einsteins Questions« GWS Nr. 9

56 (S. 242) Aus *Hoster News* (GB), Mai 1982

57 (S. 246) Informationen aus *Current Biography Yearbook 1966*

58 (S. 247) Emilie Tavel Livezev, »Self-Educated Scientist's Formula for Life-long Discovery«, *The Christian Science Monitor*, 20/12/1982

59 (S. 248) Britt Barker, *Letters Home*

60 (S. 250) Aus GWS Nr. 102

61 (S. 261) Susan Gregory Thomas, Mini Computer Moguls«, US News and World Report, 19. Mai 1997

62 (S. 261) Jeff Reid, »And a Child Shall Lead Them«, Business News, Herbst 1996

63 (S. 294) Sei dir dessen bewusst, dass einige der aufgeführten Bücher niemals, auch in hundert Millionen Jahren nicht, den Krallen der Schulzensoren entkommen würden. Manche dieser Bücher beschäftigen sich mit schwer verdaulicher Kost, wie z. B. Vergewaltigung und Kindesmissbrauch und einige werden der »Erwachsenenliteratur« zugeordnet. Ich habe die strittigen Beispiele mit einem * gekennzeichnet, damit du sie, wenn gewünscht, meiden kannst.

64 (S. 302) Dies erscheint vermutlich etwas widersprüchlich, daher würde ich dem gerne noch Folgendes zufügen: Obwohl ich (neben vielen anderen Dingen) gerne Schriftstellerin werden wollte, seit ich 13 Jahre alt war, habe ich mich bis zur Veröffentlichung der ersten Ausgabe dieses Buches fast nie getraut, irgendjemandem etwas zu zeigen, was ich geschrieben hatte. Als ich also als Lehrerin tätig war, habe ich niemals meine eigene Arbeit in den Unterricht eingebracht.

65 (S. 315) David und Micki Colfax, *Homeschooling for Excellence*, S. 93
66 (S. 317) *The Art of Maurice Sendak*, von Selma G. Lanes
67 (S. 320) Aus *The Tale of Beatrix Potter*, eine Biografie von Margaret Lane
68 (S. 321) Aus *Ansel Adams: An Autobiography*, von Ansel Adams und Mary S. Alinder
69 (S. 321) Informationen aus *Current Biografie*, 1977
70 (S. 323) Informationen über Berri, Boorman und Puttnam aus Current Biography 1989
71 (S. 324) Aus Frank *Lloyd Wright: An Autobiography* von Frank Lloyd Wright
72 (S. 324) Informationen aus *Current Biography*, 1989
73 (S. 327) Siehe auch: *und ich war nie in der Schule. Geschichte einer glücklichen Kindheit* von André Stern
74 (S. 328) Informationen aus *Current Biography*, 1963
75 (S. 328) Informationen über Diddley, Richards und Travis aus *Current Biography*, 1989
76 (S. 330) Informationen aus *Current Biography*, 1989
77 (S. 330) »Mel-o-drama« von Roy Sekoff, *Seventeen*, Januar 1991
78 (S. 334) Aus der GWS Nr. 97
79 (S. 340) Informationen aus dem britischen Magazin *Education Otherwise*, in GWS Nr. 72
80 (S. 342) *National Geographics* berichtete über die Reise im Oktober 1968, April 1969 und Oktober 1970. du kannst auch Ausschau nach dem (nicht mehr neu veröffentlichten) Film Dove halten.
81 (S. 346) Growing Without Schooling Nr. 74
82 (S. 353) Aus GWS Nr. 75
83 (S. 354) Quellen: Growing Without Schooling, private Korrespondenz und Konversationen, das Clonlara Home Based Education Program, College-Literatur, Karl M. Bundays Website, »School is Dead/Learn in Freedom«
84 (S. 355) Ebenso: 1994 führte Patricia M. Lines, Senior Research Analyst beim U.S. Bildungsministerium, eine Telefonumfrage mit ausgewählten Mitarbeitern von Zulassungsstellen großer Universitäten und Colleges durch. In ihrem »Homeschooling«-Pamphlet berichtet sie, dass die Befragten »Bereitschaft zeigen, Bewerbungen von Homeschoolern anzunehmen und zu prüfen...., einige meinen, dass sie jedes Jahr ungefähr eine Handvoll »undergraduates« ohne »transcript« zulassen.«
85 (S. 360) Liga im US-amerikanischen Universitätssport
86 (S. 361) Test zur Hochschulreife
87 (S. 361) Aus GWS Nr. 71
88 (S. 362) Aus der GWS Nr. 8
89 (S. 363) Aus der GWS Nr. 37
90 (S. 363) Aus der GWS Nr. 40
91 (S. 365) Aus Touch the Earth, herausgegeben von T.C. McLuhan, S. 57
92 (S. 366) *Dove* von Robin Graham, S. 194f.
93 (S. 371) Quellen: Current Biography, 1979, Book of Lists, GWS Nr. 17, GWS Nr. 59
94 (S. 376) Aus der GWS Nr. 82

95 (S. 376) David Smigelski, *»Teach Your Children«*, Willamette Week, 11 Juni 1997

96 (S. 376) Informationen über Jamie Smith und Eugenie Daignault aus *CHEA News* (Der Newsletter der Canadian Educators' association of B.C.), Vol 9., No 2, April 1996

97 (S. 378) Aus *Talk About Learning,* Nr. 10, herausgegeben von Earl Gary Stevens, 1989

98 (S. 382) Aus *Talk About Learning* Nr. 10, herausgegeben von Earl Gary Stevens, 1989

99 (S. 427) Meinem Bruder Ned gefiel hier die Verwendung des Ausdrucks »entwürdigend« nicht – und er konnte dies auch gut begründen. Ich meine damit auch nicht, dass Kochen, Reinigungsarbeiten oder Servieren gezwungenermaßen »niedere« Tätigkeiten sind. Ich denke aber, dass ein riesiges Unternehmen, dessen Hauptziel maximaler Gewinn ist, immer dem Leben seiner Angestellten Vitalität und Sinn nimmt.

100 (S. 434) David und Micki Colfax, *Homeschooling for Excellence,* S. 5

101 (S. 181, S. 386, S. 435) 4-H: Landwirtschaftliche US-Jugendorganisation mit über 9 Millionen Mitgliedern zwischen 5 und 21 in über 100.000 »4-H-Clubs«. Die vier Hs stehen für Head, Heart, Hands, and Health (Kopf, Herz, Hände, Gesundheit). Schwerpunkt auf Persönlichkeitsentwicklung und Lernen durch eigene Praxis.

102 (S. 436) Craig Canine »A Farewell to Farms« in Harrowsmith Country Life, Mai/Juni 1991

103 (S. 438) Eine deutsche Entsprechung wäre der Bund deutscher Landjugend – der allerdings ihrer Homepage nach zu urteilen teilweise politische Positionen vertritt, die eher nicht so auf der Linie von Grace Llewellyn liegen dürften. Auch die BUND-Jugend unterstützt in manchen Regionen biologische Landwirtschaftsprojekte.

104 (S. 451) Das Buch heißt *Real Lives: eleven teenagers who don't go to school,* und stammt aus dem Jahr 1993. Unter den elf Teenagern finden sich auch einige Versuchskaninchen aus diesem Kapitel: Anne Brosnan, Rebecca Merrion, Erin Roberts, Patrick Meehan, Tabitha Mountjoy, Kevin Sellstrom und Jeremiah Gingold, der auch an einer anderen Stelle in diesem Buch zitiert wird.

105 (S. 452) Siehe Britt Barker, *Letters Home,* und *GWS* Nr. 49.

106 (S. 453) Ein kurzer Abriss aus späteren Informationen über die Familie Barker: Im Alter von 27 Jahren machte Britt immer noch Musik, schreibt und fliegt als Privatpilotin. Zusätzlich arbeitet sie als Bremser bei der Wyoming Railroad und leitet zwei Studios für Suzuki-Pianos in Wyoming und Colorado. Mit 22 Jahren ist Maggie aufgrund ihrer Hundeschlittenrennen in Europa und ganz Amerika bekannt. Sie bildet auch Such- und Rettungshunde aus, unterrichtet Menschen darin, ihre eigenen Border Collies zur Vieharbeit abzurichten und leitet Hundeschlittenprogramme in Michigan und Montana. Mit 21 Jahren ist Dan Cellist bei Missoula (Montana) Symphony und führt Outdoor-Programme. Außerdem besucht er das Oberlin-College, wo er auch im Oberlin Chamber Orchestra spielt. Mit 18 Jahren arbeitet Ben als berittener Cowboy in Montana und leitet Kanuund Bergexpeditionen in Michigan und Montana. Mit 17 Jahren lebt Jonah bereits seit einem Jahr in Montana, wo er in einer Werkstatt eine eigene Mechanikerwerkbank hat und auf Hubschrauber-Flugunterricht spart.

107 (S. 455) Mehrere Jahre später schrieb Beckys Mutter an *GWS*: Ich freue mich ... über die Gelegenheit zu bestätigen, dass Homeschooling, und vor allem organisches, unstrukturiertes, von Interessen geleitetes Lernen funktioniert. Wir hatten keine Zeugnisse, Diplome etc., sondern nur eine Beschreibung von Beckys Charakter, wie sie lernte, welche Themen sie interessierten etc. ... Dies schickten wir gemeinsam mit dem Äquivalenzdiplom zum Highschoolabschluss, den Zulassungstests und der Bewerbung an drei Colleges (zwei staatliche und ein privates), und [Rebecca] wurde an allen drei Colleges mit der Zusage eines Stipendiums angenommen. Sie besucht jetzt das Shorter College in Rome, Georgia, und macht sich ausgezeichnet.«

108 (S. 465) Siehe auch Pats Artikel in *Real Lives*, in dem er beschreibt, wie er seinem Ziel, Videospiele zu entwickeln, näher kommt. Im Alter von siebzehn Jahren wurde er SEGAs erster Praktikant, der an dem Spiel Sonic Spinball arbeitete. Als immer noch Siebzehnjähriger stellte ihn ein TV-Produzent ein, um an einem Zeichentrickprogramm für Kinder zu arbeiten. Dafür entwickelte er sämtliche Figuren, entwarf den Hintergrund und animierte das Programm. Sein nächstes Ziel war die Aufnahme an einer innovativen neuen Schule für Game Designers in Vancouver, British Columbia, wo er kürzlich seinen Abschluss machte. In *GWS* Nr. 99 berichtet seine Muter Gwen: »Vieles von dem, was Patrick erreicht hat, ist eine unmittelbare Folge seiner absolut eindimensionalen Konzentration und seiner Überzeugung, dass er Videogame-Designer ist, dass er weiß, wie man ein erfolgreiches Spiel entwickelt und wie man Arbeitgeber von seinen Fähigkeiten überzeugt. Bis zum heutigen Tag ist ihm nie der Gedanke gekommen, dass er Game-Designer werden will; er war es immer schon.«

109 (S. 475) Information aus *Current Biography Yearbook 1988*.

110 (S. 475) Information aus *Current Biography Yearbook 1978*.

111 (S. 476) »U.S. Founders Learned Without Public School« und »Nobel Prize Winners Hate School« in Karls Website »School is Dead/Learn in Freedom".

112 (S. 476) Harry G. Good, *A History of American Education*, S. 84.

113 (S. 477) *Current Biography Yearbook*, 1979.

114 (S. 477) Winston Churchill, *Meine frühen Jahre*.

115 (S. 477) Gerhard Prause, *Genies in der Schule. Legenden und Wahrheit über den Erfolg im Leben*, S. 38

116 (S. 478) *Current Biography Yearbook* 1989.

117 (S. 478) http://www.ghec2012.org/cms/sites/default/files/Bl%C3%BCm_Deutsch.pd

118 (S. 563) Das Äquivalenzdiplom habe ich nur einfallslos vorgeschlagen, weil Andrew es als notwendige Voraussetzung für die Filmakademie erwähnte. Ich hätte stattdessen sagen sollen: »Sprich mit der Academy of Art über ihre Zulassungsbedingungen, und mache dann das Äquivalenzdiplom, wenn es wirklich notwendig sein sollte.«

119 (S. 567) Laut http://www.amazon.com/Homeschooling-Excellence-DavidColfax/dp/0446389862 sind 3 der 4 Söhne der Familie Colfax nach Harvard gegangen.